全球视野下的犯罪学原理

王良顺　郭泽强　周　凌／著

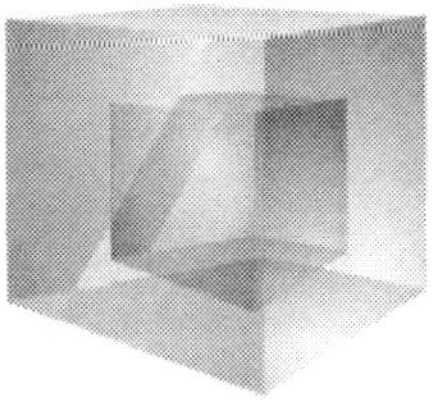

法律出版社 LAW PRESS · CHINA
北京

图书在版编目(CIP)数据

全球视野下的犯罪学原理 / 王良顺，郭泽强，周凌著. -- 北京 : 法律出版社，2022
ISBN 978-7-5197-6846-1

Ⅰ. ①全… Ⅱ. ①王… ②郭… ③周… Ⅲ. ①犯罪学—研究 Ⅳ. ①D917

中国版本图书馆 CIP 数据核字(2022)第 110614 号

全球视野下的犯罪学原理
QUANQIU SHIYE XIA DE FANZUIXUE YUANLI

王良顺　郭泽强　周　凌 著

责任编辑 郑怡萍
装帧设计 贾丹丹

出版发行 法律出版社
编辑统筹 法律教育出版分社
责任校对 王晓萍
责任印制 刘晓伟
经　　销 新华书店

开本 710 毫米×1000 毫米 1/16
印张 23.75　**字数** 459 千
版本 2022 年 9 月第 1 版
印次 2022 年 9 月第 1 次印刷
印刷 北京建宏印刷有限公司

地址:北京市丰台区莲花池西里 7 号(100073)
网址:www.lawpress.com.cn
投稿邮箱:info@lawpress.com.cn
举报盗版邮箱:jbwq@lawpress.com.cn
销售电话:010-83938349
客服电话:010-83938350
咨询电话:010-63939796

书号:ISBN 978-7-5197-6846-1
定价:82.00 元

前　　言

在社会生活中每时每刻都会发生不同类型的犯罪，严重侵害或者威胁社会利益和个人利益，民众深受其害。自19世纪中期以来，随着工业化和城镇化进程的加速，欧美国家的犯罪率和再犯率在大幅度升高后，持续在高位运行或者平稳增长。该犯罪发展变化规律，随后也在许多后发达国家照例上演。为强力地抗制犯罪，许多国家都积极采取刑罚预防、社会预防和其他预防措施，投入了大量的社会资源，但是犯罪控制的效果却相当有限，引发社会的高度关注。许多学者运用社会学、生物学和心理学等学科的理论和方法对犯罪问题进行实证调查和理论研究，创立了多个犯罪学理论流派，提出了不同的解释路径和致罪因素，极大地提升了对犯罪问题的解释能力。虽然我国犯罪学理论研究的历史也不短，但是由于理论基础薄弱，理论研究的社会投入不足，以及曾受到极“左”思潮的冲击等，当下的理论研究水平和社会影响力还不尽如人意。

犯罪现象都是在特定时空条件下发生的规范性社会现象，与本土的社会经济状况和历史文化环境密不可分。中华人民共和国成立后，尤其是推行改革开放政策以来，我国的犯罪在经历了快速增长后持续在高位运行，犯罪态势严峻。在此社会背景之下，深入揭示我国犯罪的存在规律和发生变化规律，科学地解释中国的犯罪现象，进而提出切实可行的犯罪防控对策，是我国学者义不容辞的学术责任。而只有提出基于中国社会现实和文化环境的犯罪解释和犯罪对策理论，并在实践中得到实证研究的验证和肯定，才能推动我国犯罪学研究的学术影响力和社会影响力的提升。

本书以反映犯罪学研究新成果和理论创新为基本目标。一方面，本书开阔视野，力求反映近期国内外犯罪学新理论和研究方法的新进展；另一方面，在充分消化和吸收犯罪学理论研究成果的基础上，立足于中国社会现实和文化环境，对犯罪现象提出新解释和新对策。本书以综述性和学术性兼备为基本特色，即以犯罪学的课程体系为主线，以专题形式述评犯罪学理论研究成果，并对犯罪学的基本理论问题作深入的探讨。各个专题依据性质的不同，或在介绍学界的研究成果的基础上，对不同观点进行分析和评价，进而提出自己的见解；或简要介绍犯罪问题的发展脉络，梳理出理论研究的发展规律，确立发展的基本方向；或介绍并评析域外的犯罪防控经验，为中国犯罪对策的制定和执行提供参照和借鉴，等等。虽然各个专题研究的侧重点有所不同，但都是从不同的侧面展现了作者对犯罪问题的深入思考和学术见解。本书可以作为教材，用于硕士研究生课程的教学。

中南财经政法大学从事犯罪学研究的同仁长期关注和研究犯罪问题，积极参与犯罪学的学术研究活动，发表了相当数量的学术论文，很早就有意愿撰写一本反映犯罪学研究成果和学术见解的著作，只是受限于多方面因素，迟至今日才得以实现。本人在听取了其他作者意见的基础上，拟定了本书的写作大纲和写作体例。三位作者分工合作，分别负责不同专题的撰写工作，最后由我统稿。不同作者都会有自己独特的学术观点和行文风格，不可能完全一致。为实现著作结构的完整性和概念使用的基本一致，本人仅对其他两位作者文稿中的个别部分进行了结构性或者表述性的调整，对文稿的主体内容和学术观点未作大的改动。

本书的写作分工如下：

王良顺：撰写第一章、第三章、第六章、第十一章、第十二章、第十三章。

郭泽强：撰写第四章、第五章、第七章、第八章、第十五章、第十六章、第十八章。

周　凌：撰写第二章、第九章、第十章、第十四章、第十七章。

受理论水平有限、实证研究不够等因素的影响，本书必定存在不足或者不当之处，敬请读者批评指正。

我指导的博士生夏娜和王惠敏参与了书稿的文字校对工作，付出了辛勤的劳动，也提出了许多宝贵的意见；法律出版社对本书的出版给予了大力支持，在此一并致谢。

王良顺

2022 年 5 月 27 日

目　　录

第一章 犯罪学的研究对象、学科性质与研究范式

自古以来,犯罪现象就与人类的社会生活如影随形,相生相伴。只要是人群生活的地方,都会发生盗窃、抢劫、杀人和强奸等犯罪案件。犯罪不仅造成人身伤亡或者财产灭失,而且还会破坏社会秩序和威胁政治统治,具有严重的危害社会的属性,因而为历代统治者和每个社会成员所关注,并采取措施加以防范。在第一次工业革命后,随着工业化和城市化的进程持续加速,欧美国家的犯罪快速增长,犯罪率和累犯率居高不下,其间虽然有个别国家的犯罪状况在某些时段得到了一定程度的控制,但是犯罪增长的总体态势并没有发生根本性改变。发展中国家在随后而来的工业化和城市化进程中也遭遇了同样的问题。当下,犯罪增长和犯罪状况恶化是困扰世界大多数国家的严重社会问题。

早在古代,面对身边不时发生的犯罪现象,就有许多中外智者思考和追问犯罪问题,提出多种不同的观点对犯罪问题进行解释,真知灼见灿若繁星。然而,受限于同时代较低的科学技术水平,在古代社会和近代社会,并未形成系统性的犯罪学理论。直到18世纪中期,持续恶化的犯罪形势不断激发学者思考犯罪问题,许多学者从不同的角度探索犯罪原因,探求犯罪对策,提出了多种不同的犯罪学理论,由此诞生了古典学派犯罪学,犯罪学也开始成为一门独立的社会科学门类。此后,犯罪学理论不断推陈出新,历经了古典学派犯罪学、现代犯罪学和当代犯罪学等三大不同的历史时期,在每个时期都涌现出了许多著名的犯罪学家和犯罪学理论流派。

第一节 犯罪学的研究对象

具有独立的研究对象是学科成立的前提条件。虽然学界一般都认为犯罪学是研究犯罪的科学,但是应当如何定义犯罪学中的犯罪,或者到底什么是犯罪学的研究对象,却迄今并未达成共识。究其原因,主要是因为犯罪学与刑事学科群的其他学科在研究范围上存有交叉之处,以及犯罪学的研究方法与相关的其他学科关系

密切。作为极为复杂的规范性的社会现象，犯罪的种类繁多，而且，引发犯罪的因素极为多样化，犯罪的生成机理更为复杂。犯罪类型的多样化和复杂性，决定了应从不同的角度对犯罪的不同侧面进行研究，从而围绕着犯罪问题出现了多个不同的学科，形成了包括犯罪学、刑法学、刑事侦查学和刑事政策学等在内的刑事学科群。这些学科都会研究犯罪，而要在这些学科之间划出一条清晰的科际界限往往并不容易。另外，犯罪学是一门注重实证研究、多种研究方法并用的经验性学科，社会学、生物学和心理学等多个学科的理论和研究方法都在犯罪研究中得到了广泛的应用。受这些学科的理论假设和研究方法不断变化的影响，作为犯罪学研究对象的犯罪的内涵也会不断地发生着变化。

一、犯罪学的研究对象的界定

（一）犯罪学的研究对象之学术观点

虽然许多学者对犯罪学的研究对象有着不同的看法，但是综观学界的研究状况，大体上有四类不同的观点：

1. 最广义说。即认为所有关于犯罪的知识都是犯罪学的组成部分，犯罪学的研究对象是作为全体的犯罪。在这种观点的视野中，犯罪学不仅包括犯罪原因和犯罪对策的知识，而且包括刑法学、刑事政策学、监狱学和刑事诉讼法学等学科的知识。实证学派犯罪学的代表人物恩里科·菲利所著的《犯罪社会学》和巴伦·拉斐尔·加罗法洛(Raffaole Carofalo)所著的《犯罪学》，内容涵盖犯罪现象、犯罪原因、犯罪对策、刑法、刑事政策、刑罚和刑事诉讼法等，是持这种观点的代表。以加罗法洛所著的《犯罪学》为例，该书分为“犯罪”、“犯罪人”、“遏制犯罪”和“国际所依据的原则纲要”等四编。“犯罪”篇和“犯罪人”篇，无疑都是现代犯罪学理论的组成部分，而“遏制犯罪”包括刑法理论、现行刑事诉讼的缺陷和合理的刑罚体系等部分，这些显然都是现代刑法学和刑事诉讼法学的研究范围。显而易见，在最广义说的视野中，犯罪学的学科体系庞大、内容繁杂。这种观点不仅背离学科分类细化的科学总体趋势，而且会阻碍犯罪学理论的深化。

2. 广义说。即认为犯罪学是研究犯罪的事实侧面的学科。广义说认为，犯罪分为规范与事实等两个不同的层面。犯罪的规范层面属于刑事法学的研究范围，而犯罪的事实层面则属于犯罪学的研究范围。“他们认为犯罪学是一门关于犯罪现象的原因和同犯罪现象作斗争的科学”，包括侦查学、监狱学与刑事政策学。[1]广义说将犯罪学定义为研究犯罪的事实层面的学科，限缩了犯罪学的研究范围，对于促进犯罪学研究的专门化和深化，具有积极意义。然而，侦查和执行刑罚都是犯罪发生后揭露犯罪、证实犯罪和惩罚犯罪、改造犯罪人的专业活动，与犯罪解释之间并没有密切的内在联系，因此，将侦查学、监狱学等纳入犯罪学的范围并不可取。

---

〔1〕 张远煌：《犯罪学原理》（第2版），法律出版社2008年版，第6页。

3. 狭义说。狭义说在美国犯罪学中居于主流地位。美国著名犯罪学家埃德温·萨瑟兰认为，犯罪学是关于作为社会现象的犯罪和少年犯罪的知识体系，犯罪学的研究范围包括立法、违法和对违法作出反应的过程。依据狭义说，犯罪学由刑法社会学，犯罪社会学、犯罪行为社会心理学，以及刑罚、矫正社会学等三个分支学科组成。[2] 这三个分支学科大体上相当于刑法社会学、犯罪原因学与犯罪防控理论等。可见，狭义说将犯罪看成是一个与刑法有关的一般性的社会问题，犯罪学的社会学特色突出。许多美国学者也持有类似的看法。例如，美国犯罪学家杰佛瑞认为，犯罪学由查明犯罪人、处理、解释犯罪和犯罪行为等三部分构成。又如，美国犯罪学家斯奇玛利格认为，犯罪学是研究犯罪与犯罪行为的科学，研究范围包括犯罪表现、犯罪原因、犯罪的法律层面与犯罪控制等四个部分。[3] 具有强烈的社会学特色的狭义说与我国犯罪学的理论传统不相符，难以为我国犯罪学界所接受。

4. 最狭义说。即认为犯罪学的研究对象是或者主要是犯罪原因的学说。该观点是当代大陆法系国家犯罪学界的主流看法。最狭义说认为，犯罪学研究或者主要研究犯罪原因，与刑法学、刑事政策学和侦查学等学科，彼此之间既相互独立又相互联系，不存在包容关系。在此阵营中，不同学者的见解又各不相同。德国著名犯罪学家弗兰茨·冯·李斯特认为，犯罪学是刑事法律科学的组成部分，其任务主要在于阐明犯罪行为的原因。日本犯罪学者川濑晃认为，犯罪学是研究犯罪现象、犯罪原因与犯罪学理论的科学。[4]

总体上讲，最广义说和广义说都是早期的理论观点，不符合现代科学发展的专门化趋势，在当代已经式微。狭义说是当代英美法系国家犯罪学的主流观点，而最狭义说则是当代大陆法系国家犯罪学的主流观点。

（二）犯罪学的研究对象之界定

将犯罪学的研究对象界定为犯罪原因或者主要为犯罪原因，具有片面性。

1. 毋庸置疑，犯罪学必须首先研究犯罪原因，这是犯罪学的学术功能的集中体现。作为规范性的社会事实，犯罪严重地侵害个人利益和社会利益。犯罪作为社会环境的组成部分和对民众生活影响至深的社会现象，人们有兴趣和必要认识它，了解其发生的原因和变化的规律，以使犯罪现象得到合理的解释，并为制定犯罪对策奠定基础。也正因如此，犯罪原因是犯罪学研究的基本问题和核心问题。值得关注的是，近期有学者提出了不同的看法。有学者认为，犯罪原因并不是犯罪学的中心课题，而犯罪现象的存在才是犯罪学研究的中心问题。“新犯罪学的理论体

---

〔2〕［美］埃德温·萨瑟兰等：《犯罪学原理》，吴宗宪等译，中国人民公安大学出版社 2009 年版，第 1 页。

〔3〕Frank Schmalleger, *Criminolgy Today*, Prentice - Hall, Inc. 1996, p. 13.

〔4〕［日］川濑晃：《犯罪学》，成文堂 1997 年版，第 6 页。

系是以犯罪现象的存在为核心,研究犯罪现象的产生、本质、存在形态、发展变化规律和对策。"[5]应当承认,从前的中国犯罪学界深受规范法学研究范式的影响,非常重视思辨方法的运用,热衷于研究形而上学问题,却忽视对犯罪现象的状况进行科学的描述、评估和分析。许多学者对犯罪原因的研究往往是基于直觉、想象,或者以未经检验的理论假设为依据进行的逻辑推理,导致研究结论与犯罪状况之间严重脱节甚至相互背离。因此,在中国犯罪学研究的语境中,重视对犯罪现象的存在及其规律的研究,确有必要性和紧迫性。然而,这是否意味着犯罪现象的存在就应当成为犯罪学研究的中心问题,则是另外一个问题。笔者认为,犯罪原因仍然应当是犯罪学研究的中心问题,而犯罪现象和犯罪防控则是犯罪学研究的重要问题。首先,从学科功能的角度看,任何学科的根本使命都是解释研究对象,而因果解释是科学解释的基本方式。关于犯罪原因的知识就是对犯罪的存在、发生和变化作出解释,说明犯罪为何发生,以及如何发生。犯罪学研究的其他部分,包括犯罪现象的存在和犯罪预防,都不具有解释犯罪的功能。

2. 犯罪学也要研究犯罪现象和犯罪对策。犯罪现象是犯罪原因研究的对象,犯罪原因研究不可须臾离开对象而进行。犯罪原因研究必须以对犯罪状况的准确描述、评估和分析为前提,否则就只能是凭空想象,无的放矢。而研究犯罪对策则是实现犯罪学的社会功能的必然要求。犯罪学的社会功能是遏制犯罪,而研究犯罪对策就是探索预防犯罪和减少犯罪的基本策略和具体措施,因而犯罪对策是犯罪学研究的必要组成部分。早在18世纪中期,作为古典学派犯罪学的代表人物,意大利犯罪学家贝卡利亚就十分强调预防犯罪的重要性,而此后的实证学派犯罪学更是将预防犯罪和减少犯罪作为犯罪学的历史使命。19世纪后半期,在许多欧美国家,犯罪和青少年犯罪快速增长,犯罪率居高不下,累犯率屡创新高。不断恶化的犯罪状况宣告了古典学派犯罪学以罪刑相适应为基础的以刑罚预防为犯罪对策的全面失败。实证学派犯罪学派学者菲利等人猛烈抨击古典学派犯罪学理论,提出应当将犯罪研究的重心由行为转向行为人,全面研究犯罪的原因、犯罪人类型、分类性的制裁措施和预防措施等。可以说,犯罪对策既是实证学派犯罪学派批判古典学派的主要着力点,也是使理论独树一帜、成为重要理论流派的重要基石。而当代犯罪学的许多流派也都是在犯罪形势恶化,传统理论无法解释犯罪现象,或者传统理论无法提供有效对策的背景下应运而生的。犯罪学的社会功能要求犯罪学研究必须涵盖犯罪对策。事实上,多数国家的犯罪学理论框架都包含犯罪对策。

综上所述,犯罪学的研究对象是犯罪,而犯罪学的研究范围主要包括犯罪现象、犯罪原因和犯罪对策等三个部分。犯罪学的主体理论框架由犯罪现象论、犯罪原因论和犯罪对策论构成。犯罪现象论研究犯罪"是什么"和"怎么样"的问题,以

---

[5] 王牧主编:《新犯罪学》,高等教育出版社2005年版,第9页。

揭示犯罪的存在规律，犯罪原因论研究犯罪“为什么”会发生的问题，以揭示犯罪的发生和变化规律，而犯罪对策论研究犯罪现象“怎么办”的问题，以揭示犯罪的预防规律。

二、犯罪学中的犯罪

虽然犯罪是犯罪学的研究对象，但是研究犯罪的学科却不限于犯罪学。犯罪学中的犯罪应当如何界定，以及如何区分犯罪学中的犯罪与刑法学中的犯罪，就成为犯罪学研究不能回避的重要问题。

作为刑法学的基本范畴，犯罪概念在刑法理论研究中也具有重要地位。有些国家刑法还以法条专门规定了犯罪概念，实现了犯罪概念的立法化，也推动刑法学界在犯罪的概念上达成了基本的共识。自 20 世纪 80 年代以来，我国犯罪学进入快速发展期，学界十分重视研究犯罪学的基本问题，而热点问题之一便是犯罪概念。关于犯罪学的犯罪定义与刑法学的犯罪定义的关系，在理论上存有严重的争议，大体上分为三种不同的观点：其一，等同说。即认为犯罪学的犯罪定义就是刑法学的犯罪定义，或者说，犯罪学的犯罪就是在刑法上已经构成犯罪的行为。在这种观点看来，既然犯罪概念在刑法中已经有了明文规定，而在犯罪学上研究犯罪是为了打击刑法上的犯罪，就没有理由否定两者的一致性。该观点是早期的理论观点，常见于 20 世纪 80 年代犯罪学著述中。其二，包容说。即认为虽然两个学科中的犯罪的内涵基本相同，但是犯罪学上的犯罪的外延比刑法学上的犯罪广。其理由是，犯罪学研究的目的是预防犯罪和减少犯罪，需要把握犯罪发展的全过程，而许多犯罪就是由违法行为发展和演变而来的，研究犯罪不能脱离对违法行为的研究。因此，犯罪学中的犯罪不仅包括法定犯罪，而且包括违法行为。依据这种观点，犯罪学中的犯罪是严重危害社会应受处罚或者制裁的行为。犯罪学上的犯罪既包括刑法上的犯罪，却又不限于刑法上的犯罪。对比这种犯罪学的犯罪定义与刑法学的犯罪定义，就可以发现两者有“一点半相同”。“一点相同”是指两个犯罪定义都将犯罪界定为严重危害社会的行为。而“半点相同”则表现为犯罪学的犯罪定义中的“应受处罚或者制裁”，包容刑法学的犯罪定义中的“应受刑罚处罚”。但是，犯罪学的犯罪定义与刑法学的犯罪定义之间也存在差异，主要表现为犯罪学的犯罪定义不具有刑事违法性特征，而后者却是刑法学中的犯罪的基本特征之一。当前，包容说在学界居于主流地位。其三，交叉说。该观点认为，犯罪学和刑法学的研究目的不同，刑法学中给犯罪下定义是为了满足罪刑法定主义的要求，而犯罪学给犯罪下定义的目的是便于对犯罪进行研究，使之有共同的客观基础。两个学科的犯罪定义既不相互包容，也不等同，而是相互交叉。在内涵上，犯罪学中的犯罪定义以严重危害社会为其唯一的要素，不受刑事违法性的约束；在外延上，犯罪学中的犯罪包括绝大多数刑法上的犯罪、准犯罪和待犯罪化的危害行为。之所以法定犯罪没有全部地包含在犯罪学的犯罪，是因为部分法定犯罪是“待非犯罪化”

的行为,也就是说,这些犯罪已经不具有或者已经失去严重的社会危害性,犯罪学不需要对之再作研究。[6]

等同说将两个不同的学科的犯罪定义等同起来,既无视犯罪学与刑法学在社会功能上的差异,也不利于维护犯罪学的独立学科地位。虽然犯罪学与刑法学都研究犯罪问题,但是两个学科研究犯罪的目的不同。在刑法学中研究犯罪,是为了追究犯罪人的刑事责任,而在犯罪学中研究犯罪是为了遏制犯罪。不仅法定犯罪要受到遏制,而且许多违法行为也要受到遏制,这是因为有些违法行为,如吸毒、卖淫等,同样会严重地危害社会。虽然法定犯罪是应当受到遏制的主要对象,犯罪学的犯罪应当以法定犯罪为基本标本,但是却不应局限于法定犯罪。更重要的是,若将犯罪学的犯罪定义等同于刑法学的犯罪定义,就意味着犯罪学缺乏本学科的基础概念,承认了犯罪学对刑法学的依附性,无异于放弃犯罪学的独立学科地位。

包容说以犯罪学研究需要对犯罪的动态发展过程作完整分析为由,认为两个不同学科的犯罪定义存在差别,承认犯罪学的犯罪定义的独立性,并拓宽了犯罪学中的犯罪的外延,有利于维护犯罪学的独立学科地位。但是,包容说对犯罪的界定并不是建立在犯罪学的社会功能的基础之上,缺乏说服力。

交叉说认识到了两个不同学科的研究目的的差异,主张犯罪学应当确立符合本学科特点和研究需要的犯罪定义,对维护犯罪学的独立学科地位,实现犯罪学的社会功能具有重要意义。然而,它并没有使对犯罪的界定摆脱对刑法学的依赖,这是因为,所谓法定犯罪、准犯罪和待犯罪化的犯罪等,无不是以刑法规定为标准而做出的划分,不利于维护犯罪学作为独立学科的地位。

犯罪学中的犯罪的界定应当建立在犯罪学的学术功能和社会功能的基础之上。为了实现犯罪学的学术功能,揭示犯罪规律,必须以实质的犯罪为认识对象。考虑到法定犯罪与其他危害行为之间的内在联系,即其之间存在相同的存在、发生和变化规律,因此,犯罪学的认识对象既要以法定犯罪为主体,也要超越法定犯罪的藩篱,将某些违法行为和不良行为纳入其中。“犯罪学之所以对社会越轨行为感兴趣,是由于位于刑法的前缘和后缘的社会越轨行为在犯罪学中的重要性所决定的。通过犯罪化,也即通过刑事立法机关,立法者将某些越轨行为上升为犯罪;反之,也可以通过非犯罪化,将某些犯罪行为降格为社会越轨行为。犯罪行为在犯罪化和非犯罪化过程中消长。”[7]而为了实现犯罪学遏制犯罪的社会功能,犯罪学研究必须以犯罪原因的研究为基础,探索犯罪预防规律,进而提出犯罪对策。法定犯罪与其他危害社会行为之间的密切联系,决定了分析犯罪的因果关系,不可能撇开其他危害社会的行为。而且,其他社会危害的行为也会对社会造成严重的危害,

---

〔6〕 刘广三:《犯罪学上的犯罪概念》,载《法学研究》1998 年第 2 期。

〔7〕 徐久生:《德语国家的犯罪学研究》,中国法制出版社 1999 年版,第 9 页。

也应当受到遏制。因此,犯罪学中的犯罪的外延应当大于法定犯罪。

犯罪学中的犯罪,是指严重危害社会、应当受到制裁或者预防的行为及其整体。犯罪学中的犯罪属于规范性的社会现象。首先,犯罪是一种社会现象。作为社会现象,犯罪是对社会产生危害、具有社会意义的现象,不是单纯的心理现象或者生物现象。犯罪是由社会中的人实施的,对社会造成损害,并依据一定的社会规范,经社会评价而形成的异常行为,因而社会属性是犯罪的本质属性。虽然犯罪行为的发生离不开生物学因素和心理学因素,但是生物学因素和心理学因素只是其中的次要原因,并且,犯罪的生物学和心理学属性依附于犯罪的社会属性,不具有独立的意义。如果某个举止不具有社会意义,虽然该举止是在生物学和心理学因素的作用下发生的,也不是犯罪。其次,犯罪也是一种规范现象。犯罪的规范性表现为,犯罪学中的犯罪都是违反社会规范的行为,而被违反的规范既包括刑法,也包括行政法律或者伦理规范。例如,卖淫嫖娼、吸毒等违法行为违反的是《治安管理处罚法》。与社会规范无关或者完全符合社会规范的行为,都不属于犯罪学的研究对象。当然,并非所有违反社会规范的行为,犯罪学都要进行研究。只有那些严重危害社会且必须予以遏制的行为,才会进入犯罪学的研究视野。社会性和规范性是犯罪的两个基本属性,缺乏其中的任何一个属性的行为都不是犯罪学中的犯罪。如果看不到犯罪的社会性,只承认犯罪的规范性,就掩盖了犯罪的本质。而如果看不到犯罪的规范性,只是关注到犯罪的社会性,就会使犯罪混同于其他社会问题。

犯罪的结构具有横向与纵向两个不同的维度。从横向的角度看,依据违反规范的轻重程度,犯罪分为法定犯罪、违法行为和不良行为等三种类别。从纵向的角度看,依据涵盖的范围的大小,犯罪分为犯罪现象、犯罪类型和具体犯罪等三个不同的层次。

犯罪学中的犯罪具有两个基本特征:其一,犯罪是严重危害社会的行为及其整体。严重危害社会既是指犯罪的客观属性,同时也是社会评价的结果。作为犯罪的客观属性,严重危害社会是指对重大的社会利益和个人的重大利益构成侵害。作为社会评价的结果,严重危害社会是指犯罪侵害社会利益,社会要求进行干预。因此,损害他人较小的利益而只需要承担侵权责任的行为,不会被认为是犯罪。虽然都是"严重危害社会",但是犯罪学中的犯罪的内涵和外延与在刑法学中的犯罪并不相同。具体地讲,一方面,刑法中的"严重危害社会"是由立法规定的,体现了立法者的意志,因而是社会危害和政治意志的统一,而犯罪学中的"严重危害社会"则只是社会属性。另一方面,刑法中的"严重危害社会"的评价标准是刑法规范,而犯罪学中的"严重危害社会"的评价标准是社会影响和社会关注。两相比较,在社会危害程度上,犯罪学中的犯罪的"严重危害社会"的程度低于刑法学中的犯罪,前者的范围更为广泛。其二,应当受到制裁或者预防。由于犯罪对重大的社会利益和个人利益造成严重的损害或者威胁,严重地破坏了社会生活共同体的社会秩序,为了维护社会生活共同体的利益,就必须制裁犯罪行为或者对犯罪采取必要的措施加以预防。因此,受到制裁或者预防是犯罪的另一个基本属性。如果不承认这一属性,仅仅将犯罪定义为严重危害社会的行为,则不仅不符合制裁或者预防犯罪的现实,而且还背离了犯罪学的社会功能。对重大的社会利益和个人利益造成损害的行为,只让行为人承担侵权责任还不足以起到遏制作用,此时就必须让行为人承担惩罚性责任,而让行为人承担惩罚性责任的主要标志是对这种行为进行制裁。应当受到制裁是由犯罪的严重危害社会的特征所决定的。当然,不同犯罪受到制裁的方式和严厉程度并不同,有的犯罪受到的是正式的刑事制裁和行政制裁,有的则是受到非正式的道德谴责。少数行为虽没有直接损害上述利益,但是却严重背离社会规范,且有损害上述利益的可能性,也会成为犯罪学关注的问题。

由于违法行为的范围很广,既包括行政违法行为,也包括民事违法行为,犯罪学不可能也没有必要研究所有的违法行为。只有那些严重危害社会、应当受到制裁或者预防的违法行为,才属于犯罪学的研究范围。犯罪学中的不良行为指严重危害行为、尚未受到法律制裁但是应当预防的行为。自杀、少年离家出走、夜不归宿和流浪等都是常见的不良行为。

事实上,只要出现了侵害重大的社会利益或者个人利益的行为,主流社会认为应当采取措施加以遏制,犯罪学就应当研究它,它就是犯罪学中的犯罪。至于所触犯的规范是刑法,还是行政法,抑或是伦理规范,则对于该行为成为犯罪学中的犯罪没有影响。这就决定了犯罪学中的犯罪的外延实际上具有开放性,而不局限于固定数额的行为类型。

第二节　犯罪学的学科性质

犯罪学的学科性质,对犯罪学的学科建设、发展方向和学科功能的发挥都具有重要影响,因而是犯罪学基础理论研究的重要课题。犯罪学的学科性质的界定还影响着犯罪学与其他学科之间的相互关系的确立。

一、犯罪学的学科特点

相较于其他的学科,犯罪学具有四个基本的特点:

1. 研究范围的事实性与广泛性。犯罪学的研究对象是作为社会法律事实的犯罪,主要研究犯罪的事实层面,即犯罪本体,不研究或者较少研究犯罪的规范层面,犯罪违反的规范是刑法、行政法,还是道德规范,对犯罪学的研究并不会具有重大的影响。而犯罪的范围极为广泛，除法定犯罪外，还包括违法行为和不良行为。

2. 研究方法的多样性。犯罪是由在社会环境之中一定的人所实施的，引发犯罪的原因既存在于社会环境，也存在于个体自身。因此，犯罪是一种复杂的社会现象。为了认识犯罪本体，揭示犯罪规律，有必要对犯罪从不同的角度以不同的方法对犯罪的不同侧面进行研究。犯罪研究通常会综合运用社会学、心理学、生物学、法学和经济学等多个不同学科的理论和方法。

3. 研究目的的功利性。遏制犯罪是犯罪学的社会功能，决定了犯罪学的研究的目的具有鲜明的功利性。许多学科，尤其是自然科学的研究目的往往是探索未知，对研究对象作出因果解释，通常并不带有功利性。即使是作为规范法学的代表，刑法学的研究目的也不是功利性的，刑法学研究主要的目的应当是规范实现与追求正义。然而，犯罪学的研究目的却具有功利性，即在揭示犯罪规律的基础上提出有效的犯罪对策，以期有效地遏制犯罪，将犯罪控制在主流社会能够容忍的范围内。

4. 研究立场的中立性和批判性。受成长经历、教育背景和家庭出身等环境因素的影响，研究者作为社会个体，不可避免地对犯罪问题持有某种特定的立场，或者具有某种前见。但是，为了使研究的结论符合客观事实，研究者必须有意识地排除前见的影响，坚持客观中立的立场，理性地看待和分析客观存在的犯罪，既不夸大，也不掩饰。在分析犯罪的因果关系时，研究者必须严格遵循因果关系原理进行客观的判断，不掺杂个人的偏好和意志，以避免研究者个人的价值观对研究结论产生误导。研究者还要有意识地排除社会意识形态的影响，对引起犯罪的各种因素，包括社会因素、犯罪人的生物与心理因素等进行客观的分析，找出某种社会因素或者个人因素与犯罪之间的关联。而一旦某种社会因素或者个人因素被证实与犯罪的发生之间具有正相关关系，研究者就不能避讳某种因素的消极意义。

二、关于犯罪学的学科性质的理论争议

犯罪学的学科属性，在学界一直是一个存有严重争议的问题，迄今仍未达成共识。综观学界的研究成果，关于犯罪学的学科性质主要有六种不同的观点。

（一）社会学的分支学科说

社会学的分支学科说认为犯罪学是社会学的分支学科。该观点是美国犯罪学界的主流学说。在美国的犯罪学界，犯罪一般被视为是一种社会现象，而研究犯罪的犯罪学被归类为社会学。从事犯罪学研究的学者主要是社会学家，犯罪学课程和犯罪学研究机构也主要设于社会学系。在我国，也有少数学者持有类似的看法。

犯罪是规范性的社会现象，因而应当承认，将研究犯罪的犯罪学归入社会学，并不是毫无根据的。但是，社会学的分支学科说存在两个难以解决的问题：其一，割裂了犯罪学与刑法学之间的密切联系。犯罪学和刑法学之间存在密切的内在联系。一方面，在学科思想史上，两个学科几乎是同源的，许多学者既是刑法学的思想家,也是犯罪学的集大成者,贝卡利亚和李斯特都是其中的典型代表。另一方面,两个学科的研究范围之间具有密切的联系。虽然犯罪学的研究范围不以法定犯罪为限,但是法定犯罪毕竟是犯罪学研究范围的主体,且法定犯罪的社会危害性与规范违反性为在犯罪学中确立犯罪的概念,具有指导作用。在某种意义上讲,违法行为和不良行为可以被视为法定犯罪的延伸和扩展。更重要的是,如果将犯罪学归入社会学,而社会学的研究范围又极其广泛,犯罪学就只会沦为社会学中的较小的分支学科。如此一来,不仅犯罪学的社会功能难以彰显,而且犯罪的社会危害属性也会被深度掩盖,使犯罪被混同于一般的社会问题。其二,难以涵盖犯罪学的研究方法和研究成果。犯罪学研究除了要运用社会学的理论和方法外,还会使用生物学、心理学乃至于经济学、法社会学的理论和方法,犯罪学研究成果不仅有犯罪社会学知识,还有犯罪生物学和犯罪心理学知识。如果将犯罪学的性质归于社会学,就无法反映犯罪学与社会学之外的其他学科之间的内在联系,因而存在片面性。

（二）刑事法学的分支学科说

刑事法学的分支学科说认为犯罪学是刑事法学的分支学科。该观点主要盛行于大陆法系的国家,如欧洲大陆国家,以及受大陆法系文化影响较深的国家,如俄罗斯、日本。在这些国家,从事犯罪学研究的学者主要是法学家,犯罪学课程和研究机构也主要是在法学院中开设。我国大部分学者都是持这种观点的。“在刑事一体化的视野中,犯罪学作为一门学科,是辅助性与独立性的统一。”“我认为,犯罪学家应当立足于刑事法,在刑事一体化的理念中对犯罪展开理论研究。这种研究的目的在于保证刑事法的正确实施。从这个意义上来说,我们应当使犯罪学更加亲近刑事法,在刑事法的学科体系内得以发展。”〔8〕

刑事法学的分支学科说的主要理由有:其一,刑事法学是以犯罪为研究对象的学科群,而犯罪学也是研究犯罪的学科。其二,犯罪学与刑法学具有亲缘关系。不仅刑法学为犯罪学提供了犯罪的定义,而且从诞生的时间来看,先有刑法学后有犯罪学,犯罪学是从刑法学中分离出来的学科。其三,犯罪学与刑法学之间具有互动关系,即犯罪学作为刑法学的辅助学科服务于刑法学。〔9〕

该观点也遭到了一些学者的质疑。质疑的主要理由有:其一,犯罪学中的犯罪与刑法学中的犯罪并不是相同的概念。犯罪学中的犯罪除了包括法定的犯罪之外,还包括其他危害社会的行为,犯罪学的研究对象超越了刑法规范的约束。其二,刑法学并非以犯罪为研究对象,而是以刑法为研究对象的学科。其三,刑法学并未为犯罪学提供犯罪的定义,只是提供了犯罪学研究的基本标本。相反,犯罪学

〔8〕　陈兴良:《刑事一体化视野中的犯罪学研究》,载《中国法学》1999年第6期。

〔9〕　参见陈兴良:《刑事一体化视野中的犯罪学研究》,载《中国法学》1999年第6期。

在接受刑法规定的基本研究对象的同时,反过来为刑法学提供新的研究视角与研究基础。例如,刑法学中犯罪的实质定义就是一个明显的例证。其四,不能从犯罪学是从刑法学中分离出来的这一事实,得出犯罪学与刑法学之间的亲缘关系是母子关系的结论。两者的分离并不是基于相同的研究对象的个别化的分支学科的分离,而是同时受到其他科学研究的影响的结果。犯罪学在研究方法与研究对象上与刑法学有着本质区别。而且,犯罪学与刑法学是生长在同一历史文化条件下并具有共生与互动关系。"刑法学与犯罪学之间的历史亲缘关系,并不是一种'母子关系'或前提与结果关系,而是生长于同一历史和文化条件下并彼此有着一定'血缘'关系的共生和互动关系;犯罪学的历史一点都不短于刑法学的历史。从思想和文化史来看,犯罪学思想和刑法学思想同时产生,并且始终是你中有我、我中有你,相互包容,水乳相交。"〔10〕

总之,犯罪具有规范属性,而且法定犯罪是犯罪的主体部分,因此,将犯罪学归入刑事法学具有合理的依据。但是,如何反映犯罪的社会属性,以及界定犯罪学在刑事法学中的地位,仍是值得研究的问题。

(三)跨学科的综合性学科说

跨学科的综合性学科说认为犯罪学是融合了多个学科知识的综合性学科。该观点在德国和美国学界都具有重要的影响。德国著名的犯罪学家汉斯·约阿希姆·施奈德认为,犯罪学是独立的跨学科的学科。〔11〕美国学者杰佛瑞则主张犯罪学是一门科际融合的学科,并提出犯罪学的基本特征是以系统论为指引,以生物学、心理学和社会学为三大支柱,整合多学科的知识,系统研究犯罪与犯罪人,在科学与法学、犯罪学与刑事立法司法之间架设起联系的桥梁,不同于以往的法学犯罪学与片面犯罪学(单科犯罪学)。〔12〕

在中国学界,有许多学者赞同犯罪学是一门跨学科的综合性学科。关于犯罪学综合性的内涵,不同学者有不同的看法,主要有以下不同的观点:其一,笼统的综合性学科说。其特点是不特意强调某一学科的基础性作用。例如,有学者认为:"犯罪学运用生物学、心理学、社会学、精神病学、法学等学科的有关知识,研究犯罪和犯罪人,是一个综合性学科。"〔13〕其二,以社会学为基础的综合性学科说。例如,有学者认为:"犯罪学主要是以社会学为基础的融汇各种与犯罪有关的学科知识的综合性学科。"〔14〕其三,以法学为基础的综合性学科说。例如,有学者认为:犯

〔10〕 赵宝成:《犯罪学与刑法学的关系——兼谈犯罪学的性质与特点》,载《政法论坛》2001年第5期。

〔11〕 参见[德]汉斯·约阿希姆·施奈德:《犯罪学》,吴鑫涛、马君玉等译,中国人民公安大学出版社1990年版,第165页。

〔12〕 参见赵宝成:《犯罪学专论》,中国人民公安大学出版社2005年版,第26页。

〔13〕 杨春洗、高铭暄、马克昌等主编:《刑事法学大辞书》,南京大学出版社1990年版,第144页。

〔14〕 王牧:《犯罪学》,吉林大学出版社1992年版,第50页。

罪学研究“是运用法学、社会学、心理学、生物学、精神病学以及教育学等有关学科的知识进行的，所以它是一门以法学为基础的综合性学科。”〔15〕其四，以法学、社会学、心理学为基础的综合性学科。例如，有学者指出：犯罪学“是一门以法学和社会学、心理学为基础，融汇各种有关的学科知识的综合性学科。”〔16〕其五，独立的综合性学科说。有学者认为，犯罪学不属于任何一个已有的学科，而是独立于各个学科的学科门类。“犯罪学虽然借助于诸多学科的方法和理论，但它并不从属于其中任何一种学科。对犯罪对象、犯罪原因和犯罪防治对策的系统研究，是犯罪学以外的任何学科都无法替代、无法越俎代庖的。用犯罪学所求助于的任何一门学科的属性来标定犯罪学自身的属性都是不切实际的、片面的。”“犯罪学学科性质的综合性并不意味着它是诸多子学科的简单相加或多元学科群的代名词。它是一门统一的学科。首先，借助社会学、心理学、人类学的理论和方法对犯罪进行研究，形成犯罪社会学、犯罪心理学、犯罪人类学等独立的犯罪学子学科；其次，在对这些子学科的基本观点和结论进行综合的基础上形成了统一、独立的犯罪学。犯罪学既包含了各个子学科的内容，又高于这些子学科，是对这些子学科更高层次上的概括和综合。”〔17〕

应当承认，犯罪学的研究方法具有综合性。犯罪学研究方法的综合性表明犯罪学是一门新兴的多元交叉科学。然而，“跨学科研究是回事，而跨学科的科学则是另一回事”〔18〕。在学科分类上，综合性学科是否一个独立的学科门类，在理论上还没有达成共识，至少在传统的学科分类上，综合性学科或者边缘学科并不是独立的学科门类。

（四）社会医学说

有学者认为，犯罪学的学科性质为社会医学，因为犯罪现象具有社会病态的性质，犯罪原因具有社会病理的性质，而犯罪对策还具有对社会病态治疗和预防的性质。因此，它应当是一门社会医学，而不是什么刑法学的辅助学科和社会学的分支学科，同时也不是刑事科学中的独立学科和社会法学。〔19〕

值得肯定的是，社会医学说认识到犯罪学的研究对象和研究目的的特殊性，对于确立犯罪学的独立学科地位和引导犯罪研究进入正确轨道，即服从于预防和控制犯罪，具有积极意义。然而，社会医学只是一个象征性称谓，难以成为一个学科门类，因而将犯罪学界定为社会医学并不可行。

---

〔15〕　康树华、王岱、冯树梁主编：《犯罪学大辞书》，甘肃人民出版社 1995 年版，第 273 页。

〔16〕　郝宏奎：《论犯罪学的学科性质和地位》，载《公安大学学报》1996 年第 6 期。

〔17〕　郝宏奎：《论犯罪学的学科性质和地位》，载《公安大学学报》1996 年第 6 期。

〔18〕　［俄］阿·伊·道尔戈娃：《犯罪学》，赵可等译，群众出版社 2000 年版，第 25 页。

〔19〕　参见宋浩波：《犯罪学学科论》，载《中国人民公安大学学报》2004 年第 6 期。

(五)行为科学的分支学科说

有学者认为,学科分类分为学科属性归类与学科功能归类。从学科属性的分类看,犯罪学是行为科学群之中的一门独立的学科,而从学科的功能分类来看,犯罪学是刑事法学的一个分支学科。“笔者认为,学科归类可以分为两种,一种是按学科属性归类(或曰学科属性归类),另一种是按学科功能归类(学科功能归类)。按学科属性归类,犯罪学应当属于行为科学;按学科功能归类,犯罪学可以归入刑事法学(或刑事科学)。如果按照学科功能加以归类,刑事法学或刑事科学不仅包括陈兴良教授在《刑事一体化视野中的犯罪学研究》一文中所列举的刑法学、刑诉法学、刑事政策学以及犯罪学等学科,还应包括刑事侦查学、犯罪心理学、法医学、司法精神病学、犯罪被害人学以及警察学等学科。两种归类方式不应当相互排斥;按学科功能对犯罪学加以归类,不应当造成对该学科基本属性认识的模糊,更不应当导致该学科宝贵的批判精神的丢失。”他还反对将犯罪学界定为综合性学科,“仅仅笼统地说犯罪学是一门以某学科为基础的独立的综合性学科或跨学科研究,并没有最终解决该学科的属性和归类问题。笔者认为犯罪学应当属于行为科学。广义的行为科学是运用综合性方法研究在一定社会和自然环境下人的行为规律的一个学科群,犯罪学当属其中。犯罪学就是犯罪学,它与同属于行为科学的社会学、心理学、人类学、经济学以及法学等相平列”〔20〕。

该学者还认为,犯罪学与刑法学之间是“体”与“用”的关系。因为通过犯罪学的实证研究,可以获得关于犯罪的本体性与规律性的认识,而这些知识应当为刑法学研究所借鉴。首先,犯罪学研究为刑法的犯罪概念提供合理化的支撑。它具体表现为,犯罪学研究成果为刑法立法提供犯罪化与非犯罪化、刑罚化与非刑罚化的指导与建议。其次,犯罪学研究为刑法学在实现正义的同时,具有预防犯罪的效果提供基础。刑法只有以犯罪学关于犯罪发生的原因与发生机制的研究成果为基础,设置犯罪与配置刑罚,刑法的实施才会真正具有预防犯罪的作用。

行为科学的分支学科说将犯罪学定义为行为科学,并与法学、经济学和心理学等学科群相并列,虽然有利于提升犯罪学的学科地位,但是其合理性却值得怀疑。首先,与犯罪学的研究对象并不相称。犯罪虽然是人的行为,但毕竟只是非常态的行为或者病态行为,难以与作为人的常态行为的经济行为、社会行为或者法律行为相提并论。无论是经济行为还是法律行为等,都具有极为复杂、形态多样的行为形式,而每种行为对社会生活共同体的存在和运行都具有重要意义,因而都需要作深入的研究。探索研究这些行为的经济学和法学等都是极为庞大的学科群,每个学科群都内含多个不同的学科,而其中的每个学科的理论框架和内涵容量都足以与犯罪学相匹敌。其次,犯罪学研究方法的综合性决定了它难以与法学和经济学等

---

〔20〕 赵宝成:《犯罪学与刑法学的关系——兼谈犯罪学的性质与特点》,载《政法论坛》2001年第5期。

学科群相提并论。犯罪学研究通常会综合运用社会学、心理学和法学等多个不同学科的理论和方法，在某种意义上讲，犯罪学知识也可以说是其他学科在犯罪问题上的展开和延伸。由于犯罪学对其他学科具有强烈的依赖性，决定了它难以与上述学科群相匹敌。

（六）普通的社会科学说

普通的社会科学说认为犯罪学应当属于普通的社会科学。有学者指出，必须将犯罪现象作为社会现象来研究，它既是客观事实，又是方法论的需要。因为，犯罪根源于社会，本质上又危害社会。因此，把犯罪学定位于社会科学，符合犯罪学学科的实际和实现犯罪学学科任务的要求。他还认为，犯罪学的地位属于一级学科，与政治学、法学、经济学等学科处于同等的地位。因为，犯罪学事实上已经形成了一个学科群，不仅有许多二级学科，如犯罪心理学、犯罪社会学、犯罪生物学等，而且还存在一个支撑犯罪学学科存在和发展的基础理论学科群，如法学、经济学、心理学等。〔21〕 由于犯罪学研究危害社会的犯罪现象，因而将之归于社会学科并不存在疑问。

然而，将犯罪学界定为普通的社会科学，理由不够充分。一方面，作为犯罪学的研究对象，犯罪具有规范违反性，显然不同于一般的社会现象，将其定位为普通的社会科学难以反映出犯罪学的特殊属性。另一方面，将犯罪学定义为一级学科，与犯罪学的学科结构和内涵容量不相符合，存在与行为科学的分支学科说相同的问题。

三、犯罪学的学科性质的界定

受理论框架和内涵容量的限制，犯罪学难以与法学、社会学等学科相匹敌而成为独立于这些学科之外的一级学科。需要研究的问题是，犯罪学应当归入哪种一级学科。总体地看，由于犯罪具有社会属性和规范属性，犯罪学的研究对象与社会学和法学都具有极为密切的关系，与其他学科之间不存在内在的联系，因而犯罪学的学科性质理应在社会学与法学或者刑事法学之间作出选择。犯罪原因主要存在于社会环境，而犯罪不仅违反社会规范，对社会造成危害，并且是社会评价的结果，因而犯罪是社会行为或者互动的社会现象，属于社会学的研究对象的组成部分。在这个意义上讲，社会学的分支学科说具有一定的合理性。但是，犯罪学所研究的犯罪又不是一般的社会行为或者互动的社会现象，而是危害社会的社会行为和社会现象，具有区别于社会学其他研究内容的特殊性质。而且，犯罪的规范属性与法学之间具有更密切的关系，因为法学就是研究法规范的科学。从研究对象上看，刑事法学的分支学科说更具合理性。更重要的问题是，犯罪从来就是作为危害社会而亟待解决的社会问题存在的，犯罪学研究犯罪的出发点和犯罪学的社会功能是

---

〔21〕 参见王牧主编：《新犯罪学》，高等教育出版社 2005 年版，第 9 页。

为了遏制犯罪,因而探求有效的犯罪对策是犯罪学研究的归宿。而刑事法学研究刑事法,以惩罚犯罪和预防犯罪为宗旨,刑法学、刑事诉讼法、监狱学和侦查学等都是从不同的角度和不同的环节实现惩罚犯罪和预防犯罪的目标的学科。因此,犯罪学的社会功能与刑事法学的研究目的十分契合。相反,社会学的研究目的主要是解释社会行为或者人与社会的互动关系,而不是探求解决某些社会问题的对策,因而社会学的学科性质与犯罪学的社会功能并不一致。总之,将犯罪学定位为刑事法学学科是妥当的。"真正解决犯罪包容的所有问题,还必须依赖法学犯罪学家","因为我们的学者不仅仅是提出某些问题,法学教育也能使他们在必要的场合提出解决这些问题的具体方法"。〔22〕

将犯罪学的学科性质定位为刑事法学的基础性学科和应用性学科,还有利于犯罪学的学术功能和社会功能的实现。理由主要有:

其一,将犯罪学归类为刑事法学,既有利于犯罪学的学术功能的实现,也有利于其他刑事法学的学术功能的实现。法定犯罪是犯罪的基本标本,因而犯罪的违反规范性的主要规范就是刑法。刑法学对刑法规范和刑法原则的解释和论证,为正确地理解犯罪的违法性质奠定了基础,不仅有利于犯罪学研究者更客观、准确地认识犯罪,助益实现犯罪学的学术功能,而且,有了刑事法学提供的关于犯罪的规范违反性知识和对犯罪的司法反应的知识,犯罪学的知识体系可以减少该部分内容,而突出对犯罪现象、犯罪原因和犯罪对策的研究。如果不将犯罪学视为刑事法学的学科,关于犯罪的规范违反性的知识就必须成为犯罪学知识体系的组成部分,如此一来,不仅模糊了犯罪学知识的重点在于揭示犯罪规律和探求犯罪对策,而且即使在犯罪学中介绍这些知识,接受知识的人也不可能达到掌握刑事法学知识的人的理解程度。美国犯罪学教材包含大量关于刑法和刑事诉讼法的知识,就是因为犯罪学被视为社会学学科,需要补充关于犯罪的规范违反性的知识。而在大陆法系国家的犯罪学著述中少见这些知识,就是因为犯罪学在这些国家被视为刑事法学,关于犯罪的规范违反性的知识是刑事法学知识的组成部分。

将犯罪学定位为刑事法学还有利于实现刑事法学的学术功能。刑事法学的研究对象为刑事法,只研究犯罪的规范层面的问题。虽然刑事法具有独立性,并不依赖于犯罪本体,但是如果不了解犯罪"是什么"、"怎么样"以及"为什么"发生,刑事法学关于犯罪的认识就会与犯罪现实脱节,甚至与犯罪相背离。而将犯罪学界定为刑事法学,并与刑法学、监狱学等学科构成刑学科群,才会补足刑事法学关于犯罪本体的知识,增强刑事法学认识犯罪的深度和准确性。

其二,将犯罪学归类为刑事法学,有利于犯罪学的社会功能的实现。实现犯罪学的社会功能要求犯罪学与刑事法学相互配合。无论是理论研究还是各国治理犯

---

〔22〕 参见[俄]阿·伊·道尔戈娃:《犯罪学》,赵可等译,群众出版社2000年版,第27页。

罪的实践，无不承认犯罪对策的措施体系具有综合性。犯罪对策的措施体系主要由社会预防、刑罚预防、情境预防和被害预防构成。在四种预防措施之中，社会预防属于治本性措施，而刑罚预防、情境预防和被害预防则属于治标性措施。虽然治本措施是预防犯罪的根本性措施，但是由于参与主体众多，不便协调，以及需要投入的资源数额巨大，难以为继，实际上各国政府组织实施的社会预防开展得并不充分。相反，应对犯罪的法律却是自古以来就长期存在的，而刑罚预防又是建立在刑罚的惩罚与威慑功能的基础之上，预防效果明显，因而深受各国政府的信赖。可见，刑罚预防是犯罪对策措施体系的重要组成部分。将犯罪学归入刑事法学，可以使犯罪对策的措施体系在一个学科群内得到完整的研究，有利于犯罪对策的制定和推行。

总之，犯罪学是以法学为基础，社会学、心理学和生物学研究为基点、以犯罪为研究对象的综合性学科，为刑事法学的分支学科。在刑事法学的学科群中，犯罪学既是刑事法学的基础性学科，也是刑事法学的应用性学科。首先，犯罪学是刑事法学的基础性学科。犯罪学通过对犯罪本体进行事实层面的研究，客观地揭示出犯罪的原因和发生机制以及刑罚效果，为刑法学研究确立正确的犯罪观和刑罚观，奠定了坚实的事实基础，对于推动刑事法学的健康发展具有重要意义。其次，犯罪学也是一门应用性明显的学科。通过对刑罚适用效果的实证分析，可以为刑事立法完善的方案提供数据支持；犯罪学对犯罪对策的研究，可以指导立法机关和司法实践部门确立正确的刑事政策，采取协调一致和合理有效的预防犯罪措施体系，科学地同犯罪作斗争。

第三节　犯罪学的研究范式

犯罪学的学科不成熟和知识贫困是学界对当前我国犯罪学研究状况的基本评价。学科不成熟主要表现为学界对犯罪学的学科功能、研究对象和理论体系等基本问题都没有形成的共识，而知识贫困则表现为理论创新不足，研究成果的社会影响薄弱。犯罪学的学科发展和理论研究差强人意的成因较多，而重要原因之一应当是中国犯罪学的研究范式还没有真正得以确立。

一、关于犯罪学的研究范式学说之梳理

自美国学者库恩提出范式的概念以来，范式就成为科学领域的重要理论工具。我国犯罪学界有许多学者积极引入范式概念，探讨犯罪学研究的基本问题。纵观学界当前关于犯罪学的研究范式的研究状况，主要有四种代表性的观点。

(一)四维范式说

四维范式说认为犯罪学的研究范式是犯罪研究的理论基础,表现为变量等级、分析轴、研究方法和理论框架等四个方面。变量等级是指影响犯罪的各种因素,包括生物因素、心理因素、社会因素和自然环境因素。它们虽然都是影响犯罪的变量,却处于不同的变量等级,而其中的关键因素是生物因素和社会因素。所谓分析轴,"实际上是为研究提供分析的主干线及其上的关键点"。犯罪学的分析轴分为宏观与微观两个维度,"前者关注社会整体的犯罪现象,后者聚焦于特定情境下的犯罪人"。犯罪学的研究方法,包括经验性方法和思辨性方法,"犯罪学是经验性、思辨性研究的综合"。犯罪学的理论框架是由横向和纵向两个维度组成的立体模式,犯罪学的横向研究分为实证、理论和对策三个层面,而犯罪学的纵向研究由总论和分论共同构成。[23]

四维范式说的特点是外延较为广泛,涵盖犯罪原因分析、研究方法和学科体系等三大方面。关于应当运用经验性方法和思辨性方法的主张,反映了犯罪研究的客观现实和内在规律,具有可取性。作为犯罪学研究对象的犯罪的本质属性,是犯罪学研究的前提性假设,对犯罪学研究具有方向性和基础性的影响,理应属于犯罪学研究范式的重要组成部分,然而,它却不在研究范式之中,不能不说是一大缺憾。而将生物因素称为犯罪的关键因素,则与关于犯罪原因研究的基本结论不相符合。总体上看,四维范式说中的研究范式偏重犯罪学研究的形式问题和结构问题,不够全面,且有些观点存有可商榷之处,若以此作为研究范式,必定会制约犯罪学的学科发展。

(二)对象范式说

对象范式说认为犯罪学的研究范式是潜在于犯罪学实体理论中关于研究对象的意向性假定,以犯罪观、工具性知识框架和犯罪学典范等形式表现出来。犯罪观是关于犯罪根本属性的基本假设,工具性知识框架是引进犯罪学研究的外来概念系统及其科学成果,如自我、本我、社会化等,而犯罪学典范是标志着作为独立学科的犯罪学历史性进步的科学成就,古典犯罪学和实证犯罪学都是犯罪学典范。三者相互包容,其中犯罪观是犯罪学范式的核心和精髓。[24]

对象范式说将研究范式界定为由犯罪观、理论工具和研究方式等三种形式构成的假设,从最基本的关于犯罪的理论假设,到研究工具,再到研究方式,形成了有关犯罪学理论假设的纵向结构,对于犯罪学研究具有重要的启示意义和指导作用。犯罪学的学科功能、犯罪学的研究对象、研究方法和理论体系等犯罪学的基本问

---

〔23〕 参见张小虎:《犯罪学的研究范式》,载《法学研究》2001 年第 5 期。

〔24〕 参见白建军:《论犯罪学范式》,载王牧主编:《犯罪学论丛》(第 1 卷),中国检察出版社 2003 年版,第 600 页。

题，对犯罪学研究的方向性和科学性具有深刻的影响，应当属于犯罪学的研究范式的组成部分，然而，在对象范式说中却未有涉及，因而对象范式说具有明显的片面性。

（三）范畴范式说

范畴范式说认为范式对范畴具有依存关系，范式体现为一定数量的范畴的结构关系。范式的探寻路径一般是从普通范畴和基本范畴中提炼出中心范畴和基石范畴，并在基石范畴的基础上升华出研究范式。犯罪学的中心范畴包括犯罪、被害、犯罪原因和犯罪预防，而犯罪预防是犯罪学的基石范畴。依据基石范畴，犯罪学理论体系分为犯罪及犯罪现象论、被害论、犯罪原因论和犯罪预防论等四个部分。[25]

范畴范式说将范式与范畴紧密连接，将犯罪学的范畴分为普通范畴、基本范畴、中心范畴和基石范畴等四个不同层级，并以基石范畴为依据构建犯罪学的理论体系。应当承认，范畴是学科研究的基本工具和方式，没有任何学科研究可以离开范畴，因此，重视范畴的理论地位，并以基石范畴构成理论体系，具有相当程度的合理性。然而，范畴毕竟不可能是范式的全部，而只可能是范式的一部分。学科功能、研究方法等犯罪学研究的基本假设和研究程式，都应当归属于研究范式，在范畴范式说中却不见踪迹。更重要的是，被害原本属于被害人学的研究对象，并不在犯罪学的研究范围之内，而在范畴范式说中未作严谨论证，就被视为犯罪学理论体系的四大组成部分之一，不免有失轻率。

（四）学派范式说

学派范式说认为犯罪学有多个不同的范式，而各个学派就是犯罪学的范式。有学者提出，犯罪学范式是理论成熟、稳定时表现出来的特征，是理论的个性。范式包含理论的特有范畴、特定理论框架、特别的话语；及理论的基本信念、基本假定、基本原则；理论的时空界限、关注点、兴趣点、侧重点；理论的独特方法。但是，基本立场和基本方法是其中的两个核心。犯罪学理论可以有多种中心范畴和多种研究方法，形成范式的并存与争论对话。“犯罪学上范式是多层次的体系，它实际指各种学派。”迄今为止，共形成了四种犯罪学研究范式：人类学研究范式、犯罪社会学范式、被害人学范式和整合理论范式，并主张中国犯罪学应当采用犯罪社会学范式。[26]

还有学者提出，犯罪学理论范式是在犯罪学理论研究中被一些研究者共享和使用的核心概念、基本观点和研究方法的总和；犯罪学理论研究范式主要有社会学

---

〔25〕 参见张旭、单勇：《犯罪学研究范式论纲》，载《法学评论》2005年第4期。

〔26〕 参见李世清：《我国犯罪学研究范式初探》，载《云南大学学报（法学版）》2005年第6期。

范式、心理学范式、生物学范式和整合范式。[27] 另有学者认为，犯罪学的范式是有关犯罪和犯罪研究的基本前提假设和理论基础，即对犯罪本质的基本看法、用以描述和分析犯罪的概念选择以及分析研究所采用的策略。犯罪学的研究范式包含犯罪本体论观念和认识论方法论观念，犯罪的基本理论假设，犯罪研究领域和兴趣主题，以及犯罪的基本政策纲领。犯罪学的范式分为"古典犯罪学范式"、"犯罪学的生物学范式"、"犯罪学的心理学范式"、"新实证犯罪学范式"和"后实证犯罪学范式"等。[28]

不难看出，学派范式说中的有些用语极为空洞，内涵不清，如"特别的话语"、"理论的独特方法"和"犯罪的基本政策纲领"等。更重要的是，作为科学共同体的共识，研究范式应当是所有同一学科的研究人员普遍遵行的基本假设和准则，属于理论的共性。而不同学派则在基本假设和准则之上形成不同的立场和理论主张，是范式的延伸和具体化，展现了研究范式也具有理论的个性的一面。因此，范式应当是理论的共性和个性的统一。学派范式说只强调范式是理论的个性，而否定范式的共性，显然是片面的。更值得一提的是，不同的学派的立场和理论主张往往是相互矛盾的，如果认为研究范式等同于学派，实际上是对犯罪学范式的否定。总之，学派范式说不仅背离研究范式的本质，还会导致犯罪学学科共同体的分裂和解体。

二、犯罪学研究范式的界定

范式是美国科学哲学家托马斯·库恩在研究科学发展史、总结多种自然科学演变过程的基础上，最早提出的理论概念。不过，他在多个场合提到的范式的含义却不完全相同。有学者对此进行过统计，他仅在《科学革命的结构》一书中，就在21种不同的意义上使用范式这一概念。加之，其他学者陆续加入讨论，对范式的内涵发表不同的看法或者在对某些内容的研究上套用范式，致使范式的内涵不断演化和复杂化。当下，关于应当如何定义范式，在理论上存在严重的争议。我国有学者对范式的内涵进行了归纳，认为范式具有"全新的理解系统"、"全新的理论框架"、"全新的理论背景"、"一种方法论和一套新颖的基本方法"和"表征一种学术传统和学术品格"等五层含义。[29] 该观点揭示了范式的多层含义，涵盖了理论假设、理论框架和研究方法等范式的基本内涵，对明确范式的内涵具有重要的启示意义。不过，该观点对范式的全新性或者新颖性的过分强调，则并非库恩的本意。

在范式的含义多样化的背景下，明确范式的内涵的正确途径应当是回到范式

---

〔27〕 参见张远煌、吴宗宪等：《犯罪学专题研究》，北京师范大学出版社2011年版，第36页。

〔28〕 参见杨方泉：《犯罪学研究范式之我见》，载《法学评论》2013年第1期。

〔29〕 参见张文显、于宁：《当代中国法哲学研究范式的转换——从阶级斗争范式到权利本位范式》，载《中国法学》2001年第1期。

的本义。只要范式的本义得以确立,引申义就容易确定了。库恩在《科学革命的结构》一书的序言中对范式的含义所作专门的说明,应当是确定范式本义的可靠依据。"我所谓的范式通常是指那些公认的科学成就,它们在一段时间里为实践共同体提供典型的问题和解答。"[30]由此可见,范式的本义是指科学共同体在一定时间内关于研究对象、理论假设和研究方法等学科的基本要素的基本共识,具有共同性、时间性、基础性和平台性等特性。

犯罪学研究范式的界定必须以当下学界关于犯罪学基本问题的共识为基础。自犯罪学诞生以来,历经了古典学派犯罪学、实证学派犯罪学和现代犯罪学等三个不同历史时期,而在每个时期又分别涌现了多个杰出的学者或者数量庞大的理论流派。事实上,这些学者提出的学说或者理论流派的理论假说和研究方法并不都是科学的。有些犯罪学理论经过了实证研究检视,被证明是正确的,但是,也有些理论假说被证明是错误的。以龙勃罗梭的"天生犯罪人说"为例,多个实证研究报告已经证明,并不存在所谓的"天生犯罪人"类型。即使某种理论在犯罪学历史上曾具有重要地位,但是只要最终被证伪,就不能成为确立犯罪学研究范式的基础。而只有那些迄今被证明是正确的犯罪学理论和假说,才能成为确立犯罪学范式的理论来源。

在笔者看来,犯罪学范式是指犯罪学共同体关于犯罪学的学科功能、研究对象、研究方法、理论框架和理论假说的基本共识。不仅作为犯罪学的基本要素,犯罪学的学科功能、研究对象、研究方法和理论框架等,都是犯罪学研究范式的组成部分,而且围绕着基本要素所形成的诸多理论或者假说,也应当在犯罪学范式中占有一席之地。如果说犯罪学的基本要素等是犯罪学研究范式的纵向结构,那么,犯罪学的理论假说就是犯罪学研究范式的横向结构。

首先,犯罪学的研究范式是学界关于犯罪学的学科功能、研究对象、理论假设和研究方法等基本要素的基本共识,具有共同性。在库恩提到的"问题和解答"中,所谓"问题"实际是指科学的研究对象和学科功能,而"解答"就是当然是科学研究的研究结论和研究方法。任何学科都有特定的研究对象,而研究对象之中的各种问题,就是科学研究的具体内容。研究方法对科学研究具有基础性和方向性的影响,研究方法运用得当往往会得到正确的研究结论,而运用得不当,则得出的结论必定是错误的,因此研究方法也是"解答"的一部分。只有犯罪学界在犯罪学的研究对象、研究结论和研究方法等问题上达成的基本共识,才是犯罪学的研究范式,相反,某种观点只为某个犯罪学学者个人所持有,而没有得到犯罪学共同体的普遍认同,就不是犯罪学研究范式的组成部分。

其次,犯罪学研究范式是在当下犯罪学共同体的共识,具有时间性。犯罪学的

---

[30] [美]托马斯·库恩:《科学革命的结构》,金吾伦、胡新和译,北京大学出版社2003年版,第4页。

研究范式一经形成,就会对后来的犯罪学的研究活动和研究结论产生深刻的影响。但是,犯罪学的研究范式并不是一成不变的,也会经历形成、推广和衰落的过程。因此,任何犯罪学的研究范式都是在一定时期内影响着犯罪学共同体的研究活动,而经过一段时间后,研究范式的内涵必定会发生改变,导致新的研究范式的产生。正是因为研究范式的适时更新,才会引导犯罪学共同体不断改变理论假设和研究方法,使得科学研究的成果持续推陈出新,日臻成熟。

再次,犯罪学研究范式是犯罪学共同体的基本共识,具有基础性。犯罪学的研究内容繁多,并不是对所有内容的研究成果都是研究范式。犯罪学的研究范式的外延仅限于关于犯罪学的研究对象、理论假设和研究方法等学科基础性问题的共识,而其他内容即便是共识,也不是犯罪学研究范式的组成部分。

最后,犯罪学研究范式是开展犯罪学科学研究的理论基础,具有平台性。作为犯罪学共同体的成员,每个犯罪学研究人员会遵守研究范式,也就是说,尊重犯罪学研究的基本理论假设,运用得到认同的研究方法,对犯罪学的研究对象范围内的各种问题展开研究。研究者的理论创新,是尊重研究范式的前提下在研究内容上的创新。如果某个学者的基本假设等与研究范式存在根本性背离,则意味着研究者对范式进行了创新,而研究者的创新是否为学界所接受,以致成为新的犯罪学研究范式,则取决于创新者的研究成果是否科学,能否超越现有的知识体系。

三、犯罪学研究范式的展开

在确定了组成部分之后,犯罪学研究范式的界定还应当进一步明确各组成部分的内涵,两者的有机结合才是犯罪学研究范式的全部,也才能为犯罪学的研究活动提供理论指导,为犯罪学研究结论的科学性提供保证。

(一)犯罪学的学科功能

关于科学的功能在学界有不同的认识。例如,有学者认为,科学具有认识功能、转化为物质生产力的功能和教化、管理功能。[31] 还有学者认为,科学具有技术功能、学术功能和社会功能,学术功能是其中的最基本功能。[32] 其实,虽然不同学科的功能存有差异,但是在总体上可分为认识功能和社会功能两大类。而以社会现象或者社会行为为研究对象的社会科学的功能,也不外乎认识功能与社会功能两大类。有学者提出,社会科学具有认识功能、“提升”功能、管理决策功能和论证批判功能等四种功能。[33] 其中的第一种功能为认识功能,而后三种功能都是社会功能。

所谓认识功能,也称为解释功能,是指科学揭示研究对象及其发生、发展和变

---

〔31〕 郭淑新、双伍:《试论科学的功能》,载《安徽师大学报(自然科学版)》1994 年第 3 期。

〔32〕 袁方主编:《社会研究方法教程》,北京大学出版社 1997 年版,第 5 ~6 页。

〔33〕 刘兴、吴忠:《论社会科学的特点和功能》,载《学术界》1988 年第 4 期。

化的客观规律的功能。所谓社会功能是指科学作为知识体系,具有指导社会实践活动的功能。作为社会科学的一个门类,犯罪学也具有独特的认识功能和社会功能。对于犯罪学来说,认识功能主要表现为解释犯罪,即揭示犯罪的客观规律,明确犯罪原因和犯罪发生机制,告诉大众为何犯罪会发生,犯罪因何而变化,也就是说,解决犯罪“是什么”和“为什么”的问题。犯罪学从来都是问题科学,具有解释功能是犯罪学的首要的存在价值,犯罪学理论的诞生和发展无一不与犯罪问题的解释有关。在欧洲的封建社会末期,阶层等级森严,权利义务严重不对等,社会矛盾尖锐,犯罪成为严重的社会问题。为解释犯罪问题,古典学派犯罪学应运而生。而实证学派犯罪学的崛起则与19世纪后期欧美国家的犯罪状况严重恶化直接相关。历经第一次工业革命和第二次工业革命后,欧美国家在19世纪后期进入了快速的工业化和城市化时期,贫富差距明显加剧,社会矛盾更加凸显,犯罪急剧增长。主张罪刑均衡和刑罚缓和的古典学派犯罪学对此无法作出合理的解释,因而饱受社会的批评和学界的质疑。在科学主义思潮的影响下,有些学者运用实证研究方法,从犯罪人自身或者外部环境中寻找犯罪的原因,对之作出解释,由此崛起了实证学派犯罪学。

犯罪学的社会功能也是毋庸置疑的。犯罪学的社会功能则表现为对犯罪防控提供对策,主要表现为提供犯罪防控的模式、措施体系和具体的防控措施等方面的知识。犯罪学研究在分析犯罪原因和犯罪发生机制的基础上,更要提出犯罪对策,解决对犯罪应当“怎么办”的问题。这既是学科逻辑的必然结果,也是犯罪学作为对策科学的学科性质的必然要求。作为学科逻辑,在描述犯罪和解释犯罪之后,犯罪学应当研究犯罪的对策或者犯罪预防。如果犯罪学在提出问题、分析问题之后,不探讨如何解决犯罪的问题,那么学科的结构就是不完整的。而犯罪学科的性质,更是要求犯罪学研究提供犯罪对策的知识。这是因为,从犯罪学科的历史看,犯罪学一直是一门对策科学。这是因为,犯罪学理论大多是在犯罪成为严重的社会问题、亟须得到控制的社会背景下诞生的,因而犯罪预防或者控制通常是犯罪学理论的重要组成部分。更有甚者,还有些犯罪学理论放弃对犯罪原因的探究,而专门研究犯罪预防问题,如20世纪后期在英国和美国出现的环境犯罪学派就是例证。从当下犯罪学的理论体系看,在日本,有部分学者只研究或者主要研究犯罪原因,而不研究犯罪对策,视犯罪对策为刑事政策学的组成部分。然而,研究犯罪对策不可能撇开对犯罪原因的分析,因而包含犯罪对策的刑事政策学必定会与犯罪学在学科体系上相互重叠,致使两个学科的科际界限不清。

(二)作为研究对象的犯罪

如前所述,犯罪学中的犯罪是指严重危害社会、应当受到制裁或者预防的行为及其整体。从横向的维度看,依据所触犯的规范的性质,犯罪分为法定犯罪、违法行为和不良行为等三种不同的性质。从纵向的维度看,犯罪分为犯罪行为、犯罪类型和犯罪现象等三个不同的层次。首先,是作为个别的犯罪行为。犯罪行为是指在特定的情境之中由特定的犯罪人针对被害人所实施的侵害的社会事实,由犯罪人、被害人、犯罪原因、犯罪行为和社会危害等多方面因素构成。其次,是作为部分的犯罪类型。依据一定的标准,犯罪行为可以划分为不同的犯罪类型,如未成年人犯罪、暴力犯罪、经济犯罪、女性犯罪等。每种犯罪类型都有特殊的犯罪规律,值得作专门的研究。最后,是作为整体的犯罪现象。犯罪现象是由所有的犯罪行为所组成的有机整体、结构和趋势。犯罪现象可以通过发案数、被逮捕人数、被判刑人数、犯罪率、犯罪结构和犯罪人结构等指标加以描述、评估和分析。犯罪学研究既可以从横向维度,选择某种性质的犯罪进行研究,也可以从纵向维度,选择某种层次的犯罪进行研究。

(三)研究方法

犯罪学研究必须坚持思辨研究方法与实证研究方法的并用。思辨研究方法是早期的社会科学研究普遍常采用的研究方法,古典学派犯罪学是运用思辨研究方法而形成的理论学派。19 世纪后期,受到科学主义思潮的影响,许多社会科学家开始运用实证研究方法开展研究活动。犯罪人类学派率先使用观察、记录和统计等实证研究方法,对犯罪人和犯罪行为进行深入的研究,“天生犯罪人说”就是该学派运用实证研究方法得出的理论成果之一。时至今日,两种研究方法的联合使用,是犯罪学研究的基本常规,有的学者先通过思辨研究方法提出理论假设,后通过实证研究方法来加以验证,有的学者在实证研究的基础上提出理论假设,后进行学理论证,再通过实证研究进行验证。两种研究方法的并用,会极大提高研究结论的可靠程度。当前,我国犯罪学界在研究方法上存在的问题主要表现为思辨研究多而实证研究少,以及实证研究与思辨研究相脱节,致使我国犯罪学理论研究的创新能力不足和研究成果服务社会的能力薄弱。

(四)犯罪解释

犯罪类型的多样性和犯罪人的千差万别,决定了犯罪解释的复杂性。解释犯罪主要是通过犯罪原因研究和犯罪发生机制研究来实现的。根据犯罪原因的来源,犯罪原因分为犯罪的社会原因与犯罪的个体原因。所谓犯罪的社会原因是指引发犯罪的社会环境因素。所谓犯罪的个体原因是指存在于犯罪人自身、引发犯罪的生物因素和心理因素。在犯罪的社会原因与个体原因的关系中,犯罪的社会原因是犯罪的主要原因,而犯罪的个体原因是犯罪的次要原因。即使在由具有危险人格的犯罪人实施的犯罪行为中,社会原因仍然是主要的,因为犯罪人的危险性格也是由社会环境因素造就的。而犯罪发生机制是多种犯罪原因依据一定的次序,相互作用共同导致犯罪发生的环节和过程。犯罪原因的研究提示的是犯罪为何会发生,而犯罪发生机制揭示的是犯罪是如何发生的。受理论工具欠缺和研究环境不佳的限制,当前学界主要热衷于对犯罪原因或者犯罪因素的研究,而犯罪发生机制的研究则被忽视，削弱了犯罪学理论犯罪解释的能力。

（五）犯罪对策

犯罪对策，是指采取一定的措施使犯罪不发生或者减少发生。犯罪对策包含犯罪预防与犯罪控制两个部分。关于犯罪对策，实证学派犯罪学提出的刑罚预防与社会预防相结合是早期的犯罪对策模式。德国犯罪学家和刑法学家李斯特提出了“最好的社会政策，也是最好的刑事政策”的口号，认为应当采取社会政策和刑事政策相结合的方法应对犯罪，其中，消除犯罪的个人原因，是刑事政策的任务，而消除犯罪的社会原因，则社会政策的任务。在20世纪中期后，环境犯罪学理论和犯罪被害人学理论的发展，提出了针对犯罪情境的情境预防和针对被害原因的被害预防等两项对策。当前，犯罪对策体系已经形成了社会预防、刑罚预防、情境预防和被害预防等四个层面构成的立体预防模式。

（六）理论框架

犯罪现象是分析犯罪原因的对象，研究犯罪原因不可须臾离开对象而进行，否则，所谓的犯罪原因研究就只能是天马行空，无的放矢。而研究犯罪对策则是实现犯罪学的社会功能的基本途径。因此，犯罪学理论体系的主体部分由犯罪现象、犯罪原因和犯罪对策等三大部分构成。此外，犯罪学概论也应当是犯罪学学科体系不可或缺的基础部分。概而言之，犯罪学的理论体系由犯罪学概论、犯罪现象论、犯罪原因论和犯罪对策论等四个部分构成。犯罪学概论主要研究犯罪学、犯罪和犯罪学理论等基础性知识；犯罪现象论研究犯罪“是什么”和“怎么样”的问题，以揭示犯罪的存在规律；犯罪原因论研究犯罪“为什么”会发生的问题，以揭示犯罪的发生和变化规律；犯罪对策论则研究犯罪现象“怎么办”的问题，揭示犯罪的预防规律和预防措施。

上述六个方面，构成犯罪学研究范式的基本内涵。以此为基础，开展犯罪研究活动，将更易于获得科学的研究成果，理论创新和服务社会的水平必然会得到提升。当然，犯罪学研究范式并不排斥研究者采取不同学科的理论和方法，对犯罪进行不同层面或者侧面的研究，从而形成不同的个性范式，如社会学范式、心理学范式和生物学范式等。但是，这些范式，都以承认犯罪学共同体关于犯罪学的基本要素和理论假说的基本共识为前提，因而不是对犯罪学研究范式的否定，而是对犯罪学研究范式的深化。

虽然变动不居是社会发展的永恒规律，但是社会的变动只是带来犯罪学研究的社会背景的变化，并不会成为犯罪学研究范式发生根本性改变的原因。

第二章　犯罪学的研究方法

第一节　犯罪学研究的内涵、基本特征和基本原则

当代犯罪学领域的绝对主流研究范式毫无疑问是社会科学研究范式。在这一研究范式之下，涌现出了意大利学派，芝加哥学派等极具影响力的学术流派，同时犯罪学领域几乎所有的具备高认可度的主流理论也都是源自这一研究范式。有鉴于此，作为研习犯罪学的学者，必须对社会科学研究范式有深刻的理解和熟练地掌握。

一、犯罪学研究的社会科学内涵

（一）唯物主义本体论

唯物主义本体论在对世界的根本认知上坚持物质第一性意识第二性，认为物质世界是客观实在，强调认识是人对客观实在的反映，并申明世界是可以认识的。

唯物主义在自然科学界的地位自近代以来一经确立，在此之后很少面对挑战。其中的原因很简单：自然科学的研究对象是完全独立于人类意识的事物与现象，其客观性不言自明。所以在排除了早期神秘主义干扰并初步证明了科学观测手段的有效性之后，唯心主义就再难对自然科学的唯物性提出有力的质疑。

与之相对的，在人文领域，由于作为其研究对象的人类思维，情感，行为以及在此基础之上的互动都充满了主观色彩，因此唯心主义与唯物主义认识论的对峙却旷日持久。实际上，现代西方哲学在对待思维和存在，行为与动机的关系上，也往往倾向于唯心主义的基本原则。站在犯罪学的基本范畴来说，其研究的对象是人类思维，情感，行为以及在此基础上的社会化互动。这些对象都是独立于认识主体的客观的存在，第一是可认识的，第二其认识路径同样应是从物质到意识的。因此唯物主义本体论应是犯罪学研究的基本属性。

（二）实证主义认识论

实证主义是一种认为社会生活可以通过应用类似于自然科学的研究方法加以客观而科学地研究的理论思潮。这一思潮首先于 19 世纪早期以社会学实证主义

的形式兴起,其肇始者是法国学者圣西蒙(Comte de Saint - Simon)和孔德(Auguste Comte)。前者被认为是"实证主义"(Positivism)一词的发明者,后者则被认为发明了"社会学"(Sociology)一词。孔德将社会学描述为对社会的科学研究,其最终任务是发现那些对人类社会的性质起主导作用的社会规律与法则。从启蒙运动时期开始的现代实证主义研究则深深植根于那种认为社会生活可以通过应用严谨的科学研究手段加以理解并进而加以控制的观念。

(三)科学方法论体系

在早期犯罪学以及其他社会科学、行为科学研究中存在一个错误的认识,就是只要坚持唯物主义,以经验性的实证观察作为理论建构的基础,就可以取得符合科学标准的研究成果。这一观点的谬误之处在于将人类的观察所得与世界的客观存在无根据地等同,而没有看到人类认识手段在各种主客观条件限制下对客观世界发生观察误差的现实危险。这一错误认识所导致的直接后果就是在早期实证主义社会科学,包括实证主义犯罪学研究中出现的各种来自经验性观察,却随后被证明为错误的理论观点,比如龙伯罗梭基于对犯罪人的生理学及病理学实证研究所提出的"返祖论"学说,在后续的研究中就被证明是完全错误的。

实证主义哲学指导下的认识世界的努力由于上述被证伪的情况的反复出现,甚至引发了更深层次的危机:在反唯物论者看来,实证主义的整个认识论基础乃是建立在对于客观世界可知性的信心之上,而实证主义研究的反复被证伪却严重撼动了这一信心。针对实证主义的这一挑战,在社会科学领域所积聚的声势尤甚于在自然科学领域。究其原因,无非是因为作为社会科学观察研究对象的人类思维、行为及社会化互动相较自然现象复杂程度更高,观测难度更大,误差趋势更强,从而更容易被证伪。

要回应反唯物论者的这一挑战,显然直接否定实证主义社会科学研究的可证伪性是行不通的。[1] 因为我们必须承认,人类对于客观世界的认识是不可能绝对排除观察误差因素的影响的。但是,通过研究者系统的努力,对观察方法进行改良,从而不断地减小误差却是实际可期的。在此基础上,正是通过对基于实证观察的理论的可证伪性的关注,社会科学研究者确立了一系列的对客观世界进行实证观察时应遵循的,旨在减少观测误差,提高理论相对准确度的操作性原则,这一套原则就是通常意义上的科学方法论。

由此可以断言,所谓"科学"与"非科学"之分野,其实质界限并非立足于知识的绝对正确性的评判,[2]而是在于其研究方法论上是否遵循特定的规则并在这一

---

[1] 实际上,在近现代社会科学发展历程中几乎所有试图在逻辑上关闭证伪可能性的理论尝试都无一例外遭到实证主义学者的群起反对。

[2] 因为这在人类认识能力的客观限制下是没有可能作出判断的。

规则体系内可以经受住一个相对的证伪的考验。从历史的角度看，这也符合人类对客观世界认识发展的基本规律。无论是自然科学还是社会科学，任何一个理论得到广泛接受都不意味着其绝对真理性的确立。无论是理论的提出者还是拥护者都不否认其未来被证伪的现实可能性。理论的科学性之确立其实源自另外两个逻辑上互为依存的考量：第一，这一理论的提出遵循了科学方法论的观察推演路径从而其观察结论具有可信性（信度）；第二，在这一可信性基础上，这一理论对其所观照的现象具有不低于其他理论的解释力（效度）。

（四）犯罪学研究的目的

有学者在讨论科学之界定时极具洞见地指出，科学的关注焦点仅在于“可解决的问题”。[3] 这句话的意思是，科学研究的对象仅限于那些概念体系具有逻辑上的合理可解性，同时其概念诸要素可以通过现有技术手段加以观测验证的命题。而对于那些无法进行实证观察与验证的命题，科学就不对其投入精力。[4]

以上表达在总体上对科学研究的目的进行了限定。那么，在所谓“可解决的问题”这一范畴之内，我们从事科学研究要追求的是怎样的目标？具体到社会科学领域之下的犯罪学研究中，我们所要追求的目标又是什么呢？有学者对此进行了精当的总结，其认为，无论自然科学研究还是社会科学研究，所追求的都是一个由四个阶段性目标组成的递进性的目标体系，具体包括：探索未知领域（cxpsoratlon）、描述客观现实（description）、解释因果机制（explanation）、理论指导实践（application）。

1. 探索未知领域

人类对世界的认识是一个从无到有，逐步积累的过程。那么从抽象的概念意义上讲，如果人类认识世界的科学性努力有一个绝对的起点的话，这个起点应该是一种对客观世界完全无知的“零认知”状态。当然，鉴于人类认识世界的努力要远远早于科学概念的明确提出，这一“零认知”状态的存在早已湮没于历史长河之中而不可循，但毫无疑问人类认识世界的努力始于对未知领域的探索。同时，科学的发展也在不断开拓新的认知领域，在每一个新认知领域的科学研究，也可以被认为是始于在其学科范畴之内的“零认知”状态的。因此，在对新学科领域的早期研究中，往往会出现这样一种研究体验，即研究者对于观测所可能得到的结果几乎毫无预见，而实际观测到的客观存在往往超出了现有概念体系与理论体系的涵盖能力，

---

〔3〕 参见［加］基思·斯坦诺维奇：《对“伪心理学”说不》，窦东徽、刘肖岑译，人民邮电出版社2012年版，第14页。

〔4〕 例如，类似“善与恶的本质属性是什么”这样的问题，由于不具有可以进行实证观测的指标体系，也没有一个在逻辑上可解的概念体系，就不是科学研究的范畴，而属于哲学，伦理学等非实证性学科的观照对象。

以至于在一开始对于观察到的现象不能提出有说服力的归因性解读，而在这一阶段的科学研究其标志性成果往往仅限于对现象的客观存在的确认以及命名。比如近现代物理学研究中的电磁学研究肇始于电和磁这两种物理现象的发现，在最初这一领域所进行的研究，有很大部分精力放在了对电和磁存在的证明，而电磁现象中的不同概念则以发现并确证其存在的主要科学家命名：如电压单位以伏特命名，电流单位以安培命名。而磁与电的运作机制的全面理论解释则是在其发现多年以后才逐步确立。

在社会科学领域，其研究对象（人类行为）作为数千年来学者们理性观照的重点，似乎已无所谓“未经探索的未知领域”。但事实是，我们对于人类行为模式的了解，直到近代尚存在诸多盲点。而正有赖于无数社会科学学者的敏锐洞察，这些尚不为人所知的现象才得以确认其存在并得到有针对性的研究。这里著名的例子包括以弗洛伊德为代表的现代心理学者对于人类意识中潜意识的探索性研究，以及法国著名社会学者勒庞对于群体心理这一迥异于个体心理的人类行为现象的探索性研究。

探索性研究作为人类科学研究的一个特定阶段，其特点是在观察实践中往往重发现，浅描述，轻解释（或者不解释）。这是由于研究对象属于现有学科范畴不认同甚至是强力否认其客观存在的现象，在有些情况下，这些现象的存在还可能是对现有知识体系的颠覆，所以探索性研究往往是在缺乏对所研究的现象的系统全面的理论认识的情况下展开的，甚至现有的，基于旧的认识体系的科学观测手段都无法对其进行有效而准确的观察。这一阶段研究的任务重点自然而然地被放在了证明其研究对象的客观存在，并努力总结令该现象可被观测到的条件与手段的描述上。而对于这一现象的全面系统描述，甚至归因性理论体系的建立，则是超越了这一阶段研究客观条件的一个要求，即使勉力而为，也往往难如人意。比如弗洛伊德等早期精神分析学派心理学家在发现并确认了人类意识中潜意识的存在及其重要性之后，对于潜意识的形成与作用机制的分析却被之后的很多学者证明为错误的。

2. 描述客观现实

科学研究的一个重要任务就是对所观察到的客观世界进行全面而客观的描述。如前所述，科学研究的哲学基础是实证主义认识论，通过各种感官渠道对认识对象进行经验性的观察是实证主义认识世界的基本手段。来自感官的经验性认识本身的生产并不依赖科学方法，因为任何人只要运用其自然的感受能力就可以实现对客观世界的观察。但是这些观察结果并不自动转化为我们对世界的科学认知，因为它们本身是零散的和不系统的，其认知意义的生成高度依赖孤立的个体，缺乏超越直接经验的普遍描述性。这些支离破碎的认识就是在认识论中所说的“感性认识”。科学方法论并不否认感性认识的客观性。所谓“眼见为实”，在同等观测条件下,非科学的经验性观察和科学研究观察具有基本相同的直接反映客观存在的能力。但是感性认识缺乏超越个体经验之外的普遍指导意义,从而无法为人类全面认识世界提供有力的支持。换句话说,感性认识存在“一叶障目”的问题,而与之相对的,科学研究在其特定研究方法的支持下,却可以对感性认识进行系统化组织以及概念化表达,使其上升为“理性认识”,为我们认识世界努力提供“窥一斑而知全豹”的能力。

作为科学研究的一个重要任务,将感性认识抽象化,概念化,系统化进而上升为理性认识的这一过程的主要组成部分就是描述性研究。当然,描述性是科学研究作为一个整体一以贯之的一种性质,但是在此,我们用“描述性研究”特指在其中一个具有基础性意义的研究阶段。这一阶段一般与前文所讨论的探索性研究相衔接,在对某一个特定对象或特定领域的探索性研究基本完成之后,通过进一步的观测与分析,完成以下三个任务:(1)为研究对象确立一个相对固定和完整的概念体系,在研究对象与其他类型的对象之间划定内涵与外延的界限;(2)在研究对象内部进行必要的分类与分级;(3)为研究对象建立一个操作性的测量指标体系,并以此指标体系为基准对研究对象进行质化与量化的现象性描述。

如果说上一阶段探索性研究回答的问题是“客观世界有什么”,那么这一阶段描述性研究回答的问题就是“客观世界是怎样的”。实践中,描述性研究在科学研究中占居相当大的比重,在行为科学研究领域更是如此。一个典型的例子就是美国心理学学会(APA)从1952年就开始出版的《精神病统计学诊断手册》(Diagnostic and Statistical Manual of Mental Disorders, DSM)。该手册以系统的临床精神病学观察数据为基础,对精神病和心理障碍进行了全面的定义,详细地列举了各类精神病与心理疾患的具体症状和临床诊断指标,并以这些症状之间的相互联系与区别为依据对精神病与心理疾病进行了详尽的分类与分级。这一手册随着心理学和精神病学研究的不断深入,也进行了不断地修正与完善,对既有门类不断细分与扩充,同时对很多心理疾患的概念与描述也随着临床实践的发展不断调整。《精神病统计学诊断手册》目前已经历经5次改版,每一次改版,都代表了心理学与精神病学在人类心理健康领域认识的一次飞跃。

3. 解释因果机制

如果从广义上定义“描述性研究”,则以对研究对象因果机制进行解释为任务的归因性研究也应被包括在内,因为所谓归因研究,就是在被观察对象与其内在诱因之间建立一种具有理论信度的联系的尝试。首先,所谓被观察对象的“内在诱因”,其实就是独立于对象之外的另一个客观实在现象,其本质上也是一个被观察对象。而所谓“建立联系的尝试”就是对这两个(在多因子研究中,也可以是两个以上)观察对象的现象性变化(发生、发展与消亡)之间的相关性联系的性质进行一个具有普遍性和系统性的描述,其工作的基本内容仍然是描述性的。

但是，将归因性研究从描述性研究中区别开来也是有其理由的。归因性研究主要在以下两个方面区别于一般的描述性研究：

(1)从单个观测单元的信息容量来说，一般的描述性研究属于单因子观测(univariate)结构，即一次完整的观测在最简化时只需要对对象概念体系中的一个因子进行测量。比如犯罪学中对青少年犯罪的描述性实证研究，尽管实践中往往会实地采集多个有关数据，但是在一个最简单的研究设计中，即使只采集一个数据，比如青少年犯罪的发案数，也可以完成对青少年犯罪现象的某个特定方面进行描述的任务。从这个意义上讲，一些同时采集多项数据的研究，如果其目的仅仅是对研究对象进行质化与量化描述的话，这样的研究无非就是数个单因子描述性研究的简单堆砌，并不会因数据容量的增加而使研究发生质的变化。

而对于归因性研究来说，单因子观测是无法达成其研究目的的。即使最简单的归因研究设计单元也必须是由对一因一果两个因子的测量构成的双因子观测(bivariate)，同时在观测中还必须加入对于两个因子指标变化相关性(covariance)的观测。以上述青少年犯罪研究为例，若意图对青少年犯罪现象进行归因研究，则除了青少年犯罪发案率这一因子之外，还必须对研究者假设的“致罪因子”进行观察：比如，可以假设父母离异是导致青少年走上违法犯罪道路的重要原因，则在此就要对研究对象(青少年群体)的父母离婚率进行测量，并且要对单个观察对象是否违法犯罪的因子变化与其家庭中父母是否离异的因子变化之间的相关性做出观察。在此，青少年犯罪发案率与家庭婚姻状况各自可以成为描述性研究的单因子观察的对象，但只有结合在一起组成一个双因子相关性观察，才有可能支撑起对青少年犯罪的归因研究设计。

(2)描述性研究在研究类型划分上一般被称为“现象论”的研究，而归因性研究一般被称为“原因论”的研究。在直观上讲，如果一个研究的成果主要体现在提出特定概念，分类或对特定“现象”的性质、特点做出概括性表述，则这一研究就是一个一般意义上的现象论研究。而如果一个研究的成果体现在提出或者验证特定“理论”，则这一研究就应属于原因论的范畴。因为所谓“理论”在科学研究方法体系中的定义就是对特定现象所做出的关于其因果机制的具有普遍意义的逻辑表述。[5] 提出或验证具有因果性表述的理论是归因研究的基本要求，也是使其区别于描述性研究的本质特征。现象论研究满足了我们认识世界“知其然”的要求，但

---

[5] 这里应该注意，本书在科学研究语境中使用的“理论”一词的定义与我国法哲学语境中对于“理论”定义存在显著差异。在法哲学语境中，“理论”，及其缩用法“论”，是一个可以与“学说”或“说”基本同义的概念，用来指代某些具有特定结构的逻辑分析进路，而往往不必然要求是对特定因果关系规律的表述。比如，刑法理论中的“客观归责理论”，其实是一种应然的逻辑分析进路表达，而没有任何关于现象与其内在诱因之间实然因果律的表述。

是这种认识不论在抽象性和普遍性上达到怎样的高度,都始终无法超越表面现象的层次,而原因论研究则意在进一步满足我们认识世界"知其所以然"的要求,从而使人类对客观世界的认识进入了内在规律的境界。〔6〕

显然,现象论研究的重要性不容置疑,但是人类了解客观世界的目的并不是为了满足好奇心,而是希望洞悉客观世界的内在规律,并以这些内在规律为指导来实现其改造世界的目的,仅仅"知其然而不知其所以然"是不够的。换句话说,人类作为实践主体的主观能动性,仅仅通过描述性研究是无法完全体现的,必须依赖归因性研究。从这个意义上说,以理论提出与证明为其基本任务的归因性研究才是人类认识世界努力的实质性部分。这也是科学研究作为人类创造性活动体现其实用性价值的基本立足点。

4. 理论指导实践

从纯概念上的划分来讲,科学研究在完成归因性研究的任务后,其认识世界的使命就已达成。此后的理论指导实践乃是人类利用既有知识改造世界的努力的一部分,而不再起到科学研究那样增进人类对客观世界认识的作用,因此本不应将其作为科学研究概念的有机组成部分。但是在实践中,由于不存在所谓"完美"的知识,任何基于归因研究的理论在应用于实践时都无法排除因理论本身的误差而导致达不到预期效果的情况。这就需要将实践当作认识世界努力的自然延伸,通过实践发现埋论的错误,进而对理论做出修正与完善,使其可以在未来更好地指导实践。

在此基础上,就产生了"应用科学研究"的概念,即将归因研究的成果直接应用于改造世界的实践,但同时对于这一实践的发展过程也适用基于归因性研究的观测设计,即以有目的的实践性活动为原因因子,以实践对象的状态变化为结果因子,将之前归因研究对这两个因子间变化相关性的推测同实际测量到的变化相关性进行比较,并试图对比较中得出的推测与实际之间的落差进行进一步的归因分析(可以想见,这两者之间必然是会出现落差的),并用新一轮归因分析的结论来补充和完善之前的归因理论。

一般来说,犯罪学由于其极强的实践性学科特性往往被归入"应用型学科"一类,这就决定了这一学科的发展的主流模式必然是"应用理论指导实践,总结实践反哺理论"。确实,在犯罪学理论发展中,很多著名理论的发展过程都有着浓重的

---

〔6〕 另外应注意,归因性研究在研究目的上的更进一步并不必然意味着其在研究设计的复杂性上超越描述性研究。很多以描述为目的的科学研究由于数据收集的范围广大而具有极高的复杂性,比如上文提到的 APA 以 DSM 为体现的精神病与心理疾患描述性研究体系就极为庞杂。而在一些以一因一果结构验证既有理论为目的的归因研究中,相对简单的研究设计也可以提供合乎要求的研究成果。

实践色彩。一个典型的例子就是著名犯罪学家赫希对其控制理论的扬弃与发展。赫希最初根据人之普遍犯罪性的命题提出了“社会控制理论”。在应用该理论解释犯罪以及指导犯罪预防实践的过程中，他又观察到社会控制机制与个人犯罪行为之间的实际因果关系并不完全符合“社会控制理论”的预测。在深入考察其理论的缺陷之后，他又提出了“自我控制理论”，对个人犯罪倾向中无法用社会控制理论加以有效解释的部分作出了进一步分析。“自我控制理论”被认为是现代犯罪学发展出的所有理论中具有最广泛说服力的理论之一，这与其在概念体系上高度贴近实践，吸引了大批学者对其开展验证研究并因而获得充分的实证数据支持不无关系。这一理论发展进路充分体现了科学研究中实践性研究的特点。

二、犯罪学研究作为社会科学研究的基本特征

在此讨论的犯罪学研究，特指以犯罪现象为认知对象的科学研究，并不包括在犯罪学纳入社会科学体系之前学者所从事的那些本质上属于哲学范畴的论证与分析。在现代犯罪学研究中，有的学者也曾尝试以科学的标准来对经典犯罪学理论中的一些论断进行评价，结果不言而喻：这些论断往往都无法经受科学实证主义标准的检验。同时，正如前所述，当代犯罪学研究的绝对主流范式乃是社会科学研究范式，这也是整个犯罪学学术视野中最具活力与创造力的研究范式。因此，在此只讨论那些基于社会科学范式的犯罪学研究的基本特征，而这些基本特征从某种意义上讲，也是一项犯罪学研究是否具有科学性的基本判断标准。

一般来说，符合社会科学标准的犯罪学研究应该具备以下基本特征命题逻辑的可证伪性、概念体系的操作主义、非绝对化的概率性认识。

（一）命题逻辑的可证伪性

以社会科学标准为出发点，任何一个基于犯罪学研究所提出的命题不论其内容如何，都必须首先具备一个属性，就是其逻辑结构上的“可证伪性”（falsifiability）。所谓“可证伪性”，是指由一个命题所推导出的结论（解释或预见）在逻辑上或原则上要有与一个或一组实证观察发生冲突或抵触的可能性。比如，“所有的天鹅都是白色的”就是一个具有可证伪性的命题，因为只要可以通过经验性观察发现一只非白色的天鹅，上述命题就被证伪了。[7] 而一个不具有可证伪性的命题的例子就是“所有的天鹅都是美丽的”。因为“美丽”是一个具有模糊性和主观性的限定，在经验观察中就无法提出一个“不美丽的天鹅”的例子来对其作出反驳，因为立论者可以坚称证伪者所提的例子仍然符合某些关于“美丽”的定义。在犯

---

〔7〕 这里引用的是科学史上的一个著名典故。18 世纪欧洲人发现澳洲之前，欧洲人所有见过的天鹅都是白色的，所以在欧洲人眼中，天鹅只有白色一个品种，并由此作出一个关于天鹅的物种学命题“天鹅是一种白色的鸟类”。直到澳洲的发现，探索者发现了黑色的天鹅，于是推翻了上述论断。

罪学发展史上,理论因为缺乏不可证伪性而受到质疑的著名的例子就是精神分析理论针对犯罪成因的所谓"潜意识的内在平衡失调说"。一个原因就是精神分析理论对于潜意识的各个功能性部分定义模糊,导致任何一种反常行为都可以被纳入其理论的解释之中,使证伪成为不可能。

一个命题具有可证伪性并不表示这一命题必须马上被证明是错误的,但是其逻辑表述上必须为证伪留出路径。从认识论的基本原则上来讲,人类对客观真理的认识是一个无限接近却永无法到达的过程,这就在根本上否定了一个完全正确命题的存在可能性,因为完全正确的命题就是终极真理的代名词,是有悖科学认识论基本精神的。在这一前提下,提出一个在逻辑上不可能被证伪的命题就具有非科学性,是科学研究标准所不能接受的。[8]

因此,切实追求科学性的犯罪学研究并不以提出或探寻"绝对正确的犯罪学理论"为其目的,也不忌讳对既成理论的潜在谬误加以批判,而是保持一种开放而诚实的态度,大胆地提出假说和猜测,然后去寻找和这一假说不符合的事例,根据事例对假说进行修正,不断重复这一过程,乃至将最初的假说全盘否定,进而提出相对更加合理的假说与理论。

（二）概念体系的操作主义

操作主义(operationism)是20世纪20年代产生于美国实验物理学界,后在实证科学领域广泛流行的学说,其核心是要求以实验操作定义科学概念。它要求所有的科学概念都应当同实验的操作联系起来,包括工具的操作和度量的操作,以消除含义模糊的概念和术语,并使科学研究的概念体系具有客观性和实践性。比如,任何关于温度的科学研究,对相关概念的设定都必须建立在对于温度的实际操作基础之上,比如温度的测量应以水银柱膨胀收缩的可观察物理变化值为基准。任何脱离可操作实际观测而仅仅基于一个抽象的"冷"或者"热"概念体系所产生的关于温度的理论,比如"穿上衣服会热,脱掉衣服会冷"之类,都不具有科学性。

在犯罪学的实证研究中,会提出大量的涉及犯罪表现形式以及诱因的概念。要以这些概念为基础进行犯罪学研究,就必须先行将这些概念予以"操作化"(operationalization),使其从一系列抽象的术语转化成为可以在实证观察中被稳定而准确感知的指标体系。所谓"稳定",是指不同的观察者只要使用同一套指标体系观察同一对象,就可以得出基本一致的观测结果,亦即所谓"信度",而"准确",是

〔8〕 应注意的是,一个命题由于不具有可证伪性而被排斥于科学范畴之外并不必然否定其内在合理性。因为科学的可证伪性要求是针对其实证主义认识论提出的。对于那些不要求经验观察的认识范式,则可证伪性并不具有任何意义。比如,数学中的运算公式和逻辑学中特定分析进路,由于是纯理性的自证自明,根本不依赖经验观察,也就无可证伪性可言,虽然会被归于科学的范畴之外,却并不影响对其合理性的判断。

指基于这一套指标体系进行的观察可以准确地反映被观察对象的实际情况，亦即所谓“效度”。比如在研究家庭环境对青少年犯罪的影响时，不可以笼统地将家庭环境定义为“好的”和“坏的”，因为第一，由于缺乏统一操作性标准，不同的观察者对于同一个被观察家庭会基于主观的判断而作出极具随意性的不同界定（低信度）；第二，一个笼统的“好/坏”的标定根本无法全面反映家庭环境对个人行为的潜在影响（低效度）。所以，一个具有科学性的研究设计需要从家庭的各个环境要素中抽取可以实际观察到的因子，加以标准化的标定，从而形成类似“家庭收入”“父母不良行为强度与频度”“家庭暴力强度与频度”“父母与子女依恋程度”“青少年越轨行为烈度与频度”这样可以进行标准化测量的变量体系。从这个意义上说，概念体系的操作主义与上文讨论的可证伪性有着密切联系。精神分析理论之所以被批判为缺乏可证伪性，正是由于其概念体系过于抽象与主观，而毫无实验操作性可言，这就直接导致了其理论难以通过反复的实证观察研究来予以证伪，由此丧失了科学性。

我国的犯罪学研究由于受长期依托刑法学研究的影响，在概念体系的建立上具有浓厚的哲学思辨色彩，强调概念范畴的抽象界定和辨析，却非常不重视观测指标的操作化设定。这一研究方法上的缺陷在很多学术研究中都有所体现，一个典型例子就是很多关于青少年犯罪的研究将归因分析高度概括化和抽象化，提出所谓“家庭原因，社会原因，学校原因，个人原因”这种大而化之，毫无操作性的概念，显然我们是无法在此基础上从事任何真正具有科学性的犯罪归因研究的。

（三）非绝对化的概率性认识

基于上文对于科学可证伪性的讨论，我们已经确立了一个基本立场，即无论我们在科学研究的设计上如何严谨而合理，我们的研究发现所揭示的关于客观世界的知识也不可能是100%准确的。任何科学发现，无论最初有多高的接受度，经受住多少验证研究的检验，最终都必然被证伪并被更准确而全面的科学知识所代替。这一立场固然鼓励了我们去挑战权威观点，大胆提出新的假设与命题并积极求证，在实践中却不可避免地带来“到底应不应该相信科学”的困扰：如果所有的科学知识最终都将归于谬误，我们将科学研究提出的理论应用于实践，指导我们改造世界努力的信心又来自何处？

这里我们可以再次援引前面提到的“黑天鹅效应”的典故。诚然，这一典故的核心启示在于不可以绝对迷信现有经验的积累而应对例外的存在持客观的接纳态度。由于观察到了一只黑色天鹅，则整个“天鹅是白色的”这一认知信条就面临全面改写。但是，我们也可以换一个角度看问题：一只黑色天鹅的存在（或者一个相当数量黑色天鹅种群的存在），并不妨碍我们在准确评价既有经验的基础上得出“绝大多数天鹅是白色的”这样一个非绝对性的认知，并以此作为指导我们实践的一个有效原则：在寻找天鹅的努力中，我们仍然可以以白色禽鸟为优先追踪对象，而不必因为非白色天鹅的存在而完全放弃对颜色特征的关注。因为毕竟黑色天鹅的出现在实践中是较少的，因此以白色为寻找天鹅的线索，即使会错过少量黑色天鹅，但是却保证了在寻获天鹅的最大可能性上投入相应的资源。

上面的例子揭示了科学研究在面对真伪不对称性这一哲学困境时的一种现实态度，即不去追求理论的绝对无误，而是将认识建立在一种非绝对化的概率论基础之上。这是体现了对观察对象内在复杂性和个体差异性的尊重。换句话说，既然科学发现误差不可避免，就通过各种努力去了解误差出现的概率，并在此概率性认识的基础上应用科学研究的成果指导实践。比如在自然科学研究中，研究者的一个重要工作就是通过各种统计学手段去测量实验和观察误差出现的概率。当误差概率被降低到一个可以接受的程度时，研究成果就被认为是有现实意义的。

这种情况在社会科学研究中同样存在，而且由于社会科学研究对象（人类行为）本身的高度复杂性，观测误差以及对理论概括的例外情况的出现概率都要远远高于自然科学研究。因此社会科学，包括犯罪学研究，对于其理论建构保持着一种极其“坦率”的概率论（probabilistic）立场。即任何一个犯罪学理论，都不排除相对较高比例的例外的存在，但是只要理论对特定现象的解释力高于其纯随机出现的概率，就承认该理论的效度。所以犯罪学研究不会去论证类似“罪犯的子女都会走上犯罪道路”这样的绝对化命题，而是关注诸如“单亲家庭子女犯罪率是否高于双亲家庭子女”这类概率性命题。通过对大量单亲及双亲家庭子女行为规律的比较观察，努力总结家庭教育与犯罪行为之间相关关系一定程度上的普遍性规律，并重点测量这一相关关系在特定情境出现的概率。而这种概率性认知的实践意义在于，尽管我们无法通过消灭单亲家庭来绝对消灭青少年犯罪，但是我们显然可以通过各种减少单亲家庭（或其他致罪因素）的努力来降低青少年犯罪的发生概率。

综上所述，我们可以对遵循社会科学范式的犯罪学研究作出这样一个大致描述：犯罪学研究一个有严格学科研究领域限制和认知获取与验证程序的专门研究领域，它为犯罪现象以及构成其成因的社会现象提供一个完整严密的概念定义与分类体系；它承认对犯罪现象及其成因这一知识领域全部知识成分的有限及概率性了解；它对已获取的关于犯罪现象及其成因知识的适用领域有明确限定而非无限与绝对化概括；它对已经获取的关于犯罪现象及其成因知识的可证伪性持开放态度并通过知识表述的逻辑结构保证其可证伪性；它在数据收集与理论验证过程中不回避甚至主动寻求对既有理论与命题的否定性证据。

三、犯罪学研究的基本原则

（一）主客观相统一原则

犯罪学作为一种具有自身独特领域和概念体系的社会科学门类，在其实证研究中必须遵循主客观相统一的原则，这是其研究对象、人类行为的本身特点所决定的。作为犯罪学研究对象的人类行为（包括正常人类行为与反常人类行为），在认识规律上都兼具主观性和客观性的特点,因此必须坚持主客观相统一的原则才能对其做到全面客观的认识。

犯罪学研究对象的客观性主要体现在以下两个方面:(1)人类行为的一个重要驱动力乃是人类的心理活动。而心理活动的物质基础是大脑神经中枢的生物化学反应,导致在脑神经元之间的神经递质传递,这类生物化学反应的速度、强度、持久度与衰减度都是由大脑的基本生理结构决定的,不为个人意志,包括行为人自己的个人意志为转移。因此在对人类犯罪行为进行研究时,就必须尊重人类大脑及神经系统运作的客观规律。(2)人类活动的另一个主要诱发因素是外界环境刺激,这类环境刺激的发生也是不为个人意志所转移的。对人类活动的外界环境的研究涉及社会科学的很多不同领域,比如社会心理学、社会学、生态学、人类学、经济学,以及政治学。所有这些研究都会对我们理解人类犯罪行为提供客观的因果解读,而在从事这些领域的研究时都必须尊重其学科对象的客观规律与实证主义认识特点。

同时,所有以人类行为为对象的科学研究都同时具有那些以纯粹客观世界现象为对象的科学研究所不具备的主观性特点。因为人类行为显然不能够简单地理解为大脑与人体结构面对外界环境刺激的纯动物性反应,更不能够站在机械唯物论的立场将人类与其周围环境的互动按照一种力学作用机制加以解读。必须看到,行为是作为认识主体的人类对于客观世界的能动性反应,在此基础上,不同个体对环境因素刺激的认知、分析、判断及反应各不相同,因此同样的环境刺激会在不同个体中激发不同的心理活动,进而表现为不同的个体行为。另外,犯罪学研究的主观性还体现在个体的自我意识与客观现实存在不可逾越的隔阂,这一方面表现为行为主体在试图以一种对客体的关照角度来反思自我时往往会不可避免地导致错误,在心理学上,这被称为"内省的错误",一个典型的例子就是所谓"精神病患者绝不会承认自己有精神病,而这正是精神病的主要症状"这一有趣观察。而另一方面则表现在作为外在观察主体的行为学研究者几乎没有可能对被观察者的意识进行直接的观察,而只能通过其见诸外的行为与情绪实施间接观察。换句话说,行为学研究者在现有技术条件下几乎没有可能真正知道其观察对象在"想些什么",而只能通过观察其在"做些什么",然后间接地推断其内心想法。因为意识是人类行为的最重要的基础性要素,对其直接观测手段的缺乏就在很大程度上影响了行为学研究作为实证主义研究的信度和效度。

因此在从事犯罪学研究时,必须一方面认识到行为具有源自个人因素与环境因素的客观存在基础,另一方面还需要关注个人在与其内在与外在客观现实互动中通过主观意志映射于外部世界的主观能动性。

(二)系统性原则

在犯罪学中的原因论研究中存在一个旷日持久的学术倾向的争论:犯罪的最

优解释应该是一个基于单因子的理论还是一个基于多因子的解释？两种倾向各有其支持者，并相应提出了代表性的理论，比如赫希的自我控制理论就是典型的单因子理论，而我国学者罗大华主导提出的犯罪综合动因论则是主张多因子理论倾向的产物。从简单化定义上来分析，似乎多因子理论倾向主导的犯罪学研究会比较强调系统性原则，而单因子理论倾向则不会给予系统性原则任何立足点。但实际上，无论是以单因子还是多因子为命题出发点的犯罪学研究，都必须遵循系统性原则才能有所成。这是犯罪现象及其成因的客观性质决定的。

一般认为，系统是由相互作用相互依赖的若干组成部分结合而成的，具有特定功能的有机整体，而且这个有机整体又是它从属的更大系统的组成部分。基于这一定义，我们就会发现，无论是基于单因子还是多因子理论倾向来研究犯罪学，都必须将认识建立在一种系统性的视角之上。

1. 犯罪现象作为一种人类行为，是具有系统性的一种客观存在。“犯罪”这一定义本身就是由数个互相作用又互相依赖的部分组成的：(1)是犯罪行为的外在表达形式，即具有某种外在影响的特定的作为或不作为；(2)是这一行为背后的意识基础，即对犯罪行为及其结果的故意或过失；(3)是对于这种意识/行为结合体的道德规范性评价。三个组成部分各有其独特渊源但是并不各自孤立存在，而是形成一种互相影响相互依存的系统性相关关系，共同支撑“犯罪”概念的形构，而基于三个组成部分之间的共生与互动的不同形态又形成了犯罪的分类体系。

2. 作为犯罪原因论关照对象的，构成犯罪之物质基础的各种个人与社会因子本身也具有系统性。比如，在对犯罪的社会学研究中，个体的社会化自我认同并不是他身上所反映的多个社会关系的简单拼凑，而是一个由各个不同类型社会关系互相影响，互相决定而形成的一个错综复杂的网络系统，共同构成某人的社会身份进而影响其行为选择。对于这一系统中任何一个要素的认识与界定都必须在考察其与所有其他要素之间的关系之后才有实质意义。同样地，在对犯罪的心理学研究中，同样必须将影响人类思维，情感和行动的心理过程看作一个系统性的存在。在这一复杂系统中包含了感受、记忆、处理、反应以及外在反馈等多个子系统。各子系统互相制约、共同作用，其影响的合力决定了个人对外界环境刺激作出行为性反应的性质、方向与强度。

3. 犯罪学知识体系本身也具有系统性，要正确理解各类社会化主体与客体在最终导致犯罪行为的社会化互动过程中的行为选择与决策规律，研究者必须对一系列相互联系的领域展开多角度的研究，这些领域包括(但不局限于)：人类行为动机与目的体系的本质及其来源，人类道德规范体系的本质及其来源，社会化互动环境对人类思维、情感与意志的影响，人类对客观现实的认知方式与反应方式，冲突的来源以及冲突的解决机制，等等。每一个领域的研究，都必须同时关照其他领域的最新发现并相应地作出调整，同时每一个领域的研究进展又会对其他领域产生连锁反应式的影响。而犯罪学作为一个知识体系的发展必然是各个相关认识领域在这种积极互动中共同推进的系统性成就。作为犯罪学研究者，对于这一知识体系中任何一个领域的无知都可能导致潜在的认识谬误。

（三）理论与实践相结合原则

所谓实践，在这里是特指作为认识主体的人类利用其掌握的知识所实施的，对其生存的客观环境发生直接影响的创造性、能动性活动，比如工业生产制造，疾病防治，以及社会问题的改造等。如前文所述，科学研究的一个重要目的乃是用理论指导实践，因此任何一个领域的科学研究都必须坚持理论与实践相结合的原则。不过，在各学科之间，还是会由于研究对象的特点以及理论成果的表达形式而出现不同的侧重点。一些学科会将其重点放在对于特定现象最基本规律的高度概括的探究上，其研究成果一般不能立即应用于直接的实践活动，但这并不影响其科学价值。比如，爱因斯坦从事的相对论研究，尽管其革命性的科学价值毋庸置疑，为人类开发利用原子能奠定了理论基础，但是我们无法以相对论为指导直接进行任何具体的生产或建设活动。而另外一些学科，其关注重点并不在于具有最普遍指导意义的基础理论的建构，而是致力于将现有理论加以整合与演绎从而得出相对具体化的描述与理论表达。这些研究的成果能直接应用于实践并主要是从其对实践的推动效果中体现价值，比如生物技术领域利用关于生物蛋白质中脱氧核糖核酸的知识所发展出的植物转基因技术，就可以直接应用于农业生产，实现农作物抗旱、抗虫害以及增产的效果。生物科学技术在近年来的高速发展，与其对实践生产力的提高所起的巨大推动作用有着直接的关系。上述两种科学研究的模式，体现的就是科学界中理论科学与应用科学的分野。

不过，应当意识到，上述两者间并无不可逾越的鸿沟。很多纯理论性的研究成果在特定条件下会由于工程技术的发展和产业的实际需要而变得具有极强的应用性，这也从另一个角度体现了科学研究理论联系实际的要求。

在实务中，理论科学与应用科学研究的区别更多是体现在资源投入的选择上：对于那些具有明确纯理论定位的研究，学者会服从其纯粹追求知识积累的冲动而投注精力与资源，在研究的目标设定上着眼于宏观整体科技认识水平的推进。这种潜移默化的积累当然会最终带来生产力的进步并惠及大众，但是却往往难以在微观上衡量其具体收益。鉴于此，在这类领域的投入带有一种“长线投资”的色彩而不会过多考虑短期效应。与之相对地，在当代科学研究中占据主体地位的是那些多少带有应用性色彩的研究。在这类研究中，学者尽管也会追求其求知欲的满足，但是主要还是在权衡投入的可预期收益及费效比的基础上决定科研资源的投入。当然，这种收益不一定要表现为经济利益，也可以是某种社会效益。但是站在应用科学研究的立场，那些暂时还无法与实践发生实质性联系的研究领域，往往不会是关注与资源投入的重点。

在行为与社会科学领域,同样存在纯理论性研究与实践应用型研究的区别。比如心理学就是传统意义上的理论性研究领域。尽管大众往往直观地认为其是一门应用型学科,多数从事心理学研究的学者却反复强调其理论性。从其研究对象来看,心理学所试图洞悉的关于人类思维与行为中的一些基本要素的知识,确实具有极强的理论性,比如对人类情感、性格、认知、记忆等基本心理要素的研究,其实并不会立刻产生出具有"改良人类行为"这种实践性效果的操作化理论。社会学,人类学等其他社会科学研究中的基础性部分,也大多数具有同样的泛理论而远实践的色彩。

而以这些理论性研究的成果作为基石,通过对这些基础性知识的整合与重构,就形成了行为与社会科学领域的门类繁多的应用性科学研究:管理心理学、教育心理学、精神病学、心理咨询与治疗、公共政策学、公共管理学、犯罪学等。

如前所述,应用型科学研究非常强调实践价值并以实践价值作为选择研究方向以及资源投入的重要评判标准。具体到我国的犯罪学研究,其实践价值就必须体现在我们能不能通过犯罪学的科学研究,为我国刑事司法系统预防犯罪、打击犯罪,以及改造犯罪的努力提供有价值的建议与操作工具,使其效率提高、成本降低。作为理论联系实践原则的体现,在选择犯罪学研究方向时,我们就应该优先选择那些困扰刑事司法实务一线,给我国社会安全与稳定带来最严重影响的犯罪问题;而在研究目标上,则应致力于对可提高实际犯罪打、防、控效果的制度、技术与工具的构建与应用。对于那些反映域外理论热点,但是与我国国情联系不大,或者对我国社会尚没有产生实质性影响的犯罪问题,则应保持关注,但不宜投入过多精力。另外,在引进域外犯罪学研究成果时,也应当格外注意其概念体系与我国反犯罪斗争实际之间的对应与差异,不可以一味拿来主义,而应当以刑事司法工作的实践经验为参照,积极消化域外理念中具有普遍性意义的内容,并努力令其与我们的本土化经验接轨,从而可以更有效地以其理论精髓指导我们的实践工作。

(四)伦理原则

所谓伦理原则,是指从事科学研究要尊重人类社会的基本道德伦理规范,不可以为了追求知识的积累而损害公私利益,或者给人类社会的生存与发展带来危害。应注意这里强调的伦理与学术界一般所讨论的"学术伦理"是不同的。后者主要是针对学者在科学研究成果的发布过程中所出现的弄虚作假、抄袭冒用等违反诚信规则的行为。而科学的伦理所关注的,则是那些真实有效,确实对科学的实质进步起推动作用的科研努力可能带来的危害性后果以及相应的规范性评价的问题。

从根本上说,科学的任何进步都必然会在不同方面改善人类生活质量,为人类社会创造各种价值,带来诸多助益。因此,努力从事具有真实科学性的研究本身是一种完全符合人类道德准则的行为。但是,科学上的努力会在两种情况下给人类社会带来特定的危害,而关于科学的伦理原则的讨论也主要是在这两个层面展开的。

科学之伦理的第一个命题在宏观层面展开，是关于科学研究的终极使命的问题，具体来讲，就是科学研究除了其所必然包含的认知使命之外，应否为人类社会的总体福祉以及发展路径负责的问题。基于科学研究，各种工具和技术的发明与应用提高了劳动生产率，可造福于人类社会。但是同时这些技术中的很多可以被调转方向，对人类自身造成严重的伤害。第二次世界大战中原子弹的研究就是典型的例子。20世纪初，基于以爱因斯坦相对论为代表的一系列理论物理学突破性成果，物理学界提出了对原子能的应用的一些基本思路，并最终令一批最优秀的学者被聚集在美国的"曼哈顿计划"中，开发出世界上第一批可用于实战的原子弹。人类战争史上仅有的两次原子弹攻击导致了日本广岛和长崎两座城市被夷为平地，核爆炸及其辐射后遗症最终导致接近40万人死亡。[9] 这一科学研究深刻地改变了人类的生存状态。人类社会从此进入核武器时代，第一次面临可能在短时间内遭到完全毁灭的现实性威胁。面对原子弹所带来的巨大伤害及其深刻影响，"曼哈顿计划"的科研主持者，被誉为"原子弹之父"的著名物理学家奥本海墨陷入了深深的自责。在一次面对记者时，他说"不论指责、讽刺或赞扬，都不能使物理学家摆脱本能的内疚。因为他们知道，他们的这种知识本来是不应当拿来使用的"。

自20世纪以来，科学发展中"真"与"善"的统一问题，或者说科学家在科学探索的学术责任之外的社会责任的问题已经成为科学界经常讨论的问题。一些学者坚持文艺复兴时期以来对科学研究的主流看法，认为科学本身就是目的，"科学就是为认识而认识的纯认识"。他们指出，随着科学的社会建制的出现与扩大，科学已经不再仅仅是科学家的个人兴趣的体现，而不可避免地承载了深远的社会、经济与政治内涵。科学家基于其所从事的研究承担相应的伦理责任已是客观现实的需要，科学家不仅要对人类自身负责，尊重生命，维护人类尊严，增进人类利益，引导人们获取更具价值合理性的生存方式和生存环境，而且要对人类社会的发展负责，即要维护社会的公正，引导社会舆论，弘扬科学精神，注重科学教育等。[10]

科学之伦理的第二个命题是在操作层面展开的，是关于科学发展的实务性进路的问题，具体来讲，就是在可以造福于人类全体的情况下，科学是否可以通过损害一小部分个体利益的方式予以推进的问题。这一层面的讨论主要涉及那些会使用人类作为对象的科学研究，比如，在医学、营养学、心理学以及社会学领域进行的大量研究。以医学为例，当一种新的药物或疾病治疗手段在理论上被提出后，必须在活体上进行实验以验证其有效性。最初的实验可以在动物身上进行，但是要最

---

〔9〕 参见叶继红：《科学家的社会责任——以"曼哈顿计划"为例》，载《科学学研究》2001年第4期。

〔10〕 参见杨舰、刘丹鹤：《曼哈顿工程与科学家的社会责任》，载《哈尔滨工业大学学报（社会科学版）》2005年第4期。

后证明其对人类的有效性,必须要经过人类活体实验这一过程。而这类实验中必然存在给被试人体带来伤害的潜在危险。那么,为了寻找到一种可能拯救千万人生命的药物或疗法,是否可以冒少量人类个体受到伤害的危险?如果这种危险是不可避免的选择的话,是否应将其控制在某个范围之内?类似的问题在进行心理学研究时也会出现,除了让特定个体参加一些心理学实验可能会使其遭受未知的伤害之外,这些个体因参加这类科学研究而透露的个人隐私信息也存在因为研究成果的发表而被泄露,进而给其个人生活带来困难甚至危险的可能。

因以人类作为对象的研究而引发伦理争议的一个比较著名的例子就是美国学者亨弗里斯(Laud Humphreys)的“茶室交易研究”。在该研究中,为了了解同性恋者的匿名性行为模式,亨弗里斯乔装为一名同性恋者,到同性恋者出没的酒吧展开观察,并多次因其乔装身份而被邀请为在洗手间里发生性行为的同性恋者充当“守望者”,之后他又通过被观察对象的车牌号码对其进行追踪,再次乔装为社工访谈者对一批对象进行类似暗访的追踪访问。通过这些手段,在未取得被研究者同意的情况下,亨弗里斯近距离观察了同性恋间寻找匿名性伴侣的社交过程,取得了大量的第一手资料。这一研究的发现从纯知识角度极具价值,但因为乔装和欺骗手段而在社会学界广受批评,被认为侵犯了被调查者的隐私,而且因为在公开的研究报告中对被调查者进行了较详细的描述,导致其身份可以被轻易识别,增加了其正常个人生活遭到破坏的危险。

因为不是所有的科学研究都会面临人类对象这个问题,在这一层面的伦理讨论并未在科学界全面展开,而主要在需要大量开展人类对象研究的医学、心理学、社会学、人类学等学科中进行。在时间上,基本以第二次世界大战为“分水岭”。在此之前,科学研究对人类对象的使用仅以科研者的能力为限,几乎没有任何伦理上的规范,很多医学实验都在无任何知情同意程序和伤害保护的情况下大量使用来自弱势群体的人类对象,而对于因此造成的各种伤害往往无人问津。在“二战”中,这种情况最终发展成为以医学或其他科学研究的名义的严重侵犯人权。在“二战”期间的德国出现了使用集中营中无辜平民进行医学与人种学实验的“死亡天使”门格勒医生,而在侵华日军中则有以平民与战俘进行化学、细菌武器活体实验的“731”部队。这些“研究”所取得的知识客观上往往具有独特的科学价值,但是却严重违背了人类的良知与基本伦理。“二战”结束后,在清算德日战争罪行过程中,这些打着科学的旗号进行的反人类罪行引起了科学界的深刻反思,认识到如果科学研究行为仅以知识的获取为念而罔顾道德伦理,这些最终严重违背科学造福人类初衷的个案就难以避免。

从20世纪70年代开始,西方科学界开始针对以人类为对象的科学研究提出一系列伦理准则,意图规范科研行为,避免侵犯人权和损害公民合法权益的情况出现。当前针对科研行为的伦理准则重点在三个方面对科研行为作出了要求:

第一,知情同意权。被研究对象有全面了解科研项目的目的、手段、意义及潜在危险,并在此基础上自由决定是否参与研究的权利。使用欺骗、威胁或利用对象的缺乏知识而取得的参与研究同意是无效的同意。[11] 保证研究对象这一权利的主要手段是在正式开始研究前获取被试研究对象在详细说明了研究相关信息的"知情同意书"上的签字。2008 年发生于湖南衡阳的"黄金大米事件"就是一起典型的因侵犯研究对象的知情同意权而违反科研伦理的案例。[12]

第二,隐私权。被研究对象有保证其隐私信息不被公开披露的权利。隐私权的保护主要是保证研究对象的个人生活不会因为参与研究而遭到不必要的干扰和破坏。保证研究对象这一权利的主要手段是匿名采集和数据保密。在不影响数据质量的情况下,应尽量采用匿名采集的方式收集数据,这样,即使是研究人员也无从获知被试的身份信息,从而有效保护隐私;而在研究要求必须收集被试身份信息的情况下(如需要跟踪调查,或被试身份背景信息本身就是研究的对象),则应采取有效措施对数据进行保护,使其不至泄露,并在研究完成一定时间后将带有隐私信息的原始资料销毁。

第三,最小伤害权利。在对被研究对象的伤害不可避免,但已取得其知情同意,可以开展科学研究的情况下,研究者仍然应当以研究对象的福祉为念,尽量将对被试者的伤害限制在最低程度。这一权利的保护在实务中并无硬性衡量标准,而往往存乎研究者一念之间。一般来说,在操作上,要求研究者不得为追求实验观察效果而刻意增大研究对被试者的潜在伤害可能,在选择实验设计时,则应尽量采用可以给被试者带来最小潜在伤害的观测手段,并全力避免不必要的危险与损伤。

在犯罪学研究中,由于研究对象的特殊性与敏感性,必须高度重视伦理原则,才能避免其脱离应有的轨道。在宏观上,对于犯罪学的研究应以追求人类社会的自由、平等、公正的制度设计以及对个人权利的全面保护为终极目的,而不可以利用对人类行为机制的研究来助长对社会正义理念的违背以及对基本人权的侵犯。而在操作层面,应注意对特殊人群的隐私权的保护,同时应避免在犯罪归因研究中

---

〔11〕 在此应区别向对象隐瞒真相诱其参与研究同对已经同意参与研究的对象隐去具体研究程序信息的区别。前者是违反科研伦理的行为,而后者是对照性实验中为了保证被试的反应与行为不受其对自己所处实验环境的心理暗示的影响所采取的必要措施,并不违反科研伦理。

〔12〕 在此次事件中,一位美国营养学家在其进行的大米营养学研究中隐瞒了特定研究部分的真相,使被试对象在毫不知情的情况下食用了被添加特定营养成分的大米。该事件被曝光后,所有涉事研究人员都受到了相应处罚,而美方研究人员被处罚的依据就是其研究违反了人类研究对象的知情同意权。应当看到,这一研究成果在美国的科学期刊上公开发表,说明其发现是具有客观上的科学价值的。同时在这一实验中,所谓"黄金大米"中的添加成分的安全性早已得到验证,因此实验对对象造成伤害的可能性几乎不存在,但是这种隐瞒研究真相的行为侵犯了对象的知情同意权,因此被认定为违反科研伦理规范。

以教唆不良行为模式、主动导入致罪因子、人为制造心理问题或其他可能给被观察者带来长期或短期不良影响的方式来观察被试者的行为发展变化规律。

第二节　犯罪学研究方法的历史发展

总体上，犯罪学的研究方法，或者说研究范式的发展，是与犯罪学本身的发展紧密联系在一起的。但是，犯罪学作为一种人文、社会领域的知识积累活动，其基本的研究活动规律并不是独立于人文、社会领域的其他知识积累活动而存在的。所以，从某种意义上，犯罪学的研究方法以及在研究方法论方面的探索在犯罪学作为一个独立学科正式确立之前就已经存在。同时，犯罪学研究方法的演变与发展在很大程度上左右了犯罪学本身的演变发展方向。

我国学者吴宗宪在其所著《西方犯罪学史》一书中写道："虽然现代犯罪学是在19世纪后期产生的，但是，犯罪学的思想早在遥远的古代就已经产生了。到中世纪时，犯罪学思想继续得到发展，并且分为两大块，即基督教神学家的犯罪论和用世俗的观点对犯罪问题进行的探讨"。〔13〕这段话虽然是对犯罪学本身的发展历程所作的表述，我们却可以从中一窥犯罪学研究方法的早期发展路径。

一、犯罪学研究的法哲学范式阶段

历史上对人类犯罪现象的思考一开始是以一种充满哲学色彩的形式展开的。在哲学的追问中，涉及人，不外三个问题："我们是什么？""我们从哪里来的？""我们到哪里去"。而在追问的某个阶段，"我们为什么会误入歧途？"这样的问题就自然而然地被提出并得到广泛讨论。

我们知道，哲学认识论的早期发展一个非常重要的论争就是唯心主义与唯物主义之争。以唯心主义为指导的认识论强调先验理性是认识的根本来源，而不重视对客观世界的经验性观察。与之相对应地，以唯物主义为指导的认识论强调人的认识的本质不过是对客观世界的反映。

通过对犯罪学的学术史梳理可以看出，无论是在犯罪学正式成为一个学科之前，还是在犯罪学刚刚确立其独立学科地位之初，在研究方法上占据主导地位的均是唯心主义方法论，具体表现为在对犯罪行为原因的考察上几乎完全依靠对于"人性"的思辨假设立论。这一倾向的最典型代表就是在《圣经》中将人之恶行的根本原因归诸"原罪"，是人类先祖受恶魔引诱而出现的一种违背上帝意志的行为倾向。可以看出，这里关于"人性"的假设是没有任何可以证明的事实基础，而完

---

〔13〕 参见吴宗宪：《西方犯罪学史》（第1卷）（第2版），中国人民公安大学出版社2010年版，第49页。

全依赖于一种唯灵论的推演。而在世俗学者的论著中，虽不至于将犯罪之考察置于唯灵论基础之上，但多数古代学者认识犯罪的基本进路依然充满唯心色彩。比如柏拉图在其著作《理想国》中将人之行为善恶之源归诸个人的灵魂，并进一步推论人之灵魂之善恶源自其所受教育云云。[14] 又如，罗马政治家西塞罗在其著作《法律篇》中认为，"理性"是人最大的特征，而犯罪者应受良心之折磨。[15] 应当看到，这些早期哲学家、思想家并未专门关注犯罪原因问题，而仅仅是在对人之本性的思考中，顺带考察了恶行或越轨行为的特性。这种考察，与其学术思想的核心内容在基本属性上是一脉相承的，因此其唯心主义色彩是不可避免的。

而即使在近代出现了专门就犯罪问题进行的分析、论述，进而确立了犯罪学作为一个独立学科地位之后，这一领域早期的主要学者在方法论上依然是秉承唯心主义哲学以思辨为基本认识工具的传统。比如贝卡利亚在建立其关于犯罪与刑罚的理论体系时，对人性的基本假设就是"理性的、功利的和自由的"。继而推导出刑罚的基本原则"适当性、确定性和迅捷性"。另一位早期经典犯罪学的重要人物边沁基于功利主义哲学所提出的犯罪学最早的理性选择理论中，所使用的判断标准也是他通过逻辑思辨方法推导出的所谓最大化快乐原则。上述两位学者代表了经典犯罪学的典型研究范式，在这一范式下，对犯罪的思考更多是一种聚焦于抽象"人性"的形而上学，即使对具体社会现实有所关注，在对现实进行解读时也不依赖观察和归纳，而是立足于高度思辨性的逻辑推演。

二、犯罪学研究的科学范式阶段

唯物主义方法论被全面导入犯罪学研究，是由以龙勃罗梭为代表的意大利学派犯罪学开始的。龙勃罗梭所倡导的研究方式要求学者放弃对"人性"的空洞假设，而致力于在现实的犯罪人中通过实地观察与测量寻找犯罪的共同诱因。在这一研究范式中，对犯罪的认识不具有先验的唯理性，甚至不一定非要有逻辑上的完整结构，而仅仅是对于犯罪这一客观社会现实的尽可能准确的反映。

应当看到，早期犯罪学发展对于唯心主义方法论的依赖和对唯物主义的忽视是有其历史背景的。在启蒙运动时期之前，科学和技术的发展极其缓慢，人类通过经验手段认识世界的能力非常有限，对于绝大多数自然、生理以及社会现象均处于一个朦胧认识而无法解释的阶段。在这种情况下，基于唯物主义认识论的知识积累显然无法支撑任何有说服力的关于犯罪原因的学说。而另一方面，唯心主义哲学由于其逻辑化、内省式的特点，几乎不需要现实证据的支撑就可以建构出完整的理论体系，从而很早就具备了提出相对完整的犯罪原因学说的基础，也因此在犯罪学研究刚起步时成为其理论发展的重要支撑。这就是为什么经典犯罪学理论在研

---

〔14〕 参见吴宗宪:《西方犯罪学史》(第1卷)(第2版),中国人民公安大学出版社2010年版,第52页。

〔15〕 参见吴宗宪:《西方犯罪学史》(第1卷)(第2版),中国人民公安大学出版社2010年版,第53页。

究范式上接近法哲学而异于我们今天所熟悉的社会科学的主要原因。

而随着启蒙运动以来科学的逐步兴起,人类认识世界的经验性手段与技巧有了突破性的进步。唯物主义认识论在自然科学领域取得的巨大成功也必然会影响到对人类社会的认知考察,并由此催生了社会科学这一全新知识领域。在此基础上,以龙勃罗梭为代表的意大利学派犯罪学家得以将科学的方法论引入对犯罪原因的研究并有能力获得相对较高可信度和完整度的关于犯罪原因的知识并得到主流性的认可。由此,犯罪学之研究方法得以全面从唯心主义转向唯物主义,从法哲学研究范式转向社会科学研究范式。

第三节　犯罪学实证研究的核心概念及操作原则

从根本上讲,科学是追求那些可以为人类共同享用的公共性知识的认识性努力,也就是说,一种知识在取得后,应该以一种可以为他人所自由获取和应用的方式得到发布与流通而不是被深藏于研究者的保险柜中。但是,知识的公共性一旦诉诸实践,就会带来可信度的问题:当一个研究者向公众发布其通过经验观察获取的知识时,公众是否应直接将其接受为有效知识并迅速应用于实践中,而不必担心这一知识的真实与准确?历史上,从科学研究的意义开始超越帝王权贵的机巧玩物与能工巧匠的不传谋生之密那一刻起,伪科学的滥觞就是一个和真正科学知识的发展如影随形的问题。当一个具有实际意义的科学发现进入公共领域时,与之相伴的往往是数个具有类似外在表达结构的伪科学论说,有时候,伪科学学说甚至具有远远高于真实科学知识的吸引力,从而给真实科学的传播与应用带来极大的干扰甚至破坏。显然,伪科学是经不起严格的科学验证的,只要对其进行一次符合实证主义标准的重复验证观察就可以很容易地对其证伪。但是,站在实践者的立场来讲,如果每一个进入公共领域的科学知识都必须面临这种重复验证才能摆脱伪科学的嫌疑,则科学的公共性就变得毫无意义:科学的本意乃是研究者通过系统的观察获取关于客观世界的知识并予以发布,而后来者就可以直接在此知识的基础上展开实践或者下一轮的科学认识,从而实现科学的累进式发展。但是对伪科学的担忧迫使后来者都必须重复先行者的系统观察以验证其知识的真实性,则科学的累进就无从谈起。鉴于此,在科学发展的很长时期里,真实科学的发展都不得不背负着伪科学的沉重十字架蹒跚前行,等待其在实践中遭遇失败的最终裁断而自然退出历史舞台。这样做的代价就是时间和资源由于被投入伪科学方向而导致了浪费。

一、谬误的产生机制与防范

在建立科学观察可信度标准的努力中,具有核心意义的是对于观察研究谬误的产生机制的全面认识与系统总结。诚然,只要是源自人类观察与认知手段的研究就不能避免谬误的发生,正所谓“产生谬误是人之本性”(to err is human),这也是人类认知努力永远无法达到绝对真理这一哲学命题所决定的。但是,基于非绝对的概率性认知论,我们可以努力控制谬误的发生并建立基于谬误区间(margin of error)的对知识的实践应用信心指数(confidence level)。在此基础上产生的科学知识一方面具有指导实践的可用性,另一方面也保持了对未来证伪与改良的开放性。

根据科学方法论的总结,人类的经验观察与研究努力通向谬误之路的林林总总可以被概括性地归于下面五个大类。通过对这五类谬误产生机制的认识,科学方法论提出了具有针对性的预防与遏制手段。

(一)观测误差

实证主义的基本主张是人类的知识的唯一可靠来源乃是基于人类感官系统的经验观察。而目前人类感官系统被承认为具有科学效力的感觉手段共有五种:视觉、听觉、嗅觉、味觉和触觉,亦即我们常说的“五官”,由此也就将科学观测的手段限制在这五种信息来源。另外,人类认知过程中会大量出现无法通过上述五种手段直接观测的对象范畴,需要通过概念的建构进行间接观察,但是这种间接观察最终仍然必须诉诸上述五种手段。比如,在对个体的暴力倾向进行观测时,“暴力倾向”显然是无法通过“五官”的任何一种进行直接测量。为此我们通过概念建构,创制出对“暴力倾向”进行测量的心理学测试量表,该量表的使用并不是要诉诸超越“五官”之外的其他信息来源,而是意图将“暴力倾向”这一抽象概念拆解为可以通过“五官”直接观察的具体分量:特定行为类型的频率,暴力犯罪记录,特定荷尔蒙分泌,身体技能物理指数,等等。这些分量都是可以通过视觉或听觉方式予以收集的信息。

无论是直接观测还是通过概念建构的间接观测,都无法避免观测误差。俗语说“眼见为实”,但是在现实中,我们却经常经历“眼见而不实”的情况。比如视力不及而误读街头标识,因听力不及而听错他人讲话意思,以及味觉不及而无法分辨所品尝食物种类等。这是人类生理感官机能的客观限制决定的,是不为个人的主观意志为转移的。一个典型的例子就是,在刑事案件的侦查中,目击证人的重要性与误导性同样令人印象深刻,其原因就是,即使目击证人是亲身经历罪案过程,由于其注意力、记忆力、视力、听力及理解力等各方面的限制,他/她依然有极大可能错过事件的关键性细节或者将一些关键性细节张冠李戴。在刑事案件中的目击证人的可信度问题上,置于科学研究中就成为观察者的观测误差问题。另外在科学研究中还有一种常见的观测误差就是通过概念建构进行的间接观测由于建构的不准确而导致的观测误差。比如,心理学研究中广泛应用的很多间接观测工具都曾被发现存在建构误差。其中著名的例子就是由心理医生罗夏(Hermann Rorscharch)在1921年创制的“罗夏墨迹测试”。这一测试手段试图通过让被试观看一系列无实际意义的墨迹图片并陈述其在这些图片中所看到的有意义内容来判断其人格特征。其逻辑基础显然是认为个体在随机图案中主观生成的意象可以代表其个性中的特定指标,从而在此指针下进行了概念建构而形成以对墨迹意象的观察来实现的对人格指标的间接观测工具。这一测试手段现在已经被大多数心理学家认定为毫无价值,其对被试人格的判断准确度之差,甚至比不上通过掷骰子的随机猜测。显然,其低准确度很大程度上源自其概念建构的偏差。

缺乏准确度的观测手段无法胜任对客观世界进行精确观测的要求。其解决办法就是通过不断创制更高效的观测工具来提高观测准确度。作为实证主义科学发展的重要代表,现代西方医学出现的一个重要原因就是显微镜的发明,使学者具有了研究微生物与微小人体组织的能力,从而纠正了过去通过裸眼观测对各种病理现象产生的错误观念。同理,心理学研究中广泛使用的各种用于对心理学现象进行间接观测的量表工具也在经历持续不断的验证与改良,其目的就是最大限度提高其概念建构的准确性及观测的灵敏度,使观测指标可以有效而精准地代表观测的实际对象的各内在质性。相应地,当一项科学发现被付诸实证主义标准检验时,评价者首先就会仔细研究其取得该发现的观测手段,如果该观测手段的信度或效度未经证明或存在已知瑕疵,则基于该观测手段的科学发现就会受到严重的质疑。

(二)选择性观察

在可以保证观测的基本准确性的基础上,研究者还可能因为对其观测对象的选择上的偏差而导致谬误。所谓选择性观察,其实就是俗语所说“偏听偏信”在科学研究中的具体表现。客观世界的认识对象在其普遍性基础上同时会表现出个体差异性。客观的观察者应该通过对对象全面的观察,力求涵盖体现对象个体差异性的属性变化值的最大波动范围,并从中总结出最具包容性的概括化描述。比如在医学研究中,当观察某新药的疗效时,多个被试个体会表现出对药物的高度差异性反应,一些被试者会表现出病情的大幅改善,一些则改善不明显,而个别被试者甚至会出现病情恶化。这时,无论是病情改善的那部分被试者还是病情恶化的那部分被试者,均无法全面地体现该药物疗效的真实属性,而必须将全体被试的药物反应全部纳入考察与分析之中,找出最具有普遍性的描述,方能对药物的实际作用作出客观的判定。如果在研究中,研究者出于某种原因,将观察的焦点集中在被试群体中倾向对药物反应良好的群体,而忽视其余;或更有甚者,如果研究者在挑选被试者之初就基于某种原因排除了由于体弱或病情严重可能无法展示积极疗效的特定被试群体,而只将观察局限于那些体质强健、病情轻微、从而康复可能性较高的那些个体,则在这样的研究设计下,对新药疗效的观测结果自然会倾向于指向积极的一面，因为那些本应被观察到的消极面被选择性地忽略掉了。站在科学研究方法的角度讲，这一研究的发现就存在因为选择性观察而导致谬误出现的高度可能性。

选择性观察违反的是科学研究方法的全面代表性要求，其在实践操作中的具体表现形式往往并不是在报告观测结果时有意或无意忽略“不受欢迎”的那部分结果，而更多是表现为在选择被观察对象时的“选择偏好”（selection bias）。“选择偏好”会导致科学研究的观察对象群体倾向于表现出与其所属范畴不符的指标属性，这种被选择观察对象（样本）与其所属范畴（总体）指标属性的偏离被称为“代表性缺乏”（lack of representativeness）。对缺乏代表性的样本进行观察并将该观察结论投射于其所来自的总体就会导致研究谬误。比如当在一个男女性别比例大致为50∶50的社区中进行关于犯罪社会学方面的研究，如果选择提取的社区居民样本由于某种原因性别构成达到男女比80∶20，从这个样本中取得的观察结果就会过度放大基于男性对象的指标特性而弱化来自女性对象的指标特性。以此为基础得出的研究结论就不可避免带有选择性观察的瑕疵，并因此受到质疑。

在研究实务中，“选择偏好”既可能基于有意设计，也可能源自无意之失。有意的选择偏好往往是因为研究者追求以研究结果印证其理论假设，而违反了研究的客观性基本准则。在犯罪学中最有名的例子就是美国犯罪学家胡顿（E. A. Hooton）在20世纪早期进行的一次犯罪人种学比较研究。他将从监狱中征集的“犯罪人”样本与来自监狱之外的“守法者”样本进行了人种学的比较，发现“犯罪人”样本比起“守法者”样本在平均身高、体重、体质、运动能力和智力等方面均处明显弱势。基于这一观察，他提出了“犯罪人乃是在人种上的劣等种群”这一当时极为轰动的观点。但是，同侪学者对他的研究方法进行仔细甄别时发现，他所征集的所谓“守法人”样本中的相当部分是国民警卫队的官兵、消防队的消防队员以及哈佛大学的学生。显然，即使与一般市民相比，这一样本在各项人种学指标上也明显占优。也就是说，胡顿的研究为了印证其人种论观点，有意地选取了更容易得出相符观察结果但是却明显缺乏代表性的观察对象。作为一个在当时颇具影响的犯罪学研究成果，胡顿的学说以远远快于其他犯罪学学说的速度被犯罪学界主流所抛弃，这一明显的选择性观察瑕疵无疑是一个重要原因。

与有意而为的选择偏好相比，无意导致的选择偏好由于往往不会引发对研究者学术操守的质疑而被忽视，但是必须认识到，无意的选择偏好对于研究结果的有效性同样具有危害性，而且由于其隐蔽性，其误导研究发现的效果甚至会更强。无意选择偏好的出现往往是由于以下几个原因：(1)研究者的个人习惯或下意识行为。当需要以人工挑选的方式从对象总体中抽取样本时，研究者很多细微的习惯行为都会影响其选择的代表性，比如在挑选中无意识地反复使用某几个数字，或者无意识地在备选名单上固定地每隔×位抽取一个对象，以及在抽取对象时无意识地受个人好恶影响而多选或少选特定群体的成员进入样本。(2)即使在研究者注意控制自己选择倾向性的情况下,对象总体中不同特征群体的成员可能会具有不同程度的可获取性(availability),从而导致具有较高可获取性的特征群体成员被更多地选入样本,从而影响了样本的代表性。比如在通过电话访谈对某社区的居民进行抽样社会调查的时候,一些因无力支付电话费的低收入居民就不可能被选入样本,而一些出于隐私原因有意不接听来自不明号码来电的居民也很难被纳入样本。这样一来,实际取得的研究样本就出现了选择偏好。(3)在自愿参加的研究中,如果那些倾向于参加研究的个体与那些倾向于拒绝邀请的个体的选择理由与研究的主体有高度相关性,则取得的样本也会在特定观测指标上出现选择偏好。比如某电视台对市民进行关于基层政府满意度的电视调查,往往愿意接受调查的市民都是满意度较高者,而那些感受现相较负面的市民往往不愿意对该话题公开发表意见,于是该调查得出的结果就是近乎一边倒的高满意度。但是这种结果显然难以摆脱选择偏好的质疑。

由于选择偏好,尤其是无意选择偏好的出现原因较复杂,目前在研究方法上并无绝对有效地防止其出现的手段。但是一般来说,可以通过随机抽样的方式来最大程度上限制选择偏好的影响。一方面,随机抽样将研究者人工选择的个人因素完全排除;另一方面,统计学研究表明,随机抽样得出的样本可以保证较高的代表性。这也是为什么绝大多数得到承认的科学研究都是在条件允许的情况下尽量使用随机抽样的原因。

(三)过度概括

所谓"过度概括",指的是在通过归纳法达致一个概括性描述时,因所使用的个体观察对象不足,导致观察对象的个体差异化特征被错误地放大,并被用来构建对观察对象所属总体的一般性认识。我们日常生活中很多被归为"偏见"的一般性认知往往都来源于对特定群体基于有限观察产生的过度概括。

在认识论中,所谓归纳法采用的是"由特殊到一般"的逻辑路径,就是通过对大量个体对象的观察,从每一个个体的特殊性质中抽取具有超越个体的同一性特征,去异存同,最终发现某一群体的普遍性。比如,尽管中国人的体貌特征千差万别,我们却可以通过归纳法得出中国人(更准确地说是汉族人)都是"黑眼睛、黑头发、黄皮肤"的普遍性描述。但是,归纳法作为一种认识手段的一个无法解决的问题是,基于对特殊个体的经验观察只要不能穷尽属于该范畴个体的全部,就无法否定与该经验观察得出的普遍性描述相矛盾的例外个体的存在,而一个例外个体的存在就足以推翻之前的普遍性描述。本章前面提到的"黑天鹅事件"中,欧洲人基于之前的经验观察得出一个"天鹅都是白色的"普遍性描述,而由于在澳洲发现了黑色天鹅,这一针对天鹅种群的定性就被完全推翻了。

当然,就如我们在针对"黑天鹅事件"的分析中提到的,现代科学认识论已经抛弃了那种追求绝对性概括的做法，转而追求对观察结果的概率性归纳，形成概率化的“准普遍性描述”。比如说中国人（汉人）“黑眼睛、黑头发、黄皮肤”的体貌特征概括，是人种学上的科学认知，但是这并不排除少数汉族个体表现出与这一典型体貌特征不符的可能。只是这种可能实现的概率很小，从而不至于影响上述概括的实践指导意义。但是，当一种概括性描述面临较大概率的例外可能时，该概括性描述的科学性就面临挑战了。这种高概率例外可能出现的一个重要原因就是过度概括。比如，美国社会于19世纪以来以对中国劳工群体的认识为基础所建立的对“中国人”的一些社会性与文化性认识就是比较典型的在一个相对较小的，缺乏代表性的样本之上形成的过度概括。在此基础上形成的很多对中国的概念，其实只是代表了19世纪西部开发时期大量赴美参与铁路与矿山建设的华人劳工群体所具有的中国东南沿海地区部分层人群的一些突出特征。当用这一概括性描述来指导对全体中国人的认识时，就会出现极高比例的“例外”情况，最终导致这一概括性描述的谬误。

从概率论的角度讲，以具有宏观同质性的观察对象总体为对照，每个观察个体都会表现出对这一同质性的一定程度的偏离，这种差异性在不同个体间会有强弱变化，总的来说，属于同一个群类的个体大多数只会表现出较弱的偏离，而同时会有较少数个体表现出较强的偏离，这种表现出较强偏离的个体在统计学上被称为“离群值”（outlier）。在一个较大的采样样本中，少数离群值的差异性会得到大量非离群个体的中和与稀释，从而在总体上表现出对同一性的接近。但是当采样样本较少时，少数的离群值也会使整个观察结果产生较强烈的偏移，导致出现大幅背离对象总体真实属性的错误观察的出现。这样产生的谬误就可以被归咎于过度概括。所以，过度概括出现的根本原因在于取样不足。

理论上讲，解决过度概括的根本方法乃是放弃抽样的观察方式，转而追求对观察对象总体的穷举观察。因为这样就不必进行任何超出观察范围之外的推测，从而消灭了过度概括的可能性。但是在实践中，进行穷举式观察的现实基础极其薄弱，因为这样做要求被观察对象的数量有限且全部可追踪，或者观察者的可用研究资源丰厚到足以实现对海量对象的全部追踪。而这两者都是大多数的社会科学研究项目不具备的客观条件。一般来说，比较典型的穷举式观察就是对种群数量极为有限的珍稀物种的观察以及倾举国之力实施的普查式的社会经济调查。而由于绝大多数社会科学研究（包括犯罪学研究）都是以社会全体成员或其中具有特定属性的子群体（如妇女、青少年、犯罪人等）的全部成员为观察对象，被观察对象的数量巨大，一个可调用资源有限的研究者别无选择，就只能进行抽样调查。从这个意义上讲，我们所知的绝大多数社会科学研究发现都无法完全摆脱过度概括质疑的阴影。学者们所能做的，无非是通过特定的研究设计，将过度概括限制在某个范围之内，使其不对特定研究发现的实践指导价值产生颠覆性的影响。

目前来说,在科学研究中限制过度概括的手段主要有两个:第一,在条件允许的情况下尽可能扩大采样范围,提高样本总量。第二,在条件允许的情况下最大限度地使用随机抽样。在社会科学研究中,研究资源的很大一部分应被优先用于扩大研究抽样范围,其原因就在于,相对于数据分析技术的优化,增大样本容量从而达致对离群值最大限度的稀释能力是提高数据质量,较少研究谬误的费效比相对较高的途径。同时,利用随机抽样来实现尽可能高的样本代表性也可以显著抑制离群值对研究结果总体的偏移效应。

(四)逻辑错误

曾经有学者总结,科学的两大支柱是经验观察证据和逻辑的理性。也就是说,对于科学研究发现,除了要对其观察取得的证据的有效性进行验证之外,还需要对其因果关系推导所依据的逻辑路径进行考察。只有在两者都符合科学要求的情况下,才能承认研究发现的科学性。

在科学研究中,基于有效的经验观察和无效的逻辑推理产生的谬误极为常见。鉴于逻辑学本身体系博大精深,本章篇幅有限,无法将科学研究中的逻辑错误问题在此作全面说明,因此仅就一些比较常见的逻辑错误作简单介绍。

在现象论研究中,比较常见的错误在于对概率论基础上的认识论的理解偏差,具体来讲一方面表现为以有限的个体观察过度映射整体质性,亦即上文所介绍的过度概括的认识论表现;另一方面则表现为以例外轻易否定规律性的绝对主义逻辑。毫无疑问,这种逻辑错误的背后乃是哲学上不可知论的深刻影响。

在原因论研究中,最常出现的逻辑错误在于对因果关系逻辑的误读。科学界对于早期科学研究在归因方面最常见的逻辑错误有一句源自拉丁文的表达 *post hoc ergo propter hoc*,这句话直译为"后此所以因此",也就是说当一个现象总是在另一个现象之后被观察到,那么先发现象就必然是后发现象的原因。这一逻辑进路的谬误之处在于将现象间的因果纽带简单化,而无视事物之间由于普遍联系性而出现的非因果的相关关系存在。在犯罪学研究中,因为应用这一逻辑进路而导致理论谬误的一个比较典型例子就是早期犯罪学研究将贫困作为犯罪主要原因的理论倾向。从经验观察出发,犯罪现象确实在贫困社区存在明显的高发趋势,而且特定社会经济状况的出现显然是早于犯罪行为的,那么根据"后此所以因此"的逻辑谬误,就得出了贫困是诱发犯罪的主要原因这一结论,而这一论调在 19 世纪末到 20 世纪初的犯罪学界被广泛接受,并由此发展出很多具体的犯罪解释论。但是,贫困与犯罪之间的高度相关性被后来的犯罪学研究证明并不具有因果性质,而只是真正导致犯罪的社会化因子的一因多果的表现。关于在原因论研究中如何避免逻辑错误,本章下面一节会有进一步的详细讨论,这里就不再赘述了。

另外,在科学研究中还经常出现在推理过程中因概念置换而导致的逻辑错误。

这种逻辑错误如果是故意为之就是被称为“偷换概念”的诡辩技巧,比如著名的“白马非马”论。但是很多时候,研究者也会由于缺乏逻辑思维训练而在分析过程中无意识地犯这种错误。

(五)预设立场

严格意义上,预设立场本身并非科学研究谬误的一种,而是可能会导致前文提到的各种研究谬误的一个重要原因。所谓预设立场,就是研究者违背了科学研究的客观中立这一基本原则,在展开研究之初就预设了其研究活动所期待得出的结论,并且刻意围绕这一结论的证明来组织观察取证。预设立场对于科学研究的成果的有效性的危害是显而易见的,由于在研究的一开始就以某个具有倾向性的观察结果为追求目标,在数据的处理和鉴别上就很难坚持严格的科学标准,对于不利于预设立场证明的数据往往会有意无意忽视或作弱化解读,而对于有利于证明预设立场的数据则会无原则地支持并过度强调其证明力。为了达到上述目的,往往就会出现容忍观测误差,选择性报告观察结果,对有限样本进行过度概括解读,以及以缺乏逻辑合理性的方式解释观察结果等做法,并导致研究谬误。

换句话说,预设立场的做法本身并不必然导致研究谬误,但是如果通过严格科学程序得出的结果倾向于推翻预设立场,而那些因为操作不规范而可能为谬误的研究结果却符合预设立场时,研究谬误的出现往往会被容忍或忽视。

犯罪学研究由于其自身的一些独特性质,尤其应当注意避免预设立场的出现。首先由于研究对象背后的强烈道德评价意味,犯罪学研究往往隐含了极强的道德倾向性。当进行归因研究时,可能会有意无意预设“丑恶现象源自另一丑恶现象”这一立场,而不愿意通过实证观察将特定犯罪的归因指向主流社会的特定方面。而在另一方面,那些抱持特定意识形态的研究者,又有可能出于支持其有针对性的批判目的,在研究中倾向于预设立场,将犯罪归因与主流社会的某些组织和运作方式挂钩。最后,由于犯罪学应用型学科的特点,其研究往往会涉及对政府部门或社会组织的社会控制政策之合理性及有效性的论争。当研究结果直接影响特定职业群体的利益分配,研究者就可能受到来自这些利益群体的资金推动或政治压力,促使其预设立场,以研究结果迎合特定的群体利益。

鉴于此,犯罪学研究者应该时刻注意保持自律精神,在科学研究活动中努力做到实事求是,开明公正,不预设立场,尊重客观规律,以科学标准作为检验知识有效性的唯一尺度。

正如本章前面所介绍的,归因研究是科学研究的一个重要组成部分。在日常生活中,我们对因果关系的概念既熟悉又陌生。一方面,人类在思考其面对的任何一种自然或社会现象时,都会提出“为什么”的问题,试图进行归因分析。但另一方面,对于一个有效因果关系所必须具备的各种逻辑条件以及其在不同语境下的具体证明方式,没有受过专门科学方法论训练的普通人往往难以做到正确应用。

这种不正确的归因分析构成了我们在日常生活中大量面对的所谓“常识性错误”的认识基础。

显然,在严肃的科学研究中,必须遵循正确而严格的归因分析原则,才能获得具有实际意义的原因论研究发现。根据之前学者的总结,一般认为,因果关系的成立应该满足时序性、统计相关性和证明力排他性等三个基本条件。简单地讲,要在我们观察到的A现象和B现象之间确立因果关系,我们需要:(1)证明A的发生早于B的发生;(2)证明A与B的发生,发展与属性变化存在相关性;(3)证明A与B的这种相关性不是源自两者均作为一个证伪因子的后果而存在这一事实。当这三个条件均得到满足,我们就可以主张A现象是B现象的原因。

二、实证研究的分阶段操作模式

上文所讨论的关于如何在科学研究过程中避免谬误,保证因果关系推导的有效性的操作性原则与技巧,必须通过一个规范化的科学研究流程付诸科研实际。科学方法论的发展经历了早期以科学家个人兴趣为主导向现代社会化,制度化科研流程的进化,已经形成了一套相对固定的科研流程。这一流程通过对实证主义认识路径的梳理,力求达到将不同目的的科研操作置于最利于其发挥作用的时间节点上,同时保证科研的各个环节之间衔接紧密,互相支持,并在最大限度上防止谬误产生,共同推动对观察对象的全面、客观地认识,实现对因果关系的最有效识别与证明。这一研究操作流程的具体组成见图2－1。

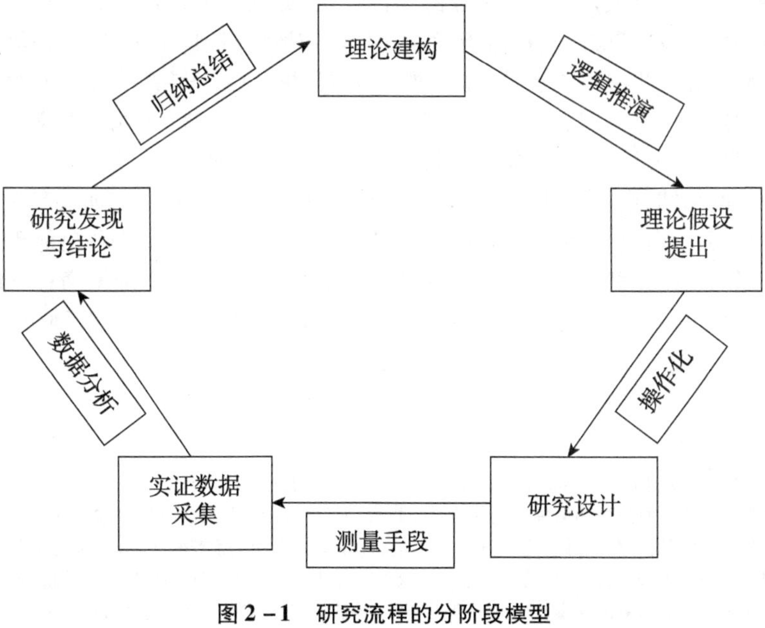

图2－1　研究流程的分阶段模型

为了方便对这一模型各个阶段的工作内容与任务进行演示,我们可以以法国著名社会学家杜尔凯姆对自杀现象的开创性研究为例,看看他的研究在不同阶段是怎样展开的。首先,杜尔凯姆对于自杀的原因进行了理论建构,他提出了自杀的发生率要受到特定社会群体成员身份的影响这一不同于传统理解的关于自杀的归因理论。在这一普遍性理论基础上,杜尔凯姆推演出一个有针对性的理论假设:宗教派系、婚姻状态等不同的群体身份会对自杀率产生影响。在此基础上,他对"宗教派系""婚姻状态"这些笼统概念进行了操作化界定:已婚人士与未婚人士会体现出群体从属性上的不同(前者强于后者),同理,犹太教、天主教等强调宗教群体向心力的教派要比新教这样强调个人主义的教派具有更强的群体从属性。由此婚姻状态和教派所属就被标定为可测的因变量,与之对应,各个子群体内的自杀率被标定为可测的果变量。在此基础上,杜尔凯姆选择的研究设计为既存数据分析:对欧洲各国的官方自杀数据进行分群体的比较。通过对数据的分析,发现单身者比之已婚者,新教徒比之犹太教徒与天主教徒具有相对较高的自杀率。通过对这一研究发现的概括性归纳,就验证了他先前提出的群体从属性会影响自杀率的理论。

通过对图 2 - 1 以及上面实例的观察,我们会注意到这一科研流程的核心部分是两个基本的逻辑推理路径:演绎法与归纳法。首先在研究流程的起点,会有一个基于既有理论的先验的假定,这一假定不依靠任何客观事实而独立存在,其作用是为接下来的实证研究指明方向,避免其沦为以观察数据撞大运的"钓鱼式科研"。[16] 这一研究假定的得出依靠的是演绎法,即从一般性理论的概括性描述中抽取核心成分,将其应用于具体情境,从而得出对特殊情境发生、发展趋势的具体预测。而研究流程接近终点是,在数据采集与分析之后,会有一个基于观察事实的后验的假定。在这一假定的框架内就可以推导出一个具有普遍指导意义的概念性描述或因果理论。这一后验假定的得出依靠的是归纳法,即通过对具体事实以及特别情境的总结,由特殊到一般,获得一个普遍性原则或理论。正如前辈学者所总结的那样,科学研究的基本原则就是"大胆假设、小心求证",整个科研流程其实就是对演绎与归纳这两种基本逻辑推演技巧的交替运用,由一个理论通过不断地观察取证,去伪存真,演化为另一个具有更高认识价值的新的理论,然后再重复这一过程,从而实现对客观世界认识水平的螺旋上升。

---

〔16〕 所谓"钓鱼式科研"(Fishing Expedition),是指在采集数据前对于数据可以用来构建何种描述性概念体系或证真或证伪何种理论缺乏明晰概念,而只是寄希望于在检视过数据之后,从中搜获具有学术价值的内容。显然,这类钓鱼式科研显示了研究者理论素养的缺乏,同时往往会导致对科研资源的严重浪费,因为采集的数据由于缺乏针对性而可能什么都说明不了。因此,除了在以全新认识领域为对象的探索性研究中别无选择,不得不使用这种没有理论假设指导的观察模式之外,在通常的科研实践中要尽量避免"钓鱼式科研"。

三、犯罪学实证研究的不同操作性设计

在研究设计的分类体系上，不同学者基于不同角度提出了多个分类方式，但总的来说，在科学界并没有一个统一的分类标准。同时，被分入不同类别的研究设计相互之间并不存在非此即彼的排斥关系，实际操作中往往根据实际需要对不同研究设计有所融合与互补。下面所讨论的只是基于数据采集手段与分析逻辑结构作出的一种分类方式。总体来说，研究者应当以科学研究的基本操作原则为指针，结合研究的目的、对象的特点、数据的生成环境，以及可用研究资源的多寡，灵活地选择不同的研究设计，以达到观察效果的最优化与研究资源的最合理利用。

在分析问题的基本逻辑层面，我们可以根据分析的视角将所有研究设计分为使用“表意解释”（ideograthic）的质化研究设计与使用“通则解释”（nomothetic）的量化研究设计。所谓“表意解释”，是针对特殊个体进行不具有普遍性的全面描述，试图建立一种概括性较差，但基于特定个体高度准确和深刻的差异性认识的分析方法。较典型的质化研究方法包括针对少数对象的深度访谈，描述性的案例研究等。质化研究的优势在于可以建立基于观察对象的全面而深入的理解，而其缺点则是观察得出的结论往往缺乏普遍概括性，难以应用于观察范围之外的同类现象。而“通则解释”与前者相反，指的是对现象进行解释时使用具有普遍性的相对较少的几个因子，试图建立一种可以涵盖相对较广泛样本的同质性认识的分析方法。典型的量化研究包括基于抽样的对比试验、大范围问卷调查等。其优势在于覆盖面广，可以生成对于某个现象类型普遍概括性较高的认识，而其缺点则是观察所涉及因子相对较少，难以充分照顾到个体差异性，因此产生的认识落实到单个个体会比较简单、片面。

一般来说，质化研究比较适用于对认识对象尚缺乏系统认识或认识尚不全面时的探索性或描述性研究，而量化研究比较适合在即有理论框架指导下深入研究因果机制的归因性或评估性研究。

（一）质化研究方法（qualitative research methods）

显然，任何强调对研究对象的直观、准确、详尽、全面描述而放弃大样本标准化数据采集的研究设计都可以被归于质化研究之列。由于篇幅限制，在此仅介绍最常见的两种质化研究方法：现场调查与个案研究。

1. 现场调查

现场调查又被称为参与性观察（participant observation），是一种要求研究者在其所研究的行为人与行为现象发生的当时当地进行直接抵近的观察。在行为学研究中，学者常常发现以量化形式采得的数据由于过于抽象，缺乏与具体情境的联系而导致理解的偏差。鉴于此，有学者建议，要获得对特定行为学现象的真实、准确认识和理解，就必须在行为发生的现场进行实地观察。

现场调查可以根据调查者与被观察者的互动强度及对被观察行为的参与度划

分为全面参与观察、观察性参与、参与性观察和旁观式观察四种类型。顾名思义，这四种类型的区别在于研究者的参与度由第一类的完全和被观察者融为一体，逐级递减，到第四类的完全置身事外的纯粹观察。

之所以会有不同程度的参与度设计，主要在于从观察真实性角度考虑，被观察者受到来自观察者的干扰越少，其行为就越自然，观察结果就越贴近现实。而观察者的存在往往会导致被观察者有意无意地修正自己的行为，导致观察出现一定的失真。但是，当观察者同时具有参与者身份时，其客观性就会受到影响，参与度越高，客观性就越难以保证。所以，在选择具体的现场观察策略时，必须考虑真实性与客观性的综合平衡，在不丧失客观立场的前提下尽量选择可以提高真实度的观察策略。

2. 个案研究

个案研究是对于一个或数个具有代表性的个案所进行的深度描述性研究。个案研究的具体操作方式种类繁多，既可以是现场的跟踪调查，也可以是历史性回顾评估，也可以是对个人的深度访谈。

不管具体操作策略如何变化，个案研究的基本观察模式都是先寻找出被研究现象的一个或多个典型性个案，然后以这一个案为视点对该现象及其相关因子进行深度分析，重点寻求这一现象在其自然设定环境下发生与发展变化的规律。〔17〕近年来，在社会科学研究中，一个比较流行的个案研究设计就是口述历史研究，这种研究方法在新闻学中也称为传记式研究。这种研究设计通过事件参与人根据记忆将事件的经过重现的方式实现对研究对象的间接观察，在分析方法上同样符合个案研究深度分析典型个案的特征。

这种研究方法可以用于验证理论有效性或构建理论假设命题，同时还可以对研究领域内的特定研究命题进行表述与整合。尤其是对于很多尚不具备大规模样本量化研究条件的研究对象以及那些体现出量化数据难以触及的个体差异复杂性的研究对象，个案研究往往是获取准确认识的最可行手段。当然，个案研究的缺点也是其深度观察的必然结果，那就是“一叶障目，不见泰山”。过于关注个体高度差异性的特征描述，会导致观察结论极其有限的可扩展性，在此基础上取得的研究结论往往会受到对其过度概括的质疑。

（二）量化研究方法（quantitative research methods）

与质化研究相比较，量化研究有着诸多的缺点，比如观察准确度低，描述缺乏层次，对于现象发生的情境缺乏有效认识手段等。但是，由于量化研究具有覆盖海量样本的理论容量和对现象的抽象而普遍的概括能力，〔18〕在系统性的描述性研究

〔17〕 See Travis, Lawrence F. Ⅲ, *The Case Study in Criminal Justice Research*: *Applications to Policy Analysis*, Criminal Justice Review, 8, 1983, p. 46 - 51.

〔18〕 这一能力在20世纪中叶以来由于计算机技术的高速发展而越发完善。

以及立足于相对完善理论框架的归因研究中就具有质化研究无法企及的优越性。总体上来说,现代基于实证主义的科学研究活动中,量化研究不论是在绝对数量上还是对科学知识积累的贡献度上都是占据绝对优势的。

量化研究在强调观察概括性因子和适用大样本数据来源这一基本操作性特征基础上,也会根据观察对象和研究目的分化出很多种不同的具体研究设计。在此重点介绍三类最具代表性和应用最为广泛的研究设计:对照实验、问卷调查、既存数据分析。另外,还会介绍一种近年来新出现的,代表了量化研究诸多未来发展方向之一的研究设计:内容分析。

1. 对照实验

在普通大众眼中,"实验"二字总是和这样的画面联系在一起:一群身穿白大褂的科学家,在布满形状怪异的器具的实验室里忙碌,研究分析一些谁也看不懂的现象和数字。这种图景,在某些实验研究中确实存在,但是却远远不能概括实验这一特定研究设计类型的全貌。实际上,实验设计的展开并不一定必须要在严格封闭的实验室环境中进行,但是,类似设定被当作典型的实验设计也并非没有原因。简单讲,将实验放在封闭实验室环境中进行可以满足实验设计的一个重要要求:研究者可以相对容易地控制被观察对象的状态与周边,有效地排除不可控环境性因子对观察的干扰,也就为在因果关系证明中排除证伪因子奠定了基础。当然,如果被观察对象本身特点决定其受环境因子影响较小,或者可以通过其他手段控制环境因子的干扰,一个有效的实验设计也是可以在封闭实验室环境之外展开的。

在科学研究方法概念体系中,实验设计是公认验证因果关系最有效的途径,因为其基本结构保证了数据分析可以有针对性地满足因果关系验证的三个要求:时间顺序、相关性,以及排除证伪因子。考虑到实验设计可以根据具体研究条件做出很多调整,一般将根据最严格要求展开的实验设计称为"经典实验"。其研究流程见图2-2。

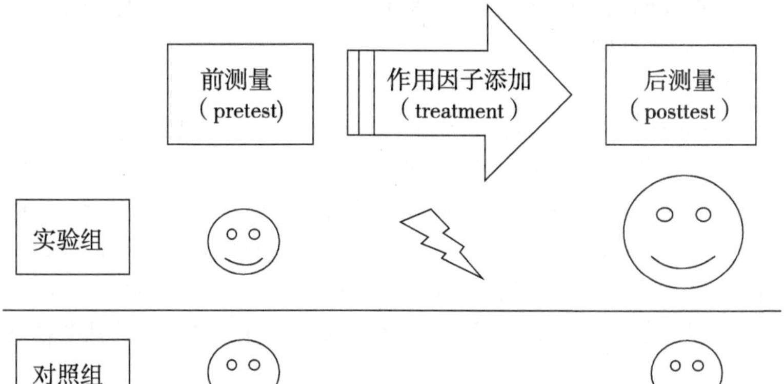

图2-2　经典实验设计结构模型

通过图 2 - 2,我们可以总结出经典实验设计的几个基本特征:(1)两组对照设计。经典实验设计最易识别的特征就是其两组对照的观察结构。在操作中,通过特定采样手段将观察对象分为实验组与对照组,并尽量保证两组在进入实验时的等值性。两组对象在初始的等值可以一方面使实验组出现的任何变化更容易识别,另一方面通过对两组对照差异的认定排除那些对两组均发生作用的证伪因子的干扰。(2)基于前测量与后测量形成的明确时间顺序表达。经典实验设计有严格的时间设定,即在实验开始时进行前测量(或一系列前测量以形成相对稳定的基线指标),而在添加作用因子后,一定时间内进行后测量。[19] 在图 2 - 2 中,可以实验组的头像在前测量与后测量节点的尺寸变化代表了作用因子添加后导致的特性变化。由于前测量、因子添加、后测量这三个节点遵循严格的时间设定,任何在后测量中发现的特性变化都可以确定是发生在因子添加之后,由此满足时间顺序要求。(3)相对简单的因变量和果变量设定。在试验设计中,假定的因变量通过作用因子在实验组与对照组之间的添加与不添加的差别而成立一个简单的二元指标体系(取值为 0 和 1),而果变量则通过对两组在经历实验后测量值的变化程度之差异来加以测量。因果变量之间的共变可以通过相对简单的分组比较统计学方法进行分析,较容易发现实际存在的相关性。

可以发现,经典实验是一种全面针对因果关系证明的研究设计类型,对因果关系的三个证明条件均有专门设定予以涵盖。这无疑带来了极高的归因证明效力,但同时也带来对研究环境条件的严格要求。在实践中,很多研究由于客观条件限制而无法达到这些要求,而不得不采用退而求其次的变通设计,比如取消两组,使用非等值两组,取消前测试等。这些变通显然削弱了其证明效力但也降低了操作难度。在另外一些研究中,为了达到一些特殊的证明目的而采取了另一些变通设计,比如增加实验组数,增加前测量与后测量数量(变断层测量为时间序列测量)等,在保持基本证明效力的前提下,扩展了证明的广度,当然,这样进一步增加了实验设计的复杂性和难度。

2. 问卷调查

问卷调查是社会科学研究方法中的一个非常重要的数据采集手段。与实验设计相比,它对于操作环境的要求不高,并且可以较容易地承载较高的信息采集容量,因此得到了极为广泛的应用。另外,其较易受研究外部环境因素干扰而导致的相对较弱的证明力也遭到了那些推崇实验设计传统的社会学者的排斥。当然,这种排斥在很大程度上源于对问卷调查的简单化理解,即认为问卷调查就是问问题,收集意见。实际上,问卷调查通过精心的设计,可以对相当广泛的社会科学问题进

〔19〕 这一时间长度取决于作用因子的作用时间,过长过短均会影响观察的准确性:过短则因子尚未完全发挥作用,过长则因子效力已经开始减退。

行具有较高效度的研究。描述性问卷调查通过应用统计概率原则可以被用于评估抽样误差,而分析性问卷调查在归因研究中的应用,可以通过扩大样本范围,改善抽样质量以及应用高级统计分析手段,获得不弱于严格实验条件下的因果证明效力。在那些推崇问卷调查方法的学者看来,实验设计通过对环境的严格控制,先决地排除了证伪因子在观察过程中的存在来满足因果证明之要求,却将研究对象从其现实所处的环境中孤立出来,在一定程度上影响了研究发现的现实应用性;而问卷调查并不强求观察对象脱离其现实环境,而只是通过在大样本基础上应用统计手段,对实际出现的证伪因子实施分离与抑制,也同样可以满足归因证明的要求,还提高了研究发现的现实应用性。

当然,问卷调查的主要局限性在于其采集数据的形式限制。问卷调查只能记录意见表达或者对行为的叙述,而不能记录行为本身。这就使问卷调查中信息的真实可靠成为一个潜在的问题。受访对象既可以出于各种原因故意隐瞒真相,扭曲事实,提供虚假陈述,也可能因为记忆与注意力缺陷而在无意识下提供与事实不符的陈述。由于其观察对象和研究目标的特殊性与敏感性,这一缺陷在犯罪学研究中表现得尤为突出,因此操作中需要将大量精力用于保证问卷采集信息的真实性上,有时甚至被迫提高认证标准,客观上降低了其证明效力,增加了操作难度。

作为保证问卷调查研究证明力与证明效度的关键因素,问卷设计是每一个意图应用这一研究方法的研究者必须高度关注的环节。好的问卷设计可以大幅提高对对象因子观测的效果,有效提高对错误信息的甄别能力,同时保证研究对象的较高参与度与配合度。限于篇幅,这里只简要介绍问卷设计的一些基本原则。基本原则一,问卷问题长度适中,应充分考虑潜在被访对象的配合程度。过长的问卷会导致一些对象拒绝参与,而过短的问卷又可能无法获得足够的信息容量。因此研究者必须在这两者间寻找一个平衡点。基本原则二,语言适合对象阅读习惯与阅读能力。被试对象对于问题的正确理解是取得真实有效数据的前提条件,因此问卷问题不应不必要地增加阅读难度,避免使用双关语、双重否定、生僻或专业术语,确保被试对象在理解与表达上的流畅性。基本原则三,避免使用引导性或针对性问题。具有引导性的问题会对被试对象的思维产生不必要干扰,导致其回答偏离其应有轨道。而具有针对性的问题容易因被试对象的抵触或逃避情绪,使相关问题得到有效回答的机会减少。

3. 既存数据分析

在很多时候,研究者并不需要自己采集用于量化分析的数据,而只需要通过合适的渠道获取那些已经存在的数据。既存数据分析在得以保证数据质量的前提下,可以大幅节省研究资源,同时既存数据得到充分的利用与分析,也使最初收集这些数据的投入获得最大限度的产出,减少了资源的浪费。

在社会科学研究中,既存数据一般来说主要有以下来源:(1)官方数据。政府或其他具有特定社会管理职能的机构和组织在其日常运作中出于各种需要会生成大量的官方记录,这些记录中的绝大多数经过一定的处理就能成为合格的研究用数据。比如在犯罪学研究中,法院与检察院在日常工作中生成的案件记录就是非常有价值的官方数据。需要注意的一点是,由于官方数据的初始收集与保存并不会过多考虑研究的需要,其内容与形式往往有很多不适用于研究的特征,这就需要研究者对这些数据进行预处理和一定的格式转换。在有些情况下,研究者可以利用自己的影响力引导负责生成官方数据的机构对其数据生成流程进行调整,使其产出的数据更加适合研究分析的需要。(2)先前研究的二手数据。在很多社会科学研究中,研究者在条件允许的情况下,往往会在数据采集时留出一定的冗余度,即收集一些其研究不一定会用到的信息,以保证数据的全面性。这些冗余数据往往得不到充分的分析,就可以成为后来的研究者手中极好的研究数据。即使该数据中已经被先前研究充分分析过的部分,也可以利用新的分析手段、新的视角重新加以研究解读,得出更新的研究成果。因为二手数据是专门针对科学研究需要而采集的数据,无论是信息的内容还是结构都无须过多修改就可以直接用于新一轮的研究。这就进一步节省了研究者的时间、精力和资源。

4. 内容分析

内容分析(content analysis)在数据收集手段上一般被认为是既存数据分析的一种,这是一种对经过有选择地加以类型化编码的大众传媒的内容信息进行系统化和量化分析的研究方法。这一研究方法在比较性研究、历史性研究以及对于社会现象的发展趋势进行精确辨析方面具有独到的认识效力。

内容分析在操作手法上有时会被误认为文献综述,因为两者都是对特定的传媒内容进行汇总、分析与解读。但内容分析在基本特征上是典型的量化研究手段,通过对形态上复杂多样的传媒内容进行系统的归类、编码、标记,将其转变为统一的量化指标体系,从而为对这些内容在表达倾向、强度、频度等方面进行通则式的量化测算与分析奠定了基础。而文献综述自始至终均维持表意式分析模式,因此一般被归于质化研究方法之列。

由于其使用的是量化数据结构来研究大众传播现象,内容分析相对其他质化研究手段的一个重要优势就是其可重复性:使用相同的编码体系,不同的研究者可以对同样的研究对象重复进行内容分析,而得出相同的分析结果,从而避免了使用质化研究方法研究传媒、文化现象时普遍存在的主观性问题。

20 世纪 70 年代以来,随着电子计算机技术的发展,使用专门编制的计算机软件可以大幅度地提高对文字传媒内容进行编码、标记、搜索与统计的工作效率,这也就极大地拓展了内容分析研究方法的应用范围和数据容量,进一步促进了内容分析在社会科学研究领域的广泛应用。比如,社会学者可以通过对报纸上关于特定犯罪活动的报道措辞以及电视节目中所出现的违法犯罪分子的典型形象的变化,去分析公众对这一犯罪的态度变化趋势。在保证充分采样的前提下,这类分析往往可以准确地识别在公众态度中表现出的极为微妙的变化。

第三章 犯罪现象

第一节 犯罪现象的概念和理论地位

一、犯罪现象的概念

（一）关于犯罪现象概念的理论争议

犯罪现象是苏联、俄罗斯和中国犯罪学的基础概念。早在20世纪的60年代，犯罪现象就是苏联犯罪学研究中的重要问题。“（20世纪）60～70年代我国犯罪学开始强调犯罪现象是犯罪行为的总称，而不是犯罪行为的简单多数。”[1]在中华人民共和国成立后至改革开放前，因受极“左”思潮的冲击，中国的犯罪学研究基本上陷入停顿状态。20世纪80年代，犯罪状况明显恶化，青少年犯罪增长迅速，引起党和政府的高度重视。受此影响，犯罪学的研究逐渐得到恢复，而犯罪现象也成为犯罪研究的重要内容之一。然而，在英美犯罪学中并不存在犯罪现象这一概念。美国多数犯罪学家认为，犯罪学既要研究犯罪（crime），也研究犯罪行为（criminal behavior），这就表明了美国犯罪学界注意到了个体的犯罪行为与整体的犯罪是两种不同的对象。然而，经验色彩深厚的美国犯罪学通常只是将犯罪视为犯罪行为的总和，既不对两者之间的关系予以辨析，也不对两者作分别的研究。可以说，英美犯罪学中的犯罪并不是犯罪现象，犯罪现象不是英美犯罪学的研究课题。这种做法也许可以归属于英美犯罪学的社会学的学科定位。

关于犯罪现象的内涵，在我国学界主要有两种不同的观点：

1.犯罪现象与犯罪分立说。即认为犯罪现象与犯罪是两个不同的概念，犯罪是刑法学中的概念，而犯罪现象则是犯罪学的概念。（1）两者的构成要素不同。犯罪是客观的犯罪行为，由行为、结果、因果关系、犯罪的时间、地点等因素等构成，具有客观性，而犯罪现象包括犯罪状态、犯罪结构和犯罪趋势，具有整体性，因此，“犯罪、犯罪现象各自不同的内容（构成要素）表明他们是不同质的事物”。（2）两个概念的属性不同。犯罪具有个人专属性、静态性和庭审确定性，而犯罪现象则具

---

〔1〕［俄］阿·伊·道尔戈娃：《犯罪学》，赵可等译，群众出版社2000年版，第70页。

有整体性、动态性和实证性。(3)两个概念的类别不同。一方面,从逻辑学的角度看,犯罪现象是集合概念,而犯罪则属普遍概念。集合体是由若干个体组成的统一整体。“集合体的特征:集合体的属性个体不一定有,个体的属性集合体也不一定有;集合概念反映的是集合体的本质属性,不一定反映个体的本质属性;反映个体的概念只反映个体的本质属性,不一定反映集合体的本质属性。”“普遍概念与集合概念相区别,因而归于非集合概念。普遍概念反映的是由许多分子组成的类。类与集合体不同,集合体具有的属性其个体一般不具有,而类的属性为每个分子所具有。”另一方面,犯罪现象是实体概念,而犯罪是属性概念。“根据概念反映的对象是具体事物还是事物的某种属性,可以区分实体概念和属性概念。”“犯罪现象,在思维形式的意义上,其反映对象归根结底是具体的、实在的事物,所以,它是一个实体概念。”“属性概念亦称抽象概念,是指以事物的某种属性为反映对象的概念”,“刑法学上的犯罪概念旨在反映犯罪的本质属性和基本特征,依逻辑学上常用的概念分类方法这样的概念是属性概念。”〔2〕

2. 群体犯罪现象与个体犯罪现象说。即认为犯罪现象包括群体犯罪现象和个体犯罪现象。“作为社会现象的群体犯罪现象就应当成为犯罪学的研究对象。犯罪学不以个体犯罪行为作为研究对象,而是把犯罪作为社会现象来研究。”“犯罪学中的犯罪概念的外延,不只是‘个人行为’,同时更是‘社会现象’”,“群体犯罪现象就是一定数量的个体犯罪现象的集合体”,与个体犯罪现象和个体犯罪行为相对应。“‘群体犯罪现象’表达了对社会上客观存在的普遍的犯罪事实的抽象。‘个体犯罪现象’表达了对社会上客观存在的个别(具体)犯罪事实的抽象。而‘个体犯罪行为’则仅仅是指具体的个体所实施的具体的犯罪事实。群体犯罪现象与个体犯罪现象既有区别又有联系。与个体犯罪现象比较,群体犯罪现象突出表现出量的属性,也就是具有群体性、普遍性;而个体犯罪现象则具有个别性(或者单一性)、特殊性。”〔3〕

第一种观点将犯罪和犯罪现象分别定位为抽象概念和具体概念,并不妥当。这是因为,包括犯罪学和刑法学在内的任何学科都是以客观存在的自然现象或社会现象为研究对象,研究对象都只是实体概念,而不可能是抽象概念。毋庸置疑,刑法中的犯罪的确具有多种共同属性,如社会危害性和刑事违法性等,但是与此同时,刑法学中的犯罪包括多种不同的犯罪种类,如杀人、盗窃等,而每种犯罪都有各自不同的外在形态。因此,刑法学中的犯罪不可能是抽象概念,而只能是实体概念。

第二种观点将个体犯罪行为与个体犯罪现象相对立,并将个体犯罪现象定义

〔2〕 郭永智、于建平、于阜民:《犯罪现象:犯罪学的基石范畴》,载《社会科学战线》2007年第6期。

〔3〕 王牧主编:《新犯罪学》,高等教育出版社2005年版,第10、78、150页。

为对个体犯罪行为的抽象,有待商榷。在犯罪学中,作为客观存在的社会现象,犯罪行为就是经验性的个别性社会事实,没有必要进行所谓的抽象,将其分离为个体犯罪行为与个体犯罪现象。例如,因为争夺女友,张三与李四发生争执,进而发生斗殴,张三用尖刀刺死李四。张三刺死李四的犯罪作为已然的行为,是一种社会事实。在犯罪学的视域中,需要研究的问题是张三杀死李四的行为为何会发生,是如何发生的,以及应当如何预防和控制张三实施犯罪行为,以及其他实施杀人行为。如果对作为具体的社会行为的个体犯罪行为进行抽象,则会依据不同的标准,得出不同的结果。而持群体犯罪现象与个体犯罪现象说的学者并没有明确提出,对犯罪行为应当以何种标准进行抽象,被抽象出来的个体犯罪现象的内涵到底是什么。实际上,所谓的个体犯罪现象不过是强调了犯罪行为的社会属性而已,犯罪行为的社会属性原本就是犯罪行为的重要内涵之一,而强调该属性,完全没有必要另外提出个体犯罪现象这一似是而非的概念,以免造成理论混乱。当然,这并不意味着在犯罪学研究中不存在抽象。作为思维方式之一,抽象是进行任何科学研究的基本条件。如果不对受观察的对象进行抽象,进而形成概念,科学研究就无法开展。但是,抽象只是一种思维过程和思维方式,所谓抽象只是对客观存在的主观认识,并不等于在客观上存在抽象的事物形态。同理,在犯罪学上,也不应当存在对犯罪行为进行抽象后得到的个体犯罪现象。在犯罪学研究中,对不同犯罪行为依据一定的标准进行归类,对归类后的犯罪类型进行研究,探求不同犯罪类型的犯罪规律,进而在总体上探求犯罪现象的规律。

之所以有学者会提出个体犯罪现象的观点,在笔者看来,主要是因为对犯罪学的范畴体系与刑法学的范畴体系作了不当的连接。犯罪学和刑法学都使用相同的汉语词汇——犯罪,这就容易产生混淆。为了区分刑法学中的犯罪与犯罪学中的犯罪,有些学者认为,应当将后者看成是对前者的抽象,如此一来两个学科的概念就不再混同。其实,这种做法并不可取。同样的语汇在不同学科中有不同的含义,本是一种常见现象。不能为了避免使用相同的语汇,就毫无根据地制造出另一个并不存在的语汇。事实上,只要对研究对象进行清晰的界定,即便使用了相同的语汇,并不会产生概念混淆的问题。犯罪学的学术功能和社会功能不同于刑法学,虽然两个学科都使用相同的语汇——犯罪,但是刑法学中的犯罪与犯罪学中的犯罪并非同一概念,不仅两者的外延不同,而且两者的内涵也存在本质的差异。

上述两种观点的共同之处在于都赞同犯罪学的研究对象具有独立性,并认为犯罪学以犯罪现象为研究对象,因而有利于维护犯罪学的独立学科地位。两种观点的争议焦点包括两点:第一,犯罪现象属于何种类型的概念?第二,犯罪现象与个体犯罪、犯罪行为的关系是什么?

(二)犯罪现象的界定

在逻辑学上,以不同的标准,概念可以被划分为不同的类型,如抽象概念与实体概念、单独概念与普遍概念、集合概念与非集合概念等。所谓抽象概念，也称为属性概念，是指反映对象的各种属性的概念，如勇敢与善良等。与抽象概念相对应的概念是具体概念，或者实体概念，是指反映具体事物的概念。单独概念是反映某一个特定对象的概念，而普遍概念则是反映一类对象的概念。集合概念是把同类对象作为一个整体来反映的概念，而不具有这种特点的概念则是非集合概念。集合体一旦成立，就具有独立于构成单位的特有属性，集合体所具有的属性，其构成单位不必有，而构成单位具有的属性，集合体也不必有。例如，"森林"是由许多的树木构成的集合体，它的属性与组成"森林"的单个树木是不同的。普遍概念的构成是分子，每个分子都具有类的性质。例如，"山"是由许多具有相同属性的个别的山组成的类，山所具有的属性，每一个个别的山也同样具有。

作为学科的研究对象，只可能是实体概念和普遍概念，而不可能是抽象概念和单独概念。首先，作为一门学科的研究对象，只能是实体概念，不能是抽象概念。这是因为，任何学科都是系统化的知识体系，它研究的必定是实际存在的某种现象。抽象概念只是对某种对象的特性的反映，内容抽象，不可能成为一个学科的研究对象。其次，作为一门学科的研究对象，只能是普遍概念，不可能是单独概念。任何学科研究的必定是一种现象或者包含着相当数量个体的集合体。对于一个特定现象的观察和分析，或许可能成为某个项目的研究对象，却不足以成为一个学科的研究对象。

值得注意的是，作为学科的研究对象，还可以是集合概念。这是因为，集合概念包括数量庞大的组成部分，外延广泛，具有成为一个学科的研究对象的特质。

作为客观存在的规范性社会现象，犯罪现象有确切的发生时间、地点和数量，以及多样化的存在形态，因而不可能是单独概念和属性概念，而应当是实体概念和集合概念。

刑法学中的犯罪和犯罪学中的犯罪现象虽然都不是单独概念，但是两者的性质却存有区别，前者为普遍概念，而后者则为集合概念。刑法中的犯罪包括刑法规定的各种犯罪行为，如盗窃罪、强奸罪、故意杀人罪等。每种犯罪都具有社会危害性、刑事违法性和应当刑罚处罚性等犯罪的基本特征，也就是说，每种犯罪都具有犯罪的基本属性，因而刑法中的犯罪是相对于各种犯罪的普遍概念。相反地，犯罪现象则是集合概念。集合概念是不可切分的，如果切分，得到的只能是"部分"，而这些"部分"就不再具有整体的属性。在犯罪现象之下，包括各种各样的犯罪行为，如诈骗、盗窃等，而每个个体犯罪的发生原因和预防对策都有所不同。因此，犯罪现象符合集合概念的特征，应当属于集合概念。

必须说明的是，犯罪现象中的"现象"并非哲学中与本质相对应的现象。哲学中的现象和本质是事物的不同方面，现象是指事物的外部联系和表面特征，是事物本质的外部表现，而本质是指事物的根本性质，是构成一事物的各必要要素的内在联系。现象为感官所感知,是个别的、片面的和表面的东西,多变而易逝,而本质是抽象思维的结果,是同类现象中的一般的共同的东西,稳定不变。科学的任务就是透过现象看本质,也就是说,科学研究的目标是超越现象的迷雾而发现事物的本质。在犯罪学中,作为规范性的社会现象,犯罪现象虽然能为感官所感知,但是却并不是现象,而是经过观察、描述、评估和分析等感性思维和理性思维活动而共同得到的结果,包含着犯罪共同性的东西,因而是本质与现象的统一。

作为规范性的社会现象,犯罪现象具有以下四个方面的特征:

其一,时域性。犯罪现象与时间和地域密不可分,任何犯罪现象都是某个地区在一定时间所发生的犯罪行为的整体。犯罪现象的时域性特征是由犯罪学的研究目的所决定的。犯罪学研究犯罪的目的是揭示犯罪存在规律、发生规律或者预防规律,而不同时间、地域的社会物质生活条件差异,决定了不同地域的犯罪态势和犯罪规律会有所不同。因此,对犯罪存在规律、发生规律和预防规律的研究从来就不是抽象的,总是表现为对一定地域在一定时间内的犯罪现象的研究。不过,犯罪现象的时间或者空间并不是一个固定的数值。根据研究的目的的不同,犯罪现象的内涵具有极大的开放性。犯罪现象的时间跨度长可以至百年,短可至数小时,而地域的跨度可以大至全球、一个国家,小至一个城市或者社区。在某一语境中的犯罪现象的内涵如何,完全取决于研究者的研究目的和研究计划。

其二,广泛性。犯罪现象既包括法定犯罪,也包括违法行为和不良行为。只要违反社会规范、严重危害社会而应当加以遏制的行为,都是犯罪现象的组成部分。而且,法定犯罪、违法行为和不良行为又各自内含多种的不同类型,且每一种类型又包括许多形态各异的行为。而每种行为又都是犯罪人、危害行为与被害人的统一体。

其三,静态性与动态性相结合。犯罪现象具有静态和动态两个不同的侧面。静态的犯罪现象是指某地区在某一时间内所发生的犯罪的状况、结构及其特点。静态的犯罪现象表达的是犯罪的存在状态。动态的犯罪现象是指某地区在一定时间内犯罪状况、结构的变化趋势。动态的犯罪现象表达的是犯罪现象的变化规律。静态的犯罪现象与动态的犯罪现象都是人们所处的社会环境的组成部分,人们不仅想知道自己的身边发生的犯罪的情况,而且也想了解未来可能会发生的犯罪的情况。静态的犯罪现象和动态的犯罪现象都是犯罪情势的组成部分,研究犯罪既可以表现为描述和评估静态的犯罪状态,也有可能表现为分析和预测犯罪现象的动态的变化趋势。

其四,社会性和规范性相结合。一方面,作为由社会中的人对国家、社会公众或者其他社会成员实施并造成损害的行为,犯罪现象具有社会性。另一方面,犯罪还是违反社会规范的行为。作为犯罪学学科的研究对象,犯罪总是表现为对某种社会规范的违反,因而具有规范属性。犯罪现象的社会性和规范性决定了犯罪是一种特殊的社会现象,与一般的社会行为或者社会关系之间存在重大的区别。

二、犯罪现象的理论地位

犯罪现象是犯罪学的重要组成部分,研究犯罪现象在犯罪学研究中具有重要意义:首先,犯罪现象是犯罪学研究对象的重要组成部分。犯罪现象具体表达犯罪"是什么"和"怎么样",是作为经验事实的犯罪的存在。不过,犯罪现象虽然是客观存在的社会事实,但是却非已然明了的客观事实。现实中,犯罪是千差万别的。只有以科学的方法加以描述和表达,犯罪现象才能如实地呈现出来。因此,描述和表达犯罪现象是犯罪学研究的基本内容之一。其次,犯罪现象是分析犯罪原因和制定犯罪对策的基础。科学研究的基本目的是解释研究对象,而揭示因果关系或者相关关系是解释研究对象的基本途径。犯罪学研究必须揭示犯罪原因,找出引发犯罪现象的各种致罪因素,告诉人们犯罪为何会发生。然而,揭示犯罪原因是以犯罪为认识对象的,如果犯罪现象没有得到准确的描述和表达,那么,以此为基础的犯罪原因分析就必然是谬误。与此同时,犯罪现象也是制定科学的犯罪对策的基础。这是因为,制定犯罪对策是以对犯罪预测为基础的,而犯罪预测又是基于对犯罪现象的描述和分析而作出的。

三、犯罪现象与犯罪类型、具体犯罪

如何具体地指称犯罪学中的犯罪,确有必要作深入的研究。犯罪的指称既要准确地体现出作为犯罪学研究对象的犯罪的基本内涵和内部层次关系,又要符合现代汉语的表达习惯,还要与相邻学科之间的概念形成相对的区隔。目前,学界对于犯罪现象和犯罪类型分别指称犯罪的整体和犯罪的部分,基本上达成了共识。有争议的是,应当如何指称作为犯罪现象和犯罪类型的构成要素。关于这一问题,在理论上主要有个体犯罪行为说、犯罪行为说与个体犯罪说三种不同的观点。[4]比较这三种不同的称谓,本书认为,"具体犯罪"更为恰当。首先,作为犯罪现象的组成要素,它本身就是个体的,因而再以"个体"加以修饰,称之为"个体犯罪"或者"个体犯罪行为",则无异于语义重复。其次,具体犯罪更符合现代汉语的表达习惯。因此,犯罪学中的犯罪在三个不同层次上的称谓,应当分别为犯罪现象、犯罪类型和具体犯罪。

在刑法中,"行为"有最广义行为、广义行为和狭义行为之分。最广义行为泛指一切行为,包括犯罪与非犯罪行为,广义行为是指成立犯罪的行为,而狭义行为是指作为构成要件的与主观罪过相分离的客观行为,即危害行为。由于"犯罪"本身是行为,在一般情况下"犯罪"并不与"行为"连用。有时,为了表达某人的行为已经构成了犯罪,也会使用"犯罪行为"这一语汇,在此场合下,犯罪行为的含义与

---

〔4〕 王良顺:《犯罪学研究对象及之于路径》,载《中国人民公安大学学报(社会科学版)》2013年第1期。

“犯罪”相同。因此,“犯罪”和“行为”都是刑法学的基本范畴。而作为犯罪学研究对象的最小单元,具体犯罪有着特定的含义,内涵远比刑法学中的危害行为更为丰富,这是由犯罪学的学术功能和社会功能所决定的。犯罪学的学术功能是解释犯罪,而探寻犯罪原因,确定犯罪原因与犯罪之间存在因果关系是解释犯罪的基本途径。为探寻犯罪原因,必须分析犯罪人和被害人,这是因为犯罪人的个体原因是犯罪原因的组成部分,而被害人在特殊条件下也是引发析犯罪的重要原因。因此,作为犯罪学研究的最基本单元,具体犯罪由犯罪行为、犯罪人和被害人等三个部分共同构成。犯罪行为虽然是具体犯罪的重要组成部分,但却不能单独地满足对犯罪原因作全面分析的要求,因而无法成为犯罪学的研究对象的最基本单元。

犯罪现象不同于具体犯罪。两者的区别主要有:其一,犯罪现象是由全部具体犯罪所组成的整体。犯罪现象与具体犯罪是整体与单体的关系,即犯罪现象是由全部的具体犯罪所组成的集合体,而具体犯罪是组成犯罪现象的要素。其二,具体犯罪的社会属性与犯罪现象不同。具体犯罪是特定情境下所发生的个别性事实,具有孤立性。而犯罪现象作为规范性的社会现象的整体,具有超越个别性的具体犯罪的质的规定性,其实质是社会矛盾状况的综合反映。犯罪现象的存在和变化与同时存在的物质生活条件状况密切相关,是社会存在和社会意识相互作用的结果,而具体犯罪则是犯罪人与特有的社会环境相互作用的结果。

依据一定的标准,具体犯罪可以分为多种不同的类型。例如,根据具体犯罪侵犯的社会关系,可以分为财产犯罪和暴力犯罪;依据犯罪人的性别,具体犯罪分为女性犯罪和男性犯罪;根据犯罪人的年龄,具体犯罪分为青少年犯罪、中年犯罪和老年人犯罪等。犯罪类型是犯罪的次级集合体,对每种犯罪类型研究,可以深化对犯罪的认识。

在犯罪现象、犯罪类型和具体犯罪之中,研究学研究选择其中的任何一个,作为研究的课题,既可以从宏观角度研究整体性的犯罪现象,也可以从中观角度研究犯罪类型,还可以从微观角度研究具体犯罪。由于犯罪现象、个体犯罪与具体犯罪之间存在密切联系,对这三者的研究会相互影响,对具体犯罪的研究和对犯罪类型的研究分别对犯罪类型的研究和犯罪现象的研究具有促进作用。

第二节 犯罪现象的基本属性

作为能够由经验所感知的规范性社会现象,犯罪现象的属性是指犯罪现象所固有的、客观存在的共性。作为犯罪学研究对象的犯罪的整体,犯罪现象最集中地体现了犯罪的本质。揭示犯罪现象的属性既是犯罪学研究的基本任务,也是犯罪学研究的重要前提。这是因为,犯罪现象的属性实际上是对作为犯罪学研究对象的犯罪的基本假设。虽然犯罪现象是客观存在的规范性社会现象,但是如何看待犯罪现象,不同学者基于不同的立场和方法论,对之却有着不同的认识。关于犯罪现象的属性的认识是犯罪学研究范式的核心,对犯罪学研究的视角和研究结论具有决定性影响。

在我国学界关注犯罪现象的属性的学者并不多见,而多数学者则回避或者忽视了该问题。有学者提出,犯罪现象的属性是指为犯罪现象所固有的不以人的意志为转移的一般共性,探讨和把握犯罪现象的属性是科学认识犯罪本质和本原的基础,也是理性和有效地同犯罪作斗争的思想前提,包括犯罪存在的必然性、犯罪价值的相对性和犯罪控制的有限性。[5] 这种重视犯罪现象的属性的观点对于深化对犯罪的认识具有重要意义。不过,该观点是否全面,仍有待研究。

一个事物的属性是多方面的。作为最为复杂的规范性社会现象,犯罪现象的属性包括犯罪现象存在的必然性、犯罪现象数量的饱和性、犯罪现象存在的相对独立性、犯罪现象生成的社会性和犯罪现象控制的可能性等五个方面。

一、犯罪现象存在的必然性

所谓犯罪现象存在的必然性,是指犯罪现象是不以人的意志为转移的客观存在的社会现实。任何时期的任何国家都不可避免地发生着多种多样的犯罪。无论是何种性质的国家,也无论该国的历史文化背景如何,莫不如此,概莫能外。

犯罪现象必然存在的根据就在于,犯罪现象是社会存在和社会意识相互作用的必然结果。犯罪现象存在的必然性表现为两个方面:首先,犯罪现象是社会矛盾运动的结果。社会时时刻刻都处在矛盾之中,个人与个人之间、个人与团体之间、群体与群体之间以及不同的阶层之间,在相互依存和相互合作的同时,必然存在各种各样的社会矛盾和冲突。社会矛盾主要表现为利益冲突,但是也可以表现为情感冲突、民族矛盾和宗教冲突等,而社会矛盾的结果之一便是犯罪的发生。社会矛盾存在的普遍性和永久性决定了犯罪现象的必然存在。其次,犯罪现象是社会规范与个体行为相互冲突的结果。维持社会生活共同体的存在与进步的基本条件是建立起普遍遵守的包括习俗、伦理规范和法律规范等在内的社会规范。社会规范引导人们的行为,并为对行为作出社会评价和惩治违反社会规范的行为提供依据。社会规范具有普遍性,即对所有符合条件的个人提出相同的要求或者授予相同的权利。然而,社会个体却是个别的,而每个个体都具有不同的特点,有着不同的个性、需求、思维方式和行为模式等特点,决定了不是所有的社会成员的行为都能与社会规范的要求保持一致。因此,社会个体的特殊性与社会规范的统一性之间必然存在矛盾。正是因为这种矛盾的普遍存在,决定了犯罪现象的存在具有必然性。

---

〔5〕 张远煌:《犯罪学原理》,法律出版社 2008 年版,第 149 页。

犯罪学研究必须正视犯罪现象存在的必然性，客观理性地分析犯罪原因和制定犯罪对策。犯罪现象的必然性要求国家、社会和社会成员接受犯罪现象的存在，犯罪现象的治理目标只能确定为将犯罪控制在一定的范围内。然而，由于犯罪严重地危害社会，社会成员普遍性地对犯罪抱有排斥的心理。在道德上，犯罪被许多人视为“邪恶”的行为，而在宗教上，犯罪被认为是违反神的旨意的罪恶。因此，人们对违法行为的反应经常是不理智的、专横的、情绪化的、有政治倾向的，而且还没有多少实际效果。[6] 许多人对犯罪的反应存在过度情绪化的倾向，缺乏理性，甚至有要求消灭犯罪的冲动与期待。普通民众对待犯罪现象的非理性态度，导致了大量的排斥和歧视罪犯的举动，阻碍了罪犯顺利回归社会，甚至还刺激了罪犯再次走上犯罪道路，以致削弱犯罪预防的成效。而如果犯罪学的研究者也对犯罪现象持有非理性的态度，就必然得出错误的结论，阻碍犯罪学理论的发展。

关于犯罪的性质，在学界存有不同的看法。多数学者认为，犯罪是人格障碍和不良社会环境相互作用引起的需要矫治的社会病态行为。在他们看来，只要矫正人格障碍，改良社会环境，就能够预防犯罪和减少犯罪。还有些学者认为，犯罪如同结婚和死亡一样，是社会的常态现象，而犯罪统计所表现出来的犯罪发生的规律性和稳定性印证了犯罪的常态性。其实，这两种观点都有失片面，在笔者看来，犯罪现象应当是病态现象与常态现象的统一。犯罪现象之所以是病态现象，是因为犯罪是由社会不良因素引起的危害社会的消极行为，有遏制的必要和可能。与此同时，犯罪现象又是常态现象。这是因为，犯罪现象是普遍存在的社会现象，没有一个社会可以例外。而将犯罪现象定义为病态现象和常态现象，并不存在矛盾。病态是相对于健康态而言的，常态是相对于异常而言的，两者判断的标准不同。作为犯罪现象的病态性，是从犯罪的社会危害的角度切入的，是进行价值判断的结果。犯罪现象的常态性则是从犯罪现象存在的客观性上讲的，是立于存在论的陈述。犯罪现象的病态性表明国家和社会应当积极应对犯罪，并且犯罪是可以得到控制的。而犯罪现象的常态性，则表明犯罪是社会存在的一部分，不可能被消灭。合理的犯罪防控目标应当是将犯罪控制在一定的程度内，而不是彻底地消灭犯罪。

二、犯罪现象数量的饱和性

所谓犯罪现象数量的饱和性是指犯罪的社会原因与犯罪现象在总体上存在比例关系。如果说犯罪现象存在的必然性表达的是犯罪现象存在的不可避免，那么，犯罪现象数量的饱和性则说明的是，在数量上犯罪的社会因素决定着犯罪现象，也就是说，犯罪态势在总体上取决于同一时期同一区域的社会矛盾的状况。如果某个国家在某一时期的社会矛盾尖锐，则同期的犯罪总量就会处于较高的水平，相

---

[6] 参见[美]弗雷达·阿德勒、杰哈德·穆勒、威廉·拉斐尔：《遏制犯罪——当代美国的犯罪问题及犯罪学研究》，廖斌等译，中国民主法制出版社 2006 年版，第 17～18 页。

反,如果某地区的社会矛盾相对缓和,则犯罪总量就会处于较低的水平。现阶段我国犯罪发案数和犯罪人数农村续增长后高位运行,与我国处于剧烈的社会转型期和社会矛盾的长期积累密不可分。虽然犯罪的个体原因也是犯罪原因,但是它只是次要的犯罪原因,且其本身也是社会环境影响的结果,因此,对犯罪数量的影响有限。犯罪现象数量的饱和性表达了犯罪的社会因素与犯罪现象之间的对应关系。不过,犯罪现象数量的饱和性表明的是犯罪现象在数量上与犯罪的社会因素之间在总体上的对应关系,但不是绝对的反应关系。

值得说明的是,犯罪现象数量的饱和性不同于凯特勒的犯罪恒常说和菲利的饱和法则。凯特勒认为,犯罪数量具有机械性和规律性,不仅每年的犯罪数量大体相同,而且对不同类型犯罪的数量还可以作精确的预测。犯罪恒常说将犯罪现象看成是由社会因素和个体因素绝对决定的结果,掩盖了犯罪现象的复杂性和独立性,显然是不科学的。而菲利的饱和法则也存在相同的问题。菲利反对古典学派的意志自由论,认为犯罪是人类学因素、自然因素和社会因素共同作用的结果,犯罪数量与自然因素和社会环境因素之间存在一定的比例关系。“一直保持不变的是一定的环境与犯罪数量之间的比例。”〔7〕显然,凯特勒的犯罪恒常说和菲利的饱和法则对犯罪现象与社会因素或者个体因素等之间的联系的界定过于简单化了。社会因素与犯罪之间的联系只能是存在大体上的比例关系。

犯罪的饱和性原理表明,控制犯罪的根本途径在于改良社会环境,缓和社会矛盾。

三、犯罪现象存在的相对独立性

犯罪现象的相对独立性是指犯罪现象在一定程度上具有独立于社会因素的属性。从根本上讲,犯罪现象是社会存在和社会意识相互作用的结果,是一种被决定的社会现象。然而,犯罪现象的被决定性并不是犯罪现象与社会环境和个体因素的关系的全部,它只是其中的根本性侧面。其实,犯罪现象也有相对独立性的一面,并不只是对社会因素和个体因素的简单反应。犯罪现象存在具有相对独立性主要有三个方面的理由:(1)犯罪现象的自组织性。自组织是因系统内外两个方面因素的相互作用而结成的相对稳定的系统状态。从系统论的角度来看,作为由无数的犯罪行为共同构成的系统性的社会现象,犯罪现象具有构成要素、结构、功能、环境与稳定性等系统性特征。既然是一个系统,犯罪现象就必然具有自组织性,其存在和变化不完全取决于外部的环境因素,而是具有独特的发生、发展和变化的内在规律。(2)犯罪现象对其他社会现象也会产生影响。不可否认,社会因素影响着犯罪现象的存在、发展和变化,社会因素的存在不仅引发了犯罪,决定着犯罪态势,而且社会因素的变化还会引起犯罪现象的变化。但是,犯罪现象也会作

---

〔7〕［意］菲利:《实证派犯罪学》,郭建安译,中国政法大学出版社 1987 年版,第 167 页。

用于其他社会现象,对其他社会现象的存在和变化产生影响,如犯罪态势对经济发展会产生影响。腐败犯罪的恶化,不仅加剧社会分化和社会阶层之间的紧张,还会因为官员收受贿赂而失职或者滥用职权,为特定的个人或者群体谋利,从而损害社会正义和市场主体的公平竞争,进而降低社会效率;犯罪态势的恶化引发社会心理恐慌,公众的安全感下降,有可能导致投资意愿降低等。因此,其他社会因素与犯罪现象之间并不是单向的决定与被决定的关系,而是双向性地互为因果,相互影响。(3)犯罪人实施犯罪的自主性。虽然社会因素对犯罪的发生具有决定性的作用,但是这并不意味着犯罪人对犯罪发生没有影响。其实,在大多数的场合都有选择守法的空间,对于是否实施犯罪以及如何实施犯罪,犯罪人可以作出自主选择,因此犯罪人具有相对的意志自由,犯罪人的意志也是犯罪发生的重要因素。常业犯、惯犯等实施犯罪往往具有更大的主动性和有计划性,而有组织犯罪的自主性则更为明显。

犯罪现象的相对独立性表明犯罪现象在一定程度上具有独立的发生、发展和变化的规律,研究者应当关注到这一个侧面,从而提出更加有效的犯罪预防对策。

四、犯罪现象生成的社会性

犯罪现象生成的社会性,是指犯罪是犯罪人与被害人、国家和社会在查处犯罪和对待罪犯的过程中相互作用的结果。这是因为,犯罪是社会评价的结果。一个人是否实施了犯罪,是否被认定为犯罪人,不仅取决于行为的样态和后果以及法律的规定,而且取决于被害人、国家和社会对违法行为的反应。没有立法的明确规定,行为一般是不太可能被判定为犯罪的。而在立法将某种行为规定犯罪的条件下,符合犯罪成立条件的行为只有经过司法机关的揭露、追诉和审判,才有可能最终成为犯罪。如果司法机关及其工作人员对已经出现的犯罪行为,不履行职责,不予揭露、追诉或者审判,该行为也不会被认定为犯罪,行为人也不会成为罪犯。而且,被害人也是犯罪现象生成的重要因素。如果被害人有足够的警觉,在犯罪情境中采取了有效的措施避免受害,原本有可能发生的犯罪就不会出现。社会组织和社区居民对违法犯罪的非正式反应,对犯罪的发生也具有不可低估的作用。可见,犯罪并不是一种纯粹的客观现象,而是多方主体相互作用的结果。

犯罪现象生成的社会性增加了观察犯罪生成的新视角,拓宽了犯罪学研究的视野。它表明刑事立法、刑事司法和社会非正式反应对犯罪生成具有重要作用。为了有效地控制犯罪,国家、社会和社会成员必须理性地看待犯罪现象和应对犯罪现象,努力避免因为非理性的过度反应,反而刺激犯罪的增长。

五、犯罪现象控制的可能性

在一定程度上和一定范围内预防犯罪是可能的。除了科学地运用刑罚以预防犯罪之外,犯罪预防的可能性还具有下列四个方面的依据:

1. 丰硕的犯罪学研究成果为预防犯罪提供了理论依据。两个多世纪以来,许多杰出学者投入犯罪研究的阵营中,犯罪学的理论流派众多,学说纷呈。不同学说分别从社会阶层、亚文化、文化冲突等社会因素和反社会人格、需要结构等个体因素入手,揭示了犯罪根源和多种不同的犯罪原因,甚至揭示出多种犯罪的发生机制。只要国家和社会在已有的犯罪学研究成果指导下,针对被揭示的犯罪原因和犯罪发生机制采取有效的预防措施,消除犯罪原因以阻止犯罪的发生,并利用犯罪的发生机制进行人为的干预,就会切断犯罪的发生进程或者制止犯罪结果的扩大。质言之,犯罪学理论研究成果为国家和社会积极应对和预防犯罪提供了理论支持,有利于消除对犯罪的无根据的种种臆想和片面武断,避免了同犯罪作斗争的盲目性。

2. 实施积极的社会政策,缓和社会矛盾。从总体上讲,由于社会矛盾的存在不可避免,犯罪的发生就具有必然性,因而犯罪也无法消灭。然而,有些引发犯罪的社会矛盾在很大程度上是人为制造的,完全可以避免对于人为制造的社会矛盾,国家和社会就必须采取有效的管理措施加以消除。而对于无法避免的社会矛盾,国家和社会应当采取积极的社会政策加以缓和,增进不同社会阶层的相互理解和团结。总之,只要国家和社会遵循犯罪发生规律,通过采取正确的社会政策,主动地消除和削弱犯罪的社会原因和条件,缓和社会矛盾,就可以起到防范和减少犯罪的作用。

3. 积极干预犯罪情境,有效地制止犯罪。任何犯罪都是发生在一定的情境之中的。作为被犯罪人所感知的直接影响犯罪人形成犯罪动机并实施犯罪行为的环境,犯罪情境应当成为国家和社会预防犯罪的重要切入点。国家和社会可以针对犯罪情境的组成因素,尤其是犯罪易发区或高发区,通过建筑设计和管理等方式加强防护和实时监控以减少犯罪机会,从而预防犯罪和控制犯罪。

4. 改善社会环境,减少和矫正人格缺陷。人格具有稳定性和一致性,一旦形成就难以在短期内发生根本改变。然而,人格并不是遗传决定的,而是人在遗传因素与外部环境的相互作用之下形成的。虽然遗传因素不可能改变,但人具有主观能动性,且环境因素在很大程度上是可以人为改变的,因此人格在一定程度上具有可塑性。只要国家和社会采取有效措施积极改善社会环境,而社会成员也积极地配合,主动参与健康有益的社会活动,就可以减少人格缺陷的形成。为此,国家和社会应当有足够的决心和耐心,采取积极措施消除社会中的不良因素,努力创造出有利于人格健康成长的社会环境。另外,对已经形成人格障碍的个体,社会应当采取切实可行的措施吸引人格缺陷者积极参与社会活动,并鼓励他们主动地矫正自身的人格缺陷,逐步矫正人格中的不健康因素。此外,对于已经犯罪且正在服刑的罪犯,监狱应当积极地开展教育、感化、改造和心理矫正活动,促进罪犯转变错误的价值观和人生观,以使其在刑满释放时能顺利回归社会。

从情感上讲,所有的国民无不希望社会中没有犯罪。然而,犯罪现象只能被控制，而不能被消灭。其一，犯罪是社会矛盾的综合反映和产物。只要社会矛盾还存在，犯罪的社会原因和个体原因还存在，犯罪现象就无法消灭。科学研究已经表明，有些引发犯罪的社会因素是社会结构的组成部分，不可能彻底地消失。例如，贫富差距和文化冲突等是任何社会都存在的现象，在人类历史上还没有出现一个财富绝对平均和文化完全统一的社会。其二，理论研究对犯罪原因和犯罪发生机制的认识还不够成熟。虽然犯罪学家对犯罪的研究已经取得了巨大的进步和骄人的成绩，但是距完全地揭示出犯罪原因和犯罪发生机制，还存有很大的距离。因此，犯罪控制的理论基础还不够坚实。其三，社会无法承受对犯罪的过度控制。对犯罪的过度控制往往意味着需要加强社会的外在控制，限制公民的生活方式，因而会对国民的行动自由造成难以承受的损害。而且，过度控制犯罪还会耗费巨大的社会资源。打击犯罪必然耗费相当的社会资源，而一个国家和社会在一定时期内的社会资源总是有限的。若过于严厉地打击犯罪，就会相应地减少国家和社会在经济发展和民生上的支出，从而影响经济的发展水平和国民的生活水平。

因此，犯罪控制的目标只能被界定为预防犯罪和控制犯罪，即将犯罪状况和犯罪危害控制在公众能够容忍的范围内。

第四章　犯　罪　人

第一节　犯罪人的含义及特征

一、犯罪人的含义

“犯罪人”是刑事科学(犯罪学、刑事政策学、刑法学、刑事诉讼法学、刑事侦查学、行刑学的总称)的出发点,是刑事科学研究区别于其他学科的重要标志。19世纪下半叶以来,学者们运用经验的、实证的科学研究方法,通过对犯罪人从生物学、心理学和社会学等多学科深入研究,极大地推进了刑事科学的发展。可以毫不夸张地说,犯罪人研究是刑事科学发展的原动力。[1] 各国学者对犯罪人进行了深入而广泛的研究,但是由于研究的角度各异,对什么是犯罪人的观点也不同。

法国犯罪学界对犯罪人的定义有两种观点:一种将犯罪学中的犯罪人和刑法中的犯罪人同等看待,认为犯罪人是实施了刑法所规定的、具有社会危害性的因而应受到刑罚处罚的人;另一种认为犯罪人是有反社会精神状态或者犯罪精神状态的病人,犯罪是这种病态的一种表现形式。[2] 美国、意大利、英国等国家的犯罪学家认为,犯罪人是犯罪行为的实施者,是构成犯罪行为的诸要素中极其重要而且相当复杂的一个。[3] 迄今为止,我国学者对于什么是犯罪人,仍未达成共识。概括起来,主要有两类看法:其一,从刑法学角度界定犯罪人,认为犯罪人是实施了刑法禁止的,应受刑罚惩罚的危害社会行为的人。简言之,所谓犯罪人,是指“犯了罪的人”,其含义相当于刑法学犯罪构成中的“犯罪主体”。持这类见解的,以刑法学者居多。其二,主要从社会学角度界定犯罪人,有的学者认为犯罪人是指实施了违法犯罪行为以及其他严重社会越轨行为,应受法律和道德责罚的自然人和法人。该类犯罪人概念的外延,大大宽于第一类概念,即犯罪人不仅包括刑法意义上的犯罪人,还包括实施一般违法行为和严重社会越轨行为的人;不仅包括达到刑事责任

---

〔1〕 参见张文、刘艳红:《犯罪人理论的反思与重构:以犯罪人格为主线之思考》,载《中外法学》2000年第4期。

〔2〕 参见张智辉等:《比较犯罪学》,中国人民公安大学出版社1992年版,第233页。

〔3〕 参见张智辉等:《比较犯罪学》,中国人民公安大学出版社1992年版,第226页。

年龄、有刑事责任能力的人，还包括无刑事责任能力的或者未达到刑事责任年龄的人。持此类见解的，以犯罪学者为主。

我们认为，犯罪学中所讲的犯罪人，是指实施了危害社会的违法犯罪行为，应被采取矫治措施的人。犯罪学意义上的犯罪人，是为了分析犯罪原因、规律及其预防措施而提出来的一个科学术语，只能用于犯罪学方面的研究。刑事法律意义上的犯罪人与犯罪学中关于犯罪人的概念有明显不同：(1)刑事法律意义上的犯罪人，必须是依照刑法规定应当受刑罚处罚的人；而犯罪学意义上的犯罪人，则不仅仅包括应受刑罚惩罚的人，也包括应接受社区矫正及其他矫治措施的人。(2)刑事法律意义上的犯罪人，必须是实施了犯罪行为的人；而犯罪学意义上的犯罪人，则不仅包括实施了犯罪行为的人，也包括实施了一般违法行为的人，在一定意义上，甚至还可包括具有不良行为的人。(3)刑事法律意义上的犯罪人，必须是具备刑事责任能力的人。因年龄、精神状况等因素而不具备刑事责任能力的人，不能成为刑事法律意义上的犯罪人，而犯罪学意义上的犯罪人，虽依据刑法的规定，但并不完全受刑法规定的限制。

总之，在概念的内涵和外延的解释方面，后者更灵活一些，范围更广泛一些。[4]

此外，还应注意，行为人只要实施了危害社会的违法犯罪行为，不论其是否已被逮捕、起诉、判刑或是否已被采取其他矫治措施，均不影响其犯罪人身份的构成。“犯罪人是刑事诉讼程序的产物”，伯吉斯(Ernest Burgess)的定义在此显然不适用。行为人在实施危害社会的违法犯罪行为之后，至被采取矫治措施矫治好之前，被认为是犯罪人。不能将犯罪人的概念无限制地扩大和滥用。行为人只有实施了危害社会的违法犯罪行为，才能被认定为犯罪人。不能单纯地用某些遗传学或生物学方面的特征去解释犯罪，因此龙勃罗梭的“天生犯罪人”观点，将犯罪人说成是具有一定的身体、精神上的缺陷，并且隔代遗传，具有先天的犯罪倾向的人是片面的。

二、犯罪人的特征

长久以来公众对犯罪人的认识通常建立在传统与经验道德基础上，人们习惯于从犯罪行为的恶的属性出发，从犯罪的法律后果出发，将所有实施了该类行为的个体视为恶的根源，以“二分法”的方式从情感上把犯罪人归于不同于你我的异类，并且从“近朱者赤、近墨者黑”的角度形成对犯罪人天然的社会排斥。这种标签效应，事实上阻碍了我们对犯罪人本质特征的认识，仅仅是从机械的决定论出发，概念化地对犯罪人所进行的描述，并由此形成“好人不犯罪，犯罪没好人”的思维模式。随着我国行刑制度人性化理念的张扬，对犯罪人进行客观、真实评判已经

---

〔4〕 参见赵国玲：《论犯罪人概念在犯罪学中的使用》，载《中外法学》1992年第1期。

不再以具有标签色彩的“应该是什么”为基点，更多的是要在科学方法论的指导下，发现“是什么”的问题，对犯罪人本质特征的探讨，正是希望得到符合事实的答案。

（一）犯罪人的生物特征

龙勃罗梭著有专门研究犯罪人的《犯罪人》一书，根据对犯罪人的研究，犯罪人具有以下特征：扁平的额头，头脑突出，眉骨隆起，眼窝深陷，巨大的颌骨，颊骨同耸；齿列不齐，非常大或非常小的耳朵，头骨及脸左右不均，斜眼，指头多畸形，体毛不足等。传统犯罪生物学有两派：遗传学派和体型学派。遗传学派认为犯罪人大多具有犯罪家族史，有的学者深入研究了两个家族（卡里坎克家族和朱克斯家族）的犯罪史，得出了犯罪与家族遗传有关的结论。体型学派将人体分为三种形态：外胚层型、运动员型、腹体型。外胚层型的人聪明、体形瘦长，但不善于交际；运动员型的人活跃、好斗、肌肉发达，性格狂躁，最容易犯罪；腹体型的人体态肥胖，行动迟缓，为人冷漠。这些观点后来被许多实证研究报告所否定，或者仅存在低概率的相关性。我们现在主要从犯罪人的性别、年龄等生物特征研究与犯罪的关系，从而得出犯罪的规律，这一研究对预防犯罪至关重要。

1. 犯罪人的性别特征

从犯罪类型和犯罪总量上看，男女性别比例有很大差别。早在1899年龙勃罗梭对女性犯罪人做人类学分析开始，就引起了有关学者的注意。此后各国的犯罪学家、社会学家从各自学科的角度出发，对女性犯罪及男女两性犯罪的异同进行研究和探讨，其中德国犯罪学家汉斯·约阿希姆·施奈德在《犯罪学》一书中，就犯罪的性别问题进行了精辟的论述和深入的研究。此外，我国也有不少论文和专著章节对犯罪的性别构成以及男女不同性别犯罪进行过理论探讨，但是缺少具有本土化的实证研究作基础。因此，以大量的实证研究为基础，本着科学的态度客观地研究社会因素、生理因素和自然因素与两性的犯罪行为之间的关系就显得尤为重要。

一般来说，各国人口中男女比例大约各占一半，然而，女性犯罪的比率虽然明显低于男性，但是呈增长的趋势，这种情况即使在因战争等特殊原因造成的女性多于男性的国家也如此。例如，在美国，从1932年到1946年，女性犯罪从占犯罪总数的7.4%上升到10.7%。20世纪60年代开始，女性犯罪的比重不断上升，到1970年女性犯罪已经上升到15.3%。1971年到1982年，美国的女性犯罪占总犯罪人数的比例一直处于22%～24%。不仅美国如此，俄罗斯1997年女性犯罪占总犯罪人数的13.6%，到2003年就上升到16.6%。此外，一些发达国家如英国、日本等国家女性犯罪也在10%～20%。在德国犯罪学家汉斯·约阿希姆·施奈德的《犯罪学》中也有相关论述。他认为在当今发达的工业化国家中，犯罪女性大致为罪犯总数的10%～20%，在发展中国家则是在3%～5%。

在我国,女性犯罪的比率比发达的工业化国家低很多。1950 年我国的女性犯罪只占犯罪总数的 2% ~3% 。在改革开放之后,女性在社会生活中的作用越来越重要,在就业数量上不断增多,社会地位也在不断提高,女性犯罪率也逐步升高,犯罪种类涉及杀伤、经济、危害公共安全、性犯罪等方面。虽然女性犯罪的增长速度比男性快,但是目前男性犯罪仍占主流。由于男女两性在心理特点、思维方式等方面存在明显差异,男女两性的犯罪目的也有所不同。从犯罪人与被害人关系角度分析,男性比女性容易成为犯罪人,女性比男性更容易成为被害人,但是,男性的被害率远远高于女性。造成这种现象的主要原因是男女生理、心理结构的天然区别。

2. 犯罪人的年龄特征

(1)犯罪率受到犯罪年龄的影响,即犯罪率的高低在不同年龄段的人口中呈不均衡的分布,如三大年龄段的犯罪率和犯罪数量呈金字塔状分布。青少年犯罪在犯罪总量中占有的比例最大,居于金字塔的塔基。老年犯罪的发生率最低,处于金字塔的塔顶。[5]

(2)犯罪类型受到犯罪年龄的影响。不同年龄阶段的人,由于生理、心理、生活阅历等的差异,导致了不同犯罪年龄段的人实施的犯罪行为的类型往往也有很大的差别,如青少年多实施杀人、强奸、抢劫、盗窃等犯罪。根据苏联当时统计,2/3 的强奸罪和 1/2 的故意伤害罪是 25 岁以下的人实施的。根据日本 1997 ~1981 年青少年犯罪类型的统计表明,14 ~15 岁的少年犯盗窃、伤害、放火罪的比率较高。[6] 就我国当前犯罪情况看,14 岁以上的青少年犯罪人占犯罪总数的 75% 左右;中壮年犯罪约占 20% ;而老年犯罪人占 5% 以下。从犯罪类型看,青少年主要实施抢劫、盗窃、强奸、杀人、伤害等暴力型犯罪;中壮年人主要实施欺诈、贪污、侵占等智力型犯罪;老年人主要犯窝藏、包庇等犯罪。

(二)犯罪人的人生观特征

犯罪人大多具有扭曲的道德观。道德观从内在约束人的行为,使人产生“良心”体验。犯罪人的道德观在善恶上严重颠倒混乱,以致缺乏或丧失“良心”体验。这种道德观使犯罪人在实施违背道德、伤害他人及社会的恶行时缺乏或没有内疚感。

犯罪人大多具有阴暗的世界观。世界观是个体心理的主导力量,也是人的认知结构的中心。犯罪人的世界观在于只注意到社会生活中的负面、消极现象,从而对现实充满失望以致严重否定。阴暗的世界观构成犯罪心理结构的基础和核心。

犯罪人大多具有淡薄的法纪观。犯罪人的法纪观突出表现为对社会法纪的无

---

[5] 参见刘可道:《“天生犯罪人”:关于犯罪的生物学观察》,载《中国社会科学报》2012 年 5 月 14 日。

[6] 李田夫、杨士祺、黄京平:《犯罪统计学》,群众出版社 1988 年版,第 26 页。

知、漠视和敌视。“无知者”一般是文化层次低下者或对法纪置若罔闻的“法盲”，由于无知而“无畏”地去犯罪。“漠视者”是知晓但轻视或蔑视法纪，进而知法犯法。“敌视者”则是具有严重的反社会心理，对法纪心怀仇恨，有意要与之对抗。

犯罪人大多具有病变的人生观。人生观决定着人对人生的基本态度和行为方式，也决定着人生活动的性质和方向。犯罪人的人生观最突出的特点是极端的唯我化。唯我独尊的病变的人生观驱使人选择畸形的人生态度和行为方式。

（三）犯罪人的意志特征

犯罪人在符合社会要求的意志方面非常薄弱，而在违背社会要求的犯罪意志方面十分顽固。

意志薄弱表现在：（1）对客观事物的规律认识不清，具有盲目性、受暗示性和侥幸心理。（2）冲动性强，自制力差。（3）改好的决心确立后发生动摇，改好的意志薄弱。

犯罪意志的顽强表现在：（1）犯罪目的明确。（2）犯罪决定草率，具有冲动性.冒险性。（3）顽固、任性、坚持自己的错误观点和信念。（4）能克服种种困难，忍受精神和肉体痛苦，将犯罪活动坚持到底。

一个具有良好意志的正常人，往往选择有益于社会的行为。相反，犯罪人在犯罪意图形成的过程中，虽然已经清醒地认识到实施违法犯罪行为的性质及后果，在犯罪预备和犯罪实施阶段也在进行着激烈的思想斗争，但是由于其薄弱的意志，经不起外界强大的诱惑而实施犯罪。犯罪人意志的两极性，是犯罪行为持续进行的重要心理条件。

（四）犯罪人的社会特征

犯罪人的社会特征主要是指犯罪人与集体的关系，即犯罪人的职业、家庭的特征。

1. 犯罪人的职业特征

职业与犯罪类型有着紧密联系。从犯罪现象与犯罪统计情况看，不同职业的人所犯罪行的类型差别较大。例如，工商从业人员主要是犯税收类犯罪；公务员主要是犯贪污受贿等犯罪。职业与犯罪类型有密切关系主要是因为某种特定类型的犯罪需要特殊身份才能实施，例如，贪污罪实行行为的主体必须是国家工作人员。同时，某一职业所带来的便利也为特定犯罪的实施提供了条件。例如，近年来成为社会焦点的幼儿园虐童案，其他情况下一般人很少有机会接触到幼童，幼师这个职业提供了工作上的便利。因此，我们可以针对某些犯罪职业特征，制定不同的预防措施。

2. 犯罪人的家庭特征

世界各国的犯罪学家均认为犯罪与家庭有着紧密的联系，家庭尤其是父母对孩子的影响是很深很大的。青少年犯罪是一种社会现象，情况复杂，原因是多方面的，是由家庭、学校、社会等多种因素造成的，其中，家庭的负面影响是导致青少年犯罪的一个直接的、重要的原因。据广东省少管所反映，在该所服刑的少年犯，80%和家庭教育不当有关。广州市某中学心理咨询室的老师说，到该室咨询“心事”的学生，反映的问题90%和家庭不和有关。据广东、山东、河北、四川、重庆五省市对400多名女学生的问卷调查显示，对女中学生成长影响最大的是父母。美国格卢克的调查发现，少年犯罪人86.7%来自出身不良的家庭。我国有学者认为有三种家庭中的人容易违法犯罪：一是父母生活作风不正或有犯罪分子的家庭。作风不正的家庭成员容易把恶习传染给其他家庭成员。这些都在思想上给子女造成负面的影响，客观上助长了子女在异性交往上的随便与轻率，也是青少年性犯罪增多的一个重要原因。二是缺陷家庭或离异家庭。有的学者认为，目前中国正在出现第三次离婚高潮。随着离婚率的上升，失去父爱或母爱的孩子越来越多。有的孩子因父母离异，家庭破裂，失去了家庭的温暖，心灵上受到严重的创伤，有的还因此引起父子或母子之间的矛盾，甚至引发犯罪。如18岁的男青年林某，父母离异后随父生活。父再娶生下一女孩，因怀疑父和后母偏爱异母妹妹而苦闷。一天，其妹受邻居小孩欺负，后母认为是其所为，对其臭骂一顿并告其父，其父又将其痛打一顿。林因此萌生杀机而将异母妹妹杀死。三是教育不当的家庭。据有关部门统计，现在城市独生子女率约占50%。这些孩子从小娇生惯养，要啥有啥，要啥给啥，过分溺爱使孩子从小养成好逸恶劳，追求享受的不良习惯，并普遍存在任性、孤僻、内向、骄横、脆弱的心理、性格特点。由于缺乏正当的教育，子女容易走上违法犯罪的道路。

第二节　犯罪人的分类

一、犯罪人分类概述

犯罪人的类型，是指根据一定的标准和目的对犯罪人所做的分类，是根据犯罪主体某些相似的特征抽象出来的。对犯罪人分类是一种科学认识和科学操作活动，具有一定的理论和实践意义，它对研究犯罪原因和犯罪现象有重要作用。反过来，这种成果又有助于理性认识和研究犯罪现象。犯罪人分类可以有多个标准，例如，犯罪人的性别、年龄、受教育程度、人格类型等。最早对犯罪人进行分类的，当推意大利学者龙勃罗梭。其后，菲利、加罗法洛、李斯特等国外学者都提出了各自的犯罪人分类理论。这些分类所遵循的标准，或者是生物、生理的，或者是精神、心理的，或者是社会的，等等。在这些分类中，有些具有一定的科学价值，有些则基本被抛弃。除此之外，有的学者还提出了多元的分类方法；还有的学者则认为不可能、不必要或不应该对犯罪人进行分类。

笔者认为,要科学地解决犯罪人的分类问题,需正确认识如下几点:

1. 犯罪人的分类应有利于科学的犯罪学体系的建立。犯罪人的分类与犯罪学体系的建立,是一有机相联的系统。若要建立科学的犯罪学体系,首先要有科学的犯罪人分类。在对犯罪人进行分类之后,再以一定的次序加以排列,便形成了一个科学的体系。因此,应按照建立具有我国特色的科学的犯罪学体系的需要,构思犯罪人的分类。

2. 对犯罪人进行分类不仅有可能而且有必要。犯罪人的具体情况虽然是错综复杂、各不相同的,但是,其中有些人在某些方面仍然存在共同性,如都是累犯、少年犯、男犯等。因而就存在将全部犯罪人分成某些类别的可能性,而且这种分类对于研究犯罪现象、区分预防和矫治措施是十分必要的。如果舍去犯罪人分类去探讨复杂的犯罪现象,势必导致现象罗列,条理不清,影响对犯罪本质的认识和理解。这种可能性和必要性,就是众多犯罪学家关注犯罪人分类问题的主要原因所在。

3. 犯罪学对犯罪人的分类应以刑法的分类为依据,但又不必囿于刑法的分类。刑法对犯罪人分类的目的是解决犯罪人的刑事责任,因而它可以根据犯罪性质将犯罪人分为杀人犯、强奸犯、盗窃犯等;也可以根据故意犯罪的不同形态将其分为预备犯、未遂犯、中止犯和既遂犯等。

犯罪学对犯罪人的分类固然要以刑法的分类为依据,但是,由于犯罪学对犯罪人分类是为了分析犯罪原因,掌握不同犯罪的特点及演变规律,进而采取有针对性的预防和矫治措施,因而,凡是符合这一目的的犯罪人分类,无论刑法是否有规定,均有其存在的合理性。如我国 1979 年《刑法》并无法人犯罪、智能型犯罪等类型规定,但从犯罪学研究的角度来看,这些类型的犯罪却客观存在,并有加以专门分类研究的必要,因此,即可将其收入犯罪人的分类中。学术探讨毕竟不同于法律规定,犯罪学与刑法学因研究对象有别亦应有其学科特点的不同分类标准。

二、犯罪人的类型

犯罪学上对犯罪人进行的分类侧重于研究犯罪原因、犯罪预防与矫治。我国许多犯罪学学者从不同的角度对犯罪人进行了分类,因各自的标准和原则不同,分类方法也各异。

1. 以犯罪人的性别为标准,犯罪人分为男性犯罪人和女性犯罪人。男性与女性由于存在生理、心理的差异,在犯罪类型以及犯罪后的态度方面也有不同,通过深入研究性别对犯罪的影响,可以更好地认识犯罪规律进而提出有效的犯罪预防措施。

2. 以年龄为标准,犯罪人分为未成年犯罪人和成年犯罪人。在我国,未成年犯罪人是指不满 18 周岁的犯罪人,成年犯罪人是指满 18 周岁的犯罪人。这种分类方法可以更好地对未成年犯罪人进行特殊法律保护和犯罪预防。我国对未成年犯罪人处理有两大原则:一是从宽处罚原则;二是不适用死刑原则。我国《刑法》第17条规定:"已满十六周岁的人犯罪,应当负刑事责任。已满十四周岁不满十六周岁的人,犯故意杀人、故意伤害致人重伤或者死亡、强奸、抢劫、贩卖毒品、放火、爆炸、投放危险物质罪的,应当负刑事责任。已满十二周岁不满十四周岁的人,犯故意杀人、故意伤害罪,致人死亡或者以特别残忍手段致人重伤造成严重残疾,情节恶劣,经最高人民检察院核准追诉的,应当负刑事责任。对依照前三款规定追究刑事责任的不满十八周岁的人,应当从轻或者减轻处罚。因不满十六周岁不予刑事处罚的,责令其父母或者其他监护人加以管教;在必要的时候,依法进行专门矫治教育。"第49条规定:"犯罪的时候不满十八周岁的人和审判的时候怀孕的妇女,不适用死刑。"

3. 以犯罪人的精神状态为标准,分为常态犯罪人与精神异常犯罪人。常态犯罪人是指神智正常健全、具有辨认和控制自己行为能力的人;精神异常的犯罪人是指缺乏辨认和控制能力,精神状态不正常的人。精神异常的犯罪人又可以分为两类:有责任能力的精神异常犯罪人和无责任能力的精神异常犯罪人。将犯罪人的精神状态加以区分,有利于对精神状态异常的犯罪人采取有针对性的治疗和矫治。

4. 以犯罪人的主观罪过形式为标准将犯罪人分为故意犯罪人与过失犯罪人。故意犯罪人是明知故犯,是自觉的犯罪,而过失犯罪人是由于缺乏必要而谨慎的注意从而导致危害结果的发生,不是有意犯罪。因而过失犯罪人比故意犯罪人的主观恶性要小,在处罚上前者明显要比后者轻,预防措施也不相同。

5. 以犯罪人实施反社会的手段为标准,分为智能性犯罪人和暴力性犯罪人。智能性犯罪凭借其专门知识、经验、技术或权力地位等来实施犯罪,具有极强的隐蔽性,例如诈骗罪、计算机犯罪。暴力性犯罪人的社会危害性和犯罪后果比较严重,公众能明显感知其带来的恐惧,一般直接侵害公民的人身权利,使被害者身体或精神受到侵害。对智能性犯罪人和暴力性犯罪人应采取不同的矫正、预防措施。

6. 以犯罪人反社会的强弱为标准,分为初犯、偶犯、再犯与惯犯。这些类型的犯罪人在犯罪手段、犯罪心理、犯罪的社会危害性以及矫治难度方面有很大差异。初犯是指初次实施犯罪行为的人,由于是第一次实施犯罪,犯罪的习癖尚未形成,可改造性较大,再犯可能性相对较小。偶犯是指偶然地实施犯罪行为的人,相当于我们所说的"机会犯",这样的犯罪人之所以实施犯罪,存在一定的客观条件或原因,例如一些顺手牵羊的盗窃案件的行为人,往往是利用了某些客观上的条件。如果条件不具备,犯罪行为未必一定发生,如果这些条件缺失,再次实施犯罪的可能性也比较小,当然,不排除某些人因偶尔尝试成功,而再次甚至屡次实施犯罪。再犯就是指有前科又重新犯罪的人。犯罪学上所称的惯犯,是指以一定形式反复犯同一种类罪的人。惯犯的年龄越大,前科越多,教育和文化水平就越低。这种情况往往由于他们的生活方式,使他们难以从事有益的社会活动,而经常容易染上一些不良习惯,一旦被判刑,也难以接受教育和改造。惯犯的犯罪心理比较稳定。他们有一定的犯罪经验,在作案前往往绞尽脑汁,设想一套既不被发现,又能顺利达到犯罪目的的办法。在作案时,惯犯比初犯冷静镇定。再犯和惯犯的犯罪心理已趋定型,对监内生活由初犯时的畏惧转为习以为常,他们比较容易适应劳改生活,但对劳动和严格的纪律则反感甚至厌恶。如何预防再犯和如何矫治惯犯是各国犯罪学研究的重点课题。

7. 以犯罪人实施犯罪时的主观情绪为标准,分为激情犯罪人和预谋犯罪人。激情犯罪属于故意犯罪,在西方犯罪学中被认为是一种“挫折攻击型”犯罪。激情犯罪人是在受到被害人言行的刺激产生强烈的、短暂失控情绪,并在不当言行之时或之后合理的时间内实施犯罪。激情犯罪从犯罪动机角度分析属于情绪性犯罪,一般表现为激情杀人、激情伤害等对生命权、人身权的侵害。激情犯罪的特征可以归纳为两点:一是突发性,二是特定性。预谋犯罪人是指产生犯罪故意之后,经过一段时间的准备才实施犯罪行为的犯罪人。激情犯罪人和预谋犯罪人的分类反映了犯罪人行为时不同的心理状态和个性特征,也在一定程度上反映出其主观恶性和人身危险性的差别。

第五章　犯罪被害人

犯罪由犯罪人、被害人和犯罪行为三个要素构成，传统犯罪学侧重研究犯罪和犯罪人，忽视对其对立面的被害和被害人的研究。而被害人作为一个非常重要的因素，关系到犯罪原因、犯罪表现与犯罪防治，尤其是与犯罪预防关系密切。

若不对犯罪被害人进行研究，单纯以犯罪和犯罪人为本位的研究模式，难以全面地把握犯罪的全貌，其得出的关于犯罪现象、犯罪原因和犯罪预防的结论则会陷入偏颇的局面。自20世纪50年代起，在德国犯罪学家汉斯·冯·亨蒂、德国精神病学者亨利·埃连贝格、以色列律师门德尔松等人的倡导下，被害人学从犯罪学中分离出来，脱颖而出成为一门独立的学科，并开始在世界各国蓬勃地发展起来。科学地界定犯罪被害人的概念，揭示被害人的被害特征和被害原因，分析被害人与犯罪人的互动关系等，不仅可为建构科学的被害预防体系提供依据，而且通过探讨对被害人的补偿和援助制度，能够有效促进我国司法制度的改革，保障和改善被害人的合法权益。

第一节　犯罪被害人及其研究价值

一、犯罪被害人的概念

“被害人”（victim）一词源于拉丁文 *vietima*，本意植根于牺牲（sacrifice）或替罪羊（scapegoat），该词原意有二：一指宗教礼俗仪式上对神的祭品；二指因他人行为而受伤害或受阻碍的个人、组织、道德秩序或法律秩序。〔1〕 现代各大语系中的被害人一词如英文 victim、德文 vikim、法文 victim，在词性和意思上都保留了它的原貌。可见，现代法学中所研究的被害人，更多的是承袭其原意中的第二个语义。

据此，有学者认为被害人泛指一切遭受杀害、伤害或损害的人，甚至包括遭受自然灾害之人，此为广义的被害人的概念。〔2〕 这一层面的被害人与生活用语同

〔1〕 参见张智辉、徐名涓编译：《犯罪被害者学》，群众出版社1989年版，第32页。

〔2〕 参见张智辉、徐名涓编译：《犯罪被害者学》，群众出版社1989年版，第33页。

义，本不可取。犯罪学上的被害人是相对于犯罪人（加害人）而言的，一般地说，把属于民法调整范围内的这类人，叫作“受害人”；而在犯罪学中，将之限定为犯罪行为的客体或承受者，并常加上“犯罪”或者“刑事”的定语以区别于广义的被害人概念。然而被害人学最初的研究中，关注的仅是受到犯罪行为侵害的自然人，这是最狭义的被害人概念，被害人学的研究范围十分狭窄。20 世纪 70 年代后，被害人学的研究范围逐渐扩大。德国犯罪学家汉斯·约阿希姆·施耐德认为，受犯罪行为侵犯、危害或损害的被害人，可能是某个人、某种团体、道德规范或法律制度……被害人可能是非物质的、无形的或抽象的（如作为整体的社会、信仰、国家）。〔3〕德国犯罪学家凯泽认为，不仅存在具体的被害人，而且存在抽象的被害人，如经济制度。可以看出，学者对被害人研究的范围，不再局限于受到犯罪行为侵害的自然人，而是将其扩大到被害法人，甚至包括遭受到犯罪侵害的整个社会、信仰、国家在内的抽象被害人。

另外，由于许多犯罪行为所侵害的对象不仅仅是具体的自然人、法人及其合法财产和权益，而且还直接危害国家安全、公共安全，破坏市场经济秩序，妨害社会管理秩序，以及危及国防利益等，也给国家和社会造成严重危害。因此，为了保卫国家安全和社会稳定，维护广大人民群众的根本利益，将国家和社会作为犯罪的无形被害人进行研究，对于犯罪被害人学的研究具有非常重要的理论价值和实践意义。

据此，我们将犯罪被害人界定为：由于犯罪行为（一般也包括尚不构成犯罪的违反刑事法律的行为）而使其合法权益及其精神等受到损害的个人、单位乃至因犯罪受到严重危害的国家和整个社会。本章所说的被害人，一般情况下主要指狭义的被害人，即受犯罪行为侵害的自然人。

二、犯罪被害人研究的价值

被害人学是以被害人为研究对象，被害人是被害人学的逻辑起点，决定了它具有其他研究所不能完全替代的价值。研究被害人是社会发展的需要，对于完善犯罪综合治理具有重要意义。犯罪被害人研究的价值主要表现在以下五个方面。

1. 被害调查有助于客观、科学揭示犯罪现象。在犯罪被害人调查出现之前，官方统计资料是描述犯罪现象、判断犯罪水平和趋势的最主要甚至是唯一的依据。但是，官方犯罪统计资料在确定犯罪水平和发展趋势方面存在缺陷。一方面，官方的数据是行政机构层层上报统计的，在上报和汇总的过程中，难免会出现误差；另一方面，在官方统计之外，还存在大量的犯罪被害人未报案的犯罪行为。通过对被害人的调查研究，可以查明居民对犯罪的恐惧程度、各种类型犯罪中被害人的情

---

〔3〕 参见［德］汉斯·约阿希姆·施耐德：《国际范围内的被害人》，中国人民公安大学出版社 1992 年版，第 5 页。

况、被害人与犯罪人的关系及其在时空上的分布情况、易受侵害的被害人特征等。被害调查为我们全面地掌握犯罪的真实现状以及真正了解犯罪的增长水平和增长趋势提供了一个新的视角，且是一个更科学、准确的视角，使犯罪被害人调查与官方的犯罪统计得以相互补充，为正确制定和完善打击预防犯罪的刑事政策奠定了基础。

2. 被害原因的分析有助于全面认识犯罪发生的机制和原因。如上所述，传统犯罪学偏重研究犯罪和犯罪人，却忽视了其对立面的被害人，实际上，任何犯罪总是致罪因素和受害因素错综交织的互动过程。尤其在现代社会中，人与人之间的交际更为频繁，罪因结构亦更加复杂，牵连甚众，导致犯罪的孕育、发生、发展充满变数，更加微妙而复杂。而传统的罪行中心主义与犯罪人中心主义，已经不足以解释犯罪现象和犯罪原因。犯罪包括犯罪人、被害人和犯罪行为等三个要素，而被害人和加害人在犯罪过程中总是处在相互对立而又相互作用的状态。只有充分考虑被害人对犯罪发生的作用，以及被害人与犯罪人之间的相互作用，对犯罪原因的解释才是全面的。[4] 被害人的特征，被害人在犯罪过程中的言论、表情和行为等，对犯罪行为的实施与否、完成与否以及犯罪的危害程度，均具有直接的影响。因此，要全面了解与剖析犯罪的发生过程及其原因，客观地认识具体的犯罪现象，必须在研究犯罪人及其行为的同时，研究被害人及其在犯罪行为实施过程中的表现，研究被害人的特征和行为对犯罪生成过程的促成或抑制作用。

3. 考量被害人因素有助于确定加害方罪责并准确定罪量刑。在刑事法理论领域，对被害人学的研究远在犯罪学研究之后，理论匮乏，导致在刑事审判中，定罪量刑的关键在于能否查清犯罪事实，往往侧重对犯罪人罪行的调查，而忽略了对被害人的调查。事实上，部分被害人的行为对犯罪行为的发生往往有一定的直接或间接的促进作用，被害人因此也有一定的责任，而被害人的责任又直接影响着加害人的责任程度，从而对加害人的刑罚确定产生直接影响。法官在量刑时忽略了被害人对犯罪行为应负的责任，这就影响了刑罚的合理性与准确性，于是实践中就出现了许多合法而不合理的判决。所以，研究被害人与加害人之间的相互作用、被害人对犯罪发生是否有责任以及责任的大小，一方面从理论和实践的角度说明被害人应否对犯罪行为负责，同时也为定罪量刑的合理性和公正性提供依据，使其成为正确判决的客观依据。

4. 被害人研究有助于被害人权益的保障和维护。被害人是犯罪行为的危害结果的直接或间接的承受者，遭受了物质上或精神上的伤害。在现代刑事制度建立之前，犯罪行为的侵害客体是被害人，而不是社会秩序，因此被害人在刑事司法程序中居于起诉者的核心地位，其起诉与否的意愿直接决定了罪犯的命运。但是，国

---

〔4〕 参见郭建安主编：《犯罪被害人学》，北京大学出版社 1997 年版，第 36 页。

家公诉制度建立后,司法的目的转变为维护国家利益和社会稳定,刑事诉讼也成为了犯罪人与国家之间的官司,除了少数的刑事案件允许被害人提起自诉外,其他刑事案件均由检察机关提起公诉,与此同时被害人的地位同证人一样,几乎快要被司法程序遗忘。但是20世纪60年代,随着被害人学研究的兴起,被害人在西方刑事诉讼中的地位也日益受到重视,世界各国已开始认识到犯罪是一种社会冲突,涵盖国家、被害人和被告方三方面的利益,如果刑事诉讼疏远、忽视被害人,势必造成被害人及其他社会成员对司法制度的不信任,削弱司法机关的权威。被害人的研究,是寻求各主体间利益的均衡,同时也有利于全面保障人权。

另外,受物质损失或精神伤害的被害人的需要和权利若在诉讼中得不到满足,往往会采取极端的方式寻求自我补偿。一些国家相继制定了专门的被害人补偿法,有的国家还针对刑事判决往往不足以补偿犯罪被害人所受损失的现实,由国家代替加害人来补偿犯罪行为给其造成的物质损失,帮助其恢复正常的社会生活。在这种情况下,被害人救助的研究有利于阻却被害人向犯罪人转化,控制社会犯罪总量,同时促进司法公正,保障被害人人权。

5. 被害预防的研究有助于完善犯罪防控体系。预防被害是预防犯罪体系的重要组成部分,被害预防强调通过个人和社区消除招致受害的因素而预防被害,进而预防犯罪,具有最大限度地调动预防犯罪主体参与预防的潜能。传统犯罪防控体系是以犯罪人为中心制定的,被害人学产生后,从预防犯罪被害的全新角度提出了犯罪的防控对策。提倡预防犯罪,人们常常意识不到自己的责任。但是成为一个被害人的概率远大于成为一个犯罪人的概率,因而被害预防措施可以最大限度地调动人们参与预防的潜能。这样,减少被害也即减少犯罪,实现了预防犯罪的目标。

第二节 犯罪被害人的类型

犯罪类型的多样化和犯罪原因的复杂化,决定了犯罪被害人的多样性和复杂性。所谓被害人的类型,是指根据一定的目的和原则,按照不同的标准对被害人所做的群属划归或分类。被害人的分类,与犯罪性质,被害人受害的程度,被害人本身的生理、心理特征,被害人在犯罪过程中有无责任以及责任大小等有着直接关系。犯罪学家对被害人的分类有着各自不同的依据和标准,因而对犯罪被害人有过许多不同的分类。

以色列学者、被害人学的创始人之一的本杰明·门德尔松根据被害人对于犯罪行为有无责任以及责任大小将犯罪被害人分为五类:全无辜的被害人、罪责轻于加害者的被害人、罪责与加害者相等的被害人、罪责大于加害者的被害人、负完全责任的被害人。阿尔德尔·法塔在门德尔松观点的基础上加以修正,将犯罪被害人分为五大类十一小类。其五大类是:未参与型、潜在型、挑衅型、参与型、虚假型。加拉韦和赫德森将犯罪被害人分为七大类:无关型、挑衅型、催化型、弱生型、弱社型、自害型、政治型。

我国有学者从不同的角度分类,分别讨论了被害人的类型:(1)无责性被害人与有责性被害人;(2)被害人与潜在的被害人;(3)自愿性被害人与被迫性被害人;(4)状态性被害人与机会性被害人;(5)真实的被害人与虚假的被害人;(6)暴君型被害人、抑郁的被害人和生物生理的被害人;(7)共同被害人与独立被害人;(8)复合被害人与单一被害人;(9)老年被害人与女性被害人;(10)有形的被害人与无形的被害人;(11)环境的被害人、技术环境的被害人和社会环境的被害人,以及其他一些类型的被害人。

一般地说,被害人的类型常见有五种分类方法。

一、以是否已经被害以及有无被害趋势为划分标准

1. 已然被害人,也称为真实的被害人、实际的被害人,包括所有受到犯罪行为侵害的人。对犯罪受害人的分类,实际上就是对已然被害人的分类。

2. 未然被害人,又被称为状态性被害人或潜在被害人,指那些未受到犯罪行为侵害,但却具有被害的危险性和可能性的人。对未然被害人的研究,有助于我们确认有被害可能的人、被害情景、犯罪与被害的互动模式和累犯选择的被害人类别的倾向,有助于识别有重复被害可能性的人,从而预防二次被害,另外可告知未然被害人采取切实措施,防患于未然。

二、以犯罪的性质为划分标准

犯罪的性质是由犯罪人的行为特征和该行为所侵害的客体的性质决定的。各国刑法典的分则都据此将犯罪划分为若干种类。一般地说,按此标准可将被害人分为以下几类:

1. 暴力性犯罪的被害人。暴力犯罪,一般是指杀人、伤害、抢劫、绑架和强奸等带有暴力性质的犯罪行为,某些其他性质的犯罪有时也具有暴力色彩,如拐卖人口、虐待罪等。暴力犯罪的被害人在这些犯罪中,其生命或身体遭受严重伤害。这类被害人在所有类型的被害人中比例不算太大,但其受害程度最严重、遭受的损失最大。

2. 财产犯罪的被害人。财产犯罪,是指侵害国家、集体和公民个人财产的犯罪行为,包括抢劫、盗窃和诈骗等犯罪行为。凡因上述犯罪而遭受财产损失的法人和自然人都是财产犯罪的被害人。此类犯罪比例大,因此这类被害人所占比例也是最大。

3. 性犯罪的被害人。性犯罪,主要是指侵犯他人性权利的犯罪,如强奸和强制猥亵等。这类犯罪行为往往带有暴力威胁、引诱或欺骗行为。凡因这类犯罪而使其性权利受到侵害的人,都可称为性犯罪的被害人。此类被害人遭受身体和心灵的双重摧残,危害极大,是世界各国被害人学界关注的重点。

4. 经济犯罪的被害人。经济犯罪主要指在经济活动中所实施的犯罪,如我国《刑法》分则第三章的破坏社会主义市场经济秩序罪,它使国家经济秩序遭受严重损害,受害的以企业法人居多。

5. 职务犯罪的被害人。职务犯罪是指公职人员利用职务之便,在履行公务过程中所实施的犯罪,如贪污罪、受贿罪、挪用公款罪等,也包括刑讯逼供罪、报复陷害罪等。此类犯罪的被害人中有单位、国家,也有个人。这也是当前各国危害最为严重、惩罚力度最大的犯罪之一。

6. 其他犯罪的被害人。是指除上述犯罪之外的其他犯罪的被害人,如我国《刑法》分则第六章的妨害社会管理秩序罪等,涵盖的范围广,罪名分布零散,被害人遭受侵害的程度深浅不一。

三、以被害人的生理学特征为划分标准

1. 少年被害人。少年因年幼无知、思想单纯,缺乏经验、判断和防备能力,容易成为诈骗、奸淫和报复杀人等犯罪的被害人,有时还会成为教唆犯的被害人。

2. 女性被害人。女性一股体弱,自我防卫能力较差,有时又在生理上处于性被动地位,富于同情心或怜悯心,容易成为暴力犯罪、性犯罪和诈骗犯罪的被害人。

3. 老年被害人。老年人年迈体弱,自我保护能力差,判断能力弱,多有一定的财产,易卷入亲属之间的感情冲突或财产纠纷,容易成为盗窃、抢劫、诈骗以及家庭内部的杀人、伤害、虐待犯罪的被害人。

4. 智能低下或其他精神上有缺陷的被害人。智能低下者由于缺乏理解力、自制力、判断力和观察力;精神异常者则因为知觉、情绪和意志不正常,较正常人容易被害。

四、以被害人在犯罪形成的动态过程中有无责任为划分标准

1. 完全无责任的被害人,又称无过错被害人、无辜被害人、纯粹被害人或典型的被害人等。这类被害人,在整个犯罪过程中处于一种完全被动的地位,对被害事实的发生没有任何道义或法律过错,被害完全是因为偶然原因或者他人原因引起。同时,这种被害人无论从心理还是生理上讲,本身均不具有被害的特征,纯粹是偶然地遭受犯罪侵害,因此,这类被害人无法预见和预防犯罪行为的发生,也无法制止犯罪结果的发生。

2. 负有一定责任的被害人,此类被害人对被害结果的发生,具有一定的过错,且其过错行为足以诱发或引起犯罪行为。根据责任的大小又可以分为以下几种:

(1) 责任较加害人小的被害人。这类被害人对危害后果负有一定责任,但责任远小于加害人的责任。也就是说,此种情况下,犯罪行为的发生主要罪责在于加

害一方，但被害人的不良行为或不道德行为，如轻信、疏忽、无知或管理不善等，虽不决定犯罪行为的发生，但是成为诱发犯罪的主要因素和条件，进而给加害人提供了犯罪的机会而招致被害。倘若没有这些因素或条件，犯罪发生的可能性较小或不会发生。

(2)被害人的罪责等同于犯罪人的罪责。这类被害人多出现在团伙斗殴和互相伤害的案件中，参与的人既可能是犯罪人，也可能是被害人。此类犯罪案件真正受害者是社会秩序。

(3)被害人的罪责大于加害人的罪责。犯罪行为的发生与被害人的行为之间往往具有直接的因果关系，一般包括被害人积极制造冲突或对后果完全放任，进而作为一个主要原因导致犯罪行为的发生。在这种场合，被害人往往首先实施了违法犯罪行为，但由于种种原因转化为被害人，如防卫过当的被害人以及积极挑衅或制造事端刺激犯罪人进而诱发犯罪的被害人。

3. 负有完全责任的被害人。这类被害人之所以“被害”，主要或完全是因为自己的违法犯罪行为受到的反击所致，其实此类被害人是真正的犯罪者。例如，其首先实施犯罪行为，而“犯罪人”实施正当防卫而使其受害的“受害人”。

五、以被害人心理特点为划分标准

1. 抑郁型被害人。心理抑郁的人，一般对生活中的许多事都不关心，因而对可能发生在自身的危险无所感知，不仅容易被害，而且有时还往往因厌世而自杀。

2. 贪婪型被害人。贪婪者因贪图利益而利令智昏，因而易落入圈套而成为诈骗罪的被害人。

3. 轻浮型被害人。轻浮的女性，思想肤浅，态度随便，容易成为性犯罪的侵害人。轻浮的男性，则容易遭受伤害和恐吓等行为的侵害。

4. 孤独型被害人。孤独者往往在精神上有可乘之机，尤其是孤独的女性，易为不肖男性利用而受害。

5. 暴君型被害人。暴君性格的人，其权力欲、支配欲强，一意孤行，容易制造怨恨而被害。

6. 轻信型被害人。因轻信而疏忽大意，易遭诈骗、盗窃和性侵犯的损害。

此外，还可以根据受害人的受害程度和性质将被害人划分为被剥夺生命的被害人、受严重伤害的被害人、受一般损害的被害人以及无损害的被害人；或根据犯罪被害人被害的真实性将被害人分为确实遭受犯罪侵害的真正的犯罪被害人以及虚假的犯罪被害人；或将被害人分为习惯性被害人与非习惯性被害人，积极的被害人与消极的被害人，共同被害人与个体被害人。20 世纪 90 年代以来，国际被害人学界又提出了一些新的被害人类型，如侵犯人权行为的被害人，性骚扰的被害人，压迫记忆综合征的被害人，等等。

第三节　被害人的被害性

在严峻的犯罪形势下，人们开始总结反思，为什么是某一部分人而不是其他人遭受侵害？这些被侵害的人为什么又容易重复被害？他们之间是否具有某些共同特征？被害人学的先驱们发现，在被害人之间，确实存在一些共有的特征，那就是被害性。

一、被害性的内涵

被害性（victimity）这个概念，是由被害人学的创始人之一的门德尔松首先提出来的。他认为，被害性是指某些社会因素所造成的某些损害的所有各类被害人的共同特征。[5] 奥地利学者琼·格雷文认为："被害性是一种由内在、外在两方面因素所决定的，使人能成为被害人的那种特性。"[6]他们二人所说的被害性指的是广义的被害性。可以看出，被害性是被害人本身的一种特性，是诱发加害人实施加害行为的一种带有主动诱使和强烈刺激的因素，或者是加害人实施加害行为时可以利用和必须利用的有利条件。

在我国目前的被害人学研究中，往往把被害原因与被害性搅在一起，没有进行明确的区分，甚至把被害原因作为被害人被害性的重点来讨论。而事实上，是被害原因直接导致了犯罪人对被害人的加害行为，而被害性则是被害人本身存在的诱发加害人实施加害行为的一种诱使和刺激因素，或是加害人实施加害行为时可以利用或必须利用的归结于被害人方面的各种有利条件，这些条件反映了被害人易受侵害的特征，而不是犯罪原因，更不是被害人被害的原因。另外，被害性的研究并不是为犯罪人洗脱罪责，也不在于谴责被害人所具有的这样特性，而是在充分认识被害性的基础上，更好地预防被害，以实现预防犯罪的目的。

二、被害性的表现

被害人被选作犯罪人的侵害对象，除了具有一定的偶然因素外，主要的还在于被害人本身所存在一些诱发加害人实施加害行为的诱使和刺激因素，即我们所说的被害性。这种由被害人因素引起的被害性主要表现在：诱发性、易感性、受容性、敏感性、转换性。

---

〔5〕 参见[德]汉斯·约阿希姆·施耐德：《国际范围内的被害人》，中国人民公安大学出版社 1992 年版，第 18 页。

〔6〕 参见[德]汉斯·约阿希姆·施耐德：《国际范围内的被害人》，中国人民公安大学出版社 1992 年版，第 18 页。

(一)诱发性

被害的诱发性,是指被害人在言论、行为、心理中存在容易招致被害的致害因素,从而诱发其被害的特征。被害人的诱发性,通常会推进犯罪的产生和发展。所以具有诱发性特征的被害人对犯罪的发生具有一定的过错。如果被害人不具备这些诱发因素,则犯罪人一般不会随意地对其实施加害行为,而被害人也就不会遭受该加害行为之害。被害的诱发性主要表现为被害人在被害前曾对加害人实施了挑衅性或诱惑性的行为,如殴打、诽谤、侮辱、要挟等。在这类情况下,被害人是以积极的行为方式"参与"了犯罪过程。诱发性特征使被害人对犯罪行为具有趋近性,他能否诱发犯罪的发生,主要取决于诱发的强度和被诱发客体的承受能力。首先,诱发的强度与犯罪的刺激效果,两者是成正比的,诱发强度越大,刺激越强,引起被害的可能性就越大。其次,由于个体间承受能力的差异,相同诱发因素作用在不同的人身上会产生相异的效果。具体而言,诱发性特征可以归纳为以下几种表现形式:举止轻浮、色情诱惑;恶语相激、武力挑衅;仗势欺人、侵犯非难;露富显财、自我炫耀等。因此,人们应当在生活过程中严于律己、修身养性,注意自己的行为规范,这些都是预防被害的重要方面。

(二)易感性

被害的易感性,是指被害人存在容易接受加害人的诱导或容易成为被选作侵害对象的因素,被害人本身对被害状态、被害情境具有一种无意识的顺应的特性。这种特征是犯罪人实施犯罪过程中的一个具有重要"利用价值"的因素,若被害人通过调整自己的心理状态,或者改进自己的行为方式就可以减少或彻底消除这些条件,从而避免被害。常见的易感性表现为,在车站诈骗中,加害人冒充老乡、校友与被害人熟络,以帮助看管行李为名骗取被害人财物;再如某些大龄男青年结婚心切而被犯罪分子所利用花钱买妻后,妻子逃走导致人财两空。一个人的易感性特征与被害的可能性成正比,易感性越强,被害的可能性就越大,而且若不经调整或改进极易招致反复被害。

易感性特征和诱发性特征虽然都对被害的发生起着一定的作用,但是二者作用的方式和作用的强度是有极大不同的。诱发性因素是被害人以自己不当的行为积极刺激犯罪者从而招致被害,而易感性因素是以消极的不作为形式出现的,后者是一种无意识的状态。从一定意义上可以说,诱发性特征刺激了犯罪人的加害行为,而易感性特征只是吸引了犯罪人的加害行为。

(三)受容性

被害的受容性,是指被害人在遭受侵害时和侵害后心理上和气质上对自身被害角色的一种认同和容忍状态。具体而言,被害的受容性又可分为两类:一是自觉性受容,指在被害后因估计名誉或既得利益而自愿隐忍和受容。如某些女性遭到强奸为了保全名誉而不去报案;某领导因其贪污的巨款被盗,害怕遭到调查而不去报案等。二是被迫受容，即被害人惧于犯罪分子的淫威而不敢反抗，或迫于屡次和控告无人受理而忍辱含垢。如有的人违法犯罪事实被犯罪分子知晓，不得已而屈服于犯罪分子；再如家庭虐待案件中，长期遭受丈夫打骂责罚的妻子多次到公安报案却被相关人员草草调解了事的案件。被害人的受容性往往引发再次的侵害。一些犯罪分子在选择作案目标时，往往会考虑被害人各方面的情况，如被害人是否具备反抗的勇气和条件，与此同时，还会选择那些在以前的犯罪过程中保持受容、隐忍的被害人。

（四）敏感性

被害的敏感性，是指被害人对于可能的被害或已然的被害事实的感知和直觉。一般来说，被害人对于被害具有某种程度的感知或预感，例如，坐公交时会预感会有小偷趁乱偷取手机；再如，穿金戴银的女青年晚上独自走在人流较少的路上，往往会感知自己可能会被抢劫、抢夺。当然，也有一些被害人对于即将来临或可能发生的被害毫无知觉，而不自觉地陷入被害情境中。因此，提高被害人的敏感性，对于预防被害具有重要意义。

（五）转换性

经实践研究表明，被害与加害、被害人与犯罪人之间并不是截然对立的，而是在特定情境、特定的个体和特定的社会关系中，具有逆转的可能性。犯罪人与被害人并不是绝对确定的，两者不仅不完全相互排斥，反而在一定程度上具有同质性并相互重叠，如“暴力循环”“代际之间的虐待”这些术语的创造，就是用以说明人类的这种逆转的倾向。美国犯罪学家辛格研究发现，未成年时遭致被害的人，在很大程度上意味着他在成年后成为犯罪人；犯罪行为的被害人比非被害人更多地犯有暴力行为，即被害经历是严重的人身攻击行为的最佳预报因子。当有了被害体验或被害经历后，被害人是否向犯罪人转化，以及转化的时间、类型，同时要取决于复杂的个体和社会因素。被害体验对于个体的人格和行为影响的机制是十分复杂的，其结果也是多样的。但被害经历和被害体验之所以对个体未来的行为产生影响，其机制就在于，被害体验或被害经历往往使受害者产生不公正感以及对法律规范的不当态度，从而使受害者在社会化或再社会化的过程中，向反社会化方向逆转或深化，产生或强化了加害意识。

三、犯罪人与被害人的互动关系

（一）犯罪人与被害人的互动

马克思说：“社会——不管形式如何——究竟是什么呢？是人们交互作用的产物。”[7]若将马克思的观点引用到犯罪被害人研究中，我们可以肯定地说：犯罪

---

〔7〕 中共中央马克思恩格斯列宁斯大林著作编译局编：《马克思恩格斯选集》（第4卷），人民出版社1972年版，第320页。

是加害人与被害人交互作用的产物。在犯罪形成的过程中,被害人并不是完全消极被动的。被害人的挣扎反抗可能使犯罪不能得逞;被害人某些失当的行为,可能使犯罪的恶果进一步扩大。例如,犯罪人抢劫的企图暴露后,被害人逃跑并大声呼救,犯罪将不能得逞;被害人遭遇交通肇事受伤后,记下加害人车牌号准备马上报警,引起加害人杀人灭口之念,惨遭杀害。诸如此类的案件在现实中屡见不鲜。由于被害人与加害人之间的互动是一种典型的冲突性互动,故在互动的同时又存在互制,两者之间总是存在对策与反对策的抗衡。

对于这个问题,犯罪学家汉斯·冯·亨蒂曾指出,被害人"影响和塑造了"犯罪人的犯罪,"犯罪人与被害人之间确实存在互动关系,互为诱因"。[8] 另外,门德尔松将被害人与犯罪人之间的关系称为"伙伴"关系,并提出了著名的"刑事伙伴"或"犯罪搭档"范畴。两位学者的观点共同说明了一个问题:犯罪行为的发生是加害人与被害人互动的结果。并且,只要有犯罪存在,加害人与被害人之间的互动与互制就永远不会停止。被害人既可能在犯罪形成的过程中起到某种诱发或刺激作用,也可能在减轻犯罪后果方面起到积极的作用。

(二)犯罪人与被害人的互动模式

所谓被害人与犯罪人的互动模式,实质上是被害人与犯罪人各自以其被害原因和加害原因为作用力,相互影响、彼此互动,对推动互动进程共同发挥作用的模式。[9] 一般而言,被害人的被害性是在加害人与被害人的互动中体现出来并发挥作用的。从犯罪与被害的实际情况来看,两者的具体互动形态主要有以下四种类型:

1. 可利用的被害人模式

可利用的被害人模式,又称单向利用模式,是指双方没有长时间的互动关系,被害人是完全被动的,几乎是在无意识状态下受到的犯罪侵害。在这一模式中,被害人某些特质如麻痹大意、轻信他人、好色冲动、钱财外露等,而被犯罪人所利用,导致遇害。虽然被害人的因素诱发、推动或导致了犯罪的发生,但从整个犯罪原因上看,仅属于犯罪条件,而非犯罪原因。这些可利用的主客观因素一般没有什么问题,只是当被害人具有了其中的一项或者几项时,对犯罪人来说就成了适宜的侵害对象。所以说,不是被害人造就了犯罪人,而是犯罪人造就了被害人。

(1)基于静态被害性导致被害,可利用的被害人模式包括两方面的内容:此种情况下,被害人完全无辜,并没有实施任何具有引诱、暗示的行为,其被害纯粹是因为自身的生物特征和社会特征,其中生物特征如性别、年龄、性格,社会特征如受教

---

[8] 参见[德]汉斯·约阿希姆·施耐德:《国际范围内的被害人》,中国人民公安大学出版社1992年版,第4~5页。

[9] 参见张绍彦:《犯罪学》,社会科学文献出版社2004年版,第107页。

育程度、生活方式、爱好等。就生物特征而言，如年龄较大的老太太，由于其判断能力减弱，加上手头上可能留有大额未存银行的现金，使之容易成为诈骗犯罪的被害人；就社会特征而言，如上夜班的单身女性，容易成为抢劫罪的侵害对象。(2)基于低层次的动态被害性导致被害，此种模式中，被害人并无引诱或者挑逗加害方的故意，只是无意识的行为，激起了加害人的机会心理，让对方感到或错误地肯定被害人具备可利用性，而对之实施犯罪行为。

2. 冲突模式

被害人与加害人之间长期发生冲突，随着相互的作用，矛盾逐步升级，冲突加剧，最后产生加害与被害结果，这就是冲突模式，也称为双向推动模式。冲突，是一种常见的人类互动形式，一直受到社会学家的关注。德国社会学家 G. 齐美尔更是将冲突列为人类互动的基本形式之一。在他看来，冲突是社会生活的精髓，是社会生活不可缺少的组成部分。在此模式中，犯罪人和被害人双方由于某种社会联系而形成了相当长的互动关系，也就是冲突。在长期的互动中，双方经常易位，互换角色，双方既是被害人，又是犯罪人，在被害结果出现前甚至是在互动过程中，都很难判断谁是加害者、谁是被害人。〔10〕 正因如此，要分清这类关系中的责任，即便可能，也是困难重重。这种类型中，犯罪的发生并非偶然，发生的时段与场合常常也无法预期，而且加害行为往往未经周密的预谋和计划，多是在盲目或激愤状态下发生的。这种模式在家庭暴力案件和邻里之间的暴力案件中表现比较突出。

3. 被害人催化模式

被害人催化模式，也称被害人推动模式，这一概念最先是由美国著名社会学家和犯罪学家马文·尤金·沃尔夫在其《刑事杀人模式》一书中提出的，是指被害人诱使加害人实施了犯罪行为，从而使自己成为被害人。在这种模式中，被害人因实施了某种行为而诱发、刺激甚至促发加害人实施了针对自己的犯罪行为，而犯罪人的侵害行为，不过是对于被害人的催化、推动而产生的一种还击行为或过当反应，而此时的侵害行为常常被认为是当时条件下合乎常识常理常情的必然结果。具体而言，被害人的催化、推动行为包括诱使、刺激、挑衅、加害、同意、合作等，在该模式中，“被害人决定并塑造了罪犯”〔11〕。被害人推动模式可以用来解释激情杀人、义愤杀人等犯罪，被害人的行为是推动加害人犯罪心理和犯罪动机形成并进而实施犯罪行为的主要诱因。

---

〔10〕［德］汉斯·约阿希姆·施耐德：《国际范围内的被害人》，中国人民公安大学出版社 1992 年版，第 88 页。

〔11〕［德］汉斯·约阿希姆·施耐德：《国际范围内的被害人》，中国人民公安大学出版社 1992 年版，第 89 页。

4. 斯德哥尔摩模式

被害人与加害人是“刑事上的对立者”，他们之间通常是互不相容的。但是，在一些案件中，我们却发现被害人对加害人并不持否定态度，而是作出了赞成和喜爱的反应，并且这种积极的情绪还可能会发展为一种亲密的情感联系，被害人对加害人由畏惧转变为赞同和钦佩。被害人的这种反应被称为“斯德哥尔摩情结”或叫“斯德哥尔摩模式”。该模式源起于1973年瑞典首都斯德哥尔摩发生的一起银行抢劫案，两名抢劫银行的恐怖分子将部分银行职员扣押在银行金库里，经过相处，人质中的一名女性竟然与其中的一名恐怖分子产生了爱情，并发生了性关系，这种感情在扣押结束后仍保持了一段时间。此后，这种被害人与加害人之间彼此赞赏、喜爱的情感结成融洽、友好的情况，被称为斯德哥尔摩综合征，以描述加害—被害过程中这一特定的互动关系。

斯德哥尔摩模式是一种非常状态下的非常反应，即当暴力和冲突的强度超过一定限度，被害人对现实的看法可能会发生正向与逆向两种转变。一方面，由于被害人与加害人的交好，被害性得以弱化和消除，从而降低被害人被害的概率，这属于正向转变；另一方面，当被害人与加害人感情升华，可能会相助其逃脱警察的追捕以及司法的制裁，甚至受犯罪人的感染，协助其实施犯罪，发生从被害人转变为犯罪人的逆向转变。实际上，该情结是加害方与被害方心理互动的结果，它体现了人们力图从绝望中抓住希望的一种临界状态，往往会随着时间而消逝，具有极强的偶然性和非持久性。西方心理学家就曾指出，人质等被害人会对劫持者产生的一种心理上的依赖感。我们都知道，死里逃生的人会对饶他一命的人产生一种强烈的感激之情。2011年发生在河南的“性奴”案件，就具有“斯德哥尔摩综合征”的烙印。[12]“斯德哥尔摩情结”维持作为人的尊严，保持和强化团体的归属感与对他人有用的感觉，当然如果再加上对被害者心理弱点的巧妙利用，对于战胜恐怖分子的恐怖行为，人质的获救，将有很大帮助。

第四节　犯罪被害人救助

如果说早期的被害人学是以探明“与犯罪有关的被害人”为主题，那么近年来的被害人学正在将视线转移到“对被害人的保护”上去，也就是说将研究的重心从过去强调“对嫌疑人、被告人、犯罪人的人权保护”，逐步转移到“对被害人的人权

---

〔12〕 参见任克勤：《被害人学新论》，广东人民出版社2012年版，第68～69页。

保护”方向。[13] 正如西方的谚语所言:“有犯罪必有被害,有被害必有救济。”随着犯罪的日趋严重,被害人所遭受的经济损失和承受的精神痛苦也与日俱增。在司法实践中,刑事被害人“求偿不能”“求助无门”的状况日渐引起了社会的关注。关心、救助被害人,并通过立法形式保障他们的合法权益,是我国目前亟须解决的重大课题。

一、被害人救助制度的基本内涵和特征

对刑事被害人所遭受损失的补救,理论界和实务界主要有两种主流说法,有学者将之称为被害人补偿,也有学者将之称为被害人救助,虽然提法不同,但是究其根本,都是出于保障被害人的基本权利的目的。

具体而言,“补偿”的本意在于抵销(损失、消耗)、补足(缺欠、差额)等。[14] 在实际生活中,补偿一般具有两重含义:其一是指对损失或损害的弥补,其中也有赔偿的含义,其二则是不以损失或损害的存在为前提。而被害人补偿是指在刑事被害人未能获得或者难以获得赔偿的情况下,由国家或具有行政权力的地区政府基于法律规定的替偿义务,以给付刑事被害人或其他法定权利人一定额度的补偿费用的形式,弥补其因刑事犯罪所遭受的经济损失。被害人救助,是指国家从道义上对遭受犯罪行为侵害又没有得到充分赔偿的被害人及其家属,通过法律程序给予一定的物质补偿救济。广义的“刑事被害人救助”包括刑事被害人赔偿、刑事被害人补偿(补救)、刑事被害人救助、刑事被害人援助等方式。因此,从概念上来看,救助更趋于具有救济性质,而“补偿”一词,还包含了赔偿的含义。从根本来说,国家以及政府并没有赔偿因犯罪行为遭受经济损失的刑事被害人的职能,其补救从实质上来看,是一种社会救济方式,因此,被害人救助这一提法更加合适。

另外,2009年3月9日,中央八部门联合印发《关于开展刑事被害人救助工作的若干意见》,标志着刑事被害人救助工作在全国范围内的全面开展。其中,统一使用的“刑事被害人救助”也在此作了原则性的规定。

被害人救助,作为特殊的社会司法援助制度,是指对一定范围内因受犯罪侵害而遭受损害的而且无法通过刑事附带民事诉讼获得损害赔偿的被害人及其家属,通过法律程序给予一定的经济援助。其基本特征是:(1)补偿主体应当是国家。具体是特定的国家机关、政府机构。(2)补偿对象的特定性。必须是刑事犯罪的被害人及其家属。(3)补偿的物质性。即该补偿仅限因犯罪而引起的物质损失,不包括精神损失。(4)以刑事诉讼的存在为前提。也就是与犯罪事实、行为相关联。(5)具有特定的补偿程序。刑事被害人必须通过特定的补偿程序才可接受补偿。若随意进行补偿,则会引发新的矛盾,因而规范化的补偿制度是必要的。

---

〔13〕 参见周东平编著:《犯罪学新论》,厦门大学出版社2004年版,第313页。

〔14〕 中国社会科学院语言研究所词典编辑室编:《现代汉语词典》,商务印书馆2002年版,第100页。

(6)补偿的有限性。给予犯罪被害人的补偿主要是物质补偿，而物质补偿是有限的。

二、域外的犯罪被害人救助方案

犯罪被害人救助制度的由来，可追溯至公元前1700年左右的巴比伦王所颁布的《汉谟拉比法典》(the Code of Hammurabi)，法典第4项及第5项规定："在强盗犯或杀人犯未被逮捕的情况下，犯罪行为发生的所在城镇及该城镇长对于犯罪被害人负有赔偿义务。"虽然该制度只不过是把由罪犯亲族所负的连带责任扩张至由地区团体(城镇)负责，将它视为与现在的犯罪被害人救助有直接关联似乎并不适当，但是此制度仍可被认为是犯罪被害人救助制度法制化的起源。[15]

到了近代，以19世纪末意大利实证法学派的菲利和加罗法洛为代表，主张不能将犯罪被害人置之不顾，而应由国家建立制度予以救助。依菲利和加罗法洛对于犯罪发生原因作实证研究的结果发现，被害人的攻击行为在给被害人身心带来无比伤害的同时，也给其家庭成员带来了极大的伤害，尤其是在被害者死亡或丧失减少劳动能力时，此时若社会弃之不顾，则会使他们基于经济贫困或报复心理转而通过犯罪来维持生存。第二次世界大战后迄今，可谓是中世纪以来被害人权益最受重视的时刻，在此期间，犯罪被害人救助制度，被世界许多国家(地区)具体落实。1963年，新西兰率先制定了《犯罪被害人救助法》，英国随后制定了《犯罪被害人救助纲要》。在美国，加利福尼亚州首先于1966年1月制定了有关暴力犯罪被害人的救助规定，随后其他各州也陆续制定了同样的法案。迄今，加拿大、澳大利亚、欧洲各国和地区等均已建立类似的救助制度。在亚洲，日本于1981年实施了"犯罪被害者给付金支给法"，韩国于1988年实施了《犯罪被害人救助法》。我国台湾地区也在1998年5月公布实施了"犯罪被害人保护法"，规定对因他人犯罪而遭受生命威胁，导致死亡或身体重伤之被害人及其家属提供国家救助。另外，国际社会也对建立刑事被害人国家补偿制度给予了高度关注。欧洲理事会于1983年通过了《欧洲暴力犯罪被害人补偿公约》，联合国大会1985年11月29日第40/34号决议通过了《为罪行和滥用权力行为受害者取得公理的基本原则宣言》，要求联合国成员国为不能获得赔偿的刑事被害人提供经济上的补偿。可见，国家对于犯罪被害人予以适当救助的思想，已随着社会进步、人权观念的提高而逐渐普遍化。

(一)美国的犯罪被害人救助方案

美国针对犯罪被害人所提供的服务相当多元且复杂。在全美各地，已发展出数千个针对犯罪被害人协助方案，在服务对象、服务内容、提供服务的机构上有其特殊性。

---

〔15〕 参见谢协昌：《犯罪被害救助制度研究》，台湾大学法律研究所2000年版，第110～128页。

1. 服务机构

以系统为基础的协助方案(system - based programs),是由司法体系所提供的,还有就是以小区为基础所提供的协助方案(community - based agencies),此种方案并非由司法系统直接介入,而是由小区内的非营利民间机构与司法系统采取密切合作的方式。

2. 服务对象

在美国,有些协助方案是针对所有类型的犯罪被害人提供服务,属于综合性方案(comprehensive programs),有些则是采特殊方案(specialized programs)的形式,只针对某一类型的犯罪被害人提供服务。有些被害人会接受到一个以上的协助方案提供的协助,而有些被害人可能从头到尾只能接受到一个协助方案所提供的协助。

3. 服务内容

在美国,协助服务内容主要有以下几类:(1)紧急服务:包括医疗、庇护所、食物、安全性修复、紧急财务协助、交通运输服务、现场安慰;(2)咨商:包括危机处理、后续咨商、调解;(3)个人支持服务:包括对雇主(或房东)介入协助、财物归还、(恐吓)保护、被害人影响声明、法律咨询、其他转介;(4)申请救助及赔偿协助;(5)法庭相关服务,包括法庭定向辅导、交通及儿童照顾;(6)判决后服务;(7)系统性服务:包括教育倡导、支持相关立法、对相关专业人员提供训练等。

(二)澳大利亚的犯罪被害人救助服务

澳大利亚的被害人协助方案(victims serivice scheme, VSS)提供了以下的服务内容:(1)讯息与数据提供(information);(2)咨商服务(counselling);(3)肢体复健服务(rehabilitation);(4)转介处理(referral);(5)支持关怀(support);(6)辩护(advocacy);(7)危机处理策略;(8)法院审理支持(court support);(9)提讯(debriefing);(10)协助文件处理过程;(11)提供经济上或生活上的协助等。

澳大利亚所实施的被害人协助方案,在心理创伤复健服务部分,会针对每一个案主进行两小时的心理评估,一旦确认案主有此需要,经由审核通过,就会提供持续 48 小时的心理咨询服务,并依特殊需要安排家族治疗服务。专业人员所提供的协助则分为三大类别:(1)法律权益告知:实质与经济资助、求偿、申诉、诉讼等;(2)法律专业人员的协助:协助文件准备过程、法律咨询、辩护等;(3)社会与心理资源的协助:法院审理支持、危机处理策略、心理支持与治疗、提讯、复健、转介等。而志工人员提供的协助则包括心理与法院陪伴、讯息与数据提供、社会资源的整理与提供等内容。

三、我国刑事被害人救助制度的完善

如前所述,给予被害人不同形式和不同来源的经济救助或赔偿,以最大限度地消除、平复或减轻犯罪行为对被害人造成的后果,是当今世界各国刑事司法政策和社会政策保护被害人的一个非常普遍的潮流。

根据我国《刑事诉讼法》的规定,对被害人的损害赔偿是通过刑事犯罪附带民事诉讼的途径来解决的。司法实践中,一般采取一次性赔偿原则,如果被告人经济上有困难,则予以减免。由于被害人能否获得赔偿,在很大程度上取决于被告人的经济能力,因而被害人往往得不到赔偿,或其得到的赔偿十分有限,不足以弥补犯罪行为对其造成的损害。因此,可以参考西方国家的做法,建立国家对被害人的救助制度,加重国家在控制犯罪和对被害人方面的责任,使不能获得被告人赔偿的被害人得到国家的救助。

在对被害人的社会保护方面,我国尚未建立起完善的被害人服务机构,在对被害人的资助、提供心理咨询、生理医疗等社会保护方面比较缺乏。随着我国加入《公民权利和政治权利国际公约》,实现被害人权利是我国社会发展的迫切需要。我国有必要根据本国国情,借鉴各国关于被害人权利保护和犯罪被害人救助的立法,进一步加强我国法律对被害人权利的保护,建立适合我国国情的犯罪被害人救助制度。

我国目前尚未形成专门的刑事被害人救济体系。对因刑事犯罪而遭遇经济困难的被害人的救助,通常类似于其他困难社会成员的民政救济,并未凸显被害人救济的特殊性,甚至在中国民政救济体系中还处于受冷落的地位。对比国家"冷淡"的态度,社会则给予了较多的热情。一些社会单位、个人组织并参与了刑事被害人的救助行动,有的救助机构和救助行为还形成了较为广泛的社会影响。但是,由于专门社会救济组织的缺失、救济资金的缺失,这些救助个案的存在并不等于我国刑事被害人社会救济体系已形成,相反地,暴露其薄弱的方面。

但是令人欣慰的是,从2004年开始,一些地方进行了刑事被害人救助的制度化探索。在2005年12月中共中央政法委员会下发《关于切实解决人民法院执行难问题的通知》以后,刑事被害人救助制度的试点工作在全国较大范围内铺开。但是,全国刑事被害人救助实施机构不统一,经费来源没有保障,救助对象范围及其条件、标准不一致,救助程序不完善,特别是经费没有保障,严重地制约了各地被害人救助制度的建立和健全。以上情况既反映了我国刑事被害人救济工作的落后状况,为加强我国刑事被害人救济制度建设的必要性和紧迫性提供了佐证,也为我国选择刑事被害人救济制度的建设路径指明了方向。任何一步到位的设想都难免脱离现实基础,悖逆制度生存、发展的客观规律,妨碍刑事被害人救济制度的科学发展。

第六章　古典学派犯罪学

一般认为,1764年,意大利著名学者切萨雷·贝卡利亚的著作《论犯罪与刑罚》的出版,标志着犯罪学的诞生。然而,在学界还有一种观点认为,19世纪后期意大利著名犯罪学家切萨雷·龙勃罗梭著的《犯罪人论》出版才是犯罪学诞生的标志。笔者认为,后者并不妥当。判断一个学科是否诞生的依据应当是该学科的研究对象是否确立,以及学科的理论框架是否形成。《论犯罪与刑罚》在研究了刑法学和刑事诉讼法学的基本问题的同时,对犯罪原因和犯罪对策等犯罪学基本问题进行了较为全面的分析和阐述,研究成果超越了犯罪的规范层面,与刑法学的研究相分离,并初步构建起犯罪学的理论框架。因此,《论犯罪与刑罚》的面世应当被视为犯罪学的肇始。与现代犯罪学理论相比,《论犯罪与刑罚》对犯罪问题的研究还不够全面和深入,也没有运用实证研究方法,然而,这些只是表明该研究成果带有时代特征,以及具有不同于后世的理论特点,却不是否定它是犯罪学诞生的标志的充足理由。

第一节　古典学派犯罪学的诞生

一、犯罪学诞生前的犯罪解释

面对身边时常发生各种各样的犯罪行为,许多人都会思考"人为什么会犯罪",以及应当如何预防犯罪的问题。而有些古代思想家还对犯罪原因和犯罪预防的问题有过专门的论述。受当时科学水平低的限制,古代思想家关于犯罪问题的论述缺乏系统性。在古典学派犯罪学诞生之前,关于犯罪问题的认识主要有鬼神论与经验论等两种不同的类型。

(一)鬼神论

鬼神论是存在于原始宗教中的世界观。面对经常发生雷电、山洪和地震等威力巨大又变幻莫测的自然现象,远古时期的人们既无法理解,也无法控制,因而不免感到恐惧,原始宗教就成为慰藉人们心灵的精神信仰。原始宗教将自然现象和社会现象的发生,都归因于超自然的神秘力量,即鬼神。在原始宗教看来,世界万物的发生、变化,乃至个人的命运都是由鬼神决定的,犯罪也不能例外。

基督教在传播到欧洲以后,逐渐成为欧洲民众普遍信仰的宗教。依据基督教的教义,世界万物和人类都是上帝创造的;人有原罪,人们在人世间所遭受的苦难是由上帝安排的用于赎罪的;只有信仰上帝,人才能得救。既然人是由上帝创造的,体现了上帝的旨意,为何还会实施犯罪呢?当时的观点提到的原因有很多,主要有上帝正在考验行为人的信仰,上帝在惩罚犯罪人,上帝用他们的行为来警告其他人遵循神圣的法则,或者他们是被魔鬼附体了。[1] 而当时的基督教神学家则把犯罪的发生归咎于魔鬼撒旦,认为犯罪人之所以犯罪,是因为魔鬼撒旦附体,使他们的灵魂变得邪恶,从而实施了邪恶行为。

当时的基督教神学家认为,只有对"中邪"的犯罪人等进行"驱邪",才能拯救他们的灵魂,防止他们再去犯罪。而为了将魔鬼从躯体中驱除出去,就必须采用特定的方法使犯罪人的躯体难受。鞭笞、穿头术(以便魔鬼从孔中出去)、火烧等,都是当时常见的驱除恶魔的手段。最极端和影响最大的驱除恶魔事件是盛行于13世纪到17世纪欧洲的魔女审判,又称为神明审判。魔女审判的受审对象主要是被认为是被恶魔所附体的女性,尤其是女巫。女巫原本是驱除别人躯体中的恶魔的人,但是由于女巫进行的驱魔活动无效,以及人们普遍憎恨女巫的驱魔活动,有些人认为女巫是与恶魔订立了盟约的人。在中世纪后期,欧洲出现了大规模的拷讯和迫害女巫的运动。关于欧洲中世纪受神明审判的人数,说法不一,从有数万人到数十万不等。

鬼神论将犯罪的原因归结为鬼神,不仅超出了人们的经验范围,而且也无法进行验证,因而鬼神论对犯罪的解释无法令人信服。18世纪以来,作为世界观的鬼神论开始式微,时下信仰鬼神论的人日趋减少。不过,以鬼神论解释犯罪的观点并未从现代社会中彻底地消失。时至今日,仍有少数人相信鬼神,将犯罪的发生归结于魔鬼的诱惑。[2]

(二)经验论

所谓经验论,是指根据经验观察,以物质世界中的某些事物的存在来解释犯罪,以探究犯罪原因的观点。与鬼神论将犯罪原因归结为鬼神不同,经验论认为,犯罪原因存在于物质世界。

经验论的历史悠久,最早可以追溯至古希腊时代。著名哲学家亚里士多德秉持"未经观察的理论是空洞的"的立场,非常重视对犯罪行为的观察。一方面,他

---

〔1〕 参见[美]斯蒂芬·E. 巴坎:《犯罪学:社会学的理解》(第4版),秦晨等译,上海人民出版社2011年版,第149页。

〔2〕 参见[美]乔治·B. 沃尔德、托马斯·J. 伯纳德、杰弗里·B. 斯奈普斯:《理论犯罪学》,方鹏译,中国政法大学出版社2005年版,第4页。

明确提出,犯罪具有遗传性,认为人的某些身体特征(如头盖骨和面相)与精神状况有关。例如,他认为鼻子象征着人的性格特征,鼻子长得像狗鼻子一样的人性格急躁易怒,而长着鹰钩鼻子的人则具有类似于雕的性格。另一方面,他还认为,不良习惯会助长人的邪恶。[3] 不难看出,亚里士多德将犯罪的发生归结为人类学因素与不良习惯。该观点对犯罪原因的分析,既过于直观,又缺乏足够的依据,难以对犯罪作出合理的解释。除亚里士多德外,还有许多古代西方著名思想家也对犯罪原因作了经验论的分析,提出了自己的看法。然而,经验论并非一直是犯罪解释的主流思想。在中世纪,欧洲进入了由教会支配的神权时代,受此影响,经验论开始衰退,而鬼神论再次成为解释犯罪的主流观点。17 世纪,伴随着科学技术的巨大进步,欧洲进入所谓的"科学时代"。在科学技术进步和社会经济发展的条件下,经验论取代了鬼神论,重新成为犯罪解释的主流思想。

我国古代思想家们对犯罪的原因和预防也提出了多种颇具见地的经验论主张,有代表性的观点主要分为贫穷说、天性说与混合说等三类。贫穷说认为,贫困是产生社会问题或者犯罪的重要原因。例如,孔子就说过"贫而无怨难"(《论语·问宪》),而孟子提出的犯罪对策包括富民、德礼教化与刑罚,也是以贫困引发犯罪作为理论前提的。天性说认为,人好利恶害的天性是犯罪的原因。法家的代表人物一般都持天性说,受此影响,法家的犯罪对策主要是"定分"与"赏罚"。混合说则主张,犯罪是贫穷与人的天性共同作用的结果。[4] 贫困和天性都是客观存在的事实,因而中国古代思想家以之解释犯罪的思想,可以归于经验论。

经验论以人的面部特征、经济贫困或者人的天性等事实来解释犯罪,而这些事实与犯罪之间关系并没有得到科学验证或者实证支持,在很大程度上是基于直觉或者玄想,因而不可能科学地揭示出犯罪的原因。然而,经验论将某种事实视为犯罪的原因,重视了经验在犯罪研究中的基础性地位,代表了犯罪研究的正确方向,因此,经验论具有一定的积极意义。

二、古典学派犯罪学诞生的社会背景和理论基础

古典学派犯罪学诞生于 18 世纪中期并非偶然。古典学派犯罪学诞生主要有两个方面的背景。

(一)社会背景

到了 16 世纪,许多欧洲国家的工商业得到了迅猛的发展。然而,与封建专制密切相关的土地所有制、行会制度、地方割据、度量衡不统一和货币制度混乱等所造成的关卡壁垒重重,严重地阻碍了欧洲的工业发展和商品贸易。更重要的是,当时欧洲各国各阶层的等级森严,权利义务严重不对等,社会矛盾极为尖锐。例如,

---

[3] 参见[日]濑川晃:《犯罪学》,成文堂 1997 年版,第 40 页。

[4] 参见胡新:《中国古代的犯罪原因论》,载《法商研究(中南政法学院学报)》1994 年第 2 期。

在法国,国民分为的僧侣、贵族和其他阶层等三个不同的阶层。第一等级和第二等级是特权阶层,在政治上享有一切特权,掌控着军队和政府。在经济上,只占全国人口的2%的第一等级和第二等级,却占有全国60%以上的耕地。因此,当时法国的社会矛盾日益激化,第三阶层反对封建专制的暴动此起彼伏,连绵不断。

由于受神权的支配和控制,欧洲各国主流的犯罪观和犯罪对策深深地打上了经院哲学的烙印。著名经院哲学家阿奎那认为,法有永恒法、自然法和人法之分,作为人法的刑法依据于自然法。违反刑法的犯罪人也违法了自然法,犯有罪孽,因而国家拥有惩罚犯罪人的道德权力和道德依据。因此,当时欧洲国家的刑罚制度极为严厉。与此同时,普遍盛行的封建专制统治,还导致了各国的刑事司法极为黑暗。一般认为,中世纪欧洲的刑罚制度和刑事司法具有三个基本特点:第一,刑事审判的恣意运用。在当时的欧洲,何种行为是犯罪以及应当如何处罚犯罪人,虽然有刑事立法加以规定,但却不严格地受到法律规定的约束。受专制统治势力的操纵,秘密拘捕、非法监禁或者秘密处决的事件时有发生,公民的人身自由缺乏法律保障。第二,刑法的适用不平等。依据当时欧洲各国法律的规定,犯罪人的身份对刑罚适用具有重要影响。实施相同犯罪的犯罪人,却因为具有僧侣、贵族、市民和农民等不同身份,而被判处轻重悬殊的刑罚。第三,刑罚严酷。中世纪欧洲各国的刑罚体系以死刑和身体刑为中心,刑罚的运用以惩罚罪犯、威慑民众为目的。大量的犯罪人被判处死刑或者长期监禁。当时欧洲国家严酷而腐败的刑事司法制度,受到了社会大众的严厉抨击。

(二)理论基础

启蒙运动是继文艺复兴之后的欧洲第二次思想解放运动。17 世纪和 18 世纪,欧洲启蒙思想家霍布斯、洛克、孟德斯鸠、伏尔泰和卢梭等人,高举理性主义的旗帜,要求建立“理性的王国”,实现“永恒的正义”,并猛烈抨击封建统治和天主教会。启蒙思想家们以自然法理论为依据,倡导天赋人权、人人平等和个人自由,主张建立民主共和的政治体制。自然法理论主要包括自然状态说、自然法原则说和社会契约论等三个部分。自然状态说认为,人类社会的早期处于自然状态,在自然状态中每个人都是平等和自由的,但是同时又相互战争,或者一部分人奴役另一部分人。社会契约论认为,为了保障生命、享受生活或者为了重新恢复到平等的状态,人们提出并签订了契约,让渡出部分自由给主权者,从而形成国家或者政治共同体。而社会契约的众多条款则构成自然法规则。自然法理论的广泛传播,彻底地颠覆了当时流行的以天主教基本教义为基础的社会政治观念,改造和重塑了欧洲社会的意识形态,自由、平等和人权从此就成为欧洲社会共同的价值目标。

黑暗的社会现实与启蒙思想家倡导的价值目标之间的巨大反差,激发起欧洲各国民众强烈要求社会变革,彻底地改变违背正义的腐败黑暗的刑事司法制度。当时的社会情势在客观上也提出了在理论上重新思考犯罪问题和刑事司法制度的要求,有些思想家发表了富有批判性和建设性的观点。例如,著名思想家孟德斯鸠曾明确指出:“如果刑法的每一种刑罚都是依据犯罪的特殊属性去规定的话,便是自由的胜利”,反对严刑峻法,并谴责追诉“邪术”和“异端”的刑事责任,反对滥用“亵渎神圣”和“大逆”的罪名罪及无辜。

古典学派犯罪学就是在这种历史背景和理论背景之下应运而生的。许多古典学派思想家对犯罪原因和犯罪预防都提出了自己的理论主张,学说观点蔚为大观,成为重要的犯罪学理论流派。古典学派犯罪学的核心观点主要有:其一,刑罚目的观。中世纪欧洲大陆的刑事法律主要是习惯法与罗马法,刑罚被视为对犯罪的报应,刑罚的运用只考虑道义上的正当性,并不追求功利目的。古典学派犯罪学根据功利原则,认为刑罚既不可能消除犯罪造成的社会危害,也不应当是对犯罪人的报复,并主张刑罚目的应当是预防犯罪,防止犯罪人或者危险分子对社会造成危害,而刑罚的立法和运用应当符合刑罚目的的要求。其二,罪刑相当论。中世纪欧洲的刑罚极为残酷,轻微犯罪也会受到严厉的惩罚。例如,依据当时《德国刑法》规定,对严重的犯罪适用残忍的身体刑和生命刑,对轻微犯罪适用杖刑、打烙印和耻辱柱。〔5〕 而在同时期的法国,“死刑被滥用,并且常伴有非常可怕的受刑场面。诉讼程序中使用的各种手段更加加剧了刑罚的残忍性”〔6〕。古典学派犯罪学认为,残酷的刑罚不仅不会增强威慑的效果,而且还会刺激更严重的犯罪。他们反对酷刑。古典学派学者一般都认为,只要刑罚带来的痛苦重于犯罪的收益,刑罚的轻重与犯罪的严重程度相互适应,且不超出必要的程度,就可以实现预防犯罪的目的。其三,犯罪预防论。为了预防犯罪,古典学派犯罪学认为,除了要运用刑罚惩罚罪犯以抑制犯罪动机外,还需要采取其他犯罪预防措施,以消除犯罪的社会原因。为此,许多学者都提出了形式多样、内容新颖的多种犯罪预防措施。这些基本观点使得古典学派犯罪理论明显区别于其他学派的犯罪学理论。

第二节　古典学派犯罪学的主要理论

关于哪些学者属于古典学派犯罪学的代表人物,在理论上也存有严重的争议。被学者们提及的古典学派学者有很多,如威廉·布莱克斯通、约翰·霍华德、詹姆

---

〔5〕［德］汉斯·海因里希·耶赛克、托马斯·魏根特:《德国刑法教科书》,徐久生译,中国法制出版社2001年版,第114页。

〔6〕［法］卡斯东·斯特法尼等:《法国刑法总论精义》,罗结珍译,中国政法大学出版社1998年版,第76页。

斯·麦金托士和托马斯·福埃尔·巴克斯顿等人，而意大利的贝卡利亚和英国的边沁则被公认为是影响深远的古典学派犯罪学代表人物。

一、贝卡利亚的犯罪学理论

切萨雷·博尼萨纳·贝卡利亚(Cesare Bonesana Beccaria,1738～1794年)出生在意大利米兰的一个贵族家庭。他早年毕业于帕维亚大学，大学毕业后他回到米兰，研究哲学著作，深受孟德斯鸠的《波斯人信札》的影响。数年后，贝卡利亚和著名的意大利经济学家彼得罗·韦里及其弟弟、作家亚里山德罗·韦里等人交往密切，激发起其研究刑罚问题的兴趣，并参加了彼得罗·韦里领导的学术团体“拳头社”。1762年，贝卡利亚出版了经济学著作《米兰国的货币混乱及其补救办法》。1764年，在韦里兄弟的鼓励和帮助下，贝卡利亚匿名地出版了犯罪学经典名著《论犯罪与刑罚》。该书在猛烈抨击腐败黑暗的刑事司法现实的基础上，提出了现代刑法和刑事诉讼法的基本原则，并对犯罪问题作了较为深入的研究。由于含有激进内容，《论犯罪与刑罚》被意大利和法国的基督教会列为禁书。然而，被列为禁书并未能阻止该书的传播，反而激起民众的浓厚兴趣，被翻译成多种不同的语言，在欧洲大陆迅速传播，引起社会极大的震动。

《论犯罪与刑罚》研究的内容虽然主要是刑事法律制度，但是也对犯罪问题作了较为深入的阐述，因而被认为是犯罪学的奠基之作。贝卡利亚的犯罪学思想主要有以下六个方面的内容：

1. 刑罚权的根据在于社会契约，刑罚权的范围不得超出保护公共利益的需要。他认为，从前人类社会处于战争状态或者原始状态，人们因为连续的战争而精疲力竭。为了保护自由，人们牺牲一部分自由而组成社会契约，受让渡的自由的总和便构成了一个国家的君权，而君主就是这些自由的保存者。与此同时，人们还需要有保护自己的自由不被他人侵犯的力量，而这种力量就是刑罚。因此，国家的刑罚权根据只能是社会契约。由人们让渡出的少量的自由构成刑罚权，超出这个范围的刑罚就是不公正的。“一切额外的东西都是擅权，而不是公正，是杜撰而不是权利。如果刑罚超过了保护集存的公共利益这一需要，它本质上就是不公正的。”〔7〕

2. 刑罚的目的是预防犯罪。他从“最大多数人分享最大幸福”的功利原则出发，认为刑罚的目的是预防犯罪，而不是对犯罪人和已然的犯罪行为进行残酷的报应。他指出：“刑罚的目的既不是要摧残一个感知者，也不是要消除业已犯下的罪行。”“刑罚的目的仅仅在于：阻止罪犯再重新侵害公民，并规诫其他人不要重蹈覆辙。”〔8〕在他看来，预防犯罪既包括特殊预防，也包括一般预防。

3. 罪刑相当，反对酷刑。刑罚的轻重，应当与犯罪对社会造成的损害相适应。

〔7〕［意］贝卡利亚：《论犯罪与刑罚》，黄风译，中国大百科全书出版社1993年版，第8页。

〔8〕参见［意］贝卡利亚：《论犯罪与刑罚》，黄风译，中国大百科全书出版社1993年版，第42页。

“公众所关心的不仅是不发生犯罪，而且还关心犯罪对社会造成的危害尽量少些。因而，犯罪对公共利益造成的危害越大，促使人们犯罪的力量越强烈，阻止人们犯罪的手段就应该越强有力。这就需要刑罚与犯罪相称。”严酷的刑罚由于“违背了开明理性所萌发的善良道德”，“违背了公正和社会契约的本质”，只能是徒劳而已。〔9〕

4. 犯罪原因的决定论。他没有专门论述犯罪原因问题，甚至在著作中也很少出现“犯罪原因”的提法。但是，这并不意味着他对犯罪原因没有自己的看法。关于贝卡利亚的犯罪原因观，在理论上存有不同的见解。有人认为，他是意志自由论的代表，也有人认为他的立场是犯罪原因的决定论。事实上，在谈到具体犯罪时，他认为犯罪是由社会原因所引起的。一方面，他认为贫困是犯罪的重要原因，“盗窃是一种产生于贫困和绝望的犯罪，是不幸者的犯罪”；另一方面，他认为不合理的法律和严酷的刑罚也是犯罪的原因，“走私罪也是法律自身的产物”，“严峻的刑罚造成了这样一种局面：罪犯所面临的恶果越大，也就越敢于规避刑罚。为了摆脱对一次罪行的刑罚，人们会犯下更多的罪行”。〔10〕因此，他是犯罪原因的决定论者。

5. 预防犯罪以刑罚的必定性、必然性和及时性为条件。所谓必定性是指司法人员对犯罪行为严格执法，依法处罚犯罪人。“对于犯罪最强有力的约束力量不是刑罚的严酷性，而是刑罚的必定性。”所谓必然性，是指犯罪人必须受到刑罚处罚。他指出：“即使刑罚是有节制的，它的确定性也比联系着一线不受处罚希望的可怕刑罚所造成的恐惧更令人印象深刻。”他是这样论证刑罚的及时性的：“惩罚犯罪的刑罚越是迅速和及时，就越是公正和有益。说它比较公正是因为：它减轻了捉摸不定给犯人带来的无益而残酷的折磨，犯人越有想象力，越感到自己软弱，就越感受到这种折磨”，“我说刑罚的及时性是有益的，是因为：犯罪与刑罚之间的时间隔得越短，在人们的心中，犯罪与刑罚这两个概念的联系就越突出、越持续，因而，人们就很自然地把犯罪看作起因，把刑罚看作不可缺少的必然结果”，从而警醒潜在的危险分子。〔11〕

6. 重视犯罪预防，构建犯罪预防的措施体系。贝卡利亚十分重视犯罪预防，认为“预防犯罪比惩罚犯罪更高明”。在“如何预防犯罪”中，他专节谈到了犯罪预防问题，提出了五种预防犯罪的措施：第一，制定明确简单的法律。“你们想要预防犯罪吗？那你们就应当把法律制定得明确通俗”，“就应该让人们畏惧这些法律，而且是让他们仅仅畏惧法律”。法律的明确和通俗是预防犯罪必要条件，这是因

〔9〕 参见［意］贝卡利亚：《论犯罪与刑罚》，黄风译，中国大百科全书出版社1993年版，第65、11页。
〔10〕 参见［意］贝卡利亚：《论犯罪与刑罚》，黄风译，中国大百科全书出版社1993年版，第78、100页。
〔11〕 参见［意］贝卡利亚：《论犯罪与刑罚》，黄风译，中国大百科全书出版社1993年版，第56~59页。

为，只有法律明确通俗，人们才能理解法律，了解犯罪所面临的严厉后果，从而畏惧法律。第二，普及科学知识。“你们想要预防犯罪吗？那你们就应当让光明伴随着自由”，“知识越广传播的普及，它就越少滋生弊端，就越加创造福利”。第三，执法当局遵守法律。“预防犯罪的另一项措施是：使法律的执行机构注意遵守法律而不腐化。”第四，奖励美德。贝卡利亚指出，所有国家的法律都忽视了对美好德性的奖励。他认为，要如同科学院奖励真理发现者会促进知识和著作的繁荣一样，奖励美德也会促进美好的德行不断增加，而犯罪行为也就会相应地减少。第五，完善教育。他认为，预防犯罪的最可靠但也最艰难的措施是改善教育。教育不在科目的繁多而无成果，而在于选择上的准确性，应当向年轻人介绍他们所遇到的精神和物质现象，应当通过感情的捷径，将年轻的心灵引向道德，等等。[12]

贝卡利亚的犯罪学理论具有两个最为显著的基本特点：其一，批判性。它不仅揭露和批判了残酷、黑暗的封建刑事司法的各种弊端，而且还对为该弊端辩护的种种理由进行了深入的分析和有力的批驳。其二，基础性。贝卡利亚对犯罪原因和犯罪预防等犯罪学基本理论问题都进行了较为深入的研究，是早期较为系统地研究犯罪问题的思想家。

贝卡利亚在理论上的重大建树，不仅受到了同时代学者的广泛推崇，赢得了后世学者的高度尊敬，而且对当时欧美各国的立法实践和刑事司法改革产生了巨大的推动作用。受《论犯罪与刑罚》的影响，俄国、瑞典和奥地利等欧洲国家先后进行了刑事法律的改革，废除了拷问制度，限制了死刑的适用范围，等等。该书还是许多重要立法的依据和蓝本。1789 年的法国《人权宣言》中的“法律只有权禁止对社会有害的行为”等段落，完全照搬《论犯罪与刑罚》中的论述，1776 年美国托马斯·杰斐逊所起草的《独立宣言》有 26 处文字直接来自《论犯罪与刑罚》，1787 年的《美国宪法》也有多处内容来自该书。

二、边沁的犯罪学思想

杰里米·边沁（Jeremy Bentham，1748～1832 年）是古典学派犯罪学的重要代表人物。他出生于英国伦敦一个富有的律师家庭，自幼聪明好学，被时人誉为神童。13 岁时，边沁进入牛津大学学习，3 年后毕业。其后，他进入林肯学院学习法律，不久即取得律师资格，并成为律师学院的主管委员之一。不过，他对律师业务并无兴趣，毕生致力于理论研究，而研究成果则跨越多个不同的学科，享誉学界。在哲学上，他创立了功利主义流派，在法学和犯罪学上同样成果卓著。边沁的犯罪学代表著作主要有《道德与立法原则导论》和《立法理论》等。

18 世纪中期，欧洲的科学技术已经得到了极大的发展，以民主和平等为主要

---

〔12〕 参见［意］贝卡利亚：《论犯罪与刑罚》，黄风译，中国大百科全书出版社 1993 年版，第 104～108 页。

诉求的自由主义运动开始兴起。当时,英国的社会历史观是社会契约论,理性被奉为国家和社会的基础,而情感只是被视为道德的基础。他反对社会的主流认识,抛弃社会契约论,将道德原则扩展到社会政治领域。他认为,正如感觉是知识的基础一样,感情感觉应当是道德和社会政治活动的基础。在此之前,英国哲学家休谟等人曾提出了区分道德善恶的基础在于人类的情感,评判道德的标准为是否带来快乐或者效用。在此基础之上,边沁创立了功利主义政治伦理哲学,提出了"最大多数人的最大幸福"的功利主义目标。功利主义认为,人的本性或者人类的基本规律是"求乐避苦",它支配着人的一切思想、心理、言论与行为。"自然使人降生在一个快乐与痛苦的帝国之中。我们的全部观念莫不来源于快乐和痛苦;我们所有的判断,人生所有的决定,莫不与快乐和痛苦有关","他唯一的目标就追求快乐和逃避痛苦"。它控制着人类的痛苦与快乐,既是道德的来源,也是道德善恶的判断标准;既是人生的生活目的,也是引发行为的动力。"当我们使用正义、非正义、道德、不道德、善、恶等词汇时,我只是将它们作为包含某些痛苦和快乐的观念的集合术语","一个信奉功利原则的人之所以尊美德是一种善,只是基于美德所带来的快乐;他将恶性膨胀看作是一种恶,只是因为恶所产生的痛苦"。[13] 他认为,凡是能够减轻痛苦和增加快乐的,在道德上就是善,在生活中就是幸福的,在法律上就是权利,在政治上就是优越。

以功利主义哲学为依据,边沁全面而深入地研究了犯罪学的基本问题。边沁的犯罪学基本理论主要包括三个方面。

(一)犯罪原因上的意志自由论

边沁是意志自由论的代表。边沁认为,包括犯罪在内的人类所有行为都是求乐避苦的结果。犯罪是人们进行基于快乐与痛苦原则所作的理性选择。

作为行为的原动力,动机是求乐避苦的结果,"任何一种动机的产生,或是由于求乐的缘故,或是由于避害的缘故"。在他看来,动机可以分为内部动机(内在的快乐或痛苦)与外部动机(外部事件)、直接动机与久远动机。[14] 根据动机与个人和社会的关系,他将动机分为纯社会动机(善行)、半社会动机(包括对名誉的酷爱、友谊的愿望和宗教信仰)、反社会动机(与社会格格不入的动机)和个人动机(如感官享受、权力欲望、金钱嗜好和自我保护愿望等)。其中,纯社会动机和半社会动机是保护动机,反社会动机和个人动机是诱惑动机。尽管动机可以分为不同的种类,但是所有的人类行为都可以归结为一种最为根本的动机,这就是求乐避苦的动机。他认为,动机本身无所谓好与坏,"同样的动机,在一定的情况下导致的行为可以是好的,或者不好不坏的;在另外的情况下又是坏的"。他以食欲的动机

---

〔13〕［英］吉米・边沁:《立法理论》,李贵方等译,中国人民公安大学出版社2004年版,第2~3页。

〔14〕参见［英］边沁:《道德与立法原理导论》,时殷弘译,商务印书馆2006年版,第149页。

为例加以说明，他指出，为了消除饥饿所造成的肉体痛苦，有人会去偷面包，有人却去买面包，还有人为有金钱买面包而去努力工作。

在产生动机后，人们就会将行为可能产生的各种后果分为快乐后果与痛苦后果，并进行计算。当认为某种行为带来的快乐大于痛苦时，他就会实施该行为。犯罪行为的发生过程同样如此。既然每个人都受求乐避苦动机的驱使，那么为何有人犯罪，而另一些人却不犯罪呢？对于这一问题，他的解释是，不同行为人之所以作出不同的选择，是因为外部环境的不同。

（二）刑罚理论

刑罚理论在边沁的犯罪学理论中占据着重要的地位。作为《立法理论》的重要组成部分，“刑法典原理”编之下分为“犯罪”、“对犯罪之恶的政治补救”、“刑罚”和“预防犯罪的间接方法”等四个部分，而后面的三个部分都与刑罚有关。《道德与立法原则导论》的大部分内容也都与刑罚有关。他的刑罚理论包括以下内容：

1. 刑罚的目的是预防犯罪。他认为，“所有法律的总目的在于防止损害”，而惩罚有四种附属的目的：第一，预防一切犯罪。他认为，刑罚的第一种目的“是在可能和值得的范围内防止所有罪过，不论它们是什么”。换言之，惩罚的目的是要设法“杜绝任何罪过”。第二，预防更严重的犯罪。假如一个人必定犯罪，那么，惩罚的目的就是“诱导犯一项害处较小而非较大的罪过”，引导行为人不去实施更严重的犯罪。第三，避免实施超过犯罪意图的更多的犯罪。如果一个人必定要犯罪，那么惩罚的目的就是诱导犯罪人不要超过其犯罪意图而实施其他犯罪。第四，以最小的代价预防犯罪。“以尽可能小的代价”防止犯罪，降低预防犯罪的成本。

边沁认为，“所有刑罚都是损害，所有刑罚本身就是恶。根据功利原理，如果它应当被允许，那是因为它有可能排除更大的恶”。如果不符合犯罪预防的目的，就没有必要使用刑罚。因此，在下列情况下都不应处以刑罚：第一，惩罚无理由，即不存在防止的损害，该行为对社会整体没有损害。第二，惩罚必定无效，即惩罚不可能起到防止损害的作用。第三，惩罚无益，即惩罚造成的损害将大于它所预防的损害。第四，惩罚无必要，即在损害不需惩罚便可以防止或者自己停止，亦即以较小的代价便可以防止或者停止时，就不必施以刑罚。

2. 罪刑相当。边沁认为，刑罚既要能预防更大的犯罪，又不能造成过分的、破坏“最大幸福的原则”的损害，刑罚与犯罪之间必须具有比例关系。因此，“惩罚之值在任何情况下，皆须不小于足以超过罪过收益之值”，“罪过的害处越大，以惩罚方式可能值得付出的代价也就越大”。[15] 因此，在边沁看来，罪刑相当原则具有两层基本含义：首先，刑罚的分量不小于犯罪的诱惑力或者快乐。其次，从犯罪中得

〔15〕［英］边沁：《道德与立法原理导论》，时殷弘译，商务印书馆2006年版，第224～227页。

到的快乐越大，刑罚的分量就应当越重。此外，他还提出了许多具体的刑罚适用规则。

3. 刑罚体系的设计。他认为，每一种刑罚方法都不全面，因此组成刑罚体系的刑罚方法必须数量多，且不同刑罚方法之间还应当具有差异性。"单独考察，没有任何一种刑罚独自具备所有刑罚的必要属性。为了实现刑罚目的，必须有不同的刑罚方法可供选择，并使其具有差异性。"〔16〕

他提出，为了实现罪刑相当，刑罚体系必须具有可变性、稳定性、通约性、表示性、儆戒性、节约性、有助于悔过自新、使人丧失能力之效、可补偿性、大众性和可减免性等11种特性。他设计了由死刑、痛苦刑、带痕刑、耻辱刑、赎罪刑、期限刑、简单限制刑、简单强制刑、财产刑、准财产刑和表征刑等11种刑罚方法所组成的刑罚体系。

（三）犯罪预防理论

1. 应当采用多种不同的措施预防犯罪。他指出："人们视犯罪为社会疾病，将预防和矫正作为补救的方法。"在《立法理论》一书中他专门研究了犯罪预防问题。他设计出预防犯罪的措施体系，包括预防方法、遏制方法、补偿方法和刑罚方法。他认为，预防犯罪不仅要运用刑罚方法，而且要采取其他措施。其他措施包括预防方法、遏制方法和补偿方法。"预防方法，是指有助于防止犯罪的措施。可以分为两种形式：直接的方法，及时而具体地适用于某种犯罪；间接方法，在于一般地预防所有的犯罪。通过良好的立法预防犯罪。"〔17〕预防犯罪的直接方法由负有职责的公民或者被特别授权的人使用。由公民使用的预防方法也可以称为司法前防护方法，具体的方法有暴力防卫、防范犯罪嫌疑人、将犯罪嫌疑人送交治安官员和请求援助等。而由被特别授权的治安官员采用的方法包括告诫、威吓、强制带离现场、部分放逐、保证、警戒防护和查获武器器械等。〔18〕遏制方法，是指有助于制止已经发生且正在进行中，但尚未完成的犯罪的方法，用于制止罪恶，至少是其部分罪恶。遏制方法的使用与直接预防方法相同。补偿方法是对遭受损害所作的补救。补偿方法由保障和赔偿构成，以保护那些遭受犯罪侵害的人。〔19〕补偿包括对过去的补偿和对未来的补偿，前者称为损害赔偿，后者的目的在于抑制罪恶。

2. 改革警察制度以预防犯罪。他重视警察预防和打击犯罪中的重要作用，因此专门研究了警察制度，认为应当通过改革警察制度来预防犯罪。他还和当时的伦敦市政主管人员共同研究并制订改革警察制度的计划，提出警察部门的职能包

---

〔16〕［英］吉米·边沁：《立法理论》，李贵方等译，中国人民公安大学出版社2004年版，第393页。
〔17〕［英］吉米·边沁：《立法理论》，李贵方等译，中国人民公安大学出版社2004年版，第412页。
〔18〕［英］吉米·边沁：《立法理论》，李贵方等译，中国人民公安大学出版社2004年版，第423、424页。
〔19〕［英］吉米·边沁：《立法理论》，李贵方等译，中国人民公安大学出版社2004年版，第321页。

括预防犯罪、预防灾害、预防地方疾病、从事慈善工作、促进国内的通信、收集和保存人口普查资料等多个方面。

3. 预测个人的行为倾向以预防犯罪。边沁设计出道德计算(moral calculus)方法,以预测个人是否会实施犯罪。其预测原理是,每个人所实施的任何行为都是他预期会带来快乐而不是痛苦的行为。他认为,预测既要考虑技能、仁慈、虔诚等带来快乐的因素,又要考虑欲望、失望、愤怒、渴望等带来痛苦的因素。在对带来快乐的因素与痛苦的因素进行权衡后,当觉得某种行为能够带来快乐时,行为人才会决定实施。在他看来,依据上述两个方面的因素,就可以预测到行为人是否会实施犯罪。对于潜在的犯罪人,只有采取措施使其明确认识到犯罪带来的痛苦必然大于快乐,才能起到预防犯罪的作用。[20]

边沁的犯罪学理论显然受到了贝卡利亚思想的极大影响,但是他在此基础上极大地推进了犯罪学理论的发展。与贝卡利亚相比,边沁的犯罪学理论具有两个基本的特点:(1)建设性。他秉承功利主义的立场,对犯罪的基本问题进行了系统而深入的研究。在关于犯罪原因和犯罪预防的许多具体问题上,他都发表了独创性见解,并进行了严密的论证,进一步地完善了犯罪学理论。(2)具体性。边沁对犯罪原因和犯罪预防问题的研究都非常细致和深入。以刑事立法为例,他写出了"刑法典原理"编,具体研究了犯罪的分类、犯罪危害程度的衡量、惩罚犯罪和预防犯罪等问题。他的细致而深入的研究成果构建起庞大的犯罪学理论框架。

边沁的犯罪学理论还对当时欧洲各国的刑法改革和刑事司法产生了深远的影响。有学者明确指出:"边沁之后的法律改革,没有受其影响并留下痕迹的法律,一部也不存在",1825 年至 1875 年的欧洲法律改革时期是"边沁主义时代"。[21] 边沁提出的包括刑罚轻缓化、取消流放、改善陪审团制度、废除高利贷法和废除证据排除规则等在内的许多法律改革建议,被许多欧洲国家的立法机关所采纳,极大地推动了欧洲国家刑事立法和刑事司法的进步。

---

〔20〕 参见吴宗宪:《西方犯罪学史》,警官教育出版社 1997 年版,第 77 页。

〔21〕 [日]濑川晃:《犯罪学》,成文堂 1997 年版,第 44 页。

第七章　实证学派犯罪学

第一节　龙勃罗梭的犯罪学思想

切萨雷·龙勃罗梭(Cesare Lombroso,1835～1909年),19世纪意大利著名的精神病学家、犯罪学家、实证主义犯罪学派的创始人和主要代表人物。龙勃罗梭一生创作了大量著作,尤其是1876年发表的《犯罪人论》,提出了著名"天生犯罪人"理论,打破了刑事古典学派只研究犯罪行为而忽略具体犯罪人本身的空洞的形而上学理论,并据此提出了不同于刑事古典学派坚守的道义责任论与一般预防论,形成了实证主义学派特有的社会防卫理论和特殊预防理论,由此创立了刑事人类学派。

龙勃罗梭通过以自然科学为媒介的实证主义研究方法深入剖析社会犯罪问题,研究犯罪发生的原因,将犯罪学的研究视野从完善刑法规范转移到探索犯罪的原因上来,为后人的研究做出巨大贡献,因而被誉为"犯罪学之父""生物实证主义学派的创建之父""意大利学派之父"等。

一、主要观点

(一)天生犯罪人理论

1870年12月,有着多年狱医经验的龙勃罗梭,在意大利帕维亚监狱里解剖一土匪头子尸体的头颅中惊获犯罪人异样的身体构造,提出了著名的天生犯罪人理论,阐述了人类犯罪的根本原因。

1. 基本思想

犯罪的原因并非犯罪人意志自由选择的结果,而是因为他们生来就是犯罪人,天生就会走向犯罪之路。犯罪人或是由于隔代遗传,或是具有堕落性,他们是出生在文明时代的野蛮人。他们的生物特征决定了他们从出生时起就具有原始野蛮人的心理与行为特征,这种行为必然不符合文明社会中的传统、习惯和社会规范,必定构成犯罪。

2. 主要内容

天生犯罪人理论的主要内容包括:(1)犯罪者通过许多精神和心理的异常现象区别于非犯罪人。如痛觉缺失,视觉敏锐;性别特征不明显;极度懒惰,没有羞耻心和怜悯心,病态的虚荣心和易被激怒;迷信,喜欢文身,惯于用手势表达意识等。(2)犯罪人是人的变种和一种人类学类型,具有退化特征,如扁平的额头,头脑突出,眉骨隆起,眼窝深陷,巨大的颌骨,颊骨高耸。(3)犯罪人是一种返祖现象,是蜕变到低级的原始人类型。身体的特征表现为齿列不齐,非常大或非常小的耳朵,头盖及脸左右不均,斜眼,指头多畸形,体毛不足等。(4)犯罪行为有遗传性,并从犯罪天赋中产生。[1]

3. 不同阶段的认识

龙勃罗梭的天生犯罪人理论分为早期和后期等两个不同阶段的认识。

(1)早期研究:龙勃罗梭专注于对犯罪人生理的观察和研究,把犯罪原因单纯地归结为遗传这一简单的生物学认识。天生犯罪人具有一定的身体及精神的特征,其犯罪是必然的,与社会的、个人的生活条件无关,而作为犯罪对策,应当对其社会性地进行隔离或者排除,如监禁、流放或苦役等刑罚手段。

(2)晚期研究:随着研究的深入,在他人的批判以及弟子菲利的影响下,龙勃罗梭也逐渐认识到自然因素和社会因素对犯罪的产生所起的作用,提出了犯罪原因除了遗传等先天因素外,还包括后天的因素,比如社会、环境、气候等,并提出了矫治、强制劳动和赔偿等刑罚替代措施。

天生犯罪人理论是龙勃罗梭最重要、最有影响的犯罪学理论,也是龙勃罗梭用力最多、最富于创新精神的理论。

(二)犯罪原因论

1. 人类学原因

初期,龙勃罗梭在犯罪原因研究过程中,受达尔文进化论思想的影响,仅仅强调犯罪的人类学原因——犯罪是隔代遗传的产物,即是一种返祖现象的产物,并仅以生物学为基础提出了天生犯罪人学说。隔代遗传是指倒退到原始人或者低于人类的物种的一种返祖现象。这些人类个体由于某种原因,脱离人类进化的链条,在生理方面表现出人类远祖(野蛮人、类人猿、其他低等灵长类动物)的特征。此外,"隔代遗传"一词还意味着隔代遗传者具有原始人或野蛮人的心理,他们是在生物学上倒退到早期进化阶段的人,他们的行为必然与近代文明社会的规则和期望相矛盾,从而常常易陷入犯罪。[2]

随着研究的不断深入,龙勃罗梭又在此基础上引申出了"退化"的概念。"退化"是一种遗传性状疾病的产物,在尚未抵达进化的高级阶段便停滞不前甚至往后退移。龙勃罗梭认为:"犯罪人的特殊形态与性质是与生俱来的,这种形态、性

---

〔1〕 参见[德]汉斯·约阿希姆·施奈德:《犯罪学》,吴鑫涛、马君玉译,中国人民公安大学出版社1992年版,第114~115页。

〔2〕 参见吴宗宪:《切萨雷·龙勃罗梭及其犯罪学研究述评》,载《刑法论丛》2007年第1期。

质是他的祖先具备到现在退化了的。"[3]即所谓的退化返祖现象。龙勃罗梭认为:"人的行为是受遗传、种族等先天因素制约的,对于这些人来说,犯罪是必然的,是命中注定的。"他否定古典学派倡导的自由意志论,认为自由意志只是哲学家的虚构,在现实生活中,一个人根本没有自由意志可言。[4]

2. 其他因素

在不断深入探究过程中,龙勃罗梭自己也发现,有些犯罪人身上的异常特质并无法用"隔世遗传"与"退化"进行解释。"任何犯罪的促成,都具有多种原因。如果这些原因常常混杂在一起并相互作用,那么,我们也要按照学术研究和语言表达的要求,对这些原因逐个考察。正如在研究其他人类现象那样,实际上也不可能是单一因素在起作用。"[5]由于深受孔德实证主义方法的影响,龙勃罗梭非常注重系统的观察与测量和第一手资料的获取。在严密的科学数据之上,他又提出了对犯罪产生影响的自然因素和社会因素。

(1)对犯罪产生影响的自然因素主要包括:龙勃罗梭引证了大量资料,论述了月份、季节、炎热的年份、地势构造、疟疾发病率、甲状腺地区、死亡率以及种族、性别、年龄、遗传等对犯罪的影响。例如,在极端的气温中,高温地区易导致生产过剩,间接又导致财富不平等,财富分配不平等接着导致政治权力和社会权力分配的不平等,由此引起政治犯罪——革命;在寒冷的地区,人们性格倔强、暴躁,对衣食住等的需要较为强烈,这情况也会助长犯罪的产生。

(2)对犯罪产生影响的社会因素主要包括:龙勃罗梭对犯罪人本身和社会环境做了大量实证考察,其研究逐步由侧重于生理因素发展到兼顾心理及其他因素。他越来越重视对罪犯的智力、情感、本能、习惯、下意识反应、语言、模仿力等心理现象的研究;同时他也逐渐认识到社会因素在犯罪原因里的重要作用,从政治文明进程、文化差异、宗教信仰、经济发展程度、人口疏密、食品价格、受教育情况等多个社会角度来考察它们对犯罪的影响。

因此,在龙勃罗梭后期的著作里,他降低了天生犯罪人在所有罪犯中的比例。如在《犯罪人论》的第5版中,他将天生犯人在全部犯人中的比例从原来的66%降为40%;在《犯罪的原因和救治》中,又进一步降为33%。这表明,龙勃罗梭对犯罪人的认识更加科学。

(三)社会防卫理论

从"天生犯罪人"理论中,龙勃罗梭指出了犯罪发生的必然性——由于行为人

---

[3] [日]泷川幸辰:《刑法读本》,黄得中译,新生命书局1935年版,第23页。

[4] 参见陈兴良:《基因的奴隶——龙勃罗梭论》,载《比较法研究》1994年第1期。

[5] [美]索尔斯旦·塞林:《意大利犯罪人类学的新发展》,载《美国政治和社会学学会年刊》1926年,第235页。转引自黄俊平:《龙布罗梭及其刑法思想述评》,载《法律科学》1997年第3期。

先天的身体构造异于常人，因而决定了他犯罪的不可避免性。因此，龙勃罗梭反对古典学派倡导的意志自由论——犯罪是有意志自由的人弃善从恶的结果，更不赞同古典学派提出的道义责任论，既然人有选择行为的自由，竟避善从恶而犯罪，从道义的立场上，不能不使行为人负责任。他认为犯罪人应负刑事责任，不是在道义上应对其科刑，而是为了防御社会的需要。他说："野兽食人，不必问其生性使然，抑故而作恶；吾人遇之，必毙之而已。禁锢疯狂，亦同此自卫原理。""刑罚必从自卫立论，方可无反对之地。"〔6〕在龙勃罗梭看来，报应与威慑都是一句空话，刑罚存在的唯一根据就是防卫社会。他提出，"犯罪如为必要，则社会抵抗犯罪亦为必要，而惩治犯罪之罚，以使个人了解，亦为必要"〔7〕。根据社会防卫理论，龙勃罗梭提出了社会责任论——刑罚与否，不是着眼于犯罪人的行为给社会造成多大的危险，而只能是犯罪人的人身危险性，即行为人主义。〔8〕

(四)犯罪人类型观

龙勃罗梭根据犯罪产生的不同原因将犯罪人分为不同的类别：天生犯罪人、精神病犯罪人和癫痫性犯罪人、激情犯罪人、偶然犯罪人、习惯性犯罪人。这些犯罪人犯罪的原因分别是：隔代遗传、退化、不可抗拒的力量、进化的犯罪性、缺乏道德感。部分类别详述如下：

1. 天生犯罪人

天生犯罪人（又译为生来犯罪人），龙勃罗梭认为：这种类型的犯罪人有许多独特的身体方面的特征。这些特征说明某些人"先天已有犯罪本性，因而注定要犯罪"。龙勃罗梭在解剖了383名意大利犯罪的颅骨之后发现，210名犯罪人都有其所发现的那些异常特征，而43%的犯罪人则具有5种或更多的异常特征。由此龙勃罗梭得出结论：有5种或更多的异常特征可以表明该犯罪人是一个"天生犯罪人"。比如，天生盗窃犯的脸和手都明显地好动；眼睛小，总是在转动，常常是斜的；眉毛浓密，相互间靠得很近；鼻子变曲或者塌陷，胡子稀少，头发并不总是浓密，前额几乎总是很窄并后缩。他们的耳郭，同强奸犯的一样，常常像把柄一样插在头上。〔9〕天生盗窃犯具有以上诸多特征，如果一个普通盗窃犯具有以上5种或更多的特征，就说明这个犯罪人是天生盗窃犯。龙勃罗梭认为天生犯罪人的诸多异常特质是隔代遗传的结果。所谓隔代遗传是指在一种生物或生物的任何一部分重视远离它的双亲的祖先的典型形状。"这不仅是一种观念，而且是一种新的发现。看到那颗头颅，仿佛忽然间烈日照亮了大地似的，我看出了罪犯的本质问题——罪

〔6〕［意］朗伯罗梭：《朗伯罗梭氏犯罪学》，刘麟生译，商务印书馆1938年版，第365~367页。

〔7〕［意］朗伯罗梭：《朗伯罗梭氏犯罪学》，刘麟生译，商务印书馆1938年版，第365~367页。

〔8〕参见黄俊平：《龙布罗梭及其刑法思想述评》，载《法律科学》1997年第3期。

〔9〕［意］切萨雷·龙勃罗梭：《犯罪人论》，黄风译，中国法制出版社2000年版，第35页。

犯是一个返祖的人，在他身上再现了原始人类和低等动物的残忍本能。一切都可以从解剖学的观点进行解释。那巨大的颌骨，高耸的颊窝，在罪犯，野蛮人和类人猿身上才能见到的那种呈柄形的耳朵，无痛感能力，极敏锐的视力，文身，极度懒散，酷爱狂欢，以及为做坏事而做坏事的不可遏制的欲望，不仅要夺取被害者的生命，而且还要撕碎其尸体，吃他的肉，喝他的血。”〔10〕基于以上对犯罪人的生物学研究，龙勃罗梭大胆提出了天生犯罪人的理论。

然而，龙勃罗梭的天生犯罪人论一经提出，立刻受到学术界普遍的反对。在接下来的研究中，龙勃罗梭也发现许多异常现象用隔代遗传解释不通，特别是在他的弟子的影响下，逐渐降低天生犯罪人在犯罪人中的比例，并将犯罪原因转向多元化。龙勃罗梭提出了退化、不可抗拒的力量、进化的犯罪性、缺乏道德感的犯罪原因。于是就相应产生了以下各种不同的犯罪人。

2. 精神病犯罪人

精神病犯罪人，是指由于精神病的影响而犯罪的人。龙勃罗梭认为这种犯罪人是人体素质退化的结果。所谓退化是指一种遗传性状疾病的产物，这种疾病导致继续进化障碍从而出现退化过程，以致在病态个体上出现原始人发育不全的体质和精神状态。龙勃罗梭对退化的理解实际上是在受达尔文变异概念的影响下提出的，认为在双亲并无犯罪基因的情况下走上犯罪道路，不是基于遗传，因而不是先天性的，而是在社会环境的熏陶下退化。这就是把精神病犯罪人区别于天生犯罪人的理由所在。龙勃罗梭阐明的精神病犯罪人的生理特征有：突出的耳朵、额窦、大颌骨和颧骨、凶恶的相貌或斜视、薄上嘴唇。这些生理特征不是由遗传而来，而是来源于退化。龙勃罗梭还着重描述了精神病犯罪人的行为特征：他们很少表现出对可能遭受的刑罚的恐惧，也不试图逃避刑罚；他们几乎不隐匿自己的犯罪行为，也不消除犯罪行为的痕迹。他们常常暴怒发作，伤害那些在场的人，或者忘记所偷的东西。每当他们的犯罪完成之后，他们不仅不设法隐瞒犯罪，反而可能会直率地承认犯罪，渴望谈论犯罪，用得意的口吻诉说他们在犯罪当时体验到的解脱感；他们认为自己遵守秩序，觉得自己的行为是值得赞扬的。精神病人否认自己是精神病人，如果在某些情况下承认自己是精神病人，也仅仅是由于律师或监狱中的犯人同伴劝说他们这样去做的缘故。他们甚至会炫耀和夸大自己的犯罪行为。

3. 激情犯罪人

龙勃罗梭认为，这种犯罪人犯罪的原因在于情感（冲动），而情感（冲动）是一种不可抗拒的力量。龙勃罗梭详细地描述了这类犯罪人的特征：因激情而犯罪的人很少；这类犯罪人一般是年轻人，血气方刚和神经质，反应过敏，过分重感情；这种犯罪人被捕后表现出抽风似的激动；在犯罪之前被公认为是正直无瑕的人，这些

---

〔10〕［美］汉斯·托奇主编：《司法和犯罪心理学》，周嘉桂译，群众出版社1986年版，第214页。

人在完成犯罪并且情感冲动得到满足后都立即后悔;他们乐于向陪审团坦白自己的罪行;易悔改;这种情感和冲动不是逐渐产生的,而是突然暴发的;在因情感而犯罪的人来说,确实存在犯罪与原因之间的相互对应,造成犯罪的原因不仅总是严重的,而且总是在时间上很近;这类犯罪从来都不是隐秘地实施的,不设置圈套,不借助同伙,也不使用经过精心准备的武器。有时候对凶器的选择也很仓促,往往是他们首先摸到的东西;在实施杀人行为时都像发了疯一样,往往也伤及周围的人;其伤害行为只限于一次打击;这类犯罪都是针对人身的,伤害,杀人,少数是强奸,极少造成对财产的侵犯;这类犯罪人都接近于精神病类型,有关罪犯在生前都患有心脏病和肝病;野蛮状态也使人爱动刀子,爱报复,任何涉及名誉的琐细原因都可能被看得非常严重,经常导致因情感而犯罪。另外值得特别强调的是,龙勃罗梭认为政治犯罪人也属于激情犯罪人。其特点是:智力较高,感受性很强,有强烈的利他精神、爱国精神、自我牺牲精神、宗教理想,甚至有科学的理想。

4. 偶然犯罪人

龙勃罗梭认为这类犯罪人之所以犯罪在于具有“进化的犯罪性”。偶然犯罪人是任何无法抵御其周围不良影响的人。这类犯罪人与隔代遗传和癫痫完全无关,并不寻找犯罪机会,但总是遇到犯罪机会,或者是由于极其轻微的原因而犯罪的人。

(五)特殊预防理论

根据社会防卫理论,龙勃罗梭主张预防社会是刑罚的第一目的,改善犯罪人是刑罚的第二目的。应当治理的是具体的犯罪人,而不是抽象的犯罪。据此,他从犯罪人的角度出发,从预防再犯的可能,剥夺再犯能力的角度来阐释刑罚功利主义。“刑罚只有与预防社会所需要的力量相协调才是正义的。”[11] 同古典学派一直推崇的一般预防理论相反,龙勃罗梭提出来着眼于犯罪人本身的特殊预防理论,坚持刑罚个别化原则。

龙勃罗梭认为防卫社会是刑罚的根据,特殊预防是刑罚的目的。应该惩罚的是具体的犯罪人,各个不同的犯罪人具有自身的特殊情况,所以处遇时应个别对待。(1)由于生来犯罪人、癫痫病人和精神病者的犯罪是由他们先天的邪恶本能引起的,他认为,这类犯罪人是无法用刑罚予以改造和矫治的,只能用监禁、流放等方法来防止其重新犯罪。当这些途径都不能奏效时,只有用死刑来淘汰这些极端危险的反社会个体,所以,死刑对天生犯罪人来说是不可缺少的。(2)对于习惯犯罪人,龙勃罗梭认为应当实行隔离,对倾向犯罪人应当避免反复使用短期监禁刑,以免他们与习惯犯罪人接触。(3)对真正的激情犯罪人来说,懊悔自责造成的痛苦比任何法律惩罚都要大,此外,还应当进行流放、赔偿损害等。

---

〔11〕 马克昌主编:《近代西方刑法学说史略》,中国检察出版社 1996 年版,第 154 页。

在龙勃罗梭看来，处置倾向犯罪人的有效的、也比较严重的方法，就是缓刑和不定期刑；对所有的轻微犯罪人来说，罚金都要比监禁更有效。因此，龙勃罗梭提出了刑法替代措施（如罚金刑、不定期刑、缓刑）和罪行共栖理论，适用于天生犯罪人以外能够被矫正和改造的罪犯。

二、基本评价

龙勃罗梭的“天生犯罪人理论”一经传播，立即遭到来自各方面的抨击。当看到龙勃罗梭搜集的那些相貌不对称和有特征的罪犯画像时，法国人类学家保罗·托皮纳德尖刻地挖苦说：“这些肖像看起来与龙氏朋友们的肖像一模一样。”

尽管龙勃罗梭的研究和学说确实有重大缺陷，但这些缺陷在很大程度上反映了时代的局限性，而不一定是他自己的过失造成的。而且，龙勃罗梭本人开创性地将当时的一般性科学方法和基础理论引入犯罪和犯罪人研究领域，引起了犯罪研究领域中的方法论革命，使犯罪学向正确方向大大迈进了一步；他的创新精神和许多富有挑战性的观点，激励人们对犯罪行为和犯罪人进行科学探讨，开辟了一条认识犯罪问题的新途径；他的方法论对现在乃至将来的犯罪学研究都有独特的价值。正是由于龙布罗梭的杰出研究和努力，实证主义犯罪学派才得以建立并在学术研究和刑事立法与司法实践中产生巨大影响，成为与古典学派、社会学派并列的三大学派之一。[12] 龙勃罗梭不愧是犯罪学史上少数几个对犯罪学的发展作出了巨大贡献的杰出人物之一。

第二节 加罗法洛的犯罪学思想

巴伦·拉斐尔·加罗法洛（Baron Raffaele Garofalo，1851～1934年）是意大利法学家和犯罪学家，犯罪人类学的代表人物，现代犯罪学的创始人之一。加罗法洛与其老师龙勃罗梭、师兄菲利共同创立了实证犯罪学派，且三人都是实证犯罪学派的主要代表人物，因此被后人称为“犯罪学三圣”。

加罗法洛的主要功绩是建立了自然犯罪理论，并在此基础上对犯罪人的特征与分类进行了全新的论述；他提出了依据自然法则确定刑罚的观点，认为刑罚的主要目的就是阻止犯罪人重新犯罪，从而保卫社会。[13]

---

〔12〕 参见［意］切萨雷·龙勃罗梭：《犯罪人论》，黄风译，中国法制出版社2000年版，第34页。

〔13〕 参见李艳红：《加罗法洛犯罪学思想评述》，载《云南大学学报（法学版）》2004年第6期。

一、主要观点

（一）自然犯罪观

自然犯罪观是加罗法洛的理论创新，是其整个思想的核心之处，是其犯罪类型观和犯罪处遇观展开的基石。

1. 产生背景

针对古典学派建构的规范刑法学——犯罪被简单地归结为一种法律禁止的行为，[14]加罗法洛将这种概念称为"恶性循环"，认为这只是立法者对行为的区分，他们将其中一些行为称为犯罪，造成了某些行为在一个地方被当作犯罪，而同一时期在另一个地方却完全不受惩罚的情况。他认为，同样的一种行为在同一时期的任何地方都应得到同样的评价，于是提出了自然犯罪的概念，并将它与法定犯罪相区别。

2. 基本内涵

加罗法洛在其《犯罪学》一书中论述道："在一个行为被公众认为是犯罪前所必需的不道德因素是对道德的伤害，而这种伤害又绝对表现为对怜悯和正直这两种利他情感的伤害。而且，对这些情感的伤害不是在较高级和较优良的层次上，而是在全社会都具有的平常程度上，而这种程度对于个人适应社会来说是必不可少的。我们可以确切地把伤害以上两种情感之一的行为称之为'自然犯罪'。"[15]因此，加罗法洛所说的自然犯罪，就是违反了任何年龄的任何人都具有的两种基本的利他情操——正直情操和怜悯情操的犯罪行为。

从以上论述可以看出，加罗法洛采取的是"情感分析法"。他不同意费尔巴哈的权利侵害说，认为犯罪是对情感的侵害，且这里的情感主要是指道德感。在道德感中，加罗法洛区分了基本情感与非基本情感，非基本情感与犯罪无关，没有什么它们所禁止的行为会被看作犯罪，因为这些行为不是反社会。而基本情感则不然，它对社会关系重大，这种情感则被加罗法洛称为利他情感。

3. 本质特征

由于师承龙勃罗梭，加罗法洛的犯罪学思想不可避免地烙上了"人类遗传"范式，但他更注重的是在"心理异常"基础上的犯罪原因分析，而并非完全归因于直接的遗传因素。加罗法洛认为，每个民族都有一定量的道德本能，他们不是产生于个人的推理，而是由于个体的遗传，正如其种族的身体类型来自遗传一样。一个民族的道德感的存在，正像其他情感一样，是在不断演变中代代相传，它或者纯属心理遗传的结果，或者是这种遗传与儿童的模仿本能和家庭环境的影响相结合的结果。

---

〔14〕 参见［意］加罗法洛：《犯罪学》，耿伟、王新译，中国大百科全书出版社1996年版，第65页。

〔15〕 参见［意］加罗法洛：《犯罪学》，耿伟、王新译，中国大百科全书出版社1996年版，第44页。

由此,自然犯罪是真正的、本质的犯罪。它可以说明任何文明社会都不能否认这是犯罪并可以适用刑罚加以抑制的行为。自然犯罪的本质是恶劣的,法定犯罪的本质不一定是恶劣的。真正的罪犯是破坏社会情操的人,是怜悯和正直情感部分或者全部缺失、退化或薄弱的人,只要不伤害利他主义情操的行为都不能认为是犯罪。法定犯罪人之所以犯罪,主要在于违反了法律,而不表现为任何道德低下。加罗法洛指出:“那些未被我们列入的犯罪不属于社会学研究的犯罪范围。他们与特定国家的特定环境有关,它们并不能说明行为人的异常,不能证明他们缺少社会进化几乎普遍为人们提供的道德感。”“自然犯罪是实质性的、真正的犯罪行为,从而也是犯罪学唯一的研究对象。”[16]

(二)犯罪类型观

根据犯罪基本都是使两种利他情感中的这种或那种情感受到伤害这一事实,加罗法洛将所有犯罪分为两大类。

1. 违反怜悯情操的犯罪

(1)仁慈感,又称为怜悯感。这是人们从爱自己子女的本能发展而来的一种爱自己同类的情感。存在那种使人避免任何与社会无益的残忍行为的情感。进一步讲,全社会永远会将这种情感的侵害视为犯罪。[17]

(2)主要特征:它包括:第一,侵害人的生命和所有意在对人产生身体伤害的行为方式。如故意施加身体痛苦,故意残害肢体、虐待病弱者。故意引发疾病、向儿童施加过量劳动或其他会伤害他们健康或影响其发育的工作。第二,立即造成身体和精神上痛苦的客观行为。比如以利己为最终目的对个人权利的侵犯,而不论是为了满足肉体快乐还是为了获得金钱,这里比较典型的例子是诱拐妇女或儿童。第三,直接造成精神痛苦的行为。比如,诽谤、诬告和许诺结婚实施的诱奸。

2. 违反正直情操的犯罪

(1)正直情操,即正义感。加罗法洛认为正义感是利他主义最有意义的形式。当然其内容也相当复杂,一般的社会道德感不可能包含正义感的所有层次,它仅包含某些较低水平的正义感。人们在违反社会道德感时,必然会侵害一些几乎是普遍存在的道德感,我们所遇到的唯一属于这类的情感就是基本的正直。这种正直就在于对他人财产权的尊重。

(2)基本特征:它包括:第一,对财产的暴力侵犯,即抢劫,以及以某种能够威胁进行的敲诈,对他人财产的蓄意的侵犯等。第二,不包含暴力但是存在违反诚实的犯罪。如诈骗金钱,侵占他人财产,出于过失或欺骗而发生的破产,公布职业秘

---

〔16〕 [意]加罗法洛:《犯罪学》,耿伟、王新译,中国大百科全书出版社 1996 年版,第 53 页。

〔17〕 李艳红:《加罗法洛犯罪学思想评述》,载《云南大学学报(法学版)》2004 年第 6 期。

密、滥用职权,以及各种形式的意在损害发明、创造者权利的伪造。第三,以正式或是庄严形式所做的对个人的财产或是民事权利造成间接侵害的陈述或是记载。这一类犯罪还会在伪证罪、伪造或毁灭官方文件或记录罪、调换儿童以及隐瞒法定身份罪中控制。

(三)犯罪人类型观

1. 谋杀犯

加罗法洛认为犯罪人是利他思想完全缺乏的人,当我们发现某个人缺少任何怜悯或仁慈,换句话说具有完全的利己主义,那么很难从这个人身上找到正义感。正义感比仁慈感起源晚,而且以道德进化到较高等级为前提,当机会出现时,同一个罪犯既可能会是盗窃犯也可能是谋杀犯。仅仅为了满足自己对金钱的贪欲,摆脱妻子并与他人结婚以取得遗产,为了一件无关紧要的冤屈而去复仇,为表示对警察的轻蔑或对另一阶级的仇恨,他都会去冒生命危险。

2. 暴力罪犯

暴力罪犯,它又可以复分为两种罪:地方性罪犯和激情罪犯。

(1)地方性罪犯。加罗法洛曾说:“这些同等次要的罪犯在进化过程中,精神上和生理上均离常人不远”,并将其分为两大类:一类是具有缺乏仁慈或怜悯的特征,另一类是具有缺乏正直的特征。加罗法洛说:“暴力犯罪构成了第一类人。在这类中,首先包括那些侵害人身并可以被称作地区性犯罪的制造者们。”[18]在这些情况下,环境起到较大作用,如荣誉、政治和宗教。在一些国家中人口的一般性格、民族的本性、文明或敏感性的低级程度、观念、习惯、迷信等会使无关紧要的过错导致最终的流血事件。众所周知,一些迷信行为,如相信魔法、咒语、狠毒的眼光,某些阶级或等级观念以及某些荣誉观点的提炼等,都对犯罪发生着影响。在意大利南部,有些人相信与处女发生性行为可以治愈性病,这一迷信导致了强奸案的增多;在那不勒斯的下层阶级中,人们猜想牧师和修女有预测未来的能力,因而对他们进行监禁拷打,逼他们说出可以中奖的号码。犯有上述罪行的人总是缺乏大多数人们所具有的普遍的怜悯感,在他们的心理组织中缺少足够强大的抵抗力和道德感。

(2)激情罪犯。加罗法洛说:“在这部分地区性犯罪中,包括了在激情影响下所犯之罪,这种激情因素‘可以是习惯性的并说明了个人的气质’(贝内迪克特),也可能是外部原因的结果,如酒精类液体、高温甚至可能是某种性质确实特殊的环境,而这种环境很可能引起任何人的愤怒,尽管愤怒的程度有所不同。在最后一种情况下的罪犯可能非常接近正常人。”例如,在对突然和严重过错所作的瞬间反应的情况下,两者的区别可能几乎无法察觉。在这种情况下,即使杀人行为也失去了

---

〔18〕［意］加罗法洛:《犯罪学》,耿伟、王新译,中国大百科全书出版社1996年版,第113页。

其恐怖性。就拿一件证明暴力反应正常的案例来说，夺走被害者的生命似乎只是反应的一种过分形式。这里的区别只是一个程度问题，但正是这种区别证明了道德异常最低程度的存在。在加罗法洛看来，不同的心理因素总是存在的，愤怒只是一种基本的心理功能失调。正如维尔吉利奥所说，这种失调常常伴随有退化的因素，而这种因素的特点是来自遗传原因的大脑组织不发达或神经系统的过分脆弱。但是这种因素本身也不足以解释某种残酷行为。一个接近暴力狂的人可能会为攻击挑衅他的人而痛苦，但是他使用的是拳头而不是匕首。愤怒只是夸大了其性质，这才是犯罪的决定性原因。加罗法洛得出结论：地方性犯罪以及显然由于气候、温度的变化或滥用酒精饮料而产生的犯罪都不能脱离犯罪人的个人异常而存在。综观所有侵犯人身的犯罪，这种异常就在于暴力气质的怪异与怜悯感的先天性缺乏相结合。然而，这并不排除从医学角度讲某些情况下真正退化的存在。

3. 缺乏正直感的罪犯

缺乏正直感的罪犯是侵犯财产的罪犯。加罗法洛说："在这里，社会因素比在以前几种犯罪中所起的影响要大得多，但是这并不能阻止我们在罪犯的机体中找到一种先于任何环境影响作用而存在的因素，正直情感的先天性无疑比怜悯感要小得多，或者说得准确些，它不严格地依赖于机体组织。这种情感更多的是现代产物，它代表着道德感重合的和几乎是表面的层次，因而它比怜悯感更不易遗传。""在一个文明社会中，这种正直感一般来说是未成年时不断加强的模仿结果，并产生了很可能伴随人一生的根深蒂固的本能。"〔19〕

然而，有时也可能发生这种情况：出生于一个诚实家庭的儿童却表现出某种偷窃本能，而这种本能的存在既无法归因于教育也无法归因于模仿，因为他同样接受这些影响的兄弟姐妹完全没有这种倾向。这个使父母蒙受羞耻的孩子从最早的童年时起就开始偷窃他亲友甚至仆人的东西，或者将他们藏匿起来，或者将它们卖掉以换取他最想要的东西。显然，这种本能与我们称为盗窃癖的精神错乱形式完全不同。在后一种情况下，驱动盗窃犯的主要动机是偷窃的病态乐趣，他不想通过盗窃取得任何好处，甚至不去费力地隐藏盗窃物；他根本不用它，而且常常借助于掩饰和欺骗，而且为了不使盗窃的行为暴露，他很可能控告某个无辜的人犯罪。如果这种倾向无法归因于模仿或直接遗传，那么它只能归因于返祖现象，否则我们便无法说明这种与主体的教育、训导和家庭本能如此背道而驰的本能。

但是，最经常遇到的情况是，每当不正直感直接来自父母遗传时，他总是被恶习模仿的影响所强化和延续，这时的本能既是天生的又是获得的。外部因素和器质性因素结合得如此紧密，以致我们不可能将它们区别开来。

---

〔19〕［意］加罗法洛：《犯罪学》，耿伟、王新译，中国大百科全书出版社1996年版，第122页。

4. 色情犯

色情犯,即由于性冲动而导致的犯罪和侵犯一般意义的贞操的犯罪。在很多情况下,这类犯罪的行为人必定被归入暴力犯罪之中。但是,每当极端的淫欲是犯罪的主要动机时,这种色情犯便常常被发现患有某种精神错乱,在这方面的老年人犯罪数据表明这种犯罪常常与老年痴呆症有很大关系。加罗法洛将色情犯分为病态的罪犯和非病态的罪犯。病态的色情犯"常常被发现患有某种精神错乱",非病态的色情犯则是"那些对小女孩做出的下流行为或犯有其他低级性行为的色情罪犯"。加罗法洛认为这类犯罪人"所贪图的只是在实施这种应罚行为中所体验到的快乐",因而只能用"道德力量的缺乏"来解释此类犯罪人。

(四)犯罪对策

加罗法洛基于自然犯罪原理,认为刑法的主要目的是——阻止犯罪人重新犯罪,从而保卫社会。他把特殊预防看作刑罚的直接目的,把一般预防当作刑罚的偶然效果。他将社会达尔文生物进化理论和斯宾塞的犯罪赔偿与释放理论相结合,论述了他的"淘汰"犯罪人理论,提出了社会淘汰犯罪人的处罚方法,并建构了自己独特的刑罚体系。

1. 处罚方法的分类

(1)完全的淘汰方法,这是将犯罪人从社会环境中绝对淘汰,使犯罪人与社会失去联系的方法,即死刑。但加罗法洛认为,只有当个人成为社会有机体有害的源泉时,他就不再享有作为社会一分子的权利,这时死刑才是必要的。

(2)不完全的淘汰方法,这指将犯罪人从他不适应的特定环境中隔离开来的方法。它包括长期监禁或终身监禁,流放、永久禁止从事某种职业或剥夺某种民事或政治权利等。

(3)强制赔偿,这种方法适合于那些缺乏利他情操,特定情况下犯罪而又不能再犯的犯罪人。罪犯可能被迫支付一定数额的金钱,或者为受害者的利益而工作,甚至达到恢复原状的结果。加罗法洛指出强制赔偿看来是一种遏制犯罪的新方法。[20]

2. 分类处罚

加罗法洛在"适应法则"的基础上,以自己的犯罪人分类为框架,分别科处相应的刑罚措施。

(1)对谋杀犯的刑事处罚。加罗法洛认为"他们是缺乏道德意识和甚至最低程度的怜悯感。"极端天生或者典型的罪犯,他们可以被认作在道德上完全堕落,以及永远缺乏社会性的能力。因此,死刑作为消除措施是必要的。[21] 唯一的例外

---

〔20〕 参见李艳红:《加罗法洛犯罪学思想评述》,载《云南大学学报(法学版)》2004年第6期。

〔21〕 参见[意]加罗法洛:《犯罪学》,耿伟、王新译,中国大百科全书出版社1996年版,第329页。

是罪犯被已经确认的,在精神上错乱的情况。

(2)对暴力犯的刑事处罚。一是杀人犯。犯罪主要归因于表面层次的特征,并不是纯粹自私自利的动机杀人,罪犯自身是拥有道德感觉的,但低于社会生活所需的水平,有其残忍本性。因此,相对消除是必要的,如长期监禁或终身监禁。二是严重侵犯人身或道德的罪犯。这类人同样缺乏怜悯情操,犯罪本性有时是持久性的,可能患有精神病或神经症,尽管没有精神病迹象但继续显示残忍、堕落的特征。因此,流放是合理的惩罚方式。三是少年犯。一定时期的考察制度适合于少年犯,如果有精神病态就继续监禁,如果没有发现精神病态,也不能确定他们没有危险,就将他们安置在流放地,如农业殖民地。四是仅缺乏道德修养或约束的罪犯。他们处于天生犯罪人的边缘,实施的犯罪不太严重地违反怜悯情操,用强制补偿并且与严格执行的办法是有利的。

(3)对缺乏正直情感罪犯的刑事处罚。一是天生的或习惯性的罪犯。这种罪犯既可能天生就缺乏正直情操,也可能由于习惯导致其本性变成缺乏正直情操。需将他们流放到遥远或人口稀少的地区,以及新开拓的殖民地,使其为生存而辛勤地工作。二是非习惯性的罪犯。这种罪犯的正直感不牢固,以模仿的方式去模仿不良行为,犯罪尚未没有形成习惯,不具有极端危险性。对这类犯罪人,唯一可行的措施是改变他们的所处的环境、改变他们的习惯、改变他们的工作性质等,简言之使他们开始新的生活。

(4)对色情犯的刑事处罚。对这些侵犯了贞操但又不能归入暴力犯罪人中的犯罪人来说,恰当的淘汰方式是不定期地将他们收容安置在海外流放地。但如果罪犯是精神病态者,那么,对他所必需采取的措施就是把他禁闭在收容所里。[22]

(五)国际刑法

加罗法洛认为自然犯罪是不受时空限制的普通现象,而不是具体条件下的法定犯罪,其原因在于缺乏道德情操的社会反常心理。因此,他认为对于自然犯,其犯罪的恶性应该是刑罚的对象,世界各国必须有一共通的刑法,包括世界共通的刑事政策、共通的裁判手续、共通的行刑制度和共通的警察制度等。[23] 该法典只处理自然犯罪,即触犯人类情感的行为,或者违背为当代文明人共同的或普遍的正直感所需要的行为准则之行为。

可见,加罗法洛认为要受处罚的自然犯罪人的范围是不限于某一地区、某一国家、某一民族的,还包括伤害全人类的道德感的行为人。

二、基本评价

加罗法洛第一次提出了“自然犯罪”概念,将它与“法定犯罪”相区别,并对自

〔22〕 参见[意]加罗法洛:《犯罪学》,耿伟、王新译,中国大百科全书出版社1996年版,第353页。

〔23〕 参见马克昌主编:《近代西方刑法学说史》,中国人民公安大学出版社2008年版,第199页。

然犯罪理论进行了详细的阐述，可以说是加罗法洛对犯罪学理论作出的最大贡献。加罗法洛在犯罪的法律定义之外提出了一个新的犯罪定义和概念，这对以后的犯罪学研究产生了巨大的影响，使犯罪学家们可以在更广的意义上使用“犯罪”一词，可以在法律特别是刑法有关规定之外研究犯罪问题，而不完全受刑罚规定的约束。

当然，加罗法洛的自然犯罪理论也有其不足之处。加罗法洛将人类道德现象过于简单化，不顾社会现实的复杂性及多元化，错误地把应然当成了实然。他心中的文明社会太过完美以至于不相信犯罪是人类社会自身的产物，而认为犯罪的原因在于犯罪人自身。他认为，那些犯罪者是心理畸形者，是社会的异类，是应当予以消灭和排除的，过分地强调刑罚。另外，如何区分和识别自然犯罪人与非自然犯罪人，对于非自然犯罪人的研究是否有意义，加罗法洛都未给予应有的说明。

第三节　菲利的犯罪学思想

恩里科·菲利(Fnrico Ferri，1856～1929年)，意大利犯罪学家。师从犯罪学鼻祖龙勃罗梭研究犯罪学。但是，他突破了犯罪人类学派的理论樊篱，更为关注犯罪的社会原因，向犯罪社会学转向，与德国的刑法学家李斯特等一起成为犯罪社会学代表人之一。

菲利十分重视犯罪的生理因素，承认某种天生犯罪人或精神病犯罪人的存在。他主张三元的犯罪原因论，提出著名的犯罪饱和法则，并在龙勃罗梭的基础上提出“五分法”的犯罪人类型论。他还立足于社会防卫思想，提出个别预防论和刑罚替代措施。

一、主要观点

(一)犯罪原因三元论

菲利的犯罪原因论，是建立在对刑事古典学派理论批判的基础之上的。菲利对刑事古典学派的犯罪原因论——“自由意志”与“行为选择”进行了批判，认为某人犯罪，绝非由于自愿，而是由于必然存在的原因，提出了三元的犯罪原因论。

1. 犯罪的人类学因素

犯罪的人类学因素，是指犯罪人的生理、心理及种族方面的个性特征。它是犯罪的首要因素。

菲利认为，生理和心理状况及种族的不同，对犯罪有很大影响，但这种人类学的因素必须与他种因素结合，相互作用，才能对犯罪有影响，且这种因素也只适用于惯犯和天生犯罪人。同时，菲利在此还澄清了人们对其学派研究人类学因素的误解,指出“人类学因素,并非像一般人讲的那样,仅限于研究犯罪人的颅骨和骨骼形状而已。至于龙勃罗梭不得不从研究犯罪人的解剖学状态开始,那是因为当时在博物馆中研究颅骨最容易。而且,他后来也继续研究人的头脑及其他生理状况、感受状况及身体的物质循环状况”[24]。

2. 犯罪的自然因素

犯罪的自然因素,是指气候、土壤状况、昼夜相对长度、四季平均气温、气象情况、农业状况等。[25] 菲利认为这些因素虽不能直接产生犯罪,但通过与其他因素结合能够促使犯罪行为的产生并影响犯罪现象的变化。菲利将如此主张的根据,归因为——人类生活在其中,但并未予以注意的物质环境。同时,菲利还举例证明了气候状况能够影响人的生理和心理状况,从而影响社会的犯罪状况。

3. 犯罪的社会因素

犯罪的社会因素,是指促使人们生活不诚实、不完满的社会环境。其中包括经济、政治、道德及文化生活中的各种不安定因素。经济因素包括贫穷和富裕两种情况,贫穷使人为了生存而把行为准则降低到初级动物的程度,而富裕则有可能使头脑空虚而又不从事体力和脑力劳动的富者腐化。除经济因素外,其他政治、道德及文化生活中的各种不安全因素在与其他因素结合的情况下,也会影响犯罪现象的变化。[26]

菲利认为,任何一种犯罪行为乃至整个社会的犯罪现象都是上述三种因素相互作用的结果。他反对仅用上述三类因素中的某一类去解释犯罪。不过,在不同的犯罪中,各种因素起作用的程度和方式有很大不同。但是总的来说,社会因素在三种因素中起的作用较大。

(二)犯罪饱和理论

在犯罪原因三元论的基础之上,菲利根据犯罪统计资料以及化学现象提出“犯罪饱和法则”,以解释社会的全部犯罪。

菲利指出:“犯罪是由人类学因素、自然因素和社会因素相互作用而成的一种社会现象。这一规律导致了我所讲述的犯罪饱和论,即每一个社会都有其应有的犯罪,这些犯罪的产生是由于自然及社会条件引起的,其质和量是与每一个社会集体的发展相适应的。”[27]“犯罪也有年终平衡,其增多与减少,比国民经济的收支还有规律性。每个国家始终都要存在一定数量和一定种类的犯罪。其原理就像我们发现一定数量的水在一定的温度之下就能溶解一定数量的化学物质但并非原子

---

〔24〕 郭建安:《菲利及其犯罪学思想》,载《公安大学学报》1988 年第 4 期。

〔25〕 参见[意]菲利:《犯罪社会学》,郭建安译,中国人民大学出版社 2004 年版,第 144 页。

〔26〕 参见[意]菲利:《犯罪社会学》,郭建安译,中国人民大学出版社 2004 年版,第 144 页。

〔27〕 [意]菲利:《犯罪社会学》,郭建安译,中国人民大学出版社 2004 年版,第 183 页。

的增减一样,在一定的自然环境和社会环境下,就会发现一定数量的犯罪。"[28]因此,当社会发生重大变革时,尤其是社会环境的剧变,犯罪率可能随之增长,犯罪就超过饱和点。

根据"犯罪饱和法则",菲利推导出两个重要的犯罪社会学结论:(1)犯罪是有规律的,这种规律是动态的,不是机械的。菲利指出,如果犯罪的水准完全为自然和社会环境所决定,那么这些环境——有时变化很大——怎么可能一成不变,永远一样呢?一直保持不变的是一定的环境与数量犯罪之间的比例,即犯罪饱和法则。但是,犯罪统计绝不会一年又一年地总是保持一个标准。这里存在的是一种动态而不是静态的规律。(2)刑罚措施实际效果的有限性。菲利认为救治犯罪疾患最好措施的刑罚的实际效果比人们期望于它的要小。

菲利指出:犯罪作为一种社会现象,其原因十分复杂,在一定的条件下,它的产生具有某种必然性。对于犯罪,不能指望通过刑罚予以消灭,而只能尽可能地将其控制在不危及社会根本生存条件的限度之内。尽管"犯罪饱和",大部分犯罪是可以预防和控制的。他也主张刑罚个别化,对待犯人及预防犯罪,要对症下药。

(三)犯罪人类型及对策

研究犯罪人本身,是刑事人类学派最大的贡献和亮点。菲利认为:研究的意义在于——开辟一条研究犯罪行为的新途径,在研究和理解犯罪之前,必须先了解犯罪人。"人身危险性"作为认识犯罪人的人身特征,根据"人身危险性"来划分犯罪人,是有效预防治理犯罪的前提。菲利在龙勃罗梭的犯罪人分类的基础上,将犯罪人分为五类:天生犯罪人、精神病犯罪人、习惯性犯罪人、机会性犯罪人、激情犯罪人。

1. 天生犯罪人

天生犯罪人,又称暴力型精神病的牺牲品,菲利说:"说一个人是天生犯罪人,是指他具有某种天生的退化现象,使其倾向于犯罪。"这种精神病与癫痫病非常相似,但其本身不足以使患者成为罪犯。"他如果处在良好的环境中,就有可能到死也不违反任何刑法条文及道德信条。"由此,菲利说明了他所指的天生犯罪人并非龙勃罗梭所说的天生犯罪人,而是一个人不仅天生具有某种犯罪的倾向,而且还需要社会和自然环境等因素的作用,才会犯罪。菲利将天生犯罪人复分为三类:"第一是因精神异常而犯罪的人,菲利称为精神异常性犯罪人。第二是生来具有的心理缺陷的先天素质,在复杂的社会环境支配下而犯罪的天生犯罪人,他们不属于精神异常者,但是接近精神异常,菲利称为不可能改善的犯罪人。第三是一旦陷入犯罪则成为慢性的不可能改善的犯罪人,而在陷入慢性状态之前,如果采取一定的预

---

[28]　[意]菲利:《犯罪社会学》,郭建安译,中国人民大学出版社2004年版,第163页。

防措施，改善环境，是能够得到矫正的，菲利称为常习犯或者天习性的犯罪人。”[29]

2. 精神病犯罪人

精神病犯罪人，“即患有某种精神病的临床形态，甚至连我们的现行刑法也予以承认的人”。

3. 习惯性犯罪人

习惯性犯罪人，“即主要由于社会对罪犯的预防和镇压措施无效而染上犯罪习惯的人”。菲利认为这类犯罪人一般都未得到培养良好道德观念的机会，“他们在初次犯罪之后受到法律惩罚，被投进监狱或教养院，难免在其中更加堕落”。出狱后不仅得不到社会的关心和帮助，反而会受到鄙视，因此，“他们便不可避免地又回到犯罪道路上去”。

4. 机会性犯罪人

机会性犯罪人，又称偶发性犯罪人，指一个人犯一种轻罪，与其说他是被退化人格的进攻所驱使，倒不如说是被其生活环境驱使而导入歧途。“这种罪犯如不因监狱生活变得更加败坏，则有可能重新回到正常的社会生活中去。”“被称为偶发的犯罪人，不是因为内部的倾向而是由于外部机会的支配而陷入犯罪的人，其中包括因外部机会十分充实而受到一般刺激即可引起冲动陷入犯罪者和外部机会引起异常反应在激情下陷入犯罪者。”

由此可见，菲利十分注重区分天生犯罪人与偶发性犯罪人。菲利说：“天生犯罪人与偶犯之间的确切区别在于：对前者来说，外部原因比内部倾向性所起的作用要小，因为这种倾向性拥有一种驱使行为人犯罪的离心力，而对偶犯来说，犯罪行为只不过是行为人无力抵御外部原因的结果，大多数犯罪都是外部原因引起的。”“在天生犯罪人中，犯罪的偶然原因一般都是行为人内部已经存在的本能或倾向的结果，与偶犯相比纯粹是一个借口。另外，在偶犯中，无疑是偶然因素在适当的土壤中促成了以前并未生长的犯罪倾向性的生长。”“对于天生犯罪人来说，主要是因为无道德感或道德感薄弱而不能抵御犯罪。对于偶犯来说，其道德感几乎是正常的，但由于不能实现认识到其行为的结果而导致其屈服于外部影响。”所以，天生犯罪人的人身危险性明显要大于偶发犯罪人的人身危险性。

5. 激情犯罪人

激情犯罪人，在激情与犯罪的关系方面，菲利认为：“不应仅从数量和强度方面考虑激情，必须从激情的性质方面进行考虑。”从激情的性质方面考虑，菲利把激情分为“社会激情和反社会激情，前者有利于人类及人类集体的生活状态，后者不利于人类集体的发展。”菲利说：“第一种情况有爱、受到损害的自尊心等，通常有利于社会，这种情况下的失常，按照案件的情况，或多或少都有宽大的余地。另

[29] [意]菲利：《实证派犯罪学》，郭建安译，中国人民大学出版社 1987 年版，第 40 ~ 43 页。

一方面,也有不可原谅的激情,因为它们的心理倾向是反对社会发展的。”并说:“情感犯能够抵制导致偶犯的非意外力量的一般诱惑,但不能抵制有时确实难以抗拒的心理风暴。”“情感犯只不过是其他罪犯的一种。进一步说,由于其神经过敏和类癫痫病的性格,情感犯常常接近于精神不健全的罪犯。”

菲利的犯罪预防对策是建立在“退化与进化——二分法”基础之上。对天生犯罪人、习惯性罪犯和精神病犯,应当采取不定期隔离的方式。在隔离期间,要对其施以人道待遇,针对其特点进行生理、心理和行为方面的治疗,直到其能够重返社会,适应社会正常生活为止。对偶犯可以适用收容于农场监所、损害赔偿命令,迁移令的措施。对于情感犯,要区别情感的性质——理性的或盲目的,社会性的和反社会性的,决定对其宽恕与否。总之,对各种犯罪人的矫正必须因人而异,不能像古典派犯罪学主张的那样,永远只开一个处方——惩罚。

(四)社会责任论

菲利否定古典学派基于以自由意志为支撑的道义责任论,提出了社会责任论。他指出,实证心理学已经表明所谓的意志不过是一种纯粹主观的幻想,“自由意志”不仅是背离科学的杜撰,而且是有害于社会安全的形而上学的概念,它实际上使社会在危险的犯罪面前束手无策。刑事责任的根据是行为人反社会的危险性格,应受社会防卫的是行为者,不是行为。

根据实证犯罪学派的责任论,人生活在社会中,人的行为能够归属于他本身,为此他就负有责任,就能够对他施加作为社会防卫的刑罚,即具有刑罚适应能力。[30] 刑罚的轻重是根据犯罪人的危险性和社会性适应能力决定的,只要是实施危害社会行为的人,不论其年龄、精神状况如何,均应给予社会非难,给予必要的防卫社会的处分。对于实施犯罪、具有刑事责任能力之人,给予刑罚处罚;对于实施犯罪、不具备刑事责任能力之人,给予防卫社会的处分,即保安处分。对于犯了罪的精神病人,菲利主张应当建立犯罪精神病院,进而起到社会防卫的作用,也体现出犯罪精神病人与普通精神病人的人身危险性的差异。晚年时,菲利提出了保安处分——刑罚方法一体化的理论。

(五)刑法替代措施

1. 个别预防

菲利认为犯罪也并非像宿命论者说的那样,是人类不可改变的命运,大部分犯罪还是可以预防和控制的。鉴于古典学派的刑罚威吓无效,菲利否定一般预防,主张个别预防,目的在于对犯罪人进行改造,使其人身危险性逐渐降低乃至消失,从而不至于危害社会。

菲利经常把防治犯罪与防治疾病相类比,认为在社会生活中,刑罚与犯罪的关

---

〔30〕 参见马克昌主编:《近代西方刑法学说史》,中国人民公安大学出版社2008年版,第217页。

系和医药与疾病的关系一样。刑事古典学派忘记了罪犯的人格，而把犯罪作为抽象的法律现象进行处理。这与旧医学不顾病人的人格，仅把疾病作为抽象的病理现象进行治疗一样。菲利指出，这种方法治标不治本，非但不会减少犯罪，而且会越治越多，尤其是累犯。只有像医学对待人体疾病那样，以预防为主，在不得已地治疗的同时，着眼于消除促使其产生的各种因素，防患于未然，这样才能减少和消除犯罪。

2. 刑罚替代物

根据其"犯罪饱和法则"，菲利指出，社会存在不可避免的最小限度的犯罪。对此，刑罚未必是有效的，因而其强调建立刑罚之外的补充策略，这种补充策略菲利称其为"刑罚的代用物"。

"意图犯罪，受激情支配或是受动摇其道德观念的心理飓风所左右的人，绝不是刑罚威吓所能控制得了的，因为火山爆发般的激情不允许他进行思考。"〔31〕所以，刑罚只是社会用以自卫的次要手段。菲利主张，社会对犯罪的反应不能过于直接、简单、特别不能以暴制暴，而应当间接地通过心理力量实现惩罚和防止犯罪的目的。他还否认国家具有惩罚犯罪人的刑罚权，主张根据造成犯罪人不同人格的社会情形，用不同的方法取代刑罚。据此，菲利提出了《菲利刑法草案》，排斥刑法中的刑罚概念，提出"制裁"和"处置"；以犯罪"危险性"为制裁的根据，排除了过去的责任概念。他指出："我们坚信，科学真理的成就将把刑事司法变成一种自然功能，用以保护社会免受犯罪这种疾病的侵害，铲除所有今天尚存的报复、憎恶和惩罚等未开化时代的痕迹。"〔32〕

菲利将诸多社会政策和社会福利设施的确立都归入"刑罚替代物"的思想中，如改善人们的就业状况、居住条件、改革税制、改进街道照明、改进选举制度和文化教育状况直至社会制度等，通过改变比较容易改变的社会因素来弱化地理因素与人类学因素的影响，以控制和减少犯罪。

二、基本评价

菲利是犯罪学发展史上一位具有世界性影响的犯罪学家，他的刑法思想为刑法理论注入了新鲜血液。他所提出的犯罪原因论，对犯罪人认识的重要性，犯罪人分类，作为社会防卫的刑罚的定义以及社会责任论和刑罚替代物的重要性，具有相当的科学性，将刑事人类学和刑事社会学观点的结合形成了对犯罪人的独特理论。〔33〕尤其是，菲利在《犯罪社会学》一书中提出的关于犯罪原因和犯罪预防与

〔31〕［意］菲利：《犯罪社会学》，郭建安译，中国人民大学出版社2004年版，第157页。

〔32〕马克昌主编：《近代西方刑法学说史》，中国人民公安大学出版社2008年版，第220页。

〔33〕参见［日］木村龟二：《刑法学入门》，有斐阁1957年版，第224页。转引自马克昌主编：《近代西方刑法学说史》，中国人民公安大学出版社2008年版，第223页。

控制的理论，对现代犯罪学仍有很大的影响；他把犯罪社会学引申到刑事诉讼法领域，提出的监狱行刑制度的改革措施，闪烁出刑事一体化思想的光辉。

但是菲利对犯罪人的研究，是建立在龙勃罗梭"天生犯罪人理论"之上，囿于其人类学的立场，使其无法摆脱其思想理论的局限性，始终把个人及其特性视为犯罪行为因果链条中的核心。他虽然看到了犯罪社会因素的重要作用，却仅理解为对特定个人发生作用的社会生活环境的影响，无视引起犯罪的三类原因之间或者各类要素内部的层次区别，其思想的片面性决定了其理论的局限性。

第八章　初期犯罪社会学

第一节　塔尔德的犯罪学思想

加布里埃尔·塔尔德(Gabriel Tarde,1843～1904 年)是法国社会学创始人之一,在社会学、社会心理学、刑事犯罪学、统计学、传播学等方面均具有杰出成就,对后世产生深刻影响。作为一名心理学家和哲学家,塔尔德在当法官期间对其审理的刑事案件中所反映的社会问题很感兴趣。1880 年他在《哲学杂志》上写出了一系列批判龙勃罗梭理论的文章,令人信服地批判了龙勃罗梭的天生犯罪人论。同时,还写了一系列批判"新意大利学派"的文章,这些文章强调社会因素在犯罪中的重要地位,尤其是在社会化和模仿中的重要地位。后来这些文章汇集为《比较犯罪学》,主张犯罪人是职业型的,提出犯罪在本质上是一种社会现象的理论,这一观点在塔尔德 1890 年出版的《刑法哲学》一书中得到更为详尽的阐述。

塔尔德认为道义责任是刑法哲学的核心和关键,在责任问题上存在的两种截然相反的理论,即自由意志论和决定论,塔尔德在批判以龙勃罗梭为代表的刑事人类学派的同时,试图调和道义责任论与决定论。塔尔德的《刑法哲学》最大贡献在于逻辑而信服地证明了,犯罪是一个社会问题,并且必须用社会学的原则和方法解决,公正无私的职业性习惯促使塔尔德对自由意志论和决定论以及其他学说进行调和和综合,从而提出了一个非教条主义的简单明确的责任标准理论,这无论是对犯罪学还是对刑法学都是非常有益的。

一、社会模仿说

塔尔德在其著名的著作《模仿律》展现出了他最有影响力的观点,他认为,模仿是先天的,是我们生物特征的一部分,人们通过模仿而使行为一致。模仿是基本的社会现象,是社会进步的根源,对于人类的社会生活具有非常重大的社会意义。他认为社会学与心理学密不可分,关注个人心理作用,他的社会学理论最核心的观点便是"社会模仿说"。

塔尔德的观点和犯罪原因的生物学理论强烈对立,他认为犯罪本质上是一种社会现象,应当运用普遍的社会规律来阐释。他认为,社会关系是个体与个体的互动,这种互动受到"模仿"这一基本社会事实的限制。社会生活借助"模仿"来作用于个人,支配其中重要行为的实施。通过"模仿"也可以解释记忆、习惯、行为方式的个体心理活动机制。塔尔德认为现实中的犯罪和其他社会现象都遵循着以下三条模仿规律:(1)几何级数律。人与人之间的距离越近、交往越频繁,即关系越密切,发生模仿的概率越大,模仿的强度也越大。在没有干扰的情况下,模仿一旦开始,便以几何级数增长,迅速蔓延。(2)下降律。模仿不是双向的,社会里上行下效的规律使模仿从社会上层向下层传播,社会下层人士具有模仿上层人士的倾向。(3)先内后外律。当两种文化并存时,个体对本土文化的选择及其行为方式的模仿总是优先于外域文化及其行为方式。

塔尔德从上述基本规律出发来看待犯罪现象,提出个体是由所处环境中被普遍认同的生活习俗塑造的;如果某人实施偷窃或杀人,这是模仿他人所致;同理,青少年、穷人、社会声望低的人容易犯罪,是因为他们想努力同成年人、富人、社会声望高的人攀比。[1]

塔尔德一生虽然背离了孔德的传统思想,与迪尔凯姆(Durkheim,也译为涂尔干)进行论战,他的思想长期受到遮蔽。然而这一切都不足以影响塔尔德思想的精湛及其思想对后世的影响。

当法国社会学研究下滑之时,美国社会科学家已经领略到塔尔德思想的精髓。他在同时代的美国同行中受到了广泛的赞誉。詹姆斯·波尔德温认为,他是"在世学者中声誉最卓著的社会学家和心理学家之一";阿尔比昂·斯莫尔认为"塔尔德是社会学这门新学科先驱里杰出的——也许是最杰出的一个先驱";莱斯特·沃德赞誉塔尔德是"当代领头的思想家之一"。后来很多学者在研究过程中均受到塔尔德思想或多或少的影响:第一,一些学者把一般的模仿观念和人格的各种观念结合起来,以生成社会化理论和学习理论。第二,人类学家构建各种文化扩散模式时借用了塔尔德的模仿说,对于关注当代社会扩散现象的社会学家奥格本在他的《社会变迁——关于文化和先天的本质》以及后续很多著作中显然受到了塔尔德思想的影响。第三,他的《模仿律》被认为是最杰出的人类学著作之一。他给美国第一位人类学系主任弗兰兹·博厄斯留下了深刻的印象,并通过博厄斯而深深地影响了众多美国人类学家。第四,C. H. 库利和 G. H. 米德起初提出的命题在许多方面和塔尔德相似——社会互动形成社会规范。当然,他们的思想超越了塔尔德的理论,更为细致地考察分析社会互动导致人格变化的机制。

二、基本评价

塔尔德的思想理论在欧洲和美洲具有极大的声誉,成为巴黎社会学学会、国际社会学学会和《国家社会学评论》的思想明灯,并且对美国社会学界产生了重大影响。

---

〔1〕 参见张远煌:《犯罪学原理》(第 2 版),法律出版社 2008 年版,第 122 页。

然而,1970 年尚·米勒在《加布里埃尔·塔尔德与历史哲学》的序言中写道:"奇怪的是历史并不公正,对加布里埃尔·塔尔德尤为苛刻。塔尔德去世时,被作为伟人处理,不亚于孔德、泰纳、勒南,以及达尔文、斯宾塞。柏格森的赞辞称之为卓越的大学者,并非溢美。然而,同一人物,下世几年便莫名其妙地给忘掉了。其著作为深深的沉默所掩埋。过去五十年间,能让人想起伟大的社会学家、哲学家塔尔德的存在的研究和论文几乎一篇也没有。在他那个时代,他的理论虽然具有振聋发聩的震撼力量,但是背离传统和当时的制度,因而招致传统和权威的嫉恨,一度使他的那些真知灼见失去了光芒。然而理论之光总是会冲破重重迷雾,经过时间长河百年的洗涤,人们逐渐还塔尔德以公正。"

第二节　迪尔凯姆的犯罪学思想

大卫·埃米尔·迪尔凯姆(Emile Durkheim)(1858~1917 年)在 1858 年 4 月 15 日出生在埃皮纳勒一个犹太教士家庭,是法国第一位学院式社会学家,也是欧美著名的社会学家之一。少年时代曾在家乡的中学就读,之后转学到巴黎的大路易斯公立中学——法国最好的高级中学之一。1879 年,迪尔凯姆在经历两次落榜的失败后终于通过了巴黎高等师范学校的入学考试,这里是培育法国知识界精英的摇篮。迪尔凯姆一生有许多论著,其生前出版的论著主要有:《社会劳动分工论》(1893 年)、《社会学研究方法论》(1895 年)、《自杀论:社会现象的探讨》(1897 年)、《宗教生活的基本形式》(1912 年)。还有一些著作于其身后出版:《道德教育》(1923 年)、《教育与社会学》(1922 年)、《社会学与哲学》(1925 年)等。其中他在《社会学研究方法论》中发表了关于"犯罪是正常的"观点,这也是他最重要著作之一。之后,迪尔凯姆在他著名的著作《自杀论》中进一步对失范理论进行阐释,在自杀、犯罪等越轨行为中用失范理论进行解释,并全面论述了失范的概念及其表现,使失范概念成为现代犯罪学、社会学的基本概念之一。迪尔凯姆的犯罪学理论是 19 世纪犯罪社会学的重要组成部分,他是犯罪社会学的先驱代表。受迪尔凯姆著作的影响,社会学家逐渐认识到了社会结构对于犯罪和越轨的作用。在迪尔凯姆看来,越轨是一种正常现象,在所有健康社会中都会存在,并且特别关注结构性因素在诸如自杀等个体行为中所起的作用。在经历了法国大革命和其他一系列社会动荡之后,在 18 世纪末 19 世纪初,欧洲保守知识分子发起运动,迪尔凯姆也是其中的积极参与者。他认为人类本性主要是自私的,由于个人有毫无节制的渴求,一旦失去控制,必将导致失控的状态。

在犯罪问题的研究上,迪尔凯姆有更为深刻和全面的犯罪学思想。具体来说,迪尔凯姆的犯罪学思想的内容主要包括以下几个方面。

一、犯罪原因论

在犯罪原因的问题上，迪尔凯姆认为犯罪的根源是它所从属的文化结构本身而不是其他心理或生理原因。迪尔凯姆强调社会化和社会联结这两种相关的社会机制，通过它们可以对个人冲动进行限制。通过社会化，个体可以获得良好的社会规范，避免形成自私的个体。通过和家庭、社会及他人的沟通，有助于将个体整合进社会，并控制个体的欲望。因此，强有力的集体意识对一个稳定的社会环境来说是必需的，任何社会要素的弱化都会使社会不稳定并导致失序，这是迪尔凯姆理论的核心。迪尔凯姆对此理论的著名应用是他有关自杀的研究，尽管自杀通常被认为是个人选择的结果，但是他发现外部力量可以影响自杀率。例如，在经济急剧变化时，自杀率上升，新环境的出现使传统意义上的行为和态度规范不再明确，此时"失范"就出现了。1892 年迪尔凯姆正式提出了"失范"这个概念。"失范"是迪尔凯姆在社会学理论中用来解释自杀、犯罪等越轨行为最重要的概念之一，也是迪尔凯姆对犯罪学和社会学的重大理论贡献之一。

迪尔凯姆在《社会分工论》中的经典描述为："分工就像所有社会事实一样，或者像更加普遍的生物事实一样，表现出了很多病态的形式"，"分工可以带来社会的团结，但是在某些时候，分工也会带来截然不同甚至是完全相反的结果"，"如果分工不能产生社会团结，那是因为各个机构间的关系还没有得到规定，它们已经陷入了'失范'状态"。[2] 迪尔凯姆认为，法国的工业化发展及劳动分工的兴起，打破了以往的传统团结，以一致性为基础的社会没有足够的时间形成相应的机制，以平衡各利益主体间的冲突。很多社会不正常现象就会相继出现：生产过程与经济衰退周期性循环，"生产没有了任何一种限制和规定，它只是胡乱地发展着，在这个过程中，它不可避免地会偏离出自己的轨道，这样，经济危机就周期性地扰乱了经济功能"[3]。从这种现象中迪尔凯姆得出结论，社会动乱伴随严重危机和周期性的繁荣而出现，违法犯罪现象也不断显现；劳工与罢工暴力事件不断发生，虽然雇主们提出在掌握技术知识和专业知识的同时，让他们接受普通教育等补救方案，但对上述问题这种方案并不能从根本上进行解决。雇主与工人的关系并没有得到解决；工人的异化及劳动分工使人们产生个人仅为"齿轮上的齿孔"的感觉，他们责备分工使个人变成了机器，失去了个性。这种感觉表明，个人与其工作的关系没有得到适当的规定。

1896 年，迪尔凯姆进一步扩大和推广了失范的概念，在其著名的著作《自杀

---

[2]　[法]埃米尔·涂尔干：《社会分工论》，渠东译，生活·读书·新知三联书店 2013 年版，第 313～328 页。

[3]　[法]埃米尔·涂尔干：《社会分工论》，渠东译，生活·读书·新知三联书店 2013 年版，第 330 页。

论》中有具体阐述。迪尔凯姆发现未婚的人比已婚的人有更高的自杀率，他摒弃了未婚的人比已婚的人有更少幸福感的观点，他认为未婚人群的较高自杀率要归结于他们缺少社会联结。由此推出，在遇到个人麻烦时，较少联结的人获得更少的支持，因此导致更高的自杀率。迪尔凯姆用同样的论点来解释为什么新教徒比天主教徒有更高的自杀率。个体层面的解释可能会指出，这是因为新教徒的幸福感不如天主教徒。他却认为，天主教徒的幸福感比新教徒高不到哪去，真正的原因是，天主教徒的教义比新教教义更为严格，对于人的态度和行为有更多的限制。并且天主教的教义更为清晰明确，教徒们在遇到困难的时候可以凭借教义得到更多慰藉，新教徒则只能依靠自我安慰。更进一步，新教教义并没有明确谴责自杀，而天主教教义则有明确规定。因此，综上所有因素，自杀率在新教徒中比天主教徒中要高。在《自杀论》中，他还分析了自杀统计数据，依据数据得出，不论是在经济增长期还是在经济衰退期，自杀率都有明显的增长。人们很容易理解经济衰退期的自杀，但是对经济繁荣期出现的高自杀率很难理解，也找不到恰当的理由进行解释。针对这一问题，迪尔凯姆进行了解释，他认为是由于失范状态引起了这种现象。失范状态在经济繁荣时期比经济衰退时期要严重得多，因为人的欲望在经济繁荣期受到刺激不断增大，恰好同时对这些欲望的约束规则已经濒临崩溃。因此，失范和低度社会整合两种结构性条件导致了更高的自杀率。

在《自杀论》中迪尔凯姆采取了溯源分类法，即预先假定影响自杀的某些原因，再根据原因的不同而对自杀分类，认为自杀有四种类型：利己型、利他型、失范型以及宿命型。第一，利己型自杀。迪尔凯姆从宗教教派的自杀率差异入手，对天主教和新教的教会群体进行了比较，提出群体整合与利己型自杀率呈反向相关这一假设。家庭生活领域和政治生活领域的材料支持着这一假设。整合性强的群体对个人起到支持性作用，是遏制其成员自杀倾向的重要社会因素，相反，涣散的群体使成员受挫折时得不到支持，容易实现自杀倾向。由于个人主义和利己心态对群体整合起到削弱的作用，这类自杀被称为利己型自杀。家庭生活领域和政治生活领域的实证材料也支持上述假设。整合性强的社会群体通过共同的规范和强有力的权威控制着成员的思想行为，使成员完全归属于群体。在个人遇到挫折时，可以得到群体的保护和支持。因此群体的整合是遏制成员自杀倾向的社会因素。相反，个人主义的兴起增强了个人的独立性，削弱了群体对个人的约束和控制，降低了成员对群体的归属感，松弛了成员之间的相互联系。在这种情况下，那些遭遇不幸的人很容易陷入沮丧、绝望而难以自拔，进而采取自杀以求解脱。第二，利他型自杀。自杀并非均出于利己考虑，有些自杀恰恰是利他精神的表现形式，如义务性自杀和负疚性自杀。当代社会中军人的自杀便属于此类。迪尔凯姆提出群体整合与利他型自杀率呈正向相关的假设，并通过比较军民自杀率的变动，军队内部自杀率的差异以及军队自杀率变化的总趋势验证了这一假设。社会整合过于强烈之时。高度的社会整合使个性受到相当程度的压抑,个人的权利被认为是微不足道的,他们被期待完全服从群体的需要和利益。利他型自杀的两种表现形式:第一种是义务性自杀,群体强加给个人的义务。第二种表现是负疚性自杀。执行者对群体和任务的认同十分强烈,完全献身于群体,服从群体,为了群体利益即使付出生命也在所不惜。如果说利已型自杀的原因是社会整合程度不足,那么利他型自杀的原因是社会整合过度。第三,失范型和宿命型自杀。在经济危机时期,自杀率往往急剧上升。迪尔凯姆不同意用经济因素(贫穷)来解释这一现象,提出了失范状态引起自杀率上升的理论假设。社会道德规范的调节可以遏制人的欲望,打消不切实际的幻想,并提供生活目标和人生意义。而社会急剧变化时,原有规范的约束骤然松弛,势必导致欲望的膨胀,受挫感乃至生活意义的丧失,从而使一些人走上自杀之路以求解脱。迪尔凯姆用城乡比较和不同的婚姻规范下自杀率的差异验证了这一假设。

迪尔凯姆认为,人的需要如果完全由个人决定的话,这种需要将是无限度的。如果不考虑任何外界的限制,那么我们的欲壑从本身讲是无底的,如果没有任何外力限制这种感觉,那么有些贪得无厌的欲望按照定义来说是难以满足的。因此,要想避免这种情况,首先应该是情欲受到限制。个人不能限制这种欲望,也不会乐意节制他们的欲望,如果他们自以为有充分理由超越他们规定的界限的话,他们甚至不会为了我们所说过的理由把这种合理的规定强加给自己。因此,我们必须从某种自发地服从和所尊敬的权威那里接受这种规定,就必须有一种调节力量对道德需要发挥作用。迪尔凯姆认为,能够限制人类欲望的机制只能是人类社会,社会制定了道德规范,内容是告诉人们在各种社会环境中他们被合理期待的东西是什么。只有社会才可以发挥这种调节作用。因为社会是唯一高于个人的精神力量,是个人承认的权威。

综上所述,根据迪尔凯姆的失范理论,犯罪是在缺乏合适的社会规范调整的状态下,个人欲望或需要无限膨胀和用不恰当方式加以满足而触犯了强烈的集体意识的行为。

二、犯罪观

(一)犯罪是无法消灭的正常的社会现象

迪尔凯姆认为,类似于生物学现象,所有的社会现象也能在保持其本质的条件基础上,视不同的情况而呈现不同的形态。社会现象分为两类:一种是正常现象,即应该是什么就表现为什么的事实;另一种是病态现象或病理现象,即应该是什么却未表现为什么的事实。社会形态的不同表现为:其一,是散见于大部分个人,普遍存在于人类全体的形态;其二,是仅存在于出现了这种形态的个人身上,并不会贯穿于这一个体的生命始终,是一种特殊的形态。迪尔凯姆把那些具有最普通形态的事实称为正常现象,称其他事实为病态现象。构成正常现象的外部特征的普遍性本身是一种可以解释的现象，所以通过观察使这种性质直接得到确认后，我们必须设法对它做出解释。因此，我们对于现象正常性的解释必须与我们所研究的各种的生存条件联系起来，即"根据该现象是生存条件必须造成的机械性结果，还是使人的机体适应生存条件的手段，来解释现象的正常性"[4]。

迪尔凯姆在构建正常现象与病态现象区分的基本准则基础上，提出了"犯罪是正常的"观点，并在他的第二部重要著作《社会学方法论》中，全面阐述了犯罪正常论的理论。迪尔凯姆正是在这一理论中，驳斥了当时被许多犯罪学家认为犯罪是病态现象的传统说法。按照迪尔凯姆的理论，犯罪作为一种社会现象具有普遍性，犯罪不仅见于大多数社会，不管它是属于哪种社会，而且见于所有类型的所有社会。"不存在没有犯罪行为的社会。"[5]虽然被认为是犯罪的行为有所不同，犯罪的形式也不一样，但是不管在什么时代和什么地点，总有一部分人因其行为而使自身受到刑罚的镇压。假如随着低级社会走向高级社会，犯罪率呈现下降趋势，则至少可以认为，犯罪虽然依旧是一种正常现象，但它不断会失去这种特性。然而，事实并不像假设一样，犯罪等越轨行为在经济繁荣期表现得越高发、越猖狂。因此，迪尔凯姆评论，如果把犯罪看作一种社会疾病，就是承认疾病是某种偶发的东西，疾病是生物的基本体质反应。同时，这也抹杀了生物学现象和病理学现象的一切区别。当然，犯罪本身有时也以不正常的形式出现。比如在犯罪率急剧上升时就会出现这种情况。其实可以肯定，这种反常现象就具有病态性质。"只要犯罪行为没有超出每类型社会所规定的限界，而是在这个限界之内，它就是正常的。"[6]也就是说，犯罪行为没有超出平均类型就是正常形式的犯罪现象，否则是不正常形式的犯罪现象。

为了避免他人误解此见解，迪尔凯姆对这一结论做出了解释：认为把犯罪归为社会的一种正常现象，不仅仅指，由于人类本身具有无法根除的恶习，所有犯罪就成为人们虽不愿意发生但又无法避免的一种现象；而且，也在确认犯罪是社会健康必不可少的一个因素，是健康的社会整体所拥有的一个组成部分。没有超出平均类型的形式的犯罪之所以是正常现象，是因为社会没有犯罪是不现实的。一种行为是否构成犯罪，不仅要看其是否触犯了集体意识，还要看这种触犯行为的强烈及鲜明程度。当然，集体意识只是社会中绝大部分人的共同意识，不可能为所有人共有。因为我们每个人所处的直接的自然环境不同，所承接的遗传因子不同，受到的社会影响也不尽一致，以致每个人的意识也就不同。而道德意识要达到这样普遍的、绝对的一致是不可能、也是不符合客观现实的。任何社会，"个体和集体之间

---

〔4〕［法］E. 迪尔凯姆：《社会学方法的准则》，狄玉明译，商务印书馆2007年版，第78页。

〔5〕［法］E. 迪尔凯姆：《社会学方法的准则》，狄玉明译，商务印书馆2007年版，第83页。

〔6〕［法］E. 迪尔凯姆：《社会学方法的准则》，狄玉明译，商务印书馆2007年版，第84页。

总是或多或少存在分歧，这是可以理解的，只有当这种分歧达到足够强烈、鲜明而影响到公众意识时，就具有了犯罪性质"[7]。所以从这个角度说，犯罪是必然的，是任何社会都存在的正常现象。

（二）犯罪是一种有益的社会现象

犯罪不仅是社会中的一种正常现象，而且也是社会所需要的现象。犯罪在社会中发挥着重要的功能，对社会的进步起着有益的作用，这具体表现在：

1. 有利于法律的发展

迪尔凯姆对于法律与犯罪联系的研究，是从社会团结和社会分工开始的。他认为，劳动分工带来了社会团结，随着社会的发展、进化，劳动分工的程度也开始不断精细，形成了不同的社会团结。迪尔凯姆将社会团结按照社会形式的不同分为机械团结和有机团结，这两种不同的团结关系反映了不同的法律内容。根据迪尔凯姆的观点，在社会处于较原始的"机械"形式时期，在社会的机械形式中，每个社会群体与其他所有社会群体都相对隔离，它们的基础是自给自足。在这样的社会群体中人们在很大程度上都生活在同样的环境中，做同样的工作，怀有同样的价值观。在机械团结的社会中，社会成员的差别极小，人们有相同的生活、工作、信仰、价值观，个人的独立意识、个体独立性没有发展的余地，社会以相似性为特征，也就是被迪尔凯姆称为的"集体意识"。迪尔凯姆根据这种机械团结的社会发展形态，指出法律的存在是为了加强社会群体成员的一致性，它的中心任务是压制背离当时的社会规范的任何犯罪等越轨行为，即为压制性法律。而在有机社会中，随着劳动分工的高度组织化程度的发展，社会的不同部分相互依存。社会团结不再建立在个人一致性的基础之上，而是建立在社会各个部分功能差异的基础之上。与之对应的是，迪尔凯姆认为在有机社会中，法律发展成为规制社会各方的相互作用，当发生错误交易时使其恢复原状，即为恢复性法律。法律在两种社会中起着维护社会团结的作用，因此，迪尔凯姆指出："没有犯罪，法律就不可能进化。"社会中的法律，特别是与犯罪有关的法律，是随着犯罪活动的不断发展和完善的。[8]

2. 促进社会进步

根据迪尔凯姆的观点，犯罪是社会为了可能的进步而付出的代价。要使社会获得进步的话，就必须使每个人都能够表现和发挥自己的才能和创造性，而许多理想主义者的才能和创造性超出了所处时代，其表现往往背离了当时的社会规范，被看成是犯罪行为。由此可以得出，没有犯罪，个人的独创性就得不到表现，而没有个人的独创性的表现，社会也不可能进步，要推动社会的进步，就必须允许有一定

---

〔7〕［法］E. 迪尔凯姆：《社会学方法的准则》，狄玉明译，商务印书馆2007年版，第87页。

〔8〕参见吴宗宪：《西方犯罪学》（第2版），法律出版社2006年版，第85页。

的表现理想主义者创造性的犯罪的存在。在这个意义上,迪尔凯姆认为,要用全新的眼光看待我们身边存在的犯罪的基本事实。犯罪虽然给社会造成了一定损失,但是却给理想主义者的独创性的表现提供了机会。迪尔凯姆曾指出,根据雅典的法律,苏格拉底是一个犯罪人,并且对他的定罪是正当的,但是他的犯罪,也就是他的思想的独立性,不仅帮了人类的忙,也帮了他的国家的忙。因此,犯罪是社会现实的正常组成部分,不存在犯罪的社会反而是异常的或者是病态的社会。假如一个社会没有犯罪现象,这个社会就极可能存在相当严厉的集体意识压制情况,以致没有任何人敢于站出来反对集体意识。更为遗憾的是,与之相应的社会进步也可能停滞不前。社会变化或社会进步通常是由反对集体意识的压制开始的,那些最初反对集体意识的压制、表现思想的创造性和独立性的人,往往被社会宣布为犯罪人。如果集体意识的要求得到严格地执行,这样的人的犯罪就可能不会存在,但是,他们的"犯罪"所导致的社会的进步也不会存在。

3. 增进社会团结

如前所述,迪尔凯姆认为社会成员为了获得集体意识,加强社会团结,得做出必要的个体独特性的牺牲,这种牺牲就是集体意识需求的具体表现,是为了获得社会成员资格而付出的代价。对于这种需求的满足给社会成员个人提供了一种集体认同感,即集体意识,它是社会团结的重要来源。按照迪尔凯姆的说法,社会团结的物质基础是分工,精神基础就是集体意识。他把集体意识界定为一般社会成员所共有的信仰与情感的总和,并举例说宗教信仰是一种重要的集体意识,集体宗教仪式产生"集体兴奋",有利于社会团结。每个社会的集体意识在幅度与力量上各不相同,机械团结是以一种强烈的共同的"集体意识"为基础的。在机械团结为主的社会中,集体意识涵盖了个人意识的大部分,个人几乎完全在共同情感的支配之下,社会强制也支配了生活中的大部分。集体意识的力量大小与其涵盖幅度是相称的。集体意识左右大部分的个人生活,对于违反禁令的行为激发强烈的共同情感。在有机团结中,集体意识虽然在笼罩的生活面上有所减少、对于违反禁令的集体反应有些许减弱、个人可以更有弹性的解释社会的强制性规范,但是,仍然不影响社会维持着大部分人共同的集体意识。因此,尽管不可避免地会有一些人无法满足集体意识的要求,但无论是在机械社会还是在有机社会,这些人的数量还没有多到包括社会大部分人的程度。这就使大部分能够满足集体意识要求的人产生一种优越感,认为自己是良好的、正确的,以使自己与那些道德上低劣的、不能满足这些要求的违法犯罪者形成对比。迪尔凯姆把这种优越感、良好感、正确感看成是社会团结的主要来源。因此,犯罪人的存在具有重要的维持和加强社会团结的作用,因为违法犯罪属于被社会认为是低劣的那部分人组成的群体,这就能使社会的其他部分人产生优越感,并促使他们加强团结,以便对付共同的敌人——违法犯罪者。

4. 促进道德意识进化

对犯罪过分抑制，意味着社会发展的萧条和停顿。要使道德意识能够向前发展，就必须使个人的独创精神能够得以实现。然而，要使意欲超越自己时代的理想主义者的独创精神表现出来，也得让落后于自己时代的犯罪的独创精神表现出来。这两者相互依存，缺一不可。

人们往往认为道德和社会毫无关系，或者说道德对社会只能产生次要的影响。其实不然，社会并不是由个人叠加而成的，个人不是带着固有的道德走进社会的。正因为人生活在社会里，他就会成为一种道德存在，而道德是由群体团结构成的，也伴随着群体团结的变化而变化。任何层次的道德都只能存在于社会状态之中，都只能随着社会条件的改变而改变。在较不发达的社会里，道德标准的力量是坚不可摧的。人们的首要责任就是去模仿所有人，无论在信仰还是在实践中都不容许有任何人的东西存在。相比较相对进步的社会里，人们所需要的相似性却少了许多，即使这样，道德规范的标准是必须遵守的，否则就会给我们带来道德缺失。诚然，在后种社会中，刑法所包含的各种犯罪类型不像以前那样多了，但是，正因为罪犯与我们是不相类似的，他们变成了社会谴责的对象。所以，迪尔凯姆指出，不管在何种社会，"我们的行为必须符合我们自身的关系以及我们与他人之间的关系——实际上，这就是个人道德的本质所在。任何行为只要是触犯了这种关系，特别是犯罪行为，就必须受到谴责，即使迫害者和受害者是同一个人，也是如此"。犯罪的存在，可以起到在人们心目中确立道德规范标准，促使人们意识到什么可以做，什么不可以做，什么是正确的，什么是错误的作用。"道德和法律一样，都是能够把我们自身和我们与社会联系起来的纽带，任何社会团结的根源，任何促使人们去体谅他人的动力，任何对自身行为不带有私心的规定，都可以称作道德，这些纽带的数量越多、力量越强，道德本身也就越牢固。"犯罪正是由那些在道德上被认为应受谴责或仅仅有不良意味的行为发展而来，所以，迪尔凯姆认为犯罪可以促使人们明确符合道德规范作用的重要性，用其来衡量自身行为是否符合道德规范，用来预测行为是否是犯罪、是否会受到惩罚。〔9〕

5. 降低社会紧张

根据迪尔凯姆的观点，一方面，犯罪是社会中的正常现象。如前所述，犯罪是在缺乏合适的社会规范调整的状态下，个人欲望或需要无限膨胀和用不恰当方式加以满足而触犯了强烈的集体意识的行为。犯罪正是个人欲望在现代社会中急剧滋长、而现代社会又不能满足所有人欲望的矛盾冲突的集中表现。迪尔凯姆既承认社会存在等级差别，认为"现代社会的有些人比较满足，而有些个人则不能满足

---

〔9〕 参见吴宗宪：《西方犯罪学》（第2版），法律出版社2006年版，第86页。

从而形成社会等级"[10]，又承认了这种不平等性的合理性。为解释这一矛盾，他认为社会加在个人身上的限制，总是以公众利益的名义要求一部分人做出牺牲和让步，并正确对待社会等级差别。这样一来，社会上有些个人欲望表面上被控制起来，但随时都可能暴发，其中就包括犯罪的发生。所以说，犯罪的暴发在一定程度上亦是社会物质积累的排泄。另一方面，犯罪在社会中发挥着重要的功能，对社会的进步起着有益的作用。犯罪的这种有益功能之一表现为，降低社会的紧张。犯罪有的时候还会起降低社会内部的紧张的作用。由于犯罪的存在，社会就可能将一些社会问题归咎于犯罪人的犯罪行为，将人们对社会问题的不满和愤怒引向少数犯罪人身上，把犯罪人作为社会问题的"替罪羊"，通过惩治犯罪人来缓解和消除由于社会问题引起的紧张情绪，压力和其他消极的社会情绪。在历史上，犯罪人往往被作为降低社会紧张情绪的"替罪羊"而受到严厉的惩罚。不难理解，依据迪尔凯姆的观点，犯罪从一定意义来说的确是社会能量的一种极端释放方式，没有这种释放方式和释放渠道，社会能量的极度膨胀，尤其是异质的社会能量的积累因社会的强制性高压而导致社会自身的"脆裂"和"分崩"，犯罪在此具有像弗洛伊德所说的能量的"宣泄"的功能。这种具有恶害的宣泄，在给社会带来灾难的同时，也给社会的异质能量带来了一定程度的消解，从而可能避免更大地导致从根基上动摇并危及社会的恶害。因为在任何社会都存在比犯罪更严重的恶害。[11]

三、基本评价

迪尔凯姆在学界被认为是"最著名的和最不容易理解的主要社会思想家之一"。美国犯罪学家沃尔特·伦丁（Walter A. Lunden）说过，迪尔凯姆是19世纪后期最杰出的欧洲学者之一。社会科学领域和相关领域的当代学者都一致地认为，迪尔凯姆对理解反社会行为作出了独特的、深远的贡献。他在自己的"失范"概念中，对社会所面临的基本问题提出了尖锐的分析；对非社会化和社会分裂的意味深长的分析，使人们能够理解今日社会中的社会隔绝和"集体疯狂"的真正效果。[12]通过对迪尔凯姆犯罪学思想内容的研习，我们能够深刻地体会到其思想的精髓价值，这就不仅对于后世犯罪学理论的发展有重要影响，而且也能为我们解决现今的犯罪问题提供现实的指导意义。

当然，任何一种犯罪学理论都会受到其特定的时代背景及研究视角的限制，难免存在局限性和片面性，不可能完美地适用到古今中外，迪尔凯姆的犯罪学思想也不例外。自迪尔凯姆的犯罪学思想提出以来，无怪乎受到各种各样的质疑和批判。

---

〔10〕 宋林飞：《西方社会学理论》，南京大学出版社1997年版，第40页。

〔11〕 参见蔡道通：《犯罪与秩序——刑事法视野的考察》，载《法学研究》2001年第5期。

〔12〕 参见［美］乔治·B. 沃尔德、托马斯·J. 伯纳德、杰弗里·B. 斯奈普斯：《理论犯罪学》，方鹏译，中国政法大学出版社2005年版，第143页。

笔者认为,为了更加全面地、正确地认识迪尔凯姆的犯罪学思想,在深入探讨其重要理论与现实意义之前,有必要先阐述其受到的种种“质疑”与不足之处,为我们研究迪尔凯姆犯罪学思想的重要影响做好铺垫。

迪尔凯姆在有关社会从机械形式向有机形式进步的全面理论中提出了他的犯罪学理论。迪尔凯姆在不同时期对犯罪问题发生的不同预测,是其他学者评价迪尔凯姆犯罪学理论最核心的问题。〔13〕 但是,很多与现代化过程一同产生的变化,都不是迪尔凯姆的理论所预测的变化。主要表现在:

1. 迪尔凯姆将“当时法国社会的高犯罪率及其他越轨行为的高发生率归因于法国大革命和工业革命引起的失范状态”的观点受到批判。有研究表明,法国当时的犯罪率并不是上升的,同一时期有关严重财产犯罪的统计数据是下降的,暴力犯罪还带有一定的下降趋势。由于迪尔凯姆是根据对自杀率而不是对犯罪率的研究来表述他的失范理论的,因此,他简单地假设犯罪也是增加的,但他却没有拿出数据来支持这种观点。

2. 迪尔凯姆关于“刑罚的暴力性随着机械社会向有机社会转变而减弱”这一观点受到质疑。有学者通过实证研究的方法发现,较为发达的社会的刑罚更加严厉,而较为落后的社会的刑罚反而比较宽容,这与迪尔凯姆的预测是恰恰背道而驰的。迪尔凯姆得出他的这种观点的依据可能缘于当时欧洲社会中日益缓和的刑罚趋势,而这种刑罚日益缓和的趋势是贝卡利亚和其他古典理论家所倡导的刑罚改革引起的。但是,在刑罚改革之前使用的极端严酷的刑罚,与落后不发达的社会无关,而是与君主专制制度有关。在更早的更原始的社会中,没有发现这种极端严酷的刑罚。在都市化和现代化的早期阶段,在暴力犯罪长期减少的大体趋势中发生了短期的增多现象,但这种现象似乎与田园文化的崩溃没有关系,而与农业文化的保持具有关系。

3. 现代化与较高的财产犯罪率并没有关系。财产犯罪的增多不是由与高速社会变迁有关的道德价值观的崩溃造成的,而可能与社会变迁导致的更多的财产犯罪的机会有关。例如,纽曼(Neuman)和伯杰(Berger)回顾了17项跨国的犯罪之后,得出结论认为,都市化和工业化这两者都与财产犯罪的增多有关,与暴力犯罪的增多无关。当人们拥有更多既贵重又便捷的财产时,当他们频繁地离开他们的财产和不能亲自看守这些财产时,财产犯罪可能就会增多。这些结论是与迪尔凯姆的基本观点不一致的。

---

〔13〕 参见[美]乔治·B. 沃尔德、托马斯·J. 伯纳德、杰弗里·B. 斯奈普斯:《理论犯罪学》,方鹏译,中国政法大学出版社2005年版,第144页。

第三节　李斯特的犯罪学思想

弗兰茨·冯·李斯特(Franz von List,1851～1919年),德国著名刑法学家,他既是犯罪学家,尤其是刑事政策学的杰出代表,又是现代刑事社会学派(新派)的创始人,是一位集犯罪学和刑法学研究于一身并取得了显赫成果的学术大师。1851年出生于奥地利维也纳,1975年在奥地利格拉茨大学担任刑法教师,并先后在德国的吉森、马尔堡、哈勒和柏林等大学任教,在马尔堡、哈勒和柏林等地开办刑法学研究所。李斯特创办《全体刑法科学杂志》、并与比利时刑法学家普林斯(A. D. V. Prins)和荷兰刑法学家哈默尔(G. A. Hamel)共同发起组织国际刑法学会,又称国际刑事科学协会。

李斯特的犯罪学思想博大精深。李斯特作为现代学派的创始人,继承了德国新功利主义法学派代表人物耶林的思想,以法的本质在于目的的观点,作为自己学说的基础,同时在批判地汲取了19世纪后半叶发展起来的犯罪统计学和由意大利刑法学家龙勃罗梭、菲利等倡导的意大利学派的学说,从实证主义和决定论的哲学观点出发,运用社会学的观点和方法研究犯罪问题,发展了社会学派犯罪学理论。

一、主要观点

(一)犯罪原因二元论

对于犯罪产生的原因,犯罪人类学将犯罪现象描述为一个人生活中的事件,主张从犯罪人的体型和所处的环境去研究、寻找犯罪的原因,如龙勃罗梭的"天生犯罪人论"。犯罪社会学则将犯罪现象解释为社会生活中的事件,主张从产生的社会结构以及社会缺陷中去寻找犯罪的原因,如菲利的犯罪原因三元论犯罪观。

李斯特认为,任何一个具体犯罪的产生均由两个方面的因素共同使然,一个是犯罪人的个人因素,另一个是犯罪人的外界的、社会的,尤其是经济的因素。这就是李斯特的犯罪原因二元论思想,它是对犯罪人类学派的天生犯罪人思想、凯特莱的犯罪社会学思想和菲利的犯罪原因三元论继承和发展的结果。

1. 个人因素

李斯特承认,客观上存在因"遗传的负担"的关系,或企图自杀,或徒生狂疾,或患神经衰弱及其他疾病,因此遂变为犯罪人的情形。但这只是一种性质的萌芽或倾向的表现。而犯罪是社会关系及个人关系的产物。〔14〕这种犯罪宿命决定论

---

〔14〕参见翁腾环:《世界刑法保安处分比较学》,商务印书馆1935年版,第40页。转引自马克昌主编:《近代西方刑法学说史》,中国人民公安大学出版社2008年版,第230页。

不同于龙勃罗梭认定的犯罪是行为者生来资质上必然的产物——完全由于个人物理的或心理的性质所必然产生的。犯罪人类学派的天生犯罪人思想包括生理特征和精神特征,具体的生理特征指头颅的形状、外表长相;精神特征包括痛觉感观、视觉敏锐程度、懒惰程度、心理病态等。而李斯特的个人因素则是指个人的性格,如"粗鲁、残忍、狂热、轻率、懒惰、酗酒、性堕落等"[15]。

2. 社会因素

李斯特认为:"犯罪系由环绕犯人的社会关系及犯人固有性格所必然成立者",犯人的性格有一部分为先天的,即生来如此;有一部分为后天的,由发育关系或者生存命运关系所致者。[16] 李斯特主张社会因素是犯罪原因的观点,受凯特莱的犯罪因一切社会关系影响而发生的看法的影响很大。但是,李斯特指出,凯特莱认为个人只有被动接受社会影响的力量,而无造成犯罪原因的可能,漠视了个人的价值。和菲利不同的是,李斯特认为自然因素只是社会因素的一种,没有必要将自然因素独立出来作为犯罪的一个原因。因此,李斯特所主张的犯罪原因中的社会因素范围更大,且李斯特更为强调这之中的经济因素。

在李斯特的二元犯罪原因论中:社会因素是犯罪的主要原因,个人因素只是次要原因。他认为外界因素是犯罪的主要诱因,个人因素由于外界因素的诱发促使其犯罪,社会因素的影响显得相当重要。

(二)刑事政策思想

在正确认识犯罪产生原因的基础上,李斯特提出以犯罪人的特点为根据的刑事政策,主倡犯罪学、刑法学同刑事政策学统一起来的综合刑法学的论点,重视刑事政策在教育改造犯罪和保卫社会中的作用。

所谓刑事政策,不外是确信人类及社会有改善的可能。李斯特确信社会状态有改善的可能,犯罪也是可以预防的。他指出:"社会政策的使命是消除或限制产生犯罪的社会条件,如改善劳动者的生活住所条件,限制劳动时间,提高受教育水平等;而刑事政策首先是通过对犯罪人个体的影响来与犯罪作斗争的,如对幼者实施强迫教育,将赦免的犯人置于一定劳役场所。"刑事政策必须与社会政策同时进行。因为,刑事政策并非欲在社会的关系本身上发生作用,只欲在社会各个人身上发生作用,而此等关系非刑事政策所能单独支配,必须与一切教化改善机关及其他种种设备相辅而成,方有成功的可能性。[17]

---

[15] [德]李斯特:《德国刑法教科书》,徐久生译,法律出版社 2006 年版,第 12 页。转引自崔爱鹏:《李斯特刑法思想初探》,载《辽宁教育行政学院学报》2006 年第 3 期。

[16] 参见翁腾环:《世界刑法保安处分比较学》,商务印书馆 1935 年版,第 37 页。转引自马克昌主编:《近代西方刑法学说史》,中国人民公安大学出版社 2008 年版,第 228 页。

[17] 参见翁腾环:《世界刑法保安处分比较学》,商务印书馆 1935 年版,第 42 页。转引自马克昌主编:《近代西方刑法学说史》,中国人民公安大学出版社 2008 年版,第 231 页。

(三)犯罪对策观

李斯特主张,必须实行犯罪人的分类,实行刑罚个别化;必须根据不同的犯罪类型而作不同的规定和发展,能矫正的罪犯应当予以矫正,不能矫正的罪犯应使其不致再危害社会。例如,能够改善的惯犯,具有先天性的或后天性的犯罪倾向,应处以自由刑,并进行教育改造,使其复归社会;对于不能改造的惯犯,因其复归社会几乎不可能,所以需要采取与社会永久隔离的措施。

李斯特认为刑罚只要是属于国家的,那就不可能是原始本能的、冲动的东西,刑罚应当受到必要性和合目的性的支配,其主张用"社会防卫"——这种新的目的刑思想代替过去的报应刑思想。他并不反对刑罚自身的应有价值,但反对刑事古典学派的意志自由论和刑罚报应主义,认为刑罚不是对犯罪行为的事后报复,也不是对其他人的恐吓,而是对那些"危险状态的体现者"采取的预防措施即防止具有社会危险性的人危害社会,具有对犯罪侵犯社会进行防卫的目的。同时,李斯特认为只有"法益保护"或"社会防卫"才是刑罚的目的和刑罚的正当化根据。刑罚现在应由本能的报应转向国家意思的裁判刑,而且报应观念应被其所说的社会防卫、保全的新的目的刑思想所代替,即所谓的保护刑论。[18]

李斯特认为:"刑罚的任务是应当对犯罪人施以适合其个性的影响,将罪犯改造成为一个对社会有用之才。"[19]因此,刑罚的另一个目的在于改造和教育犯人,消除其危险性,使之重返一般市民生活之中。他特别强调个别预防的重点是预防已受到处罚的人再次犯罪,注重的是特殊预防,如对机会犯罪人、偶发犯罪人采用威吓刑,对可能改善的犯罪人采用改善刑,对不可能改善的犯罪人采用终身刑或者死刑以将其无害化。这就是所谓的以改造刑论、教育刑论为主要内容的特别预防主义。

李斯特特别强调保安处分在刑法中的地位。他认为刑罚是有局限性的,刑罚并非预防犯罪的唯一手段,必须区分不同种类的犯罪对其适用相应的防卫措施,对各种不同情况的罪犯适用不同的适当处分。因此,对付犯罪,除刑罚以外还需创设保安处分制度。

在其《德国刑法教科书》中,李斯特论述了刑罚和保安处分的概念和性质。他认为刑罚是刑事法官基于因犯罪行为所表现的行为和行为人的社会无价值判断而对犯罪人施加的痛苦,即刑罚的尺度的本质在于所犯罪行的轻重——已然之罪,而保安处分是使个人适合于社会(如教育或者矫正措施)或者将不能适合于社会的

---

〔18〕 参见[日]大塚仁:《刑法中的新旧两派理论》。转引自北京政法学院刑法教研室:《外国刑法研究资料(第1辑)》,第107~108页。

〔19〕 [德]李斯特:《德国刑法教科书》,徐久生译,法律出版社2006年版,第7页、第23页。转引自崔爱鹏:《李斯特刑法思想初探》,载《辽宁教育行政学院学报》2006年第3期。

人排除在社会之外（如狭义上的防卫或者保护措施）的特有的国家谴责，即保安处分的尺度的本质在于行为人的危险性——未然之罪。可见，李斯特的保安处分属于狭义上的保安处分，即通常意义上的保安处分，是指由社会摆脱每个犯罪人的危害性而得到安全的处分，也是指把这些人隔离、拘禁或者教化改善的国家的处分，仅限于对人的处分，具体又可以包含两种情况：一种是谋求对于其社会危险性不可矫正者或者矫正很困难者实行社会隔离；另一种是教化改善其社会危险性而使之适合于社会生活。

在刑罚与保安处分的关系上，李斯特坚持二元论的观点，认为虽然在教育、改造罪犯的手段上具有相同性质，而且具有当然的可替代性，而且从未来的发展方向来看，二者也具有合一的趋向（一元论），但是现在还没有发展到二者合一的地步。

二、基本评价

李斯特根据他的犯罪原因观，提出了刑事政策和目的刑的思想。但是其犯罪原因观和犯罪观的联系却很少。相对来说，古典学派提出的犯罪是犯罪人自由意志选择的结果的原因观和犯罪观之间的联系却非常地紧密。虽然李斯特彻底否定了刑事古典学派的——绝对意志自由论，但他将犯罪人理解为在素质、环境支配下必然陷入犯罪的——宿命决定论，却使他走入了另一个极端。他完全否定报应，注重特别预防的目的刑思想，似乎夸大了刑罚的教育作用。事实上实证研究并不都能证明犯罪的预防效果。罪责中只是将犯罪行为作为行为人的人身危险性的反映，犯罪行为的社会危害性没能体现，使犯罪行为本身失去了固有的独立意义，由此造成李斯特倡导的社会责任论过重强调社会利益，忽视了对个人利益的保护，从而扩大了惩罚的范围。

第九章　现代犯罪社会学理论

第一节　现代犯罪社会学的理论准备阶段

对于犯罪学的社会学理论视角所进行的所谓“早期”与“现代”的分类，并非一个严格的编年史意义上的断代，而更多是以理论体系成熟度为标准的一个笼统的界定。在这里，“现代”这一定语的覆盖范围是那些站在社会学视角，对于犯罪的产生原因提出了超越现象论观察式或者“综合多因论”式简单列举的系统化归因理论的学术努力。基于这一界定，现代犯罪社会学理论的正式起点应是美国犯罪学家默顿（Robert K. Merton），因为他在 1938 年所提出的社会张力理论第一次对于社会环境性因素引致犯罪行为的具体因果机制进行了系统的、完整的和有针对性的归因解释并得到了广泛的认同。在此之前，芝加哥学派代表人物帕克与伯吉斯尽管也在社会生态学基础上提出了其“城市同心圆”模式以及“社会解组”理论，但是前者仍然局限于描述性现象论层面，而后者作为一种系统化的理论建构尝试存在诸多缺陷而没有得到普遍认同。所以在这里，仍然将芝加哥学派的学术贡献划入“前现代”阶段予以介绍。这一界分完全是基于具体定义的具体认定。笔者在此无意对这一界分作任何普遍性或公识性解读。

当然，默顿及其之后的现代犯罪社会学学者的系统化理论建构并非凭空产生，而是建立在早期犯罪社会学者的实证研究数据积累及初步理论建构尝试的坚实基础之上的。可以说，不经过之前早期犯罪社会学的理论准备，就不会有现代犯罪社会学理论体系目前的繁荣发展局面。另外，本章的这一部分还将介绍一些完全具备“现代”特征的社会学者的学术贡献，这些学者，比如卡尔·马克思与马克斯·韦伯，无论是在研究方法还是理论建构的系统性上，都毋庸置疑应被划为“现代”一类，但是这些学者由于关注方向不同，并未在犯罪领域进行系统深入的理论表述。只不过他们所提出的宏观社会学理论结构为后续的学者所继承并广泛应用于犯罪学领域的分析。因此这里也将这些学者放入理论准备部分予以介绍。

一、早期犯罪社会学的理论局限性

以李斯特、阿沙芬堡和亨蒂希为代表的早期犯罪社会学学者的一个共同特点就是往往在多个领域同时取得令人瞩目的成就。比如李斯特同时还是一位重要的刑法理论学者，阿沙芬堡在犯罪心理学和精神病学研究方面也是卓有成效，亨蒂希则被认为是被害人学的先驱。这一方面体现了这些学者过人的才华与勤奋，另一方面也说明他们所涉猎的一些领域在当时发展尚不成熟，因此一些富有创见性，但是相对来说学科严谨度不够的观点也可以获得较高的认可度。

（一）早期犯罪社会学发展之最主要支撑学科领域

1. 社会学。尽管从人类文明史黎明时期，古希腊、古罗马学者及其追随者就已展开对人类社会的理性思考并建立了深厚的理论传统，但这些早期努力更多是基于哲学、伦理学以及法哲学的思辨性方法展开。而采用科学实证主义方法的社会学研究在上述学者的时代才刚刚显露雏形。对于人类社会组织形式、结构特点、发展规律的系统化实证观察以及在此基础上的理论思考才刚刚起步。

2. 心理学。在冯特确立现代心理学体系与研究范式之前，人类心理作为人文主义哲学以及医学的附属性考察对象已有相当长的历史。只不过冯特之前所提出基于心理学视角的观点往往要么过于思辨，缺乏实证基础，要么受到当时医学发展条件限制，近乎异想天开，同时这些观点均缺乏体系性。但心理活动作为人类行为之基础这一观念已经确立，因此很多学者都对其予以一定的关注并基于各自认知水平提出了自己的主张。

3. 统计学。尽管通过对自然科学研究方法的观摩，社会学者已经意识到了基于实证数据进行的统计学分析的重要理论建构价值，但是 18、19 世纪，甚至 20 世纪早期的人口社会数据的收集以及对数据的统计分析技术均存在诸多缺陷，无法真正为学者的观察与分析提供全景式的、可靠的客观基础。

（二）早期犯罪社会学视角学说的局限性

早期的那些站在社会学视角从事犯罪学研究的学者在其理论表述上往往带有类似的局限性，其主要表现如下：

1. 罗列的多原因论。早期犯罪社会学者一般都会强调社会原因作为引致犯罪的重要原因之一，而当需要对“社会原因”作一具体操作化定义时，则往往采取不分主次的方式将社会环境、经济地位、家庭教育、城市化、甚至阶级分化等因素罗列而出，而对于这些因素与其他性质因素（心理学、生理学因素）之间的关系，这些因素相互之间的关系，以及各个因素的内在因果机制都没有明显超越现象论层次的系统理论表述。

2. 作为原因的社会因素与作为结果的犯罪之间缺乏内在联系。早期犯罪学者在列举犯罪之社会原因之外，还往往投注较多精力对犯罪进行分类。按照惯常逻辑，事物的客观表现形式的类别差异应该是与事物背后的不同产生原因有着内在联系的，因此对犯罪社会原因之列举即使不能完全一一对应，也应该在一定程度上在对犯罪的分类中有些体现。而在早期犯罪社会学者的学说中往往很难见到这种内在联系。

3. 对犯罪问题对策的基于道德原则的空泛建议而缺乏操作性。早期犯罪社会学重点关注的社会性因素包括贫困、家庭教育、社区环境等,而作为与之相对应的政策建议,早期犯罪社会学者往往只能泛泛地提出帮助贫困社区,改善中下层青少年生活环境,促进社会公平等大而化之的建议。在有的学者的学说体系中,所谓犯罪的社会原因不过是其更广泛视野下的社会改革或改良学说的注脚,对于消除犯罪的社会政策前景带有乌托邦式的理想主义倾向,认为只要实施全面彻底的社会改良(或者革命),就可以从根本上解决犯罪问题。这一立场,姑且无论是否正确,在特定历史环境下至少是不具有实践性的。

当然,早期犯罪社会学诸学者对于犯罪社会学理论发展的贡献也是不可否认的。第一,他们使对于犯罪的实证研究的视角从生物学机制、心理异常现象转向了人类的社会化生活经验,这是具有开创性的研究范式转变;第二,他们坚持以实证主义研究方法为工具,大力提倡在全面而真实的社会学统计数据中寻找和识别犯罪的发展趋势与内在诱因。其对实证数据的专注为量化实证研究方法的发展创造了良好条件,为现代犯罪社会学在扎实的数据积累上的理论建构奠定了坚实的物质与方法论基础。

二、马克思与韦伯:社会冲突理论传统的发端

在现代犯罪社会学理论视野的诸多维度中,以社会共识论(social consensus)为一极,以社会冲突论(social conflict)为另一极的社会规范结构维度具有不可忽视的重要性。从理论建构的接受度上来说,社会共识论理论传统明显占据着学科的主流地位。不论是默顿的社会紧张理论,还是赫希的社会控制理论均遵奉共识论传统。但是进入20世纪末期以来,以泰勒(Taylor)、沃顿(Waton)与杨(Yang)的划时代作品《新时代犯罪学》为标志,强调以社会冲突为社会基本结构形态以及犯罪的宏观存在基础的冲突犯罪学以及激进犯罪学(也称批判犯罪学)异军突起,逐渐占据了犯罪学研究主流的一席之地。而这一理论传统的最早奠基则必须追溯到一个世纪之前的两位重要学者:卡尔·马克思与马克斯·韦伯。

(一)卡尔·马克思生产力决定论之影响

考虑其在哲学社会学领域的公认地位,马克思本人对犯罪现象的直接关注可以说极少,甚至谈不上有针对性的系统论述,但是他在辩证唯物主义与历史唯物主义框架下对人类社会基本问题所提出的诸多洞见却为后续学者在各个专门领域的理论探索提供了极为宝贵的分析平台。马克思及恩格斯有关现代资本主义社会根本问题的深刻剖析直接催生了立足资本主义社会基本结构为犯罪提供最基础归因解释的批判犯罪学理论。在马克思主义理论框架之下,生产力决定生产方式,进而决定生产关系。资本主义社会的生产力水平决定了以私有制和阶级剥削为基础的社会化大生产的历史必然性。而这一历史必然性就形成了资本主义社会的根本性矛盾,即资产阶级与无产阶级之间由于剥削与被剥削而引发的深刻社会矛盾。马

克思指出，为了维持来自榨取劳动者剩余价值的高额利润，资产者必须有意将工资维持在尽可能低的水平，而这样做的一个有效手段就是维持一定数量的“剩余劳动力”，即失业人群，使劳动者随时面临来自失业者的求职竞争而不得不接受低工资剥削。以剩余劳动力方式存在的失业大军，一方面为维持资本主义生产发挥了重要作用，另一方面则不可避免地滋生出一个被马克思称为“流氓无产者”（Lumpen Proletariat）的特殊人群。这一人群身处社会经济结构的最底端，随时处于生存危机的边缘。基于求生本能，流氓无产者阶层自然而然地会寻求不道德甚至非法的谋生方式，如赌博、卖淫、盗窃、抢劫等，并最终形成一个被资本主义社会体系视为危险与有害的“罪犯阶级”。由此，马克思指出，作为一种社会现象（而非心理现象）存在的犯罪其实是资本主义社会制度无法解决的内在矛盾的必然产物。

（二）马克斯·韦伯社会冲突论之影响

作为现代社会学的创始人之一的韦伯在关于犯罪现象之理论建构方面同样投注精力有限，但是他所提出的社会冲突理论却可以几乎不加修改地直接应用于对犯罪的社会学归因理论框架。韦伯在冲突理论领域最重要的贡献在于其定义的作为引发社会冲突之根源的社会不平等的三大维度：（1）权力，尤其是政治性权力其外在标志为政党组织；（2）财富，与经济地位紧密相关，其外在标志为社会阶级；（3）声望，这一维与前两维密切相关但是独立存在，主要附着于拥有较高社会地位之群体。韦伯在此基础上还提出了冲突加剧可能性提高的两个社会化条件：当上述三个维度的不平等叠加出现时；当社会垂直流动性被高度限制而导致只有少数人被允许取得在上述三个维度的特权性地位时。通过这样的理论表述，韦伯构建了一个关于社会冲突机制的基础概念平台，而后续的学者们得以在此基础上进一步探究作为冲突的一种高烈度形态的犯罪的社会学根源。

在西方社会学体系中，马克思和韦伯分别被认为是冲突理论传统中两个不同分析框架的先驱。马克思的阶级斗争分析框架往往被其批判者指为“经济简化论”（Economic Reductionist），即将纷繁芜杂的社会冲突现象统统整合到以经济利益冲突为基调的阶级矛盾之中加以理解。而与之相对的就是韦伯强调社会冲突多维度性的分析框架，认为社会冲突具有多元性和多源性，可能需要一个可以容纳多重因果序列的理论才能充分解释。显然，这两种分析框架之间的优劣之争将是一个旷日持久的过程，但是不可否认的是，后来的学者在这两个分析框架下均取得了丰硕的理论成果，极大地推动了社会冲突理论传统的发展。

三、芝加哥学派的崛起

（一）芝加哥学派犯罪学之历史发展

1892 年，芝加哥大学决定建立美国国内的第一个社会学系，这一举措在很多评论者看来历史性地改变了全球社会学/行为学的整个学术景观。著名的芝加哥学派在这不久之后崛起,而直到20世纪40年代,芝加哥都被全世界社会学者视为社会学研究的圣地。芝加哥学派在社会学领域的成就不可避免地辐射到作为其交叉学科的犯罪社会学,在芝加哥学派的直接或间接影响下,以莫顿、萨瑟兰、科恩为代表的一批美国学者迅速确立了在犯罪学界的主导地位,以符合现代科学标准的社会学研究方法与系统的理论建构取代了主要基于欧洲的早期犯罪社会学思潮,开启了现代犯罪社会学的全新领域,也正式宣告美国代替欧洲成为世界犯罪学研究的中心。

芝加哥学派的崛起显然不是一个偶然事件,而是有其历史与社会的必然性的。世纪之交的美国正面临着深刻的社会变化。南北战争结束后,大批南方黑人获得自由,南方种植园经济的崩溃与根深蒂固的种族歧视迫使大量黑人选择向北迁移,最终在东北部几个工业经济发达的大城市聚集。同时,美国历史上第一次大规模的欧洲移民浪潮也开始席卷美国东海岸。这就加速了几个中心城市的大规模城市化进程以及随之而来的各种社会问题。作为美国东北部最重要的工业重镇之一,芝加哥也不例外,出现了大规模外来移民聚集、多元文化激烈冲突、城市环境恶化、社会贫富分化、治安问题加剧等严重社会问题。一方面,必然引起芝加哥大学的一批社会学者的高度关注和深刻思考,另一方面,整个芝加哥市集中分布的多个人口密度高低不一,经济社会文化特征各异的城市社区同时也为学者们提供了进行深入社会学实证主义研究的得天独厚的丰富数据来源。

芝加哥学派以犯罪行为/社会越轨行为为焦点的犯罪社会学研究从一开始就以为犯罪行为提供一个系统的社会性归因理论,进而发展出认彻底解决犯罪问题的社会化对策为其最终目的。基于这一出发点,对犯罪以及其他相关社会问题的解释聚焦于外在社会因素而非内在生理或心理因素,相应地,对于犯罪问题的解决提案也不强调对犯罪个人的个别化矫治,而是整体性的社会改良。

应当注意,尽管芝加哥学派通过其实证主义社会学研究范式的确立以及极具辐射性的社会学高素质人才培养与输送对美国犯罪学研究,乃至世界犯罪学研究,产生了深刻影响,但芝加哥学派核心成员的犯罪社会学研究主要集中在一个相对狭窄的理论视野上,即犯罪现象与城市社区之间的地域性相关关系。在此基础上,芝加哥学派犯罪学的标志性理论就是基于社会解组概念的"犯罪生态学"。在这一理论传统下,最具代表性的研究成果来自两对学者组合:来自芝加哥大学社会学系,被认为是芝加哥学派两大创始人的罗伯特·帕克与欧内斯特·伯吉斯,以及在芝加哥少年研究所任职,被认为是芝加哥学派理论标志性人物的克利福德·肖与亨利·麦基。

(二)帕克与伯吉斯:同心圆模型

作为芝加哥学派的创始人,帕克与伯吉斯的研究奠定了芝加哥学派的理论基础。其中,帕克将当时在生物学研究中广泛应用的生态学理论与方法引入到对人类社会与社区的研究中来,提出了通过人类在城市社区中以生存资源的分布、取得与分配为主线的互动与共生关系来理解和分析城市居民的行为模式及各种社会现象的观点。而伯吉斯则与帕克合作,将其人类生态学理念进一步具象化,构建出城市发展的同心圆模型(concentric zone model)。在这一同心圆模型中,城市以市中心为原点向市郊辐射,形成由内到外五个同心环状区域。每一个区域有其独有的社会生态特征,但各区域有一个共同特点,即不论特定区域内的人口出现怎样的迁徙变动,该区域的犯罪率总是能在一个较长时间里保持相对稳定。在这一模型的五个同心环区域中,犯罪学家的关注焦点落在紧邻市中心的第二层环状区域。[1]这一区域被称为"过渡区",其社区地标特点一般为废弃的工业建筑及陈旧破烂的密集公寓,基础设施残破,公共服务资源匮乏,社区环境恶劣但居住成本极低,因此在此居留的多数是立足未稳的新移民以及经济条件极差的低收入与赤贫阶层,其中黑人与其他少数民族裔占大多数。另外相当比例的居民会在经济条件稍有改善时就迅速迁离,其空间又为后续到达的新移民所填充,而混杂其中的还有由于各种原因无力改善自身社会经济条件而被迫滞留的下层无产者。这一区域往往有着极高的人口密集度,极高的社区人口流动性,极低的人均社会资源支配率,极为复杂混乱的社区文化认同和极高的犯罪与社会问题发生率。对此,帕克与伯吉斯的解释是,城市中心贫民区的种种生态学特征导致了一种被称为"社会解组"(Social Disorganization)的社会学现象。高密度人口的频繁流动带来剧烈的社会结构变动,进而导致社区系统原有的正常运作机制被破坏。原有主流价值观与社会规范不得不与外来文化与价值观争夺社区主导权,引发文化冲突。各个不同背景的社区族群在有限空间与资源条件下对生存资源的争夺进一步加剧了这种文化冲突,最终导致社区凝聚力急剧削弱,完全失去对越轨行为的限制能力。

(三)肖与麦基:社会解组与社区重构

在帕克与伯吉斯的理论框架之下,肖与麦基的研究聚焦芝加哥不同社区的青少年犯罪率与其社区环境之间的统计学相关性,其研究成果对于青少年犯罪研究具有划时代的价值。他们通过来自警察局与法院的数据,将青少年犯罪率以及各社区的环境因素以分布地图的方式予以可视化。在此基础上,他们通过深度访谈的方式来获取了大量青少年犯的个人历史信息:他们的社会与家庭关系,他们的就

[1] 处于同心圆正中的市中心区域由于其固有的较高人口密度与犯罪率,也会被列为犯罪学研究的关注点,但是其高犯罪率往往是基于其作为城市经济中心的高犯罪机会吸引了来自邻近社区犯罪流动人口的副产品,所以体现社会解组的城市生态特征往往并不如紧邻的第二层过渡区那样有典型意义。另外,由于执法力量在这一区域的相对高密度存在,其犯罪率一般反而低于过渡区,与其高犯罪机会并不成正比。

学经历以及其他个人信息。在对这些信息的深度分析基础上,他们得出以下一些关于青少年犯罪的结论:(1)青少年犯与普通青少年在人格、智力、生理等各方面均无明显差异;(2)犯罪与越轨行为并不会在特定民族或种族群体中持续偏高或偏低(当某一社区的主体居民族群迁徙至城市其他区域时,该社区的犯罪率并不会随之"迁徙",而是在原社区中,在新迁入族群中维持其固有水平);(3)那些青少年犯罪问题最严重的社区同时也面临最严重的其他社会问题:危房、婴儿早夭、结核病流行,以及赤贫;(4)与帕克、伯吉斯的理论相呼应,这些社区基本上都位于城市同心圆结构的最靠内的两个区域。

遵循芝加哥学派的传统,肖与麦基对其所观察到的现象运用了社会解组理论框架予以解释,认为青少年犯罪问题与成年犯罪问题一样,都是恶化的城市生态环境的直接后果。而他们提出的解决方案就是通过对城市社会生态的大规模改造,重建社区的传统组织,使其可以再次对社区内个人的行为行使有效的控制。这一思路的直接产物就是著名的"芝加哥区域计划"(Chicago Area Project)。在这一雄心勃勃的社区改良计划中,通过来自各方面的资金与组织支持,建立了多个由社区当地居民组成的邻里委员会,致力于对社区环境进行改造。这一改造计划强调发挥社区内在的自主性与能动性,激发社区传统结构的自我重组,使其在自身固有文化传承的基础上发展对社区的控制能力并在社区成员的积极参与下维持与巩固这一能力。与早期犯罪社会学提出的充满泛政治化色彩的社会化犯罪控制提案不同,芝加哥区域计划刻意回避任何带有政治性的举措,而将注意力聚焦于文化认同与人际关系的塑造。在这一计划下开展的具体措施主要为社区服务性项目,如体育运动与文化娱乐活动,夏令营以及其他着眼于文化整合的公益活动。

芝加哥学派犯罪学的黄金时代进入 20 世纪 40 年代后逐渐终结。一个原因就是肖与麦基所倡导并大力推行的芝加哥区域计划并未如其期待的那样显著地降低城市"过渡区"的犯罪率。以帕克、伯吉斯为理论代表,以肖与麦基为实践性标志的芝加哥学派犯罪学所受到的来自各个角度的批评也逐渐占据上风。这些批判的焦点主要包括以下几个方面:(1)芝加哥学派在数据使用上过分依赖官方数据,不可避免在准确性上会受到"犯罪黑数"的影响。(2)肖与麦基著名的"犯罪率只关乎社区,而与种族或民族无涉"的结论的青少年犯罪统计数据不尽准确,也有欠全面。(3)芝加哥学派对其犯罪社会学统计数据分析研究发现提出的归因性解释——社会解组理论——受到了后来学者简单化和片面化的批判,认为其对于社会结构相对稳定的非移民社区内的犯罪现象解释力不足。

第二节 犯罪社会学的社会共识理论传统

一、社会共识理论传统概述

作为现代犯罪社会学最重要的两个宏观性理论传统之一，所谓社会共识立场（Social Consensus）对人类社会的价值、伦理、道德、法律、规范系统持一种可调和论主张，认为（至少在理论上）一个社会的整个价值与行为规范系统可以通过文化整合与社会演进最终形成一个统一的、协调的和包容的共识体系。在这一共识体系之下，社会成员受到一个社会契约式共同行为准则框架的约束，其行为即表现出道德性与合法性。越轨行为和犯罪行为表现为对这一共识框架的蔑视、否定与破坏，由此引起社会大多数成员的道德否定评价与道德愤怒，进而引发法律制裁、改造努力，最终带来对道德的回归。根据社会共识论，越轨与犯罪，尤其是大规模的、带有社群标志性的越轨与犯罪行为乃是一种“社会病态”，其存在基础乃是社会构建中存在的非正常和不合理之处。换句话说，犯罪问题之于人类社会犹如疾病之于人体，是病理性的，同时也是可纠正的。因此，消除犯罪问题之努力就必然立足于对社会建构的改良与完善使其臻于完美——即使这一类似“乌托邦”理想的完美社会建构之存在仅仅是一种理论可能。在这一理论传统之下，尽管犯罪学者并不全盘否定越轨与犯罪行为的常态化存在，但是倾向于将这一常态化存在归咎于个体化差异，〔2〕并认为一个建构上完善而合理的社会至少不会受到严重的、体现社会病态的结构性犯罪问题之困扰。

基于社会共识的理论传统，犯罪社会学中的相当部分学者致力于鉴别社会结构中的病理性因子并用这些病理性因子的作用机制来解释特定社会阶层与族群中的结构性犯罪现象。这一归因努力因此被称为“社会结构论”（Social Structure），她的第一位重要实践者是艾米尔·德尔凯姆，而将其完善并形成深具影响力的主流犯罪学理论体系的则是罗伯特·默顿。默顿的社会紧张理论构成了现代犯罪社会学社会共识理论传统结构论视角的最具说服力的基本框架。在这一理论框架下，还发展出一批颇具影响力的学说，如亚文化理论，一般紧张理论等。

---

〔2〕 例如，德尔凯姆就只将超出常态程度的严重犯罪现象作为其犯罪学研究的对象，而将数量与烈度有限的犯罪当作正常甚至功能性的社会存在而不加关注。有学者推崇犯罪之社会学视角而贬抑心理学视角，其论点之一就是心理学视角无法如社会学视角般完整覆盖犯罪问题之全部。但是这一主张显然忽视了社会学视角由于对犯罪之个体差异性来源的解释不能而不得不以所谓犯罪常态化概念来自圆其说。但是我们必须认识到，犯罪作为客观存在，显然不能够一句“这是正常现象”，就不再成其为犯罪问题了。

同样基于社会共识的理论传统，另有一批犯罪学者将其关注焦点放在研究行为人在社会化环境下是如何偏离既成社会共识并最终走上犯罪道路的发展过程。这一归因努力的视角被称为社会过程论(social process)，区别于默顿等人所采社会结构论视角。社会过程论在当代犯罪学的地位极其重要，因为基于这一理论视角成就了两位当代犯罪学理论大师：提出差异接触理论的埃德温·萨瑟兰以及提出控制理论的弗雷德里克·赫希。

这里要特别提请读者注意的一点是，从属社会过程论的诸理论在绝大多数犯罪学教科书中被归入犯罪社会学视角，因为其主要倡导者多具有社会学学术背景，且有相当一部分旗帜鲜明地反对犯罪心理学视角。[3] 但是，如果我们深入分析社会过程论的理论内核，会发现非常明显的心理学，尤其是行为主义心理学以及认知心理学的影响。鉴于此，有学者直接将萨瑟兰之理论归入犯罪的社会心理学理论加以介绍。本书认为，社会过程论的理论基础之多样性，正体现出犯罪学作为一门跨学科融合性研究领域的独特魅力，对于犯罪的科学性归因解释必然要广泛汲取来自社会科学甚至自然科学各个学术领域的有益养分，因此某些成熟理论学说带有多个不同学科的痕迹也是无可厚非甚至不可避免的。为了某个学者或某个理论的"血统纯正"而强行将其归入某一学科范畴否定其"跨界"属性既不客观，也不必要。鉴于此，本书在本章以及之后的"心理学视角"有关章节中均会对萨瑟兰及赫希的理论加以介绍。在本章中，将重点分析学者本身的社会学理论传承及其在理论中的体现，而在之后的心理学章节中，则会更多关注其理论中对于现代心理学理论的应用与融合。

二、社会紧张理论

罗伯特·默顿发表于1938年的里程碑式的学术论文《社会结构与社会失范》(*Social Structure and Anomie*)继承了德尔凯姆的社会失范概念并将其调整、扩展为对社会越轨行为的系统化解释。

(一)结构性失范与相对剥夺

默顿将一个社会的结构按照其功能划分为两个维度：文化结构与社会结构。文化结构主要涵盖社会之价值与目标体系，而社会结构则涵盖赖以实现上述价值与目标的制度化手段。

在一个结构合理、制度完善的社会中，上述两个结构维度应呈现良好整合：社会成员了解并接受社会的价值与目标同时也充分掌握实现上述价值与目标的资源与机会。默顿并不认为合理完善的社会结构安排需要使社会所有成员在绝对平等的基础上达成其价值与目标，但是所有个体均可以参与基于平等机会的竞争并在追求合理成功目标的过程中达至社会化需求的满足，从而消弭社会冲突与结构性

---

[3] 比如，萨瑟兰就对与其同时代的以心理学视角解读犯罪原因的学者持一种近乎全盘否定的态度。

犯罪问题。

而在存在结构性问题的社会中，文化结构与社会结构会出现脱节与失衡。默顿的分析主要聚焦于美国社会，他认为，美国以所谓的“美国梦”为代表的社会价值与目标体系过于强调物质并最终将财富之聚集视为成功之近乎唯一衡量标准。而在问题的另外一面，美国的社会结构并未对社会全体成员平等提供成功致富的社会化资源与机会，财富的聚集在某些社会阶层中可以轻易实现，而另外一些社会阶层的大量成员则被部分或完全阻隔于物质性成功可能之外。于是，“美国梦”文化结构所主张的“只要勤奋与诚实劳动，人人皆有机会成功”的价值因得不到社会结构的现实性支持而归于虚幻。

当一个缺乏成功实现手段的群体的成员将自身追求美国梦所遭受的挫折与充分享有成功机会的群体相比较时，就会产生一种被默顿称为“相对剥夺”(Relative Deprivation)的心理感受。这种心理感受与绝对的成功实现关系不大，而更多取决于与所谓“参照群体”(Reference Group)进行比较后所感受的落差，这与我国传统儒家考察社会问题时提出的“不患寡而患不均”的思想颇为类似。基于对不平等的机会结构的认知而产生的相对剥夺心理被默顿认为是社会失范的真正来源并在受其影响的个体中产生焦虑、挫折、愤怒等负面情绪，这类负面情绪被命名为社会紧张(social strain)。默顿的社会紧张理论由此而得名。

(二)类型化适应

社会紧张理论在说明社会失范之真正来源基础上，提出了著名的“类型化适应”(typology of adaptations)概念来进一步解释社会紧张对个体行为的具体影响机制。所谓类型化适应，强调个体在面临同样的社会紧张时必然会应用一些社会化适应策略予以缓解或消除，但不同个体对于适应策略的选择是不同的，而不同策略选择带来不同法律评价的行为模式，既有倾向于守法的，也有倾向于违法的。默顿将这些不同的适应策略总结为五大类型：

1. 遵从(conformity)：即忍气吞声，委曲求全者。遵从者接受了文化结构为其设定的目标与社会结构对其资源与机会的限制，通过加倍付出来确保某种程度的成功目标达成。默顿认为这是最常见的一种适应策略。这种适应策略的存在解释了为什么即使在犯罪高发社区仍然存在大量守法公民这一现实。

2. 程式(ritualism)：即心灰意冷，得过且过者。程式化者因为意识到社会结构对其资源与机会的限制而基本放弃对成功目标的真正追求。这一群体已经实现了较低层次的物质成功目标，包括有限但稳定的经济来源与相应的社会地位，但是缺乏达致更高阶事业或物质成功的机会，也缺乏遵从者的决心与自制，于是其社会化努力被最大限度缩减，仅以维持当前地位与生活方式所需为念，其具体表现形式就是在经济与政治组织结构的中下层大量存在的愤世嫉俗、同时却不求上进、尸位素餐的低级职员与官僚。程式者在行为上仍然维持守法的基本底线，但是在特定情境因素影响下，也不乏向违法适应策略转变的可能。

3. 创新（innovation）：即投机取巧，不择手段者。创新者在认识到社会结构对其资源与机会上的限制后，并未放弃对社会目标的追求，同时也不愿采取遵从者那样合法但事倍功半的适应策略，于是就转而借助非法的但是更为便捷的手段来确保成功目标的达成。一般来说，创新者的行为选择是犯罪学的关注重点。默顿指出，在将成功异化为单纯经济地位的美国社会，对利益的极端追逐甚至在社会资源与手段相对充分的中上阶层也能够产生类似的社会紧张情绪，并因此引发创新的适应策略选择，由此提供了白领犯罪的行为动机来源，但是，创新者的最主要来源还是面临严重成功机会匮乏而不甘忍受不公的社会下层人群。在此，他提出了著名的“犯罪是对于反常社会环境的正常反应”的论断（Crime is a normal response to an abnormal social situation）。

4. 反抗（rebellion）：即“揭竿而起”，对抗制度者。反抗者认识到社会化目标与实现手段之间的脱节是社会中下层人群所面临社会紧张情绪的根源，既不愿意如遵从者那样自我牺牲来换取目标的有限实现，也不欲如创新者那样以承受道德否定为代价取得机会上的变相平衡，更拒绝程式者的犬儒主义倾向。反抗者所设想的紧张之解决在于对游戏规则的完全改变：全盘否定现行社会制度安排，一方面为自己重新设定社会化目标，同时为实现这些目标规划全新的，往往为非法的手段。因此这一适应策略表现为文化结构上的反传统、反权威，以及社会结构上的不合作与不服从。默顿并不认同将这一策略简单归入“违法”策略的范畴，认为其相对于不合理社会结构设定在特定情况下甚至具有一定进步性。但是基于现有社会规范体系立场，这一策略在实践中多数表现为严重及重复违法犯罪行为，且其“对抗不公制度”的意识形态基础并不能总能排除行为的不合理性与社会危害性，因此其在犯罪学上的重要性不言而喻。

5. 自弃（retreatism）：即自暴自弃，自我放逐者。[4] 自弃者被默顿认为是所有适应策略类型中最少见者，盖因这一策略体现出对社会化目标与实现手段的双重彻底放弃，最终导致个体的全面去社会化及自毁倾向。这一适应策略其实是对社会紧张适应努力的反复完全失败后的不得已选择。自弃者中违法行为相当普遍，但是与其他违法适应策略不同，其违法行为体现的更多是自我危害性，社会危害性相对较小，比如以自我麻醉为主要目的之吸毒、酗酒，为生活所迫而卖淫（区别于好逸恶劳而卖淫），以及基于自由选择的无家可归与流浪者。

（三）社会紧张理论之评价

默顿所提出的这一犯罪社会学理论框架在同时代的学者中得到了极高的评

---

[4] 这一策略类型的命名 retreatism 直译为退缩，但考虑其具体表现，笔者倾向于采用意译方式，将其称为“自弃”。

价。“毫无疑问，(默顿的)这一套学说是近25年来在关于越轨行为的社会学领域最具影响力的单一理论建构，而其论文，包括其最初版本及修改版本，可能是现代社会学领域被最广泛引用的学术论著。”[5]当然，很多学者对其理论框架也提出了激烈的批评，这些批评主要集中于其利用“类型化适应”概念体系对行为选择倾向进行分类并据此将特定犯罪行为与特定社会群体相联系于这一归因路径的合理性上。这些批评的主要代表有如下几类：

1. 批评其体系有结构决定论倾向。比如泰勒、沃顿与杨在其《新时代犯罪学》中就批评默顿之分类体系关于特定社会群体更倾向于特定适应策略的断言过于僵化。[6]

2. 批评其体系所采视角忽视了主体与环境间的互动机制。比如勒默特基于其社会化互动视角，质疑默顿在社会下层群体与违法倾向之间建立的联系之客观性，认为与其说社会下层群体更加倾向于诉诸违法行为来解决其社会紧张，不如说下层群体因其在社会评价话语体系中的弱势地位而导致其适应策略更加容易遭受否定评价，从而被评价为违法，与此同时掌握更多话语权的社会上层人群则更加容易使其道德上可质疑的适应策略逃脱违法评价，由此造成违法行为多来自社会下层这一假象。[7]

3. 默顿在特定适应策略与特定违法类型之间建立的关联也受到了简单化的批评，比如有学者在研究了毒品滥用者的社会化背景之后指出，相当数量的吸毒成瘾与自弃型适应策略之间并无如默顿所描述那样的因果联系。首先，很多瘾君子属于其社会文化结构中典型的成功者类型，如演艺明星、商人、职业知识分子等；其次，很多时候吸毒成瘾并非社会紧张情绪之后果，相反，因为吸毒而导致无法达到成功目标，进而引发社会紧张的个案不在少数；最后，很多吸毒成瘾者并未如默顿所描述那样去社会化，反而会为了获取毒资而更加积极地寻求社会化互动。

4. 默顿所提出的具有一元化倾向的文化结构概念遭到了尤为激烈的批评。学者们认为，不论是文化高度多元的美国，还是现代世界的任何一个文明国家，都不可能有一个大一统体系可以涵盖全体成员的社会化目标与价值取向，因此默顿整个社会紧张理论的概念框架都面临挑战。

对于这些批评，支持默顿的学者指出，绝大多数的批评意见都将注意力集中在了社会紧张理论关于目标与实现手段之间结构性落差的形成及结果，而没有真正

---

[5] Clindar, Marshall B. ,*The Theoretical Implications of Anomie and Deviant Behaveor*,In M. B. Clinard (ed.), Anomie and Deviant Behavior,Free Press,p. 1 – 56.

[6] See Taylor, Ian, P. Waton, J. Young, *The New Criminology*,Harper colophone Books p. 59.

[7] See Lemert, Edwin M. ,*Social Structure*, *Social Control*, *and Deviation* In M. B. Clinard (ed.), *Anomie and Deviant Behaveor*, Free Press,p. 57 – 97.

理解默顿理论体系的复杂深刻内涵，尤其是忽视了默顿在构建社会紧张概念时对于相对剥夺心理的强调。应该看到，尽管默顿的概念体系中相对剥夺心理的产生是以社会群体为单位，但其应用完全不必受到群体构成的限制，甚至可以支持以个人的差异性主观感受为基础的考察，从而大大提高了紧张理论应用上的灵活性。

三、紧张理论的重要发展与演化

默顿的紧张理论的划时代贡献在于为犯罪的社会结构视角提供了一套完整而具有高度适用性的概念框架体系：文化目标结构，社会机会结构，相对剥夺心理，社会紧张情绪，适应策略，等等。而在其概念框架的基础之上，后续的很多学者以自己独特的视角对其进行了发展与补充完善，由此产生了数量众多的“默顿主义”犯罪学理论（Mertonian Anomie Theories）。限于篇幅，这里无法将所有的次生理论一一详述，仅重点介绍影响较大的几个：科恩的亚文化理论，克劳伍德与欧林的差异机会结构理论，以及阿格纽的一般紧张理论。

（一）阿尔伯特·科恩（Albert Cohen）的亚文化理论

作为一名犯罪学家，科恩可谓“师门渊源”，先后跟随默顿与萨瑟兰两位大师学习。而他的个人学术成就之重要方面也正是其对萨瑟兰差异接触概念与默顿的社会失范理论所作的整合努力。他使用了默顿的理论框架来回应学者对于萨瑟兰差异接触理论无法解释越轨之源头的批判，同时也对于默顿理论框架过于强调行为人的个人选择作出了调整。科恩于1955年出版的专著《不良少年》指出，[8]青少年的不良行为不仅在其身处互动群体或团伙环境时出现多于其单独一人时，而且很多这些不良行为就发端于这类群体性环境之下。对此，科恩认为，这类不良行为乃是社会下层青少年（以男性为主）作为一个群体对其所面对的社会紧张所共同采取的适应策略选择的结果。

科恩提出，对于青少年来说，其人生的阶段性目标就是追求可以带来社会地位的成功。而对于成功的主流定义一般是以学校为其语境基础。青少年需要在学校这一社会化设定中，追求以中产阶级价值观为主导的成功并以此获取社会地位。[9]但是来自社会下层的青少年，受其家庭环境以及社会资源的限制，普遍缺乏可以在学校设定中通过合乎社会行为规范要求的努力达致符合中产阶级价值观之成功的能力，往往在与来自社会中上层的同龄人的竞争中居于下风。这种局面导致在下层青少年群体中出现一种被称为“地位挫折”（status frustration）的负面心理状态。毫无疑问，“地位挫折”情绪不论在来源还是外在表现上都完全符合莫顿对于“社会紧张情绪”的定义。而根据科恩的观察，相当数量的青少年选择了“反

---

〔8〕 See Cohen, Albert K., *Delinquent Boys*, Free Press, p. 6 (1955).

〔9〕 按照一般性定义，中产阶级价值观的主要内容包括对理性、责任、自制、尊重、学术成就等品质的推崇。

抗”这一策略来应对,科恩将不良青少年对这一策略的适用过程命名为“逆反成型”(reactive formation),包括以下三个步骤:第一步,在处境类似的青少年人群中进行价值观之重新定义;第二步,对学校教育之核心价值进行抛弃、无视与诋毁;第三步,对那些遵奉学校教育的青少年加以无情讽刺与嘲笑。通过对中产阶级价值/学校教育的反抗,这些青少年走向其价值对立面,并以此为依据重新定义了其群体内的成功标准,这一标准具有强烈的反权威、反秩序、反传统内质,成为所谓不良亚文化的核心。在不良亚文化氛围中,越轨行为及其后果被视为“成功”,下层青少年于是得以实现在主流价值语境中无法得到的“社会地位”,从而实现了对其地位挫折困境的集体化消解。

(二)理查德·克劳伍德与劳埃德·欧林的差异机会结构理论

与科恩类似,克劳伍德与欧林同样将群体性而非个体性视为不良行为的重要特质。但是,克劳伍德与欧林不认同科恩对于青少年以团伙为结构基础应对社会紧张时仅仅选择反抗策略的绝对化立场。他们认为,中产阶级价值指向之成功定义其实相当笼统,从而给下层青少年通过非法手段达到成功目标留出了空间。因此,当下层青少年面对由于缺乏合法机会而难以达到成功之地位挫折困境时,并不会径行转向主流价值之对立面并在反传统框架下重新定义成功标准,而是借助非法手段维持其对传统定义之成功的追求(默顿理论框架中的创新策略),只有在非传统手段也付之阙如的时候,才在无奈中转向反抗策略。为了解释在面对地位挫折时不同青少年团伙的行为差异,克劳伍德与欧林提出了差异机会结构理论。[10]

差异机会结构理论在前半段与默顿以及科恩的论述基本无本质差别,均指出青少年不良团伙之形成源于下层青少年意识到其达致成功的路径遭到不当之剥夺,为寻求地位挫折之解决而诉诸集体行为。但其集体行为的具体性质会受到其身处之社区特质的深刻影响,而体现出明显不同。这里起决定性作用的社区特质,按照克劳伍德与欧林的观点,乃是不同社区中非传统成功机会的不同可得性(differential accessibility)。差异机会结构理论深受芝加哥学派社会生态学观念影响,认为城市之不同社区(往往与不同的社会阶层与族群密切相关)所拥有的资源与机会各不相同,而这些资源配置与机会分布的差异也决定了该社区的青少年是否坚持追逐主流价值体系定义的成功目标,以及在追逐该目标时所采取的途径(合法或非法)。另外,社区中处境类似的青少年间的互动交流也为其提供了萨瑟兰差异接触理论中所描述的不良行为之习得环境。

作为上述社区与群体环境差异的结果,克劳伍德与欧林列出了三种不同形态的青少年不良亚文化:(1)犯罪人亚文化。在缺乏充分合法成功机会,但未与主流社会经济系统完全隔绝的社区,青少年由于可以通过盗窃、诈骗、贩毒等非法手段

---

〔10〕 See Cloward, Richard A., Lloyd Ohlin, *Delinquency and Opportunity*, Free Press, p. 43(1960).

获取经济资源,而仍有希望达致与传统定义下成功并无太大区别的物质性成功目标。在此基础上形成的犯罪人亚文化的价值体系并不排斥传统成功,但是通过多种扭曲的道德评价与表达将非法逐利行为予以合理化甚至美化。犯罪人亚文化下的青少年不良团伙行为的逐利动机非常明显,但一般不会过度追求非理性和纯破坏性的暴力行为,因为这类暴力行为对于其逐利动机以及追逐成功目标均无任何助益。(2)冲突亚文化。冲突亚文化产生于那些缺乏可以维持稳定的非法逐利活动的经济资源的社区。在这些社区中,由于与主流经济系统隔绝导致资源高度匮乏,青少年不论是通过合法还是非法途径均难以达致主流意义上的成功目标,由此导致对社会不公的愤怒与对主流价值在目的和手段上的全面否定。冲突亚文化的来源与特征均符合默顿理论体系中的"反抗"策略选择,也与科恩所提出的不良亚文化概念基本一致。其成员的行为模式体现出明显的非理性、侵略性以及愤怒表达动机。(3)自弃亚文化。这一亚文化类型正是默顿理论框架中自弃策略的集体化表征。这一亚文化由遭到主流文化以及其他类型亚文化"双重淘汰"的失败者组成。这些青少年既无法通过合法途径取得传统意义上的成功,亦缺乏以非法途径逐利的能力与社会资源,甚至缺乏通过暴力与愤怒表达反抗社会不公的意志力,而只能诉诸带有集体自我放逐性质的不良行为,如酗酒、吸毒及卖淫等。

默顿、科恩、克劳伍德与欧林的理论体系,构成了传统社会紧张理论的主体部分,其共同特点是将犯罪的根源归咎于社会结构性原因,重点关注社会机会分配不均对于犯罪行为的重要影响,同时强调社会不公不是犯罪的直接原因,对于社会不公导致的相对剥夺感的不同适应策略才是合法与犯罪行为选择的决定性因素。

(三)罗伯特·阿格纽的一般紧张理论

如前所述,对默顿及其追随者的理论体系最主要的批判在于其结构性归因思路的简单化倾向:首先,对于将中产阶级价值与目标体系的幻灭作为社会紧张的基本来源存在不同看法,反对者认为中产阶级价值并非如默顿及其追随者所言那样会对全社会产生如此一元化的影响;其次,有学者认为其对于结构性失范向社会紧张情绪的转化机制的描述也过于单一,价值目标—实现手段的脱节应该仅仅是社会紧张的诸多来源之一,但默顿的理论体系对此外的其他来源明显缺乏关注。上述批判引发了对默顿理论体系的新一轮修正,其中最有影响力的就是阿格纽的一般紧张理论。

一般紧张理论对于默顿理论体系的最重要创新是在"紧张"概念的解读中引入了社会心理学与心理学有关压力、人际关系、挫折感以及攻击性的研究成果,极大地拓展了社会紧张情绪的应用范围与行为解释力。在传统社会紧张理论体系中,只涉及一种类型的紧张,即价值目标—实现手段结构性脱节引发的相对剥夺感导致的紧张情绪。而阿格纽认为,紧张可以由多种不同的社会互动机制引发,既可以源自结构性原因,也可以源自个别化因素,既可以是客观存在的,也可以是认知建构的,既可以源自积极努力的失败,也可以源自消极贬损的显现。阿格纽的类型化概括提出紧张的三个主要来源:(1)成功目标之现实或预期达成不能(直接继承自莫顿理论体系);(2)既有的积极因素之现实或预期剥夺(如失业、失恋或亲人之故去);(3)负面因素之现实或预期显现与存续(如遭遇歧视、虐待或批评)。另外,针对第一类型的传统紧张来源,阿格纽又以认知心理学的动机目的概念为基础作了进一步细分:(1)基于概括主流文化语境的成功目标之达成不能;(2)个人以自身经验为基础而设定的具体成功预期之达成不能;(3)个人认知中自身努力的公平合理结果与实际效果之间的落差。

通过其对紧张来源的类型化概括,阿格纽实际上已经将紧张由一种概括性的社会对立情绪概念扩张为一种在不同阶层、不同年龄、不同族群均可能存在的心理压力机制。当然,阿格纽认为,由于这种心理压力主要源于对在社会化互动中所处的不利地位的认知,青少年以及社会弱势群体仍然是紧张情绪的高发人群。

毫无疑问,在阿格纽的理论里,一般紧张概念继承了社会紧张概念诱发不良及犯罪行为的归因地位,但是不同于默顿及其追随者对于紧张情绪致罪机制过于宏观与粗线条的表述,阿格纽更加注重从个体差异性,也就是心理学视角来解释个人在选择合法还是非法适应策略以消解紧张情绪时的具体分化。阿格纽认为,个人在感受到紧张情绪时的越轨适应策略选择取决于一系列“条件因子”,这些因子在其最初的理论建构中涵盖广泛,既包括了外在的社会性结构性因子,也包括内在的个人化特质性因子。但后期在其理论框架基础上进行的实证研究并未对其所罗列的所有条件因子予以支持。最新的实证研究倾向于支持三个更具个体化色彩的归因要素:与不良同侪的交往、具反社会与越轨倾向的信念以及带有不良行为倾向的心理特质。从某种意义上讲,一般紧张理论在对默顿理论体系所提出的结构性致罪因素进行多维度分析的尝试中为这一传统上属于社会学视角的理论模型提供了一个颇具效度的心理学视角解读。

四、差异接触理论

(一)对萨瑟兰理论流派归属之误读

以埃德温·哈定·萨瑟兰(Edwin Hardin Sutherland)是犯罪学领域当之无愧的巨人。他被认为是西方犯罪学史上具有里程碑意义的人物和20世纪最具影响力的犯罪学家。在美国,他被称为“犯罪学之父”。萨瑟兰对于犯罪学理论的发展有两个划时代的贡献,一个是提出了“白领犯罪”概念,突破了在当时犯罪学研究中将犯罪与社会下层紧紧联系在一起的传统观念。另一个就是提出了差异接触理论,以一种全景式的表述结构,将犯罪的原因锁定于个体从其接触的人群中选择性学习之过程。差异接触理论在犯罪学领域占据了极其重要的历史地位,它以及它的诸多后续学说至今仍是最具学术影响力的犯罪学理论传统。

萨瑟兰在犯罪学界的泰斗地位,对其理论体系的评述不胜枚举,而其关于犯罪行为基本成因的一般性理论表述,更是每一位犯罪学的学生所必须研习的经典。一般性认识往往依据萨瑟兰的社会学背景而将其理论归入犯罪之社会学视角,但是对其理论之来龙去脉的进一步考察却会发现社会学的笼统标签其实有失片面。我国犯罪学家吴宗宪教授在对西方犯罪学理论发展进行全面梳理的专著《西方犯罪学史》中注意到其理论关于行为习得之表述所体现的行为主义心理学色彩,并据此将其差异接触理论归入社会心理学理论予以介绍。[11] 对此笔者认为同样值得商榷。诚然,考虑到萨瑟兰社会学家的学科传承,以"社会心理学"概括其跨界特性似无不妥。但是必须看到,当代社会心理学自有其严格的学科特性与认识对象限定,并非任何兼具社会学与心理学内质的学说都可以打上社会心理学的标签。

实际上,对萨瑟兰理论框架的社会学派系之判断主要来自其鲜明的反心理归因立场:萨瑟兰在其学说的立论之始就对当时流行的基于精神病学与心理特质论的犯罪心理学归因主张提出强力批判,主张犯罪人相比非犯罪人在心智方面并无可独立引致犯罪的差异,犯罪不过是普通人经历了具有致罪影响力的社会过程的结果。但是这并不代表萨瑟兰的观点与心理学的其他流派毫无交集。实际上,在其对致罪社会过程作用机制的描述中,萨瑟兰借鉴了来自多个不同学科领域的学术成果。有学者总结,萨瑟兰犯罪归因体系之理论传承有三个明显的来源:(1)芝加哥学派的社会解组概念;(2)法国学者塔尔德的行为模仿概念;(3)芝加哥学派社会心理学先驱人物乔治·米德(George H. Mead)的符号化互动概念。[12] 这三者中,社会学、心理学与社会心理学视角各居其一,共同构成萨瑟兰理论的观念基础。另外,萨瑟兰理论体系的一个重要特点就是对犯罪原因的极为抽象的理论概括,其对犯罪行为在社会化互动过程中的具体传播机制的语焉不详,为后续学说发展出更具体的归因机制留出了很大发挥空间。而在其理论框架下发展出的后续理论多表现出非常明显的行为主义心理学和社会心理学影响。因此,笔者认为必须承认萨瑟兰理论框架的跨学科特质,以多学科视角加以审视方能充分理解其体系之深刻与广博。

(二)差异接触理论之九大命题

差异接触理论之雏形是在萨瑟兰 1939 年出版的《犯罪学》一书中提出的。1947 年该书再版时萨瑟兰对其进行了重要调整,并形成了以下面 9 个命题为核心的理论表述:[13]

1. 犯罪行为是习得的。差异接触理论首先开宗明义地否定了生理学、遗传学

---

[11] 也译作不同交往理论。

[12] See Beirne, Piers, James Messerschmidt, *Criminology*, Westview Press, p. 134(2000).

[13] See Sutherland Edwin, H. & R. Cressey Donald, *Principles of Criminology*, PA: JB Lippincott, p. 19 (1947).

因子在犯罪归因中的作用。同时,通过否定犯罪行为是来自个人内在因素而与精神分析理论划清了界限。

2. 犯罪行为之习得乃是通过与他人的互动沟通实现的。这种互动沟通既可以是语言性的,也可以是非语言性的。

3. 犯罪行为习得的主要部分发生于关系亲密的个人群体以内。这一命题遭到了后来学者的挑战,因为它否定了通过媒体习得犯罪行为的可能性。萨瑟兰本人在其理论中并未正面回应这一质疑,其理论体系的原初形态也没有将媒体纳入其中的逻辑空间。而在班杜拉后来提出的社会学习理论与认知学习理论中,通过"注意对象"概念将媒体作为习得来源与亲密个人群体作为习得来源的属性统一起来,可以看作对萨瑟兰理论的重要修补。

4. 当犯罪行为被习得时,这种习得包括(1)犯罪技巧(或简单,或复杂),以及(2)与特定犯罪相关的目的、动机、合理化借口与态度之指向。实际上,从接下来的几个命题的内容中可以看出,萨瑟兰认为后者对于犯罪习得的重要性要远远大于前者。不是所有的犯罪都需要特定技巧,而且很多通过合法途径习得的技巧可以轻易转化为犯罪技巧。但是如果一个人缺乏实施特定犯罪所需要的驱动和心理态度的话,犯罪是不可能实现的。

5. 指向越轨与犯罪行为的驱动和心理态度的习得是通过习得对相关法律禁令性规范所作出的"可接受"(favorable)与"不可接受"(unfavorable)的定义实现的。这一命题是最能代表萨瑟兰之符号互动主义理论背景的命题,同时也是在不熟悉符号互动主义的学生当中引起最多歧义的命题。根据这一命题,行为人在作出行为选择时并不需要在"做什么"这一具体问题上花费太多精力,因为个人的技能、知识基础以及行为时的情境在很大程度上决定了可供选择的行为选项,个人真正需要决定的往往是"做还是不做"这样一个问题。而行为人在思考这一问题时,其参照系乃是对这类行为作出评价与规定的社会行为规范。当面临抉择的行为具有潜在越轨或违法犯罪可能时,行为人需要考察的就是相关法律对这类行为的禁止性规定。但对行为禁令的文本性了解并不足以导致放弃该行为。按照本命题,行为人的最终选择取决于其在当时情境下对该禁令的定义。如果对该禁令的定义为"可接受",则行为人会选择守法;而若定义为"不可接受",则对其予以违反就成为合理的行为而被加以实施。

6. 如果行为人接触到的对法律禁令的"不可接受"之定义压倒了"可接受"之定义,则行为人就会倾向于实施违法犯罪行为。本命题是对前一命题的重要说明,被称为"差异接触原则",是萨瑟兰差异接触理论的核心。它强调了,绝大多数行为人的习得环境都不会纯由某一个方向的影响构成,而往往是一个多种竞争对立的意识形态共存的复杂环境。在这一环境中,对任何法律禁令都会有两个方向的解读,行为人最终的选择取决于哪一方向的解读对其施加了更有力的影响。这一命题在原则上解释了为什么有的人会习得犯罪有的人却不会习得犯罪这一问题。在法治正常之情况下,守法之意识形态占据主导地位,法律的任何规定都应被定义为可接受从而具有禁制不法行为的效果。但是,如果某些行为人的微观环境中对某一法律禁令的不可接受之解读占据优势,其行为习得就会指向对该禁令的不可接受之定义,作为结果,他就习得了违法行为所需要的驱动和心理态度。第5和第6命题对于认识我们作为预防犯罪的一项重要措施的"普法工作"的实际效果具有重要指导意义。如果普法工作仅仅满足于让对象了解法律禁令的基本内容,是不足以真正令潜在犯罪人放弃犯罪之意图的,因为受其所处的环境决定,他很可能会将这一法律禁令解读为"不可接受",从而出现"知法犯法"的情况。所以,普法之重点,不在于对法律之文本内容的知识性宣讲,而是要促进对法律文本之认同观念,对抗那种质疑法律、藐视法律的社会文化与意识,从而防止对法律禁令的"不可接受"之解读的传播。

7. 差异接触之"差异"可在四个层面上加以量化:频率、持续、优先度和强度。通过第5、6命题基本上奠定了差异接触理论通过量化考察个体习得环境影响力来解释犯罪行为的基调,但是这一量化考察需要具体指标才具有可操作性。萨瑟兰在本命题中就提出了上述4个指标。如前所述,行为人通过与个人微环境(亲密个人群体)的接触而习得他人对特定法律禁令的态度,并以此指导其实施或不实施犯罪行为的抉择。但是其在个人微环境中同时会接触对法律截然不同的态度,只有在量上取得优势的接触才会左右个人的行为选择。而某种态度是否具有量上的优势,可以通过一个包含了四个因子的函数公式加以确定:

$$Ea = \{f, d, p, i\}$$

其中,Ea代表接触之实际效果,f(频率)与d(持续)代表差异接触在纯粹时间总量上的指标,显然,接触频率越高,每次接触持续时间越长,则接触的效果越明显。而p(优先度)与i(强度)则是差异接触的认知特征指标而与时间量无关。其中,p(优先度)代表特定接触发生的时间先后,按照"先入为主"原则,在其他因素相等前提下,特定接触发生时间越早则效果越明显。这一指标显然对父母以及早期教育的作用作出了重要说明。i(强度)代表行为人对接触来源重要性的认知,行为人对接触来源越重视,其接触影响之效果越明显。这一指标从侧面解释了为什么习得主要发生于亲密个人群体,因为这一群体成员在行为人认知中往往具有较高的重要性。

8. 通过差异接触习得犯罪行为之过程会应用到在其他正常行为学习过程中出现的所有习得机制。这一命题再次重申了萨瑟兰对犯罪的学习理论立场,同时,将犯罪习得机制与行为主义心理学用于解释正常行为的习得机制统一起来,实际上是间接承认了差异接触理论的心理学基础。

9. 尽管犯罪行为是一般性需要与价值的表达,这些一般性需要与价值并不能被用于对犯罪原因的解释，因为非犯罪行为中同样会体现这些需要与价值。在此，萨瑟兰批判了早期犯罪学将犯罪归因于对财产和社会地位之追求的观点，因为人类的大多数合法的自我实现行为均以对财产和社会地位的追求为驱动。这一批判背后体现的是一个简单却常被忽视的因果关系逻辑：如果一种行为因素在合法行为与非法行为中均存在，这一行为因素显然就不能被用于作为非法行为的原因，因为这一因果联系缺乏指向性。在笔者看来，这一命题对我国犯罪学研究具有重要启示意义，因为时至今日，仍有相当多的学者在其犯罪学研究中将“过度膨胀的欲望”之类因素作为其犯罪归因的重要命题加以讨论，却忘记了，膨胀的欲望实际上也支撑了绝大多数的合法逐利行为。而是否越轨的关键不在于欲望之强烈与否，而是当欲望与法律禁令发生冲突时，行为人是否通过差异接触习得了将该法律禁令解读为“不可接受”的态度。

（三）差异接触理论之学术价值及理论流派分划

对差异接触理论最主要的批判集中于其核心概念缺乏可操作性这一点上。后续学者对于其所提出的“互动沟通过程”、“亲密个人群体”、“法律禁令之定义”以及“频率、持续、优先度、强度”四要素等关键概念的内涵与外延存在颇多争议。定义上的模糊导致以这些概念为对象的实证研究结果难以形成统一结论。之所以会出现这样的局面就是因为萨瑟兰将其对犯罪的解释高度凝练于九个简短的命题之中，而并没有在其基础上作更多的扩张和解释。尽管如此，在其差异接触与社会学习概念体系基础上进行的大量实证研究仍然极大地拓展了犯罪学归因理论的视野，一些研究结果支持了其理论的核心论断，另外一些研究则指出其核心概念体系有进一步修正的需要。

差异接触理论所倚重的学习过程概念也受到了主要来自心理学领域的批评。认知心理学之研究指出学习不是一个被动接受的过程，而是有着充分的主体性和创造性。另外，将学习之主体局限于亲密个人群体的观念也受到了来自认知心理学的挑战。正如班杜拉在其稍后提出的社会学习理论中强调的，社会媒体对于个体学习所能产生的影响绝不亚于亲密个人群体。当然，萨瑟兰对于这一点缺乏认识并不奇怪，他最初提出差异接触理论时，以对人类意识和沟通的最新研究发现为基础的心理学“认知革命”尚未发生，而对媒体之独特作用的发现正是“认知革命”的重要成就之一。

作为犯罪学界公认最具影响力的犯罪学理论之一，差异接触理论的价值不言自明。这一理论呼应了塔尔德在19世纪末提出的行为模仿说，将犯罪解释为社会人际关系之远近作用于模仿程度的结果。在萨瑟兰的解读中，他对犯罪之习得机制提出了两个重要论断：(1)行为学习之内容，尤其是那些带有符号意义的内容对行为之养成极其重要；(2)行为学习是一个以符号化互动沟通为形式的社会过程。正是因为这一论断，差异接触理论有时被冠以社会过程论的标签，与默顿代表的社会结构论并列为犯罪学之社会学视角的两大重要分支。

如前所述,萨瑟兰及其理论在多数情况下是被划入犯罪学的社会学视角的,而笔者认为这一划分至少在差异接触理论来说是值得商榷的。仅仅凭符号化互动以及社会化过程两个要素就将其纳入社会学视角未免简单化。毕竟,随着认知心理学逐渐进入心理学的主流话语体系,符号化认知与心理过程的社会化属性均已是当代心理学的应有之义,而不再为社会学所独有。

在我国的有关论述中,绝大多数学者并未在理论之流派分划上花费太多心力,即使有所提及也只是不假思索地将其定性为犯罪社会学。目前国内文献中在这一问题上有深入讨论的是吴宗宪教授所著《西方犯罪学史》。他在书中对介绍的犯罪学家及其学说均按照学术领域进行了归类。书中将萨瑟兰及其差异接触理论放在社会心理学中加以介绍。

吴教授的上述归类是在考察了萨瑟兰本身的学术背景及其理论的理论传承后得出的,本身有其合理之处。萨瑟兰毕业于芝加哥大学社会学系,属于著名的芝加哥学派。芝加哥学派以社会学立身,萨瑟兰作为一名社会学家在学术流派上属于符号互动主义学派(symbolic interactionist school),该学派的基本理念是:行为人与物之互动形式是以其所理解的物的含义为基础的,而这些物的含义得自社会互动,为个体解读所修正。[14] 符号互动主义学派在微观社会学和社会心理学领域深具影响力。其出现早于心理学所谓"认知革命"对个体意识之内在机制所作出的突破性解读,但是这一理论已经注意到了物之存在与物之解读之间的区别以及这种区别之于正确认识个体意识思维本质的重要性,只是苦于无法从内在视角去深入剖析其机制,而只能以现象论的方式对其加以细致描述。这种现象论研究也就一直停留在相对视角较广的社会学层面。但是,随着认知心理学对符号化互动之内在机制的解读日渐成熟,这一概念遂在社会心理学领域得到更充分的拓展和研究。另外,在个体心理学研究中,得到认知心理学加强的学习理论发展出认知学习理论,对于萨瑟兰理论中语焉不详之处作出了最具说服力的细化解读。因此,即使萨瑟兰的差异接触理论在其发展初期是以社会学为其概念与理论建构之基础,但在今天,最能够准确体现其精髓的却是从心理学以及社会心理学中发展出来的概念体系。实际上,当萨瑟兰在其《犯罪学原理》一书的改版中,将社会失范(social disorganization)概念从其差异接触理论9命题中剔除之后,这一理论就已经将其视角完全转向犯罪的个体差异化原因,从而完全为心理学/社会心理学的体系所包容了。萨瑟兰在之后又另起炉灶,提出差异社会组织理论(differential social organization theory)以容纳他对犯罪归因的社会学解读。他并无意以差异社会组织理论取

〔14〕 See Blumer, H., *Symbolic Interactionism; Perspective and Method*, Englewood Cliffs, Prentice-Hall, p. 67(1969).

代差异接触理论，显然也是考虑到两者实际上是在不同视角上分析犯罪问题的。

鉴于此，如果不考虑历史因素，单以对差异接触理论核心概念发展之最新形态的最充分理解的需要出发，将其作为一种基于心理学视角的社会学习理论加以认识要更加恰当一些。

（四）对差异接触理论的补充、修正与发展

萨瑟兰的差异接触理论的提出深刻地影响了此后一个时期犯罪学的发展方向，但同时其理论的不完善之处也为学者所关注。这种关注不可避免地催生了对差异接触理论的补充以及修正理论的提出。一个值得注意的趋势是，对差异接触理论的几个重要补充修正均是以吸收心理学关于行为学习与认知学习的最新研究成果的方式进行的。这也从侧面说明了差异接触理论的心理学基因。

萨瑟兰在不同交往理论中提及，越轨行为习得的内容之核心是“禁令之不可取解读”。结合班杜拉的社会学习理论，我们知道这是一种基于行为之道德评价的抽象符号化认知。但是这一符号化认知的内容到底是什么，我们可以从犯罪学家大卫·马兹阿（David Mazta）与格雷山姆·塞克斯（Gresham Sykes）的中和技巧理论中寻找答案。[15] 所谓中和技巧，就是行为人在保持对主流道德规范的总体认同基础上，对特定规范作出似是而非的扭曲解读，使该规范看起来不再谴责对其之背离，使行为人得以突破该规范的约束却又能保持对自身的肯定性道德评价。

马兹阿和塞克斯于1957年开始合作尝试发展一种理论来充实萨瑟兰的差异接触概念。在他们看来，之前理论对于犯罪人，尤其是青少年犯罪人的行为发展之看法缺乏弹性，既不考虑行为人本身的主体性，也未说明为什么犯罪行为在习得后又会在特定条件下消失。而青少年犯罪现象中，存在很多按照差异接触理论的原始概念难以解释的现象，比如为什么在主流守法观念之影响力占据绝对优势的环境下，青少年依然会选择与主流价值背道而驰的行为，以及为什么在具有犯罪行为模式的青少年中，相当部分随着年龄增长而逐渐收敛甚至放弃犯罪行为回归守法。为了解释这一现象，他们提出了“道德漂移”（drift）的概念：行为在守法生活方式与非法生活方式之间游移不定的一种边缘状态，既不是坚定地自律守法，也不在违法行为中泥足深陷不能自拔，而是随情境与行为对象之不同，以某种判断标准为基础决定是跨越法律禁令之界限还是留在守法的边界以内。而行为人在选择是否诉诸道德漂移时所使用的判断标准正是萨瑟兰差异接触理论中所讨论的习得的内容：对于特定违规行为的态度与合理化解释。

在马兹阿和塞克斯看来，支撑道德漂移式越轨行为的态度与合理化解释并非

---

〔15〕 See Sykes, Gresham M., David Matza, *Techniques of Neutralization: A Theory of Delinquency*, American Sociological Review 22 (6), 1957, p. 664 – 670.

如一些以社会阶层对立或文化冲突为基础的理论所认为的那样，来自对传统社会价值观的公然否定与背反。实际上，这些态度与合理化解释是传统主流价值观固有内在缺陷的产物。根据马兹阿和塞克斯的观察，主流价值观体系尽管倡导守法与道德，却充满自相矛盾和不能自圆其说之处。他们将这种潜藏于主流价值观内部的消极价值称为“潜流价值观”，认为它在青少年的日常生活中无处不在。以学校为例，学校在传授道德价值，鼓励正直、诚实、友爱、互助等主流价值观的同时，教师却可能以各种借口任人唯亲、在行事作风上口是心非、以社会等级分划区别对待学生。这些对主流价值的背反在面对可能的诘问时往往会被以各种借口加以合理化，成为正式行为规范之外的“潜规则”，而这种通过应用“潜规则”背离主流价值观的做法，在学校的差异接触环境下，显然会成为学生行为习得的重要内容。

与那种直接否定和对抗主流价值观的越轨亚文化相比，这种潜流价值观因其隐蔽性和普遍性而尤其危险。在其影响下，青少年即使没有被暴露于违法犯罪人群之中，同样可能习得在特定情况下以道德漂移的形式实施越轨犯罪行为。

马兹阿和塞克斯通过大量的实地观察与概括总结，对道德漂移之形式及其效力作了细致的分类描述，认为行为人可以在三个层次上对自己的越轨违法行为提供道德上的合理化解读：

第一个层次被称为“文饰”（rationalization）。这一般是行为人在实施了带有偶然性的越轨行为之后为自己的行为作出的合理化辩解，比如激情犯罪、过失或者事故之后的自我辩解。由于这一层次的道德漂移之正当性近乎强词夺理，故对抗道德谴责的效果并不明显，无法对自责或者他责产生足够的对抗效果，因此也就难以直接支持重复的越轨行为模式。

第二个层次被称为“表达”（verbalization）。这是行为人在犯罪行为意图已经成型但尚未付诸行动时应用的合理化解释，最终促成犯意转化为犯罪行为。表达可以帮助行为人在明知存在道德禁忌时摆脱规范的束缚。例如，被老板斥责而心怀愤懑的员工盗窃公司财物时可以以老板为富不仁作为其实施盗窃行为的合理化解释，其实其对公司财物的觊觎之心早已有之，只是一直无法跨越道德底线，而老板的“不义”就为其行为提供了正当性之表达。表达作为一种支持道德漂移的自辩对抗道德自责或他责的效果明显强于文饰，但是由于往往限定于特定环境，当特定环境消失时，就不具有任何可用性了。

第三个层次，也是最重要的一个层次的合理化解释，被称为“中和”（neutralization）。这是一种无特定适用场景，而针对普遍性行为规则的合理化辩解，其作用就是将某一规范性禁令的道德谴责力完全抹杀，一如化学试验中将酸性制剂倒入碱性溶液，令其碱性完全消解，达致酸碱度平衡的“中和”效果。中和形成于犯意形成之前，是效力最高的一种道德漂移机制。它可以完全抵消对于特定越轨行为的道德谴责,同时可以维持行为人针对特定行为对象的反复侵害行为而不需要以特殊环境因素为借口,因此它是青少年不良行为模式背后最为常见的一种自我辩解心理机制。

马兹阿和塞克斯进一步总结出了行为人在为自己寻找道德合理化借口时使用的五种话语技巧,他们将这些技巧称为“中和技巧”,他们这一理论被称为“中和技巧理论”,也正是由此而得名。这五种技巧是:(1)否定责任。行为人宣称其行为并非其自己所能左右,自己不过是其环境的受害者或偶然的参与者,其逻辑类似中国古代民间造反时使用的“官逼民反,民不得不反”之类口号。(2)否定伤害。行为人对其行为所造成的伤害不予认可或者避重就轻,这类合理化解释常常出现在其侵害具有某种“吃大户”性质的越轨行为中,认为被害人家底殷实,不会在意所受到的侵害。(3)否定受害人。行为人通过将受害人描述为具有道德缺陷或自陷险境,建立一种其遭遇不过是其应受之教训的话语表达,而否定其行为的可责性,使用这种话语技巧的行为人往往将自己的行为解读为某种“替天行道”来确立道德合理性。(4)谴责谴责者。在这一技巧中,行为人反客为主,对谴责其行为的社会主体之道德权威质疑,从而抵消其行为所受到的他责之效果,这种话语技巧往往在行为人认为执法者立场可疑或者自感遭受严重不公正待遇时被应用。(5)诉诸更高阶忠诚。这是一种类似“忠孝不能两全”的话语技巧,这里行为人将其违反社会规范的行为解读为基于对更高价值的追求而不得已为之,比如为友人而参与犯罪,从而为自己的越轨行为提供合理性解释。

中和技巧理论被认为在内在机制上非常类似班杜拉在讨论行为之自我约束机制时所介绍的被称为“道德脱离机制”的心理技巧。班杜拉指出,通过应用道德脱离机制,行为人可以令自己不为其伤害他人的行为承担自我谴责之心理负担。道德脱离包括两种具体技巧,一种是合理化:在侵害行为中植入更高的道德价值从而排除自我谴责;另一种是责任弱化:通过抹杀行为人之于自己或他人的自主性来转移责任与谴责之焦点。很显然,班杜拉所讨论的道德脱离与马兹阿和塞克斯所讨论的中和技巧在很大程度上是对同一性质的心理现象的不同表述。

中和技巧理论之提出可以被看作对于差异接触理论在学习机制与学习具体内容上语焉不详问题的修补,而并没有涉及对于差异接触学习机制本身固有缺陷的反思与修正。这一工作主要是由提出差异强化理论等直接针对其行为习得机制进行重构的学者们来完成的。

1965 年,犯罪学家雷・杰弗里(Ray Jeffery)提出了差异强化理论(differential reinforcement theory),将斯金纳的操作性条件反射概念引入差异接触理论,指出个人成长历史中所接触的对特定行为的不同强化经历及其个体化解读会极大影响其行为习得。[16] 对于一些个体来说,对轻微违规的激励固然可以强化未来的更严重违法倾向,但对违纪行为的惩罚却不一定都会被解读为不快经历从而成为消极强化的基础。这是因为惩罚可能会在被忽略的少年儿童那里被解读为“受到关注”,反而成为一种积极的体验,从而导致越轨违纪行为趋势的进一步强化。另外,杰弗里还强调存在一种已习得的犯罪行为的自我强化机制。

差异强化理论的另外一个版本是犯罪学家罗伯特·博格斯(Robert Burgess)与罗纳德·埃克尔斯(Ronald Akers)于1966年提出的。[17] 相比杰弗里的版本,这一版本在犯罪学界的影响更大一些。这一版本不满足于斯金纳理论中条件反射的简单而机械的强化机制,而更倾向于认同班杜拉的认知学习理论,将行为习得视为个体与环境之间复杂的互动关系的体现。当然,他们并没有完全否定操作性条件反射的存在,但是认为个体在接受环境反馈时会能动地对该信息进行分析与解读,并能根据自己与身边其他人的互动沟通来评价自己的行为及其效果。在此基础上,博格斯与埃克尔斯对萨瑟兰的九大命题进行了调整,提出了他们自己的七大命题:(1)犯罪行为的习得是根据操作性条件反射的原理实现的。对行为的操作性影响包括多种不同类型:反射、塑形、刺激控制以及禁绝。(2)犯罪行为既可以在社会化环境下习得,也可以在非社会化环境下习得。习得是否发生取决于该环境是否对特定犯罪行为具有强化或贬抑的作用。(3)犯罪行为习得的主要部分发生于构成行为人的主要强化来源的社会群体之中。(4)对犯罪行为之习得(包括对犯罪技巧、态度以及回避过程)取决于强化来源的有效性、可得性以及强化机制起作用的具体环境。(5)具体何种犯罪行为将被习得以及习得后该犯罪行为的发生频率取决于强化来源的有效性、可得性以及强化过程所针对的具体法律禁令或行为规范。(6)犯罪行为之习得会受到针对这一行为之法律禁令的影响,当这类行为得到比守法行为更多的强化反射时,犯罪的习得就会发生。(7)犯罪行为习得后的固着程度取决于所得到的强化之总量、频率以及概率。这类强化之发生要受行为规范、社会态度以及行为指向性之影响。

博格斯和埃克尔斯在其理论及其后续研究中尤其关注惩罚与惩罚者的作用。他们对于惩罚之作用的理解显然已经与斯金纳的早期学说(完全否定惩罚作为强化机制,而只将其当作强化机制发生作用的背景)有所不同。在他们看来,惩罚如果在一个特定行为之后发生并导致该行为重复趋势的减弱,这一惩罚应被看作一个积极强化;而如果惩罚以激励或特权之减少或取消之形式出现,则这一惩罚应被

---

〔16〕 See Jeffery, Clarence Ray, *Criminal Behavior and Learning Theory*, J. Crim. L. Criminology & Police Sci. 56, 1965, p. 294.

〔17〕 See Burgess, Robert L., and Ronald L. Akers, *A differential Association – reinforcement Theory of Criminal Behavior*, Social Problems 14 (2), 1966, p. 128 – 147.

看作一个消极强化。

另外，当两个具有对立或替代关系的行为均被给予鼓励，而其中一个行为被解读为鼓励程度更高时，该行为就得到差异强化并在行为习得的选择性竞争中胜出。在此基础上，如果强化来源是为行为人高度认同的个体，如父母、老师、同侪等，则差异强化之效果会进一步得到加强。

在进一步吸收了班杜拉的认知学习理论关于模仿学习的观点后，埃克尔斯认为行为的习得甚至不需要行为人的亲身体验，而只需要行为人通过观察并理解到别人行为所获得的强化即可实现。这一认识显然就为犯罪学将媒体对不良行为之传播所起作用纳入考察视野提供了坚实的理论基础。有学者认为这里所涉及的心理学机制应被称为“认同”，即将自身代入在媒体中被描述并受到关注的个体，并根据对后者的经验之想象来构建自身的强化经验。由于这一机制的发生需要行为人对特定社会群体或个人之基本属性产生认同，因此在此基础上发展起来的犯罪归因理论被称为“差异认同理论”（differential identification theory）。[18]

差异强化理论由于在一些关键概念上的高度可操作性而得到实证犯罪学研究者的高度关注。多个大规模的犯罪学实证研究均以这一理论为其操作框架，而这些研究的发现也为差异强化理论提供了数据支持。

社会学习理论对犯罪学之最大贡献在于将行为主义心理学关于行为之强化习得以及认知心理学关于行为学习之主体性与能动性等多个理论要素有机整合为一个对于犯罪行为之个体差异性产生机制的全面而详尽的表述。在 20 世纪末的最后 20 年，这一理论倾向的最新发展开始注意区分行为习得与行为强化这两种表面相似，实则有重要区别的行为发展过程。在社会学习理论的后期表述中，对行为（规范）之定义与基于间接体验的模仿被认为是行为之习得的主要原因；而行为习得之后，与行为有关的各种强化机制则以完全不同的方式影响行为之延续、增益、减损或禁绝。这种将犯罪行为模式发生发展之社会过程一分为二的认识有效地解决了对早期萨瑟兰差异接触理论“过于绝对和僵化”的批评。

五、社会控制理论

控制理论是现代犯罪学领域重要性可与社会紧张理论与社会学习（差异接触）理论相提并论的一个理论体系。而与后两者高度依赖某一个公认的理论奠基人（默顿之于社会紧张理论或萨瑟兰之于社会学习理论）在体系建构方面的独创性贡献不同，控制理论的代表人物特拉维斯·赫希的成就更多是体现在对他之前众多学者在以社会控制解释犯罪方面所做努力的总结、整理与提高。但是在他卓有成效的推动下，控制理论在实证可测性方面具有极大优势，被认为是现代犯罪学

---

〔18〕 See Akers, Ronald L, *Rational Choice, Deterrence, and Social Learning Theory in Criminology: The Path Not Taken*, The Journal of Criminal Law and Criminology, 81 (3), 1990, p. 653 – 676.

领域得到实证数据支持最为充分的理论。

(一)社会控制概念之发展

“社会控制”这一概念在早期社会学研究中常有提及,主要被用于宽泛地指代所有可以提供社会秩序保障的制度与程序,在有些社会学论著中则特指强权者将其意志强加于社会的手段。但是从20世纪40年代开始,在芝加哥学派犯罪学的理论框架下,这一术语被赋予了相对中立且较狭窄的特定含义,即社会保证其成员在特定行为规范体系下实现自我行为约束,避免无政府与混乱状态的功能性手段。对社会控制的研究重点放在社会组织如何通过各种不同方式实现其成员的社会化从而接受社会控制。

在社会控制概念基础上发展起来的犯罪学理论相较于其他主流理论有一个独特之处,就是其对于犯罪问题原因追问的逆向思维。主流理论中,不论是默顿的紧张理论体系,萨瑟兰的社会学习理论体系,还是更早的龙勃罗梭天生犯罪人学说或弗洛伊德的精神分析学说,均聚焦于实施了违法犯罪行为的个体,意图发掘导致人犯罪的原因。而控制理论反其道而行之,提出违法犯罪行为源自人类的普遍天性,是每一个人与生俱来的潜在倾向,因此“人为什么会犯罪”这个问题其实并不需要回答,或者说对其回答并非问题之关键。而显然人类的普遍犯罪倾向并没有转化为人人皆为非作歹的社会现实,真正实施犯罪行为的只是社会的绝对少数成员。那么社会的大多数成员是如何克服其倾向违法的内驱力,坚持遵纪守法,才是研究犯罪现象的学者应该追问的关键问题。对于这个问题,控制理论的回答强调了人的社会属性对人行为的影响,认为个人的成长过程的实质就是其社会化的过程,即通过与其周围的社会成员建立普遍而多样化的社会联系(social bond),最终将个人行为纳入其身处的社会组织的价值与规范体系调控范围以内的过程。通过建立社会联系而成功社会化的个体由此具备了忠于传统社会规范,抗拒越轨与违法冲动的能力。由于未能建立社会联系或社会联系出现问题而导致社会化失败(或不充分)的个人,则会在相当程度上保持其生来的越轨倾向,并最终发展成为犯罪性与犯罪行为。

早期控制理论的发展在表述个人行为之动机来源方面或多或少受到了心理学领域精神分析理论的影响(或者是双方的互相影响)。弗洛伊德在构建人类意识的三大组成部分时,以个人行为与社会规范体系的冲突与调和为主轴来设定意识诸部分的功能:本我(id)是个人的原始与动物性冲动,超我(superego)是社会规范在个人意识中内化而成的良知与自责,而自我(ego)则是在本我与超我之间起协调作用的现实性行为控制与意志表达。这一概念建构非常明显地体现了对行为的社会控制角度考察。而研究社会控制理论的学者显然认同了弗洛伊德关于社会控制如何作用于个人意识的解读,站在社会学角度提出了一系列反映精神分析视角的社会控制学说。

比如，阿尔伯特·赖斯(Albert Reiss)就认为犯罪的原因之一是行为人缺乏将社会规范之要求内化为自我控制的心理能力。而在赖斯的学说基础上更进一步，弗朗西斯·伊凡·奈(Francis Ivan Nye)将社会控制类型化为4种:(1)以惩戒之威胁加以实现的直接控制;(2)通过被社会化的个人所重视的人际关系对个人施加压力以实现的间接控制;(3)将上述两类外在控制机制背后的社会规范内化于个人之道德与行为准则而实现的内在控制(自我控制);(4)通过对个人价值与需求的全面满足而实现的自我控制。应当看到上述四类控制在控制理论体系中的重要性是有高低之分的。直接控制在客观条件具备的情况下，无疑是最有效的行为控制手段，但是现代国家一方面难以在大幅扩张直接控制的尝试中免遭成为"警察国家"的质疑，另一方面也确实缺乏足够的社会资源来实现这种直接控制对社会的全面有效覆盖。[19] 所以，直接控制往往被作为确立间接控制和强化内在控制的手段加以分析，对其本身的社会控制功能在理论方面展开不多。而第4类自我控制要求人类欲求的完全满足，所以在现实中几无可能，也往往为控制理论学者所忽视。关于控制理论的讨论基本上都聚焦于间接控制与内在控制两个类型。

(二)雷克里斯:遏制理论

社会控制理论在赫希之前最具影响力的表述来自沃尔特·雷克里斯的遏制理论(containment theory)。他认为，犯罪与守法选择的动力结构有两个维度:表达为内在/外在的来源维度与表达为致罪力/控制力的作用方向维度。两个维度的耦合产生外在致罪力、外在控制力、内在致罪力以及内在控制力四个类型的行为驱动力。不良青少年会因受其周围环境所产生的外在"压力"及来自其他不良行为者的外在"拉力"而产生犯罪的动机，这种犯罪动机也可以来自行为人自身心理特质中的特定内在"推力"。而保护青少年不走上违法犯罪道路的则是一系列内在与外在控制力。其中内在控制力来自行为人在社会化过程中培养出的(对违规行为)强烈的负罪感以及积极正面的自我认知;而外在的控制力则主要来自家庭及学校的管束。显然，行为人犯罪或者守法的选择取决于其内外致罪因素与其内在控制机制之间的角力，严重的不良环境及不良人群影响，过强的反社会心理特质，与弱化的内外控制力结合，就会导致青少年的犯罪行为。雷克里斯的学说吸纳了多个犯罪学理论的理论成分，对四个类型驱动力的表现形式做了较详细的列举。

雷克里斯的遏制理论对于控制理论的归因机制有比较全面的阐述，但是批评者认为其理论中的一些概念过于模糊，难以准确界定和测量，也就限制了其理论的应用前景。另外，雷克里斯的理论试图全面涵盖所有他认为与犯罪有条件关系的

[19] 直接控制与间接控制之间的关系在现实的体现就是司法制度建设与守法意识培养之间的关系。显然，单纯依靠完善的司法制度是不可能有效遏制犯罪的。从历史角度来看，人类文明史上可以说没有一个国家可以真正完全通过直接控制而不依靠间接控制实现有效的社会控制。

内因外因,因此大包大揽地罗列了一系列在各主流犯罪学理论学说中提出的致罪因素,构成一个多层次、多方向的多元对立冲突结构。这种犯罪归因模式被学者称为“多因子论”,与萨瑟兰、默顿等人重点聚焦单个或少数因子的归因理论模式有显著区别。多因子论看似全面而野心勃勃,但在理论表述上往往重列举轻解释,对诸因子之间复杂的互动关系少有具体的说明,也难以在致罪影响力上区分核心因子与一般性条件因子,所以反而导致对犯罪原因的解释流于表面,无法进行深层次理论体系建构。这也是其理论影响力有限的一个重要原因。

(三)托比:守法利害关系

在进入对赫希的社会控制理论之讨论之前,笔者认为还需要提及另外一位学者的重要贡献,即杰克逊·托比(Jackson Toby)提出的“守法利害关系”(Stake in Conformity)之概念。托比认为,社会化的实质性结果是个人在与他人建立符合传统价值观的社会联系时所形成的社会地位、人际关系、生活方式以及利益期待等环境性刺激源为个人提供的积极与愉快心理体验,违法与犯罪行为引发的社会负面反应则会导致上述环境性刺激的不复存在。所以当行为人通过遵纪守法积累了一定程度的社会联系之后,丧失这些心理体验就变成一种现实的忧虑。可以说,这时行为人就具有了守法利害关系,并会基于对该守法利害关系的考量而拒绝违法。而对于那些社会化失败者来说,由于不存在(或极度缺乏)守法利害关系,也就没有对违法的抗拒能力了。

守法利害关系概念的重要性在于它的提出将先前空泛的“社会化”概念具体化为有说服力且可观测的现实元素,为之后赫希社会控制理论概念体系的实证性奠定了坚实基础。但应当注意的是,守法利害关系概念的核心是所谓“经济人”或“理性经济人”的假设,认为人的行为是理性计算损益选项后的利益最大化选择。随着当代行为学以及经济学在理论建构上日渐抛弃理性经济人前提,守法利害关系对行为的实质影响力也面临质疑和挑战。

(四)赫希:社会控制理论

赫希于1969年出版的《不良行为之原因》(*Causes of Delinquency*)[20]被广泛认为是社会控制理论发展的集大成者,同时他所提出的最新版本的社会控制(社会联系失败)理论也是当代犯罪学中最受实证研究者追捧的理论框架,得到了大量的实证数据支持。实际上赫希的这本专著本身的相当部分内容就是建立在对他所进行的一项大规模实证研究的总结与分析基础之上的。在这一研究项目中,赫希对从加利福尼亚旧金山市抽样选出的四千多名中学生进行了问卷调查,重点考察其人际关系、社会活动内容、价值与态度,以及特定代表性不良行为的频度与烈度。这一源自大规模数据分析得出的结论为控制理论的基本假设提供了有力的支持。

---

〔20〕 Hirschi T. ,*Causes of Delinquency*,Umirersity of California Press,1969.

如前所述，赫希的理论成就相当程度上在于对前人学术成果的继承、总结和提高。在社会控制的作用机制上，赫希基本上继承了之前的控制理论学者对于间接控制的观点，尤其强调了托比的“守法利害关系”概念在控制犯罪意志方面的核心意义。

赫希自己的原创理论贡献主要体现在他所提出的社会控制的四个要素方面。按照赫希的表述，社会控制有四个组成部分：依恋（attachment）、投入（commitment）、参与（involvement）、信念（belief）。[21] 它们各自的字面含义如下：

依恋指代行为人对他人的关心以及对他人感受意见的尊重与关注。依恋的产生源于行为人与他人所展开的社会化互动并在此基础上建立较亲密的个人关系。

投入指代行为人对于传统守法行为的承诺与践行（以及相应获得的社会回报）。从另一个角度来解读，投入同时也代表了违纪行为的代价，因为投入的程度等同于实施违纪行为后行为人将会遭受损失的程度。可以看出，投入与守法利害关系具有密不可分的联系。

参与指代行为人在传统社会化活动上所消耗的时间与精力。简单的理解是，在守法活动上消耗的时间与精力就是无法投入违法犯罪行为上的时间与精力，因此参与具有直接的预防犯罪功效。但是站在控制理论的整体性逻辑来说，参与是建立依恋关系，累计投入程度的最佳手段，因此是确立社会控制的不可或缺的条件。

信念指代对于传统规范以及传统权威之道德有效性的承认。信念对于社会控制的影响是基础性和全局性的。显然，在一个以反对传统价值的信念为基础的社会化结构中，依恋、投入与参与的增益不仅不会强化对违法犯罪行为的社会控制，反而会适得其反。

对于这四个组成部分的体系性地位，有学者倾向于将其视为类似萨瑟兰差异接触理论中差异接触四要素（频率、持续、优先、强度）之间关系的处于相同位阶的四个平行构件，共同起到促进社会控制成形并影响个人行为的作用，即社会控制力的强弱可以表达为以上述四个组成部分为因子的一个函数：

$$社会控制 = 依恋 \times 投入 \times 参与 \times 信念$$

但是这样的解读是不尽准确的。应该看到，这四个因子对社会控制的影响方式并非简单的量化叠加，而是在不同的逻辑层面，发挥不同形式的作用，比如参与本身并不直接产生社会控制，而只是作为一种重要外部条件发挥作用，而信念对社会控制发挥的影响则质化成分远大于量化成分。因此照搬差异接触理论的逻辑结构来解读社会控制理论不可避免会导致对其核心含义的曲解，也难以为实证研究

〔21〕 对于赫希社会控制理论的四大组成部分，不同学者有不同的翻译。主要的差异在于对“commitment”一词的译法。

设定有意义的测量指标。

笔者认为，对其理论的解读应当按照赫希的初衷，将守法利害关系当作其社会控制框架建构的核心，而他提出的四个要素可以根据与守法利害关系的关联方式各自定性定位，形成一个分层递进、互为条件的有机整体。

首先，居于最底层的应是信念要素。对于传统价值与规范体系的认同乃是社会控制的基石，在其他三个要素完全相同的情况下，信念的指向会直接影响违法犯罪行为的发生概率。可以想见，在一个具有黑社会性质的社会互动结构中，行为人的依恋、投入与参与越是处于较高水平，其实施违法犯罪行为的可能性就越大。究其原因，在于信念的反社会指向对于处于较强社会控制之下的行为人反而起到了强化其犯罪倾向的作用。

其次，在传统信念基础上产生的依恋乃是社会控制的直接载体。社会控制（这里特指间接控制）的实质就是社会成员通过对主体之行为作出积极或消极社会化反应来影响行为人的动机，促进守法，抑制违法。但是，并非任何人的社会化反应都能带来影响行为的效果。只有那些与主体建立了社会联结，即存在依恋关系的亲密关系人才能发挥这样的效果。这也是为什么社会化失败的主体会不受社会控制机制的约束的原因：社会控制由于缺乏与其具有依恋关系的个体而缺乏载体，也就难以发挥其作用了。

再次，社会控制的主要表现形式以及立足点就是行为人对传统守法行为的投入。如前所述，投入与守法利害关系之间的联系非常紧密。我国有学者直接将投入意译为“理性分析得失”其实也不无道理。投入本身有两层含义，第一层是直观上行为人对传统价值的认同与践行，第二层则是由于这种认同与践行而获得的社会地位、人际关系、生活方式以及利益期待。这就好比投资做生意，投入越多，则对其投入的保值与回报之关注就越甚，从而促进对行为决策的审慎与克制态度。

最后，在信念—依恋—投入这一分层递进结构中，参与本身并不提供任何实质性的社会控制成分，但是却起到了极其重要的工具性作用。通过对传统社会互动的参与，行为主体得以与其周边的社会成员建立起依恋关系，并在对传统守法活动的参与中累积其对传统社会的投入，最终得以被置于社会控制体系的影响之下，产生出对违法犯罪的抵抗力。

六、标签理论

尽管源自不同的理论传承，但是在犯罪学语境中，标签理论往往被作为对社会控制理论的反思与批判的产物。标签理论的基本主张是，在发挥其意图的积极作用的同时，尝试社会控制的组织、机构及群体同时也以其社会控制尝试造成适得其反的效果，本来是意图遏制和预防犯罪，改造犯罪人，却实际上创造出新的犯罪人和犯罪行为。

与社会控制理论一样，标签理论也将视线投注于行为人与他人的互动与社会联结,认为这是决定个体行为是否会走向越轨与犯罪的关键性因素。但是,标签理论认为社会控制主体对越轨行为的谴责性反应(如耻辱、打负面标签等)会制造更多的越轨行为,因此,有益的社会化联结之缔造需要社会主体对行为人的偶尔行为失当或轻度越轨保持宽容及既往不咎之态度。

从学术传承上看,标签理论源自社会学领域从19世纪后期开始兴起的"互动主义学派"(Interactionist)。互动主义认为,人之行为模式受到个体自我意识的引导及限制,而自我意识之建立是通过在社会化语境中与他人的符号化互动(symbolic interaction)以及角色扮演(role play)实现的。尤其对于青少年来说,他们完全不具备独立建构其自我意识的资源与能力,因此,其周遭的同侪及其他具有重要性的社会化主体对其作出的评价与判断将极大地影响其自我认知的基本方向。如果一个青少年因为偶尔失当或轻度越轨行为而遭到来自其社会化环境中同侪及权威角色的否定性评价,则其自我认知将不可避免地具有自我贬抑、自我否定之色彩,进而导致其行为上自暴自弃,最终无可挽回地发展为可重复的越轨与犯罪行为。

作为一种犯罪学理论,标签理论的浓重互动主义色彩主要体现在以下几个学者的有关论述中:埃德温·莱默特(Edwin Lemert)的"原发越轨与继发越轨概念"(Primary & Secondary Deviance),霍华德·贝克尔(Howard Becker)的"主要身份说"(Master Status)以及埃尔文·戈夫曼(Erving Goffman)的"社会烙印说"(Stigma)。

(一)原发越轨与继发越轨

作为标签理论兴起时期的重要学者,莱默特认为犯罪学研究的传统视野需要调整,不应该仅盯着犯罪人,而应该更加关注制造犯罪者。[22] 这一主张的逻辑基础是,如果要考察其实质性源头的话,犯罪并非源自实施特定被规定为犯罪之行为的人,而是源自那些通过立法或司法方式而将特定行为入罪之人。莱默特指出,拥有左右入罪选择权力者不仅可以选择将哪种行为入罪,还可以决定将哪一类人的哪种行为入罪,由此掌握了影响他人自我意识的进而塑造其行为的潜在能力。在此基础上,莱默特提出了原发越轨与继发越轨的概念。所谓原发越轨,就是那种带有偶然性和随机性的孤立越轨行为。每个人都难免偶尔出现原发越轨,但是这类越轨行为既不代表行为人的固有行为模式,也不会对行为人的自我意识产生实质性影响。如果社会化主体对原发越轨采取一种不予过分关注的处理方式,它将只会在很小程度上影响行为人的社会地位、自我认知以及未来行为模式演变。而继发越轨,指的是行为人的原发越轨为社会化主体,尤其是社会权威机构(如学校,警察及其他政府强力机关)所关注并作出强烈反应(在此,显然最强烈反应就是刑事处分)之后,对其社会地位,自我认知造成显著而不可逆转的破坏,最终导致其

---

〔22〕 See Lemert, Edwin M. ,*Beyond Mead: The Societal Reaction to Deviance*,Social Problems 21 (4), 1974,p.457 –468.

自我意识中的反社会属性被固化和强化,从而出现的具有重复性的越轨行为。莱默特进一步指出,在原发越轨遭到社会主体之关注、反应及负面标签,进而对个体自我意识发生影响时,这种影响在多大概率上能够导致继发越轨还取决于个体本身的社会化基础。个体在遭到社会主体的负面标签时,可以通过从其他社会化资源中获得正面标签以及强调既已建立的自我意识来对抗其影响。因此,个体越是缺乏社会化资源及自我认知能力,其为负面标签左右的可能就越大。由是观之,社会底层青少年群体作为在上述两个方面均严重不足的一个群体,受到负面标签影响而产生继发越轨的可能性应是最大的。这一推论显然得到了实证观察的印证:身处社会底层的青少年正日益成为显著的犯罪高发的人群,而青少年违法犯罪中显著的重复性、团伙化和恶性化特征也非常符合继发越轨的基本属性。

(二)主要身份的概念

标签理论的另外一位代表性人物贝克尔师承美国社会学著名的芝加哥学派。尽管他与莱默特在几乎相同时期就同一论题提出了非常接近的主张,但两人之前并无明显交集。相较于莱默特主要关注社会化标签在微观层面的行为学意义,贝克尔则更加关心其在宏观层面的结构性作用。在其 1963 年出版的代表作《圈外人》(*Outsider*)中,贝克尔考察了社会强势群体是如何通过其掌握的话语权力,有选择地将特定弱势群体的行为定义为越轨,进而将该弱势群体制度性地排斥于主流社会之外。[23] 贝克尔将这一过程描述为一个三阶段式的社会互动:(1)制定规则,在规则中有选择地定义越轨行为;(2)有针对性地适用规则与特定人群;(3)将该人群标定为"圈外人"。在这一过程中,越轨行为人就被有目的地创造了出来。因此,贝克尔指出"所谓越轨行为不过是那些被打上越轨标签者的行为"。显然,作为一种特定社会目的产物的标签之影响不仅仅止于在结构层面上的社会阶层分划,这种分划也会对个体行为产生实质性影响。这种影响以一种被称为"主要身份"的自我意识为媒介,越轨的负面标签所造就的这种具显著性的自我意识具有排斥与淡化个体其他自我意识及自我认同的作用,最终令行为人不得不接受这一主要身份对其行为模式的限定,甚至令其未来行为发展走上一种"自我应验之预言"的发展轨迹:被强加的越轨自我意识引致未来的越轨行为,而未来的越轨行为反过来进一步强化了越轨自我意识本身。可以看出,贝克尔关于社会标签对个体未来行为发展的影响的看法与莱默特是不谋而合的。

(三)社会烙印的概念

如果说莱默特与贝克尔的研究使我们对社会互动定义过程之行为塑造威力印象深刻的话,戈夫曼则进一步聚焦这种社会互动的一个具体而重要的环节——监管环境——对个体自我意识的破坏性作用。作为另外一位来自芝加哥学派的学

---

〔23〕 See Becker, Howard S. , *Outsiders*, Simon and Schuster, 2008.

者,戈夫曼的研究也秉承了芝加哥学派一贯的社会学视野和实证观察传统。尽管其主要学术成就所关注的并不仅仅是具有犯罪学意义的社会过程,但是他对于社会烙印及强制监管环境(主要是精神病院)的研究对于在犯罪学语境中理解标签理论具有重要意义。在戈夫曼看来,源自越轨行为的负面社会评价与源自生理残障、种族差异、甚至特异外表的负面社会评价在本质上并无差别,均可以"社会烙印"一词一并加以涵盖。而这种社会烙印最终会在社会主体的建构下生成一种"败坏的社会身份"(Spoiled Identities),这一概念基本上与贝克尔所定义的负面"主要身份"是一回事。戈夫曼在其著述中强调,强制监管环境在生成"败坏的社会身份"方面效果尤其明显。[24] 这一观点在标签理论兴起后具有非常重要的政策性意义,因为正是基于标签理论对于强制监管环境的强烈批判和否定,在刑事司法界产生了极具影响力的非监禁主义思潮,即主张废除自由刑,以刑罚替代手段作为犯罪的主要对应策略。

(四)标签理论之理论价值

标签理论一经提出,就在犯罪学界引发了激烈争议,因为其关于"控制犯罪之努力反而制造更多犯罪"的提法等于是否定了几乎所有犯罪学主流理论关于有效犯罪预防的观念。另外,标签理论对于原发越轨原因的避而不谈以及难以解释那种其越轨行为从未被发觉,也就从未被打上负面标签,却依然不断重复其犯罪行为等缺陷也成为其反对者批判的焦点。不过,标签理论在两个方面的革命性是不容置疑的:(1)将人类行为模式之形成看作是一个双向社会化互动过程的结果,而不是如传统理念认为的那样仅是从影响因素到影响受体这样单向传导的过程。这一理念在后来很多非标签理论学者的学说中也有所体现,最典型的就是班杜拉在其三元交互理论中所强调的环境因素与个体因素之间的交互影响机制。(2)在犯罪学研究中开创性地将关注焦点从犯罪人转向对犯罪做出反应的社会主体,包括行为规范之制定者以及依行为规范之限定对行为人打标签的社会公众。这种"犯罪不是行为之结果,而是行为评价之结果"的理念,尤其是将矛头直指掌握立法权力者的分析笔锋,在标签理论的发展中仅仅得到了有限的阐述,但是却在20世纪中叶兴起的批判犯罪学那里得到了非常积极的响应。

由于标签理论本身的魅力与缺陷同样明显,其在犯罪学领域的学术地位变化轨迹也颇为独特。主流犯罪学理论的新旧更替及学说争鸣往往是以一种相对平缓的"各领风骚数百年"的方式发生的:一个新兴理论逐渐地代替其所批判的旧理论,在一定时期占据学术统治地位,再受到另一个更新兴理论之挑战,并逐渐被替代,但在之后的相当时期内仍保持一定的影响力。而标签理论的发展则呈现一种

---

〔24〕 See Goffman, Erving, *Asylums: Essays on the Social Situation of Mental Patients and other Inmates*, Aldine Transaction, 1968.

“其兴也勃焉,其亡也忽焉”的态势。从19世纪末期起,经过在社会学领域相对较长的理论准备阶段,其几个主要代表人物之著述在20世纪50、60年代突然在犯罪学界掀起理论与实践的大潮,一时间,学术界言必及标签理论,实务界则以去刑罚化为时髦,一股非监禁主义运动迅速席卷欧美各国的青少年刑事司法体系,并深深波及其成人刑罚制度。但是到20世纪70年代,去刑罚化实践开始暴露出严重缺陷,尝试非监禁运动的司法系统开始出现监禁刑罚的大面积回潮。到20世纪70年代结束时,学界积极主张标签理论者已是屈指可数,进入20世纪90年代后更是被彻底边缘化。尽管近年来有学者也尝试从新的视角去重新发现标签理论之价值,但是也早已不复当年洛阳纸贵的盛景。

第三节 犯罪社会学的社会冲突理论传统

一、社会冲突理论传统概述

本章稍前部分简要介绍过作为犯罪学理论体系中社会规范结构维度的两极:社会共识理论传统和社会冲突理论传统的异同及其理论发展脉络,在此就不再赘述。在此仅就与冲突理论传统的体系地位有关的两个问题稍作强调。

(一)冲突理论传统之逻辑优势

从对越轨行为的归因来看,社会冲突理论传统比社会共识理论传统秉持更为彻底的社会学视角,因为根据社会共识论,理论上可能存在一种社会组织结构设置合理,从而缺乏导致犯罪问题的结构性原因的状态,但是这种“理想状态”下的社会并不能完全排除犯罪的存在,对于这部分超越社会共识论解释力的犯罪行为,则只能依靠对个体差异化行为更具解释力的心理学视角来进行解读。而社会冲突论则认为由于社会冲突是恒久存在的,因此人类社会无论如何都不可能处于排除犯罪结构性原因的“理想状态”,因此任何犯罪背后都必然有基于冲突论的社会学根源存在。这并不是说社会冲突论排斥心理学视角,但是显然在关于犯罪归因的社会学视角与心理学视角的整合上,强调两种视角对所有犯罪现象均适用的社会冲突论比起可从理论面推演出存在无社会学因缘的犯罪的社会共识论要更能有效地一以贯之。

(二)冲突理论传统内部之流派分划

社会冲突理论传统本身也可以根据对冲突来源、性质与影响的不同理解被划分两个重要的流派。第一个流派的理论建构主要奠基于马克斯·韦伯的冲突理论,强调社会冲突的多元性与多源性,代表人物包括拉尔夫·达伦多夫(Ralf Dahrendorf)、乔治·沃尔德(George Vold)、奥斯丁·图尔克(Austin Turk),以及理查德·

奎恩尼(Richard Quinney)的早期学说。而第二个流派的理论建构则直接继承自卡尔·马克思的阶级斗争学说,认为所有重要而持续的社会矛盾冲突均可以从社会阶级之间以经济利益为根本立足点的对立冲突中寻找根源。这一流派的当代代表人物包括著名的伊安·泰勒、保罗·沃顿、乔克·杨新犯罪学三人组,史蒂芬·斯皮策(Steven Spitzer),威廉·钱布里斯(William Chambliss),以及理查德·奎恩尼的后期学说。在西方犯罪学研究的理论派别分划中,"冲突犯罪学"(conflict criminology)这一称呼一般特指前者,而后者则被另外冠以"激进犯罪学"(radical criminology)的头衔以示其核心立场的差别。但是从在整个犯罪学理论体系中的地位来看,这两个理论派别无疑均从属于社会冲突理论传统。

二、冲突犯罪学与激进犯罪学基本观点之异同

(一)社会冲突理论传统之共识

如前所述,冲突犯罪学与激进犯罪学在对于犯罪的根本原因认知上是同大于异的。两者均视行为人为在社会结构中积极参与、投入并期待社会化利益的能动主体。个人与具有类似想法与诉求的他人建立合作关系,进而形成群体,并以群体为基础参与社会化互动,争夺对资源、观念、价值与信仰的主导权以实现其群体利益,而社会冲突(其重要表现形式之一即为犯罪)就是这种争夺的必然结果。在此基础上,冲突犯罪学与激进犯罪学均对犯罪归因持宏观性视角,认为犯罪的根源超越了个人心理病态及个体差异化这类微观因素,而应从更加广泛的体现社会组织结构特性的人类活动(如经济发展、政府结构、文化传播等)中寻找答案(社会学视角),并尤其视社会群体基于各自利益诉求的对立与对抗为犯罪的根本原因与犯罪具体表现的决定因素(冲突论视角)。

冲突犯罪学与激进犯罪学的另一个重要共同点则是其对权力的高度关注以及对权力的关键性物化体现——法律——作为犯罪之原因而非犯罪之后果的深刻解读。比如,图尔克的学说将法律解构为一种社会控制机制,视其为社会冲突中的一种重要的资源与武器,取得对立法的控制能力者往往可以借助法律维系并巩固其权力,以取得在社会冲突中的更有利地位。[25] 在冲突理论学者看来,法律具有一种符号化地位,是当权者意志之主导地位的一种公开宣示。因此,在社会冲突的特定领域取得主导性权力的社会群体一般都会在该领域的立法中强力主张其价值与利益,并将对这些价值与利益的最强烈抵触与违犯规定为犯罪。而该领域的弱势群体的价值与利益则被无视甚至非法化。

基于上述观点,社会冲突论者对犯罪学研究中反复观察到的社会下层的高犯罪率提出了完全不同于传统观点的解读,认为社会下层主要是由那些在社会冲突中居于不利地位的弱势群体构成的,因此其争取自身利益的行为,尤其是对抗强势

〔25〕 See Turk, Austin T., *Criminality and the Legal Order*, Rand McNally, 1969.

群体利益主张的行为就更加容易被定义为犯罪而受到处罚。而相对地，强势群体的利益诉求则受到立法的侧重保护，即使有些利益主张具有不合理性甚至严重侵犯其他群体利益，也往往会在立法上被淡化为行政性违法甚至一般违纪，而不会上升到刑事犯罪的高度。基于同样的逻辑，一个由强势群体主导的刑事司法系统也更倾向于在司法层面对弱势群体成员从严处遇而轻纵来自强势群体的严重违法侵权行为，这就进一步加剧了犯罪数据在不同社会群体（阶层）之间的不均衡分布。

（二）不同流派在对冲突之本源及解决看法上的分歧

当然，冲突犯罪学与激进犯罪学的基本观点上也存在重要区别。冲突犯罪学对人性保持一种“去道德化”的基本推定，认为人性既非恶亦非善，其行为选择只是出于生存与逐利之基本需要，因此对犯罪的解决也是非道德化的：只要各社会群体对各自利益与实力对比达成理性认知，并在此基础上选择最佳妥协策略与利益分配，即可避免冲突；与之相对的，激进犯罪学深受马克思主义影响，对人性持一种“可完美化”的态度，认为实现了社会化的人类具有自我完善与自我实现的基本潜能，但是作为能动主体的个人在改造世界的同时也会被其所处的历史与社会环境所塑造，而正是社会不公、阶级剥削、个人主义等反社会化结构性原因将个人推向缺陷、越轨与犯罪，因此犯罪的最终解决需要实现社会的深刻变革，以达成个人的充分社会化。

冲突犯罪学与激进犯罪学之间对于冲突的基本属性也存在不同意见。冲突犯罪学者认为人类社会由许多不同群体组成，群体间各具不同的利益、价值及行为规范，这些利益、价值及行为规范之间往往存在冲突与竞争，而实现利益、弘扬价值、推行行为规范所必须的社会资源总是有限而相对短缺的，因此各群体就必须以这些社会资源为目标展开争夺，由此引发社会冲突。从这个角度讲，冲突犯罪学眼中的社会冲突是多元的，可以在多个社会群体之间展开，也是多源的，可以缘起自多种不同的利益冲突与意识形态对立。而激进犯罪学则继承了马克思主义的基本主张，对社会冲突持一种相对简单的一维二元对立的观点，认为社会冲突尽管在外在表现形式上多种多样，但是其核心总是基于经济利益的对立与对抗。社会的各个群体根据其基本经济属性，可以被划分为控制了生产资料的资产者（资产阶级）与不拥有生产资料的无产者（无产阶级），而社会冲突的本质就是这两大阶级之间控制与反控制，压迫与反压迫，剥削与反剥削的阶级斗争，具体现实中各种不同名目的社会冲突不过是阶级斗争的外化与表面化形态而已。

在对犯罪问题的分析思路上，冲突犯罪学与激进犯罪学也有所不同。激进犯罪学基于其相对简化的社会冲突框架，对于犯罪的解释性因子有着相当明确的界定，认为不合理的社会政治与经济结构乃是犯罪现象的基本诱因；而基于其多元与多源的社会冲突框架，冲突犯罪学视角下的犯罪归因则相对更复杂些，任何可以导致社会群体分化的社会、经济、政治、文化甚至生理因子均可以用来解释社会冲突，进而解释作为其最激烈形态的犯罪现象。

三、冲突犯罪学的主要学者与理论体系演进

如前所述,冲突犯罪学的基本理论框架之奠基主要应归功于马克斯·韦伯。根据韦伯对社会冲突的论述,人类社会的不平等,亦即社会冲突的主要诱因在三个重要维度展开:权力、财富与声望。而当社会之不平等在这三个维度发生叠加时,或者在上述三个维度中的特权地位高度集中于少数社会成员且向上述特权地位的社会流动性高度凝滞时,社会冲突发生的概率就会增加。这一精辟凝练的论述,深刻地揭示了社会冲突的基本性质与规律,具有极高的指导意义,也为其后的学者进一步深入研究社会冲突提供了一个坚实的理论平台。

(一)齐美尔:社会冲突之系统性视角

冲突理论作为一种社会学理论在其早期发展阶段的另一位重要学者是与韦伯同时代的社会学家格奥尔格·齐美尔(Georg Simmel)。齐美尔对于冲突理论的主要贡献在于系统阐述了社会冲突在人类行为现象体系中的地位,从而突破了韦伯理论体系将冲突作为一种孤立现象理解的局限。在齐美尔看来,冲突作为一种人类社会化行为,不过是社会人之间发生交互关系的多种模式之一,其他的交互模式还包括竞争以及合作。这三种基本的社会化行为模式共同构成社会行为的复杂体系。按照他的系统性观点,社会冲突之于人类社会既是不可避免的,也是不可或缺的,正是立足于不同利益诉求的冲突及其解决赋予了人类社会化解内在矛盾,达成更高层次一致的机会与途径。另外,齐美尔也就(作为犯罪的主要形态的)暴力冲突的产生机制进行了阐述,认为当社会群体内部出现较高水平的和谐度,情感投入及团结,且冲突的性质超越了个体成员的个人利益时,暴力冲突就会倾向于爆发。[26] 有学者认为,齐美尔对于暴力冲突的诱发机制的总结过于简单化,也无法有效解释现代社会的一些常见冲突形态。[27] 不过他将群体内部互动性质与结构形态视为冲突的重要预测因子的思路在一些当代冲突理论学者(如奥斯丁·图尔克)那里被继承了下来。

(二)达伦多夫:辩证冲突理论

韦伯与齐美尔在20世纪初为社会学冲突理论所打下的基础,在20世纪中叶,为美国社会学家达伦多夫所继承与发展,具备了现代社会学理论的体系化形态。达伦多夫认为韦伯与齐美尔基于功能主义的冲突理论过于简单与理想化。他在二人的学说基础上,吸收黑格尔哲学体系中的“辩证法”观点,提出了“辩证冲突理论”。达伦多夫的理论是在社会组织层面展开的,“辩证”这一概念主要被用于建

---

〔26〕 See Simmel, Georg, *The Sociology of Conflict*, Duncker & Humblot, 1908.

〔27〕 See Lanier Mark M. & Stuart Henry, *Essential Criminology*, Philadelphia, PA: Westview Press, 2010 p. 298.

构一个可以分析冲突的多元性与相对性的视角。在多元性方面，达伦多夫认为社会组织中的个人各有其结构性地位，有的扮演主导者角色（domination），另一些则扮演从属者（subordination），但是这种地位设定由于社会组织的复杂性而不能绝对化，在一个社会关系中扮演主导者的个体可能在另外一个社会关系中扮演从属者，反之亦然。因为社会冲突的主要内容乃是主导者与从属者之间控制与反控制的对抗，多样化的结构性地位设定就决定了社会冲突的多元性。而在相对性方面，达伦多夫认为冲突并不总是表现为外在冲突形态，而在一定条件下可以表现为妥协与服从。另外，同一冲突关系中的双方地位并非一成不变。按照达伦多夫的辩证冲突观点，社会冲突是一个不断发展变化的动态互动过程，会经历权力分配、权力固化、权力削弱、权力崩溃、权力再分配等多个阶段的循环往复，期间主导者获得权力、巩固权力，从属者则试图重新分配权力，主导者与从属者的地位处于不断变化中，相互间的关系也随着冲突表现为冲突、妥协或服从的不同形态而处于不断调整中，由此体现出冲突的相对性。

（三）沃尔德：群体冲突理论

达伦多夫的辩证冲突理论在其视野上与韦伯类似，属于一般性的社会学理论，他并未在犯罪问题上投注过多精力，但是他所提出的概念体系极大地影响了犯罪学领域相关理论的发展。在这个方向公认迈出具有实质意义的第一步的是美国犯罪学家乔治·沃尔德。沃尔德将他的冲突犯罪学理论称为群体冲突理论。“群体”这一概念在冲突理论提出以来被广泛使用，但往往缺乏明确界定，而沃尔德则在其理论中详细阐述了群体在社会冲突，尤其是表现为犯罪的社会冲突中的重要地位与作用。在他的著作中，沃尔德指出：“犯罪行为的很大一部分源自围绕国家政治组织的控制权展开争夺而引发的群体冲突……这类政治冲突中经常会涉及那些在其他语境下被看作普通犯罪的行为……表面上，一些犯罪看起来无甚特别之处，但是仔细观察就会发现这些所为其实是（某个团体）的走卒在为其支持的事业而战，抗击其敌对方（对己方利益）的侵犯。一个源远流长的群体冲突心理准则在此得到体现：为达目的（如捍卫群体之地位），不择手段。”[28]

沃尔德认为，个体缺乏直接介入社会冲突所需的资源及组织力，因此社会冲突必然是以群体为基本单位展开的。在任何一个社会中，具有相同社会地位的个体都会结成群体，以通过集体行为更好地主张其利益。而当一个群体与另一群体的利益或势力范围产生排斥，就会引发社会冲突。沃尔德同时还将关注焦点指向国家的政治与法律制度，认为通过攫取政治权力而控制立法是社会群体在社会冲突中获取有利地位的基本途径。取得立法控制权的群体会通过将严重侵犯其利益的

---

〔28〕 Vold, George, B. & Thomas J. Bernard, *Theoretical Criminology* (3rd ed.), Oxford University Press, p. 275.

行为定义为犯罪来巩固其既得利益，而在权力斗争中失败的社会群体则会通过一系列违法犯罪行为来挑战当权者的权威，并伺机改变群体力量对比，再次夺取政治权力。因此，对于犯罪原因的研究必须充分关注刑事立法、违法与执法这一社会过程背后的社会冲突机制。

（四）奎恩尼：冲突犯罪学之六大命题

沃尔德对于政治权力在犯罪定义过程中的作用的关注在另一位犯罪学家理查德·奎恩尼的论著中得到进一步扩展。奎恩尼将其对犯罪的社会现实之理论视角适用于多个具体情景，进一步说明了基于群体的社会冲突对于犯罪的诱发机制。

在奎恩尼的专著《犯罪的社会现实》一书中，他就冲突犯罪学理论提出了六大命题：

（1）犯罪的限定性特征不在于犯罪之行为，而在于对犯罪的定义，犯罪人之所以犯罪乃是因为其行为被其他人定义为犯罪。犯罪的定义是由立法者、司法者及执法者的共同行为完成的。对犯罪的定义总是体现社会分化、冲突、强制与动荡的一面。（2）犯罪之定义之所以存在乃是因为一些社会群体的利益与社会其他成分的利益发生了冲突。掌握较多权力的社会群体通过立法将其对于犯罪的定义制度化并强加于处于权力对峙之弱侧的社会群体。而社会冲突之烈度往往决定了弱势社会群体之利益对抗行为被定义为犯罪的广度与频度。（3）法律之内容以及适用往往集中体现当权者的利益，因为立法、执法与司法机构往往处于当权社会群体成员的控制之下。（4）不同的社会群体成员往往具有不同的行为习得与养成，但无论如何，总是那些较少机会参与立法与司法过程的社会群体的行为更加倾向于被定义为犯罪。（5）关于什么样的行为应该被定义为犯罪，不同社会群体的观念与意见各不相同。但是，越是掌握较多权力的社会群体，其观念与意见越是倾向于占据主流与主导地位，这些观念与意见不仅会通过立法而得以固化，还会通过大众传媒的传播而被宣示为应当被尊重和遵守的观念与意见。（6）犯罪的社会现实乃是上述5个命题的结合体。[29]

（五）图尔克：冲突视角与行为之犯罪化

与奎恩尼对沃尔德理论的继承不同，同时代且影响力接近的另一位冲突犯罪学家奥斯丁·图尔克的学说则更多地体现出达伦多夫的辩证冲突观的影响。

图尔克认为，社会冲突的重要分析维度乃是其中权威（authority）与臣属（subject）的互动关系。根据他的定义，在以立法权争夺为焦点的社会冲突过程中，决定与社会秩序有关的重要立法过程的一方拥有权威之地位，而对于立法之过程与结果缺乏控制力的另一方则居于臣属地位。图尔克认为，理解犯罪现象的关键在于理解居于社会冲突两极的权威与臣属是如何处理自身利益、力量对比以及当

---

〔29〕 See Quinney, Richard., *The Social Reality of Crime*, Little, Brown, 1970, p. 15 – 25.

前结构性地位这几个冲突因素之间关系并据此调整其互动行为模式的。如达伦多夫所指出的，这些互动可以表现为几种不同模式。

当权威通过立法作出的利益分配及行为准则设定安排具有广泛的可接受性，这一安排之下臣属的利益损失远小于对其实施激烈反抗的成本时，权威的地位即得到臣属之认可，接受为合法权威，冲突就以服从的相对形态出现；而在另一种环境中，当权威与臣属的力量对比过于悬殊时，则会形成压倒性强权，臣属出于生存的基本需要而放弃对抗，而权威在大幅扩张其利益主张后，也会面临冲突的边际效益急剧下降而倾向于中止对抗，确认既得利益，这时冲突就以妥协的相对形态出现。

而作为社会冲突语境的最典型状态，在很多时候，权威的利益分配与行为准则设定既不能为臣属所接受，也不具备压倒性的力量优势，这就导致臣属拒绝承认权威之合法地位，也拒绝认同其行为准则设定，社会冲突由此激化。在图尔克看来，犯罪行为其实就是那些拒绝接受权威应当得到服从这一现实的臣属之意志表达。

图尔克的理论对于社会如何将特定行为定义为犯罪（犯罪化）的过程的解读被很多学者认为深具洞察力。其理论力图回答两个关于犯罪化的基本问题：(1)在何种环境下臣属会成为犯罪人？(2)在什么情况下臣属的对抗行为会遭到严厉的处置？

对于这两个问题，图尔克分三个层次进行了回答：(1)一个立法对于权威（及其所代表社会群体）的重要性越高，反抗该立法的臣属就越可能遭到犯罪化的处遇。(2)臣属之反抗遭到犯罪化的可能性还取决于其与权威之间的力量对比，具体来说，随着双方力量对比趋向接近，权威所能感受到的来自臣属的威胁就趋向明显，而其反应也趋向激烈，从而增加了犯罪化的可能性；〔30〕当然，当双方力量过于接近，甚至臣属的力量超过权威之力量时，犯罪化的可能性又会大幅下降，因为此时对臣属的利益主张施以犯罪化处遇的代价会过于巨大而缺乏现实可能。(3)犯罪化之可能性还受到一个被称为“冲突现实理性”的因素的影响。图尔克将这一因素定义为冲突双方对各自实现其目的之可能性的现实期待。在冲突的基本语境中，反抗的臣属之目的是最大限度实现其突破现有秩序的利益诉求，而权威的目的则是维持现有秩序以确保其既得利益。基于特定力量对比，当双方均对各自目的实现可能有理性认知时，往往会倾向于取得妥协，从而避免将冲突激化的犯罪化选

---

〔30〕图尔克在这一问题上的看法与一般观点相悖。一般认为，当权威与臣属力量对比悬殊时，权威在将臣属之对抗行为加以犯罪化时所遇到的阻力更小，也就更倾向于犯罪化。但是图尔克认为，犯罪化之动机与所面对阻力无关，而与权威者由于感受到对其利益之威胁而激发的防卫冲动有关，因此，当力量对比悬殊时，尽管犯罪化阻力较小，但同时其所感受的威胁也较小，反而不会产生犯罪化之强烈动机。

择。但是,如果双方均缺乏现实理性,高估了己方实现目的之可能,则会倾向于拒绝妥协,最终导致冲突激化为犯罪化处遇。图尔克认为,一个具有相对较成熟而复杂组织构成的从属者群体往往可以通过谈判、妥协与自我控制来避免冲突,有效避免其利益主张的犯罪化,就在于其较高的冲突现实理性。而一个处于高效治理体系下的社会中,其政府权威体制往往倾向于收缩刑事法覆盖范围(降低犯罪化之概率)也是基于同样的道理。

四、激进犯罪学的主要学者与理论体系演进

(一)马克思主义理论体系在犯罪学领域之应用

如前所述,激进犯罪学的理论体系以马克思主义的基本学说为基础。但是,作为马克思主义两大创始人的马克思与恩格斯并没有在应用其理论体系分析犯罪上投注太多经历。在马克思与恩格斯的经典理论表述中,犯罪现象只是作为资本主义制度的诸多弊端之一而被提及,并无符合犯罪学理论要求的具体致罪机制表述。一些同时代的欧洲社会学家确实尝试将马克思主义的一般原则适用于对犯罪的解释,其中最有影响力的是威勒姆·邦葛(Willem Bonger)。邦葛在其1905年出版的专著《犯罪性与经济条件》中认为,资本主义经济体系推崇利己主义而忽视利他主义,受其影响,不同社会阶层中均会有一些人基于利己主义产生"犯罪念头"(criminal thought),而这些具有犯罪念头的个体最终会发展出犯罪行为,进而形成"罪犯阶级"(criminal class)。[31] 邦葛认为,不论是有权有势者还是下层贫民的犯罪行为,也不论犯罪是出于经济、政治、病态或性的目的,其背后都有为资本主义经济制度所催生的利己主义之根源。总体来说,邦葛只是借用了马、恩学说中的一些概念,其理论体系整体上更接近德尔凯姆的社会失范论,而不能算是真正的激进犯罪学。

由于历史及社会的原因,进入20世纪以来,在作为世界犯罪学研究中心的美国,马克思主义受到全面的排斥,面临了相当长的一个沉寂时期,这也间接影响了整个西方犯罪学理论界。因此,在整个20世纪上半叶,基于马克思主义视角的犯罪学研究并没有什么值得一提的成就。直到20世纪70年代,由于西方资本主义世界经济社会面临日益严重的深刻危机,犯罪问题开始被放在基本社会制度层面加以审视,主流犯罪学的社会学视角也面临一个理论创新的"瓶颈",而对资本主义制度具有最深刻而全面的批判性认识的马克思主义理论自然而然得受到学者的青睐。这一时期马克思主义(激进)犯罪学理论发轫的标志性事件是1973年在英国出版的伊安·泰勒、保罗·沃顿与乔克·杨的划时代作品《新犯罪学》。[32] 泰

---

〔31〕 See Bonger, Willem A. , *Criminality and Economic Conditions*, Little, Brown, 1916, p. 35.

〔32〕 See Young, Jock, Ian Taylor, & Paul Walton, *The New Criminology: For a Social Theory of Deviance*, Routledge & Kegan Paul, 1973.

勒等人在其书中，对主流犯罪学进行了全面的批判，并呼唤建立一种可以全面解读犯罪行为的直接及深远原因，以及针对犯罪行为的社会化反应的影响的社会学理论。毫无疑问，这一理论的核心成分会大量继承并发展马克思主义对资本主义制度及其内在矛盾的深刻洞见。尽管该书并未明确提出一种成型的犯罪学理论，它的出版对犯罪学理论的发展产生了深远的影响，激发了一大批犯罪学者深入研究马克思主义理论并从不同角度提出其激进的犯罪归因理论。

（二）激进犯罪学中的工具主义与结构主义之分野

时至今日，激进犯罪学在西方的发展仍是百家争鸣，方兴未艾。但同时，也面临缺乏一个（超越马克思主义经典学说的）全面理论体系表述的问题，具体表现为一大批学者提出自己的见解与观点，但是对于资本主义制度作为一种犯因性要素（criminogenic factor）的具体作用及影响范围则众说纷纭，缺少具有公认权威和完整结构的学说或理论，同时还有一些标榜激进犯罪学，却不具有其核心特质的伪论者混杂其间。这种局面一方面给激进犯罪学的批判者提供了口实，另一方面也给有意了解激进犯罪学的治学者造成不必要的困扰。为了能在有限篇幅内梳理出激进犯罪学理论发展的大致脉络，笔者下面将采取西方犯罪学界在评介激进犯罪学时常用的“工具主义/结构主义”之二分法对其进行学术视角的辨析，并对这两个视角的主要代表人物之学说观点作一简要介绍。

所谓工具主义/结构主义视角，是激进犯罪学理论在应用马克思主义解读犯罪现象时，对于处于分析焦点的资产阶级政府所起的具体作用及其运作机制提出的两种不同看法。两者均同意马克思提出的，政府并非真正为社会最广泛大众之利益服务，而是统治阶级利益的坚定捍卫者的评价。正是在资产阶级假政府行为（包括立法、执法与司法）之名捍卫资产阶级利益的过程中，出现对被统治阶级行为的泛犯罪化认定以及对统治阶级实质上的犯罪行为的包庇与掩盖。而这两个视角的区别在于，工具主义对于资产阶级政府的运作模式持一种相对简单而表面化的理解，认为资产阶级通过其代言人主导政府的各个部门，并直接将政府作为其实现本阶级利益的工具，赤裸裸地支持资本主义的经济剥削，并以严刑峻法压制被剥削阶级的反抗；而结构主义视角则认为这种赤裸裸的代言人政府模式在现实中不可能存在，资产阶级对政府的控制不是通过对某个具体政府部门或职位的直接掌控，而是通过对整个政府组织的结构性影响使其运作在宏观上符合资产阶级的根本利益和资本主义经济的根本要求，一方面通过各种隐蔽或明显的政策性行为支持资产阶级对无产阶级的剥削，但同时也会出于资本主义经济社会平稳运行的需要，对于来自资产阶级内部的严重侵犯人权、损害公民利益的行为予以刑事处罚。

激进犯罪学理论发展过程中对于这两种视角均不乏支持者，本章在此只对其中最具影响力的几位学者的学说加以简要述评，以勾勒出这一理论学派的大致轮廓。这几位学者包括持工具主义视角的史蒂芬·斯皮策、理查德·奎恩尼（后期观点),以及持结构主义视角的威廉·钱布里斯。

(三)工具主义视角下的激进犯罪学

斯皮策在马克思主义基础上发展出的犯罪学理论可谓简单明了,一针见血。他认为,资本主义社会的结构基础就是阶级斗争,其观念中的社会大同就是某一个阶级的全面主导,而所谓越轨与犯罪就是任何试图挑战这种统治阶级主导地位,给现行社会秩序带来干扰的行为。他指出,在资本主义社会的既定秩序体系中,任何给下列基本社会关系带来搅扰,阻碍或者质疑的行为均会被认定为“问题行为”,面临犯罪化及刑事处罚:(1)资本主义财富取得方式(对其产生威胁的行为的例子包括穷人对“诚实致富”者行窃);(2)资本主义生产方式展开的社会条件(对其产生威胁的行为的例子包括拒绝工作或无工作能力而闲散游荡);(3)资本主义社会的财富分配与消费方式(对其产生威胁的行为的例子包括以逃避现实或自我麻醉为目的,而非出于社交或调节身心的需要使用毒品);[33](4)个人朝向生产性或非生产性角色的社会化过程(对其产生威胁的行为的例子包括青少年拒绝学校教育或拒绝组织传统家庭);(5)为资本主义社会正常运作提供支持的意识形态(对其产生威胁的行为的例子包括支持或主张其他形态的社会制度)。

斯皮策认为,会带来上述威胁的“问题人群”在资本主义社会中可以通过两种方式被制造出来:直接方式与间接方式。所谓直接方式,就是指由于资本主义生产方式的基本矛盾而直接产生越轨人群。这一观点是直接继承自马克思关于流氓无产者的论断,即资产阶级为了强迫无产阶级接受低工资高强度的雇佣劳动关系,必须有意在无产者中通过一定的失业率制造剩余劳动力,并通过剩余劳动力的竞争压力来逼迫劳动者就范。但是这一剩余劳动力群体由于长期处于生存危机边缘而不得不通过各种不为资产阶级主流秩序所接受的行为来维持物质与心理生存,这些行为就直接威胁到了前文列出的社会关系中的第1、2项与第3项。于是这一剩余劳动力群体在被资本主义经济体系创造出来的同时,也成为为资产阶级统治秩序所不容的越轨人群。而所谓间接方法,就是指由于资本主义社会控制与调节体制的内在不统一性而间接催生越轨人群。换句话说,当社会成员认识到资本主义制度本身的不合理与不人道,就会自然产生对这种社会秩序安排的抵触与反抗,从而会出现威胁到前文所列社会关系的第4项与第5项的行为。对此,斯皮策以大众教育催生体制的反抗者的例子进行了说明。资本主义制度下的大众教育乃是以

[33] 这里体现出斯皮策对于西方社会毒品使用的深刻认识。尽管在官方统计数据上看,毒品滥用问题在主要集中于社会下层,但是自我报告研究已反复证明,社会上层人群在毒品滥用方面丝毫不逊于下层人群。但在毒品使用的目的上则带有明显区别。下层人群使用毒品多出于生存压力与精神压抑之下的自我麻醉以及对特定精神疾患的自我治疗;而上层人群的毒品滥用则更多是出于社交娱乐目的,以及一些面临高度紧张工作环境者的身心调节。

培养资本主义生产方式所需的合格劳动者为目的的。但是社会成员，尤其是中下层青少年接受教育的必然结果就是培养出对社会现实的理性批判认识，而资本主义剥削制度的内在矛盾就必然被揭露出来，进而产生对这一制度的自觉的反抗以及对社会制度变革的强烈主张，由此创造出威胁现行统治秩序的"问题人群"。

斯皮策将"问题人群"分成两个主要类型并各自冠以形象的称呼："社会垃圾"与"社会炸药"。这一人群的越轨身份源自其缺乏有意义地参与资本主义劳动力市场的能力，从而对资产阶级经济利益毫无助益甚至有所拖累。而后者则是指代那些可能对资本主义生产方式提出挑战，从而对资产阶级的政治地位产生根本性威胁的人群。这一人群的最典型例子就是以社会主义与共产主义政治理念为指导参与社会运动的社会团体和政治党派。

另一位持工具主义视角的重要激进犯罪学学者是奎恩尼。前面提到，奎恩尼在其学术生涯早期支持冲突犯罪学，并在其著作《犯罪的社会现实》[34]中对冲突视角下犯罪的产生原因进行了系统的阐述。但是当他于 1977 年出版其另一本专著《阶级，国家与犯罪》[35]时，他已经全面转向激进犯罪学。他认为以马克思主义为基础的犯罪学研究应主要关注以下几个领域：首先，为了理解犯罪的根本属性，必须研究资本主义经济的发展历程，资本主义生产力与生产关系、资本主义国家以及在资产者与劳动者两个阶级之间的阶级斗争；其次，必须对长期以来被资产阶级用来维护本阶级利益的政治统治与政治压迫体系进行揭露；再次，还必须揭示出被压迫者对资本主义制度的适应与抗拒的各种形式；最后，这种对资本主义政治经济体制的适应与抗拒之间互相转化、互相依存的辩证关系是激进犯罪学研究的重点，因为正是在这种适应与抗拒的辩证关系中，犯罪的定义被创造了出来。

奎恩尼进一步提出了他基于上述考察的犯罪类型化，将犯罪分成两个基本类型：统治者的犯罪与适应性的犯罪。顾名思义，前者是资产阶级及其政治与经济利益的代言人为了维护现行制度，牟取高额利润所实施的危害行为，而后者则是处于被压迫者地位的无产者为了在资本主义剥削制度所创造的严酷环境下生存并争取自身权益而实施的不为现行制度所容的行为。其中，统治者的犯罪又可以分为四个子类型：由强力执法机构实施的"控制者的犯罪"，如暴力执法或非法搜查；由政客或政治集团实施的"政府的犯罪"，如贿选或政治献金；由公司、企业等实施的"经济统治者的犯罪"，如内幕交易或环境犯罪；以及一些没有被定义为犯罪的"社会性伤害"，比如种族歧视或者经济剥削。而适应性犯罪则包含下列三个子类型：以损人利己为特征的掠夺性犯罪，如盗窃、抢劫；以发泄个人情绪为特征的人身性犯罪，如谋杀、强奸；以及以现行资本主义生产方式及生产场所为直接对象的反抗

---

〔34〕 Quniney R. , *The Social Reality of Crime*, Routledge, 1970.

〔35〕 Quniney R. Class, *State and Crime*, 2d ed. , Longman, 1980.

性犯罪,如破坏生产工具或武装暴动。

在奎恩尼看来,统治者的犯罪才是真正具有社会危害性的行为,但是这些行为往往不会被定义为犯罪因为他们可以使统治阶级受益。而另一方面,适应性犯罪中很多行为不过是处于生存需要的无奈选择,甚至有些行为从阶级斗争的总体视角看属于被压迫阶级的正当权利主张,但是这些行为由于直接损害了统治阶级的利益而被犯罪化并施以严刑峻法。在这个意义上,法律就是统治阶级维护自身利益,镇压对立阶级反抗的工具。

斯皮策与奎恩尼所代表的工具主义立场在激进犯罪学理论发展早期颇为流行,但是其对资本主义制度近乎脸谱式的简单化表述也成为很多激进犯罪学的反对者展开批判的切入点,认为激进犯罪学不能够充分概括现代资本主义的复杂性,尤其是无法充分解释当代资本主义在经历数次经济危机与社会革命后大量引入福利社会元素和所谓普世人权价值而呈现出的资产者与无产者在一定程度上相安无事,甚至"共同繁荣"的新形态特征。实际上,马克思在其最初关于资本主义的论述中就早已对其复杂性与欺骗性有深刻揭示,指出资本主义尽管在其基本属性上是赤裸裸的阶级剥削,但是比之历史上在它之前的其他剥削制度形态,却更善于通过剩余价值、市场竞争、自由劳动力以及代议制民主等多种方式将其剥削本质加以掩盖。而现代资本主义比起其早期形态在社会控制与掩盖其剥削本质方面显然也更加熟练与巧妙。鉴于此,工具主义对于资本主义的揭露与批判往往只是刻板而肤浅地照搬马克思主义学说中对阶级关系的概括性表述,就难免有"刻舟求剑"之嫌,难以提出具有现实说服力的理论。

(四)结构主义视角下的激进犯罪学

相比较而言,激进犯罪学在进入20世纪80年代之后发展出的结构主义视角对于资本主义政府在阶级斗争与创造犯罪方面的作用的认识更加具有现实指导意义。以这一视角展开论述的各家学说中,最具代表性的就是钱布里斯所提出的犯罪的结构矛盾理论。钱布里斯在其理论中应用了马克思辩证唯物主义与历史唯物主义的基本原则,从矛盾与发展的视角分析了资本主义社会与犯罪之间的复杂关系。他指出,资本主义社会的基本矛盾乃是剥削制度下资本与劳动力的矛盾,资本需要最大限度增值,因此必须压制劳动力价值,这就引发了激烈的社会冲突。资本主义政府一方面需要达成社会冲突的解决,但是却不愿意改变造成这一冲突的根本性社会制度,这就形成了一个两难困境(dilemma)。最终,以忽视基本矛盾为特征的冲突解决只能带来新的冲突,进而造成新的两难困境。通过这一充满思辨色彩的分析,钱布里斯得出一个结论:犯罪是资本主义社会无法解决的问题。

而作为其结构主义视角的体现,钱布里斯认为资本主义政府的运作模式并不是如工具主义者所描述的那样,通过立法、执法与司法去简单粗暴地为资产阶级攫取利益并压制被剥削者的反抗。他认为,法律体系其实代表了政府对于一个充满矛盾的资本主义经济体制下具有复杂性的阶级斗争的一种全局性的回应，而往往并不会执着于某一个具体个案或争议事由中属于统治阶级的局部利益。政府通过立法、执法及司法行为所保护的，乃是整个资本主义经济的运作方式，而这一运作方式的延续则在宏观上保障了资产阶级的利益最大化。因此对犯罪的定义从表面上看一定是体现出公平与正义，在适用上的不平等也往往为（以财富为介质的）个人自由之弘扬所掩盖。但是，透过现象看本质，其制度安排的终局效果却并不会与工具主义的简单化论断相去太远：资产阶级的经济利益与政治权威得到充分维护，而无产阶级的自我保护与权利申张则面临泛犯罪化与严刑峻法。

钱布里斯从马克思主义关于资本主义经济制度的经典论述中总结出两个基本的犯因性要素，将其称作导致资本主义政治经济体制会创造犯罪的根本性矛盾。第一个犯因性因素是资本主义经济制度为了维持剥削而创造出的剩余劳动力现象，钱布里斯称之为“工资—劳动力供给矛盾”。这一要素在多位激进犯罪学者的学说中均有阐述，这里就不再重复。而第二个犯因性要素则源自马克思著名的关于资本主义经济危机的论断，钱布里斯称为“工资、利润与消费矛盾”：一方面，工人由于被迫接受经济剥削而缺乏足够的购买力来消费其劳动成果；另一方面，资本家为了维持高额利润又不可能将工资提高到可产生足够购买力的水平。这一矛盾的积累使资本主义周期性爆发的经济危机不可避免，同时也使得下层贫困民众迫于生计或基于恶劣环境而实施的适应性犯罪行为无可避免。

第十章　犯罪心理学理论

第一节　心理学视角的引入

从行为人的心理侧面出发解释犯罪的做法古已有之，如果以宽泛的不以科学性为准绳的定义考察，对于犯罪的心理侧面解释要远远早于对于犯罪的社会侧面解释。人类在共同观念上将社会性因素，如阶级、种族、经济地位、文化等，视为个人行为的重要影响因素并系统地加以论述，直到启蒙运动时期才成为主流思潮。而将个人的思想活动作为行为的重要决定性因素加以考察的做法则可以一直上溯到有文字记载的远古时代。作为第一种具有体系化意义的犯罪学理论的经典犯罪学，其核心就是一种基于心理侧面的犯罪解释理论，认为具有理性能力的人类基于自身利益最大化的考量，自由地选择通过犯罪来实现其功利目的。在此描述的心理过程是一个极其简单的、类似数学公式的推理过程。但是，即使在这一理论得到最广泛承认的时期，社会经验仍然会注意到相当数量的犯罪人的行为完全违背其个人利益之最大化原则，难以通过理性选择与自由意志这一心理过程加以解释，于是将其归于“魔鬼附体”或者“疯癫”。排除前者的迷信成分，这其实就是最原始的以精神疾病或者心理疾患解释犯罪行为的例子。这类对越轨行为的原始解读不论是在西方古希腊、古罗马时代以来的历史典籍，还是中国古代文献、史料中均有出现。

在本章中，我们会深入考察以心理学或者精神病学为其理论基础的犯罪归因理论，并会对这些理论与那些以生理学、生物学或医学为基础的犯罪归因理论之间的区别加以辨析。当然，将这两种理论倾向截然分开的做法是不明智也是不必要的，因为现代心理学与精神病学在很多方面都与对人类的特定生理构造，尤其是大脑及神经系统的研究密切相关，这一点在现代遗传学的影响上尤为明显。

而作为这一讨论的开始，我们将首先考察一种把遗传性心理因素作为犯罪行为的最主要因子之一的理论思潮，即关于犯罪与智力之间关系的讨论。

一、关于智力水平作为犯罪预测因素的学术争论

有多位早期犯罪学家主张犯罪人以及不良行为人的智力一般都低于常人，并认为低智商正是其犯罪或越轨行为的原因。他们相信犯罪人由于遗传原因拥有较

低水平的智力，因此天生就比智力正常者具有更强的犯罪倾向。在此基础上，刑事司法机构的一个重要工作应是对社会人群展开智商测试，以甄别出天生低智商者，因为这一类人群乃高发人群，提前甄别有助于在其实施危害社会之行为之前对其加以控制。

在研究取证方面，犯罪学家将目光聚焦于关押在各类管教、改造监所的青少年犯与成年犯，试图通过量化观测其 IQ 值与其已知犯罪行为之间的相关关系。就这样，以在押犯为观测对象，发展出数个将智力能力作为关键性因子的犯罪学理论。而在不同学者的理论之间，围绕智力能力本身的成因，逐渐形成了所谓"先天生成/后天养成"(nature v. nurture)的理论争议，这一理论争议直到今天，仍在多个领域以不同形式存在。

(一)先天生成理论

先天生成理论认为智力在很大程度上是由遗传基因决定的，这种先天低智力，表现为低 IQ 值，将最终在行为上显现其后果，犯罪就是其后果之一。故犯罪性是先天生成的。在 20 世纪初，IQ 测试这一智力检验技术刚刚出现就被犯罪学家大量用于对在押的成年及未成年犯进行测试。这些测试结果显示大多数的在押犯 IQ 偏低，从而为智力理论提供了支持。这些研究中较有代表性的是亨利·哥达德(Henry Goddard)在 1920 年进行的一项研究，在这一研究中发现很多在押犯在智力水平上仅处于"低能儿"层次，另外他还在研究中估算出至少一半的青少年犯存在心智缺陷。[1] 另一较有影响的研究是威廉·希利(William Healy)与奥古斯塔·布隆纳(Augusta Bronner)在 1926 年进行的针对芝加哥与波士顿不良青少年群体的研究，他们发现被试群体中高达 37% 的青少年智力低于普通水平。据此，他们推测不良青少年存在心智缺陷的概率要比普通青少年群体高出 5～10 倍。[2] 上述研究与其他得出类似结论的研究被认为证明了青少年的低智商代表了高犯罪可能且犯罪行为是与先天心智缺陷相联系的。其背后的逻辑是，既然 IQ 测试测量的是个体的先天遗传性智力能力，而这一低智力水平又与犯罪行为有着密切的相关性，那么青少年以及成年期犯罪的原因就应是先天性的心智缺陷，由此支持了犯罪性的先天生成理论。

(二)后天养成理论

从 20 世纪 30 年代以来，通过文化现象视角来考察人类行为养成的学术观点逐渐占据主流，由此产生了智力能力的后天养成说。根据这一学说，人类的智力发展尽管有其生理遗传基础，但是起更主要作用的还是其社会属性。后天养成说批

---

[1] See Siegel L., *Criminology: The Core*, Cengage Learning, p. 151.

[2] See Healy, William, and Augusta F. Bronner, *Delinquents and Criminals: Their Making and Unmaking: Studies in Two American Cities*, No. 3. Ams Press, 1926.

驳了认为是低智商使人犯罪的观点。取而代之的是一种双重后果逻辑：个体的成长环境，包括父母、亲友、社会关系、学校、同侪以及多个其他社会性因素共同决定了个体的心智水平，因此，低智力水平是社会环境的产物，而这一社会环境同时也具有诱发犯罪与越轨行为的特性。因此，即使在量化观测中测得低智商与犯罪之间的相关性，也并不能简单将其视为因果关系，而更合理的解释则是两者其实具有相同的原因（不良环境因素），所以只要该原因存在，两种结果自然会相伴而生。

以批驳先天生成说为目的的实证研究最早在20世纪20年代就以出现。比如，在1926年由约翰·斯劳森（John Slawson）进行的青少年智力比较研究中，研究者将1500余名不良青少年的智力测试结果与一个来自纽约市的正常青少年对照组进行了比较，发现尽管80%的不良青少年被试者在抽象语言能力测试中得分偏低，他们在机械能力性向及非语言智力测试中并无明显偏低。[3] 这一发现说明在IQ测试中可能存在文化性偏差，导致来自较恶劣成长环境，但无遗传心智障碍的正常被试者出现偏低的测试成绩。1931年，著名犯罪学家萨瑟兰对当时公开发表的多个智商—犯罪相关性研究进行了综合评估，发现在不同研究的观测发现之间差异明显，自相矛盾，不足以支持一个统一的“先天低能导致犯罪高发”的归因理论框架。由于萨瑟兰在犯罪学界的崇高地位，在他对先天生成说作出决定性的否定结论之后，犯罪学研究者便在相当长时期内几乎不再关注智力与犯罪之间关系这一话题。

很多犯罪学学说发展史的考察中都注意到，萨瑟兰作为其同时代犯罪学当之无愧的权威人物，尽管其理论本身也有着难以抹去的心理学因素，但是其对于犯罪学的心理学归因视角一直抱有相当明显的排斥态度，并曾对多位提出基于心理学视角的犯罪学理论的学者进行公开的学术压制，给这些学者的职业生涯造成了严重的阻碍。有鉴于此，先天/后天说的争议在萨瑟兰对其盖棺论定后，相当一个时期都不再有主流学者试图对这一结论进行具有实质意义的挑战。直到近半个世纪之后，这一话题才由另外一位犯罪学泰斗级学者重新挑起。

1977年，塔拉维斯·赫希（Travis Hirschi）与迈克尔·辛德兰（Michael Hindelang）通过对既有研究数据的元分析发现，IQ作为自变量对犯罪行为的预测能力要高于其他一些常用的社会学指标，如种族、社会阶层等。[4] 对此发现，赫希与辛德兰使用了一种间接因果机制加以解释：低智力能力影响青少年的学校学习成绩，较差的学习成绩转而影响青少年的行为，诱发越轨与犯罪，并最终发展为成年后的稳定性的犯罪行为。这一理论较之前智力/犯罪关系学说的重要发展是不再认为犯

---

〔3〕 See Slawson, John, *The Delinquent Boy: A Socio-psychological Study*, Russell & Russell, 1926.

〔4〕 See Hirschi, Travis, and Michael J. Hindelang, *Intelligence and Delinquency: A Revisionist Review*, American Sociological Review, 1977, p. 571-587.

罪是个体"低能"的表现,而是将智力能力放在社会化适应因素的背景下分析,具有更强的说服力。这一智力间接导致犯罪的理论提出后,得到了诸多学者的积极响应,有多个后续研究的数据均支持或部分支持了这一理论。

(三)智力理论的待解难题

得到赫希/辛德兰研究的鼓励,智力与犯罪之关系的研究重新回到主流犯罪学视野。但这一问题远未获得圆满回答。目前来看,在这一问题上的学术考察主要面临下列待解的问题:

1. 测量手段之准确性问题。自其问世以来,IQ 这类智力测试手段的客观性与准确性就一直受到来自多方面的质疑。在将其引入对犯罪性的归因理论研究后,其测试手段的信度与效度所面对的最大考验来自对其文化偏向的批评。如果这一缺陷确实存在的话,对于主张犯罪源自先天生成的低智力能力的观点的打击无疑是最大的:所谓低智力能力并非生理性,而是具有社会文化偏向性的测试工具的产物,那么与这种工具所测得的低智力相关联的犯罪行为模式至少就不能被认为具有遗传属性了。相对地,赫希所提出的,以学校教育为中介的智力/犯罪关系学说受这一文化偏向性的影响会相对小一些。因为学校教育本身带有文化属性,因此在这一逻辑下的因果机制本身不完全排斥文化性因素作为中介发挥作用。但是文化偏向性对于智力测试结果本身的客观性必然会产生影响,而这一影响在多大程度上会对观察准确度造成扭曲,这是一个尚未得到有效回答的问题。

2. 智力能力作为犯因性因素发挥作用的具体机制问题。早期犯罪学对于智力能力作为犯因性因素的作用机制的理解极为肤浅,认为犯罪就是个体智力低能的表现,甚至走向极端,将所有弱智者与精神病患者均看作潜在犯罪人。这一学说由于无法得到充分的数据支持,在受到萨瑟兰的批判之后就没有影响力了。目前,比较有影响力的是赫希和辛德兰提出的以学校学习成绩为中介的间接因果说。[5]但是有研究也对此说提出疑问,指出尽管在黑人青少年群体中,学习成绩确实对智力或犯罪相关性有中介性影响,但是在白人青少年群体中,智力与犯罪之间的关系却看不到学习成绩的明显影响。总的来说,智力/犯罪关系的研究目前仅仅处于基本相关性证成的层面,而仅有相关性并不足以推导出因果性。只有在阐明其具体作用机制并得到实证数据支持之后,智力能力作为犯罪的犯因性因素才能得以证立。

3. 在针对智力与犯罪之间关系的归因研究中还存在一个明显的研究方法问题,即犯罪人样本群的取样来源偏差问题。从开始将智力能力作为犯罪学研究对象之日起,犯罪人智力数据采集一直是一个相对容易的工作,因为被作为取样来源

---

〔5〕 See Hirschi, Travis, Michael J. Hindelang, *Intelligence and Delinquency: A Revisionist Review*, American Sociological Review, 1977, p. 571 – 587.

的基本上都是有某种形式官方记录的越轨或犯罪人群。越轨/犯罪官方记录的存在就意味着面临某种形式的人身自由限制,因此对这一人群进行取样以及测量不用考虑被试对象配合度的问题,相比在完全自由人群中展开类似研究要容易很多。但是,很快就有学者意识到这一表面上的优势其实暗藏巨大问题:在押或有案底,人身自由受到限制的犯罪人显然远不是整个犯罪人群的全部。实际上,以已知犯罪人为对象的研究忽略了所有犯罪却未被发现、未被采取强制措施和未被惩罚的犯罪人。而当研究的题目是智力能力时,这一取样偏差的问题就越发严重:我们可以认为那些被发现、被逮捕或被惩罚的犯罪人中,很多其实就是因为不够聪明以致被抓到。而反之我们的研究无法考察到的那个犯罪而无官方记录的群体,是否正是因为其较高的智力能力而得以规避国家司法机关的侦缉、抓捕与惩罚呢?一般来说,在抽样研究中,抽样覆盖不全是不可避免的。如果覆盖空洞之产生是随机的,则对研究结论之效度不会产生严重影响;反之,如果这种覆盖空洞与所研究的题目本身有着密切逻辑关系,则会严重降低研究结论之效度。在关于智力的研究中缺失一个在智力上明显具有其独立属性的人群正是后者的典型情况。如果这个问题得不到圆满的回答,显然就难以知悉智力与犯罪之间的因果关系的全貌。

4. 关于智力与犯罪关系的犯罪归因理论无法解释犯罪率的性别差异。传统犯罪学主流理论对女性犯罪的解释力长期以来都受到批评。很多理论对于犯罪的归因性解释都存在在男性群体中解释力远大于在女性群体的问题。以智力能力为基础的犯罪学理论也不例外,而且当使用先天生成说对犯罪进行解释时,会出现明显的逻辑冲突:如果智力能力是犯罪倾向的有效预测因子的话,两个在犯罪倾向上存在明显差异的群体间就应该合乎逻辑地存在某种程度上的显著智力能力差异。而在几乎所有的犯罪倾向差异群体分划中,性别分划无疑是最为明显的。即使在女性犯罪高速增长的今天,女性犯罪倾向仍然仅仅是男性的几分之一。将如此明显的犯罪性差异放在一个简单的智力—犯罪决定论框架下,就必然得出女性作为一个群体的整体智力能力应明显高于男性的推论,而这一推论与几乎所有的关于智力的性别差异研究之实证结论背道而驰。显然,即使智力能力真的是具有原因力的致罪因子,它在男性群体与女性群体中的作用机制也是明显不同的。参考赫希和辛德兰所倡导的文化性中介因子的假设,我们可以同样假定智力能力作用于犯罪倾向的机制中存在某种因性别而异的中介因子。这种与性别有关的社会性中介因子的具体性态,有很多研究女性问题的心理学家及社会学家均有深入的考察,但是如何将其引入以智力能力为基础的犯罪归因理论中来,还是一个未得到完满答案的问题。

从全局视角来看,以智力水平为考察点的犯罪心理学研究远远算不上这一学科领域的主流,在这一领域取得的研究成果本身对于犯罪学研究的贡献也是非常有限的。这里之所以辟出相当篇幅对其发展进行介绍,主要是因为其以相对单线索的发展历程却展现了犯罪心理学研究的一些基本特点,在犯罪心理学其他更有成就的学术领域,由于理论发展线索繁多而错综复杂,这些基本特点反而不容易被清楚地勾勒出来。对这些基本特点的了解有助于学习犯罪学的学生充分全面地认识心理学视角的固有价值。

二、犯罪心理学研究的基本特点

透过对智力与犯罪关系之犯罪心理学研究的学术史考察,可以总结出犯罪心理学研究的以下基本特点:

1. 犯罪心理学的基本研究范式以实证主义研究方法为主体,以归纳法为其基本认识手段。但是同时,也应重视思辨演绎方法在宏观指导与理论体系建构方面的作用。在这一领域的犯罪学研究从一开始就具有非常鲜明的实证主义色彩,试图通过对犯罪人群体的特定心理学特质的实地测量,来寻找其与犯罪趋势的统计学相关性,先证明事实的存在,再对事实存在的理由进行概念化的解释。这种研究范式承袭龙勃罗梭开创的意大利学派犯罪学的方法论,也是其后在其他领域进行的犯罪心理学研究所通用的研究范式。

2. 犯罪心理学视角不可能脱离人类行为的社会化属性独立存在。早期智力或犯罪关系研究所犯的一个关键性错误,就是试图将人类智力能力这一心理要素看作是纯粹天然的东西,只关注其在遗传学、生理学及病理学方面的自然属性,将犯罪行为视为智力低下者如疾病症状一样的自然反应,而完全未考虑智力水平与个人社会化进程及行为养成方面的关系。而在那一时期对犯罪的心理学视角归因理论最主要的批评就是它其实不过是犯罪之病理学、医学视角的简单延伸,在考察犯罪行为时完全无视行为人的社会属性及其对行为人的影响。这一批评是很有道理的。早期智力—犯罪关系研究之所以被边缘化,除了其主要批评者萨瑟兰的权威之外,其本身的解释力缺陷也是重要原因。而赫希和辛德兰之所以可以让这一研究视角重获生机,也是因为在其理论建构中引入了学校这一社会化因素。当然,以现代心理学的基本理论框架而论,再批评心理学视角忽视人的社会性已经是不合时宜的了。因为现代心理学在其发展中已经充分认识到并积极整合了人类情绪、思想及行为之社会化属性并在现代心理学理论中加以包容。现代心理学各理论的一个普遍前提就是,人类行为发展的基本目的就是融入其所处的社会,与其周围的人群建立社会化链接,并寻找最适合其社会化处境的心理生存策略。而犯罪行为模式之所以得以形成与固化,与个体在其心理发展历程中所必须面对的社会化链接样态以及心理生存策略之选择有着密切关系。

3. 犯罪心理学视角对社会化属性考察不可以简单等同于犯罪的社会学视角,更不可能以社会学视角完全代替心理学视角的犯罪归因。在犯罪学学科内部,至少在一种非正式的观念中,“社会学”是作为“心理学”的对立面存在的。从研究视角上看,犯罪的社会学视角否定早期心理学视角(以及更早时期意大利学派的生理学视角)关于犯罪是源自个体内在属性的观点,而倾向于认为犯罪是个体所处外在环境之产物。[6] 传统上,犯罪之社会学视角有两个主要的理论倾向:社会过程论与社会结构论。而以本书之界定,社会过程论其理论基础之实质为心理学视角:即纳入了社会化属性考察的现代心理学视角(包括社会心理学视角)。

因此真正持纯粹社会学视角的就是社会结构论。社会结构论的基本观点是,个体差异性在行为塑造方面的重要性要远远低于由结构性因素决定的群体共性,因此其归因视角倾向于考察宏观社会学因素,如经济、阶级、宗教、文化、历史等。这种基于宏观社会学因子的考察,与前面提到的,充分关注个体生存环境中存在的各类具有社会化特征的微观因素的心理学视角显然是有明显区别的。社会化指的是个人情绪、思维与行为展开之外在关联属性。如前所述,现代心理学早已认识到基于个人的任何心理想象都必然与其周遭环境(基于人类生活基本样态为群居与社会化互动,这里的周遭环境其实就是社会环境)存在关联与互动,而不可能是完全独立的纯粹生理现象。这种社会化考察不仅与心理学的基本理论设定没有冲突,而且日益被公认为是心理学研究的题中之义。

不可否认,社会学研究中,对象之社会化属性的考察是不可缺少的,但是这已不再是社会学独有的分析思路,因此也就不能认为只要是涉及社会化因素的考察,就统统应以社会学视角加以归类。

三、犯罪学之心理学视角的基本理论假定

本章后面部分将重点介绍在犯罪学之心理学视角下影响力最大的数个理论学派,包括传统上被归于心理学视角的精神分析理论、人格特质理论、社会学习与模仿理论以及认知理论等。另外,也包括了传统上被归入社会学视角或者勉强归入"社会心理学"的一些重要理论,包括差异接触理论(不同交往理论)、中和技巧理论以及控制理论。读者应当注意的是,本章将后几种理论放在心理学视角加以评介的做法本身并非犯罪学学术史梳理的通例。尤其可能引起读者不解的是对萨瑟兰提出的差异接触理论的评介,因为萨瑟兰不仅自我归类为社会学家,而且在其学术生涯的主要时期一直对心理学视角持公开的批判立场。在这样的背景下,将其提出的核心理论纳入心理学视野范畴显然有些突兀。

鉴于此,本章在稍后介绍上述这些理论时对于为何将其放在本章会有较深入的辨析与解释。而在这里,则先就心理学视角的共同理论假设做一个概括性总结,帮助读者建立对心理学视角的总体理解,同时也为之后本章所作的各理论的归类与梳理作出解释性铺垫。

理论假设1:在个体差异中发现犯罪之原因。对于犯罪的心理学视角归因在

---

〔6〕 显然,基于前面的讨论,这一批判在现代心理学面前已经不再有其充分合理性了。因此以是否考察外在环境因素作为心理学与社会学视角之分野的做法也不再有效了。

一点上与生理学视角相同,即均试图发现个体之间可能引致犯罪性的差异。生理学试图寻找的差异是解剖学、生理学或遗传学意义上的,而心理学试图寻找的差异则一般不具有直接的可观察性,这些差异或者是直接存在于个体的情绪、思维及行为模式中(异质心理学),或者是存在于那些与个体情绪、思维及行为模式密切相关的情境与微观环境中(过程心理学)。

理论假设2:犯罪原因之产生是一个动态的过程。现代心理学认为,人类情绪、思维及行为在最重要的方面并不由先天生理遗传因素决定,而是源自个人成长、学习及社会化的过程中的经验。个体成长需要经过一系列的精神、心智以及性成熟阶段,如果在这些阶段中出现了异常因素,如人格障碍、心理困扰或者创伤性经历,这些异常因素将对个体成长经验造成显著影响,最终或者(按照人格特质理论)导致个体的特定乖离性格,或者(按照学习理论或过程理论)被个体建构为面对特定微环境时的不当行为反应策略。

理论假设3:犯罪性不完全等同于犯罪行为。绝大多数持心理学视角的犯罪学家认为,上述心理障碍或异常构成潜在犯罪行为人思维的一部分,但并不必然时刻表现出来,而是需要一些社会化或环境性因素的触发。一旦被触发,就会以高度反常行为,甚至犯罪行为的形式表现出来。而作为心理学视角的一个重要分支,精神病学为犯罪行为之起因提供了一个更为激进的解释:在极端的情况下,不良成长经历或创伤性经历可以直接造成反社会人格障碍等严重精神疾患。而这类精神疾患的症状表现就是“攻击性及反社会性行为模式”以及对“社会伦理规范的公然漠视”。毋庸置疑,这类症状之外显的最激烈形式就是犯罪行为,在这一语境下,犯罪性与犯罪行为之实现具有高度之重合。即便如此,这两者在概念上仍是相互独立的。

理论假设4:犯罪性与犯罪原因之观察应通过科学设计的实证手段完成。在心理学研究中,尤其是在异质心理学研究中,学者非常重视各类测量工具的发展与应用。最典型的测量工具包括心理测试量表、心理测试分类表以及心理测试问卷等。借助这类测量工具,研究者可以较准确地将存在心智与精神异常者与正常人区分开来,并对心理障碍进行分类与描述。灵敏而精确的测量工具对于心理学研究无疑意义极其重大,因此,心理学学科的发展历程本身也就是心理学测量工具不断丰富、完善与推广应用的过程。

理论假设5:犯罪之心理原因需要也可以通过矫治加以消除。因为心理学视角相信犯罪行为乃是源自心智发展过程中出现的异常及缺损,其所支持的犯罪预防及犯罪矫治策略在指导思想上就与医学中的疾病预防与治疗非常接近,即一方面试图消除或扭转导致缺损的异常发展过程(预防),另一方面对确认的缺损根据其产生机理予以修正(治疗)。当然,在这一总体指导思想之下,具体的预防与矫治策略与手段会由于不同理论对犯罪原因的理解而各异。这些差异我们将在后面对诸理论进行分类评介时予以重点关注。

总体来说，基于心理学视角提出的关于犯罪的归因理论之发展是一个不断自我否定与自我更新的动态过程。而且心理学在最近一个世纪以来的理论更新速度惊人，往往一个理论提出后经历十数年便面临被证伪或边缘化之境地。在这一独特的知识积累与更新模式面前，很多学习心理学（包括犯罪心理学）的学生会有“那些过去的理论既然已经被抛弃，学来又有何用？”的疑惑。面对这一问题，我们必须对心理学理论发展的历史性、阶段性和继承性有一个客观的认识。

从最初以弗洛伊德为代表的心灵学派所倡导的“发现潜意识中的隐藏力量”，到通过行为主义心理学逐渐认识到个体微观环境对于心智发展及行为习得之重要意义，再到“二战”以来以认知心理学为导向的对于个体习得过程之复杂性、自主性与互动性的日益深刻理解，最后又通过遗传心理学及脑神经心理学的最新发现，将上述心理过程与人类大脑之特定生理结构性状建立联系。在其最新发展阶段，犯罪被认为是人类主动认知性思维过程与特定社会化环境因素发生某种不良互动的产物。

在这一发展过程中，每一个阶段都是通过对前一阶段的继承与扬弃而得以建构自身的理论框架。从这个意义上讲，每一个发展阶段，无论以现代心理学认识水平来评价是多么的不合理，在其特定历史时期都是有着不可或缺的价值。而要达致对犯罪学心理学视角的全面认识，对上述每个阶段所提出的重要理论以及各阶段主流理论之间争鸣、融合与更新的具体过程，就必须有一个透彻的了解。

第二节 传统意义的心理学视角理论

一、精神分析学派

（一）弗洛伊德的精神分析理论

奥地利心理学家、精神病医生西格蒙德·弗洛伊德在心理学史上最重要的贡献是其精神分析理论确立了潜意识对人类行为发展的重要意义。就其本身而言，精神分析理论是一个关于人类思维发展模式的复杂体系，其中几个关键的支撑性理论假设并未得到有效证明，而且从其逻辑架构的基本构成看，有些理论假设至今仍是不可证伪的。但是这似乎并没有影响其理论在提出后迅速得到广泛认可、接受与应用。弗洛伊德本人并未在犯罪成因方面有过多著述，但是其理论被支持心理学视角的犯罪学家广泛应用于对各类越轨及犯罪行为的解释中，所以很多早期的犯罪心理学理论都与弗洛伊德的理论体系有着或多或少的关系。根据这一理论的基本表述，犯罪行为是人类意识深处中埋藏的内在冲突的表达方式之一。而从来源上看,这种具有罪因性质的内在冲突是行为人幼年或青少年时期的创伤性经历(traumas)或欲求不满(deprivations)之堆积作用于潜意识导致的心理后果。

在此,具有重要指导意义的是弗洛伊德对人类意识的图式性建构。他认为意识可以被划分为显意识和潜意识两大部分。他将人类思维之显意识部分称为"自我"(Ego)。自我是人类意识与现实世界的连结点,主要作用是调和潜意识中产生之欲求与现实环境约束之间的关系。而潜意识又可以进一步被划分为"本我"(Id)与"超我"(Superego)两个互相对立的部分。本我是人类与生俱来的所有基本生理与心理需求的来源。对于本我的基础属性,不同心理学家有不同的看法,弗洛伊德认为其最主要的成分是被称为"力比多"(Libido)的性欲,另外还包括被称为"厄洛斯"(Eros)的求生本能,以及被称为"桑纳托斯"(Thanatos)的破坏本能。本我的基本特征就是所谓"行乐原则",即只追求欲求满足之快乐而不考虑其余。与本我相对的超我被认为是社会道德与行为规范内化的产物,负责对本我的行乐趋势进行压制。超我是个体社会经历在潜意识的反映,并由此成为自控能力的来源。超我与本我在潜意识层面的直接对立由自我在意识层面加以调和,并最终表现为人的有意识行为。

潜意识中欲望与道德的激烈冲突在意识层面的主要表现就是所谓"负疚感"。弗洛伊德在其理论中描述了个体在面对负疚感时的两种心理应对策略(又称心理防卫机制)。第一种被称为"升华"(Sublimation),即将来自本我的欲求引导向一个可以满足超我道德要求的方向,比如将攻击欲望引导向竞技体育运动等;第二种被称为"压制"(Repression),即直接否定这种欲求的存在。显然,后一种策略是多种反常行为的潜在诱因。比如,对欲求的压制会导致一种被称为"反向成型"(Reactive Formation)的心理机制,即对欲求的过度压制最终导致压制本身成为一种欲求。而压制的另一种潜在的不良心理后果是"投射"(Projection),即个体将自身不获认可的欲求想象为在别人身上同样存在,以此减轻自身所面对的内在冲突。一个典型的例子就是一个意图出轨者倾向于认为人人皆有出轨之强烈欲望。

为了更为具体地解释潜意识中内在冲突对人行为的影响机制,弗洛伊德极具创意地提出了意识发展的五阶段说。该学说认为,个体从出生到成人,其意识的发展经历了五个各具特色的阶段,个体的生理性欲求因每一阶段而异:第一阶段称为"口唇期",因初生婴儿这一阶段主要通过吮吸母亲乳房获得基本满足;第二阶段称为"肛门期",此阶段幼儿开始学习自主排便,并通过肛门括约肌之收缩与扩张获得快感;第三阶段称为"性器期",男女儿童各自开始出现第一性征,并开始从性器刺激获得快感;第四阶段称为"潜伏期",为性征被惩罚之恐惧掩盖的阶段;第五阶段为"生殖期",随着第二性征出现及与家庭成员外异性接触的增加,个体再次对性之欲求满足提出要求。

显然,上述每一个阶段均面临该阶段特有的欲求表达形式与规范压制的冲突。

个体如果在每一个阶段均能较好地平衡这种冲突,就能最终成长为具有正常心智特征的成年人。而如果某一阶段的冲突没有得到有效应对,则这一冲突就会在潜意识中造成扭曲,并最终在成年阶段以与之对应的人格障碍或心理疾患的方式表现出来。基于这一认知,精神分析理论对于犯罪的原因作出了解释:犯罪与严重越轨行为均源自个人潜意识中本我与超我冲突的调和失败。该解释的一个具体应用就是关于缺乏父母关爱的儿童容易成为不良少年甚至成年犯罪人的论断。精神分析理论的解读是,儿童时期遭到父母之忽视导致其意识中超我的发育不足,从而缺乏将社会行为规范加以内化的能力,于是其行为就会表现为本我的过度表达,即罔顾法纪的自我满足行为。

(二)弗洛伊德精神分析理论之学术史地位

弗洛伊德的理论在成型后不久就迅速达到其对非学术公众兴趣之吸引力的顶峰,但是同时也表现出神秘主义倾向,导致其理论在学术上的贬值。其精心构建的五阶段概念极度缺乏实证的可证伪性,同时很多基础性事实存在严重错误。最终,该理论由于缺乏有效的实证数据支持而遭到来自心理学界主流学者的批判。其对公众的影响力在弗洛伊德个人魅力的支撑下多年维持不坠,但是理论本身在学术上却日益边缘化。

从某种意义上讲,弗洛伊德在心理学界以外所享有的声誉要远远超越其在当代心理学界所公认的学术地位。对于接触心理学不多的非专业学生及大众而言,弗洛伊德几乎就是心理学的代名词,而通过大众媒体的塑造,公众心目中"心理医生"的标志性印象也多数脱胎于弗洛伊德及其著名的精神分析疗法。这一现象在心理学界内部引致的反应更多还是严肃学者群体的无奈甚至抵触,因为现代心理学学科中,弗洛伊德的精神分析学派早已被边缘化。尽管弗洛伊德理论中的一些关键概念,如潜意识、依恋、创伤性经历以及心智发展阶段性等,仍是现代心理学研究的重要着眼点,但是其概念组成与解读语境早已发生实质性转换,而与其当初在精神分析理论中的性质相去甚远。

不过,在其出现的 19 世纪后半叶,弗洛伊德的学说无疑是具有划时代意义的。尽管之前也有心理学家试图对人类之意识的基本特性进行图式性描述,但弗洛伊德所倡导的"自我、本我、超我"三位一体论是在当时最完整也最具说服力的一种描述。而他对于人类思想行为的基本驱动力、潜意识与显意识之关系,以及人类个体意识发展阶段的看法,也是极具想象力和创见的。另外,与其同时代、同层次的其他著名心理学家的代表性学术成果相比,弗洛伊德所提出的理论及其所撰写的数本专著均更为通俗与"有趣",因此极受大众喜爱。这种特质本身并无助于其理论的学术价值,但是却成功地将心理学置于公众关注焦点之下,极大地推动了这一学科的发展。

这种助益现在看来主要表现在两方面：

一方面，公众之高度兴趣必然促进有关学科的科研资源之投入。19 世纪正是西方社会工业化与城市化带来的各种社会问题集中凸显时期，公众渴望对社会问题的学术研究能够提供可有效解决这些社会问题的现实方案。而当时包括传统的政治学、哲学、史学以及新兴的社会学、心理学在内的诸多学科门类均试图向公众及决策者证明自己的学科握有这些社会问题之最终解决方案并以此为依据争夺相对有限的科学研究资源。作为饱受质疑的后来者，心理学正是由于弗洛伊德这样的"重量级学术明星"的存在，引发了公众的高度关注，才在这一资源争夺中占据了相对有利地位，成为现代社会科学的主流领域之一。如果没有弗洛伊德，以其当时发展水平下所展现出的概念体系及研究方法上的诸多严重缺陷，心理学要取得其当时的学科地位无疑要困难很多。

另一方面，弗洛伊德的个人魅力及其理论在学术性之外的高可读性，客观上吸引了大批学子投身心理学，为心理学的发展奠定了坚实的人才基础。弗洛伊德在其学术声誉最著时，出版的几本专著一度洛阳纸贵，而他在各地举行的讲座如今日的流行音乐巨星演唱会一般场场爆满，可见其吸引力。一个潜心科研的严肃学者也许会对这种与学术无关的吸引力嗤之以鼻，但是对于一个正在思考自己未来职业或者学术生涯的年轻学子来说，无疑是一种极大的鼓励，从而促使其在诸多潜在就学方向中选择心理学专业。当时欧美各个大学心理学系均出现了不同程度的高速扩张，部分就是得益于弗洛伊德所掀起的"全民心理学热潮"。在此不应忽视学科吸引力为学科发展本身所能带来的潜在助益。在科学研究高度社会化的今天，一个无人问津，仅有少数人苦苦坚持的学术领域，是几乎不可能获得高速发展的驱动力的。只有当一个学科专业人才数量储备达到一定水平时，科研活动才会趋于兴盛，学术争鸣随之广泛深入，进而学术竞争激烈，最终带来学术成果的密集产出和学科的高速发展。从这个意义上讲，弗洛伊德为心理学学科发展所作出的历史性贡献，远远超越了其精神分析理论之表述。

(三)其他以精神分析理论为基础的犯罪学理论

在某种意义上，弗洛伊德自己的精神分析理论的作用更类似于一个宏观理论框架，通过指出潜意识以及意识的图式结构等基础概念，为理解分析人类心理活动提供了平台。以这一平台为基础，弗洛伊德身后聚集了一大批追随者。但是，这些后来者并不都完全接受弗洛伊德对潜意识作用机制的解读，尤其是他将性需要(力比多)作为人类思维意识的基本驱动力的观点。于是在其精神分析学说的大框架下，不同学者又提出了各自对潜意识基本特性的解读，其中一些被应用于犯罪学研究中，就形成了精神分析理论框架下的不同犯罪学理论，由于弗洛伊德的巨大影响力，这些理论在 19 世纪末 20 世纪初一度成为犯罪学的主流学说，一些理论甚至在精神分析学派在心理学领域式微之后依然在犯罪学领域保持了活力。本章在此将简要介绍其中两个具代表性的理论:依恋理论与挫折—攻击理论。

在后弗洛伊德的精神分析学派中,有的学者对该理论中父母的作用表示赞同,并进一步提出,既然父母的作用主要取决于与子女相处的时间长短,则母亲作为婴幼儿期与子女接触时间最长的家长,作用就尤其关键。父母的早教缺位或失败对儿童的影响主要体现于自我和超我的发育滞后,导致儿童无法对其本我的强烈欲求进行有效压制。这一心理变异过程在数个犯罪心理学理论中均有所表述,其中影响最大的是由约翰·波尔毕(John Bowlby)提出的“依恋理论”(attachment theory)。[7] 这一理论认为子女与父母之间建立一种稳固而积极的情感依恋关系对于其之后的人格发展至关重要。波尔毕指出,婴儿有能力辨别出其主要抚育人并与该抚育人(绝大多数情况下为其亲生母亲)建立依恋关系。[8] 这一依恋关系建立之后,子女与其母亲之间的关系将对前者的人格成长产生重要影响。如果母亲对其子女的教养是尽职而关爱的,则子女将获得健康心智发育的机会,而如果母亲对子女缺乏关爱,疏于关注,子女则很可能会遭受特定心智发育障碍,最终导致异常人格。在这一过程中,母亲(很多情况下也包括父亲)的作用远远大于未能在特定时间范围内与婴幼儿建立依恋关系的其他家庭或社会成员,如果由于父母的原因导致儿童心智发育障碍,无依恋关系的其他主体将很难予以修补。比如,儿童在八岁前如果与其父母(或其他建立依恋关系的主要养育人)总是无法维持稳定的共处时间,或者经历了其他对这一依恋关系产生负面影响的因素,如被遗弃、被领养或被虐待等,则这些儿童会形成持续的人际关系焦虑心理,阻碍其与他人建立正常的社会联结。如果在精神分析理论框架中来理解这一现象对行为的影响,可以认为这些儿童为了逃避异常家庭关系带来的精神痛苦而在潜意识中生成一种心理防御机制,阻止其与他人建立可能带来痛苦的亲密关系,从而造就自私、排他、反社会的心理与行为模式。同时,这些儿童还在潜意识中压制了其移情能力(empathy)的发展,导致其难以理解其行为给他人带来的伤害与痛苦。这种由于缺乏父母关爱而导致的严重心理缺陷被称为“反应性依恋障碍”。依恋理论由于突破了传统精神分析理论的概念框架而为一些精神分析学者所批评,但是这一理论在犯罪学领域却深具影响力,在很长时间主导了犯罪学对于早年家庭关系与成年犯罪行为之间关系的考察。

另一个由精神分析理论框架衍生出来的犯罪学理论是威廉·希利(William

---

〔7〕 See Bowlby, John, *Attachment and Loss* (No. 3), Random House, 1998, p. 3.

〔8〕 这一依恋关系由于主要存在于子女与亲生母亲之间而常被误认为源自所谓“血浓于水”的先天因素,但实际上,子女与其亲生母亲之间的依恋关系的真正原因在于绝大多数情况下都是亲生母亲在新生儿出生阶段扮演其主要抚育人的角色,自然而然成为新生儿建立依恋心理关系的目标。同理,如果扮演主要抚育人角色的是生母之外的其他人,甚至无血缘关系者,新生儿同样会与其建立依恋关系,而不会受血缘亲疏的影响。

Healy)与奥古斯塔·布隆纳(Augusta Bronner)提出的挫折—攻击理论。[9] 这一理论认为攻击性行为乃是个体为应对由欲求受到压制所带来的挫折感而引发的一种心理防卫机制。在正常儿童成长过程中,父母有效的家庭教育可以通过创造其他正当的欲求满足途径来补偿和消减这些挫折感,与父母充满关爱的依恋关系可以进一步增强父母之干预在这方面的有效性。相反地,如果儿童没有与父母建立这种健康的依恋关系,或者父母没有努力为其提供有效的挫折补偿干预,则会令儿童面临超我发育的滞后,最终无法有效压制与平衡本我产生的欲求,也缺乏应对因欲求无法满足而带来的挫折感的手段。在这种情况下,挫折感会被转嫁到行为人身边的其他社会成员,最终导致攻击行为。

挫折—攻击理论的一个重要精神分析理论源头是阿德勒(Alfred Adler)的"自卑情结"(inferiority complex):那些在自我生活方式中无法获得自我满足感与成就感的个体将通过特定越轨行为获得补偿,而那些认为社会"不公平"地剥夺了其权利的个体将会以犯罪的方式来满足其对成就感与自主权的需要。

挫折—攻击理论被广泛用于解释暴力犯罪以及缺乏明显谋利动机的侵财犯罪。比如,有学者认为职员在办公场所实施的小偷小摸行为,很多并不是由于经济利益驱动,而是员工对遭受雇主不公正待遇的一种极端表达。而近年来我国多次发生的公共汽车恶性燃爆案件似乎可以为这一分析提供进一步的现实注脚:实施这类犯罪的个体往往来自社会弱势群体,由于其权利主张得不到满足而引发强烈挫折情绪,并最终以报复社会的攻击性方式表达出来。

依恋理论与挫折—攻击理论的一个共同点是,尽管他们的最初提出均是基于精神分析学派的理论框架,但是其作为被广泛接受的犯罪学理论却拥有了相对独立的学术生命力,甚至在精神分析理论在心理学领域被边缘化之后的相当长一段时间,这两个理论仍然在犯罪学界保持了相当的影响力。这主要是因为,与传统精神分析理论聚焦人类意识的基本运作机理层面不同,依恋理论与挫折—攻击理论应用性更强,更关注具体的意识、心理、行为现象。而这两个理论作为因子予以关注的现象:早期家庭经历的异常以及个人生活中的严重冲突情境与犯罪行为之间的相关性早已为大量的实证研究数据所反复证实,所欠缺的无非是对其具体作用机制的一个合理解释。上述两个理论的最初提出,是应用了精神分析理论关于人类意识构造的学说,通过"依恋"和"挫折—攻击"这两个在潜意识基础上构建的概念来说明上述相关关系背后的因果逻辑。而当一个理论的因果逻辑被证伪时,作为该逻辑说明对象的概念并不一定要遭到抛弃,而只需以更新的理论学说对其进

〔9〕 See Healy, William, and Augusta F. Bronner, *Youthful Offenders: A Comparative Study of Two Groups, Each of* 1,000 *Young Recidivists*, The American Journal of Sociology 22(1), 1916, p. 38–52.

行重构与再解读即可。依恋理论与挫折—攻击理论在后弗洛伊德时代的发展正是循着这一路径。通过不断引入新的心理学理论的归因性要素，这两个理论的最新表述已经在一定程度上跳出了精神分析学派的框架，具有了多种现代心理学理论的学术基因，从而也较好地保持了其对特定犯罪现象的解释力，而其理论解读的焦点却始终维持于“依恋”和“挫折—攻击”这两个高度概念化的现象之上。

二、人格特质理论

（一）人格特质理论的基本观点与重要学说

与精神分析学派不同，人格特质理论认为反常行为源自行为人的反常甚至犯罪性人格特质，而这些人格特质的产生原因是多方面的：环境因素、大脑生理病理损伤、精神疾患、药物滥用等，而并非来自潜意识中的心理失衡。在一些理论中，人格特质被认为直接源自个体的遗传生理特性，这些理论试图在一定程度上整合对犯罪的生理学与心理学解释。

所谓“人格特质”（personality traits），心理学上指的是个人思维中的那些具有持续性的，并在其行为的多个层面上发挥导向性作用的模式化特征。著名心理学家戈登·奥珀特（Gordon Allport）在其论著中对“人格”作了如下定义：人格就是“由个人先天性心理/生理系统构成的动态组织对于特定环境触发机制所做出的反应”。这一定义极其抽象，但对“人格”这一重要人类心理机制作出了非常精确而全面的界定。根据这一定义，所谓人格是个人一种带有趋势性的思维反射模式，其主要特点是：（1）以人的生理构造为其物质基础，其发展与形态均受个人先天生理条件的决定与限制；（2）其发展受制于先天生理条件，但先天仅是起决定作用的诸因素之一，在此基础上思维发展还会受到诸多环境因素影响；（3）是一个动态的复杂体系。人格作为一个整体可以被分拆为许多个各自独立存在的“性格特征”，个人在成长过程中会形成一系列性格特征，不同的性格特征之排列组合就形成了各异的人格；（4）人格的内质在形成之后，还需要特定环境触发要素才会外显为代表性情绪与行为。站在人格特质理论角度，心理学的一个重要研究目标就是对各种常见的性格特征进行分类、甄别与测量，以此发现在不同个体身上的不同性格特质组合以及这些组合对于个体行为的影响。

人格特质理论被广泛应用到犯罪学领域，其对犯罪行为所作出的解释认为犯罪行为其实是个体潜在问题人格的外显。一般来说，以人格特质理论为指导的犯罪学研究重点关注个体性格中那些与犯罪与攻击行为关系密切的特征：易冲动、攻击性、外倾性、神经质、精神病质、刺激喜好、敌意以及感情波动等。这一研究方向中，精神病学有着非常重要的地位。实际上，以人格特质中的变异或变态特征作为犯罪行为原因最初就是由精神病学家提出的。

早期精神病学通过人格障碍等变异/变态人格解释犯罪行为的最重要贡献是

由赫维·克莱克里(Hervey Cleckley)提出的精神病态(psychopathy)这一概念。[10]所谓精神病态,是一种在具有长期且重复的严重暴力犯罪记录的犯罪分子人群中大量被识别出来的一种极端性人格特质。与传统观念中将这一群体标签为极度道德败坏或生性邪恶不同,克莱克里认为这些人中相当一部分的行为其实是精神病态这一严重精神障碍的外显形式。但与一般意义上的精神病不同,精神病态以及其他一些类似的精神障碍并不会表现为严重的官能性失常(刑法上构成限制或无刑事责任能力的精神疾病),而是以一种极端异质人格的方式存在,因此被称为“人格障碍”。

由于精确地概括了当时广受关注的一些严重刑事案件中犯罪人的共同心理状态与行为特征,精神病态这一概念一经提出就在精神病学与犯罪心理学领域大受欢迎。在基本概念基础上,其症状表述几经演变,其名称也历经数次变化,先是一些学者提出了“反社会病态”(Sociopathy)的叫法,之后在美国心理学会编写的《心理疾病诊断与统计学手册》(*The Diagnostic and Statistical Manual of Mental Disorders*,DSM)后期版本中被正式改为“反社会人格障碍”(antisocial personality disorder),不过,其基本内涵并没有太多偏离克莱克里在1941年出版的《疯狂之面具》(*Mask of Insanity*)一书中对精神病态所做出的定义:极度自恋人格,完全无视他人,并与社会体系处于高度对立状态。在其最高级形态时,行为人完全去社会化,无法与其他人建立持久的亲密关系,极易冲动并极具攻击性,(对其危害他人行为)极少或毫无愧疚感。

在欧美国家刑事司法系统内,精神病态与严重暴力犯罪之间的已知密切联系受到充分重视,对精神病态的诊断工具与方法被广泛应用于刑事程序实务的多个环节之中作为人身危险性测试的组成部分。对于存在明显精神病态症状的犯罪人,不论是在量刑、收押、监管以及减刑假释等环节均会严格把控,务必保证因精神病态导致的高度人身危险性不至给监所及社会公众带来二次危害。但与其在司法实践中所受到的高度重视相比,在精神病态这个与犯罪归因密切相关的概念基础上却没有真正发展出一套有影响力的犯罪学理论。究其原因,一是因为精神病态概念仅仅能够覆盖所有犯罪行为中的一小部分(尽管是关注度最高的那一小部分),因此在此概念上发展出的理论对犯罪作为一个整体缺乏全面的解释力;二是精神病态概念研究到目前为止依然停留在深度现象(症状)描述层面,对于导致精神病态产生的病理性与生理性原因目前尚无令人信服的权威性学说,更谈不上预防与有效治疗。而犯罪学的根本任务乃是寻找犯罪行为的根本原因从而指导对犯罪的预防与矫治。从这个意义上讲,以发病机理尚不明晰的精神病态为基础的犯罪学理论都面临着无法深层归因的问题。在有些学者看来,所谓精神病态之症状

---

〔10〕 See Cleckley, Hervey, *The Mask of Insanity*, St Louis: CV Mosby Co., 1976.

描述不过是严重犯罪行为特征的集中概括,所以以精神病态作为犯罪的解释就犯了以现象解释现象的循环论证的毛病,因此不可能产生有说服力的犯罪学理论。

从心理学研究的整体来看,对人格的研究视野非常广阔,对于精神病态的关注只是人格特征研究中比较特殊的视角。而以人格特质的整体性视角来观照犯罪学问题同样取得了大量的学术成果。

在试图通过犯罪人的人格特质来解释其行为的学者中,汉斯·艾森克(Hans Eysenck)是最有影响的先行者之一。他和克莱克里的出发点相似,都是试图对犯罪人进行一个基于人格特质的心理画像,但他的犯罪归因学说以具有普遍性的人类性格分类为基础,目光并不局限于犯罪人,更不仅仅是少数严重暴力犯罪人,这反而使其具有了更广泛的解释力。

艾森克借鉴并发展了著名心理学家卡尔·荣格(Carl Jung)所提出的"内倾"(introversion)与"外倾"(extroversion)性格特质分类,认为组成人格的诸性格特质可以以其近似性与关联性被归纳成"性格簇"(clusters of traits),以性格簇为基础进行排列组合对人格进行分类鉴别相比直接排列组合数量繁多的单个性格特质显然要有序和合理得多。根据艾森克的总结,人格的基本构成存在两个重要维度,即性格内外倾维度(temperament)与情绪稳定度维度(neuroticism)。每个维度在结构上均是两个性格簇的二元对立形式:性格内外倾维度由内倾性格簇(introvert)与外倾性格簇(extrovert)构成,情绪稳定度维度则由神经质性格簇(neurotic)与稳定性格簇(stable)构成。这样,两个维度上两两对立的性格簇组合形成四种基本人格:内倾与神经质共同构成的抑郁质人格(melancholic);外倾与神经质共同构成的胆汁质人格(choleric);内倾与稳定共同构成的粘液质人格(phlegmatic);以及外倾与稳定共同构成的多血质人格(sanguine)。[11] 艾森克稍后又在此二维结构中加入了一个相对独立的第三维,称为"精神病质"(psychoticism)。这一维度考察行为人性格中较极端的因素,以此为依据来衡量其出现病态式的精神崩溃的倾向。这一维度与克莱克里的精神病态概念有一定的近似之处。

艾森克在其学术生涯后期尝试从神经医学与神经心理学角度对其性格簇的形成机制作出进一步解释。在他看来,内—外倾性格特质与大脑皮层唤醒水平有关。具有外倾性格簇的个体其大脑皮层唤醒程度偏低,对外界刺激不敏感,因此为达致较高的情绪兴奋度,必须通过各种手段增强外界刺激水平,由此养成外向、爱表达、

---

〔11〕 应注意的是,这里的"多血、胆汁、粘液、抑郁"人格四分法本身并非艾森克的创造,而是借用了古希腊学者希波克拉底所提出的"体液气质说"。希波克拉底的学说认为,人体有四种体液且体液的比例决定人的性格,这一理论本身已不具有任何学术价值,也与艾森克在此的理论没有任何实质性联系,艾森克只是使用了其对人性格的分类框架。当然,这一分类框架在数个世纪之后仍可以较全面地概括人格的基本类型,说明希波克拉底当时的观察还是相当深入而细致的。

爱热闹的性格特征,内倾性格簇则正相反。神经质—稳定性格特质则与交感神经系统功能水平有关。人体的交感神经与副交感神经系统主要控制机体的紧张状态程度,其作用机制一正一负,制约平衡。交感神经发达者,身体的各自主系统经常处于无意识的紧张亢进状态,如瞳孔散大、心跳加快、汗腺加速分泌等,这些生理反应在意识层面会导致情绪的波动,表现出典型的神经质性格特征。副交感神经发达者正相反,身体系统不易进入亢进状态,在意识层面则表现为情绪稳定,不喜形于色。

根据艾森克的观察,正常人的人格应是稳定性的,同时不会严重内倾或外倾。而具有高度神经质并高度外倾者犯罪的趋势会较明显,而如果其人格中精神病质指标较高的话,这种趋势会更加明显,其极端的表现与前文介绍的反社会人格障碍(精神病态)相似。这类个体行为上有较强的刺激寻求趋向,而暴力、攻击行为、毒品以及其他犯罪行为往往是其寻求满足的途径。另外,其情绪上的不稳定使其行为自控能力较差。艾森克在此同意很多学者对智力能力作用的看法,认为低智商会影响到具有上述人格的个人领会社会规范要求、正确预期行为后果、理解并容忍不愉快经历与痛苦的能力,最终作出错误的决定。艾森克是最先清晰地描述了"刺激寻求者"(sensation seeker)这一犯罪高发类型的犯罪学者,这被认为是他对犯罪学类型化体系的一个重要贡献。

艾森克出版于1964年的专著《犯罪与人格》(1977年再版)被认为是犯罪学研究的一个重要里程碑,[12]是20世纪以来第一次有学者系统地将生理学因素重新引入犯罪学的考察中,将人体生理机制,尤其是与思维意识有密切关系的神经学融入对犯罪的心理学解读,对犯罪学和犯罪心理学之后的发展方向产生了深远的影响。

(二)人格特质理论的学术价值及重要贡献

在以人格特质为基础进行犯罪学研究的学者们对犯罪学所作出的诸多贡献中,公认最具独到价值的是他们创制并大量使用的复杂的心理诊断工具。比如,斯塔克·哈达威在1939年所创制的,用于甄别异常人格的明尼苏达多项人格量表(MMPI)至今仍然在犯罪心理学以及其他异常心理研究中被广泛使用。MMPI量表总共包含了550条测试问题,分别被统合进入10个分量指标,测量诸如抑郁、歇斯底里、精神病态以及冲动性等人格特质。该量表被广泛用于刑事犯罪人的人格分类,为司法实务与犯罪学研究提供信息支持。另外一种被广泛应用的人格特质测量工具是加利福尼亚心理学量表(CPI)。与MMPI关注异常人格特质不同,该量表主要用于测量个体人格中一些非变异的特质,如支配力、容忍力以及合群度等。利用这些复杂的测量工具,犯罪学家可以通过实证数据采集而不仅是逻辑推

---

〔12〕 See Eysenck, Hans J., *Crime and Personality*, 2nd ed, Routledge and Kegan Paul, 1977.

演的方式研究犯罪的心理学产生机制。在一些研究中,学者在数据中找到了大量证明人格与犯罪之间相关关系的证据,反复证明了诸如冲动性、刺激寻求、反传统价值观、攻击性态度、社会剥离感以及对抗性态度与犯罪之间的固有联系。

另外,在犯罪类型化研究中,人格特质理论也找到了相当广泛的证据支持。比如在一项1999年进行的青少年性犯罪研究中,[13]研究者发现犯罪人中存在明显高于正常人群的麻木与缺乏感情流露的人格特质。而在一项针对青少年杀人犯的研究中,96%的被试者诊断出精神异常,主要表现为混乱无序的行为模式与难以控制攻击冲动,同时往往还伴有早期遭受暴力虐待经历,以及极低地接受心理治疗与辅导的比例。这一因子组合被研究者称为"神经精神病学脆弱点",而这类脆弱点的大量存在与暴力攻击行为有着极高的相关关系。[14]

通过应用各种人格测量工具对犯罪人群进行量化研究,犯罪学家为以特定变异人格特质解释(主要是)暴力犯罪行为的学说提供了坚实而充分的数据支持。在此基础上,发展出了一些具有较全面解释力的人格特质理论。

正如前面在介绍精神病态学说时提到的,以人格特质为基础的犯罪归因理论主要的局限性在于其在归因能力上的欠缺。犯罪行为之定义中天然包含"违规行为"、"越轨行为"或"异常行为"等要素,而这些要素又是人格异常诊断的基本考察点。这样,使用人格异常解释犯罪行为时就出现了严重的循环论证问题。比如,人格特质理论对惯偷行为的解释是其行为的冲动性与缺乏控制能力,而在诊断冲动性与低控制力人格特质时,经常性的小偷小摸行为又是一个重要判断指标。又如,经常对他人实施暴力攻击被作为缺乏移情能力的重要诊断指标,而在犯罪学中,缺乏移情能力却又被作为暴力攻击行为的原因。这就导致了用现象解释现象,而无法进一步深入归因。

造成这种局面的主要原因还在于目前主流的人格特质理论还基本停留在对"人格"进行全面分类描述的现象论研究层面,而在个体人格的形成机制原因方面尚无有实质意义的突破,这就导致尽管可以对各类异常行为进行细致的描述,却不能对这些行为进行归因。这也限制了这一理论视角在犯罪学研究中的地位。

随着心理学对人类思维意识形成机制认识的日渐深入,对一些人格或性格模式的形成机制开始有了一定的认识,并在神经心理学、认知心理学以及环境心理学

---

〔13〕 See Caputo, Alicia A., Paul J. Frick, Stanley L. Brodsky, *Family Violence and Juvenile Sex Offending the Potential Mediating Role of Psychopathic Traits and Negative Attitudes toward Women*, Criminal Justice and Behavior 26(3) 1999, p. 338 -356.

〔14〕 See Lanier, M. M., Henry, S., & Desire'J. M., A. (2014), *Essential Criminology*, Perseus Books Group, p. 141.

的多维度支撑下具备了一定的归因解释力。随着这一方面研究成果的逐步系统化，人格特质理论的犯罪归因能力可望得到实质提高。

三、行为主义传统与学习理论

（一）行为主义心理学之理论背景

心理学史在考察心理学学科发展演变历程时，由于基本研究范式和学说基础传承的不同而分划成多个不同理论流派。并非每一个流派均在犯罪学领域拥有同等的影响力。实际上，在犯罪学研究中引入心理学视角以来，两个大的理论流派的学说构成了犯罪心理学的主流。这两大流派被不同学者冠以不同名称，不过对两者间之界限分划的基本认识是一致的。这两个流派中，较早兴起的一派被称为“心灵学派”（Mentalism）。这一流派在心理现象的基本属性上持所谓“心身二元论”立场，即认为心理的机能是心理结果的主动决定因素，心理的主动性与身体的机能不是一回事，因此心理不能被还原为身体的物理基础和机制。[15] 心灵学派在研究方法上主要采用所谓“内省法”，即通过被观察者感受自己的思维体验并向研究者进行描述来收集关于思维的信息。弗洛伊德开创的精神分析理论是这一流派的重要代表。与心灵学派并立的是被称为“行为学派”（Behaviorism）的一批心理学家，其出现时间较晚，但是在进入20世纪后迅速发展并取代心灵学派成为现代心理学的主流。行为学派的出现与崛起在很大程度是建立在对心灵学派的批判的基础上的。行为学派的早期代表人物约翰·华生（John Watson）认为，心灵学派以内省为主要手段试图认识和研究人类意识的研究范式是错误和无意义的，也是心理学发展遭遇瓶颈，科学性遭到质疑的根本原因。人类情绪与思维其实是人类作为有机体的身体的特定部分对环境刺激所作出的反应的组合形式，其本身是具有客观性的，而这种客观性在既有技术条件下只有外化为行为时才可能被真正观察和认识。因此心理学研究应该研究行为。

同时，在摒弃了心灵主义对意识的带有浓厚唯心主义色彩的解读之后，行为主义认为意识其实不过是人类经验的积累，人类经验的来源则是环境对个体各种感官机能的刺激。了解了环境的各种刺激因素对人类经验积累过程的影响，也就了解了人类意识的形成机制。因此，环境刺激与行为之间的相关性就是行为主义心理学研究的关注焦点。

行为主义心理学对犯罪学最主要的贡献就是学习理论。这一理论认为个体行为的来源乃是过往经验及意识之关联。学习理论这一观念可以说是现代犯罪学得到最广泛支持的行为归因机制，在很多重要的犯罪学理论中都可以或多或少找到其影响。

---

〔15〕 参见［美］詹姆斯·布伦南：《心理学的历史与体系》（第6版），郭本禹等译，上海教育出版社2011年版，第272页。

学习理论本身的发展也经历了一个从早期被动学习模式到后来主动判断学习模式的转变。其早期的主要成果就是行为学习理论,而其后期发展出的最主要理论包括社会学习理论和认知学习理论。

(二)行为学习理论

早期的行为学习理论主要奠基于伊万·巴普洛夫(Ivan P. Pavlov)与伯尔赫斯·斯金纳(Burrhus F. Skinner)的相关研究,视犯罪为特定环境下通过鼓励特定行为而诱发的行为学习之结果。巴普洛夫通过对犬类行为之研究,发现了被称为"经典条件反射"(classical conditioning)的行为现象。在这一现象中,反复实施具有同样因果机制的刺激可以塑造特定行为。其著名的例子就是反复在给狗喂食前敲响音叉,最终使狗在听到音叉声时,即使没有食物也会分泌唾液。这一被动学习机制同样适用于人类,令其通过学习而对特定环境诱因做出特定的行为反应。

斯金纳在巴普洛夫的理论基础上进一步发展出一个更具能动性的行为学习模式,即"操作性条件反射"(operant conditioning):通过有意识操纵行为之后果而对前行为进行塑造,引发特定行为模式的学习。行为人在这一模式中的角色更为主动,不再是如经典条件反射中那样等待环境刺激之发生,而是通过自己的行为主动引发特定环境刺激,并根据环境刺激的性质调整自己的行为模式,以期获得其最倾向获得的效果。操作性条件反射的核心是"强化"(reinforcement),即行为人根据环境刺激的"暗示"增强其反复实施某种行为的趋势。强化又可以分为两种:第一,"积极强化",即行为可带来好处时,增强其重复实施的趋势。例如,对他人使用暴力后获得满足感会强化使用暴力解决问题的行为趋势。第二,"消极强化",即行为可以避免不愉快经历时,同样会增强其重复实施的趋势。例如,儿童如果可以通过撒谎成功逃避惩罚将强化其重复撒谎的行为趋势。

应当注意的是,斯金纳多次指出常识中的一个错误,即认为可带来不愉快经历的惩罚本身也是强化的一种。实际上,惩罚本身并没有强化行为趋势的效果,但是对惩罚的有效规避则是消极强化的一种作用基础。这一认知看似文字游戏,但是对于理解行为学习理论的实际应用非常重要。当试图通过强化机制来对行为人的不良行为实施矫正时,惩罚的使用本身并不是目的,尤其是那种只有不愉快经历,却没有提供规避策略的惩罚,对行为的养成将不会起到任何作用。只有将可带来不愉快经历的惩罚与可有效规避惩罚的行为策略紧密结合,并充分引导行为人认识和应用规避惩罚的行为策略,才能有效地使行为人通过消极强化习得作为矫治目标的正确行为模式。

(三)社会学习理论

不少学者对行为学习理论中关于行为学习的机制提出批评,认为其将人类行为形成描绘得过于简单与被动。而与之相比,社会学习理论则要复杂一些且考虑了行为人的主观能动性。这一理论的最初表述其实出现的很早,可以追溯到塔尔德(Tarde)提出的模仿机制。这一基本概念在阿尔伯特·班杜拉的研究中得到进一步发展。与行为学习理论不同,社会学习理论对行为习得的认识不是基于惩罚与奖励的直接效果。它认为个人不仅是机械地对环境刺激作出反应,而是会能动地观察与分析环境,并根据其主观判断来决定行为。行为学习的过程中一个重要机制是榜样学习。与基于奖惩的直接学习不同,榜样学习可以不需要直接经验,只要个人可以通过其主动观察分析将榜样之行为理解为有积极效果的,即可达成类似行为趋势强化的作用。榜样的识别与判定首先需要一个社会化沟通环境,使得行为人可以从身边或者大众媒体获取有关可资学习的榜样之行为模式的信息并最终选择学习的对象。这种对榜样行为的模仿学习本身不需要通过强化机制设定其方向。但是一旦行为习得初步完成,奖惩的环境刺激仍然可以通过强化机制对其后续发展起到重要作用。比较典型的例子就是,青少年可以通过看电影、电视,在没有实际体验的情况下,认可并习得帮派犯罪团伙的行为模式。但是,如果家庭、学校、社会及时介入,对青少年模仿帮派分子实施的不良行为予以惩罚,则青少年仍然可以纠正其通过模仿学习沾染的不良习气。同理,青少年在模仿正面榜样时习得的行为模式如果得不到有效的鼓励,则这种行为模式的重复趋势将难以强化,很可能最终出现已习得行为趋势的退化与消失。

总的来说,社会学习理论认为观察以及接触不良行为榜样将导致对不良行为的模仿与重复。这一认知与我们的常识性观念非常接近,因此被广泛接受。但同时,由于大众一般性认识中模仿学习的粗浅概念早已根深蒂固,对社会学习理论简单表述的广泛接受却往往随着对其深刻理论内涵的忽视甚至扭曲。比如,对于学习理论的一个简单解读就是所谓“近朱者赤近墨者黑”的古语。但是,这一在民间广泛流传的关于行为习得的朴素认识却与另外一个同样广泛流传的古语的直接对立——“出污泥而不染”。前者表述了在恶劣环境下习得不当行为的普遍性规律,而后者却指出这一普遍性规律存在显著的例外,实际上这种例外的发生频率如此之高,已经到了动摇前者普遍性规律地位的程度。由此引出问题:如果不是所有在恶劣环境下接触不良榜样者都必然习得不良行为,那么这些“出污泥而不染”的例外的产生条件又该如何限定?对此班杜拉在其理论中有比较细致的解说。而对这种习得条件与习得结果之间复杂关系描述的最为全面和有说服力的,当属萨瑟兰提出的差异接触理论(Differential Association Theory)。正如本章前面所提到的,萨瑟兰的差异接触理论由于其本人对心理学视角的公开贬斥以及所标榜的犯罪社会学定位而被打上深深的“社会学视角”烙印。但是对犯罪学体系以及这一理论有深刻认识的学者都不难发现,在其概念框架核心,行为主义心理学的学习理论才是不可动摇的基石。鉴于此,笔者选择将这一理论的核心性内容放在本章,而不是之前的社会学视角章节加以介绍。

第三节 非传统意义的心理学视角理论

一、自我控制理论

(一)社会控制理论与自我控制理论

在主流犯罪学的诸理论流派中,以特拉维斯·赫希(Travis Hirschi)为领军人物的控制理论独树一帜,不以犯罪行为之产生为考察对象,而重点关注守法行为人是如何通过控制其内在原生的犯罪内驱力而避免走上犯罪道路。在理论主体的流派分划上,其社会学视角归属是毋庸置疑的。赫希在总结控制理论诸学者之研究成果基础上于1969年提出的社会控制理论之整合性表述中,作为"控制"之基础要素使用的"社会联系"概念是一个典型的社会学概念,如果将其观测视野扩大到群体或社区层面,可以毫无困难地转化为"社会组织"概念,而这一概念是犯罪社会学中"社会解组理论"的核心。由此可见,控制理论的提出与发展主要是以社会学视角为基础进行的。[16]

赫希在对社会控制理论作出总结性表述之后,其所进行的一系列后续验证性研究却不断对这一理论的解释力提出挑战。最终于1990年,赫希在与迈克尔·戈特弗里德松(Michael Gottfredson)合著的《犯罪学一般理论》一书中放弃了社会控制之表述,转而将控制理论犯罪归因的焦点投注于行为人自我控制,认为即使在社会控制机制正常发挥作用的情况下,行为人仍然可能由于缺乏自我控制而走上犯罪道路。[17] 这就是他学术生涯的第二个重要理论:自我控制理论。

自我控制理论与社会控制理论在基本逻辑方面有共通之处,均认为行为人并不需要习得犯罪,因为犯罪之意志是人性之普遍属性,犯罪人不过是那些没有如社会大多数成员那样成功控制住自己的犯罪冲动。但是在控制机制的来源方面,两个理论分道扬镳,社会控制理论强调来自行为人外在环境的正式与非正式社会控制机制的作用,而自我控制理论则相信行为人内在心理素质中涉及冲动性、理性思维能力以及移情能力的那些指标才是在犯罪人与守法者之间划出界线的关键因素。显然,这一理论在逻辑框架上已经离开了社会学范畴,其使用的一些重要概念与之前讨论的人格特质理论有着大量的近似之处。在对自我控制理论进行深入分析之后,我们可以得出这样一个结论:这一理论其实是在新的心理学与精神病学之

---

〔16〕关于社会控制理论的具体内容,在犯罪社会学理论一章中已有深入讨论,在此不再赘述。

〔17〕See Gottfredson, Michael R., Travis Hirschi, *A General Theory of Crime*, Stanford University Press, 1990.

研究成果基础上,向人格特质理论传统的回归。

在自我控制理论看来,犯罪人与守法者之关键区别在于其意识层面是否有对于犯罪之中长期后果之认识以及是否会由此而引发焦虑情绪。从心理学角度讲,焦虑情绪是一种典型的不愉快心理体验,因此行为人之消极强化心理机制会为了避免这一体验而努力抑制可能带来这种体验的思维与行为。守法者由于有能力认识到犯罪的中长期后果:刑事追诉、刑罚处罚、社会谴责、物质匮乏、身体痛苦甚至死亡,且该认识可以有效地引发焦虑情绪,从而有了自我控制的内在驱动及习惯养成。而犯罪人则更加关注犯罪所能带来的即时愉悦,缺乏将犯罪所能带来的痛苦具象化之认知能力,或者由于思维功能缺陷导致不能有效地激发焦虑情绪,也就无从实现对自我毁灭性行为的控制。在这一方面,犯罪人表现出与幼童类似的心智特征,即低下的自我控制能力。

自我控制理论的犯罪归因逻辑有两个重要组成部分:低自我控制能力之概念与低自我控制能力之产生。前者是对具有犯罪性之个体的心理特质的描述,细心的读者会发现其在表述上与前面讨论的诸如精神病态、反社会人格障碍等重要的人格特质理论概念有异曲同工之处。后者是对于低自控能力之发生发展机制的归因性解释,大量吸收了发展心理学的一些重要研究成果。

(二)自我控制能力之概念

自我控制能力是一个在人格特质理论体系中被充分挖掘和讨论的概念,在对于精神病质/反社会人格障碍(psychopathy/anti - social personality disorder)的讨论中,低下的自我控制能力被看作是一个关键性诊断指标。多位学者在其犯罪学研究中对低自我控制作出了描述性总结,这类描述性总结与心理学家从临床观察中得到的结果是基本吻合的。

比如,马特·德利西(Matt DeLisi)在其研究中总结出以下六个低自我控制者的普遍性格特征:(1)喜好对其欲望的即刻满足;(2)追求简单任务而不喜欢要求持久性的活动;(3)重肉体性体验而轻言语性或认知性体验;(4)偏好投入可立即兑现的活动而不愿参与需要长期投入的活动;(5)通常参与对技巧性要求不高的活动;(6)自我中心,不考虑他人感受。[18]

而哈罗德·格拉斯米克(Harold Grasmick)等人则将低自我控制者的性格特征总结为以下几点:冲动性;追求即刻满足;耐久与勤勉性差;追求肉体享受与感官刺激;喜好简单的肢体性工作而不好动脑;自我中心;不考虑他人感受;对挫折耐受度

---

[18] See DeLisi, Matt, *Extreme Career Criminals*, American Journal of Criminal Justice 25 (2), 2001, p. 239 - 252.

低;喜欢通过对抗解决争端。[19]

从上面列举的描述性总结可以看出,学者对于低自我控制能力的外在表现在经验性观察的基础上并无太大分歧。不过这类症状罗列式的描述对于理解低自我控制能力作为一种人格特质的基本属性帮助不大。同时从犯罪学研究的任务来说,对于这些特质的现象性罗列并未触及其产生与作用机制,无助于对不良行为模式之针对性矫正,也就不能为犯罪预防和矫治提供有效指导。

我们看到,在心理学研究中,对人格的研究倾向于将纷繁芜杂的具体性格特质凝聚为具有相关性和牵连性的"性格簇",如所谓"大五人格模式",就将所有的性格特质凝聚为五大性格维度。这种系谱式的现象学方法的好处在于,一个高度凝练的系谱不仅有助于对研究对象的宏观理解,也更有利于临床测量以及行为矫正。在此,我们尝试对自我控制能力的概念作类似的梳理,在格拉斯米克的总结之基础上提出下面这样一个六维度的概念框架:

第一维:冲动性。行为人倾向于对当前环境做出直接反应而不是在压制欲求的基础上追求延后的满足。这一特性的根本原因乃是行为人缺乏对行为之长期后果进行想象和评价之能力。因此,可以将这一特性与行为人的认知能力联系在一起,给予"认知能力维度"之标签。

第二维:简单任务偏好。行为人在选择行为模式时会倾向于选择那些简单而结果易得的任务而不愿意面对较复杂的事务。这一特性的根本原因在于行为人在行事过程中缺乏对挫折之耐受力。一般来说,复杂事务无法一蹴而就,且过程中存在难以判断最终结果、成绩取得后可能反复、行为投入之回报需要等待等多种深具挫折感的体验,对挫折耐受力低的行为人是难以坚持到底的。而其偏好简单任务也是因为其投入回报无须等待,且一旦失败即可放弃转向,因此对挫折耐受力要求较低。由此可见,这一特性是与行为人的耐受能力有着密切联系的,可给予其"耐受能力维度"之标签。

第三维:追求感官刺激。多位学者注意到低自我控制力的行为人存在偏好感官刺激、肉体性感受而回避智力或认知性活动的特点。这是源自行为人由于自身认知能力的限制而作出的对功利性满足来源的偏好选择。人类行为的一个重要目的性就是追求功利性满足所产生的愉悦、放松、兴奋等积极情绪。其本质上是一种大脑神经性刺激反应。其最低级形态就是通过性交、酒精、毒品等直接作用于神经系统而带来快感。在次低级形态上,一些娱乐性活动可以通过直接调动特定情绪带来快感。而在高级形态上,则是通过大脑的抽象思维活动,比如艺术欣赏、文学创作或者社会交往等带来的一种自我实现的满足感和愉悦情绪。这一特性可以被

---

[19] See Grasmick, Harold G. et al. ,*Testing the Core Empirical Implications of Gottfredson and Hirschi's General Theory of Crime*, Journal of Research in Crime and Delinquency 30 (1), 1993,p. 5 - 29.

称为“功利性满足来源维度”。

上述三个维度是构成低自我控制的基本要素。另外,在这三个维度基础上,还存在一些次级维度,主要是三个基本维度的交叠组合而形成的行为性格特征:

第四维:风险偏好。行为人爱好高度刺激的冒险行为而往往不考虑风险行为之后果。这可以看作第一维认知能力维度与第三维功利性满足来源维度之结合。

第五维:简单化的自我中心性。在最基本层面,每一个个体都是追求自我目的之实现的自我中心者。而那些表现出高度自我中心性的个体其实是缺乏通过与他人的持久性社会化互动来实现个人利益的能力。首先,在社会化条件下的自我利益实现是一个需要与他人进行复杂、持续、非线性互动的过程,行为人需要耐受一些必要妥协所带来的挫折,同时通过持续的互动来实现目标;其次,社会化互动所带来的自我利益实现并不总是体现为直接的感官性满足,而往往是更强调自我实现需要,比如以无私之行为所获得的道德肯定之满足感。拒绝这种社会化前提下的自我利益实现可以看作在第二维耐受能力维度与第三维功利性满足来源维度中低自我控制属性的结合。

第六维:坏脾气。所谓坏脾气,主要是指行为人倾向于通过对抗甚至暴力的方式来处理人际冲突并实现自身利益。这实际上一方面是行为人对于对抗行为或暴力冲突的后果缺乏认知,另一方面也是不善于通过沟通、合作及妥协等社会化策略来实现目的,因而只能诉诸暴力甚至犯罪这类相对简单策略来应对挫折和对抗情境。因此这其实是第一维度认知能力和第二维度耐受能力中低自我控制属性的组合。

综上所述,低自我控制能力的六维度概念框架将“自我控制”这一抽象概念操作化为三个基本的性格属性:认知能力、耐受能力和功利性满足来源。这就为犯罪矫治之具体操作提供了具有实践意义的指导。提高行为人自我控制能力的矫治应致力于改善行为人的思维认知能力与思维认知习惯,提高对挫折的耐受力,并努力培养其在较高级别思维活动而不是低级神经刺激中需找满足感的选择取向。

(三)低自我控制能力之产生

在自我控制理论的表述中,赫希与戈特弗里德松将低自控能力的产生原因归于行为人儿童时期接受的家庭教育之低效或缺失。他们指出在儿童6周岁到8周岁期间,存在一个关键的自控能力形成时间窗口,在此期间父母需要对儿童进行有效的自我控制能力的训练,如果在这一时间节点上父母没有对儿童进行有效的训练,或者这种训练没有正确实施,则儿童将难以对自己的行为实施自我控制,从而在未来的人生阶段出现与低自控能力有关的种种行为问题。

赫希与戈特弗里德松又进一步对这种来自父母(或其他处于类似地位的监护人)的训练之内容作了描述:(1)行为监督;(2)识别并标示不良行为;(3)矫正或惩罚。对此,约瑟夫·兰金(Joseph Rankin)与爱德华·威尔(Edward Wells)的解读是:“道德约束制过程就是(父母)为儿童制定规则,明确界定‘当为’与‘不当为’。通过有效的监督和监控手段,父母可以对儿童的循规或违规行为实施监督。之后,通过适用特定不愉快及负面体验对儿童的违规与不良行为加以惩戒,达到矫正的目的。”[20] 简单点说,父母如果在儿童幼年时期对其严加管教的话,就可以有效地降低其未来走上犯罪道路的可能性。笔者认为,抛开所有关于这一理论之准确性的争议不论,对于自我控制能力形成机制的简单化理解才是自我控制理论作为一种犯罪归因理论的真正“软肋”。

如果说可以观察得到的低自我控制能力和实施犯罪之倾向之间的关系具有实证主义意义的可证明性的话,以三个抽象标准加以限定的“父母之有效早期训练”与低自我控制能力之间的关系却面临缺乏实证操作性的问题。显然,这一简单化概括严重低估了早期儿童教育的复杂性。即使是将这一过程放到犯罪学主流的学习理论框架下考察,我们也会很容易得出这一概括具有明显的早期行为学习理论的特征,即将环境刺激与行为反射简单画等号,而忽视了人类,即使是尚处幼年的儿童,对于环境刺激所作出的行为反射也会呈现多样化这一基本事实。这也是现代行为主义心理学必须在行为学习模式中加入认知因素的根本原因。而一旦承认儿童早期的行为习得过程中必不可少存在认知因素,则赫希与戈特弗里德松的理论中所描绘出的这幅“严父出孝子”式的简单早期教育模式就不再具有理论上的说服力了,因为其三个抽象限定并没有任何认知心理学意义。换句话说,即使自我控制理论准确地判断出了自我控制能力与犯罪行为之间的联系,由于对于自我控制能力的产生机制缺乏有实际意义的解释,这一理论仍然无法回答“如何防止个体因为低自我控制力而犯罪”这一关键问题。因此,在实证研究已经充分证明低自我控制能力与犯罪之联系的前提下,自我控制理论未来进一步发展的焦点应是对自我控制能力生成机制的具有理论信度和实践指导意义的解释。

自我控制理论是犯罪学进入20世纪末的一次重要发展,同时也是犯罪归因理论研究的一次重要转向。在此之前数十年里,犯罪学理论研究在很大程度上醉心于社会学视角,尤其是视野及其宏观的批判犯罪学视角,而对心理学视角缺乏关注。但同时,心理学本身在“二战”之后的发展在不受关注中却已为犯罪之个体化解释提供了创新性的视角和革命性的理论基础。这一领域的理论发展是通过大批具有心理学学术背景的学者跨学科进入犯罪学研究领域,立足行为矫治临床和实验操作积累,逐步推进而走向成熟的。作为这一发展路径的自然结果,自我控制理论在犯罪学宏观理论建构上显得颇为大胆突兀,但其提出却并非赫希与戈特弗里德松的异想天开。赫希作为20世纪下半叶最具影响力的犯罪学家,其学术发展的

---

〔20〕 Wells, L. Edward, Joseph H. Rankin, *Families and Delinquency: A Meta - analysis of the Impact of Broken Homes*, Social Problems 38 (1), 1991, p. 71 - 93.

一个重要特色就是擅长总结前人成果，自我控制理论的提出也充分体现了他的这一特色。同时，由于这一理论背后丰厚的实践与临床积淀，控制理论成为现代犯罪学诸理论中获得最充分实证研究支持的理论也就不足为奇了。

二、理性选择理论与环境犯罪学

在整个犯罪学理论的宏观框架体系中，理性选择理论和环境犯罪学并不是主流的理论流派。尤其是环境犯罪学作为一个新型犯罪学理论发展尚不成熟，其影响力尽管在进入21世纪以来逐渐扩大，放在整个学科大背景下看却仍然是十分有限的。但是这一理论视角有其独特的实践基础和极其浓厚的跨学科背景。这是我们之前介绍的很多犯罪学理论所具备的。首先，环境犯罪学的发展，在很大程度上依赖现代计算机技术以及新兴的地理信息技术的发展。另外环境犯罪学理论的发展还有一个颇为独特的实践影响，就是他将警察从犯罪预防之学术讨论的边缘重新拉回到具有实质意义的功能性舞台之上。

尽管从现代警察制度建立之初，犯罪预防就一直与犯罪侦缉并列为警务工作的两大基本内容，传统的警务工作在犯罪预防领域得到的承认非常有限。主流犯罪学理论在犯罪现象的归因上几乎无一例外地关注那些警察执法机构几乎毫无影响能力的因素，包括遗传生理特征、心理与精神病疾患以及社会宏观的病态与失序。以如此犯罪学理论指导犯罪预防的实践，其必然结果就是警察机构在整个犯罪预防体系的边缘化。一个较流行的观点就是，因为犯罪的根本原因是生理的，心理的，或社会的，不管警方在其专业犯罪预防功能体系内如何努力，[21]对刑事案件发案率本身都不会产生实质性影响，所以降低犯罪发案率最核心的工作应该由其他领域的专业工作者，比如心理学专家、社会工作者或者具备专业矫治职能的监狱来承担。警察专注于其刑事侦缉职能，保证犯罪人得到应有的惩罚并进入矫治流程才是对犯罪预防间接的，但却最具实质意义的贡献。这一观念反映在中国警察实务中，就是所谓轻治安重刑侦的思维定式。

警务工作在犯罪预防功能上的理论缺失随着环境犯罪学以及情境犯罪预防概念的发展得以改变。环境犯罪学关注的重点是为什么犯罪总是集中发生于特定的情境，以及如何有针对性地在特定情境中预防犯罪，从严格定义上讲，情境犯罪预防是一个操作性概念。而这一操作性概念的理论基础，就是认为人之犯罪行为背后并非如主流犯罪学所认为的那样缺乏理性因素的理性选择理论。

---

〔21〕 这一专业犯罪预防功能特指以警察的专业职能行使的，不能为其他社会或政府机构所替代的那些功能，比如治安巡逻，人群控制以及要地警卫等。至于警察在社区中担任的一些“综合性职能”，比如在学校担任反毒品辅导员或在社区进行反犯罪公益宣传，则不属于其专业职能范畴。而且如正文所述，这些职能具有辅助性和临时性的特征，显然不能认为是警察犯罪预防功能的主流。

在此读者应该注意区别理性选择理论与早期经典犯罪学中的理性人观念。在经典犯罪学中,认为理性乃是人类行为的基本属性,只在极少数情况下才能够以非理性来理解人的行为选择。从这个意义上讲,我们可以认为经典犯罪学在实质上是一种完全理性选择理论。而现代犯罪学所认可的理性选择理论只是一种有限理性选择理论,即行为人在作出选择时会受到其所能掌握信息有限性的影响,不可能准确全面判断其行为的后果。而只能作有限与不完整的成本效益考察。在这种基础上实施的行为可能从整体上看是非理性的,但并不可否认其在局部上仍然存在理性选择。

理性选择理论的代表性学说是美国犯罪学者劳伦斯·科恩(Lawrence E. Cohen)与马库斯·费尔森(Marcus Felson)在1979年提出的"日常活动理论"(Routine Activity Theory),认为在传统犯罪学认可的各个生理学、心理学及社会学因素之外,还存在对犯罪的发案率产生直接影响的所谓日常行为因素。[22] 这一理论提出了著名的犯罪发案情境三因素概念,认为当以下三个情境因素在时间与空间上出现重合时,犯罪发案概率就会明显提高:具备动机的潜在犯罪人,合适的犯罪目标,以及有能力的守护者缺失。反过来,三情境因素中缺少任何一个,犯罪都难以或不会发生。在这一理论看来,传统犯罪学关注的只是三因素中的犯罪人因素,却没有意识到,即使由于各种原因导致特定个人具备了犯罪决意,如果无法寻获合适的犯罪目标,或犯罪目标得到了有力的守护,犯罪的发生仍然是可以避免的。

对理性选择以及日常活动理论加以具体化之后,就出现了情境犯罪预防概念。有学者将这一犯罪归因倾向统称为"环境犯罪学"。[23] 情境犯罪预防通过有目的性的社区环境设计及有针对性的警察日常执法策略,来改变潜在犯罪分子实施犯罪时的微观情境,影响其有限理性决策,促使其打消犯罪念头,或临时改变犯罪地点与侵害目标,从而实现预防与减少犯罪的目的。如前所述,情境犯罪预防概念出现的一个重要影响,就是革命性地改变了警察的日常工作机制。显然,情境犯罪预防操作者需要了解社区的什么时间和地点会出现适合何种犯罪的目标,并在该时间地点对潜在犯罪目标提供有力的守护,这正是警察的职能所长。换句话说,再没有任何其他专业机构比警察更适合在犯罪的情境预防的这一领域发挥作用了。在这一领域的专门研究,通过对具有理论相关性的社区环境与情境因子的科学实证分析,可以为警察提供具备时间与空间针对性的犯罪遏制与防范的具体执行策略,

---

〔22〕 See Cohen, Lawrence E., Marcus Felson, *Social Change and Crime Rate Trends: A Routine Activity Approach*, American Sociological Review, 1979, p. 588 - 608.

〔23〕 在中国的犯罪研究语境中,应注意将其与刑法学的环境犯罪研究区分开来。前者研究与分析的对象是犯罪发生的微观环境要素,而后者则聚焦刑法分则中所规定的与破坏环境有关的犯罪行为之定罪量刑。

使警方的犯罪预防职能不再是一句空话。另外，情境犯罪预防也对城市居民社区建设与发展具有重要指导意义，一些学者系统地提出了社区设计、开发及管理者可以用来减少犯罪发生之机会的社区建设思路及管理技巧。[24] 在中国，对这些理论学说的本土化应用，可以给"社会治安综合治理""群防群治""警民共建"等传统的治安学概念带来全新的思考维度与发展方向。

〔24〕 See Cornish, Derek B., and Ronald V. Clarke, *Opportunities, Precipitators and Criminal Decisions: A Reply to Wortley's Critique of Situational Crime Prevention*, In Smith M., Cornish D. (eds.), Theory for Practice in Situational Crime Prevention: Crime Prevention Studies, Vol. 16, 2003, Monsey, Criminal Justice Press, p. 151 – 196.

第十一章　犯罪原因的结构

第一节　犯罪原因概述

一、犯罪原因的理论地位

犯罪学的理论框架由犯罪现象、犯罪原因和犯罪对策等三个方面共同构成，而犯罪原因研究在犯罪学理论中居于中心地位。

1. 研究犯罪原因是实现犯罪学的学术功能的基本途径。在社会的日常生活中，各种犯罪行为时有发生，社会成员或目睹，或通过媒体、网络传播等媒介间接地了解，或受到了犯罪行为的直接侵害。探索未知是人类的天性，人们需要了解犯罪为何发生以及如何发生，即犯罪原因和犯罪发生机制。作为犯罪学的学术功能，解释犯罪的基本任务是说明犯罪为何发生，以及如何发生，而回答这些问题的基本方法就是研究犯罪原因。

2. 犯罪原因研究是实现犯罪学的社会功能的重要前提。犯罪不同于人类认识的其他对象，后者如物理现象、化学现象等，都是客观存在的自然现象，而人们只要掌握了这些现象的客观规律，就能顺应自然规律而善加利用。犯罪却是人实施的且危害社会的社会行为。为了保护社会共同体成员的利益和社会秩序，对犯罪必须加以预防和控制。因此，研究犯罪问题是以寻找犯罪对策为出发点和归宿的，也就是说，遏制犯罪是犯罪学的社会功能。显然，犯罪对策的制定和推行以消除或者削弱各种犯罪原因和条件为基本途径，而应当采取何种犯罪对策，又是以犯罪原因研究所揭示出来的犯罪发生规律为前提的。如果犯罪原因研究结论是科学的，那么在此基础上制定出的犯罪对策就必定符合犯罪现实，犯罪对策的推行必定会取得良好的成效。相反，如果对犯罪原因的认识是错误的，或者不全面的，那么以此为依据而制定出来的犯罪对策就不可能达到犯罪预防的预期目标。

3. 犯罪原因研究是犯罪学理论的繁荣和发展的基本生长点。犯罪学揭示的犯罪规律的外延十分广泛，犯罪存在规律、犯罪发生规律、犯罪变化规律和犯罪预防规律等都是犯罪规律的组成部分，而在这些规律之中，犯罪发生规律处于中心的地位，连接着犯罪存在规律、犯罪变化规律与犯罪预防规律。要想科学地解释犯罪为何会存在，以及找到有效的犯罪对策，就必须从研究犯罪原因入手。离开了对犯罪原因的研究,其他犯罪规律不可能被揭示出来。基于在犯罪学理论体系中的中心地位,犯罪原因研究一直是犯罪学理论研究的主要方向。自犯罪学诞生之日起,这一格局就没有改变过,而且,未来也不可能发生改变。从研究成果看,迄今为止,绝大多数犯罪学理论都是犯罪原因理论。可以预见,在相当长的时间内,犯罪原因研究仍将是犯罪学理论的主要生长点。

在犯罪学的归因研究中,存在原因(cause)论与因素(factor)论等两种不同的理论范式。所谓原因论,是指认为在犯罪与社会环境和个体特征之间存在因果关系的理论。而因素论则认为,难以确定犯罪与特定的社会环境和个体特征之间存在因果关系,而只能确定犯罪与某些因素之间存在概率关系。"但是影响人类行动的因素有无数个,这些因子相互作用关系并未明了。于是,犯罪的原因也尚未明朗化。因此,关于引起或者助长犯罪,并与犯罪乃至犯罪现象有关的因子,并不是犯罪的'原因',而应该将其作为犯罪的'因素'进行探讨。"[1]因素论在科学主义思潮的影响之下,得到了越来越多的人的支持。我们认为,作为复杂的社会现象,犯罪行为和犯罪现象的成因必定是非常复杂的,并且应当承认,迄今为止许多犯罪的原因并没有得到清晰的揭示。但是,在众多学者不懈的努力之下,犯罪学研究已经发现了有些社会现象或者个体生理、心理异常是犯罪的原因,只要学界持续地开展科学研究,其他今天还没有发现的犯罪原因和不同原因所构成的犯罪发生机理,一定会在未来得到证实。因此,不能因为犯罪原因的研究存在困难,就放弃对犯罪原因的追寻。

二、犯罪原因的概念

犯罪原因研究,实际上是确定与犯罪行为之间存在因果关系的因素。因果关系是事物的普遍联系方式。其中,引起某种现象的现象是原因,被某种现象引起的现象就是结果。

自改革开放以来,我国学界在犯罪原因的研究上取得了长足的进步,从阶级斗争一元论到综合罪因论,从整体上探索犯罪原因到具体地研究各种犯罪类型的原因,共涌现出了数十种犯罪原因理论。然而,尽管犯罪原因理论层出不穷,但是仔细考察各种犯罪原因理论就不难发现,不同的犯罪原因理论对于什么是"犯罪原因",却没有统一的认识。有的学者认为"所谓犯罪原因,就是引起和影响犯罪发生的事物或现象";有的学者认为,"犯罪原因是指那些能够对人的心理产生作用和影响的,并导致犯罪行为发生的主客观因素的总称";有的学者则认为"犯罪学所研究的犯罪原因,是指现实社会生活中客观存在的、能够使犯罪产生并且能够为人们所克服、改变或避免的因素";还有学者主张"将犯罪原因的概念表述为:与犯罪的产生、发展、变化之间具有因果联系的事物所组成的静态关系和动态关系";

---

〔1〕［日］上田宽:《犯罪学》,戴波、李世阳译,商务印书馆2016年版,第37页。

更有学者把犯罪原因分为广义的犯罪原因和狭义的犯罪原因，认为广义的犯罪原因是指"引起犯罪发生的各种因素相互作用而形成的一个系统。……它包括犯罪根源、犯罪原因（指狭义的、直接引起犯罪的原因）、犯罪条件、犯罪的相关因素四个层次"[2]。还有学者提出，"犯罪原因是指由对犯罪的形成与变化具有决定作用的致罪因素所构成的动态系统"[3]。

不难看出，有些学者对犯罪原因的界定极为抽象或者模糊。例如，有学者将犯罪原因定义为"影响犯罪"的因素，或者将犯罪原因定义为"与犯罪的产生、发展、变化之间具有因果联系"的因素等，而"影响"或者"与犯罪的产生、发展、变化之间具有因果联系"的内涵并不明晰。

作为哲学和自然科学的基础概念，因果关系的内涵是明确的，就是指两种事物之间引起与被引起的关系。在犯罪学中，对因果关系的内涵的界定当然应当遵行这一基本的假定，也就是说，犯罪原因是指引发犯罪的因素。在犯罪与犯罪原因之间，犯罪是因变量，而犯罪原因则是自变量。

犯罪存在于复杂的社会之中，引发犯罪的因素当然存在于社会。在社会生活中，存在大量的社会现象，且不同的社会现象又相互影响。判断某个因素是否引发犯罪的原因，该因素与犯罪之间是否存在引起与被引起的关系是唯一标准。而因果关系是自然界和社会的普遍联系方式，任何事物都既是其他事物的结果，又是另一个事物的原因。因此，在自然界和社会中，既不存在绝对的原因，也没有绝对的结果。为此，在分析因果关系时，必须采用孤立原则，也就是说，将两个事物从普遍的联系中抽离出来，孤立地判断两者之间是否存在因果关系。如果不对因果关系的范围进行适当的限制，将无从分析不同事物之间是否具有因果关系，或者说，所有的事物之间都具有因果关系。因此，因果关系具有相对性特征。

虽然在哲学上关于因果关系是否存在，仍是一个有争议的问题，但是在社会科学研究中关于因果关系的特征，学界存有基本的共识。当然，这并不意味着学者的看法完全一致，不过学者们之间的分歧只是文字表述上的细微差别。例如，有学者认为，因果关系具有相关性、时间顺序、理论根据和未被证实为虚假。[4] 另有学者认为，因果关系具有统计学意义上的联系性、时间顺序性、未被证实为虚假和解释的更合理性。[5] 还有学者认为，因果关系有相关性、时序性和非虚假性等三个主

---

〔2〕 刘广三、杨厚瑞：《我国犯罪原因研究的现状与困境》，载《法学论坛》2007 年第 2 期。

〔3〕 张小虎：《犯罪原因的基本蕴意》，载《河南省政法管理干部学院学报》2005 年第 2 期。

〔4〕 参见［美］乔治·B. 沃尔德、托马斯·J. 伯纳德、杰弗里·B. 斯奈普斯：《理论犯罪学》，方鹏译，中国政法大学出版社 2005 年版，第 7 页。

〔5〕 参见［美］斯蒂芬·E. 巴坎：《犯罪学：社会学的理解》（第 4 版），秦晨等译，上海人民出版社 2011 年版，第 24～25 页。

要标准。[6] 可见,学者们关于因果关系的界定并不完全相同。这三种观点的共同点在于都承认因果关系具有相关性和时间顺序性,而差异在于它们还分别强调了因果关系具有其他的特征。不过,这些差异只是文字表述或者翻译措辞上的差异,而不是对因果关系的实质内涵的分歧。所谓的"未被证实为虚假和解释的更合理性"或者"理论根据和未被证实为虚假",具有英美犯罪学浓厚的经验主义色彩,并不是对因果关系特征的准确表述。具体地讲,"未被证实为虚假"是一种否定性表述,不可能是因果关系的内涵,实际上它表达的是因果关系具有实在可能性。之所以有些英美国家的学者将之列入因果关系的特征,是因为确实会存在在因果关系的判断过程中,两个具有相关性的因素,被后来发现的事实证明没有因果关系的情形。因此,"未被证实为虚假"只是对因果关系的判断程序的简单反映。如果两个具有相关性的两个因素之间已经被证明为不存在因果关系,因果关系自然不存在,这本是因果关系的应有之义,没有必要将"未被证实为虚假"视为因果关系的特征。而将"解释的更合理性"视为因果关系的特征更不恰当。因为,"解释的更合理性"是相对于其他的解释而言的,因而是一种相对性的表述,含义并不明确。关于什么是因果关系,"解释的更合理性"也未提供明确的答案。

因此,"未被证实为虚假和解释的更合理性"都不是对因果关系特征的准确表述。英美学者之所以将之作为因果关系的特征,意在强调相关性只是因果关系的前提条件,具有相关性的两个变量并不必然具有因果关系。在两个具有相关性的变量中,只有自变量引发了因变量,两者之间才具有因果关系。鉴于因果关系最基本的意蕴是指作为结果而出现的事物必定有它所以产生的原因,而作为原因而存在的事物也必然要导致某种结果,因此,因果关系是指原因有引发结果的现实可能性。

综上所述,犯罪的因果关系的三个基本特征:其一,统计相关性。所谓统计相关性是指两个事物之间存在的相互变动的关系。在现实生活中,一个因素与其他因素之间具有相关性并不罕见。相关性是因果关系的前提条件,只有当某个因素与犯罪之间具有相关性,它才有可能是犯罪原因。如果某个事物与犯罪之间没有相关性,则该因素一定不是犯罪原因。相关性分为正相关关系与负相关关系等两种不同的类型。所谓正相关关系是两个事物之间所存在的同向的变动关系。例如,随着身高的增加,体重也会相应地增加,因而在身高与体重之间存在正相关关系。负相关关系是指两个事物之间所存在的反向的变动关系。例如,随着汽车使用时间的延长,汽车的价值就会相应地减少,因此在汽车的使用时间与汽车的价值之间就存在负相关关系。

其二,发生时序性。时序性是所有的因果关系的形式特征,犯罪的因果关系同

---

〔6〕 参见[美]艾尔·巴比:《社会研究方法》(第 11 版),邱泽奇译,华夏出版社 2009 年版,第 93 页。

样不能例外。犯罪的因果关系的时序性表现为犯罪原因在先犯罪在后,犯罪原因与犯罪先后相继。时序性特征表明,犯罪原因存在于其发生之前的因素之中,而不能存在于犯罪发生后的因素中。因此,犯罪原因必须要在犯罪发生之前的现象中去寻找。

其三,现实可能性。即某个因素具有导致犯罪发生的现实可能性,或者原因力。可能性特征是犯罪因果关系的实质特征。某个因素是否具有引发犯罪的现实可能性,必须得到实验验证或者生活经验的证实,不能仅凭主观臆想或者猜测。某个因素与犯罪之间具有相关性,并发生在犯罪之前,只是表明该因素有可能是犯罪原因,但是并不一定是犯罪原因。在有些情况下,具有相关性的两个变量之间却不具有因果关系。例如,当两个因素之间的相互变动的关系,是由第三个因素所引起时,那么,具有相关性的两个因素之间就不具有因果关系。例如,在某个地区,当泳衣的销量增加时,饮料的销量也会增多,反之亦然,也就是说,泳衣的销量和饮料的销量之间存在正相关。经过调查,得出的结论却是泳衣的销量和饮料的销量之间却没有因果关系,因为两者之间的同步增长或者下降是由第三个因素——气温升高所引起的。

只有与犯罪之间具有相关性的因素符合时序性特征,并具有导致犯罪发生的现实可能性,该因素才是犯罪原因。可能性特征从理论上解释了该因素为何能够导致犯罪行为的发生。例如,许多国家的犯罪统计都证实,贫困人口的犯罪率高于中层阶级和上层阶级。也就是说,贫困与犯罪之间具有相关性。但是,不能因为这些统计数据就得出贫困是财产犯罪原因的结论。要认定贫困是财产犯罪原因,必须证明贫困具有引发财产犯罪的现实可能性。生活经验告诉人们,贫困确实具有引发财产犯罪的现实可能性,它表现为贫困使人的基本生活需要无法得到满足,引发贫困者产生贪利动机,进而引发贫困者实施财产犯罪以满足生活需要。因此,可以得出贫困是一种财产犯罪原因的结论。

只有某个因素与犯罪的联系同时符合上述三个特征,才能认定两者的因果关系成立,而该因素就是犯罪的原因。而如果某个因素与犯罪之间的关系只符合三个特征中的任何一个或者两个,则不是犯罪原因。

三、犯罪原因的复杂性

犯罪是复杂的规范性社会现象,因而引发犯罪的原因必然是极为复杂的,犯罪原因的分析远比自然现象的原因分析要复杂得多。有学者曾发出感叹:“试图寻找一种能够解释所有犯罪行为的理论是徒劳的。”〔7〕犯罪原因的复杂性主要表现为以下七个方面:(1)犯罪类型和犯罪行为多种多样。犯罪不仅具有多种不同的

〔7〕［美］马丁·R. 哈斯克尔、路易斯·雅布隆斯基:《青少年犯罪》,耿佐林、李建军、李景晟译,群众出版社 1987 年版,第 222 页。

类型，而且同一类型的不同犯罪行为也千差万别。不同犯罪类型的犯罪原因存有差异，显然是没有异议的，如盗窃罪的犯罪原因与强奸罪不可能相同。而且，同一犯罪类型的不同犯罪行为的原因也会有所不同，如张三杀死李四的原因与王五杀死刘六的原因，肯定不会完全相同。(2)犯罪原因具有复数性。引发犯罪的原因既包括社会原因，也包括个体原因。而且，犯罪的社会原因和个体原因的数量往往不止一个。(3)不同的犯罪原因相互作用。在犯罪发生的过程中，不仅犯罪原因会引发犯罪，而且不同的犯罪原因之间还会相互作用，从而增加了犯罪原因分析的难度。以贫困与失业为例，失业者会因为没有收入或者收入的减少而陷入贫困，贫困者又有可能因缺乏足够经济能力去接受良好的教育，进而导致无法实现再就业。可见，作为犯罪原因的失业与贫困有时是互为因果的。(4)犯罪原因与犯罪行为相互作用。不仅犯罪原因引发犯罪行为，而且犯罪行为还会反作用于犯罪原因。例如，犯罪人李某为脱贫而实施犯罪，获得了非法的经济收入，在短期内缓解了贫困。然而，犯罪人李某因为犯罪而被追究刑事责任，再一次陷入更为严重的贫困。可见，作为犯罪原因的贫困与犯罪行为有时会相互作用，互为因果，陷入恶性循环。(5)不同的犯罪原因所处的地位不同，并非同等地引起犯罪的发生。引发一个犯罪行为的犯罪原因通常是复数的，其中，有的犯罪原因对于犯罪的发生起根本性的作用，有的起的作用一般，有的则只是起到了辅助作用。(6)不同犯罪行为的发生机制存在差别。即使两个犯罪的犯罪原因完全相同，但由于犯罪情境等因素的不同，不同犯罪的发生机制也会有所不同。(7)预防犯罪的因素与犯罪原因相互交织，相互制约。在犯罪的发生过程中，并不会只有犯罪原因在起作用。其实，在犯罪原因促使犯罪的发生的同时，抑制犯罪的因素也会存在，两种性质相反的因素都在同时发挥作用。任何犯罪的发生都不可能只有犯罪原因的推动，而没有抑制犯罪的因素的影响。而要剔除抑制犯罪的因素，并从中分离出犯罪原因，则是困难重重。

犯罪原因的复杂性是客观存在的事实，但是，它并不是分析犯罪原因的不可逾越的障碍。人具有理性，既然人可以认识自然世界和人类社会，那么人认识犯罪原因当然也不能例外。只要遵循从个别到一般的认识规律，从众多的相关因素中初步确定犯罪原因可能存在的范围，再通过科学实验加以验证，或者依据社会经验进行判断，就一定能够找出犯罪原因，从而揭示出犯罪发生规律。

应当将犯罪行为的原因与犯罪现象的原因区别开来。犯罪行为和犯罪现象各自的构成要素和存在的环境不同，各自有不同的存在、发生和变化的规律。因此，应当根据犯罪行为和犯罪现象的不同特点，采取不同的路径进行研究。“个人违法行为的直接原因，应当到违法行为主体的个人特点及其所处的具体环境中去找。相反，整体违法行为的原因，要到现实情况的另一种更高的等级中去找，即到这个社会所特有的社会、经济、心理现象和过程中去找。"[8]犯罪行为是在特定情境中发生的具体犯罪，由犯罪人、被害人、犯罪原因等因素组成，其中犯罪人的人格又是遗传素质和成长环境相互作用的结果。对犯罪行为的发生的分析应当采取心理学和行为学方法，对犯罪人的成长环境、遗传素质所形成的缺陷人格和具体环境中的社会因素与个体犯罪之间是否具有因果关系进行分析，以确定引发不同犯罪行为的犯罪原因和犯罪行为的发生和变化的规律。一般而言，犯罪行为的原因包括犯罪直接原因、犯罪诱因与犯罪人的缺陷人格等。

犯罪现象是由所有犯罪行为组成的整体，犯罪现象的存在环境为整个社会。对犯罪现象的存在、产生和变化规律的分析，应当采取社会学和社会心理学的方法，对犯罪现象与相关的社会因素和社会心理因素之间的关联性进行分析，找出犯罪现象的社会原因。犯罪现象应当看成是各种基本社会因素相互作用的结果，引发犯罪现象的基本社会因素应当从与犯罪现象等同地位的社会现象或者更高层级的社会现象中去寻找。从总体上看，犯罪现象的社会原因包括经济原因、政治原因、文化原因和法律原因等四个方面。犯罪状况的增长或者减少都是由上述四个方面因素的变化及其相互作用所引起的。对于犯罪现象的分析不需要考虑具体的社会因素和犯罪人的人格。因为，具体的社会因素是经济原因、政治原因、文化原因和法律原因在具体社会环境中的具体化，只要考虑了这四个方面的原因就已经考虑了所有的具体的社会因素，而犯罪人的缺陷人格在犯罪现象的研究中也无须加以考虑，因为作为具体社会因素和遗传素质相互作用的结果的缺陷人格是由具体的社会因素决定的，而且其中的遗传素质对缺陷人格的形成一般只具有条件的意义，且作为客观存在的因素也不可能加以干预，对犯罪现象的研究结果没有意义。

多因一果与多因多果是犯罪因果关系的基本形式，不存在一因一果的情形。每个犯罪原因对于犯罪的发生来说，都不是充分条件，而只是必要条件，或者选择性的必要条件。单一原因很难引发犯罪，只有多种犯罪原因同时起作用，才会引发犯罪。有的犯罪原因还是选择性的必要条件，是因为，有些犯罪的原因可以表现为两组以上不同的原因组合，而每一个原因组合都能独立地引发犯罪。以受贿为例，制度缺陷与贪利动机的结合可能导致受贿的发生，而打击不力与贪利动机的结合，或者制度缺陷、打击不力与贪利动机的结合也可以引发受贿。

不能将从属的依赖关系视为因果关系。从属的依赖关系是指由第三个因素引起的两个现象的相互适应与在空间和时间上的变化相互吻合。这种关系的特点首先表现为，随着一种现象发生变化，另一种现象也随之发生变化。也就是说，两个

[8] [苏联]B. H. 库德里亚夫采夫：《违法行为的原因》，韦政强译，群众出版社 1982 年版，第 21 ~ 22 页。

现象之间具有相关性。其次,两个现象之间不存在引起与被引起的关系,两个现象的这种变化是由第三个因素引起的。例如,2012 年,发生在某地区的盗窃案件增多,而民众的购物需求下降,在盗窃案件增多和购物的需求降低之间存在相关性。然而,盗窃案件增多不可能引发购物需要的降低,两者之间不存在因果关系。后经调查发现,这两者之间的负相关关系都是由失业增加引起的。失业增加导致失业人群的购买能力和需求下降,更有部分失业者为了满足家庭的生活需要,铤而走险,实施盗窃,致使当年的盗窃案件数量增多。因此,盗窃案件增多与购物需求下降都是失业增加的结果,而在盗窃案件增多与购物需求下降之间不存在因果关系。

还应当区别因果关系与状态关系。所谓状态关系是指某一现象在某一时刻的状态,决定着该种现象在另一时刻的状态。状态关系只是同一现象在发展过程中的不同时间点上所出现的不同状态之间的联系。前后两种不同状态之间虽然具有相关性,但是后状态并不是由前状态所引起的结果,两者之间并不存在因果关系。例如,1990 年,某市未成年抢劫犯的比重较高,且多数未成年抢劫犯都获判重刑。2000 年,在该市服刑的成年抢劫罪犯的比重偏高。因此,1990 年某市未成年抢劫犯的比重与 2000 年在该市服刑的成年抢劫犯的比重之间呈现正相关性。但是,我们不能说前者是引起后者的原因。这是因为,两者之间并没有引起与被引起的关系。事实上,这两者之间只是存在状态关系。1990 年的未成年抢劫犯在 10 年后都成为成年抢劫犯,并被计入 2000 年在该市服刑的抢劫犯人数中,从而出现了 2000 年抢劫罪犯的比重较大的情况。

第二节　关于犯罪原因的结构的理论争议

一、理论争议

自犯罪学诞生以来,犯罪原因理论的学说众多,流派纷呈。为了深入研究犯罪原因,有必要对各种犯罪原因理论进行结构分析。纵观犯罪学学说史,依据主张犯罪原因的数量,犯罪原因理论大致上分为单因论、多因论、整合罪因论和系统罪因论等四种不同的类型。

(一)单因论

所谓单因论,是指认为犯罪是由某一种因素所引起的犯罪原因理论。从总体上看,单因论是犯罪原因理论中的主流,不同机会理论、失范理论、文化冲突理论、控制理论和理性选择理论等单因论都是著名的犯罪原因理论。单因论都认为犯罪原因是唯一的,但是不同的单因论中的犯罪原因却不相同。单因论所主张的犯罪原因多种多样,诸如身体特征、社会结构缺陷、犯罪学习机会、社会失范、文化冲突、社会控制减弱、自我控制能力低下和个人的自由意志等，其中既有社会因素，也有个体因素。

大部分单因论所提出的犯罪原因，经过社会调查都得到了证实，因而大部分单因论都是成立的，少数单因论，如天生犯罪人说，则被证明是错误的。不同的单因论从犯罪的不同层次或者不同侧面，分别揭示了不同的犯罪原因，深化了对犯罪发生规律的认识。相较于多因论等类型的犯罪原因理论，单因论具有概括性和深刻性特点。其概括性表现为，单因论是以犯罪的整体为认识客体，通常都标榜自己是"大理论"，宣称有解释所有犯罪的能力，试图以某种因素解释各种类型的犯罪。其深刻性则表现为单因论将犯罪原因归结为某一种社会因素或者个体因素，并对这种因素的内涵和表现形式，以及与犯罪之间的因果关系进行了深入的分析和复杂的演绎。另外，单因论往往存在明显的片面性，因为犯罪类型和犯罪人的多样化，以一种因素解释所有的犯罪类型和犯罪行为，往往存在解释的角度单一，只及一端，不及其余，对某些犯罪类型的解释容易出现牵强附会的情况，难以令人信服。

（二）多因论

多因论，是指认为犯罪是由多种不同因素共同造成的犯罪原因理论。菲利的犯罪原因三元论和李斯特的犯罪原因二元论都是多因论的代表。

根据多种犯罪原因之间的关系不同，多因论又可以分为机械多因论与综合多因论。机械多因论，是指认为犯罪是由多个因素所造成的，但这些因素之间的相互关系并不明确的犯罪原因理论。我国学者提出了多种不同的多因论，如"五大条件和六大原因说"及"七大方面原因说"等。

机械多因论不区分不同的犯罪原因在犯罪原因体系中的地位，其实质是承认所有的犯罪原因在引发犯罪中的作用是等值的。机械多因论罗列的犯罪原因种类繁多，涵盖多个不同的方面，在一定程度上避免了单因论的片面性。但是，机械多因论也存在明显的不足，具体表现为：其一，有遗漏犯罪原因的可能。虽然机械多因论的初衷是尽可能地囊括所有的致罪因素，但是受人的认识能力有限和犯罪类型多样化等因素的影响，要实现该初衷却是难以做到的。因为，在任何多因论列举的犯罪原因之外，都一定还可以找出其他的犯罪原因。其二，未阐明不同犯罪原因之间的相互关系。事实上，不同的犯罪原因在引发犯罪的过程中的地位并不等同，也就是说，不同犯罪原因的原因力存有差异，有的是必要条件，有的是选择性条件。然而，多因论只是将各种犯罪原因进行简单的罗列，既不具体地分析这些原因如何引发犯罪，也没有阐明不同犯罪原因在引发犯罪过程中的相互关系。上述的不足决定了多因论不可能准确地揭示出犯罪原因。

综合多因论是指认为犯罪是由多种因素造成的，且各种因素之间具有某种性质的联系的犯罪原因理论。中国学者提出的综合多因论主要有二元两维说和五维结构说等两种不同观点。所谓二元两维说，是指犯罪是由不同维度和不同结构的社会存在和个体因素引起的犯罪原因理论。所谓二元,是指社会存在和个体活动,二元又分别有纵向结构和横向结构等两个不同的维度。社会纵向结构由生产力、生产关系和上层建筑组成,社会横向结构包括家庭、学校和社区。个体纵向结构由个体生理结构、心理结构和个体人生观所组成,而个体横向结构包括个体故意结构和个体过失结构。[9] 所谓五维结构论,是指犯罪原因由社会生产力、生产关系、上层建筑、个人的道德水平和性格特征所组成的理论。"犯罪原因必然是多因素的,同时这些因素之间又必然具有内在联系。"就社会层次而言,由于社会由生产力、生产关系和上层建筑这三个层次构成,犯罪的原因也应当从这三个层次观察;就人的属性而言,人是社会生活动物,具有社会性和自然性,故犯罪的个体原因应从道德水平和性格特征这两个层次来观察。[10]

一方面,综合多因论具备机械多因论的优势,承认犯罪原因的复数性,因而避免了单因论存在的片面性。另一方面,综合多因论对不同犯罪原因进行了层次的划分,从而避免了机械多因论的缺陷。因此,综合多因论更具有体系性,也更符合哲学和社会科学理论。然而,综合多因论对不同犯罪原因只是作了层次的划分,没有更进一步地阐明不同犯罪原因的相互关系,它对犯罪的解释能力也没有得到实证研究的支持。

(三)整合罪因论

一般认为,所谓整合罪因论是将两种以上具有共同点的理论组合成一个重新构成的理论模式。[11] 自犯罪学诞生以来,犯罪原因理论层出不穷,众多流派的犯罪学理论从不同的角度揭示出不同的犯罪原因,各执一端,不免相互矛盾。为了消除不同理论流派之间的冲突,形成科学的犯罪原因理论,有些美国学者提出进行证伪,即对不同理论进行实验验证,那些预测的数据与验证数据不相符的理论就被证伪,而相一致的理论则被认为是正确的理论;通过证伪过程对众多的犯罪学理论进行筛选,淘汰不正确的理论,可以减少犯罪学理论学说的数量。然而,对犯罪学理论进行验证的主张遭到了部分学者的反对。反对的理由是,众多的犯罪学理论是从不同的角度和不同层面研究犯罪,所得到的结论并非相互矛盾,而且,不同理论中的核心概念或者变量并没有十分明确的、限定性的测量标准,难以进行对比性验证。有学者明确指出:"在当今的犯罪学领域,没有一个理论被证明完全无用或者无解释力;也没有一个理论能绝对地解释社会所有的犯罪。"[12]

为了解决犯罪学理论解释力不全面的问题,有些美国学者主张对现存的犯罪

---

〔9〕 参见周密:《论证犯罪学》,群众出版社 1991 年版,第 110 页。

〔10〕 储槐植:《多层次的犯罪原因论》,载《青少年犯罪问题》1983 年第 3 期。

〔11〕 参见江山河:《犯罪学理论》,格致出版社、上海人民出版社 2008 年版,第 173 页。

〔12〕 江山河:《犯罪学理论》,格致出版社、上海人民出版社 2008 年版,第 172 页。

学理论进行整合。学者们提出的犯罪学理论的整合方式主要有四种：

1. 因果连接式，即对不同理论所主张的多个不同变量，确定时序关系，或者将一个理论中的因变量变成另一个理论的自变量。埃利奥特等人在 1979 年发表的题为《关于青少年犯罪行为的整合性理论观》一文就是采用因果连接方式的典型例证。他们认为，为了解释犯罪，应当采取两个步骤：首先，将紧张理论和社会控制理论加以整合，其次，再将整合过的紧张、社会控制理论，与社会学习理论加以整合。紧张、社会控制理论对犯罪的解释是，缺乏合法手段或者制度性手段获得成功而处于紧张状态的青少年，为了缓解紧张而实施犯罪；个人与社会的纽带弱也是青少年犯罪的原因。因此，青少年犯罪与紧张和社会控制这两个因素都有关。当紧张加重和社会控制降低时，青少年犯罪的可能性最高。但是，他们认为，紧张和社会控制弱还不足以完全解释青少年犯罪，还必须借助不同交往理论。也就是说，将青少年犯罪受到的使人守法和使人越轨等两种社会化模式中的奖赏和惩罚的作用的影响，一并考虑在内。青少年因他的行为受到奖赏和惩罚主要来自家庭、学校和同伴，家庭和学校通常会通过奖赏和惩罚的方法强化传统和守法的行为，而同伴群体更可能强化越轨行为。当使人越轨的社会化模式的强化作用强时，就有可能发生青少年犯罪。[13] 因果连接方式的整合理论依据犯罪心理的产生过程，以一定的次序整合了多种不同的犯罪原因，以解释犯罪的产生，无疑会增加解释犯罪的能力。然而，以某种犯罪原因为起点，分为若干个不同的阶段，整合若干种犯罪原因，是否就能科学地解释犯罪，仍有待于深入研究和验证。

2. 概念整合式，即将一个理论中的某个概念纳入另一个理论的某个概念中的某些方面。艾克斯的社会学习理论就是采用概念整合方式的例证。他认为，社会控制理论中的依恋，既可以被吸收为社会学习理论中的多样化交往模式的概念，并作为测量交往强度的指标，又可以被社会学习理论中的模仿概念所吸收。而社会控制理论中的奉献可以被吸收为社会学习理论中的多样化强化概念的一部分，社会控制理论中的信念则可以被吸收为社会学习理论中的定义的概念的一部分。在社会学习理论中，定义是指赞同违法或者反对违法的态度和行为。然而，概念整合方式的整合罪因论，只是移植了某种理论中的概念，从而丰富了受移植理论的内涵，但是却没有改变原有理论的基本框架，因而整合罪因论只是某种犯罪原因论的升级版而已，其解释犯罪的能力并没有得到根本性提升。

3. 主题提炼式，即从不同理论中寻找共同点，提炼出一个共同主题，然后对该主题进行总结和说明，并提出新的命题或者假设。卡伦的社会支持理论就是采用主题提炼方式的整合罪因论的例证。社会支持理论是从对社会控制理论的各种批

---

〔13〕 参见［美］乔治·B. 沃尔德、托马斯·J. 伯纳德、杰弗里·B. 斯奈普斯等：《理论犯罪学》，方鹏译，中国政法大学出版社 2005 年版，第 378 页。

评中提炼出共同主题——社会支持。社会支持理论假设,一方面,人既有自私和犯罪动机,因而需要控制;另一方面,也有利他及接受和给予支持的潜力,因而需要帮助其发挥潜力。当这种给予和接受支持的潜力得以实现时,犯罪的危险性就会降低。社会支持既能对预防和降低犯罪产生直接的影响,也可能通过影响其他变量,如社会控制,对预防和减少犯罪产生间接的影响。与此同时,社会支持也可以是其他变量影响犯罪的前置条件,如当社会支持较低时,社会压力更可能导致犯罪。

在严格意义上讲,主题提炼方式的整合理论并不是真正的整合罪因论。因为,它是在分析以前的理论的基础上,经比较和分析后,提出了新的理论假设。因此,主题提炼方式的整合理论与其说是整合,不如说是创新。而主题提炼方式的整合罪因论是否具有解释犯罪的能力,取决于它所提出的新的理论假设本身是否科学。

4. 以变量为中心的整合式。采取这种整合方式的整合罪因论的特点是,对多种不同理论中与犯罪有关的各种变量进行分类,并描述它们之间的关系以及它们对犯罪的影响。阿纽格的一般犯罪理论就是采用以变量为中心的整合式理论的代表。首先,他选择那些对犯罪有较显著影响的变量。这些变量包括自我、家庭、学校、伙伴和职业等五种,这些变量共同影响犯罪。然后,描述这些变量如何影响犯罪。而且,它们对犯罪的影响力在人生的不同阶段还有所不同。例如,成年期的职业对犯罪的影响,比未成年期大。与此同时,这五大变量之间还相互影响。例如,不当的父母管教导致子女参加青少年犯罪,而子女参加青少年犯罪,反过来进一步恶化父母管教。[14] 以变量为中心的整合方式的整合罪因理论,选择多种不同的犯罪原因,并阐明不同犯罪原因的作用机制以解释犯罪,比单因论更为全面。然而,该种理论选择犯罪原因的依据并不明确,从而对于它能否科学地解释犯罪,仍是不确定的。

(四)系统罪因论

系统罪因论,又称"系统论的犯罪原因论"或者"系统结构犯罪原因论",是指以由多个因素构成的相互作用的原因系统,共同地导致犯罪产生的犯罪原因理论。系统罪因论将引发犯罪的多种因素视为一个系统,并运用系统论方法,阐明不同犯罪原因之间、犯罪原因系统与犯罪之间的相互关系。系统罪因论的基本观点包括:(1)犯罪原因的数量多。在系统罪因论看来,犯罪原因一般分为社会因素与个体因素两个部分,而社会因素和个体因素又分别包括多种不同的因素。(2)不同犯罪原因的层次和功能不同。一般认为,犯罪原因系统分为犯罪根源、犯罪原因和犯罪条件等不同层次。在犯罪原因之中,有的犯罪原因对犯罪的发生发挥着主要作用,有的犯罪原因则只是起着次要作用。(3)多种犯罪原因构成犯罪原因系统,整体性地引发犯罪的产生。犯罪原因系统中的不同犯罪原因相互作用,并共同地引

---

〔14〕 参见江山河:《犯罪学理论》,格致出版社、上海人民出版社 2008 年版,第 173 页。

发犯罪。

值得说明的是,不同学者对犯罪原因系统的构成,存有不同的看法。有代表性的观点主要有:(1)五层次说,即认为犯罪原因系统由犯罪根源、犯罪基本原因、犯罪直接原因和条件、犯罪诱因与犯罪人的犯罪个性等五个不同层次构成。[15] 五层次说细分了犯罪原因的层次,区别了五个不同层次的犯罪原因的地位和作用,深化了对犯罪原因的认识。(2)四层次说,即认为犯罪原因系统由犯罪根源、犯罪原因、犯罪条件和相关因素等四个层次构成。其中,"犯罪条件是指能够为犯罪人在实施犯罪行为中直接利用的、制约和影响犯罪发生变化的客观实在"。"犯罪的相关因素是指对犯罪的产生具有一定的作用和影响的因素"[16],而相关因素包括地理环境、天象、季节等。对于四层次说来说,最大的问题是,犯罪条件与犯罪因素两者之间的界限没有划清。(3)三层次说。有学者认为,"罪因系统在结构上表现为层级化的金字塔形结构。具体而言,第一层级是处于罪因系统结构顶端并作为社会基本矛盾内容的根源性罪因;第二层级是在根源性罪因之下,可以通过抽象归结为对犯罪生成具有宏观影响作用的基础性罪因;第三层级则归属于处在罪因系统结构最底层的,种类及数量繁多、范围最广的直接性罪因"。根源性罪因是指个体与整体的对立冲突关系,基础性罪因"侧重于机制层面的归纳,是对社会规范与制度运行的逆向评价。在社会系统中,包括社会规范与制度在内的各种社会机制属于宏观层面",而直接性罪则分为三大类,即个体罪因、自然罪因与社会罪因。[17] 三层次说不仅对基础性罪因的界定,显得极为空洞而抽象,而且也没有阐明基础性罪因引发犯罪的作用机制。(4)二层次说,即认为广义的犯罪原因由犯罪根源和狭义的犯罪原因所组成。而狭义的犯罪原因又分为犯罪的自然原因、犯罪的社会原因、犯罪的文化原因和犯罪的主体原因。二层次说忽略了犯罪条件在犯罪发生过程中的积极作用,应当说是不妥当的。

系统罪因论将犯罪原因界定为系统现象,并明确地界定不同犯罪原因的结构关系,以及在引发犯罪的过程中的地位和作用的差别。由于对犯罪原因进行了系统性的整合,系统罪因论较之于单因论和多因论,更为全面。系统罪因论存在的主要问题表现为两个方面:其一,理论创新性不高。系统罪因论实际上只是依据一定的标准,对原有的犯罪原因进行了层级的划分和重新组合,既没有具体地揭示出新的犯罪原因,也没有对犯罪原因如何引发犯罪进行新的阐明。因此,系统罪因论的理论价值并不大。其二,将犯罪原因界定为系统现象,有待研究。在系统论的视域

---

[15] 参见王牧主编:《新犯罪学》,高等教育出版社 2005 年版,第 167 页。

[16] 莫洪宪主编:《犯罪学概论》,中国检察出版社 2003 年版,第 145 页。

[17] 参见丁英华、季境:《罪因解释论的系统结构申论》,载《中国人民公安大学学报(社会科学版)》2011 年第 6 期。

中,自然界和人类社会都是系统现象。作为社会存在的组成部分,犯罪也具有系统性。然而,犯罪是系统现象,并不等于犯罪原因也是系统现象。系统罪因论似乎认为犯罪原因具有系统性是理所当然的,并不为犯罪原因是系统现象进行论证和检验。犯罪原因是否具有系统性,需要进行论证,在笔者看来,它应当是一个似是而非的理论假设。系统性特征包括整体性、关联性、等级结构性、动态平衡性、时序性等基本特征。作为引发犯罪的各种社会因素和个体因素,犯罪原因在不同犯罪类型和不同犯罪行为之间存在极大的差异,或者个别化,不可能具有整体性和动态平衡性等重要的系统性特征。

二、犯罪原因的结构

虽然犯罪原因是否为系统现象存有疑问,但并不能否认犯罪原因之间具有层级性特征和分为不同的类别。根据引发犯罪发生的距离远近和作用范围的大小,对犯罪原因可以进行层级的划分和分类。总体上讲,犯罪原因的结构有横向与纵向两个维度。犯罪原因的横向结构是指依据来源对犯罪原因进行的划分。犯罪原因的横向结构由犯罪的社会原因与犯罪的个体原因等两个方面所组成。所谓犯罪的社会原因是指引发犯罪的社会环境因素。所谓犯罪的个体原因是指存在于犯罪人自身、引发犯罪的生物和心理因素。

犯罪原因的纵向结构是指依据作用范围的大小对犯罪原因所作的划分。犯罪原因的纵向结构由犯罪根源、宏观社会原因、微观社会原因、犯罪的个体原因、犯罪诱因和犯罪条件等六个层次所组成。犯罪原因的纵向结构是由不同等级和不同类型的犯罪原因所构成的有机整体。

1. 犯罪根源,即引发犯罪现象的终极原因和根本原因。犯罪根源位于犯罪原因系列的最末端,并决定着犯罪的其他原因,是所有犯罪的最终原因。

2. 犯罪的宏观社会原因,即引发犯罪的整体性社会环境因素。犯罪的宏观社会原因存在社会存在和社会意识之中,是犯罪产生的基本社会因素。犯罪的宏观社会原因包括社会的经济因素、犯罪的政治因素、犯罪的法律因素和犯罪的文化因素等。

3. 犯罪的微观社会原因,即指引发犯罪的个别性社会环境因素。犯罪的微观社会原因存在于犯罪人的成长和生活环境之中,对人格障碍的形成具有直接影响。犯罪的微观社会原因主要分布在家庭、学校和社区之中,如残缺的家庭结构、家庭教育缺陷和不良交往等。

4. 犯罪的个体原因。犯罪的个体原因存在于犯罪人自身,包括犯罪的生物因素和犯罪的心理因素。

5. 犯罪诱因,即刺激犯罪人产生犯罪意向的外部因素,包括贫困、遭遇挑衅、受到侮辱和遭受挫折等。

6. 犯罪条件,即助益犯罪行为实施的外部性因素。犯罪条件包括时间条件、空间条件、气候条件、气温条件、犯罪对象缺乏防护和社会控制弱化等。犯罪条件本身并不引发犯罪，因而有别于犯罪原因，但犯罪条件也是犯罪发生的必要因素。如果没有犯罪条件，即使具备犯罪原因，犯罪行为也不会发生。

上述六个层次的犯罪原因和犯罪条件，从抽象到具体、从一般到个别的方向构成犯罪原因的纵向结构。

第十二章　犯罪的经济因素

“经济”一词具有多种不同的含义。一般认为，经济是一切生产、分配、流通和消费活动与关系的总称。经济因素的范围十分广泛，包括经济发展水平、经济体制、经济结构、经济的开放程度、经济投入、就业状况和贫富差距状况，等等。经济在社会生活中处于基础性的地位，对社会发展和社会生活具有广泛而深刻的影响。作为社会结构的重要组成部分，经济对犯罪现象与犯罪行为的发生具有重要的作用。有学者明确提出，一个犯罪的发生，必须具有犯罪标定、犯罪动机、犯罪手段、犯罪机会和犯罪控制的缺失等条件，而经济因素与这些条件之间都具有相关性。[1]

犯罪的经济因素是指存在于经济制度和经济活动之中的引发犯罪的因素。不过，并非所有的经济因素都与犯罪之间具有高度的相关性，犯罪的经济因素只能是经济中的部分因素。在犯罪学上，常见的犯罪的经济因素主要有经济发展、贫富差距与贫困等。

第一节　经济发展与犯罪

自工业革命以来，随着科学技术的进步和工业化进程的加速，欧美各国的经济持续快速发展，至今仍是世界经济强国。自 20 世纪中期以来，亚洲和美洲等地的多个新兴经济体先后兴起，进一步推动了世界经济的发展。经济发展不仅带来了社会物质财富的大量增加、社会公共设施建设的改善以及贫困现象的逐渐减少，而且会引发社会关系的重新调整和深刻变化。

引起犯罪学界关注的是，自 18 世纪中期以来，在经济发展的同时，欧美各国的犯罪数和犯罪率都出现了高速增长。而经济发展与犯罪的同步增长现象，也出现在中国。改革开放后的前 30 年，中国国民经济取得了年均增长近 10% 的骄人成绩，而犯罪率也达到了年均增长近 8% 的水平。在其他国家和地区，也存在经济发

[1] 参见[英]麦克·马圭尔、罗德·摩根、罗伯特·赖纳：《牛津犯罪学指南》（第 4 版），刘仁文、李瑞生译，中国人民公安大学出版社 2012 年版，第 274 ~ 275 页。

展与犯罪同步增长的现象。经济发展与犯罪同步增长的现象激发起许多学者的研究兴趣,经济发展和犯罪之间的关系以及如何看待两者之间的关系早已成为犯罪学的重要课题。

一、经济发展对犯罪数和犯罪率的影响

(一)理论争议

关于经济发展与犯罪数和犯罪率之间的关系,学界的观点见解纷呈,见仁见智。大体上,学界的观点分为三类:

1. 正相关说,即认为经济发展与犯罪数和犯罪率之间存在密切的关系,随着经济的发展,犯罪数和犯罪率也会相应地增长。这种观点由来已久。早在19世纪中期,意大利犯罪学家波莱蒂就曾经指出,物质财富的增加会刺激犯罪的发生,犯罪的增长与物质财富成正比。[2]

自20世纪80年代以来,中国的经济发展与犯罪同步增长的现象,引发了我国部分学者的强烈关注。许多学者认为,犯罪数量与经济发展之间具有正相关关系。关于两者之间的联系性质,不同学者的看法不尽相同。在正相关说的阵营中,主要有三种不同的看法:第一,同步增长说,即认为经济发展与犯罪数之间存在必然的联系,并且这种联系是一种世界性现象;任何历史的进步都毫无例外地以支付代价为前提,而犯罪增长就是经济发展必须支付的代价。第二,局部增长说,即认为在经济转型和发展的过程中,由于缺乏管理经验和存在制度漏洞,在一定时间和区域出现犯罪增长是必然现象,但是它只是局部的现象,而并非普遍规律。第三,远正近负效应说,即认为经济发展和社会变革对社会治安的近期效应而言,正、负两个方面的效应都存在,但是负面效应更为突出。然而,从长远来看,两者的关系则呈正效应。也就是说,随着经济的进一步发展,犯罪数就会减少。[3]

2. 负相关说,即认为在社会主义条件下,随着经济的发展,犯罪会呈现不断减少的趋势。近期,还有学者采用数学模型方法,对经济发展水平与犯罪率之间的关系进行了研究,得出了经济发展与犯罪之间的负相关关系的结论。他指出:“经济增长有利于降低犯罪率。犯罪率对GDP的偏弹性为-0.107,表明在其他因素不变时,GDP每增加1%,犯罪率将下降约0.1%。经济增长减少犯罪,可以通过增加就业岗位,增加社会财富总量,并增加财政收入,改善办案条件等渠道来抑制犯罪率的上升。”[4]

---

[2] [意]加罗法洛:《犯罪学》,耿伟、王新译,中国大百科全书出版社1996年版,第154页。

[3] 参见阴家宝主编:《新中国犯罪学研究综述(1949—1995)》,中国民主法制出版社1997年版,第169~172页。

[4] 谢旻荻、贾文:《经济因素对犯罪率影响的实证研究》,载《中国人民公安大学学报(社会科学版)》2006年第1期。

3. 无关说，即认为经济的增长不会导致犯罪的增长，两者之间不存在关联。著名犯罪学家加罗法洛在考查了法国和意大利的经济增长和犯罪的关系后指出："人类生产活动的增长绝不会导致犯罪的增加。"他还认为，"文明的一个有益的作用是犯罪活动专门化"，"文明的作用只是改变了犯罪的外部形式"。[5] 我国也有学者认为，经济发展是社会进步，所带来的应当是积极的社会现象，不会产生消极的社会现象。大多数国家的经济发展与犯罪增长之间的同步现象，是经济畸形发展的产物。这种理论观点还认为，经济发展有畸形发展与协调发展等两种不同情况。在社会发展过程中，不管社会组织者如何努力，也不可能做到一切都能协调发展，完全没有矛盾。社会在发展中出现一些矛盾，产生一些消极现象，包括犯罪现象，是必然的和不可避免的。尤其是在经济畸形发展、社会失去平衡的时候，就会产生大量社会矛盾和消极现象。然而，社会的组织者和管理者，在社会消极现象面前并不是无所作为的，他们完全有可能、有义务控制消极现象产生的数量和程度，直到最后将其消灭。这主要靠经济与社会协调发展，协调得越好，控制消极现象包括犯罪现象产生的数量和程度越好，直到最后将其消灭。所以经济发展与犯罪并没有必然联系。[6]

（二）重要影响

经济发展对犯罪数和犯罪率具有重要影响。应当认为，作为基础性的社会结构，经济对许多社会现象都具有重要影响，因而经济发展与犯罪之间存在某种性质的联系是必然的。因此，无关说难以成立。但是，关于经济发展与犯罪数和犯罪率之间的联系的性质和方式，则需要作具体和深入的分析。从现实情况看，经济发展与犯罪数和犯罪率之间的关系曾出现过两种性质相反的关联。1952～1956 年，随着经济的发展和国民生活水平的提高，我国犯罪率和犯罪数双双下降，在这段时间我国的经济发展和犯罪呈负相关关系。但是，改革开放后的 30 多年来，犯罪数和犯罪率却伴随着经济的发展而持续增长，经济发展与犯罪数和犯罪率之间存在正相关关系。美国的经济发展和犯罪也在不同时期分别出现过正、负两种相关关系。20 世纪 60 至 70 年代是美国经济的快速发展时期，同时期犯罪数和青少年犯罪数大幅度增长。20 世纪 90 年代是美国另一个经济增长期，然而自 1992 年起，美国的犯罪数和青少年犯罪数却开始减少，21 世纪初美国犯罪率下降到 30 年以来的最低水平。[7] 可见，将经济发展与犯罪之间的关系界定为单纯的正相关或者负相关的关系都是不符合历史经验的。

---

〔5〕 参见［意］加罗法洛：《犯罪学》，耿伟、王新译，中国大百科全书出版社 1996 年版，第 162 页。

〔6〕 李锡海、丛淑萍：《经济现代化与犯罪》，载《山东社会科学》2009 年第 1 期。

〔7〕 参见［美］乔治·B. 沃尔德、托马斯·J. 伯纳德、杰弗里·B. 斯奈普斯：《理论犯罪学》，方鹏译，中国政法大学出版社 2005 年版，第 106 页。

1. 经济发展与犯罪数和犯罪率之间的特点

笔者认为，经济现象是一种极为复杂的现象，而犯罪的发生机制也非常复杂，因而经济发展与犯罪数和犯罪率之间的关系必然也是复杂的。为此，对两者之间的关系必须作具体而深入的分析，不能概而言之。具体地讲，经济发展与犯罪数和犯罪率之间的关联具有以下的特点：

(1)经济发展与犯罪数和犯罪率之间的联系是间接的。经济发展的直接后果是社会物质财富的增长和社会积累的增加，并不会直接地导致犯罪的增加或者减少。然而，经济发展的基本条件和所带来的某种变化，有可能会激化社会矛盾，因而经济发展会间接地导致犯罪的增长。例如，经济发展的条件之一是提高生产效率，生产效率的提高又依赖于社会竞争程度的加剧，而社会竞争程度的加剧却会激化社会矛盾。又如，经济发展带来的社会物质财富的增加，为处于优势地位的群体或者阶层在财富分配中利用权而占有更多的物质财富提供了可能。如果社会政策失误或者没有推行正确的社会政策加以阻断和调节，经济发展就会自然地导致贫富差距加大，从而引发犯罪的增长。可见，经济发展与犯罪数和犯罪率之间的关系，应当结合经济发展的基本条件和带来的变化作具体的分析。

(2)经济发展与犯罪数量的关系是双向的。经济发展的基本条件既包括刺激犯罪增长的因素，也包括抑制犯罪增长的因素。因此，经济发展与犯罪数和犯罪率的关系并非简单的正相关或者负相关关系，而是两种性质不同的关联同时存在。而在某一时期的某地区的经济发展与犯罪数和犯罪率之间的关系，在总体上是正相关还是负相关，则取决于经济发展的基本条件和所带来的变化的具体情况。

2. 经济发展刺激犯罪增长的主要因素

总体上讲，经济发展刺激犯罪增长的因素主要有：

(1)社会物质财富增加，导致财产犯罪和经济犯罪的机会增多。经济发展的直接后果是，在相同空间的范围内财物数量增多，经济价值也会增大。而在经济落后时期，在相同空间中分布的财物数量有限，经济价值通常也不大。经济发展后，政府、社会组织和国民都从收入分配中获得了更多的物质财富，社会财富的总量和在相同空间中的物质财富的数量都会增加。财富总量和相同空间内的财富增多，为财产犯罪和经济犯罪制造了更多的犯罪目标。例如，当下中国的许多家庭都积累了相当数量的物质财富，家用电器齐全，珠宝首饰价值不菲。如果在工作时间或者夜深人静时分，对贵重财物缺乏有效的监视，就会产生大量的犯罪机会。又如，在公共场所中，有些行人随身携带数量较大的财物，甚至将现金、贵重财物裸露在外，无人看管，极易被盗抢。

(2)生产要素的流动加速，致使犯罪控制的难度加大。经济发展的基本条件是生产要素加快流动。生产要素的流动既包括就业人口的流动，也包括生产资料的流动。经济发展带动劳动力向有竞争力的地区和企业转移，而人口流动使许多人离开故土,移居到了新的社会环境,脱离了原有的社会网络,既失去了原有的社会控制,又严重地削弱原有的社会支持。如果新移民不能及时而顺利地融入移入地的社会环境,为新社区所接纳,新移民就会生活和工作中会因为面临许多实际困难而遭遇挫折,容易引发犯罪。

对于中国来说,这一问题尤为突出。我国逐步开放的政策使中国经济发展不均衡,沿海地区和东部地区的经济发展较快,而中西部的经济相对落后。中西部的农业人口大量地流入经济发达地区,成为当地经济发展的主要劳动力。然而,我国城乡二元结构却长期没有得到根本性改变,户籍管理制度限制了外来人员的迁移落户,制造了大量的人户分离现象。加之,流入地的管理机构对外来务工人员的管理责任不明确,以及地域文化冲突等原因,使外来务工人员的活动在一定时间内会失去社会控制或者社会控制减弱,犯罪率明显高于其他群体。

(3)强化物质欲望,伦理规制遭遇严重挑战。经济发展的结果使一部分人在短时间内积累了巨额的物质财富,成为富裕阶层。富者充分地体验到了充裕的物质财富给人带来的成就感和满足感。而且,富裕阶层还可以利用物质财富进行交易,以获得稀缺的社会资源,从而进一步稳固了其优势的社会地位。由于物质财富的社会意义重大,占有财富的多寡逐渐成为标识社会地位和成功程度的重要因素,追逐物质财富已经成为部分社会成员的重要人生目标。因此,在经济发展的催化之下,社会成员的物质欲望得到了高度强化。

在物质财富的社会意义增强的条件下,如果主流价值体系不能同步地建立起来,并被主流社会所遵行,精神价值就容易遭到社会成员的轻视或者蔑视,道德对社会成员的行为规制效能就必然会下降。我国现阶段的犯罪态势严峻,在一定程度上也与此有关。受社会成员的物欲膨胀和主流价值观还未被广泛遵循的影响,在中国的当下,拜金主义思想死灰复燃,道德虚无主义思潮卷土重来,伦理规范的行为规制功能和导向功能受到严重的抑制。有研究机构对中国传统文化观念遵从的情况进行了调查,在一定程度上表明了国民的道德水平下降。该机构提供表格,由被访者对其中每项道德理念的总体践行状况进行打分(0~10分),分数越高,代表对此项道德文化传统理念的践行状况评价越好。调查结果显示,当前道德文化传统理念的总体践行评价得分为6.48分;中国当下13项道德文化传统理念被民众践行的评分高低顺序为:孝、智、和、仁、谦、礼、恕、义、诚、忠、节、耻和廉;不同群体的情况有所不同,农民群体的评分最高,均值为6.87分,其次是学生群体和商业从业人员的评分,再次是无职业或失业人员群体和工人群体,最后是国家公务人员群体,其均值为6.27分。农民的评分最高而国家公务人员的评价最低,主要是与这两类职业人群对于道德标准的认识水平和生活环境有很大关系。[8] 传统道德

---

〔8〕 参见李建华、董海军:《传统美德的呼唤》,载《光明日报》2011年7月26日,第1版。

总体践行评价得分为6.48分，表明当今国民的道德水平总体偏低，以及社会伦理在规制社会成员行为上的低效能，而被民众弃守最为严重的道德是廉，则表明了国民对物质财富的强烈追求和对不取不当之财的财富伦理的漠视，因而在一定程度上解释了为何在中国当下财产犯罪和贪利性职务犯罪会如此猖獗。

(4)社会竞争加剧，失业率增高。经济发展以生产效率的提高为基本条件，而提高生产效率往往又是以激烈的社会竞争为前提的。一般来说，适度竞争有利于经济发展和社会进步。但是，如果社会竞争过于剧烈，超出了多数社会成员能承受的压力极限，就容易造成普遍性或者大范围的心理紧张和焦虑，滋生精神疾患，从而引发犯罪。中国近期犯罪增长与当前的社会竞争过于激烈和无序也不无关系。在当代中国，全社会各行业普遍建立起严格的激励机制和淘汰机制，工作岗位的工作考核都实现了量化，加之中国人际关系的复杂性，社会竞争空前激烈。为了达到岗位的职责要求和晋职，许多人全身心地投入工作和构建人际关系，节假日不休息、加班工作和应酬交际等已经成为许多职场人员工作的家常便饭。有些人稍有懈怠，便心生忧虑，致使精神紧张。中国疾病预防控制中心精神卫生中心2009年年初公布的数据显示，我国各类精神疾病患者人数在1亿人以上，但公众对精神疾病的知晓率却不足五成，而就诊率更低。另有研究数据显示，我国重性精神病患人数已超过1600万。北京安定医院精神疾病司法鉴定科通过对1984~1996年共13年间的1515例精神病刑事鉴定案分析得出结论：在接受刑事被告精神鉴定案的1515例中，患有精神疾病者1248例，约占82%。精神病人所实施的社会危害行为，以侵犯人身、侵犯财产和妨害社会管理秩序三种类型为主，共占94.1%。在精神分裂症患者实施的社会危害行为中，有造成人身伤害结果极其危险的比重在50%以上。[9]

社会竞争加剧的另一个后果是失业率增高。经济发展总体上是朝着机械化和信息化的方向前进。在产量不变的条件下，机械化和信息化水平的提高会导致劳动力需求的数量下降，因而失业是当今世界各国的普遍现象。失业现象表现为显性失业与隐性失业等两种不同的情况。所谓显然失业是指登记失业。所谓隐性失业，是指虽未登记失业但没有就业，或者虽有职业但就业不充分、低效率就业的非公开失业。犯罪学理论研究表明，失业与犯罪之间具有高度相关性。这是因为，失业人员不仅经济收入会减少或者缺乏，容易滋生负面情绪，而且会拥有大量的空闲时间，在不良交往等社会因素的影响下，更易于结成犯罪团伙而实施犯罪。实践中，许多团伙犯罪案件中的大部分成员都是无业人员。有学者指出："失业与犯罪之间正相关关系，而且这种关系通常是非常显著的，特别是就财产犯罪而言尤其如

---

〔9〕 参见陈泽伟：《化解精神病患肇事之痛》，载《瞭望》2010年5月29日。

此,并且在20世纪70年代以后,这种影响尤为强烈。"[10]

我国近期的犯罪增长与失业率增高的关系密切。我国是人口大国,劳动力资源丰富。在改革开放的前期,随着经济结构调整和经济增长方式的转变,城镇大量劳动力从原来的工作岗位上退出,失业率居高不下。而且,隐性失业现象较为严重,在城市主要表现为大量的适龄人员就业不充分,在农村则主要表现为存在大量的季节性失业。近期,由于我国的高等教育的结构不合理,与我国的产业结构不相匹配,使得高等学校培养出的管理性人才数量多,供过于求,而操作性和技术性人才的数量少,无法满足市场需求,结构性失业十分严重,致使许多专业的大学毕业生陷入"毕业即失业"的困境。以前,我国的失业登记由人力资源社会保障部门负责统计和发布,而由该部门发布的城镇登记失业率较低,受到公众质疑。近期,改由国家统计部门使用抽样调查的方法采集和公布失业率,国家统计部门公布的近几年调查失业率均为5%左右。

3. 经济发展引发的抑制犯罪的主要因素

经济发展对犯罪的影响并非都是负面的。在引发刺激犯罪因素增长的同时,经济发展也在某些方面有助于抑制犯罪因素的增长。经济发展引发的抑制犯罪的因素主要有:

(1)为提高社会保障水平创造了坚实的物质条件。每个社会个体都会面临着疾病和自然灾害等多种不同的风险以及退休养老问题。作为转移社会个体风险、增强个体的抗风险能力、解决下层阶级的基本生活水平的基本手段,社会保障对于维持社会稳定和增强社会团结具有重要意义。社会保障体系的运作需要足够的资金,对国家的财政收入具有极大的依赖性,而国家的财政收入水平与经济发展之间又具有直接的正相关关系。因此,经济发展导致的社会物质财富的增加,意味着国家的财政收入会得到同步增长或者高速增长,为完善社会保障体系和提高社会保障水平打下了坚实的物质基础。

社会保障的改善不仅为社会弱势群体提供了最基本的生活来源,有助于防止这些社会成员因为无法满足基本的生活需要而走上犯罪道路,而且为社会成员抗击疾病和自然灾害等不可预测的风险提供了经济帮助,防止了社会成员因患病和遭遇自然灾害等陷入贫困。

(2)为开展犯罪预防和矫正罪犯工作提供了物质条件。无论是犯罪预防,还是罪犯矫正,都需要耗费大量的社会资源。而经济发展所带来的国家财力的增加,为国家投入资金加强犯罪预防和罪犯矫正工作提供了可能。

综上所述,经济发展对犯罪数和犯罪率具有两种不同性质的影响。在不考虑

---

[10] [美]乔治·B.沃尔德、托马斯·J.伯纳德、杰弗里·B.斯奈普斯:《理论犯罪学》,方鹏译,中国政法大学出版社2005年版,第111~112页。

其他因素影响的条件下，当经济发展所导致的刺激犯罪增长的因素的力量，大于经济发展所导致的抑制犯罪增长的因素时，犯罪就会出现增长。反之，犯罪就会下降。因此，某个时期的经济发展与犯罪数和犯罪率之间的关系是不确定的，而两者之间的关系到底是正相关还是负相关，取决于经济发展所导致的刺激犯罪增长的因素与抑制犯罪增长的因素之间的力量对比。由于上述两种因素的力量对比，在某地区的不同时期并不相同，因此，在一个时期出现犯罪增长，而在另一个时期却出现犯罪下降，就不足为奇了。

一般来说，经济发展所导致的刺激犯罪因素的增长是肯定的和必然的。这是因为，刺激犯罪因素的增长既造成了社会结构的变化，也带来社会心理的变化，而这两者的变化都是社会深层次的变化，一旦形成就难以在短期内发生变化。相反，经济发展所导致的抑制犯罪因素的增长则是不确定的。因为，经济发展只是为改善社会保障、预防犯罪和矫正罪犯的物质条件提供了可能性，而并不具有必然性。至于经济发展是否事实上导致社会保障水平的提高和预防犯罪、矫正罪犯的物质条件的改善，则取决于政府是否具有坚定的政治意志和国民的参与程度。对比这两个方面因素的力量，不难发现，在相当长的时间内，我国的犯罪数和犯罪率会在总体上维持上升的趋势。与此同时，考虑到抑制犯罪因素增长的可能性以及刺激犯罪因素增长的有限性，除了在个别时期外，犯罪数增加和犯罪率上升的速度将是平稳和缓和的。

二、经济发展与犯罪类型、犯罪人类型

虽然经济发展本身不会直接带来犯罪类型和犯罪人类型的变化，但是随着经济增长所出现的其他社会因素的变化，会间接地对犯罪类型和犯罪人类型产生影响。例如，经济领域的不断拓展和刑事立法的深度介入会导致新的犯罪类型的出现。在市场经济的条件下，市场主体在利益最大化动机的驱动之下，会不断拓宽经济领域，而人员分工也相应地增多，致使经济活动日益复杂化。期货这种在农业时代无法想象的经济活动，在现代社会却已经成为司空见惯的经济活动形式。经济活动的复杂化要求刑事立法适度介入，以保护财产安全和经济秩序。刑事法律对经济活动的复杂化的介入主要表现为在立法上增设新的罪名，而罪名的增加又会导致犯罪类型结构的变化。与此同时，司法机关还会根据犯罪态势和民意要求，适时调整刑事执法的方向和重点，在某一时期集中从重打击某类或者某几类犯罪，使得该类或者几类犯罪的比重增大，从而带来犯罪类型和犯罪人类型的变化。

一般来说，经济发展对犯罪类型的影响主要表现为两个方面：

1. 经济犯罪和财产犯罪的比重偏大。一方面，因应经济领域的扩展和经济活动的多样化，国家加强经济犯罪立法，增设新的经济犯罪，使得经济犯罪的比重增大。另一方面，经济发展刺激部分社会成员的物欲膨胀，而有些缺乏通过制度性手段而获得预期数额的财富的人，会使用暴力、欺诈和侵占等非法手段攫取他人或者公共的财物和利益。上述两个方面因素的存在,必然导致财产犯罪和经济犯罪案件增多,两类犯罪的比重偏大。许多国家的犯罪统计都表明,财产犯罪和经济犯罪的比重通常都在80%以上。

2. 青少年犯罪人和常习犯的比重增大。青少年或处在接受教育的阶段,没有经济收入,依靠父母供养,或刚走上社会,工作业绩一般,经济收入偏低。然而,受到富裕阶层奢侈生活方式的诱惑,有些青少年对占有物质财富和消费水平抱有极高的预期。而在收入窘迫的现实与对物质财富的强烈预期之间存在的巨大落差,使部分青少年产生贪利的犯罪动机,进而实施财产犯罪或者经济犯罪。经济发展还会导致常习犯的比重偏高。具体地讲,在经济发展导致的高失业率的社会背景下,有些失业人员为了满足生活需要或者肆意挥霍,多次实施财产犯罪或者经济犯罪却未被及时查获,犯罪心理受到强化,从而形成犯罪恶习,成为常习犯。更有罪犯在出狱后受到社会排斥或者歧视,不能实现就业,为了生存而重操旧业,因多次犯罪而形成犯罪恶习。还有些犯罪人在出狱后,因受黑社会性质组织的网罗、拉拢而加入犯罪组织之中,成为职业性犯罪人。

第二节　贫富差距与犯罪

贫富差距又称为经济不平等,即“社会中拥有物质最少的人的物质水准与该社会中其他群体的物质水准之间的对比”〔11〕。贫富差距可以分为收入差距与积累差距。所谓收入差距是指某一时期的实际所得之间差距。所谓积累差距是指长期累积所形成的占有财富的数量差距。虽然收入差距是积累差距的基础,但不同于积累差距。由于支出状况、理财水平和继承财产等情况的不同,即使是收入相同的人,历经时日也会形成积累差距。累积差距的计算单位既可以是个人,也可以是家庭,还可以是阶层。最常见的积累差距是阶层和家庭的贫富差别。

市场经济发展容易产生“马太效应”,即富者愈富,而贫者愈贫,导致贫富差距持续加大。这是因为,在市场经济的条件下,除了劳动外,资本、技术和管理等生产要素也是参与收入分配的重要依据,而资本参与分配就是导致贫富差距加大的重要因素。少数人通过投资从资本市场上获得巨额的资本收益,而大部分人则无力进行投资,或者投资的数量很小,经济收入全部或者大部分来自劳动收入,收入的数额有限。因此,如果不制定和推行合理的收入调节政策,不同阶层的收入差距就

〔11〕［美］乔治·B. 沃尔德、托马斯·J. 伯纳德、杰弗里·B. 斯奈普斯:《理论犯罪学》,方鹏译,中国政法大学出版社2005年版,第121页。

会持续扩大,从而引发社会矛盾。

一、贫富差距的测量方法

贫富差距在理论上多种不同的测量方法,而被广泛使用的测量方法是洛伦兹曲线和基尼系数。

(一)洛伦兹曲线

洛伦兹曲线是20世纪初美国统计学家洛伦兹(M. E. Lorentz)根据意大利经济学家巴雷特(V. Pareto)提出的收入分配公式,绘制成的描述收入和财富分配性质的曲线。它是用来检验社会收入分配平等程度的方法(见图12-1)。

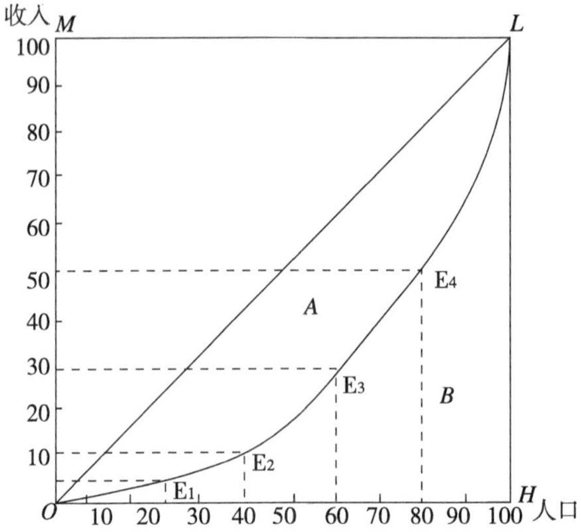

图12-1 洛伦兹曲线

洛伦兹曲线非常直观地显示了一个国家收入分配平等或不平等的状况。洛伦兹曲线图是一个正方形,正方形的底边即横轴,代表收入获得者在总人口中的百分比,正方形的左边即纵轴显示的是各个百分比人口所获得的收入的百分比。从坐标原点到正方形相应另一个顶点的对角线为均等线,即收入分配绝对平等线。收入分配绝对平等线一般是不可能出现的。在社会现实中,收入分配曲线即洛伦兹曲线会出现在均等线的右下方。如果一个国家的收入分配完全按人口平均分配,则此时该国的收入分配程度曲线就与绝对平均线,即对角线OL重合。如果某国绝大多数人口占有很少的财富和收入,而一小部分占有了绝大部分的收入,则该国的曲线就会靠近下横轴和右纵轴。弯曲程度越大,收入分配越不平等,反之亦然。在通常的情况下,一个国家的收入分配既不会是绝对平均的,也不会是绝对不平均的。将任何一个国家或地区的收入分配情况绘制成洛伦兹曲线,就可以观察分析该国家或地区分配的平均程度。[12]

（二）基尼系数

为了更准确地反映收入分配的平均程度，20世纪初意大利经济学家基尼（G. Gini）根据洛伦兹曲线，提出了衡量收入分配公平程度的指标，被称为基尼系数。

基尼系数＝A÷（A＋B）

其中A表示实际收入曲线与绝对平均线之间的面积，B表示实际收入曲线与绝对不平均线之间的面积。如果A＝0，则基尼系数＝0，表示收入绝对平均。而如果B＝0，则基尼系数＝1，表示收入绝对不平均。事实上，这两种情况通常都是不存在的。社会现实中的基尼系数一般在0和1之间取值，而系数越小，收入分配则越平均。

一般认为，当基尼系数的数值为0.2以下时，社会收入的分配差距为高度平均，在0.2～0.3为相对平均，在0.3～0.4为比较合理，在0.4～0.5则为差距偏离。当基尼系数超过0.5，则表明社会收入的分配差距悬殊。从社会安全的角度看，基尼系数在0.2～0.4时，社会是较为安全的。而0.4为警戒线，当基尼系数超过0.4时，社会就会处于不安全状态。

当前，世界各国的基尼系数的差距比较大。北欧国家、德国和日本等国家的基尼系数处于相对平均的水平，法国、英国、加拿大和澳大利亚等国的基尼系数处于比较合理的水平，美国的基尼系数处于差距偏离的水平，南美国家、非洲国家，如阿根廷、秘鲁、巴拿马和中非等的基尼系数水平则属于差距悬殊。

中国的基尼系数具有特殊性。具体地讲，受城乡二元结构的影响，中国农村地区的居民和城镇地区居民之间的收入差距极大。受此影响，我国基尼系数不能进行单一的统计，通常分为总体基尼系数、城镇基尼系数和农村基尼系数等三种不同的情况。有学者进行了研究，认为我国总体基尼系数的演变大体上分为三个阶段：1981～1984年为第一阶段，基尼系数较低，处在0.27～0.30。1985～1992年为第二阶段，基尼系数较高，处在0.3～0.4。1993～2004年为第三阶段，基尼系数为0.4以上，超过警戒水平。其中，2003年我国基尼系数达到0.4430，2004年为0.4419。[13] 我国国家统计局公布的基尼系数为：2003年为0.479，2004年为0.473，2005年为0.485，2006年为0.487，2007年为0.484，2008年为0.491，2009年为0.490，2010年为0.481，2011年为0.477，2012年为0.474。[14] 不过，该统计

---

〔12〕 参见刘丹：《基尼系数与侵财性犯罪》，载《江南社会学院学报》2000年第4期；袁卫等编著：《新编统计学教程》，经济科学出版社1999年版，第40～41页。

〔13〕 参见程永红：《改革以来全国总体基尼系数的演变及其城乡分解》，载《中国社会科学》2007年第4期。

〔14〕 参见《统计局：去年基尼系数0.474收入分配改革愈发紧迫》，载中国新闻网，http://finance.chinanews.com/cj/2013/01－18/4500444.shtml。

数据遭到多个研究机构的强烈质疑。有学者认为:“2010 年,基尼系数估计已经达到0.50 的水平。”[15]

二、贫富差距对犯罪的影响

历史经验证明,贫富差距在任何社会都无法避免。保持合理的贫富差距是社会具有活力和不断进步的条件之一。如果财富分配实行绝对平均主义,不存在贫富差距,就会挫伤社会成员的创造性和积极性。而如果贫富差距过大,则容易造成社会不同阶层的高度分化和尖锐对立。

贫富差距与犯罪存在正相关性是学界的基本共识。当贫富差距超过一定程度后,贫富差距越大,犯罪率尤其是暴力犯罪率就会越高。“在犯罪学文献中最稳固的研究结论之一,就是经济不平等和杀人罪之间存在关联。例如,一项最近的研究考察了 50 个不同的国家在 1990 年前后的数据,发现经济不平等与杀人罪之间存在紧密的关联。例如,另一项最近的研究考察了美国 50 个州在 20 世纪 90 年代初时期的持枪抢劫案和人身伤害案的发生率。该研究发现,尽管持枪暴力犯罪受到贫困和合法持枪条件制约,但是还是与经济不平等之间存在紧密的关联。”[16]

类似的研究结论在中国同样存在。中国有学者采用数学模型方法,对贫富差距对犯罪率的影响进行了分析,得出了贫富差距过大是影响犯罪率的重要因素,以及地区贫富差距和城乡贫富差距对犯罪率具有不同影响等结论。“贫富差距扩大是犯罪的重要诱因。模型中犯罪率对地区差距的偏弹性为 +0.102;对城乡差距的偏弹性,在沿海沿边地区为 1.224 -0.947 = +0.277,在其他地区为 +1.224。两个差距的扩大均会引起犯罪率明显上升。”“无论在哪类地区,城乡贫富差距对犯罪率的刺激效应都远远超过地区差距。”贫富差距对犯罪率的影响程度远远大于经济发展水平。如 GDP 增加 1%,同时两个差距均下降 1%,则沿海沿边地区和其他地区犯罪率的变化率分别为 +0.272%(算法为:-0.107% +0.102% +1.224% -0.947%)和 +1.219%(算法为:-0.107% +0.102% +1.224%)。两类地区经济发展水平与贫富差距对犯罪率的综合效应均为正。贫富差距可以把经济增长的犯罪抑制效应抵消殆尽,并继续刺激犯罪率上升。仅仅是地区差距对犯罪率的刺激效应(+1.02)几乎可以把 GDP 对犯罪率的抑制效应(-0.107)抵消掉。[17] 这一研究结论与我国的实际情况相吻合。改革开放以来,我国国民的收入差距持续扩大,而同期中国的犯罪也持续增长,两者之间呈正相关关系。

---

[15] 崔烜:《十年未公开相关资料 收入差异堪比动荡国家 中国基尼系数突破国际警戒线?》,载《时代周报》2012 年 1 月 5 日。

[16] [美]乔治·B. 沃尔德、托马斯·J. 伯纳德、杰弗里·B. 斯奈普斯:《理论犯罪学》,方鹏译,中国政法大学出版社 2005 年版,第 121 页。

[17] 参见谢旻荻、贾文:《经济因素对犯罪率影响的实证研究》,载《中国人民公安大学学报(社会科学版)》2006 年第 1 期。

贫富差距与犯罪存在相关性，主要是因为贫富差距过大，会引发社会心理失衡。如果低收入阶层与高收入阶层之间的收入差距不合理或者过大时，即便并不贫困，有些社会成员也会产生相对贫困感。他们会认为社会不公平，因而产生不满、嫉妒和怨恨等消极情绪。心理失衡的社会成员容易产生通过实施犯罪来获得自认为应得财富的补偿动机，或者通过实施暴力犯罪来报复的泄愤动机等，从而引发犯罪行为。

第三节　贫困与犯罪

一、贫困的概念

贫困通常被分为绝对贫困与相对贫困。绝对贫困，是指在特定的社会生产方式和生活方式下，个人或家庭依靠劳动所得或其他合法收入，不能满足最基本的生存需要的状态。传统意义上的贫困是指绝对贫困。相对贫困，是指一个人或家庭的收入在一定程度上低于社会平均收入水平的生活状况。相对贫困的界定依据并不是某个固定标准，而是低收入者与社会其他成员之间的收入差距。有些国家把低于平均收入40%的人口，归为相对贫困人口。世界银行专家认为，收入低于平均收入1/3的社会成员便可被视为处于相对贫困状态。[18]“二战”后，许多欧洲国家都建立起完备的社会福利制度，号称覆盖了“从婴儿到坟墓”的人生全过程。因此，绝对贫困现象在欧洲已经基本绝迹，但是，与此同时却出现了富裕社会中的相对贫困问题。

二、贫困对犯罪的影响

许多学者都研究了贫困与犯罪或者经济状况与犯罪的关系，然而，所得出的结论却见仁见智，观点严重对立。肯定说在人类社会的早期就已经出现，是近代社会的主流观点。肯定说认为，贫困是犯罪的最重要的原因。在近代社会，肯定说集中出自空想社会主义的著述。法国思想家摩莱里认为：“私有制是万恶之源，而罪恶又是绝望和极度贫困的产物。”[19]又如，法国里昂大学教授拉柯沙尼认为，对于犯罪的发生来说，社会经济状况所起的作用具有决定性意义，贫困这样的疾病制造了最大多数的犯罪人。还有些学者对贫困与犯罪的关系进行了类型化分析，认为贫困与犯罪之间的关系在不同的地区有所不同。“按照犯罪机会论的观点，经济剥

〔18〕参见金泽刚、于鹏：《贫困与犯罪问题——以农民工犯罪为视角》，载《江西公安专科学校学报》2008年第5期。

〔19〕［法］摩莱里：《自然法典》，黄建华、姜亚洲译，商务印书馆1982年版，第140页。

夺与财产犯罪的关系有两个方面:(1)经济剥夺导致社会紧张和混乱,从而增加了犯罪动机和犯罪的能力;(2)经济剥夺减少了可使盗贼得利的目标和犯罪的净收益,从而削弱了犯罪动机。按照机会饱和假说的观点,在不太贫困的地方,贫困对财产犯罪的负效应较弱,因为那里罪犯人数不多,而犯罪机会充足。如果将上述两种观点结合起来,就可以得出这样的结论:贫困对于财产犯罪的正效应在不太贫困的地区最强,在高度贫困地区最弱。"〔20〕

但是,有些学者的研究项目却得出了否定结论。早在19世纪中期,犯罪统计学派的创始人法国学者格雷就对经济条件与犯罪的关系进行了分析,认为贫困与犯罪之间的关系并不明确,因为在那些富裕的省份,盗窃的犯罪率也很高。他承认贫困对犯罪有影响,但是贫困本身并不引起犯罪,相反,引起犯罪的主要原因是犯罪机会的存在与居民的道德败坏。

在格雷之后两个多世纪里,欧美学者对贫困与犯罪之间的关系发表了数以百计的研究成果,而研究的结论同样相互矛盾。有学者研究了社会整体经济情况与犯罪之间的关系,认为犯罪与经济周期之间具有相关性。在经济低迷时期,由于有更多的人失业,贫困人口必然增多,犯罪会相应地增长,而在经济增长时期,由于失业率低以及国民收入会相应地增长,贫困人口减少,犯罪就会下降。然而,还有许多研究项目表明,在经济低迷的时期,犯罪并没有增长,甚至在有些时间段,犯罪还减少了,而在经济发展的时期,犯罪却并没有下降,在有些时间段,犯罪还出现了增长。〔21〕

有的学者认识到,贫困人口与整体的经济情况并不一致,因为在经济增长时期贫困人口并不一定会减少,而在经济低迷时期贫困人员却未必增加。为得出贫困与犯罪之间的关系的正确结论,他们主张应当计算特定时期或者特定地区的贫困人口的实际数量,以判断在贫困人口增多的时期或者地区,犯罪是否出现增长。然而,即使运用这种更准确的方法进行研究,所得出的结论仍然相互矛盾。有学者对美国最大的49个城市的贫困与犯罪问题进行了研究,发现贫困人口比例与7种重罪之间不存在关联。然而,另有学者对1940年、1950年和1960年美国的财产犯罪率与低收入家庭的比重之间的关系进行了研究,却肯定了贫困与犯罪之间的因果关系。

上述众多研究项目之所以得到不同的结论,原因主要在于贫困与其他社会因素高度地交织在一起,很难从中剥离出贫困因素,进而对贫困与犯罪之间的关系进

〔20〕［美］L. 汉农:《犯罪机会论和贫困与财产犯罪的关系》,新馨译,载《国外社会科学》2003年第1期。

〔21〕参见［美］乔治·B. 沃尔德、托马斯·J. 伯纳德、杰弗里·B. 斯奈普斯:《理论犯罪学》,方鹏译,中国政法大学出版社2005年版,第106页。

行研究。“犯罪率高的社区中通常存在许多会导致犯罪的因素——贫困、失业、高离婚率和高单亲家庭率、高人口密度、住宅破败、劣质的学校教育和其他劣质的社会服务、频繁的居民迁徙和人口流动,以及种族和少数民族的集中。其中任何一个因素或者全部因素有可能导致犯罪,但是这些因素往往都同时同地出现。”〔22〕在取样上,不可能有其他因素相同而贫困人口的比例不同的两个或者以上的地区。因此,在多种犯罪因素同时并存的条件下,如何以数学方法证明贫困与犯罪之间的相关性,是犯罪学研究的重要课题之一。

在笔者看来,研究结论不一致并不是否定贫困与犯罪之间存在关联的充足理由。在统计数据难以证明贫困与犯罪之间存在关联的条件下,还可以分析个案以判断出犯罪与贫困之间的关系。而大量的个案发生过程表明,绝对贫困是导致犯罪人实施犯罪的重要原因。2007 年 8 月 21 日,6 年前已提前退休的杨某一直处于半失业状态。在女儿考上大学后,杨家面临着严重的经济压力,无奈的杨某决定铤而走险。当抢劫成功后,被抢劫者并不富裕的情况又触动了杨某的良心。他开始后悔,并给“110”打了十几次电话,女接警员用了 6 个多小时反复劝说他自首。最终,杨某送还了所有抢劫来的现金,后被警方控制。〔23〕又如,陈某灿为给儿子治病,花完了家里所有的积蓄。他不想看着儿子等死,于是便提着菜刀冲向银行实施抢劫,后被保安人员所擒获。〔24〕在这些个案中,贫困使犯罪人陷入无法满足基本生活需要的经济困境,而又没有可以消除该困境的替代性或者救济性措施。因此,贫困是促使他们实施犯罪的重要原因。而且,如果其他人遭遇到相同的困境,实施犯罪的可能性也并不能排除。

犯罪学理论和实证研究都已经证实,相对贫困也是引发犯罪的重要原因,不过其导致犯罪的发生机制却与绝对贫困有所不同。在相对贫困引发犯罪的过程中,挫折感是重要的中介因素。也就是说,某些陷入相对贫困的个体或者群体对社会产生了不信任感,对既得利益群体抱有不满和怨恨等不良情绪,以致实施犯罪。相对贫困导致犯罪的发生机制大体上分为三种不同的情况:陷入相对贫困的个体或者群体为发泄不良情绪而实施犯罪,或者与贪婪、享乐和虚荣等消极动机相结合,促使犯罪人实施犯罪,或者与补偿动机相结合而实施犯罪。

---

〔22〕[美]乔治·B. 沃尔德、托马斯·J. 伯纳德、杰弗里·B. 斯奈普斯:《理论犯罪学》,方鹏译,中国政法大学出版社 2005 年版,第 119 页。

〔23〕参见周明杰、徐伟:《劫匪作案后打 110 称后悔 女接警员 6 小时劝其自首》,载《北京晚报》2007 年 8 月 23 日,第 7 版。

〔24〕参见《“就连抢劫我都没敢大声喊”:对话为救幼子抢银行入狱的 90 后父亲》,载《大河报》2013 年 9 月 14 日,第 A14 版。

第十三章　犯罪的文化因素

第一节　犯罪的文化因素概述

关于什么是文化，在理论上存有严重的争议。据不完全统计，文化的定义至少有百余种之多。一般认为，文化是人类在社会发展过程中所创造的一切物质文明和精神文明的总和。文化被文化学、人类学和社会学等多个学科所关注，这些学科分别从不同的角度研究文化现象。而关于文化的结构，在理论上也没有达成共识。有代表性的观点主要有认为文化由物质文化和精神文化所构成的“二层次说”，认为文化由物质文化、制度文化和精神文化所构成的“三层次说”，认为文化由物质文化、制度文化、风俗习惯文化、思想与价值文化所构成的“四层次说”，以及认为文化由物质文化、社会关系文化、精神文化、艺术文化、语言符号文化和风俗习惯文化所构成的“六大系统说”等观点。[1] 在这些学说之中，三层次说居于主流的地位。三层次说认为，文化由三个不同的层次所构成：其一，表层的物质文化，即人类对自然界的各种物质进行加工而形成的各种器物，属于文化的物的层次。其二，中层的制度文化，即人类在社会实践中建立起来的各种社会规范构成的制度文化和科学技术（包括自然科学、社会科学和人文科学），属于文化的制度层面。其三，核心层的精神文化，即文化心理方面的价值观念、思维方式、审美趣味、道德情操、宗教情感和民族性格等，属于文化的深层结构。

作为复杂的社会现象，文化可以从不同的角度加以分类。根据诞生的地域来，文化分为本土文化与外来文化。所谓本土文化是指本土自然地形成的文化。所谓外来文化是指文化诞生的地域为异域而向本土传播的文化。根据形成的时间，文化分为传统文化与现代文化。传统文化是指形成于古代和近代的文化，现代文化则是诞生于现代的文化。根据价值倾向的数量，文化可以分为多元文化和一元文化。多元文化是指由多种在根本价值倾向上相异的文化所构成的整体。一元文化

---

〔1〕 参见刘跃进：《文化就是社会化——广义“文化”概念的逻辑批判》，载《北方论丛》1999年第3期。

则是由具有同一种根本价值倾向的多个子系统构成的文化整体。在现代社会中，纯粹的一元文化是不多见的。

一、犯罪的文化因素的内涵

犯罪学研究文化的目的在于确定引发犯罪的文化因素，揭示犯罪的文化因素引发犯罪的作用机制，并作为制定预防犯罪的文化对策的理论依据。犯罪的文化因素主要存在于核心层文化，即精神文化。在表层的物质文化中既有文化的部分又有物的部分，作为物的部分，表层的物质文化通常具有经济价值，是犯罪的经济因素的组成部分，而作为文化的部分，它不过是精神文化的外在体现，没有进行独立研究的必要。中层文化中的制度文化，作为犯罪的法律因素得到研究，而作为中层文化的科学技术与犯罪之间的联系并不密切，研究的意义不大。

作为人类社会在漫长的发展过程中逐渐积淀下来的核心文化，精神文化确立了社会的价值体系和行为模式，为判断什么是有价值的，什么是无价值的，以及应当依据何种规则来实现价值目标等提供了标准。精神文化主要有两个方面的功能：其一，引导社会成员的行为。包含价值观念和道德规范的精神文化，确立了主流社会所认可的人生价值目标、努力方向和行为准则，引导社会成员根据精神文化的要求，规范自己的行为、处理人际关系和开展社会活动。因此，精神文化具有促进社会成员形成共同的价值观和行为模式的作用。其二，为评价社会成员的行为提供了判断标准。精神文化所确立的价值目标和道德规则，为评判社会成员的行为有无价值和是非善恶提供了判断标准。

文化对每个社会成员的价值观和行为模式都具有深刻的影响。身处某种精神文化背景下的任何个体，从小就受到周遭的亲友和邻居等人的言行举止的影响，耳濡目染，而这些人的价值观和行为模式也会潜移默化地影响到与之接触的个体。"他天生具有接受和选择关于自身以及与其他人关系的知识的生物禀赋。他一旦与社会接触，就开始了一生漫长的适应过程，在此过程中，经由教导和训诫，他汲取和接受了各种正式和非正式传播而来的观念。"〔2〕每个个体的思维方式和行为模式是在社会生活中逐渐形成的。当然，在人生的不同成长阶段，社会生活的影响程度会有所不同。精神文化的存在，对身处其中的社会成员具有巨大的影响力和无形的约束力。如果有人胆敢违背文化的要求，他就会承受巨大的社会压力，还有可能为此付出沉重的代价。

二、犯罪的文化因素与犯罪

犯罪的文化原因是指存在于犯罪人之外、引发犯罪人实施犯罪的文化因素。文化现象大部分都是社会文明进步的表现和阶梯，具有进步意义。如果人类没有

---

〔2〕［英］布罗尼斯拉夫·马林诺夫斯基、［美］索尔斯坦·塞林：《犯罪：社会与文化》，么志龙等译，广西师范大学出版社2003年版，第103页。

创造出各种形态并不断演化和发展，人类社会的形态也许如同猴群。只有少量的文化因素才有可能引发犯罪，而具有引发犯罪的作用的文化因素才是犯罪的文化原因。相对于其他的犯罪原因，犯罪的文化原因具有三个基本特征：(1)精神性。犯罪的文化原因存在于核心层的精神文化之中，不包括表层和中层的文化。(2)先在性。文化虽然是人类创造的成果，但是对于单个的社会成员而言，它总是先于并独立于个人而存在的。已然存在的文化作为重要的社会环境因素，必然会以各种途径对新出生的个体产生影响，塑造共同体成员的价值观和行为模式。(3)致罪性。犯罪的文化原因具有引发犯罪的作用，不具有引发犯罪的作用的文化不是犯罪的文化原因。

一般来说，犯罪的文化原因引发犯罪有两种不同的发生机制：(1)诱导机制。文化影响个体对某种需要的意义的认知和评价，当某种文化因素对犯罪动机具有肯定作用时，就会对犯罪动机的形成具有重要的促进作用。(2)支持机制。在犯罪动机出现后，是否决意实施犯罪行为，犯罪人会从文化中寻找正当性根据，当某种文化因素对犯罪决意具有肯定作用时，就会助益犯罪决意的形成。而在犯罪后，犯罪人还会从文化中找出正当性根据，以剔除对犯罪的罪孽感而达成心理平衡。

（一）理论争议

我国有些学者对文化因素对犯罪的作用进行了研究，所得出的研究结论多为自说自话，并没有形成理论争鸣。有学者将文化对犯罪的作用与文化冲突对犯罪的作用相区别，并认为文化对犯罪的作用具体表现在以下三个方面：(1)文化能直接影响犯罪观。“对犯罪的理解，实际上是一种文化上的评价。文化不同，评价的标准就不一样，导致评价结果必然有差异。”(2)文化能直接诱发犯罪发生。文化不仅是人类历史经验的贮藏室，而且能对历史经验进行交流和复制，使信息传递突破时间和空间的限制，超出个人经验的范围，把社会的过去、现在和将来，把直接经验和间接经验都联系在一起。文化的这种信息功能，使犯罪人可从中获取任何其所必需的信息，即使是主文化也能满足犯罪人的这种需求。因为即使好的信息，不同的人出于不同的动机和目的，也能对其产生截然不同的反应，因而产生不同的行为后果。由于文化本身具有信息的丰富性，信息接受者又具有多样性，因而会在信息接受者中引起良性和恶性不同的反应，恶性反应将导致犯罪的发生，决不能认为主文化是与犯罪没有任何关系的文化。亚文化与犯罪文化不是一回事，但由于亚文化与主文化的方向是相偏离的，因而它与犯罪有着更为密切的关系。我国的传统文化有许多值得世代发扬的好东西，弱化了动物性，起着抑制犯罪或控制犯罪的作用。但我国传统文化中还有一些腐朽的东西，如封建特权思想等。有封建特权思想的人，以我为中心，私欲恶性膨胀，动物自私性的极度强化，走向犯罪是必然的。(3)文化能直接促进犯罪手段发展。无论是过去还是现在，犯罪手段从来都是随着文化的进步而不断发生变化的。在现代社会，文化促进犯罪手段翻新呈现快速性的特点,这与文化传播的快速性是密切联系的。[3]

另有学者将文化对犯罪的作用分为文化冲突对犯罪的作用与亚文化对犯罪的作用两个方面。并且,还将文化冲突的原因归结为文化变迁、文化传播与国民性等三种不同的情况。有学者认为,文化变迁与犯罪现象存在密切的联系。其一,文化变迁导致文化冲突,进而导致犯罪。其二,文化—社会变迁会导致某些时空的社会失控,从而导致犯罪。关于文化传播与犯罪的关系,有学者认为,"文化传播必然导致不同文化特质间的碰撞、冲突与调适,造成文化与社会的变迁甚或动荡。……这时,基于价值取向和评判标准的差异,便极易导致行为的失范"。

在笔者看来,前一种观点将文化对犯罪的作用与文化冲突对犯罪的作用相分立,并不妥当。文化冲突是文化现象的组成部分,因而文化冲突对犯罪的作用显然应当包含于文化对犯罪的作用之中。而第二种观点将文化冲突的原因归结为文化变迁、文化传播和国民性等三种情况,也有待商榷。首先,将国民性定义为造成文化冲突的原因之一,并不符合事实。既然国民性是"某一文化类型烙于其整个民族的性格外观",就只应当是某种文化的外在体现,而不是造成文化冲突的原因。其次,第二种观点关于文化冲突的原因的论断,也不周延。造成文化冲突的原因除了文化变迁、文化传播之外,最为常见的原因是移民。受某种文化类型影响的个体移居于另一种文化环境之中,原有文化类型所确立的行为规范必然会与移入环境中的文化类型所确立的行为规范不相一致,从而引发文化冲突。

(二)文化因素对犯罪的影响

笔者认为,文化对犯罪的影响分为两个不同的层面:其一,犯罪的文化原因对犯罪的总体作用。它主要是研究全部的犯罪文化原因对犯罪所造成的整体影响。其二,不同的文化原因对犯罪的影响。不同的犯罪的文化原因对犯罪具有不同的作用。

1. 文化对犯罪的总体作用主要表现为两个方面:

(1)犯罪的文化原因影响犯罪状况。主文化所倡导的价值观和行为规则塑造了社会成员的思维方式和行为模式,从而对犯罪数和犯罪率等产生影响。1996年,日本的犯罪率(以10万人为单位)"除去交通业务过失以外是1440,这只不过是欧美发达国家的数分之一。同年,美国的犯罪率是5079,英国是9360,法国和德国的情况与此类似。"相近的政治体制和经济发展水平的国家的犯罪率为何存在如此重大的区别呢?有学者将其归结于日本"'知廉耻、重名誉的精神和传统'和'对于重视对立相克的彼此敌对而言,更尊重体谅与和谐的价值观。"[4]相反,西

[3] 参见李锡海:《论犯罪发生的文化原因》,载《法学论坛》2007年第2期。

[4] [日]森本益之等:《刑事政策学》,戴波、江溯、丁婕译,中国人民公安大学出版社2004年版,第35页。

方文化以个人主义为本位，重视个人利益和个人价值，在与他人和团体利益不一致或者利益得不到满足时，西方文化多倡导以积极冲突的方式保护个人利益，因而容易引发作为冲突的重要方式的犯罪。此外，文化冲突和亚文化的状况也会影响犯罪状况。文化冲突越严重的地域和时间，犯罪状况必然严峻，而文化冲突缓和的地区和时候，犯罪状况必然了缓和。而亚文化的数量及与主文化的冲突程度，也会对犯罪状况产生重要影响。亚文化越多，亚文化与主文化的冲突程度越严重，犯罪状况必然严重。

（2）文化影响着犯罪结构和犯罪人结构。这是因为，文化所倡导的价值观对刑法保护的客体具有重要影响，它决定着何种社会关系应当受到刑法保护以及受到何种程度的保护；受文化影响的执法者也对刑法保护的社会关系具有某种特定的倾向；受不同文化影响的犯罪人对犯罪种类的选择也具有不同的特点。因此，文化会影响犯罪的结构，在受不同性质文化影响的国家或者地区，犯罪结构有着不同的特点。中国传统文化是以儒学为主干、以道教、佛教为辅翼而构成的复合型文化，其特点是重视世俗生活的意义和道德的价值，家庭在中国文化中居于中心地位。受中国传统文化的影响，中国古代刑法特别重视打击侵犯皇族和伦理秩序的犯罪。唐律中的十恶是最为严重的犯罪，包括谋反、谋大逆、谋叛、恶逆、不道、大不敬、不孝、不睦、不义和内乱等，都是侵犯皇族和伦理秩序的犯罪。欧洲早期刑法虽有侵犯皇族的犯罪的规定，但惩罚的力度显然不及古代的中国，且无所谓的“不孝”犯罪。在现代社会，不同国家刑法中的犯罪圈不完全相同，重要原因之一仍是不同国家的文化传统的差异。例如，在中国，拐卖妇女、儿童犯罪十分严重，在西方国家很少发生。这是因为，中国文化以家庭为中心，重视家庭的传承，致使存在单身男性收买妇女为妻和不育夫妻收买儿童为子女的社会需要，从而引发拐卖妇女、儿童的犯罪。

2. 文化类型对犯罪人类型也会产生一定的影响。例如，在许多西方国家，女性犯罪的比重高达15%左右，而中国女性犯罪的比重则远远低于这一数值。这是因为，在中国传统文化中，女性附属于男性和家庭，贤良淑德是女性品行的伦理假设，因而受传统文化影响的中国女性在与他人发生矛盾时多会选择退让或者忍受，从而减少了与他人发生冲突或者实施犯罪的概率。

犯罪的文化原因种类繁多，而不同的犯罪文化原因引发犯罪的机制和表现形式并不相同，因而有必要对不同的犯罪文化原因作具体的分析。在犯罪学的视野中，当前受到关注的犯罪的文化原因主要是文化冲突和犯罪亚文化。

第二节　犯罪亚文化与犯罪

一、犯罪亚文化概述

(一)犯罪亚文化的概念

犯罪亚文化是亚文化的类型之一。亚文化是指在社会某些群体中存在的不同于主文化的价值观念和行为模式。亚文化可能因职业、社会阶层、年龄、地域等因素的不同而形成,具有多种不同的类型。实际上,一个社会不可能只存在主文化,相反,任何社会的文化都是由主文化与多种不同的亚文化所构成的复合体。而社会成员的文化观念也往往是主文化与某种或者几种亚文化的不同组合。

无论是人类社会的早期还是现代社会,社会必然发生分化。在人类社会的早期,社会分化的程度不高,社会阶层的数量较少。而在当今社会,受劳动分工的复杂化和社会管理强化等因素的影响,社会分化极为严重,因地域、民族、年龄和宗教等因素不同而分化成许多社会阶层和社会群体。各个社会阶层和社会群体在长期的生活中逐渐形成了各自的亚文化,如企业亚文化、大学生群体的校园亚文化、青少年亚文化、同性恋亚文化、官场亚文化、商业亚文化、监狱亚文化、民族民俗亚文化、农民工群体的农民工亚文化等。[5] 不同的亚文化往往有不同的行为方式和文化符号,如无赖青年、嬉皮士、足球流氓、光头仔和朋克等各种青年亚文化,都有着各自不同的音乐、时装、舞蹈和语言等。由于亚文化是一种对立文化或反文化,往往容易导致违法犯罪行为,因此,亚文化有时与犯罪联系在一起,以致有了“犯罪亚文化”现象。

在亚文化之中,犯罪亚文化是亚文化中的极端形式。所谓犯罪亚文化一般是指为违法犯罪集团所信奉和遵循的、与主流文化相反的价值观和行为模式的总称。最早从文化的角度解释犯罪的理论流派是20世纪前期的美国芝加哥学派,该学派的代表人物克利福德·肖和亨利·麦凯比较了1900～1906年与1917～1923年的美国犯罪统计资料,发现了在青少年犯罪的多发地区,维持着较高的犯罪率,进而推论,在该地区存在反社会的价值体系,并通过与个人和团体的直接接触而得以传播。该研究成果揭示了文化传播对人类行为的影响。随后,美国犯罪学家科恩深入地研究了犯罪的文化问题,创立了犯罪亚文化理论。他认为,下层阶级的青少年在竞争中处于不利地位,其提升社会地位的努力受到以上层阶层为代表的传统社

---

〔5〕 参见单勇、侯银萍:《犯罪的文化冲突论——基于中国转型社会的分析》,载《法制与社会发展》2008年第2期。

会的排斥，因而产生了挫败感，对传统文化持有敌对的感情，进而结成自己的团伙，逐渐地形成了与主文化相背离的特殊的亚文化。犯罪亚文化的价值观和行为模式不同于传统文化，因而接受和信奉犯罪亚文化的青少年必然实施犯罪。

（二）犯罪亚文化的基本特点

犯罪亚文化具有以下三个基本特点：

1. 反社会性。犯罪亚文化内涵错误的价值取向和不良的行为模式，与主文化相冲突。接受亚文化的群体实施的行为，必然与反映主文化的行为规范相冲突，并侵犯社会秩序和社会利益。

2. 仅存在于某个阶层或者群体之间。主文化是主流社会所认可、信仰和遵从，并经主流社会的推崇而广为传播的文化。亚文化因为存在的阶层、民族、宗教、地域、历史、年龄等因素的差异，而分别存在于不同的阶层或者群体中。而犯罪亚文化则流行于犯罪群体或者潜在的犯罪群体之中，如黑社会性质组织、恐怖犯罪组织、卖淫群体和吸毒群体等。〔6〕

3. 与主流文化之间的关联性。亚文化虽然与主文化存在矛盾，但是这并不意味着两者是完全对立的。不同性质的主文化之间是相互对立的，与一种主文化对立的文化是另一种主文化，如东方的儒家文化与西方的基督教文化。而亚文化与主文化却不是简单的对立关系。毋庸置疑，亚文化与主文化之间都存在这样或者那样的差异，是对主文化的某些部分的背离或者补充，然而，也必须肯定，亚文化又与主文化之间都存在密切的内在联系。这种联系表现为某种亚文化一定是对某种主文化的反抗，两者之间具有对应的关系，因而没有脱离主文化而存在的亚文化，主文化是亚文化的母文化，并且，亚文化所倡导的价值观、行为模式与主文化并不完全对立，其中的有些部分与主文化相同或者相近。例如，在中国古代社会和近代社会，中国的主流文化是儒家文化，而帮伙文化则是亚文化。儒家文化倡导仁爱、中庸、和谐等价值与“温良恭俭让”的行为模式，而帮伙文化则推崇功利的价值观与拉帮结伙、党同伐异、利益至上和权谋算计等行为模式，因此，两种文化在价值观和行为模式上存在重大的区别。然而，帮伙文化也奉行孝道和忠义等儒家文化的行为规范，与儒家文化之间存在重要的联系。《水浒》中的李逵在上了梁山后，冒着被官府缉拿的风险返回家中背母亲上山赡养，而梁山好汉聚会的场所则被称为“聚义厅”，这些情节都表明了帮伙文化中包括孝道和忠义。

犯罪亚文化受到不同国家的历史和国情的影响，有着多种不同的表现形式。

---

〔6〕 参见单勇、侯银萍：《犯罪的文化冲突论——基于中国转型社会的分析》，载《法制与社会发展》2008年第2期。

中国最为典型的犯罪亚文化是帮伙文化。[7] 帮伙文化，也有学者称为游民文化，它是支撑我国古代社会土匪群体的主要精神支柱。在我国古代社会的许多地方，大量的土匪相互勾结，呼啸聚集，盘踞于密林高山之间，打家劫舍，烧杀抢掠。虽有官府倾力围剿，但土匪现象长期不灭。土匪现象之所以长期存在，除与政治黑暗和官吏腐败有关之外，帮伙文化的广泛传播和得到一定程度的社会认同也是其中的重要因素。许多土匪干着杀人越货的勾当，却还能踌躇满志，洋洋自得，就是因为这些人信仰帮伙文化，以"绿林好汉"之美誉自居，认为自己作恶是"替天行道"。有些社会成员还因不满黑暗的政治现实，对土匪抱有同情心理，与土匪之间保持着秘密交往，并对土匪活动提供了某种支持。

二、犯罪亚文化对犯罪的影响

一般认为，受亚文化影响的群体或者个体，接受了亚文化的价值观和行为模式，其行为必然与主文化之间产生冲突，因违反体现主文化的法律而被视为犯罪。事实上，许多犯罪都是主文化与犯罪亚文化相冲突的产物。

我国有学者进一步深入研究了亚文化引发犯罪的机制，认为亚文化具有反社会功能、同化功能和自卫功能。所谓反社会功能是指"鼓励、教唆犯罪亚群体悖逆、对抗和否定社会主文化所确定的社会共同价值和规则的作用"，所谓同化功能是指亚文化给予罪犯亚群体以集体认同感和心理归属感，使罪犯亚群体得以维系并团结一致对外的心理纽带和精神支柱。所谓自卫功能是指亚文化为罪犯亚群体提供抗拒主文化、避免价值与信念的冲突和人格分裂的勇气。该观点具体地探讨了亚文化如何影响犯罪的具体途径，具有积极意义。但是，该观点也存在值得商榷的地方。其一，将反社会性界定为亚文化的功能，有欠妥当。作为亚文化的重要特性，反社会性是亚文化具有引发犯罪的作用的基础，与亚文化的功能是两个不同层次的现象，不应当被视为亚文化的功能。其二，所谓亚文化的自卫功能，并不准确。自卫是针对外界的攻击而进行的反击，具有保护行为人的合法权益的作用，因而是积极的。而亚文化为犯罪亚群体提供的排斥与消解主文化和心理支持，则完全是消极性的，难以定义为自卫。

笔者认为，亚文化引发犯罪主要有三种不同的途径，或者具有三种功能。

1. 消解、削弱主文化的积极功能。任何社会的主文化都具有引领社会积极向善和追求进步的作用，也是促进社会稳定和谐的精神基础。由于亚文化所倡导的价值观和行为规则不同于主文化，亚文化的传播必然会抵消主文化的社会影响力，阻碍主文化的行为引导功能和价值评判功能。在亚文化流行的阶层和群体之中，主文化往往被有意识地否定或者无意地忽视，这些阶层成员或者群体中的个体排

---

〔7〕 参见汪力：《论江湖义气在黑社会性质组织中的影响》，载《西南大学学报（社会科学版）》2010 年第 2 期。

斥主文化,主文化的价值观和行为模式在这些阶层或者群体中被抛弃。在黑社会组织中,主文化所倡导的友爱、宽容与和谐等重要的价值观都没有立足之地,相反该组织的成员信奉的是金钱至上观和江湖义气。黑社会组织往往通过有组织的暴力加害和掠夺无辜的民众,攫取巨额的经济利益。例如,黑社会性质组织“狼狗队”共有41名成员,他们都非常年轻,大部分是1985年后出生,其中10多名成员未成年,最小的一名年仅17岁。短短3年内,该组织大肆聚众斗殴、寻衅滋事、故意伤害、非法持有枪支和非法拘禁等,涉案达36起之多。该黑社会性质组织的成员之所以加入,就是因为该组织盛行犯罪亚文化。“‘我家里穷,自己又没有一技之长,听朋友说,加入这个组织很容易发财,经过他的介绍,我就进去了,后来发现来钱真的很快,在组织里,有吃有喝,蛮好……’金某这样讲述自己当初加入涉黑组织的原因。”[8]该组织奉行金钱至上、江湖义气等帮伙文化,吸引了众多的成员加入其中,致使组织的规模日趋庞大。

2. 为犯罪组织的形成和存在提供心理支持。犯罪组织及其活动违背主文化,犯罪团伙成员对此心知肚明。首要分子要组建、领导或者控制犯罪组织,就必须找到他所认为的正当理由并加以宣扬,吸引他人参加,而亚文化在许多情况下承载了此种功能。

犯罪亚文化是首要分子网罗、吸收和控制犯罪群体成员的重要手段。一些个体在社会竞争中产生挫败感后,会对主文化产生失望和排斥等消极情绪。为了逃避挫败感,这些人会寻找犯罪亚文化以证明自我和肯定自我。当然,还有些社会个体是因为某种偶然原因而与犯罪群体成员交往,受其影响而接受了犯罪亚文化,从而加入犯罪组织。

犯罪亚文化也是维系犯罪组织的存在的精神基础。在犯罪组织内部,犯罪亚文化是所有犯罪组织成员的共同特征和身份标志。正是对犯罪亚文化的信奉,犯罪组织成员才会产生身份认同,进而促进了犯罪组织成员的稳定。而且,犯罪亚文化也是犯罪组织对成员进行控制的重要手段。犯罪亚文化是在抗衡主流社会中产生的,被主流社会所排斥和抑制。为了不被主流社会所知晓和清除,犯罪组织往往会通过制定帮规和纪律等方法,对犯罪组织及其活动加以掩盖,切断了犯罪组织与主流社会之间的信息交流,从而强化了该群体的封闭性,更利于首要分子对犯罪组织成员的控制。

因此,犯罪亚文化是组建犯罪组织和进行犯罪活动的精神基础。清末民国时期,在我国东北地区长期匪患不绝,而帮伙文化是维系土匪组织及其犯罪活动的精神支柱。“‘替天行道’和‘杀富济贫’是东北大土匪组织所标榜的两面旗帜。当他

---

〔8〕 朱韶蓁等:《乐清黑帮“狼狗队”昨受审少年为何坠入“狼狗队”》,载《钱江晚报》2008年7月22日。

们的队伍出行时，总是以这两面旗帜做先导。这两句口号可以说是东北土匪的道德观。有一个土匪首领曾非常自豪地对我说：他的队伍为老百姓做了不少好事，老百姓送给他一块匾表示对他的敬仰。"[9]有学者指出，"帮会所以久聚不散，是因维系于一种强有力的传统观念'义'。清帮流行两句话'铁树不开花，安清不分家'，把入会视为'义结金兰'。可见帮会的传统观念中是重义气的。在早期的帮会中，义气内容反映下层群众的互助观。清帮原本是漕运水手的秘密互助，按帮规，帮徒穷困，老头子应当救济；老头子有难，各帮徒须救助供养；同帮兄弟也须相互救济"[10]。当然，在土匪组织中，帮会义气只是对帮内人而言的，对帮外人则不仅无义气可言，而且还可能是被土匪杀戮和掠夺的对象。

3. 为犯罪人参与和实施犯罪提供心理支持。犯罪侵害他人的生命、健康、财产或者社会秩序，受到主文化的禁止。亚文化内含的价值观和行为模式的某些部分区别于主文化，会被犯罪人用来消除心理障碍和罪恶感，提供心理支持。许多犯罪人参与群体斗殴而毫无悔意，甚至理直气壮，就是因为其将斗殴的原因归之于"为朋友两肋插刀"的"江湖义气"，以清除心理上的负罪感。以刘汉和刘维为首的黑社会性质组织盘踞四川省广汉、绵阳、什邡等地十余年，成员多达三十余人、涉案总人数近百人。该犯罪组织长期为非作恶，欺压、残害群众，该组织规模之大、为祸之深和影响之广均属罕见。然而，在法庭审理过程中，被告人刘某不仅没有对犯罪组织的犯罪活动所造成的严重后果表现出悔意，反而辩称："我大哥评价我，说我江湖义气太重。我自己也辩解不了什么，是江湖义气太重造成了我今天这样。谢谢审判长。"[11]在刘某的心中，他为非作歹是为了江湖义气，而不是为了个人私利，因而无须自责。

犯罪亚文化的影响范围以及与主文化的冲突程度，对犯罪状况具有重大影响。犯罪亚文化传播的范围越大，社会成员受到的影响越深，犯罪状况就会越严重。相反，如果犯罪亚文化的传播范围不大，犯罪状况也会较为缓和。另外，不同的犯罪亚文化与主文化的冲突程度并不相同，而与主文化冲突严重的犯罪亚文化，引发犯罪的原因力就越强。而如果犯罪亚文化既与主文化冲突严重，传播的范围又很广，犯罪状况无疑会更加严峻。

自改革开放以来，我国的黑社会性质组织和犯罪团伙持续增多，贪污、受贿和挪用公款等贪利性职务犯罪居高不下，究其文化原因，与帮伙文化和官本位文化等亚文化密不可分。

---

〔9〕严景耀：《中国的犯罪问题与社会变迁的关系》，北京大学出版社1986年版，第192~193页。

〔10〕刘尚煜主编：《黑社会犯罪与对策》，群众出版社1997年版，第215页。

〔11〕湖北日报报道组：《"江湖义气太重造成了我今天这样"》，载《楚天都市报》2014年4月16日，第2版。

第三节 文化冲突与犯罪

一、文化冲突的概念

文化冲突是指不同文化的相互对立与否定，其实质是不同文化的价值观和行为规范相互冲突。引发文化冲突的原因是多方面的，而移民是最为常见的原因。全球化是当今社会势不可挡的历史潮流，民众会因求学、经商和参加公务活动等而迁徙到其他地区，置身于异质的文化环境之中。远在异乡的人身上已经内化的原有文化与新环境中的异质文化不可避免地存在矛盾，从而产生文化冲突。一般认为，文化冲突表现为两种情况：其一，异质文化之间的冲突。著名的美国犯罪学家塞林称之为“基本的文化冲突”。世界上存在多种基本性质差异的文化类型，不同类型的文化之间必然发生冲突。其二，同质文化的内部冲突。即主文化与亚文化、不同亚文化之间的冲突，也称为“次级的文化冲突”。任何社会在存在主文化的同时，也会存在多种不同的亚文化，它们属于同一类型，相互之间也会产生冲突。

文化冲突引发犯罪的机制并未引起学界的广泛关注，仅有少数学者研究了该问题。有代表性的观点主要有：

规范冲突说。有学者将文化冲突引发犯罪的机制归结为规范意义上的文化冲突。他认为：“文化冲突之所以成为犯罪的重要原因，关键就在于日益尖锐的文化冲突最终必将导致行为规范冲突的基本规律。发生在规范意义上的文化冲突，往往会造成两种截然不同的行为方式。其中，与主体文化相对立的行为方式，一方面受到冲突一方的认可，另一方面又受到主体文化中行为规范的制约。制约的强度越高，反制约的力度就越大，犯罪就产生于这种制约与反制约的相互作用的过程之中。总之，文化冲突与犯罪形成的关系，归根到底就是冲突双方在规范意义上的尖锐对立。”[12]该观点对文化冲突引发犯罪的机制的阐述，只是看到了文化冲突对犯罪发生的影响，忽略了文化冲突对犯罪预防的影响，因而是不全面的。

三机制说。有学者深入地分析了文化冲突导致犯罪的机制，认为它表现为以下三个方面：其一，文化冲突能导致行为规范上的冲突。行为主体对待文化上的不同选择，导致规范意义上的文化冲突。其二，文化冲突能促使犯罪心理的形成。文化冲突的加剧，会导致一些人产生多种不良心态，而在一定的条件下，这些不良心态就会转化为犯罪心理，进而实施犯罪行为。其三，文化冲突能弱化犯罪控制。无论法律、制度的外在控制还是道德、价值观的内在控制，都是社会文化的组成部分，

---

〔12〕 张筱薇：《论文化冲突与犯罪》，载《现代法学》1995 年第 4 期。

都与社会文化不可分割地联系在一起。转型期激烈的文化冲突使这两个方面的控制都遭到弱化,因而使社会陷入失范状态,犯罪大幅度上升就成为必然的现象。文化冲突之所以能弱化法律控制,在于它造成了价值选择的迷茫。文化冲突之所以又能弱化道德控制,在于它造成了人格崇拜的迷茫。[13]

笔者认为,三机制说深入地探讨了文化冲突引发犯罪的机制,有助于深化对犯罪原因的认识,具有积极意义。然而,其中的所谓文化冲突促使犯罪心理形成的观点,仍有待商榷。该观点既没有论证文化冲突为何能够引发犯罪心理,也没有具体地阐明文化冲突如何引发不良心态,进而转化为犯罪心理。事实上,文化冲突表现为不同文化在价值观与行为规范上的冲突,这种冲突与犯罪心理之间并没有必然的内在联系,不可能引发犯罪动机。文化冲突只会带来价值观和行为规范的冲突,也就是说,异质文化有可能与反映主文化的所在地的行为规范(包括法律)相矛盾,接受异质文化的人的行为会触犯法律而成为犯罪。文化冲突引发犯罪的过程与犯罪心理之间并不存在引起与被引起的关系。一般认为,犯罪心理的发生机制表现为需要被诱发为犯罪意向,进而形成犯罪动机和犯罪目的,并最终形成犯罪决意。因此,在犯罪心理的形成机制中,文化冲突并不是其中的必要环节,也不是某个环节中的因素。

笔者认为,文化冲突导致犯罪的发生机制主要表现为规范意义上的文化冲突与犯罪控制上的文化冲突。规范意义上的文化冲突在规范冲突说中已经得到了较为清晰的阐述,而在犯罪控制上的文化冲突的作用机制有待于补足:其一,文化冲突减弱了犯罪控制的效果。严格执法和公正司法是对犯罪进行外在控制的必要条件。然而,文化冲突的存在,使许多社会成员接受了与主文化相矛盾的其他文化。当有权力或者有影响力的人也接受了亚文化等,就会对执法和司法进行干扰和阻挠,使罪犯逃脱公正的惩罚,削弱了惩罚犯罪和矫正罪犯的功能。而且,对执法和司法进行干扰和阻挠还会使法律的公信力和权威性受到损害,社会成员无从培养起对法律的信仰。其二,文化冲突造成价值观和道德观的迷失,道德规制的力量削弱。在多种文化并存的社会条件下,如果主文化没有得到社会的广泛遵从,就容易造成社会成员在信仰和坚守何种价值观和道德观上出现迷茫,善恶的界限、是非的标准模糊不清,从而引发道德虚无主义和道德相对主义思潮,引发道德防线的崩溃,进而导致犯罪的增长。

二、文化冲突引发犯罪机制的展开

依据冲突文化的构成,文化冲突分为历时性文化冲突与同时性文化冲突等两

---

〔13〕 参见贺曙敏、李锡海:《论文化冲突与犯罪》,载《山东大学学报(哲学社会科学版)》2008 年第 6 期。

种不同类型。根据文化冲突存在的场合,文化冲突可以分为外在文化冲突和内在文化冲突。

历时性文化冲突,是指在不同时期的文化之间的冲突。文化是变动性和持久性的统一体。一方面,一种文化会因应社会的变化而不断地催生出新的内涵。没有一种文化一经诞生就永恒不变。我国古代儒家文化的发展就经历了先秦时期、汉代和宋明时期等不同发展时期,而后期的儒学都对前期的儒家思想作了不同的阐释和发展。另一方面,文化又具有持久性。有生命力的文化一旦诞生,经过思想家的阐发、广泛的传播和受众的接受,就会深入到社会之中成为深层的社会结构的组成部分,延续相当长的时间而不会轻易消失。文化的持久性决定了传统文化并不会在现代社会生活中完全消失。任何社会中都同时存在传统文化与现代文化,而生活在其中的社会成员都会或多或少地接受这两种不同性质的文化。当社会成员背离当下的主流文化,依据传统文化进行社会活动时,其行为必然与反映现代文化的法律规范相冲突,而严重的冲突就会引发犯罪。

引发历时性文化冲突的原因主要是社会变迁。所谓代沟问题其实就是历时性文化冲突的重要表现形式之一。历时性文化冲突表现为恪守旧文化、不适应新文化而产生的冲突。“夏某与母亲住在一个小城镇。他有田足以自给。20岁时他母亲为他说了个媳妇。结婚后,母亲不喜欢这个媳妇。夏某喜欢她,但又不能违背母命,可是夏妻也没有什么罪过可以提出离婚。于是家里成天争吵不休。半年后,夏母建议将夏妻送到北平(半天的路程)去当女佣,等夏妻一走,夏母又为他娶了一个妻子。正当成婚的那天,夏妻闻讯赶回家,大吵大闹,把家具、碗盏、彩灯打得稀烂。她以粗暴行为被指控,她丈夫被指控犯了重婚罪。夏某在警厅说:‘我觉得我无罪,我母亲要我再娶一个,只要我养得起,谁也管不着。’夏某还历数了许多老辈都是有妻有妾的。他和他们相比是无罪的,要求释放。但是革命后的法庭不同意,他被判了五个月徒刑。”〔14〕夏某遵从婚姻遵父母之命、一夫多妻等旧婚姻文化,与民国时期的婚姻自由和一夫一妻制的新文化相互矛盾。夏某依据旧婚姻文化而实施的纳妾行为,违背了当时的婚姻法所确立的一夫一妻制,构成重婚罪。夏某犯重婚罪就是历时性文化冲突的结果。

同时性文化冲突是指同时存在的不同类型文化之间的相互冲突。世界上不同的民族都有各自的文化,而不同民族的文化往往同时并存,如儒家文化、基督教文化与伊斯兰文化都并存于当代社会。导致同时性文化冲突的主要原因是移民。当一个民族成员移居到以另一个民族为主体的社会中,他在成长过程中受到熏陶而内化的文化与他所移居的社会的主流文化之间会发生冲突,从而引发犯罪。美国著名犯罪学家塞林关于美国移民犯罪问题的研究,是同时性文化冲突的研究范例。

---

〔14〕 严景耀:《中国的犯罪问题与社会变迁的关系》,北京大学出版社1986年版,第47页。

关于美国第一代移民的犯罪问题,他认为“由于大多数外籍人群体不像本地人群体那样经常同法律打交道,所以一些外籍人群体的犯罪率高于后者”。他还发现,在美国出生的第二代移民的犯罪率和犯罪结构与本地人有所不同。在布法罗,当地血统群体的犯罪率指数是164,其犯罪归入犯罪类型的第一部分[谋杀、强奸、抢劫、殴打(重伤害)、夜盗、偷窃和盗窃汽车],移民群体的犯罪率指数是207;混血儿群体的犯罪率指数是67。“布法罗的当地血统群体在过失杀人、伪造签名、伪造货币、贪污、欺诈、不定为强奸的其他性犯罪、酗酒、妨害治安和流浪等案件中,犯罪率是最高的。移民群体在强奸、抢劫、殴打、夜盗、偷窃、盗窃汽车、轻微伤害、违反禁酒法和赌博案中等犯罪率最高。”[15]之所以移民群体在犯罪率和犯罪类型上存在不同于本地群体的特点,塞林认为,原因在于移民群体中的传统文化与当地的美国文化之间的冲突。一旦这些文化模式或者规范(移民的传统文化)与美国文化两相抵触,冲突自然应运而生。对此,犯罪学家 W. C. 史密斯作了具体解释,认为:“一些传统还传给了在美国出生、长大的下一代。这是因为出生在美国的年轻人在与典型的美国孩子不同的移民家庭和社区中深受旧世界传统的濡染。这给年轻的人生活带来了许多麻烦。当生长在移民家庭的孩子冲破传统,但又尚未掌握美国的标准和行为规范时,就引发了严重的问题。”[16]

外在的文化冲突是指人所选择行为规则与评价行为的规范相冲突。它表现为“拥有从某一群体获得的规范,该群体的准则与判断其行为的那个群体的规则相冲突。”[17]因此,外在的文化冲突是两种文化规范之间的冲突,因为文化冲突而犯罪的人没有意识到行为触犯居住地国家的法律。有一名16岁的男青年诱奸了一个女青年。得知这一消息后,女青年的父亲杀死了该男青年。杀人犯在被捕时感到十分吃惊。他认为依据传统文化,为捍卫自己家庭的名誉而杀死强奸女儿的坏人是正义的,不违反法律。但是,依据相关法律的规定,杀人的确是犯罪行为。

内在的文化冲突是指人在对两种以上的行为规范选择时存在的精神性冲突。它是发生在“从拥有相互冲突的规范的各个群体中选择、了解自己的行为规

[15] [英]布罗尼斯拉夫·马林诺夫斯基、[美]索尔斯坦·塞林:《犯罪:社会与文化》,么志龙等译,广西师范大学出版社 2003 年版,第 147 ~ 148 页。

[16] [英]布罗尼斯拉夫·马林诺夫斯基、[美]索尔斯坦·塞林:《犯罪:社会与文化》,么志龙等译,广西师范大学出版社 2003 年版,第 153 页。

[17] [英]布罗尼斯拉夫·马林诺夫斯基、[美]索尔斯坦·塞林:《犯罪:社会与文化》,么志龙等译,广西师范大学出版社 2003 年版,第 138 页。

范。"[18]内在的文化冲突通常发生在教育程度高或者文化自觉的人群中。教育程度高或者文化自觉的人群不仅了解本土的文化，而且还了解外来文化。有些人能够在不同的文化中作出坚定的选择，选择一种文化而摒弃另一种文化，而如果选择了遵守居住地国家的法律，其行为当然就会免于陷罪。但是，有些人却在两种文化面前犹豫不决，不知取舍，以致产生焦虑和紧张心理，有时会引发犯罪。

---

〔18〕［英］布罗尼斯拉夫·马林诺夫斯基、［美］索尔斯坦·塞林：《犯罪：社会与文化》，么志龙等译，广西师范大学出版社 2003 年版，第 137 页。

第十四章　犯 罪 预 测

第一节　犯罪预测的概念与特点

一、作为一种犯罪学应用技术的犯罪预测

从某种意义上讲，犯罪学作为一门应用学科的最核心价值就是其对犯罪的预测能力：犯罪学研究的最终目标是消灭犯罪，而犯罪学达成这一目标的途径就是通过对各种犯因性要素（criminogenic factors）的研究，找出犯罪行为的发生与发展规律，并通过某种形式的预测性表述为刑事司法系统对抗犯罪的两大实务领域，犯罪预防及犯罪改造，提供理论支撑。前者需要通过对既存犯因性要素的识别与研判，合乎规律地推算出未来特定犯罪发生的时空特点，帮助司法机关有针对性地配置有限的治安防控资源，后者则通过对犯因性要素产生与累积规律的分析，前瞻性地阐明特定社会性或心理性因素的致罪效果与消解路径，从而指导有关矫治工作机构与人员实施有效的社会改造与行为干预，消除个体或群体的犯罪性。

实际上，在国外进行的犯罪学原因论研究中，是非常强调其理论建构的预测属性的，在诸理论中提出的犯因性变量往往被直接称为"预测因子"（predictor），而对于既有理论的学术评价中，也往往将其预测犯罪行为的准确度作为一个核心性指标。这些都说明，犯罪预测是犯罪学研究发展到一定阶段之后必然出现的应用性功能，犯罪预测研究是犯罪学研究的核心领域之一，而犯罪预测的实际效果也是犯罪学学术发展水平的一个重要体现。犯罪预测研究与犯罪学其他方面的研究必须紧密结合，互为助益，彼此促进，共同发展。

而在我国目前的犯罪学研究中，存在一种将犯罪预测作为一个单独的、孤立的专业化，甚至特殊化领域看待的倾向，在犯罪预测研究中不是很重视从主流犯罪学理论发展中汲取养分，往往生硬地照搬其他学科领域既存的预测理念与预测技术，这就必然导致犯罪预测的发展走入一个封闭的死胡同，最终失去前进的方向与动力。近年来我国犯罪学界在犯罪预测领域的学术热情日渐凋敝，相关学术成果的产出呈明显下降趋势，刑事司法实务界也对其应用价值缺乏认同，正是这一认识误区的直接后果。

作为实证主义犯罪学研究的一个重要领域，犯罪预测研究如果可以得到犯罪

学主流理论的有力支持，其发展前景其实是非常光明的。基于这一认识，本章将从犯罪预测的基本原理入手，从犯罪学核心价值的角度重新建立犯罪预测的定义与分类，再根据不同类别分划详细梳理其核心理论基础及实务操作原则，力争使读者从理论与应用两方面对犯罪预测建立全面而深刻的认识。

二、犯罪预测的定义

在好莱坞影片《少数派报告》中，犯罪预测之结果及对其准确性的探究作为整部影片故事情节发展的大背景，向观众展示了作为一种犯罪控制手段，高度发达的犯罪预测技术可以为刑事司法实务带来的革命性变化：警方不再是被动地等待罪案发生，而是根据具有预测能力的“先知”所提供的即将发生之犯罪的准确信息，在犯罪人着手施害前一刻赶到现场，将其绳之以法，将犯罪扼杀于萌芽并有效地保护了潜在受害人。可以说，影片中所表现的这种“主动警务模式”是所有刑事司法工作者，无论是理论研究者还是执法实务者，穷其职业生涯所梦寐以求的一种理想状态。当然，虚构的文艺作品是不需要建立在严密的现实逻辑基础之上的，因此其构思出的这一幅理想图景对于我们的实际工作并没有太多的参考价值。但是其所表达的刑事司法系统对于那种可以在犯罪发生之前预知其发生、发展性状的能力的追求，却并非彻头彻尾的虚构，而是现代刑事司法科学的一个实实在在的重要努力方向。

由于“犯罪预测”这一术语本身的直白易懂，我国犯罪学理论界并没有在其概念界定方面出现太多的争议。比如，学者早在20世纪80年代对其所作定义如下：“所谓犯罪预测，就是基于对犯罪规律和犯罪现状的研究，预测犯罪现象种种趋势的理论和实践”[1]；“犯罪预测就是运用科学方法去推测和测定尚未出现但又可能出现的犯罪情况和趋势”[2]。而在2012年出版的《犯罪学》一书中，李晓明与李洪欣教授将其定义为：“在认真分析犯罪产生的客观因素和准确把握其变化规律的基础上，运用有关科学知识和技术方法，对未来产不产生犯罪，产生什么样的犯罪，以及数量多少、危害程度多大等发展趋势进行事先测定与推估的犯罪研究工作过程”[3]。可以看出，后者在时隔20多年后对犯罪预测所给出的定义，除了用词更为考究，限定更为精确之外，在核心理解上与最初的定义并无二致。而基于上述概念表述，可以对犯罪预测概念的内涵与外延做出以下限定，以区别于犯罪学领域中其他近似概念：

1. 犯罪预测的认识基础是已知犯罪及其客观规律。作为一种科学性工作的预测与一般意义上的“猜测”的本质区别就在于前者只能在对认识对象的客观规律

---

〔1〕 贾润森：《我国犯罪预测初探》，载《河北法学》1984年第5期。

〔2〕 刘灿璞：《试论犯罪预测》，载《法治论丛》1989年第1期。

〔3〕 李晓明、李洪欣：《犯罪学》，中国人民公安大学出版社2012年版，第393页。

的总结之上，合乎规律性地作出，而后者则不需要任何依据地凭空推论。而对犯罪现象的发生发展之客观规律的认识只能来自严谨的犯罪学理论研究，所以，犯罪预测研究必须立足于犯罪学理论研究。

2. 犯罪预测之概念可以有广义与狭义之分，本章讨论的犯罪预测是一个具有特定的对象和目标的专门领域，即狭义犯罪预测。众所周知，犯罪学研究的一个重要内容是建构归因性理论，可以根据犯罪发生发展的客观规律准确推测未来犯罪发展变化趋势是对归因研究质量的重要判断标准之一，同时归因研究也需要通过对未来犯罪的各方面属性作出准确判断，帮助刑事司法实务界有针对性地开展犯罪预防和犯罪改造工作来体现其应用性价值。从这个意义上说，广义的犯罪预测概念必然包括所有犯罪归因研究在应用层面的展开。但是现代犯罪预测的核心定义显然具有其特殊性，而不是笼统地指代任何应用理论解释犯罪并通过预测性判断验证其解释的努力。现代犯罪预测概念中的“预测”（forecast）一词及其所蕴含的操作性内质一般认为借用自计量经济学，是指为了最大限度优化经济运行效率，降低周期性因素与不可抗力的负面影响，而展开的对未来经济运行中诸要素的数量与素质之推算及预判，使决策者在配置资源与制定对策时具有一定的先见之明。犯罪预测的机制与作用大体相同，只不过在决策目标上，经济运行之掌控为社会治安之维持所代替。一般来说，与广义的概念相比，狭义的犯罪预测具有特定的对象，主要包括：(1)犯罪人；(2)犯罪对象；(3)犯罪环境。而犯罪预测的目标也主要限定在：(1)未来一定时间段特定犯罪的宏观发展趋势；(2)未来一定时间段特定犯罪的微观时空热点变化；(3)特定个体未来一定时间段实施犯罪的可能性。

3. 犯罪预测的展开必须遵循科学方法和程序。早期比较原始的犯罪预测往往高度依赖经验性判断，即使得到对有普遍性的客观规律认识的支持，也难以达到实践操作所需的准确度要求。例如，在犯罪归因研究中一般都认同犯罪的季节性波动规律，即财产性犯罪高发于冬季，而人身暴力性犯罪高发于夏季。[4] 因此一般的经验性犯罪预测就会预测每年从 4 月至 8 月的暴力犯罪上升趋势以及从 10 月至 12 月的侵财犯罪上升趋势。但是对于司法实务工作者来说，这种笼统的趋势性判断指导意义有限，因此往往会要求预测者提供更加精确的，甚至包含空间性要素的预测产品，具体到某个特定日期或月份的特定犯罪之精确发案数。即使是在宏观犯罪趋势层面，现代犯罪预测也不再满足于“犯罪率即将上升或下降”这类笼统表述，而希望预测者能够描述出未来变化趋势的具体性状甚至可能存在的趋势拐点。要达到这种精准程度的预测，必须广泛应用统计学、计量学的各类量化分析工

〔4〕 对于犯罪的季节性波动，犯罪学界提出了很多的理论解读，对其具体犯因机制也存在不同意见。不过对于特定类型犯罪在冬夏之间波动的基本趋势目前认识都比较一致，也得到了足够的实证研究支持。

具与数学建模,通过一系列复杂的采样、筛选、评估,推演才能够实现。

三、犯罪预测的特点

(一)理论性

犯罪预测的理论性特点主要体现在它对于犯罪学理论发展的高度依赖。对犯罪发展趋势任何一个方面的预测,如果没有某一犯罪学理论为其提供逻辑建构上的支撑,都难以摆脱盲目性与随意性,而无法发挥其应有的效能。

实际上,犯罪学理论研究的发展历程同时也是一部犯罪预测尝试的编年史,理论发展上的逶迤起伏往往也决定着不同犯罪学理念指导下的犯罪预测的兴衰成败。比如,现代实证主义犯罪学研究的开拓者龙勃罗梭提出的天生犯罪人理论,在学理上可以被视为是一种对犯罪的生物学归因尝试,而在实务中,则被广泛用于对犯罪基于人体生理学特征的预测:根据龙勃罗梭的理论,特定的体貌特征或生理缺陷是个体出现“返祖现象”的征兆,而“返祖”则是特定犯罪行为的肇因,因此,通过观察人的体貌特征,辨识特定生理缺陷,甄别出具有返祖征兆的个体,就可以预测其实施犯罪的高可能性,进而支持对这些个体的“预防性”干预措施。而随着对返祖理论的证伪,这种基于外在生理特征的犯罪预测技术也就逐渐式微,不再受到重视。而进入20世纪下半叶,“日常活动理论”(Routine Activity Theory)的提出,打破了传统犯罪学对犯罪发生时空规律上所固有的“宏观有序,微观随机,长期有因,短期随机”的观念,提出了犯罪在特定时空范围内的发生及发展会深受微观环境因素短期变动的影响的重要论断。而这一理论发展,就为此后蓬勃兴起的犯罪时空热点预测技术以及在这一预测技术支持下推行的情报导向警务战略奠定了坚实的基础。

当然,犯罪预测的理论性并不是说只要得到某个犯罪学理论的“加持”,特定犯罪预测技术就自动具有了可信度,而是说,一种犯罪预测技术的价值只能来自作为其基础的犯罪学理论的价值。那种无视理论基础,仅仅试图通过应用繁复的统计分析技巧来强化预测之精度与信度的做法显然是缘木求鱼,背离了犯罪预测的内在规律,也就达不到应有的效果。

(二)实证性

对于犯罪预测的科学性与准确性的判断应采与对其背后的犯罪学理论进行学理评判时相同的标准与方法,只有能够经受住这类实证检验的预测技术才能被接受为具有科学性的预测技术。

对于犯罪预测的实证检验一般包括两个主要方面,首先是对犯罪预测所依据的犯罪学理论的实证检验,其次是对犯罪预测所应用的具体统计学建模预测工具的实证检验。

对犯罪学理论的实证检验不仅是犯罪预测的要求,也是理论发展本身的必经阶段。正如本书前面章节所讨论过的,现代犯罪学理论研究的主流研究范式是实证主义指导下的社会科学研究范式，即通过对实际犯罪相关数据的采集、整理、分析和研判，归纳出对犯罪具有解释力的理论，再基于这一理论，提出可以落实到实际犯罪数据变化趋势的理论假设命题，并进一步通过搜集和分析相关的数据来对这些命题进行证伪或证明。换句话说，在犯罪学研究中，对既有理论的基本证明方式就是验证该理论在其概念所涵盖的范围内对未来犯罪发生发展趋势的预测力。

另外，在对犯罪学理论的预测能力进行验证时，除了验证该理论所提出的犯因性因子与犯罪现象的相关性的有无之外，还需要对于该理论整合诸因子而形成的具体统计学预测模型的准确度加以验证。在将犯罪学理论应用于犯罪预测的具体统计学模型中，不同的犯因性因子被赋予不同的相关方向性与影响力权重，以体现不同因子对犯罪发生所起的不同作用。而这一统计学模型本身是否能够准确地对未来犯罪发生发展趋势进行预测也是需要通过实际的预测、取证、对照来加以验证的。

总而言之，只有一个经过实证主义方法验证而确有预测力的犯罪学理论才能被用于指导犯罪预测统计学模型的建构，而只有一个经过实证主义方法验证而确有预测准确度的统计学模型才能被用于实际的犯罪预测操作。

（三）盖然性

盖然性，《现代汉语词典》中的解释是：有可能但又不是必然的性质。在对象是否会以预判的特定方式发展变化的可期待程度上，盖然要高于偶然，但低于必然。原则上，对于其发生发展具有纯偶然性的事物，任何异于随机概率的预测都是没有意义的，而基于同样的逻辑，预测的最高追求是对必然性的判断，即完全排除了偶然实现的判断。在现实条件下，认识对象本身的复杂与深刻导致我们对其发展趋势的研判往往达不到逻辑必然的程度，但是，对其内在客观规律的一定程度的掌握，却又使我们可以对其趋势作出超越纯偶然的判断。犯罪预测的盖然性指的就是对于犯罪预测结果的准确度保持的一种不追求绝对，允许误差的态度。〔5〕对于犯罪预测的盖然性之操作性体现可以从两个角度来理解：

1. 犯罪预测结果只能对其预测对象的未来发展趋势给出一个大致的可能性判断，因此在对这一判断作出应对时需要考虑判断错误的可能性，留出容错空间。这

〔5〕在现代犯罪学中最能体现对盖然性的深刻认识的论断来自赫希针对犯罪学研究对象中“犯罪”(crime)与“犯罪性”(criminality)两个概念的辨析。赫希指出，过往很多犯罪学理论在逻辑上难以自圆其说的一个原因在于没有区分犯罪与犯罪性。犯罪乃是犯罪性的实现，犯罪性则是犯罪的可能性基础。犯罪学归因的焦点应当放在犯罪性而非犯罪，因为绝大多数犯罪学理论提出的犯因性要素往往只能提升犯罪的可能性，而不足以实现犯罪的必然性。所以，当以作为实现的犯罪来验证实质上只能用于解释可能性的理论时，就难以达成逻辑上的一致性，出现诸如“这些具有犯因性要素的个体为什么没有成为犯罪人”之类的质疑。

里比较常见的一个误区就是将高盖然性判断等同于必然性判断并据此作出过激应对。比如，俗语有云："跟好人学好人，跟着巫婆会跳神"，这里面蕴含着一种民间基于过往经验而产生的朴素的犯罪预测：在一个充满犯罪行为榜样以及滋生犯罪的社会经济环境中长大的个人会更加倾向于走上其身边行为榜样的违法犯罪道路。这一预测可以在很多主流犯罪学理论中找到逻辑支持。站在执法部门的角度，对具备上述环境特征的社区需要在执法资源投入上予以倾斜显正是基于这一预判的合理决策，但是将每一个生长于类似环境下的少年当作罪犯对待的做法却无疑是错误的，因为它将一个高盖然性判断等同于必然性判断。

2. 作为盖然性程度的限定，对于犯罪预测结果的表述一般会附带一个包含最大可能性误差的置信区间，而这一置信区间的大小往往决定了预测结果的价值。无论是经济预测，气象预测，还是犯罪预测，一定程度的误差都是可以允许的，但是这种误差必须被限制在不影响预测的应用者据此做出差异性决策的范围内才有实际意义。比如，对次日天气的预测如果指出日间气温在 25 摄氏度至 30 摄氏度，并带有正负 2 摄氏度的置信区间（实际温度与预测温度偏差超过 2 摄氏度的可能性可忽略不计），则出行者可以有信心地选择穿着短裤 T 恤，因为气温低于 23 摄氏度（25 - 2）的可能性极小。这就是一个体现了盖然性，但仍有实用价值的预测。而如果同样的预测却给出正负 15 摄氏度的置信区间的话，则这一预测对于出行者穿戴指导意义几乎为零，因为实际气温既可能是需要着秋衣长裤的 10 摄氏度，也可能是酷热难当的 45 摄氏度。回到犯罪预测领域，警方往往会请求犯罪预测专家预测某一区域未来一周或一月的特定犯罪发案率波动规律，并以此为依据配置警力。如果响应这一要求作出的犯罪预测是未来一个月，在 × × 市 × × 区全区范围内入室盗窃案件的发案数量将在 1 件到 500 件，发案时间为凌晨到黎明之间的可能性为 10% ~90% 的话，警方据此根本无从作出任何针对性部署。而如果犯罪预测的结果是未来一个月，× × 市 × × 区入室盗窃案件的发案数将在 350 ~ 400 件，其中 60% 到 65% 将集中在 × × 社区方圆 2 千米范围的城中村一带，且 70% ~80% 的案件发案时间为 2 ~ 4 点这样的表述，则警方对于在何时何地投入其有限的治安防控资源就会有极高的把握。前者与后者在置信区间设定上的区别决定了预测的可用性。

另外，结合前文所述犯罪预测的实证性特征，我们应该看到从事犯罪预测的学者并不会一味追求其预测的精确性（低允许误差，尽量收窄置信区间）。究其原因，在对一项犯罪预测结果进行实证检验时，留有越大误差允许空间的预测也不容易被证伪，而越是强调结果之精准度的预测越容易被证伪。这就好比在射击练习时，使用越小的靶子越容易脱靶。如果一位犯罪预测专家指出未来一个月的暴力人身性犯罪发案在 495 ~ 500 件（误差允许为 5 件），则当实际发案数为 513 件时，他的预测就会被指为失准，而若另一位犯罪预测专家的预测结果为 450 ~ 550 件

(误差允许为100件),同样的实际发案数就被"猜中"了。显然,后者尽管是"正确答案",其对于犯罪防控工作的实际贡献比前者究竟大了多少却很难说。所以,从事犯罪预测研究的学者需要把握预测允许误差与预测的实用性之间的辩证关系,既要实事求是地留出预测分析的盖然性所必然带来的误差空间,也不能为了追求预测结果的可验证性而牺牲了其实用价值。

(四)应用性

有学者将通过科学研究认识世界的动机大致划分为两类:为了满足需要的认识与为了认识的认识。前者体现科学的应用性,而后者则体现科学的理论性。两者并不能截然分开,因为绝大多数科学研究既源自科学家对未知世界的好奇心同时也会最终满足人类改造世界的需要。不过我们确实可以通过特定研究对这两方面的不同侧重而将其归入应用性研究或理论性研究之列。

犯罪学学科内部存在很多相对理论性比较强,而不是那么重视实践应用的研究方向。比如20世纪60年代兴起的批判犯罪学,将现有司法制度乃至社会制度作为犯罪产生的根本原因加以分析。显然,其理论成果在排除深层次社会革命的前提下,被应用于现行刑事司法体系,实际发挥减少犯罪效果的机会微乎其微。热衷批判犯罪学研究的学者对此并不介怀,甚至旗帜鲜明地反对犯罪学研究的所谓"工具性倾向"。但从总体上看,犯罪学还是一门高度强调应用性的研究领域,以应用理论成果解决实际社会问题为指导原则的研究范式在犯罪学领域是无可争议的主流。

犯罪预测作为直接体现犯罪学实践价值的研究领域显然也不在重理论、轻实用的研究方向之列。犯罪预测研究的开展完全是以实践应用为导向,其首要诉求就是对刑事政策或犯罪防控的参考价值或指导意义。尽管理论上研究者可以利用对犯罪现象的既有认识去推测未来与犯罪现象有关且研究者感兴趣的任何方面的内容,但是在实践中的犯罪预测都与实际问题之解决休戚相关,而不会是仅仅满足研究者的好奇心与求知欲。也就是说,现实中的犯罪预测一般不会涉及类似"未来几年内的犯罪人群中处女座人数比例变化"之类的题目,因为这类预测对于刑事司法政策与犯罪防控工作毫无帮助,但相对地,"未来几年内最容易失窃的汽车品牌"这类题目则会由于对打击汽车盗窃犯罪的实用价值而受到更多关注。

实际上,有相当数量的犯罪预测研究项目都是应刑事司法决策者或实务者的请求而提出并实施的,这集中体现了犯罪预测的应用属性。这种"产研结合"的运作模式比较有影响力的一个例子是1999年,英国学者笛利、布兰德、哈里斯与普赖斯应英国内政部请求,对英格兰与威尔士未来3年(1999～2001年)的侵财犯罪之发案趋势进行的基于犯罪学与经济计量学的建模与预测。这是英国历史上第一次通过官方口径发布的犯罪趋势预测。[6] 英国内政部发起这一预测研究的动机源于经历了较长时间的犯罪率下降之后,英国警方面临国民要求进一步减少犯罪率的政策压力但希望可以根据犯罪的实际发展趋势设立更具现实性的执行目标。而这一预测通过对相关指标的分析,指出未来几年侵财犯罪将出现不可避免的逆转上升趋势,无疑为有关部门的政策目标设定提供了重要的决策参考。

第二节 犯罪预测的历史发展与演变

一、犯罪预测的早期形态及其局限性

因为对于任何一个致力于构建并推广其犯罪学理论的学者来说,以其理论来对犯罪现象的未来趋势进行预测是为其理论建立信度的有效手段之一,因此广义的犯罪预测的历史几乎可以等同于犯罪学的历史本身。而现代意义上的、基于数理分析的犯罪预测则出现在社会统计方法在社会学研究中被广泛应用之后。因此,历史上第一次系统的基于数理分析的犯罪预测出自被认为是近代统计学之父的比利时学者阿道夫·凯特勒(Adolphe Quetelet)也就不足为奇。凯特勒从19世纪20年代末开始以统计学方法分析西欧多个国家的各类人口及社会指标,其中就包括对各国犯罪数据变化规律的总结与预判。马克思在其《资本论》中对凯特勒1928年对法国未来一年的犯罪情况的预测给予了高度评价,认为其具有"惊人的准确性"。凯特勒在社会统计学领域的开拓性工作为后人以数理分析方法预测犯罪打下了基础,其最主要贡献在于提出了关于社会化背景下个人行为的两个重要的命题,至今仍应被看作犯罪预测的基本原则:(1)个人行为微观上的随意性要受到宏观社会规律的约束,因此当把无数个人的"自由意志"行为作为一个集合加以观察时,其群体维度的行为模式就具备了高度的规律性,可以依据特定的原则加以预测。[7] (2)社会行为现象的可预测性在于实证的社会学决定论,即社会现象背后的规律乃是社会所固有的,为特定的政治经济结构所决定的。因此对社会现象的分析预测之关键在于发现其与特定结构性要素之间的统计学相关性,进而根据这些结构性要素的变动规律总结出社会现象的发生发展规律。凯特勒在严格意义

---

〔6〕 See Dhiri, S., Brand, S., Harries, R., & Price, R., *Modeling and Predicting Property Crime Trends in England and Wales*, Home Office Research Study, Vol. 198, Home Office, 1999.

〔7〕 应注意的是,这里的预测只能是对数量巨大的个人集群的总体行为性质的描述,而不能具体化到对每一个个人的微观行为选择。

上不能算是一位犯罪学家,但是他在社会统计学领域的学术成就为实证主义犯罪社会学的发展奠定了基础。

实证主义犯罪学兴起以来,其强调量化与实验观察的方法论体系也使对犯罪进行预测更具实用性,从而在刑事司法实务界广受欢迎。

当然,这种以实证方法为基础的犯罪预测的早期形式在被应用于犯罪控制时,由于其理论基础的诸多局限而效果不佳,甚至为犯罪学带来了滥用技术手段、肆意侵犯人权的恶名。比如,19 世纪末 20 世纪初的一批生理学实证主义学者,主张犯罪的基因是决定性的且代代相传的。[8] 这些学者据此认为可以通过对“血统”的甄别来预测个人的犯罪趋势。加上那一历史时期的其他犯罪生理学研究,促成了在美国和其他一些国家的优生学运动。这一运动的基本思路可以归纳为“犯罪预测 + 针对性预防”:政府部门对特定人群进行生理学甄别,以预测每个家庭下一代的犯罪倾向,并在此基础上采取干预措施来阻止那些被插上“退化”之类标签的个人生育小孩。作为这一运动的结果,成千上万的美国人,由于被政府视为有“恶劣的血缘”,显示出“低能”的迹象,来自错误的“族类”,或者“行为不轨”,等等,被禁止生育。至少 6 万人被强制绝育,数千人被错误地关进精神病院,被禁止结婚,或在有些情况下被政府官员宣布“结婚无效”。这一运动直到“二战”末期在纳粹集中营里发现基于类似逻辑而实施的对特定族裔的种族灭绝的证据才逐渐失去其影响力。

类似上述的历史教训在犯罪学发展史上并不鲜见,而由于犯罪预测所处的理论与实践接轨的关键位置,很多这类引发对犯罪学理论之批判的个案中都可以看到对犯罪预测的错误运用,这也是犯罪预测本身备受质疑的一个重要原因。痛定思痛,我们可以从中汲取至少两个教训:第一,对于任何新提出的犯罪学理论,在没有经过反复的实证检验之前,不可以轻率地将其应用于指导刑事司法实务工作的犯罪预测中去,尤其是不可以将其应用于会对公民个人生活及合法权利带来实质性影响的针对性犯罪预测中去。第二,任何对未来犯罪趋势的预测都必须以盖然性作为其结果表述的基本前提。因此在以犯罪预测结果指导刑事司法政策以及犯罪防控工作时,必须给预测误差留出余地,尤其不可以将高概率判断简单等同于必然性判断。

二、现代犯罪预测技术发展

在 20 世纪 70 年代之前,犯罪预测领域比较成体系的预测研究主要集中在两

---

[8] 这一领域著名的两个研究是在美国进行的:道格戴尔 1877 年发表的“尤克家族研究”(the Juke family)和戈达德在 1914 年发表的“卡里卡克家族研究”(the Kallikak family)。这类型的研究,着力展现不当行为的遗传性基础,充满了“低能”(feeblemindedness,这也是戈达德专著的书名),“低智能”(low intelligence)以及“退化”(degenerate)之类的术语。

个大的方向上:基于整体犯因性要素所进行的宏观(全国性或区域性)犯罪趋势预测以及基于个体性犯因性要素所进行的个体(再)犯罪可能预测。由于受到前面所讨论的诸多因素的限制,这两种预测技术在刑事司法实践中的应用范围有限,在总体上处于理论探索意义大于实务工具意义,政策参考意义大于决策指导意义的局面。

而以日常活动理论及其后一系列以微观环境因素为基础进行对犯罪的社会动力解释的犯罪学理论的出现为标志,一个新的犯罪预测领域逐渐形成,就是犯罪发案热点预测。除了理论上的突破,犯罪发案热点预测能受到重视的另一个重要原因乃是20世纪80年代以来警方对计算机化的地理信息技术(GIS)的广泛应用。通过GIS技术的可视化与数字化处理制进行犯罪发案制图(crime mapping),犯罪发案信息被从一个个孤立的犯罪人与个案转化为基于不同地点坐标与时间区间的发案频率统计数值,其外在表现也就不再是纯粹的随机性事件,而成为可以进行统计学分析及趋势预测的规律性现象。

在20世纪90年代,美国警方在通过计算机地理信息技术开展犯罪发案制图方面进行了一系列成功的尝试,美国国家司法研究所(US National Institute of Justice)随即在此基础上展开了大规模的犯罪发案预测研究。这些研究发现,在假定当前犯罪发案地图所显示的发案规律在特定时间范围内维持不变的前提下,警方可以对未来较短时间内的发案进行较准确的预测,这些预测结果可以用于指导警方的战术性犯罪防控部署,如设定热点巡逻区域与时段、针对特定犯罪目标进行集中扫荡、在低犯罪时段适当安排休假,以及向社区综合防控机构提供预警信息等。[9] 正是在这一时期,英国内政部发布了其历史上的第一个犯罪宏观趋势预测报告,其服务对象是警方的总体刑事司法与犯罪防控政策制定。在这一层面,司法机关及其他相关部门可以基于有一定依据的未来犯罪形势展开有益的部署,提出具体政策目标,明确工作重点,并使警方可以根据犯罪的时空规律有针对性地实现财政、人力资源等方面的平衡配置。

美国与英国的实践可以看作犯罪预测技术在新的历史时期以信息技术革命为基础在微观及宏观两个不同层面上的展开,而这两个层面的展开代表了犯罪预测技术在刑事司法实务界所获得的实质性认可,使犯罪预测实用化发展向前迈进了一大步。

三、我国犯罪预测研究与应用发展历程

与国外相比,我国犯罪预测研究起步较晚,发展水平也较低。在20世纪70年代末80年代初,伴随着我国犯罪学研究的第一次发展高潮,出现了相当数量的以

---

〔9〕 See Gorr, Wilpen, Richard Harries, *Introduction to Crime Forecasting*, International Journal of Forecasting, 2003, Vol. 19, p. 551 - 555.

犯罪预测为指向的学术研究及实践活动。不过这些研究更多是经验型的犯罪定性预测，在量化分析方面没有什么建树。另外，追随国外主要以犯罪心理学理论为基础的个体犯罪预测研究，也出现了一些针对少年犯罪的个体犯罪趋势预测。在这一阶段，我国进行了两次较大规模的全国性犯罪预测活动。一次是1981年由中央教育科学研究所组织的青少年犯罪预测；另一次是1987年由公安部和中国人民公安大学联合进行的“中国现阶段犯罪问题研究”课题中对我国犯罪未来发展变化趋势的预测。[10] 但是进入20世纪90年代，我国犯罪预测研究的数量与质量均出现明显倒退，主要体现在发表较高水平学术期刊的相关主题论文数量明显呈下降趋势，这一趋势延续至2000年之后。对此，学者的解读是，一方面，相对于整个社会科学研究水平的快速提升，犯罪预测的整体水平呈相对下降态势，因此其研究成果难以（以公开发表的形式）得到学术界的广泛承认。另一方面，在经过了20世纪80年代的介绍与理论准备期之后，犯罪学界在步入犯罪预测的学术应用阶段时，还没有做好充分的理论准备、工具准备和技能准备，这直接导致了犯罪预测活动的萧条及其在学界的边缘化。[11] 上述分析还是相当中肯的。不过笔者认为，造成这一局面的还有另外一个重要原因，就是犯罪预测技术的高实用性与我国当前刑事司法实务较低发展水平之间的落差。在刑事司法实务发展水平较高的国家、警务以及其他执法机构战略战术操作的科学化和信息化必然产生对高准确度，高应用性的犯罪预测产品的巨大需求，从而推动了这一领域研究日新月异的高速发展。而在我国，尽管在现代化、信息化建设实现了硬件、基础设施上的现代化升级，大多数警务机构、司法实务机构的运作模式在相当程度上还处在传统的粗放式，经验式操作阶段（或正在经历从这一阶段向现代化模式的艰难转型）。传统模式对于高度精确的情报信息要求较低，实践应用水平尤甚。在这样的需求环境下，犯罪预测研究得不到充分、快速的发展也就不难理解了。

第三节　犯罪预测的理论基础

一、犯罪预测之犯罪学逻辑基础

正如前面在讨论犯罪预测的理论性中所提到的，任何一项犯罪预测研究都必须以特定的犯罪学理论为其逻辑基础。但随着犯罪预测研究中大量引入统计学数

---

〔10〕 参见李晓明、李洪欣：《犯罪学》，中国人民公安大学出版社2012年版，第402页。

〔11〕 参见赵军：《我国犯罪预测及其研究的现状、问题与发展趋势——对“中国知网”的内容分析》，载《湖南大学学报（社会科学版）》2011年第3期。

理方法,出现了一种认为高度复杂精密的数学建模可以替代理论归因逻辑的想法。例如,有国内学者就主张将犯罪发案看作一个具有随机特性并体现某种波动规律的统计学过程,试图不借助任何犯罪学归因而直接通过统计学手段分析总结过往犯罪发生规律来建立预测模型,这种研究思路显然是不可行的。原因有二:(1)如果犯罪发案是一个纯粹随机过程,则任何对随机过程未来趋势的预测都无法令人信服地超越纯随机概率推测,就好比对随机掷骰子点数出现规律的预测,任何不同于其平均概率(所有点数出现概率均为1/6)的预测都是无意义与无根据的。同样的逻辑应用于犯罪预测领域,如果过去特定时间段所记录的抢劫犯罪平均月发案为30起的话,在不借助相关理论的情况下,对未来任何一个月的发案率唯一有效的预测就只能是30起,因为任何高于或低于这一平均数的预测均违反了随机事件的概率原则,需要提出一个非随机的理论依据加以支撑。(2)如果试图对过去发案所表现出来的波动性进行纯统计学归纳并依据这一波动性来展开对未来发案的预测,则这一波动本身就需要一个相关性因子加以解释。而如果仅仅根据观察到的波动规律的统计学特征,不将其归因于特定符合逻辑的相关性因子的话,则无法保证既有的观察涵盖了这一波动规律的全部,也无法保证预测的准确度。比如,如果某地近十年来观察到犯罪率呈逐年上升趋势,是否就可以通过对这一趋势的统计学分析推测出未来数年内犯罪率会以一定比例继续上升呢?答案是否定的。因为从犯罪归因角度讲,由不同原因导致的犯罪率上升可能呈现完全不同的未来发展规律:如果犯罪率上升是由于人口中青少年比例的自然增长导致,则随着婴儿高出生率年份出生的人群渡过青少年期,人口中青少年比例自然下降,犯罪率就会出现回落;而如果犯罪率上升是由于当地加工工业的发展,吸引大量外来打工人群及其青少年子女的迁入,那么未来犯罪率的上升或下降就取决于外来务工人员子女的教育与本地化问题是否得到妥善解决。无论是哪一种情况,如果不引入犯罪学理论,仅靠对过去犯罪发案趋势的纯粹统计学分析,就不可能得出有实际意义的预测结果。

不幸的是,近年来,我国从事犯罪预测研究的很多学者都陷入了一味关注统计学手段而忽视犯罪学理论的误区,这使其犯罪预测尝试变成肤浅的数字游戏,严重脱离犯罪现象的实际规律。而且这种将量化分析手段置于基础理论之上的观念本身也是对统计学核心理念的一种肤浅理解。这样的犯罪预测研究显然经不起实践的推敲,自然不可避免会面临边缘化的境地。

那么,犯罪预测可以从犯罪学的理论体系中获得哪些基础性支撑呢?

原则上,得到较广泛承认的那些犯罪学理论都具备以因推果的逻辑结构,因此都可以被作为广义的犯罪预测的理论基础。但是由于严格定义的犯罪预测具有对象和目标上的限定性,并不是所有犯罪学理论中提出的会影响犯罪的自变量都可以用来为具有实用性的犯罪预测提供支持。具体来说,可以被用于进行犯罪预测的犯罪学理论之自变量需要满足以下几个条件：(1)拥有相对成熟可靠的测量手段。这一要求源自犯罪预测的实证性，将那些变量定义含糊不清，难以进行操作性观测与验证的犯罪归因理论排除在外。比如，弗洛伊德精神分析理论所提出的“内在冲突与不平衡”导致犯罪这一归因逻辑中，作为自变量的所谓人之意识中的“本我”与“超我”及其“过度发展或发展不足”这样的描述性指标由于根本无法准确而稳定地测量而难以被用于犯罪测量。(2)未来变动趋势可知。预测本质上是对已知因果规律的前瞻性表达，即通过自变量未来发展变化来推测与其存在某种相关关系的因变量的未来发展变化。因此，如果自变量本身的变化规律都不可知，则根本无从推算因变量，也就谈不上预测了。比如，以马克思主义社会学理论为基础的批判犯罪学理论对犯罪的未来发展趋势有一个宏观的因果性表述，即由于目前的资本主义剥削制度是导致犯罪发生的根本原因，因此当资本主义制度被消灭之时，犯罪现象亦随之消亡。姑且无论这一理论本身是否成立，仅仅站在应用角度讲，这一因果性表述对犯罪预测是毫无帮助的，因为资本主义制度存废这一自变量的变化趋势以目前的认识水平根本无从判断，因此也就没有办法预测犯罪之存灭这一因变量了。

二、常用的犯罪预测理论框架

具体来讲，在国内外比较成熟的犯罪预测实践中，最经常应用的犯罪学理论框架有四类：犯罪经济学、犯罪人口学、犯罪环境学、人格特质理论。

(一)犯罪经济学

实际上，所谓犯罪经济学不过是在犯罪学之社会学视角中的一个特定归因思路，并不足以单独构成一个犯罪学子学科。这一归因思路聚焦于社会经济运行中一些与社会生活直接相关的那些变量，如失业率，国民可支配收入，以及贫富差异系数等。当这些经济指标发生显著变化时，会对社会环境产生深刻的影响，进而导致犯罪发案的上升或下降。这里，不同的经济学指标的犯因属性往往由不同的犯罪学理论予以诠释。比如，失业率对侵财犯罪的作用可以通过两个角度加以理论化，一个是经典犯罪学的理性功利选择，即由于失业导致个人面临生存危机，而在通过合法手段无法满足基本物质需要时，就会倾向选择非法手段，而另一个则是莫顿的社会紧张理论，认为失业率的高企必然导致社会成员中面临相对剥夺感的个体的增加，而这些人中的一部分就会选择“创新”(导致侵财犯罪)、“反抗”(导致暴力犯罪)以及“自弃”(导致风化犯罪)等适应策略，从而导致犯罪的增加。在国外进行的数个有影响的犯罪预测研究中，失业率都被作为预测建模的一个重要的因子加以考察。另一个近来日益受到重视的经济学指标是国民消费习惯，在强调犯罪机会对犯罪发案的重要及直接影响的日常活动理论中，消费习惯决定了侵财犯罪受害人及其财物倾向于在何时何地以何种形式暴露于“犯罪场”中而引发犯罪。一个典型例子就是在美国每年圣诞的购物季前后是入室盗窃的高发阶段，因为会有大量未开包装(因此销赃价值较高)的消费产品被集中放置于居民家中,显著提高了入室盗窃的作案收益。因此,对消费习惯变化规律的预测有助于警方预见到特定犯罪的发案时空规律并作出相应预防部署。

经济学指标被用于犯罪预测的一个重要优势在于其可测量性和可预测性。在当代经济学研究中,对未来经济运行的预测技术起步很早、应用广泛、技术成熟,因此只要可以将这些指标整合进入特定犯罪学理论之逻辑结构中去,就可以很方便地对它们与犯罪的相关关系进行数学建模,开展犯罪预测。

(二)犯罪人口学

与犯罪经济学这一术语类似,犯罪人口学并不是一个完全独立的子学科,而不过是犯罪社会学以及犯罪心理学研究中关注特定人口学变量的一种思路。在人口学诸指标中,最常被用于为犯罪预测提供支持的是人口年龄结构。在进行预测建模时,往往会聚焦于人口中 15 岁到 25 岁青少年所占比例的变化,强调这一指标与犯罪发案率之间的正向相关关系。在理论上,年龄结构对犯罪的影响主要基于犯罪心理学对青少年心理特征的广泛实证研究。在这一领域的普遍共识是,这一年龄阶段的个体在攻击性、情绪稳定性、自控能力、社会化能力(缺乏)等多项重要的犯因性指标上均高于其他年龄段,而统计数据也表明,这一年龄段向总犯罪率贡献了远高于其人数占比的暴力犯罪,团伙犯罪以及侵财犯罪。基于这一认识,一个简单的人口学推论就是,伴随不同历史阶段人口出生率的自然波动,总人口中处于 15 岁到 25 岁年龄段的比例也会相应发生波动,而当这一比例增高时,社会中的“高产”犯罪人群就会扩大,进而带来犯罪率高启,同理,当随着出生率下降及人口自然衰老,后续进入这一年龄段的人群减少时,犯罪率也就随之减少。在英国内政部 1999 年的英格兰/威尔士犯罪趋势预测中,人口结构与前文提到的失业率并列为核心预测因子。而在美国的犯罪学界,所谓“婴儿潮”人群,即“二战”后爆发性生育高峰中出生的人群及其后续约二十年一轮的周期性生育高峰导致的第二代甚至第三代“婴儿潮”,也是研究犯罪率历史性升降规律的重要考察因素。

和经济学指标相类似,人口学指标之所以在很多犯罪预测研究,尤其是宏观犯罪预测中深受青睐,主要在于其高度可观测性,而且除了重大灾难或战争等极端环境性因素之外,由生育率及自然生长周期决定的人口年龄结构几乎不受外来因素的影响,因此作为趋势预测的基础甚至比经济指标更加简便可靠。

(三)犯罪环境学

环境犯罪学关注的重点是为什么犯罪总是集中发生于特定的情境,以及如何有针对性地在特定情境中预防犯罪。这一领域的研究发轫于美国犯罪学者科思与费尔森在 1979 年提出的“日常活动理论”。这一理论的发展应用,催生了近年来蓬勃兴起的犯罪时空预测,它通过对具有理论相关性的社区环境与情境因子的科学实证分析,使警方可以精确预见在社区的什么时间和地点会出现适合何种犯罪的目标，并在该时间地点对潜在犯罪目标提供有力的守护。

(四)人格特质理论

人格特质理论是犯罪心理学的重要理论之一，其有两个主要分支，即立足于精神病学的反常人格理论与基于普通心理学的正常人格理论。这两种理论均认为，人类的攻击、越轨及其他反社会行为的个体化根源乃是行为人所具有的，相对稳定的人格特质。因此，通过对特定人格特质(病态的或非病态的)与犯罪行为之间的相关性展开实证研究，就可以发现那些会导致犯罪行为的人格特质指标。在对这一相关性的认识基础上，就可以通过对行为人进行人格测试(或心理病态诊断)对其未来的犯罪趋势作出预测。在实践中，由于受人权保护及合法性考虑的限制，在非犯罪人群中进行广泛的犯罪趋势预测面临诸多限制，因此，这类测试目前主要还是被用于对已经犯罪的个人之再犯可能性的预测。

在对个体进行再犯可能性预测时，会使用一些精神病学诊断工具或人格特质测量工具，比如精神病态核查量表(PCL)、明尼苏达多项人格测试量表(MMPI)，以及加州人格量表(CPI)等，并根据这些测量工具给出的指标对个体未来实施暴力犯罪或其他类型犯罪的可能性作出一定程度的量化评估。这种预测结果尽管不能用于支持对某人未来可能犯罪进行“先发制人”式的惩罚，但是却被广泛用于指导针对个体的犯罪矫治以及再犯预防。这一方面是因为基于人格特质理论发展出来的这些复杂而可靠的测量工具使基于人格特质变量的预测具有高度的可操作性。另一方面是人格特质的高度稳定性。也就是说，当某人被确认具有特定人格特质后，这一特质在短期内改变的概率微乎其微。这就确保了当我们基于某一犯因性特质对某人的未来犯罪趋势作出预测后，不会因为其很快“性情大变”的导致预测失效。

第四节　犯罪预测的分类、内容和操作性要求

一、犯罪预测的类型

正如本章前面所介绍的那样，在犯罪预测这一统合概念之下，其实可以根据预测的不同视野、不同手段以及不同应用领域将其分为不同的类型。

但是考察世界犯罪预测研究发展现状我们可以发现，在关于犯罪预测的实际理论探讨中，学者尚未对将犯罪预测进行较系统的分类投注多少精力。在域外有些相关学术论文中，有的学者会倾向于一种以偏概全的表达，即不加辨析地直接用“犯罪预测”这一术语来涵盖其所关注的明显具有特殊性的犯罪预测分支领域。在另一些学者的文章中则直接使用带有限定性的术语，如“犯罪时空预测”或“犯

罪趋势预测"等来对其讨论内容加以限定,但是却没有将其置入犯罪预测这一大的范畴中予以定位,这说明这些学者并未将犯罪预测作为一个完整的概念体系加以考察。这种不做归类,直接讨论具体操作的分析思路显然是犯罪预测研究领域浓重的实践应用色彩的直接反映。但是对于犯罪预测研究本身的整体发展来说,这种做法不能不说是有消极影响的,因为它将导致犯罪预测概念的模糊与混乱,不利于将具有不同理论基础与实务取向的犯罪预测诸子概念区分开来,各自结合其自身特点加以评介与分析。

在纯粹概念层面,可以对犯罪预测进行一系列理论上的分类。比如,可以按照预测的性质将其划分为定性预测与定量预测;按照预测的关注层面将其划分为宏观预测和微观预测;按照预测的信息覆盖范围将其划分为综合预测与单项预测;按照预测所使用的因变量之性质将其划分为静态预测与动态预测;按照预测的地理覆盖将其划分为整体预测与区域预测;按照预测的时效设定将其划分为长期预测、中期预测与短期预测;按照预测内容还可以划分为犯罪率预测、犯罪类型预测、犯罪主体预测、犯罪形态预测以及犯罪手段预测等。〔12〕 这类纯理论划分有助于充实对于犯罪预测的多样性以及多层次性的认识,但是这些分类本身有着脱离实际的缺陷,因为在实务中,特定的犯罪预测操作并不会墨守上述分划的楚河汉界,而往往会同时具有不同分划的多个类型之特点。比如,一个针对少年犯的个体犯罪倾向预测既可以包括定性的指标,也会包括定量指标,既会应用静态变量,也会应用动态变量,同时其内容往往涉及对犯罪内容、形态以及手段等多个方面的预测。这就导致这种理论分划在实践中缺乏指导意义。另外上述的各种纯理论划分方法也没有对广义的犯罪预测与本章讨论之犯罪预测之狭义概念作出有意义的界分。

笔者认为,站在对犯罪预测领域实践认识的基础上,对于犯罪预测之分类的第一步工作应是对广义的犯罪预测与狭义的犯罪预测概念予以明晰。这一分划在前文已有讨论,就不再赘述。第二步则应是根据犯罪预测各个分支领域理论与实践发展之现状,对应用不同理论基础,操作技术手段各异,且具有不同应用目的的各个犯罪预测具体研究的基本特征进行总结,并以总结出的这些基本特征为线索,对犯罪预测进行以实践为导向的分类。按照这一分类原则,笔者认为,可以将犯罪预测分为三个基本类型:犯罪宏观趋势预测、犯罪时空热点预测、个体犯罪(再犯)可能性预测。

上述三大类型基本上涵盖了目前在犯罪学研究领域所开展的具有实践意义的犯罪预测研究,而将单纯用于证明理论效度,与具体刑事政策及犯罪防控并无直接联系的纯理论性犯罪预测排除在外,也就基本覆盖了本章所关注的狭义犯罪预测之外延。同时,三分法也充分体现了狭义犯罪预测概念的内涵之差异性。首先,在

---

〔12〕 参见李晓明、李洪欣:《犯罪学》,中国人民公安大学出版社 2012 年版,第 411 ~413 页。

预测的着眼点上，将其划分为针对犯罪行为的预测（发案预测）与针对犯罪人的预测（个体再犯预测）；其次，在针对犯罪行为的发案预测中，再进一步以预测视野覆盖层次将其区分为宏观趋势预测与微观时空热点预测。在三分法体系之下，每一个类型内部在理论与操作特征上都保持相对较高的一致性，同时类型之间则体现出明显差异。

毫无疑问，考虑到实际犯罪预测工作的多样性，根据不同具体预测研究及实务的细化特征在每一类别内部作进一步细分并非不可能。但是，这样做的结果就是基本上每一个具体犯罪预测操作都可以自成一体，独占一个类型。这一方面会导致犯罪预测概念的碎片化，不利于宏观上的理解与把握；另一方面在将犯罪预测作为一个整体概念进行研究的前提下也并无必要性与实质意义。

二、不同类型犯罪预测的基本内容

从定义上讲，三种不同犯罪预测类型之间加以区分的核心要素是其预测的基本内容，也就是说，这三种不同预测类型各自最重要的特征就是其预测内容中所要揭示的犯罪现象的不同侧面。

（一）犯罪宏观趋势预测的基本内容

犯罪宏观趋势预测顾名思义就是对犯罪现象在未来一个相对较广泛的时空范围之内之发生发展属性的推测，这是犯罪预测领域中最早确立独立体系的类别。如前所述，历史上第一次系统的犯罪预测研究，阿道夫·凯特勒在1829年进行的对法国犯罪数据的统计学分析与预测就是一次典型的犯罪宏观趋势预测，其时间范围以年为单位，空间范围覆盖整个法国，而在具体内容上有一定程度的细化，涉及了多个不同的犯罪类别。对于这一预测的准确性与实用性不同学者有不同的评价，不过一个无可否认的事实是，凯特勒的犯罪预测为其后的犯罪宏观预测设定了基本操作模式的样板。总结起来，沿袭凯特勒所开创的模式的犯罪宏观预测具有以下特点：(1)以实证主义犯罪社会学为其主要理论基础；(2)高度重视宏观统计数据的搜集与分析；(3)以为数不多的几个宏观经济学、人口学指标作为其主要的预测建模基础；(4)致力于以其宏观犯罪预测为刑事司法机关的中长期战略规划提供决策参考。

在犯罪宏观预测之后的发展中，由于理论基础、技术手段、学术潮流的变化，又出现了一些在各方面不同于凯特勒模式的犯罪宏观预测方法，他们有的放弃了实证主义的研究范式，而是以思辨的分析手段展开预测；有的避开对统计数据的量化分析，而试图通过案例、叙事等质化分析手段来完成预测；还有的则放弃基于犯罪社会学的多因子分析，而单纯依靠复杂精细的统计学工具对历史发案数据进行单因子时序分析来推导出预测结论。

应当看到，这些差异化的预测方法虽然是学者基于各自知识与技能体系的有益探索，但是在信度、效度以及对刑事司法实践的应用价值上均存在缺陷。因此，在总体上,犯罪宏观预测的无可争议的主流模式依然是凯特勒所开创的社会统计学多因子数理预测模式。

犯罪宏观预测之内容上的宏观性主要体现在两个方面:第一,在时间上与地域上的广泛覆盖。一般来说,典型的宏观趋势预测对于未来趋势推断一般是以年为单位,而其空间覆盖上至少是以一个完整的城市辖区为单位,更大的空间覆盖则可以大至地区、国家,甚至世界范围。比如,英国内政部 1999 年所发布的未来犯罪趋势报告就以年度犯罪发案数为预测指标覆盖了英格兰与威尔士两个国家级空间域未来三年的犯罪趋势变化。再如,在 1987 年我国公安部实施"中国现阶段犯罪问题研究"课题中,上海市公安局、武汉市公安局、吉林省公安厅等多个课题组均尝试了犯罪宏观趋势预测,而无论其应用的技术分析手段为何,其最后的预测内容均至少以年为单位,覆盖全市或全省范围的犯罪发案数值变化。〔13〕第二,在对所涉及犯罪现象发生发展趋势描述上的整体性、全局性。应当注意,宏观趋势预测本身并不排斥在对犯罪进行预测时针对特定犯罪类型、特定犯罪手段、甚至特定犯罪主体群体的细化描述。但是这类细化描述是基于整体趋势背景的描述,具体程度有限,充其量可以被看作是对宏观性内容的分层次表达。比如,在"中国现阶段犯罪问题研究"课题中,武汉市公安局课题组的预测不仅涉及了发案总数,还涉及了一些细化指标,如盗窃犯罪人数,不同年龄段的青少年犯罪人数等,〔14〕但是受到预测研究本身整体设计以及所使用的分析技术手段的限制,其预测仅仅是在上述分项中给出了整个武汉市范围以年为单位的变化趋势,而无法深入到更加具体的细节。

(二)个体犯罪(再犯)可能性预测的基本内容

与犯罪宏观趋势预测着眼犯罪现象而不与具体行为人挂钩恰好相反,再犯可能性预测的视野以单个行为人为限,而并不关注在特定时空范围内的犯罪发案之总体趋势。如果抛开再犯可能性预测的科学性信度要求不谈,对"高危"个体未来犯罪可能性进行预测这一刑事司法实践的历史当属所有犯罪预测类别中最为悠久的,可以一直追溯至人类社会刑罚体系发展史上"特殊威慑"(special deterrence)概念之肇始。所谓特殊威慑,就是通过对已知犯罪人的刑罚处罚,迫使其放弃未来再次犯罪之欲念,从而扼杀再犯可能性的刑罚价值取向。显然,并非所有的已知犯罪人都抱持再犯之欲念,故对于本无再犯欲念(因此无再犯可能性)的犯罪人,在报应刑之外再附加威慑刑之处遇既无必要也无意义。因此,威慑刑之存在,理论上必然以已知犯罪人的再犯可能性为前提,威慑刑价值之提出,也就同时提出了对再犯可能性进行预测的现实要求。

毫无疑问,在犯罪学真正发展成为一门具有基本信度与效度的行为科学门类

〔13〕参见冯树梁:《〈中国现阶段犯罪问题研究〉综述(二)》,载《公安大学学报》1990 年第 2 期。

〔14〕参见冯树梁:《〈中国现阶段犯罪问题研究〉综述(二)》,载《公安大学学报》1990 年第 2 期。

之前，已然存在的再犯可能性预测必然是毫无科学依据的。这类实践一般仅仅以执法者的经验性判断为基础，且在刑事司法制度发展早期的“野蛮时代”，往往保持“宁错杀勿放过”的指导思想，其准确性可想而知。随着犯罪学理论，尤其是个体化犯罪归因理论的发展与完善，对犯罪人的再犯可能性进行具有一定准确度的预测才成为可能。

在犯罪发案时空热点预测作为一种成熟的预测技术出现之前，个体再犯可能性预测是与宏观犯罪趋势预测作为直接相对概念而存在的。与后者的宏观性相对应的就是再犯可能性预测内容上的微观性。在此，对其微观性也可以有两层解读：

第一，个体再犯可能性预测内容具体到每一个行为人，明显不同于宏观犯罪趋势预测只关注行为总量而无法将行为与行为人直接挂钩的内容限定。在分析内容上，再犯可能性预测高度倚重犯罪学理论中代表个体化归因主流的犯罪心理学诸理论，比如，人格特质理论、行为学习理论等，并大量应用高度细化的个体行为与心理评估测量工具以达成对每一个分析对象的高度差异化预测结果。当然，再犯可能性预测中也会应用一些体现类型化的理论原则与统计学指标，比如，社会经济条件、教育程度、宗教文化背景等，但是这些指标主要用于为个体化测量指标提供补充与支撑。且作为普遍性原则，它们最终都要通过被应用于每一个具体行为人而实现其特殊性，最终还是要体现于差异化的预测结果之中。

第二，个体再犯可能性预测在对与具体个人挂钩的犯罪趋势的预测上，不会如宏观趋势预测那样仅满足于大体方向性判断及有限的行为限定性，而往往在未来可能犯罪类型、犯罪手段、犯罪烈度，甚至犯罪时间维度的判断上高度细化。比如，在通过各类行为趋势评估工具进行的再犯可能性预测中，往往会明确区分被评估个体的再犯类型，比如，暴力犯罪可能与非暴力犯罪可能的区分，掠食性犯罪与破坏性犯罪的区分，以及药品滥用相关犯罪与非药品滥用相关犯罪的区别，等等；而当这类评估涉及与特定犯罪类型关系密切的心理疾病或异常，如特定攻击倾向、偏执狂、反社会人格障碍、性心理异常时，其对犯罪细节的预测内容更是高度具体。这些对于个体犯罪可能性的预测的内容之具体程度在实践中有着非常重要的意义，因为再犯可能性预测目前主要用于指导犯罪矫治努力，对可能发生的犯罪之细节的预测越精准，则矫治努力也就越有对症下药的把握，从而有效地确保矫治效果与效益。

（三）犯罪发案时空热点预测的基本内容

发案时空热点预测在有的研究中也被称为“短期发案预测”，在这一语境中，犯罪发案预测被作为一个整体性概念考察，再按照以其成果为参考的刑事司法实务之决策层次分为三个子类别、为日常战术性部署提供参考的短期发案预测（发案时空热点预测）、为阶段性资源配置提供参考的中期发案预测、为全局性战略规划提供参考的长期发案预测。[15] 显然,后二者基本等同于前面所说的宏观犯罪趋势预测。从这一分划方式可以看出,发案时空热点预测以其内容的基本属性从属于犯罪趋势预测,但是作为一种独立的犯罪预测类型,它提供了后者所不能提供的微观视野。当然,这种微观视野与前述个体再犯可能性预测的微观视野又是有实质区别的。发案时空热点预测的微观性主要体现在两方面:

1. 发案时空热点预测的微观性体现在其时空覆盖范围上。一般来说,得益于计算机信息技术及现代统计分析技术的进步,热点预测在空间上可实现高度细化,通过数字地图的可视化分析,可以将对犯罪发案预测的定位精确到街区、建筑物、甚至门牌号,最终的精确度完全取决于数据的完整性与统计学显著性。同理,热点预测在时间维度上的精确度也可以达到相当高的水平,通过对海量发案数据时间周期性的分析,可以将发案趋势推算精确到季节、月份、特定日期、一周的特定天,甚至一天的特定时段。当然,这种内容的高精确度立足于对发案影响因子的短期稳定性的预设前提之下,相应地,在扩展的时空范围上,时空热点预测技术反而会由于影响因子的可变性而导致预测力明显减弱。因此,时空热点预测在时空覆盖上的微观性本身也是一种局限性。

2. 发案时空热点预测的微观性的体现是其对犯罪现象具体细节的高解析率。作为发案时空热点预测的重要理论基础,环境犯罪学理论强调潜在犯罪现场的各种环境性因素,包括建筑空间安排、照明、人群流动、环境互动形式、日常活动规律等均会对特定犯罪的犯意产生及受害人、发案时间、作案手段的选择产生决定性影响,因此,通过对这些环境性因素的全面深入考察,结合先前发案数据分析,就可以对特定地点犯罪发案规律做出极为细化的预测。一个典型而常见的例子:对于车站码头等人口混杂而密集的大众交通口岸,犯罪发案预期会高度重视以低警惕性流动人口为对象的侵财犯罪,犯罪预防部署也会相应地针对街头诈骗、扒窃以及抢夺等特定类型犯罪采取有针对性的防范措施(近年来,由于宏观环境的变化,还会加强对暴力恐怖犯罪的特别防范),但一般不会在其犯罪防控努力中对诸如性犯罪、入室盗窃、经济犯罪这些类别过多关注。这正是利用环境因素分析预测发案热点并指导警务实践的相对简单的例子。而在此基础上,应用更全面数据和更高阶分析手段的发案热点预测与其在基本原理上并无本质区别,所预测的内容也仅仅是在犯罪类别以及准确程度上的差异而已。

三、不同类型犯罪预测的操作性要求之异同

总体来看,宏观犯罪趋势预测,个体再犯可能性预测及犯罪发案时空热点预测这三种不同的犯罪预测类型在逻辑结构与操作原则上既有相似之处,也有重要的

---

〔15〕 Gorr, Wilpon, Andreas Olligschlaeger, Yvonne Thompson, *Short - term Forecasting of Crimes*, International Journal of Forecasting, Vol. 19(2003).

区别。三者最重要的共同点在于:(1)它们都是以有科学根据的犯罪学理论为指导,对特定犯因变量进行分析以推算出未来犯罪的发生发展趋势以及不同层次的发案特征细节;(2)属于狭义犯罪预测概念的这三种预测类型与其他广义犯罪预测相比,其预测结果均具有较高实践价值,可以为刑事司法不同领域的具体工作提供重要指导与参考。因此在操作上,这三种预测类型都将其成果的实用性放在首要地位,而不是一味追求理论的创新性或体系性。

在考察这三种犯罪预测类型的区别时,相对更有意义的对比视角是时空热点预测分别与另外两种预测类型之间的比较差异,因为时空热点预测一方面以其重发案不重行为人的特点而类归于趋势预测,另一方面又在其微观性特性上与个体再犯可能性近似,故考察它们在共性基础上的差异性更能说明问题。相比较而言,宏观趋势预测与个体再犯可能性预测差异明显,交集不多,其区别不言自明,进行深入辨析的意义十分有限,故不再占用本章篇幅加以赘述。

(一)时空热点预测与宏观犯罪趋势预测之比较

如前所述,时空热点预测不论在时间还是空间上都要明显窄于传统的犯罪趋势预测,同时对于预测精度的要求也要高出很多,这种内容方面的区别也构成两者在操作性上的第一个重要差异。另外,时空热点预测虽然与犯罪宏观趋势预测在逻辑基础上同样是通过对那些对犯罪具有关键影响力的因子进行全面分析来判断未来犯罪的可能发生发展状态,但在因子分析的层次上也具有不同特点,这体现了在不同技术条件下在对理论基础的实践应用方式的微妙变化。

宏观犯罪趋势预测在对于犯罪学理论的应用上遵循传统的途径,强调犯因变量与犯罪发案变量之间的逻辑链接与统计相关性。因此在进行预测性操作时采用犯罪学理论建构时通行的“归纳—演绎”论证方法,先从历史犯罪数据中归纳出具有预测力的犯因变量,建立其影响力作用的描述模型,再根据已知的犯因变量未来变化趋势,通过影响力描述模型来推演未来犯罪发案的变化趋势。在操作上,强调使用多个因变量的多因子分析方法,尽管有时也会涉及对过去犯罪发案的单因子时序性分析,但并不会直接从中产生对未来发案趋势的预测,而更多是用于验证犯因变量描述模型的有效性。

随着时空热点预测技术的广泛应用,单因子时序性分析在犯罪预测操作中的地位发生了重要的变化。理论上,时空热点预测主要基于犯罪环境学及其相关理论的观点,认为潜在犯罪现场的各种环境性、情境性因素均会对犯罪发案产生复杂而微妙的影响,进而影响犯罪的最终形态。但是在实践中,由于环境性、情境性变量数量繁多,关系复杂,对其因子的分析往往难以做到全面和准确,从而难以直接作为犯罪预测的因变量建模。但是基于环境性、情境性因素在特定时空内会保持周期性稳定的假设,时空热点预测强调通过尽可能大的历史数据样本来进行基于犯罪类别的单变量时序性分析,这里使用的单一因变量就是犯罪发案。在操作上,犯罪环境学理论所提出的各种犯因变量并不会直接出现在分析中,但是却是单变量分析重要的逻辑基础保证。这一逻辑基础可以通过一个典型的三段论结构加以表述,即大前提:犯罪发案在一定时空范围内的历史变化趋势决定于犯罪环境性、情境性因素;小前提:在一定时空范围内的犯罪环境性、情境性因素的周期性波动规律会保持相对稳定;结论:犯罪发案的未来趋势会保持稳定的周期性规律波动。以上述逻辑为基础,犯罪发案预测在满足时空范围限定要求后,就只需要识别出历史犯罪发案的波动规律,并将其投射至未来的特定时空区间即可,而不必深究这些波动规律背后的复杂环境性、情境性因素之变化及具体作用机制。

应当注意,在环境犯罪学理论维持其效度的前提下,上述逻辑只有在犯罪环境性、情境性因素的周期性与稳定性有保障的情况下才能适用。这也是发案时空热点预测在时间范围上难以无限扩张的原因,因为一旦时间范围扩张,就无法避免环境因素的历史性或事件性变动。比如,一个自然形成的农贸市场为其周边的侵财犯罪所提供的环境性犯因因素在几个月甚至一两年内尚可保持稳定,从而为以月为单位的犯罪热点预测提供支撑。但是一旦预测视野扩大到未来 2 ~3 年区间,无论是该农贸市场的自然扩展,还是市政部门对该市场的取缔或迁移决定都会决定性地改变该地点的环境因素组合,从而使根据历史趋势数据作出的未来趋势预测完全失去依据。

(二)时空热点预测与个体再犯可能性预测之比较

1. 共同点

我们应该注意到这两种犯罪预测技术的共同点。一方面,在预测的时空视野上,两者均属于对微观犯罪发生可能性的预测,因此均要求较高的预测精度;另一方面,两者也均具有紧贴刑事司法实务的应用性特点,前者可以被直接用于指导警方的犯罪防控部署,而后者则是缓刑假释处遇裁定及犯罪矫治策略选择的重要决策依据。

2. 区别

在操作上,上述两种犯罪预测类型的区别主要体现在其不同的理论基础以及实现预防犯罪目的的不同逻辑进路上。

(1)从理论基础上讲,时空热点预测的理论基础是"二战"后兴起的环境犯罪学以及犯罪地理学,在预测犯罪时主要通过对特定地点具有影响力的空间性要素的观察总结来判断特定类型的犯罪的发生可能性。其数据采集的主要手段是时空要素的实地观察、测量与标定。

个体再犯可能性预测的理论基础则主要是犯罪心理学和精神病学中涉及越轨行为模式和人格障碍的理论假说,重点是对特定行为人的行为习惯、人格特征中具有犯因影响力的那些要素进行识别和诊断,从而判断个体未来实施特定犯罪的可能性。其数据采集的主要手段是行为分析、个案历史分析与心理特质测量。

(2)在通过预测实现犯罪预防的基本逻辑上,两种预测类型可以说有着实质性区别。时空热点预测以犯罪为视点,关注特定犯罪在何时何地以何种程度出现,但对于具体是由谁来实施并无判断力,因此这种犯罪预测可以指导警方“守株待兔”式的犯罪防控努力,却难以支持针对“潜在犯罪人”的精确打击。

个体再犯可能性则是以犯罪人为视点的预测,可以对特定个人的未来特定犯罪倾向作出强弱判断。但是这种判断并不具有时空上的确定性,在强调个人权利保护的法治环境下,也无法支持“先发制人”式的犯罪预防措施,因此对警方的犯罪防控努力作用有限,在实践中,主要还是用于为犯罪矫治工作提供参考。同时,当通过预测识别出具有高度再犯危险的个体时,还可以通过限制假释、减刑,提高监管力度等手段对其人身危险性进行限制,从社会防卫的侧面实现对犯罪的预防。

第十五章 犯罪预防

意大利著名刑法学家贝卡利亚曾指出:“预防犯罪要比惩罚犯罪更高明,这是一切优秀立法的主要目的。”[1]这句话对犯罪预防的重要地位作了精辟的概括。诚然,犯罪预防是犯罪学乃至整个犯罪科学的出发点和最终归宿,被誉为犯罪科学理论的皇冠。社会中只要有犯罪现象的存在,就必然存在犯罪预防的需求,由此也决定了犯罪预防必将是犯罪学研究的一个难题。目前学界对诸如犯罪预防的概念、价值、可能性和局限性等基本问题上还存在一些模糊的认识。为此,世界各国的专家和学者都在不断地进行研究和探索,并通过大量的实践,总结预防犯罪的经验,并上升为犯罪预防的理论,以指导犯罪预防工作。因此,厘清模糊的地方,深刻认识犯罪预防的艰巨性和可能性,准确理解犯罪预防理论并树立科学的犯罪预防观,对建立适合我国国情的犯罪预防模式有着重要意义。

第一节 犯罪预防概述

一、犯罪预防的概念

什么叫犯罪预防,历来看法不一,一般而言,主要有广义、狭义两种区分。

广义的犯罪预防是一切防止犯罪、惩治犯罪和预防犯罪的活动的总和,亦称罪前预防、罪中预防、罪后预防。其特点是不限于犯罪发生前的预防,还包含犯罪发生中和犯罪发生后的打击与改造措施等,只要这些方法和手段能够起到积极遏制犯罪的作用即可适用。广义的犯罪预防的观点由来已久,早到20世纪80年代,各国犯罪学者几乎都是从广义的角度界定犯罪预防概念,将与犯罪作斗争的一切方法和手段都规定为犯罪预防,塑造了“预防就是一切”的理论体系。这一理论的奠基人菲利在其《犯罪社会学》一书中,就曾阐述将以社会改革为主要内容的各种刑罚替代方法及预防再犯的个别化措施纳入犯罪预防体系,这种“预防就是一切”的广义犯罪预防思潮,为新社会防卫学派所推崇,而且在不少西方国家的刑事政策中也有所

[1] [意]切萨雷·贝卡利亚:《论犯罪与刑罚》,黄风译,中国大百科全书出版社1993年版,第104页。

反映。

狭义的犯罪预防，仅指在犯罪发生前主动采取措施，将犯罪行为防患于未然，也被称为犯罪前预防。其特点是在犯罪发生之前，主动采取措施防止犯罪行为的发生。它与犯罪后的惩罚与改造具有显著区别，主要包括综合治理三道防线（预防、惩罚、改造）或者六大工作范围（打击、防范、教育、改造、建设、管理）中的一道防线或者一方面的工作。虽然广义的犯罪预防概念在犯罪学界占据统治地位，但对比广义的概念，狭义的界定更为严格，因而也逐渐受到了重视。1982 年，欧洲部长理事会第 837 号建议案，明确把基于刑罚之确定及执行的惩罚性及威慑性预防排除在预防范畴之外，并将犯罪预防只视为实现刑事政策的一种手段，而与刑事政策的其他手段相区别。1984 年，欧洲司法部部长第 14 届大会在其决议中再次强调了前述建议案中所界定的犯罪预防范围的重要价值，认为这是对犯罪进行有效预防的前提条件。受欧洲部长理事会建议案的推动与影响，许多欧洲学者从不同的角度对犯罪预防的概念展开研究，提出了一系列狭义的犯罪预防概念。其中影响较大的是 1986 年比利时学者提出的概念："犯罪预防，是指国家、地方组织及社会团体，通过消除或限制致罪因素及其对孕育着有利于犯罪机会的物质及社会环境的恰当管理，以达到更好地控制犯罪的目的而采用的一种手段。"〔2〕

二、犯罪预防概念的理性选择

犯罪预防被誉为犯罪科学理论的皇冠，有鉴于此，在有效开展犯罪预防工作之前，应当在理论和实践相结合的基础上透彻地研究犯罪预防问题。而目前首先要做的，是明确其内涵和外延，弄清犯罪预防概念、内容、目的等，科学厘定犯罪预防所涵盖的范畴。广义的概念和狭义的概念都有其存在的合理性，因此应予以理性对待，不可偏颇其一。

一方面，就刑事政策的决策而言，与犯罪行为作斗争固然应该首先立足于行为发生前的防范，但是事后的有效惩戒也不容忽略。毕竟，犯罪发生后的有效处置，对新的危害后果的发生具有重要价值。另外，事前防范手段也具有缺陷，防范效果并不能直接实现，其防范成果有赖于刑罚强制力予以保障，因而应当确立以事前防范为基础、事后处置为补充的完整的犯罪预防体系。因此，从国家宏观的刑事政策上讲，应坚持广义的犯罪预防概念，以便尽可能调动社会和国家两方面的力量，综合运用包括刑事制裁手段在内的各种措施，形成与犯罪原因的复杂性和多层次性相适应的事前预防和事后惩罚相适合的犯罪控制体系。

另一方面，就犯罪预防的实践和理论研究而言，犯罪预防体系作为一个十分复杂庞大的系统，其有效运作和深入研究，有赖于众多社会组织的介入和多学科的精细分工与合作。而事前防范，作为犯罪控制的最基本的路径和最有效的手段，它与

〔2〕 张远煌：《犯罪学原理》，法律出版社 2008 年版，第 278 页。

事后的处置措施具有重要区别,例如研究的出发点、遵循原则以及路径选择方面。因此,在犯罪学领域,为了更准确地反映对犯罪所采取的“防”和“治”各方面的对策、方略,应采狭义的概念,以更全面体现综合治理的思想,同时也更全面传达对犯罪行为预防的内容和思想。

因此,在本书中,采取狭义的概念,来研究犯罪的事前预防问题,以此推动狭义预防活动的有效开展,克服目前普遍存在的因事前防范乏力而过度依赖事后惩处的被动局面。对于广义的犯罪预防的价值,将在犯罪预防的体系和模式中涉及。

第二节　犯罪预防的价值分析

犯罪预防是我国犯罪学研究的出发点和归宿,是解决犯罪问题的治本之策,是整个犯罪研究带有根本性和战略性的重大课题,在犯罪学学科体系、社会实践与理论研究中处于重要地位。对于犯罪预防的价值,这是一个不言自明的问题。但是作为以实证研究为特点的犯罪学理论,应当对这一看似常识性的问题作出理性分析。

一、犯罪预防的优越性

(一)犯罪预防有利于避免和减少犯罪给社会造成的损失

犯罪是自从人类社会产生私有制以来就出现的一种一直威胁、困扰和破坏人类生产、生活与安全的严重社会问题。进入20世纪以来,犯罪正成为世界性公害,它对人类的威胁,特别是在物质上和精神上所造成的损害,已大大地超过了战争。美国因犯罪每年给经济造成的损失高达上千亿美元,大大超出美国全年文教和卫生事业的开支,至于犯罪所造成的人身伤亡,更加惨重。我国缺乏犯罪的财物损害统计,但是不言而明的是犯罪造成的损害也是巨大的。如果将犯罪预防工作做在犯罪发生之前,控制与减少犯罪行为的实际发生,就可以减少许多不必要的伤害和损失,还会减少因犯罪发生后国家刑事司法机关为惩治犯罪所耗费的人力、物力和财力。

(二)犯罪预防有利于社会秩序的稳定

犯罪是一直严重危害社会治安、破坏社会秩序、影响社会稳定的行为,如果犯罪频频发生,不仅会破坏社会生活,使社会成员处于惊恐不安状态,而且还会影响社会的政治、经济、文化和军事等事业的健康发展,导致社会的混乱。若能使预防工作发挥应有的功能,减少恶性大案要案的发生,防止潜在的犯罪行为人着手实施犯罪,无疑使社会安全阀调整到了最佳的档位,社会秩序自然也就获得了稳定,社会长治久安的目的也得以实现。因此,无论是对社会近期的发展目标,还是对社会长远的发展目标,犯罪预防都是必要的、不可缺少的。

(三)犯罪预防有利于社会主义物质文明和精神文明建设

犯罪预防与两个文明的建设是一种辩证统一的关系,犯罪预防有益于两个文明建设,同时两个文明的建设又是犯罪预防的根本性措施与保障。[3] 从犯罪预防对两个文明的建设的作用而言,社会主义物质文明建设的重点内容是发展社会主义的生产力,并在此基础上努力提高人民的物质生活水平,而这一任务的完成要有一个安宁稳定的社会环境作保证,这就需要做好犯罪预防工作,只有这样才能为社会主义经济建设和物质文明建设提供可靠保障,从而加快我国社会主义经济建设和物质文明建设的步伐。社会主义精神文明建设的根本任务是培养有理想、有道德、有文化、守纪律的社会主义公民,要完成这个任务,光靠做思想工作不行,必要时也要使用一些法律手段和行政手段。另外,两个文明的建设工作做好了,社会治安环境好转,犯罪数量也将有所降低,这与犯罪预防的目的一致。

(四)犯罪预防是治理犯罪的最根本途径

犯罪预防作为犯罪学研究的出发点和最终归属,无论是对犯罪现象的描述还是对犯罪原因生成规律的分析,最终都是服务于科学预防观念的形成和预防对策的改良与预防措施的拓展。在犯罪预防的实践中,我国总结出了打、防、改、管、教、建等一整套具有完整系统和内在联系的综合治理方针。其中,防是治理犯罪的最根本途径,是最为理想的措施。

二、犯罪预防的现实可能性

犯罪能不能预防?犯罪现象能不能消除?这是犯罪学家历来争论的问题。出于不同的犯罪观,就有不同的看法。在西方,有学者主张犯罪是天生的,或者至少是生理因素、自然环境、社会因素的综合结果,因而犯罪不能预防,充其量只能实现行为遏制与现象控制;另外也有学者主张"犯罪永恒论"观点,因而认为犯罪是不可能预防的,如法国社会学家迪尔凯姆认为"罪犯已不再是绝对的反社会存在,不再是社会内部的寄生物,即不可同化的异物,而是社会生活的正常成分"[4]。但是,国内外也有众多的犯罪学者一致认为,犯罪是可以预防的,犯罪规律的可知性、犯罪原因的客观性,决定了犯罪预防的可能性。

(一)犯罪规律的可知性,为犯罪预防提供了科学依据

马克思主义哲学告诉我们,世界是物质的,物质是运动发展的,运动发展的物质是有规律的,一切事物及其规律都是完全可以被认识的。同时,犯罪是一种社会现象,虽然错综复杂、变化万千,但是也是客观存在的事物。它同其他事物一样,都有着其自身发生、发展和变化的规律,其规律是可以认识的。正如人们常说的"预

---

〔3〕 参见魏平雄、赵宝成、王顺安主编:《犯罪学教程》,中国政法大学出版社1998年版,第325页。

〔4〕 [法]E.迪尔凯姆:《社会学方法的准则》,狄玉明译,商务印书馆2007年版,第89页。

防犯罪必须尊重犯罪规律”，因此，我们可以通过犯罪原因等要素来认识犯罪规律，从而利用犯罪规律来预防犯罪发生。犯罪的基本规律的存在决定了犯罪具有预防的可能性。

1. 作为人类赖以生存和发展的物质基础的自然环境，包括空间地理位置、气候、地貌等都与犯罪的产生有着重要的联系。通常来说，犯罪行为的发生，具有强度不等的空间选择性。以盗窃为例，盗窃者会在盗窃前考虑很多的环境因素，如作案目标的可见性、监控力量的强弱、接近目标的通道和逃离通道是否畅通。这些环境因素都是盗窃者盗窃前需要考虑的内容，因而盗窃多发生在防范能力降低的被害人身上，例如，没有人的住户，同时在没有监控的小区以及道路复杂、逃离简单的城中村发生的概率也较大。再如，气候对犯罪的发生也有影响，夏季天气炎热，人们穿着单薄，手镯、项链、名表等各种饰品容易暴露，夏季是抢劫和强奸罪的高发季节。

2. 社会环境与犯罪的发生也有密切关系。我们都知道，一个人的生活环境对人的影响是巨大的。经济社会的发展程度、社会风气的好坏、社会主流价值观的确立、法律的健全程度、社会治安状况、人与人之间交往的信任度等都是影响犯罪产生的重要社会因素。例如，对于有些利用青少年为掩护的盗窃的案件，我们都无法设想一个天真无邪的孩子会成为一个助纣为虐的犯罪分子。事实上这种案件的发生都与青少年所处的社会环境、家庭环境相关。再如，因为社会贫富差距过大而导致有些人严重的心理失衡，他们很可能通过犯罪来释放自己内心长期积压的对富人的仇视和对社会的不满；社会风气的好坏也影响犯罪发生率，拜金主义、享乐主义、盲目崇拜权力等风气，会使一些人妄想不劳而获，而犯罪就成为他们认为的最好的捷径；经济社会的发展，导致经济类犯罪比以前增多，犯罪类型也开始增多。

3. 个人因素在犯罪发生过程中也占据着重要地位。比如青少年走向犯罪的道路，在一定条件下，开始都是从不显著的、不易被人们察觉的不良思想与习惯开始的，如果得不到及时抑制，则会发展成为违法心理、犯罪心理，以致造成违法犯罪的后果。个人身体素质的好坏，家庭结构的健全程度，受教育的程度等都会对一个的人生观、价值观产生很大影响。因此，重视培养人们健康的人格特质显得尤为重要。

（二）以反常表现为依据发现犯罪苗头，开展事前预防

以个体犯罪为例，任何个体犯罪行为的发生，无论其原因如何复杂，都有一个从无到有、从小到大、从轻到重、从量变到质变的发展过程。犯罪行为是犯罪心理的外化，正在走上或将要走上犯罪道路的人，在其工作、学习、待人、接物等的日常行为中，总有某些不正常的反映。这就为我们认识犯罪的发生提供了线索。总之，只要了解犯罪心理与犯罪行为这种由量变到质变的发展过程及其规律，就可以在日常生活中采取种种有针对性的措施，减少和削弱消极因素的影响，增加或强化积

极因素的作用,达到预防犯罪的目的。

(三)偶然性犯罪的背后也有必然性的因素,也可以洞察其犯罪规律

一般犯罪有规律可循,偶然性的犯罪是否也有规律呢？一般地说,偶然性犯罪常常带有偶然性、突发性、随机性和情景性等特点,给人以不可理解、难以捉摸、预见度低的感觉。但是,从事物发展的规律来看,偶然性犯罪仍然是有迹可循,是可以认识的。就拿马某爵杀人案来说,虽然事出偶然,谁都无法想象一个平日里孤僻的学生会做出杀害舍友的事来,但是和其他偶然性犯罪一样,这种偶然性、突然性始终是受内部隐藏的规律支配的,偶然性的背后也有其必然性。

(四)国际性犯罪预防的合作与交流为犯罪预防提供了有利的国际条件

自1955年以来,联合国每五年召开一次预防犯罪和罪犯处遇大会,其中一项重要议题,就是交流预防犯罪的经验,制定预防犯罪的战略。国际刑警组织在预防和制止犯罪方面也进行了广泛的合作。各国司法部门、学术团体及其他有关组织为预防犯罪更是进行了广泛的接触、合作与交流,其内容越来越丰富,如打击跨国毒品犯罪、贩卖人口犯罪、走私枪支、武器犯罪、越境潜逃犯罪的合作,以及治理犯罪的设施、经验、学术理论的交流等。

三、犯罪预防的局限性

犯罪是有规律的,我们可以根据对犯罪基本规律的认识来有意识、有目的地预防犯罪。此外,应该明确犯罪预防的可能性与现实性之间的关系,犯罪是可以预防的,但是预防犯罪的可能性是有限的,或者说并非所有犯罪都是可预防的。犯罪预防的作用受到多种因素的制约。所以,我们应该实事求是地直视犯罪预防的局限性,积极创造使犯罪预防的可能性向现实性转化的条件,实施可行的预防措施。

(一)犯罪现象的复杂性和规律难以把握

犯罪现象是一个长期存在、纷繁复杂的社会现象,其形成原因,除与社会私有制、阶级、阶级斗争有联系以外,还与社会的政治、经济、文化、民族、宗教、伦理、教育、道德等一系列现象与制度有着或直接或间接的关联,并且与人的个体因素、自然环境等因素有着相应的联系。揭示犯罪现象与这些因素的关系,把握犯罪现象存在、发展和变化的规律,并不是一件轻而易举的事,而是一个长期的、艰难的认识过程。因此,想要充分地认识犯罪现象的状况、特点,寻找犯罪现象发生、发展的变化规律就十分困难,如果缺乏对犯罪现象状况、特点及其发展规律的准确认识,就很难从宏观上制定规划、采取预防对策。

(二)犯罪预防方法和预防手段本身存在的不足

犯罪预防的开展有赖于对犯罪规律的准确认识,但是准确的认识并不一定会有完美的预防措施。一方面,就算对犯罪规律的认识准确、透彻,受技术水平的限制,也很难保证所制定的预防措施都是符合实际的;另一方面,即使制定的预防措施合理,但受现有社会条件的制约,加之预防效果很难在一段时间内反映出来,因

此也影响着措施的开展和效果的发挥。

(三)预防措施的实现受限于犯罪人和被害人的个体差异性

犯罪行为是犯罪人犯罪心理外化的结果,犯罪行为的产生和发展,就是犯罪心理的形成和发展。在犯罪行为人方面,不同的行为人人格或者个性特征方面存在差异,对同一种预防措施感应能力有很大的差别,难以产生同等的预防作用。例如,加强对公民的道德品质及法治观念的教育等社会性预防措施,对人格尚未完全定型的青少年具有明显的正面引导效果,但是,对于成年人而言,其正面效果则相对弱化,不足以矫正业已形成的不良心理。所以,面对意志顽固的成年犯罪者、职业犯罪者、惯犯和犯罪动机强烈者,温和的预防措施就会显示其苍白的一面。

另外,在犯罪被害人方面,犯罪被害人虽然是犯罪侵害的最后受害者,但是有时也对犯罪的发生起到了直接或间接的推动作用,有可能是犯罪发生的策动者或者帮助者。增强被害预防意识和提高防护技能为基本内容的犯罪被害预防,其实际效果也存在与预防社会成员形成犯罪思想同样的困难。

第三节　犯罪预防的理论争议

在人类历史上,统治阶级出于维护其统治和统治利益的需要,都非常重视对犯罪预防的研究。在资本主义时期,由于犯罪的剧增,迫切需要加强犯罪防范,资产阶级学者依据自己的犯罪观提出了许多预防犯罪的对策,如法律预防、技术预防、共同体预防等。“二战”之后,在联合国确立的“预防犯罪、治理犯罪”的方针指导下,预防犯罪从单一的对策理论逐步向预防措施体系化方向发展。经过探索,在学界已经形成了六大犯罪预防理论:法律预防理论、心理学—生物学犯罪预防理论、社会预防理论、条件预防理论、犯罪被害预防理论、综合预防理论。

一、法律预防理论

法律预防理论也称为司法预防理论,是犯罪预防学史上最古老的预防理论。该理论将犯罪归因于刑事立法和司法功能不当所致,因此犯罪的预防应从加强和改革立法和司法入手,而刑罚的功能在于威慑和犯罪预防。首先,在刑事立法方面,强调宽严相济,有时要加重刑罚,如对严重犯罪者长期剥夺其自由甚至生命,在严惩犯罪分子的同时震慑潜在的犯罪分子;有时则要减轻刑罚,对一些轻微的犯罪设置非监禁刑或者非刑事处罚,以避免监禁或刑罚的“标签”和其他副作用。其次,在刑事司法方面,改革侦查、起诉、审判等司法过程,降低犯罪黑数的数量;改善矫正措施,通过矫正以减少再犯、累犯;提高司法公正度、透明度,避免因司法不公而引发新的犯罪。

在法律预防理论指导下,犯罪预防的措施主要有以下几种:(1)实行非犯罪化策略;(2)立法威慑策略;(3)加强警民关系,改进侦查技术和手段,以提高破案率,取消辩诉交易等。

二、心理学—生物学预防理论

在美国,受龙勃罗梭的天生犯罪人学说的影响,有学者认为,犯罪都是行为人在一定程度上心理变态或心理功能失调的产物,因此预防犯罪应当治疗已犯罪者和表现出犯罪倾向之人的各种心理疾病,防止他们犯罪或者继续犯罪。龙勃罗梭认为大多数犯罪预防理论都是针对理性犯罪人来说的,而对于激情犯罪人来说,法律的威慑,罪犯的理性选择理论等都不能解释他的行为,所以对于这类犯罪人,心理学和生物学的预防应该更为可靠和重要。

心理学—生物学预防理论下的犯罪预防措施主要表现在对青少年犯罪和各种具有精神病或者神经质人犯罪的预防上。主要包括以下几种具体的手段:(1)躯体治疗,包括各种外科手术和药物治疗;(2)心理和精神动力学干预;(3)应用行为分析方法;(4)认知—行为矫正方法。

三、社会预防理论

社会预防理论为世界各国犯罪社会学派所共同倡导。这种理论认为,犯罪是各种社会因素共同作用于行为人的结果,因此预防犯罪要从社会方面着手。

在现代,社会预防理论中影响最大的是法国马克·安塞尔的"新社会防卫"理论。[5] 这种理论认为,犯罪预防只能针对犯罪现象赖以产生、存在各种可能的原因或因素来进行。如果说犯罪人格是根源于犯罪人的生理特征或者犯罪人的心理成长过程的话,那么犯罪人所处的周围环境(从家庭一直到整个社会)对其犯罪人格形成的影响也是极其重要的。因此,犯罪预防问题不应局限于犯罪人身上,而应调整到社会环境中,犯罪预防的重点在于社会环境的治理。在美国,社会预防理论因为对犯罪成因认识的分歧,因而也有许多不同的种类。社会结构和冲突学派强调要改变美国的犯罪现状,必须彻底改变美国现行的社会经济和政治结构;而社会过程理论只要求消除影响青少年正常社会化的各种不良因素,并不要求改变现行的社会结构。

基于社会预防理论,各国学者都提出了一些具体的预防措施,主要包括以下几类:第一,改善社会氛围和生活环境的措施;第二,加强对青少年的保护工作;第三,改善行政管理措施;第四,改革司法制度的措施;第五,设立常设的犯罪预防机构。

四、条件预防理论

在英国,条件预防理论也称为情景预防理论或者情境预防理论。条件预防是

---

〔5〕"社会防卫"理论最早由实证主义学派代表人物菲利于19世纪末提出,普林斯首次将之系统化,到1945年人道主义复兴时期,格拉马蒂卡倡导新社会防卫运动,但因过激地主张人权保障和全盘否定刑法而遭到多方批评。1953年以后,安塞尔以这种调和特色异军突起,自立一派。

通过改变犯罪人、被害人和环境之间的关系而减少实施犯罪的机会。长期以来实行的生物预防、心理预防、社会预防、刑罚预防成本投入大，操作困难，预防效果不明显。在这种背景下，西方学者开始寻求新的犯罪预防思路，开始关注犯罪机会的研究，提出了诸多理论，其中较为著名的有防卫空间理论、环境设计理论、定向问题控制理论、理性选择理论、日常活动理论、生活方式暴露理论、犯罪机会结构理论、死角理论和犯罪场论。

基于条件预防的各种理论，各国主要发展了如下具体措施：目标加固、入口控制、改变拥挤状况、转移（疏散）犯罪人、控制促进因素、入口出口检验、正式监视、非正式的监视、自然的监视、目标转移、财产标刻、环境设计、环境管理、邻里守望和设定规则等。

五、犯罪被害预防理论

犯罪被害预防，是指在研究导致被害的各种因素的基础上，从被害人的角度采取的各种防范犯罪措施的综合。犯罪被害预防包括社会预防和个体预防。社会预防，是指国家有关职能部门根据特定时空条件下的整体犯罪与被害的现状与趋势，或者针对具有共同被害特性的某类犯罪或被害人，所采取的各种防范被害措施。个体预防，是指个人与单位采取的各种防范自身被害的措施，此处的个体不仅指自然人，还包括单位。著名的犯罪被害理论有常规活动理论、生活方式理论、重复犯罪对象理论和犯罪热点理论等。

在这几种理论的基础上，形成了三层次被害预防体系。所谓三层次被害预防是指从社会、社区、个体三个层次开展的各项被害预防措施，它们彼此相连，共同构成完整的被害预防体系。第一层次被害预防，即社会预防。第二层次被害预防，是指立足于居民社区，通过对个人居住的社区建筑环境和人文环境的改善，预防被害。被害预防主要是社区预防，社区是被害预防措施具体化的主要场所。第三层次被害预防，是指个人、家庭、团体机构、商业场所等采取的预防自身被害的各种措施。本层次的预防是整个被害预防体系的基础，前述两个层次的被害预防措施依赖于本层次的现实化、具体化，整体被害预防的效果也取决于本层次的实现程度。

六、综合预防理论

综合预防理论在各国有不同的表现形式，但是基本上是由五种以上预防措施组合而成，我们分述如下：

1. 美国的综合预防理论。美国的犯罪学家在犯罪预防领域取得了基本的共识，那就是预防犯罪必须是综合性的，这种犯罪预防的综合理论已经被美国各界所接受。综合预防理论体系也分为三个层次：第一层次，旨在发现各种孕育犯罪的环境和机会并加以改善和控制。第二层次，在于鉴别潜在的罪犯和犯罪高发区并进行早期干预。第三层次，主要针对已经犯罪的人员，防止他们再犯。

2. 日本的共同体体制理论。在日本，学者们逐渐跳出了以犯罪者个人恶劣说和环境恶劣说为基础的犯罪预防理论的圈子，将视野扩展到广阔的社会矛盾运动，提出了共同体体制理论。共同体体制理论认为，必须以系统论观点或综合治理的观点来考虑犯罪预防对策问题。这种犯罪预防理论的重心不在于通过对犯罪人的处罚而达到一般预防效果，而在于通过探究犯罪发生的原因，预测犯罪发展的趋势，以消除诱发犯罪的可能性。

3. 苏联的犯罪预防理论。关于犯罪的预防，苏联学者认为，应当做好两个方面的工作：一方面对已经发生的犯罪，要及时查明犯罪事实，揭露犯罪人，对他们处以刑罚，进行教育改造，防止他们重新犯罪；另一方面是对可能发生的犯罪要建立全民预防体系进行预防。

第四节 犯罪预防体系

体系，是指一定数量的相互关联的各个组成部分围绕着一个共同目标而协调进行的有机结合体。犯罪预防体系，即参与预防犯罪的各种力量、各种手段、各种举措围绕着犯罪预防这个共同目标有机联系、协调运行的工作体系。从理论上讲，科学的犯罪预防体系，必须建立在对犯罪现象及其原因的科学认知基础上。德国犯罪社会学家李斯特说过，要想同犯罪进行有效的斗争，必须先要研究犯罪原因。对症下药才是良方。对于犯罪预防体系，从不同的角度出发，根据不同的原则，可以建构不同的犯罪预防体系。具体而言，可分为宏观预防和微观预防两个方面。

一、宏观的犯罪预防

宏观犯罪预防，从总体上建立前后一贯的犯罪预防体系，可以针对违法犯罪的不同情况，给以切实有效的处置，以达到犯罪预防的目的。具体包括社会预防、心理预防、治安预防、刑罚预防。前三道防线为防患于未然，第四道防线目的在于惩治于已然，四个组成部分，构成了宏观预防的四道防线，缺一不可。

（一）社会预防

从广义上讲，预防犯罪的全部活动和措施都属于社会性的，或者说都可以称为社会预防。然而本节所讲的社会预防特指预防体系中的一个基本层次和重要方面，与心理预防、治安预防和刑罚预防等措施相互配合，共同构筑成宏观体系的四道防线。

社会预防，是指通过对社会结构的调整与完善，使社会健康和谐发展，消除或减少社会弊病，从而达到预防、遏制和减少犯罪发生的目的这样一种社会活动。根据社会学和犯罪原因的研究，证明犯罪属于反社会现象或社会的异常现象，是人类社会的伴生现象，在很大程度上是由社会自身的矛盾以及人自身的弱点所导致的，它的消长趋势，取决于社会和人类的完善程度。因而犯罪的预防就需要社会自我调整与完善，不断完善的社会加上不断完善的人便是犯罪预防最为理想的条件。对社会预防的概念的设定，并非某一学者的主观想象或故弄玄虚，而是出于对社会以及犯罪现象的本质和变化规律的认识和把握。

这种以社会的完善为宗旨的社会预防活动，是在如下思想指导下展开的：社会的健全与完善，是杜绝和减少犯罪现象的根本性前提之一；犯罪现象得到最大限度的抑制和减少，是社会完善过程的客观收获之一；除了创造和实现社会的健全与完善之外，不存在其他更为科学有效、简便易行的社会预防措施；完善的社会加上完善的人，是预防和减少犯罪最为理想的条件。[6] 具体地说，由于违法行为通常是由不以立法者意志为转移的经济因素造成的，从这一前提条件出发，大力发展生产力，加快国民经济的发展，无疑是首要的一环，这是犯罪预防的根本措施。当然，在制定科学的国民经济和社会发展规划时，要将犯罪预防规划成为其中一个组成部分。首先，社会物质文明和精神文明建设协调进行，提高社会物质文明和精神文明的综合水平，这是犯罪预防的重要保证；深化社会管理体制改革，克服社会弊端，不断完善社会主义制度。其次，发扬社会主义民主和健全社会主义法治，正确处理好人民内部的各种矛盾，发展安定团结的政治局面。这是预防犯罪的根本性举措。再次，推广军民联防，综合治理社会治安，健全治保、调解组织，制定村规民约，落实社会治安责任制，把社会建成息息相关的和谐整体，这是犯罪预防的社会基础。最后，强调社区、群体、个人对预防犯罪的参与，推行社区参与、群众自治、自我管理约束的预防举措，是预防犯罪的国家行动的必要补充。

总之，我们讲的社会预防，就是要从经济上、政治上、科学技术和教育上、文化上、思想上以及社会上实行群防群治，综合治理。社会预防犯罪，这是极其庞大的社会系统工程，必须在各级党、政领导的统一指挥与协调下有序地进行，方能收到实效。特别是要将“谁主管，谁负责”的综合治理方针的责任制，最大限度地具体化、制度化、法律化。紧紧围绕社会治安综合治理方针所要求“打、防、教、管、建、改”的工作范围，将各级领导的责任与其经济利益、政治利益挂钩，明确责任，建立奖惩制度，形成社会治安综合治理的态势。

（二）心理预防

心理预防，是指对人的健全人格的社会培养和自我修养活动，其作用在于增强人的社会适应能力和自我控制能力，使人能在特定的社会背景和具体场合下做出符合社会法律和道德规范的行为。同时，它也是削弱或者排除形成犯罪心理的内在动因，即将正在形成过程中的犯罪动机抑制住、消除掉。强调犯罪的心理预防，

---

〔6〕 参见魏平雄、赵宝成、王顺安主编：《犯罪学教程》，中国政法大学出版社 1998 年版，第 374 ~ 375 页。

意在强调预防不仅在于社会的完善而且在于人的内在完善;预防不仅需要一定的社会控制,还需要人的理性控制。人是一种精神性的生物实体,不仅有本能和直觉,而且有理性和意识。而犯罪人往往表现为人格的欠缺、变异,这种欠缺、变异导致了他们在一定的社会背景和具体场合下做出违法犯罪行为的选择。因此,对个体进行人格健康完善的教育,进行世界观、人生观和法治观的教育,是消除犯罪的思想和心理形成的重要方面。

犯罪心理不是与生俱来和一成不变的。也就是说,它既可以在一定条件下转为犯罪行为,又可以在良好的教育下导向正确的道路。一般地说,决定犯罪心理发展变化方向的,是一个人的人生观和世界观。如果用正确的人生观、世界观支配人的心理,人的行为就会朝着健康、有益的方向发展;反之,如果用不正确的人生观、世界观支配人的心理发展,人的行为就会朝着犯罪的方向发展。因此,进行犯罪心理预防,就必须首先从培养树立正确的人生观、世界观入手。当然,不断完善社会,创造一个有利于人格健全发展的社会文化环境,亦属十分必要。因此犯罪心理预防主要从自我修养和社会化两方面入手。

一方面,加强自我修养,形成自我意识。自我意识成熟的个体,凭借理性和自我意识,积极地进行自我修养和自我完善,增强自我控制和自我调节能力,不失为一种健康人格的自我养成的途径,同时也不失为犯罪心理预防的又一基本途径。

另一方面,心理预防的社会化方法。所谓社会化,又可称之为社会教化或社会教养,是个人借以学习社会规范和价值标准、生产生活的知识和技能,并形成独特的个性(人格)的过程。个体的社会化过程的顺利完成,是犯罪心理预防的基本途径之一。具体要做到三个方面的工作:其一,不断完善社会,以创造一个有利于人格健全发展的社会文化环境。这一途径与社会预防是相通的,恰恰表现了心理预防和犯罪预防的有机联系和相互统一。其二,通过家庭教育、学校教育、集体劳动教育、人机互动、文化传播媒介等方式传授社会文化和社会规范。其三,政府应开展心理卫生工作和心理健康咨询工作,这是维护心理健康、培养健全人格的重要途径,也是犯罪心理预防的重要途径。

(三)治安预防

治安预防是指公安机关运用治安管理手段、方法与措施,针对社会公众尤其是违反治安管理行为人和轻微违法犯罪人所实施的各种预防、控制、惩罚和矫治活动。这是预防犯罪体系中不可缺少的一环,是最为直接的一项专门性预防措施。治安预防的对象是广泛的、多元的,最为主要的是全体社会公众、违反治安管理的行为人以及已有恶习并已触犯刑律或接受过刑罚和矫治、改造的人员。其中,第一类人的预防,主要是从整个社会环境和风气出发,防止社会传统陋习、不良社会习惯对公众的影响,打击、取缔淫秽物品、卖淫、吸毒、赌博、封建迷信等社会丑恶现象,消除犯罪的诱发因素,以实现从社会面的管理和控制;第二类人是治安预防的最主要的对象,对于这些越过社会防线,实施违法行为但还不构成犯罪的人,给予一定的治安处罚,可以有效地制止和预防其违法行为的进一步发展,维护社会秩序;其中第三类人员是治安预防的重点。

治安预防作为一般性普遍预防措施的后续防线同时又是启动罪后预防工作的前伸阵地,是预防犯罪体系中不可缺少的重要环节。总之,治安预防对于稳定社会秩序,挽救失足者,预防和减少犯罪具有重要意义。如果此项措施实施或落实得不好,整个预防工作将功亏一篑,社会治安将不可设想。

(四)刑罚预防

刑罚预防也称刑事预防或司法预防,指国家司法机关运用刑罚的方法,揭露犯罪、惩罚和改造犯罪,从而预防再犯,教育全体社会成员的一项特殊强制措施和防范活动。这一活动,包括立法机关对刑事法律的制定与公布、公安机关和检察机关对犯罪的侦查与提起公诉、法院和监狱对刑罚的量定和执行等多个阶段的内容。刑罚是国家最为严厉的法律制裁措施,刑罚的目的在于预防犯罪,而刑罚预防则是在前三道防线都未奏效的情况下,不得已而使用的具有特定针对性、强制性和补救性的预防方法,这种事后预防与其他三道防线一起,共同构成犯罪预防的完整体系,借以收到预期的防范效果。

刑罚预防包括一般预防和特殊预防两个方面。一般预防是针对犯罪人以外的没有实施犯罪行为的不特定社会公民,所以又称为“犯前预防”,是刑罚预防所追求的扩大效应。一般预防表现为通过惩罚罪犯,威慑社会上不稳定分子,使其不敢以身试法;通过刑法公布、法治宣传、公开判决等形式,教育公民自觉守法并勇于同犯罪分子或犯罪现象作斗争;通过对犯罪分子的惩罚来抚慰被害人及其亲属,以免产生冤冤相报的情形。特殊预防又是个别预防、罪后预防或再犯预防。特殊预防的对象是已经实施了犯罪行为给社会造成了严重危害的应受刑罚处罚的罪犯,或称为犯罪人。通过对之施以刑罚,使其不敢再犯,通过剥夺其人身自由或生命权利使之不能犯罪,通过改造教育使其不重新犯罪。

宏观犯罪预防体系的四个组成部分具有各自的功能,缺一不可,由此构成犯罪的四道防线,前三道防线为防患于未然,第四道防线则为惩治于已然;社会预防和心理预防是社会与个人的积极的自我完善,即不断完善的社会加上不断完善的个人,是犯罪预防的充分条件;治安预防和刑罚预防,则是在不充分具备上述条件的情况下而进行的外在强制与控制。社会预防、治安预防和刑罚预防相对于心理预防来说,其基本方向是指向个人、作用于个人的,而心理预防则是通过内在交流,使个体主动去接受、适应来自外部的上述制约。这样,通过以上四道防线的协同运作,社会便形成了一种良性运行和动态平衡,从而总体上降低犯罪行为发生的频率和行为强度,以此大大减少犯罪现象的出现,实现犯罪预防的终极目标。

二、微观的犯罪预防

微观的犯罪预防包括家庭预防、学校预防和社区预防，也就是社会组织对违法犯罪的横向预防。一般说来，微观的犯罪预防基本都是事前的预防，防患于未然。搞好对于犯罪的家庭预防、学校预防和社区预防，使之相互衔接、相互配合，筑起犯罪预防的三道防线，是我国有关专家和学者在研究青少年犯罪问题时，提出的一种有效预防青少年犯罪的体系，它对于一般犯罪的预防同样也有借鉴意义。

（一）家庭预防

家庭是未成年人成长和接触社会的第一环境，对未成年人影响巨大，家庭是未成年人犯罪预防体系的第一道基础防线。家庭预防是通过发挥家庭的教育功能以实现抑制和减少犯罪的途径的目的，主要是家长对子女的犯罪预防和家长自身的犯罪预防，目的在于防止家庭成员犯罪和家庭受到犯罪侵害。在犯罪的家庭预防中，核心在于家长对子女犯罪的预防作用。

研究表明，家庭的不良因素如家庭教育，对子女走上犯罪道路具有一定的作用，犯罪分子青少年时期的家庭教育与其不良心理息息相关，因此，父母应充分运用自己在家中的影响力，采取科学的教育方法和教育态度，正确引导、培养子女，形成良好的品质，知法、懂法，明辨是非、善恶，使他们树立正确的世界观、人生观、道德观、劳动观和价值观，从而起到预防犯罪的作用。另外，家长的言谈举止潜移默化未成年人的行为，因此家长还应严于律己，提高自身素质，加强自身修养，以身作则，言传身教，为子女树立榜样的同时也要防止自己走上违法犯罪道路。同时，家长也应正确处理家庭关系，营造和谐的家庭氛围。马卡连柯曾说过，家庭集体的完整和团结一致，是良好教育的一个基本条件。未成年人犯罪研究中心的调研结果显示，离异家庭子女的犯罪率高于非离异家庭子女30%左右。[7] 因此，应努力营造和谐的家庭氛围，尽力维系家庭结构的完整，即使离异，也应经常关心未成年人的学习和生活，以使其健康成长，不会误入歧途而走上犯罪道路。

（二）学校预防

继家庭之后，对儿童和青少年成长过程起到持久作用的社会化机构就是学校。在现代社会中，学校是绝大多数人成长的必经之路。人生有近三分之一的时间是在学校度过的，学校的教育对未成年的人格的形成以及正确的世界观、价值观和人生观的树立具有决定性的作用。其中的教育，不仅指纯粹的传授知识的课堂教育，而且还包括道德、法治等的教育。因此可以说，学校预防是继家庭预防之后的犯罪预防的又一道重要防线。在犯罪的预防中，学校应发挥其应有的育人作用。

学校预防，首先重视和发展教育事业，提高全民族的文化素质。我国社会治安当前不好的症结所在，主要是人口素质不高，缺乏教育和修养，在违法犯罪人员中

---

〔7〕 参见张轩：《青少年违法犯罪现状及原因》，载《人民日报》2004年9月29日。

主要是文盲、法盲和流氓,从根本上讲主要是教育问题。若教育问题不解决,严打成果不能巩固,社会治安也很难做到根本好转。其次,学校应加强师资队伍的建设,提高教师思想品质和业务素质,教育者先应是受到良好教育的,这样才能同家长、社会相配合,共同做好学生的教育工作,这是学校预防的前提和基础。再次,学校教育应根据未成年人的特点,强化德育与法治教育相结合的理念,采取多样的思想教育方式,培养德、智、体全面发展的人才,增强学生的自我约束意识。最后,学校应建立有效的家校联动机制,加强家长和学校的沟通,配合家长和社会组织做好社会帮助工作,这样可以整合学校教育和家庭教育的优势,弥补学校教育和家庭教育的不足,共同监督未成年人的健康成长,以有效降低未成年人犯罪的可能性。

(三)社区预防

社区可以被定义为由聚集在某一地域并且有着共同的集体情感的人群所构成的社会单位。社区具有重要的社会组织功能,社区是社会的细胞,一般来说,一切社会活动都是在一定的具体的社区里进行的,社会普遍存在的现象都可以在某一社区内反映出来,因此社区历来是社会控制的基本单位,社区治安问题的发生和解决主要是在社区进行的。也正是由于这一点,社区在预防犯罪中的作用日渐受到各国政府和有关国际组织的重视,社区参与预防犯罪和制定以社区为基础的预防犯罪计划(community - based programs for crime prevention)越来越受到各国政府和有关国际组织的鼓励和支持。[8]

社区预防是预防、遏制和减少犯罪的重要手段和发展方向,是一项复杂的系统工程。在我国,虽然不使用“以社区为基础的预防犯罪计划”这一提法,但是,在我国预防犯罪的实践中却一直鼓励社区参与预防犯罪。社区参与预防犯罪的具体形式和做法主要有:(1)开展安全文明小区建设活动。社区作为社会的细胞,细胞的健康是身体健康的基础。从社区的文化环境入手,改善社区的整体环境,其中就包括治安环境。如果社区都有了良好的治安环境,那么这个城市或地区就必然有了良好、稳定的社会秩序。(2)开展社会工作和社区服务。例如,开展对违法犯罪人员的社会帮教活动,开展婚姻介绍、扶困助残等工作,兴办各项社会福利事业等,充分体现了社区预防从社区组织和社区行动的途径,对犯罪进行预防、制止和处理相配合的多维度的犯罪预防模式。(3)制定乡规民约、城市文明公约等群众自律性的行为规范。

---

[8] 西方国家的以社区为基础的预防犯罪计划通常包括犯罪防范计划和犯罪矫正计划两方面。

第五节　犯罪预防模式

犯罪预防模式,是指犯罪治理的标准形式和据此展开犯罪预防的标准样式。西方进入资本主义阶段后,由于犯罪的骤增,迫切需要加强防范,在与犯罪作斗争的过程中,各种犯罪预防理论应运而生,同时在实践中各国结合具体国情、社会制度以及文化传统,形成了各具特色的犯罪预防模式。

一、外国的犯罪预防模式

(一)美国的"二级预防"模式

在美国,主流观点认为犯罪很难做到全社会性的预防,而只能加以控制,因此在此基础上,提出"二级预防"模式,强调控制犯罪条件对于预防犯罪的作用,其要义在于寓防于控、以控达防。具体而言,美国犯罪预防模式主要包括两部分:常规预防和非常规预防。前者又被称为犯罪控制,是指国家司法机构履行各自的专业职能活动,以此控制犯罪并实现预防的目的;非常规预防,主要指的是民间的犯罪预防活动。

常规预防体系包括警察、法院和矫正机构。常规预防又分为三个层次:(1)一般预防,即发现各种孕育、滋生犯罪的环境和机会,加以改善和控制。主要措施包括环境设计、邻里照看、一般威慑、私人保安以及就犯罪和预防犯罪进行的教育。(2)提前预防,也就是鉴别潜在的罪犯和犯罪高发区域并进行早期干预。提前预防的主要措施包括鉴别和预防潜在的罪犯;发现高发区,进行社区预防,在实践中采用自卫策略,创造安全自然环境的防御空间;对轻微违法人员实行转处;通过家庭和学校解决潜在犯罪者的问题。(3)防止再犯,运用刑罚的方式剥夺罪犯再犯的能力,通过矫正和治疗措施防止再犯,充分发挥刑罚的威慑作用。其主要措施是逮捕、起诉、监禁、治疗和矫正。上述三个层次的预防与民间预防活动相互配合,形成了一个完整的犯罪预防体系,在犯罪预防中发挥了良好的效果。

(二)英国的情景预防模式

自20世纪80年代中期以来,英国推行犯罪预防模式,即在兼顾司法预防和社会预防的同时,将犯罪预防的重点转向情景预防,对犯罪实行由多机构参与的、有深厚群众基础的综合治理。英国犯罪预防模式是其理论研究和长期实践筛选的结果。从1945年开始,英国政府加大了对刑事司法机构的投资但是却并未取得理想的效果,据统计当时记录在案的犯罪数以每年5%～7%的幅度在增长,而且被处以监禁的罪犯的再犯率也极高。从20世纪60年代开始,受美国学者的有关犯罪与社会解组及经济边缘化的理论的影响,英国开始实行社区发展工程的社区预防和社会预防,但实施的结果同样以失败告终。20 世纪 80 年代,大量的研究分析证明:英国犯罪增长的主要原因是工业社会犯罪机会增多,因此,阻却犯罪机会可以减少犯罪。这种理论为情景模式的形成奠定了基础。因而,英国内政部采纳了这种观点,从 20 世纪 80 年代中期开始,将情景预防摆在了犯罪预防的重要的位置,到 1993 年已收到预期的效果。英国内政部 1998 年公布,在 1993 ~ 1997 年,英国犯罪数量连续 5 年下降。犯罪率下降的主要原因在于选择了成熟的犯罪预防模式,并实施了具有实效的预防政策。

情景预防的理论依据就是通过实施条件控制,即增大犯罪风险和犯罪成本,减少犯罪回报和收益来实现控制犯罪。〔9〕 从情景犯罪的实质可以看出,情景预防并不涉及消除犯罪原因的问题,而是通过增加犯罪的难度和风险,减少犯罪的机会,在此基础上抑制犯罪的动机,降低犯罪的成功率,使犯罪目的难以实现,以实现犯罪预防。情景预防的优越性在于它引导了具体的、可操作性的预防行动,从而减少了某些犯罪的发生,例如,改善家庭安全状态,重新设计商店布局,使财产和停车场处于更易监视的状态,同时情景预防还推动了制造商在产品设计阶段就开始考虑安全的因素,比如沏茶制造业和房屋建筑业越来越重视安全系统的同步设计。

但是英国的犯罪预防政策在向情景预防倾斜时,并未放松司法预防和社会预防,反而是十分重视各种预防措施之间的平衡。因此,英国的犯罪预防的政策具有以下特征:强调多机构的参与和合作;〔10〕以情景预防和邻里守望为重点;有各种声势浩大的犯罪预防项目的支持,其中包括由诸多部门参与的政府组织的城市行动项目。

(三)日本的混合预防模式

日本的犯罪预防采取的是一种兼容并蓄的混合模式,就其成果看来,预防取得了显著的效果,日本是发达国家中犯罪率最低的国家。〔11〕

1. 建立科学有效的社区预防犯罪的组织系统

日本的犯罪预防侧重于对青少年犯罪的预防,在日本有一套行之有效的社区预防犯罪的组织系统,对抑制犯罪特别是青少年犯罪起到了重要的作用。日本的社区预防青少年犯罪的理念最初源于宗教的"博爱",早期的社区预防以对违法犯罪青少年和有违法犯罪倾向的青少年的矫治作为开端,日本著名的教育家留冈幸助是日本社区矫治和预防青少年犯罪的先驱。留冈幸助与夫人于 1899 年创办日

〔9〕 参见[英]约翰·格拉海姆、特雷弗·白南德:《欧美预防犯罪方略》,王大伟译,群众出版社 1998 年版,第 64 ~ 65 页。

〔10〕 英国犯罪预防的中央领导机关是内政部,地方领导机关名义上是地方政府,起实质作用的是地方警察机构。此外,政府的一些职能部门,结合本行业的特点,在本系统内部发起各种犯罪预防计划和项目。犯罪学的学术机构和学者,是英国犯罪预防活动决策的智囊团。

〔11〕 参见董士昙主编:《犯罪学教程》,中国检察出版社 2013 年版,第 356 ~ 357 页。

本第一所“慈善家夫妇感化院”,接纳不良少年到“家中”和社区共同居住,使他们在“家庭之爱”和良好的社区环境中受到熏陶。此后,以宗教组织和慈善家为主体的各种民间青少年感化组织相继出现。1922年,日本的第一部《少年法》颁布,该法律进一步将民间感化事业纳入法制轨道,并使民间少年保护事业更加活跃。1933年日本政府根据新出台的《少年教护法》,将民间的“感化院”统一改名为“少年教护院”,同时,在全国都、道、府、县设立了以政府为主导的少年护院。1949年日本国会分别制定通过了《关于防止青少年犯罪的决议》和《关于防止青少年不良化的决议》。根据这两项决议,日本政府成立了“青少年问题协议会”,专门负责有关犯罪预防的各种调查、统计协调、咨询等事项。1951年,日本政府又成立了负责犯罪预防福利事项的“社会福利协议会”。之后,两“协议会”在都、道、府、县、镇建立了相应的组织。此外,日本还成立了一系列诸如“犯罪者更生保护委员会”、“更生保护妇女会”、“中央矫正研修所”、“儿童商谈所”、“少年辅导中心”和“保护观察所”等犯罪预测、预防和罪犯矫正机构,从而在全国形成了系统的犯罪预防组织体系。[12]

2. 强调系统治理犯罪问题

对于犯罪预防,日本学术界强调系统方法和综合治理的理念。重视刑罚的改造矫治功能,对于缓刑者、假释者、刑满释放人员进行更生保护,让其改恶从善重返社会;警察与社区民间人士相互协力,对非行少年、不良行为少年、要保护少年和被害少年进行细分,分类具体保护,预防青少年犯罪;强调对青少年采取教育改造方式,防止他们加入犯罪组织;主张对暴力犯罪进行综合治理,严格限制对暴力犯罪组织成员适用缓刑,以防止他们继续危害社会;在犯罪预防力量方面,充分发挥社区的作用,鼓励全社会参与,注重提高民众的防范意识。此外,法务省还定期组织全民性的犯罪预防活动。

3. 合理有效的警察“交番制度”

日本警察的“交番制度”可译为“警察派出所制度”,交番是日本警察的基层单位,它的规模较小,一般设在犯罪高发地,如地铁、电车的站口或都市繁华地带。交番日常工作主要包括家访;开展辖区内联络协会活动;开展辖区内一事一解决活动;为孤寡老人提供服务;保护和教育青少年;出版小报,进行宣传等。“交番制度”吸收了西方警察制度的机动性,同时,又保持了传统的以“町”为依托的治安管理方式。现代社会的特点是人口的高频率流动,由于交番的合理布局与现代警察机动性的有机结合,使日本警察能够在现代都市人口快速流动的状况下,迅速解决各种冲突和案件。由于交番的设置以闹市区和社区为中心,密切了警察与市民的

---

〔12〕 参见张荆:《日本社区预防青少年犯罪工作模式研究》,载鞠青主编:《中国城市社区预防青少年违法犯罪工作模式研究报告》,法律出版社2005年版,第211～213页。

关系,提高了案件的检举率和破案率,达到了直接预防青少年犯罪的目的。

4. 有效控制犯罪条件

日本对犯罪条件的控制非常重视,将控制犯罪条件视为重要的理论和手段。日本将打击有组织犯罪视作为“最高战略”,1992 年国会通过了《反暴力团法》,并突破一般的立法传统,将若干具体行为规定为暴力行为,对具备这些条件的人,不必拿到证据就可以定为“认定的暴力团”,并对其成员进行控制;然后通过调查识别确认犯罪,逮捕犯罪成员,没收武器、毒品和非法所得。日本还制定了《枪支和刀剑控制法》,并在全国范围内推行枪支控制运动。

二、我国的犯罪预防模式

在长期的理论探索和实践过程中,我国逐渐形成了犯罪综合治理的理论。目前,比较通用的一种说法是,社会治安综合治理是中国预防犯罪的总方针。[13] 概括起来说,我们的犯罪预防体系实质上就是社会治安综合治理的工作体系,它融打、防、教、管、建、改为一体,以群众预防、专业预防和技术预防相结合为主要内容,实行在各级党委和政府的统一领导下各部门、各单位齐抓共管的领导制,运用政治的、经济的、行政的、法律的、教育的等各种手段,进行一般预防、重点预防和特殊预防等活动,在打击和预防犯罪,维护社会治安秩序中发挥着重要作用。

但是,社会治安综合治理的理论只是我国犯罪预防的一项基本方针,是一般的原则性规定,而非犯罪预防的具体措施,只有将这一理论具体化,才能发挥它的应有功能。因此,在这一理论的指导下,学者们提出了不少有价值的预防犯罪的模式。

有学者从横向的角度,提出了家庭预防、学校预防、社会预防三道防线交叉结合的预防模式;有的学者从纵向出发,提出了社会预防、心理预防、治安预防、刑罚预防和被害预防五道防线的预防模式;[14] 也有的学者从犯罪生成的全过程入手,提出犯罪前预防、犯罪(过程)中预防、犯罪后预防的三阶段预防模式;还有学者根据犯罪存在的基本根据和演变规律,提出了社会预防、情境预防和刑罚预防“三位一体”的预防模式;[15] 还有的学者根据犯罪防控措施在犯罪预防中所起的作用不同,将犯罪预防分为三道防线:第一道防线——抑制犯罪的动机;第二道防线——限制犯罪的机会和条件;第三道防线——预防重新犯罪。[16] 我国学者邓煌发主张犯罪预防模式分为生物、心理模式,社会环境模式,机械硬体环境模式,刑罚惩罚模

---

〔13〕 参见解玉敏:《犯罪学教程》,中国市场出版社 2000 年版,第 375 页。

〔14〕 魏平雄、赵宝成、王顺安主编:《犯罪学教程》,中国政法大学出版社 1998 年版,第 374 ~ 512 页。

〔15〕 参见张远煌、吴宗宪等:《犯罪学专题研究》,北京师范大学出版社 2011 年版,第 340 ~ 379 页。

〔16〕 参见公安部政治部:《犯罪学》,中国人民公安大学出版社 1997 年版,第 311 ~ 334 页。

式。[17] 我国学者许春金,基于日常活动理论,将犯罪预防区分为情境犯罪预防、被害预防、民主自由社会的犯罪预防。[18]

上述犯罪预防模式虽然各有其内在的逻辑性和立法依据,但是我们认为,正如犯罪现象是复杂的、多变的,犯罪预防模式不应是单一的,而是全方位的、综合的、系统的;它的建立必须根据犯罪形势的发展变化不断作出调整;它必须是对犯罪的全方位、整体上的阻断;它不仅需要有较强的理论性,而且还需要有现实的可操作性,能够有效地指导现实的犯罪预防实践。因此,社会治安综合治理作为我国在与犯罪作斗争的过程中所形成的独具中国特色的犯罪预防理论,包含着丰富的思想内容,体现了犯罪原因综合系统性、复杂多变性的客观要求,对犯罪预防的实践具有重要指导作用,是我国当下遏制犯罪发展态势的应然选择。

第六节 犯罪预防与被害预防

被害预防是整个犯罪预防体系的重要组成部分之一,应当把被害预防同犯罪预防一样置于同等重要的地位。轻视被害预防,“标志着同犯罪作斗争只做了一般的工作”[19]。因此,在致力于犯罪预防的同时,还必须加强被害预防,建立有效的被害预防体系。

一、被害预防的概念

被害预防,是指国家、社会组织和个人等,为消除易遭犯罪侵害的各种因素和条件,以避免刑事被害所做出的各种积极防范性努力和措施的总和。具体地说,主要指对潜在被害人及已然被害人从被害现象发生的危险性、倾向性趋势状况出发,为避免被害原因出现,防止和减少初次被害或继续被害而采取的各种措施及形成的有效保护机制的体系。

传统的犯罪预防体系,较单一地注重对犯罪人和潜在犯罪人一方进行防范,而忽视被害人及其被害预防的作用,因而在不见成效的预防效果面前,日渐暴露出其局限性和片面性。任何犯罪的发生,都是犯罪人与被害人相互作用的结果,只有以动态的相互作用的观点去分析和理解被害预防对于犯罪预防工作才是全面的、科学的,才能实现控制犯罪、预防犯罪的总体目标。

首先,被害预防可通过增加犯罪难度而减少犯罪。自我防范意识的增强,大大

---

〔17〕 参见邓煌发:《犯罪预防》,台北,警察大学出版社 2000 年版,第 368 ~ 371 页。

〔18〕 参见许春金:《犯罪学》,台北,三民书局股份有限公司 1993 年版,第 660 ~ 682 页。

〔19〕 [俄]阿·伊·道尔戈娃:《犯罪学》,赵可等译,群众出版社 2000 年版,第 357 页。

减少了自身被害的机会和条件，或增加犯罪分子实施犯罪的难度，就能够减少犯罪的发生。其次，被害预防可有效预防“可防性犯罪”。可防性犯罪主要是犯罪人并未形成稳定的犯罪心理，有些犯罪是被害人的诱发所致，此种情况下消除被害人自身存在的不良因素，减少犯罪实施的条件，犯罪就不至于发生。再次，被害预防能够有效阻却被害人的恶性转化。如前所述，被害人与犯罪人的角色有时会发生转化，被害人在遭受犯罪侵害后，若得不到公正的处理和及时的心理疏导，势必会产生怨恨心理，因而可能向加害人转化。被害预防可减轻对那些遭受犯罪侵害而形成心理死结的被害人的怨恨心理和社会敌意，防止其心理失衡，从而达到控制犯罪、减少犯罪的目的。最后，犯罪预防可调动广大人民群众预防犯罪的积极性。处在一个不安全的社会环境中，成为一个被害人的概率远远大于成为加害人的概率。被害预防可改变人们错误的犯罪预防意识，积极参与到犯罪预防的实践中去，这样更符合广大群众的切身利益。

二、被害预防与犯罪预防的关系

犯罪预防与被害预防在预防犯罪体系中是相互联系、不可缺少的两种预防方式，它们两者从不同的角度对犯罪预防共同发生作用。它们之间既有联系，又有区别，既有互相影响，又有相互转化，共同构成一个多方位的、多层次的综合犯罪预防体系。

（一）两者的联系

1. 两者具有对应性。犯罪与被害，是由“犯罪”“被害”这一过程所同时造就出来的，具有对应性特征的两种社会现象，两者互为对应而产生，互为对应而存在，由此，犯罪预防和被害预防也就具有了对应性。犯罪预防主要是针对犯罪人和潜在犯罪人而言，被害预防主要是针对被害人和潜在被害人而言；另外，两者的预防效果也存在一种对应关系，即被害预防的措施越成功，则犯罪预防的效果也就越明显，反之亦然；两者的对应性也决定了两者在整个犯罪预防体系中处于同等重要、相辅相成、不可偏废的地位。

2. 两者总体目标和根本目的的一致性。被害预防和犯罪预防的总体目标和根本目的都是为了有效防止和减少犯罪与犯罪被害的发生，以维护稳定的社会秩序，在这一点上，两者具有一致性。

3. 广义的犯罪预防，包含着被害预防。传统犯罪学研究中，犯罪预防的体系中并不存在独立的被害预防的概念，而是存在于广义的犯罪预防中。虽然犯罪被害人学创立后，被害预防才受到重视，独立地作为犯罪预防体系的一个方面，但是实际上，犯罪被害预防在犯罪预防体系中占有一定的地位。

（二）两者的区别

1. 预防的对象不同。被害预防的对象是潜在被害人，已经被害、正在被害或者有可能被害的人。犯罪预防的对象是潜在犯罪人，即易于犯罪或者有犯罪倾向的人,已经或者正在犯罪的人和有可能犯罪的人,消除他们本身存在的可能诱使他们走上犯罪道路的不良因素和条件。两者以不同的对象为主导,以此出发采取各项预防措施。

2. 直接目的不同。被害预防的直接目的是保护各种可能被害、将要被害、正在被害和已然被害的人免遭被害、减轻被害和不再重复被害。犯罪预防的直接目的是防止犯罪人实施犯罪,从而保护国家、集体以及公民个人的合法权利不受侵犯。

3. 采取的措施和手段不同。被害预防涉及的措施主要是从被害人和潜在被害人入手,目的在于消除其自身不良状态,增强抗御犯罪的能力,因而其手段主要从社会学的角度出发,多从行为举止的指导、社会关系的处理、防卫空间的建设等方面入手,减少被害倾向和被害环境因素。不同的是,犯罪预防则是运用政治、经济、法律、文化、道德、教育等手段,主要采取一般预防和特殊预防相结合的方式,通过帮教、打击、改造,动员社会一切力量,齐抓共管,进行综合治理。

(三)两者互相影响、互相转化

犯罪预防与被害预防的影响和转化,主要表现在:一是有效的或恰当的犯罪被害预防与犯罪预防相互促进;二是无效的或不恰当的犯罪被害预防与犯罪预防,可能促发二者相互转化。

三、被害预防的途径

被害预防的途径多种多样,但是从预防主体来看,可分为社会、社区、个体三个方面,它们共同构成了一个被害预防的系统工程,倘若与犯罪预防的系统工程相结合,无疑将有助于"减少犯罪、减少被害"这一刑事防范目标的实现。

(一)社会的被害预防

全社会的被害预防,是指从宏观上依靠全社会的努力、以防范刑事被害发生的被害预防途径。具体来说,是指有关职能部门从整个社会的犯罪和犯罪被害的现状与趋势出发,制定相关的防范被害措施及贯彻实施这些措施的过程。有些刑事被害预防,单靠被害个体的努力,是远远不够的,因此,还必须依靠全社会的努力和帮助才能实现。对于具体防范措施包括:(1)宣传教育,提高广大群众的被害警觉和防范能力。(2)制定超前的、有针对性的被害预防措施。(3)防范措施应致力于净化社会环境,树立良好的道德风尚和社会风气,消除存在的被害隐患,改善社会治安环境。(4)提高有关职能部门的反应能力,在遇到险情时可迅速到达被害现场,以控制和消除侵害。(5)完善社会保障措施,通过立法、司法等措施,保障被害人的诉讼权利、求偿权利,同时给予被害人必要的人身、法律、经济援助,使其早日恢复正常生活。

(二)社区的被害预防

社区的被害预防是指在每一个社区范围内,依靠社区力量和社区内全体居民的共同努力做出防范规定和措施,以防范被害发生的一种途径。居民大多是在自己的社区内生活、工作和学习，其被害也多是在社区内发生，因此社区在被害预防中具有重要作用。就社区在被害预防中的具体措施而言，一方面，加强社区内的安全防范力量，改善安全防卫设施，有条件的社区可增设社区巡逻和执勤。另一方面，加强社区内部的团结互助，做到内外防范、照看守望、及时救援。

（三）个体的被害预防

个体的被害防范，是指每个公民、家庭、法人等加强自我保护，以防范自身遭受刑事被害的一种途径。被害预防既然是以被害人作为出发点，则个体的预防当然是最直接、最根本、最有效的途径。个体的被害预防措施包括：（1）提高防范意识，防止个人有意识地形成某种被害倾向性。（2）遵守社会规范和行为准则，按准则行事，以免诱发犯罪侵害。（3）利用掌握的防范知识和技能，预防被害。

四、被害预防的具体形式

围绕着“被害”这一中心，被害预防可分为三种基本形式：被害前预防、被害中预防和被害后预防。

（一）被害前预防

被害前预防是指在刑事被害发生之前对被害加以超前防范的一种被害预防形式。就被害前预防的关键而言，主要是提高被害人的警觉心。有警觉心，既包括在主观上能随时有防范的心理，小心谨慎，也包括在客观上做到加强防范措施、提高防范技能。被害前预防的具体措施包括：（1）被害前的社会预防。社会预防主管机构要做好相关调查与统计分析，掌握情况，做好预防工作，制订预防计划，落实预防措施，进行整合与协调，充分利用一切手段，对社会公众进行宣传教育，营造全体参与犯罪预防的氛围。（2）被害前的群体预防。培训合格的群体成员，制定完善的规章制度，确保群体良性运转。（3）被害前的个体预防。自身生理、心理有弱点的人，在社会交往中要特别注意提高防范意识，正确对待所经历的不幸和挫折，防止容易被害的状态被犯罪分子利用。

（二）被害中预防

被害中预防指在刑事被害发生之时，对被害严加防范的一种被害预防形式，目的在于减轻被害甚至是完全避免被害。对于被害中的预防，关键在于被害人心理上应保持沉着、冷静，切忌在恐惧、狂躁中丧失理智，与加害人相抗争，从而加速或扩大被害程度。面对犯罪行为侵害，应因情、因地、因时、因自身以及犯罪人的体力、心智等状况，灵活应对，机智地采取防范措施，或迅速脱离现场；或者因情、因力与犯罪作斗争，制服犯罪人；或者是采取缓兵之计，寻找脱身或援助时机；或者结合现场情况大声呼救；或者尝试与加害人建立所谓的“个人关系”，以缓和紧张气氛；或者实施追捕，防止加害人狗急跳墙、作困兽斗而杀人灭口。因此，在被害中的被害预防不仅是体力的较量，更为重要的是心智、策略等方面的较量。

（三）被害后预防

被害后预防，是指在犯罪侵害已经终了、被害已成事实的情况下，对再度被害、重复被害以及恶性逆变等加强防范的被害预防形式。这种被害预防形式具有亡羊补牢的性质，仍具有积极意义。首先，对于已然被害人，在被害后要消除其被害的受容心理，排除忍气吞声、不报案的心理，及时报案，协助公安机关抓获并惩处犯罪人，以免其他人再遭受伤害以及自身再次被害。其次，被害人应吸取被害教训，消除自身存在的招致被害的因素，提高自身防范能力，以防再次被害或重复被害。再次，从被害转化为加害的角度，被害人切忌因被害而陷入过度悲愤、绝望中，从而憎恨加害人及其家属或者国家、社会，而由被害人逆变成加害人。最后，国家应当加强对被害人的社会保护，提供必要的救助，保障其正当的诉讼权利、刑事赔偿或补偿权利，助其早日回归正常的生活。

第十六章 社会治安综合治理

我国自改革开放以来，经济得到了迅猛发展，但是犯罪多发和社会治安问题仍是困扰人们的难题。更有学者将其称为"经济发展，犯罪上升，治安恶化"怪圈。为了跳出怪圈，搞好社会治安，我们在古代的治国理念和传统的专群结合思想基础上，找到了一条预防犯罪的新路——社会治安综合治理。

第一节 社会治安综合治理的概念

一、社会治安的概念

社会治安，古代指政治清明、国家昌平、社会安定。治，对乱而言；安，与危相对。《易·系辞》记载："黄帝尧舜垂衣裳而天下治。""君子安而不忘危。""治安"一词最早见于汉代贾谊陈述社会政治时弊及实现国家长治久安方略之奏章《治安策》，后司马迁《史记》又有记载："古者殷周有国，治安皆千余岁。"[1]

（一）社会

《孝经·纬》里说："社，土地之主也。土地阔不可尽敬，故封土为社，以报功也。"因此"社"本意为祭祀的场所。"社会"就是指人们在祭祀场所汇合，后发展为节日里的集会，泛指人们的群居和会合。到明代，社会的含义更明确了。冯梦龙《醒世恒言·郑使节立功神臂弓》中说："原来张员外在日，起这个社会，朋友十人，进来死了一两不成社会。"这里，社会既包括了人与人之间因共同目的组织在一起的持续互动关系，也包含了在这种互动关系中发展起来的共同情感。[2] 英语中的society和法语中的societe都源于拉丁文*socius*，意指"伙伴"，经西塞罗发展进而引申为"人类的共同体"。德语中的gesellschaft也原指"伙伴"，词干geselle即"同一房间内的伙伴"，gesellschaft后发展为"人与人的结合"。[3] 无论中外，社会都指的

---

〔1〕 金其高：《社会治安防控经略》，群众出版社2004年版，第16页。

〔2〕 参见冯钢主编：《社会学》，浙江大学出版社2004年版，第13页。

〔3〕 王海明：《公正与人道——国家治理道德原则体系》，商务印书馆2010年版，第463页。

是一种集合体,人们因为某种目的或关系而结合起来。综言之,社会就是两人以上因某种人际关系而联合起来的共同体。

(二)治安

"治"与"安",在我国古代早期文字记载中多是分开使用的,如前述的《易·系辞下》记载:"黄帝尧舜垂衣裳而天下治"以及"君子安而不忘危"。有学者通过研究《说文解字》的记载:"治,从水从台""安,从屋从女",将"治"解释为井然有序,"安"解释为安定、安全。"治安"则指社会稳定,安土息民。到现代,"治安"一词的内涵逐渐缩小。《现代汉语词典》将"治安"解释为"社会的安宁秩序"。有学者提出:治安"特指在阶级社会中符合统治阶级意志和利益并由国家的刑事法律和治安行政法律所规范的有关国家和公共安全、社会管理和公民人身或民主权利的一种社会状况。它包括社会治安秩序和社会治安问题。"〔4〕这是从整体、多维的角度把握治安的概念。还有学者将"治安"定义为一种社会秩序,是国家统治阶级为维护和巩固统治所需要的并由公安法规所规范的社会秩序。〔5〕依照主体的不同,还有学者将"治安"划分为"大治安"、"中治安"和"小治安"。〔6〕"大治安"是国家政治、经济与民众生活的总和。"中治安"是指公、检、法实施行政管理而建立起来的社会有序状态。"小治安"指的是公安部门实施的治安管理工作以及实施所需要的物质力量、法律法规等。

综合古代的"治""安"含义及现代"治安"内涵的争鸣,笔者认为,首先,它应该指的是一种社会秩序。其次,它与国家安全、社会管理以及人身、财产安全息息相关。最后,它必须由国家的相关法律进行规范。所以,"治安"可以概括为,国家依据相关的法律和政策对国家安全、社会管理以及人民的人身、财产安全进行管理而建立起来的一种社会秩序。

(三)社会治安

社会治安,在现代意义上一般指有条理的、正常的社会秩序,具体情况下可作以下几种不同理解:(1)社会治安就是社会治安问题。理论研究与实际生活中所使用的社会治安概念,有时是作为一种需要被解决的社会问题、作为社会秩序管理的对象而存在的。(2)社会治安等于社会治安状况。就是通常所说的社会治安好坏问题,即社会治安形势。社会治安状况是一种动、静结合的局势。既包括社会正常生产生活被破坏的社会治安问题与解决这一问题的社会管理防范工作,概言之即社会治安问题与社会治安工作。(3)社会治安专指社会治安工作,即社会治安防控。

---

〔4〕熊一新、王彩元、丁建荣主编:《治安学总论》,中国人民公安大学出版社2008年版,第2页。

〔5〕参见沈志祥:《治安管理学教程》,群众出版社1998年版,第4页。

〔6〕陈鸿彝:《中国古代治安简史》,群众出版社1998年版,第8页。

上述表明,“社会治安”一词具有三方面的意思,而社会治安的好坏,关键是居民的感受。

二、社会治安综合治理的概念

自我国进入社会主义现代化建设的新时期后,政法任务极其繁重。一方面,胜利召开党的十一届三中全会,基本完成拨乱反正的任务;另一方面,要认真应对改革开放和经济建设带来的新问题,大力加强社会主义法制建设。为了正确处理犯罪问题,尤其是针对青少年违法犯罪分子,党和人民积极寻找一条正确治理社会治安的途径。经过不断总结实践经验,在党和政府已经形成多项决定的基础上,1991年2月19日,中共中央、国务院对社会治安综合治理方针、内容、手段、措施,作出了比较科学、完整的概括,出台了《关于加强社会治安综合治理的决定》。同年3月2日,全国人大常委会颁布了《关于加强社会治安综合治理的决定》。两个决定是指导我们做好社会治安工作的重要文件。

社会治安综合治理是党中央和国务院整顿社会治安秩序,预防和减少犯罪的方针政策。具体地讲,社会治安综合治理是指在党和政府的统一领导下,继承专门机关与群众路线相结合的优良传统,运用多种手段整治社会治安,从根本上预防和减少犯罪,保障社会稳定。社会治安综合治理是我国现阶段社会治安工作的最高形式。

有学者从犯罪预防模式的角度,将社会治安综合治理定性为我国预防犯罪的基本模式。犯罪预防模式,表现为犯罪预防主体、策略和措施的综合配置和具体运作。社会治安综合治理作为适合中国国情和犯罪预防一般规律的预防犯罪途径,强调国家和政府宏观决策的民主化和科学化。不同于西方注重强调刑罚威慑的威慑模式,以及通过矫正而预防犯罪的医疗模式,也不同于空间防卫理论下的环境控制模式。社会治安综合治理是具有鲜明中国特色的犯罪防控模式。

对于社会治安综合治理的定义,学界众说纷纭但基本一致。“综合治理,就是指在各级党委和政府的领导下,组织社会各方面的力量,实行公安、司法机关的专门工作和群众工作相结合,各司其职,通力合作,运用政治的、经济的、行政的、教育的、文化的、法律的各种手段,预防和惩罚违法犯罪,教育改造违法犯罪的人,逐步限制和消除产生违法犯罪的土壤和条件,建立良好稳定的社会秩序,保障经济建设和改革开放的顺利进行,保护人民安居乐业,维护国家的长治久安。”〔7〕“社会治安综合治理,是指在各级党委、政府的统一领导下,各有关部门充分发挥职能作用,齐抓共管,依靠广大人民群众的参与和支持,通过综合运用政治、经济、行政、法律、文化、教育等多种手段,预防和打击违法犯罪,整治社会治安秩序,化解社会矛盾纠

---

〔7〕 王仲方:《论社会治安综合治理》,载王牧主编:《犯罪学论丛》(第1卷),中国检察出版社2003年版,第353页。

纷,维护社会稳定、促进社会和谐的一项系统工程。”[8]

社会治安综合治理,可以概括为是在党委、政府统一领导下,在充分发挥政法部门特别是公安机关骨干作用的同时,组织和依靠各部门、各单位和人民群众的力量,综合运用政治的、经济的、行政的、法律的、文化的、教育的等多种手段,通过加强打击、防范、教育、管理、建设、改造等方面的工作,实现从根本上预防和治理违法犯罪,维护社会治安持续稳定的一项重要的社会系统工程。

社会治安综合治理的“综合性”表现在以下几个方面:(1)力量的综合。社会治安综合治理的主旨,是组织动员全社会的力量,共同解决社会治安问题。各级党委、政府领导,各有关部门和有关方面共同参与,保证广大人民群众积极参与,集众人之力,共同维护社会治安。(2)手段的综合。社会治安综合治理工作的手段多种多样,包括政治的、经济的、行政的、法律的、文化的、教育的等各种手段。既包括传统的手段,也涵盖新发现的手段。可以说,只要不是非法、违背公序良俗的,一切有利于维护社会治安的手段均可以采用。(3)工作的综合。社会治安综合治理的工作范围,包括“打击、防范、教育、管理、建设、改造”等六个方面,这不仅包括了公安、司法工作,而且还包括了各个部门、各个方面与维护社会治安有关的工作,不仅内容十分丰富,而且构成了一个科学的工作系统。

第二节　社会治安综合治理的基本方针、原则、目标及工作范围

一、社会治安综合治理的基本方针和原则

(一)基本方针

社会治安综合治理工作的方针是:“打防并举、标本兼治、重在治本。”这个方针要求在坚持不懈地抓好打击犯罪这个首要环节的同时,认真落实预防犯罪的各项措施,特别是加强基层基础建设的措施。要求把工作的着力点更多地放在化解诱发社会治安问题的因素上,放在建立健全社会治安防范机制上,力争早日走出“打不胜打”的怪圈,逐渐步入社会治安的良性循环。具体来说有:(1)各级党委和政府都要把综合治理摆上重要议程,健全社会治安综合治理的领导机构和办事机构,定期研究部署工作。(2)各部门、各单位齐抓共管,形成“谁主管,谁负责”的局面。(3)各项措施落到城乡基层单位,群防群治形成网络,广大群众法治观念普遍增强,敢于同违法犯罪行为作斗争。概括起来就是:全党动手、各方参与、齐抓

---

[8]　华乃强:《社会治安综合治理概念源头考》,载《公安学刊(浙江警察学院学报)》2009年第3期。

共管。

（二）基本原则

社会治安综合治理的基本原则是指制订综合治理方针、落实综合治理各项措施所应遵循的基本原则，主要有四个原则。

1. 坚持党委领导

社会治安综合治理工作的领导体制是，在党委统一领导下，党政共抓，专门工作机关具体指导协调，各部门、各单位各负其责。坚持党委领导是社会治安综合治理的基本原则之一。由其衍生出来的派生原则还有属地管理原则、目标责任制原则、一票否决原则等。

社会治安综合治理工作实行“条块结合，以块为主”的属地管理原则。中央社会治安综合治理委员会[9]协助党中央、国务院领导全国的社会治安综合治理工作。地方各级党委、政府对本地的社会治安综合治理工作实行统一领导，并由社会治安综合治理委员会具体组织实施。实行以垂直领导为主领导体制的部门，其系统所属单位在社会治安综合治理工作中，除完成上级主管部门下达的任务外，也要毫无例外地服从所在地党委、政府及社会治安综合治理委员会的统一部署。

建立社会治安综合治理工作机制的关键，是落实社会治安综合治理目标管理责任制，特别是社会治安综合治理领导责任制。这个责任制的基本要求是：把维护社会治安的责任及工作成效和单位、个人的政治荣誉、经济利益挂钩；与党政领导干部的政绩考核、晋职晋级和奖惩直接挂钩。而一票否决原则说的就是，对玩忽职守、工作不力、造成严重损失和恶劣影响的单位及其领导干部予以“一票否决”，否决该单位评选综合性荣誉称号的资格，否决其主要领导、主管领导和治安责任人在一段时间中晋职晋级的资格。

2. 坚持专门机关与群众路线相结合

这是我国犯罪防控实践中一贯坚持的原则，是我党坚持走群众路线的体现。实践证明，如果单靠专职部门，没有人民群众的积极参与，社会治安的治理工作是很难取得好的成效。

该原则要求公安政法等国家机关在犯罪防控和综合治理工作中必须发挥专业作用，广泛发动群众力量，争取他们的积极配合和协助，指导其加强自身防卫意识和防卫能力。在此同时，各级党委也要承担起该有的责任，动员和组织城镇居民和农村村民以及机关团体、企事业单位建立群众性自防自治的治安保卫组织，开展各种形式的治安防范活动和警民联防活动。

---

[9] 2018年3月，根据中共中央印发的《深化党和国家机构改革方案》，不再设立中央社会治安综合治理委员会及其办公室，有关职责交由中央政法委员会承担。

3. 坚持打击与防范，教育与改造以及治标与治本相结合

毋庸置疑，打击是落实综合治理其他措施的重要前提条件。但是，加强防范工作，也是犯罪预防的重要方面，必须与打击一并重视。大力加强防范工作，要加强思想政治工作，广泛发动和组织群众，特别是要大力疏导调解各种社会矛盾和民间纠纷，正确处理人民内部矛盾，避免矛盾激化。要加强机关、学校、企事业单位内部的安全保卫工作和技术防范措施；加强城镇居民楼院的安全防范设施，并纳入城市建设规划。要广泛组织职工、群众，积极协助人民警察，加强城乡治安联防，健全群防群治机制，并充分发挥民兵维护社会治安的作用。

改造工作是教育人、挽救人、防止重新犯罪的特殊预防工作。要坚持“教育、感化、挽救”的改造方针，继续实行改造工作的“向前、向外、向后延伸”，动员全社会都来参与、支持改造工作。

从社会治安综合治理的总体方向上来说，预防才是根本。根本的问题在于加强教育，特别是要加强对青少年的教育。这是维护社会治安的战略性措施。要在全体公民中继续广泛深入、扎扎实实地开展普法教育和各种形式的法治宣传教育，进一步提高全民的法律意识，增强护法、守法观念。学校教育也要注重学生的品德教育，关注学生的思想问题。文化出版、监督等部门和单位需要承担相应社会责任，保证出版物的思想内容健康、端正。

4. 坚持法治原则

坚持法治原则主要包括：

（1）是犯罪预防活动必须依法进行，在追求犯罪的打击成效的同时，也要注意防控手段的合法性。“正义不仅要实现，还应当以看得见的方式实现。”人们对公平正义的要求与日俱增，不仅要求结果的公正，还追求程序上的公正。社会治安综合治理作为维护社会治安的系统工程，必须在实体与程序两个层面均做到公正。

（2）犯罪人作为自由的个体，其合法权利应该得到保障，不能因为有违法犯罪行为就将其视之为人民之公敌。人生而平等，不论阶级与身份，都应该被给予充分的机会去过一种有价值的生活。犯罪人也不例外，其人身自由权应该得到充分的保障。

（3）必须制定相关的制度和规范，保证社会治安综合治理工作的深入开展。只有框架，没有具体的制度和规范，社会治安综合治理只会成为一纸空谈，不具有实际的可操作性和明确性。

二、社会治安综合治理的目标和主要工作范围

社会治安综合治理的根本任务是通过对社会治安进行长期的综合治理，最大限度地预防、减少犯罪，实现国家的长治久安。这是长远目标，具有长期性和战略性的特点。

现阶段的基本任务是在各级党委和政府的统一领导下，各部门齐抓共管，依靠广大人民群众，运用多种手段，整治社会治安，预防、减少违法犯罪，保障社会稳定，为改革开放、经济发展创造良好的社会环境。这是近期目标。

社会治安综合治理工作的目标，从根本上说，是实现社会治安的根本好转，为社会主义现代化建设提供一个良好的社会治安环境。这是一个耗时长且艰巨复杂的过程，必须付出巨大的努力。就现阶段而言，社会治安综合治理工作的目标是：维护社会治安的持续稳定，保障和促进社会主义现代化建设的顺利进行。

根据性质与目的的不同，社会治安综合治理的工作内容有不同的划分。根据工作的性质的不同，可以划分为政治的、经济的、行政的、文化的、教育的、法律的等种类；根据作用环节，还可以划分为打击、防范、教育、管理、建设、改造等层面；根据预防层面的不同，也还可以划分为社会层面、心理层面、治安层面、刑罚层面。下面主要从作用角度，将社会治安综合治理的工作范围划分为“打击、防范、教育、管理、建设、改造”六个方面。

1. 打击是社会治安综合治理的首要环节和前提条件。要坚持经常性打击和集中打击相结合、集中打击与专项整治相结合的方针，深入持久地开展依法从重从快严厉打击严重危害社会治安的刑事犯罪活动。

2. 防范是减少各种违法犯罪活动和维护社会治安秩序的积极措施。要广泛发动和组织群众，采取各种措施消除不安定因素和安全隐患。特别要大力疏导、调解各种社会矛盾和民间纠纷，避免矛盾激化。加强居民区楼院的安全防范设施。广泛组织党员、干部和群众参与居住地的治安防范，健全群防群治机制。

3. 教育是社会治安综合治理的基础工作和战略性措施。要在人民群众中广泛深入、扎实开展普法教育和各种形式的法治宣传教育，使广大群众进一步增强法律意识和法治观念。共青团、工会、妇联、青少年保护办公室要与学校、家庭密切结合，加强对青少年的教育，尤其是做好后进青少年、轻微违法犯罪青少年的教育挽救工作。

4. 管理是堵塞犯罪空隙、减少社会治安问题、建立良好社会秩序的重要手段。要针对新情况、新问题，认真抓好社会治安综合治理的各项管理工作。特别是要加强对流动人口的管理，对废旧物品收购、旅店、娱乐场所等行业的管理，对集贸市场的管理和对金库、重要物资仓库等要害部门的管理。

5. 建设是落实社会治安综合治理的关键。要大力加强以党支部为核心的基层组织建设，使社会治安综合治理的各项措施落实到基层，落实到群众中去。要建立健全各种治安防范制度。特别是要普遍推行各种形式的社会治安综合治理责任制。

6. 改造是教育人、挽救人、防止重新犯罪的特殊预防工作。改造机关要继续坚持“改造第一，生产第二”和“教育、感化、挽救”的方针，防止被改造人重新犯罪。并妥善安排好刑满释放、解除劳教人员的再就业问题。

第三节　常见犯罪的综合治理

一、黑社会性质组织犯罪

事实证明，我国的黑社会性质犯罪已严重威胁到人民群众的生命、财产安全，也极大地影响着社会稳定和国家政治经济制度的正常运转。由于当前我国社会管理相对弱化、腐败现象严重等，黑社会组织犯罪将会持续高发。研究此类犯罪的特点和规律，制定相应的防控措施，是我国社会治安综合治理工作的重要方面。

（一）黑社会性质组织犯罪的特点

黑社会性质组织一方面控制或垄断一定地区或行业，大规模地实施违法犯罪行为，扰乱当地社会和经济秩序，导致社会治安动荡不安。例如，沈阳市刘某黑社会性质组织，从 1995 年年末到 2000 年 7 月的 4 年半时间里，就作案 47 起，致死致伤 42 人，其中 1 人死亡、16 人重伤；涉嫌组织、领导、参加黑社会性质组织罪、故意伤害罪、抢劫罪、非法经营罪、偷税罪、敲诈勒索罪、非法持有枪支、弹药罪、妨害公务罪、故意毁坏财物罪、寻衅滋事罪、盗窃罪、包庇纵容黑社会性质组织罪、行贿罪等 13 个罪名。另一方面他们采取金钱诱惑、“桃色交易”等手段寻求“保护伞”，严重损害政府官员尤其是司法人员的社会公信力。

（二）犯罪成因分析

1. 非法敛财为犯罪活动提供经济基础

在浙江温岭张某黑社会组织犯罪一案中，张某采取虚假出资、骗取验资报告等方法注册成立温岭东海集团有限公司、温岭市明珠珠宝金行等 13 家企业。后又以虚增注册资金、伪造财务报表等手段，从金融机构骗取大量贷款用于非法经营和支付犯罪活动经费。张某及其手下利用这些钱招兵买马、实施犯罪活动以及收买腐败官员。

2. 政治腐败为其提供保护伞

在张某一案中，涉案腐败官员就达 67 人之多，其中党政机关干部 42 人、司法机关干部 15 人、金融机构干部 10 人，包括前市公安局局长杨某中和前市市长周某国。正是这些腐败官员的保护伞作用，使得黑社会组织更加肆无忌惮，放开手脚为所欲为。

3. 盲目的江湖义气成为精神支柱

江湖义气可以说是黑社会成员集结的纽带，组织内部有自己的帮规会令，形成了较强的犯罪亚文化。例如“哥们有难必两肋插刀”“你敬我一尺我还你一丈”等等。黑社会组织甚至开始套用现代企业管理知识，制定《员工手册》对组织内部成员进行控制。

（三）综合治理对策

1. 经济清查，拒绝非法聚财

追求经济利益是黑社会犯罪的根本目的，犯罪是他们获得经济利益的手段。我国目前经济体系中多种经济成分并存，以合法手段掩盖非法目的的“黑商”“黑户”不绝如缕。经统计，几乎超过半数的黑社会组织都有一个“有限公司”，然后开始着手实施行业垄断或地方控制。因此公安机关要加强同工商、税务、审计等部门的联系，追踪企业不明资产，从经济上扼制其发展。

2. 加强反腐斗争，避免权力寻租

纪委要继续发挥整套反腐体系中的组织协调作用，对党员领导干部行使权力进行监督，查处违犯党纪的案件，强调以身作则的廉政领导力；在稳定各方风险的情况下，公职人员家庭财产申报制和金融实名制必须得到落实，使之成为戴在官员头上的“紧箍咒”，这是实现反腐败的重要手段；公职人员应该主动接受包括党风廉政教育课程在内的培训，强化反腐意识。

3. 发挥并依靠群众力量

相信并依靠群众是打击有组织犯罪的重要路线。通过对群众进行宣传，动员其坚决同黑恶势力作斗争，打压黑社会组织犯罪的嚣张气焰。在发挥群众力量的同时，还要注意保障举报群众、自首黑社会成员等人的人身安全。可以借鉴我国香港特区廉政公署的经验。举报材料被放置在专门的档案室，除廉政专员和办案人员外，其他任何人均不能接触举报材料。我国台湾地区甚至还成立专门的反黑机构，加强保护证人和检举人，鼓励黑社会成员卧底，运用线民等方式瓦解黑社会组织。

4. 加强国际合作

我国黑恶势力蔓延与境外黑社会组织向我国不断渗透密切相关。黑社会组织犯罪的跨国性，使打击黑社会的国际合作不可避免。1994年11月，联合国在意大利那不勒斯通过了《那不勒斯宣言》和《打击有组织跨国犯罪全球行动计划》，要求各国紧密合作，共同打击有组织犯罪。我国积极参与国际合作，主要是通过强化与国际刑警组织的联系以及与他国和地区之间的刑事司法协助来共同打击黑社会犯罪。

二、流动人口犯罪

流动人口的定义存在广义和狭义之分。广义的流动人口一般可以分为长久性的迁移人口、临时性的暂住人口。根据世界银行研究报告定义，狭义的流动人口概念，指的是那些在某一地域短暂逗留的差旅（如开会、参观和旅游）过往人口。研究流动人口犯罪中的流动人口仅指临时性的暂住人口。

（一）流动人口犯罪的特点

1. 流动人口犯罪率持续升高

近年来，持续高发的流动人口犯罪给社会治安带来很大压力。上海、北京、广州等这些特大城市，外来人口比例也持续上升，在某些地区甚至超过常住人口。

2. 青壮年农民工是主要犯罪群体

青壮年是流动人口中的主力军，大多初、高中毕业后即出来务工。这类部分流动人口因为缺少学历和社会经验，往往得不到打工机会或者打工工资极低，这些都会造成他们的落差感，诱发犯罪。统计数据显示，未成年犯罪嫌疑人占了流动人口的近40%，其中不乏十四五岁的未成年人。而且，这部分人的犯罪大多是抢劫案件，参与抢劫案件的109人中系未成年的有67人，约占60%。

3. 以侵财犯罪居多，暴力犯罪逐年上升

据一项在北京某监狱的调查，在230名逮捕前为外来民工的犯人中，犯各种与钱财相关罪行的占全部外来人员犯罪的93%，其中犯盗窃罪者占比为65.1%，犯抢劫、抢夺罪者占比为20.8%。另有2.8%所犯的流氓罪和故意伤害罪因讨工钱而引起。流动人口所犯与钱财无关之罪者仅占全部犯罪的4.2%。相比之下，为本地人口的犯罪人员所犯的与财产无关的罪行则高得多，占比为25.8%。[10]

4. 侵害目标的选择更具随机性

从作案地域的选择看，选择在暂住地就近作案者居多。流动人口还是被害人群中的高危群体，他们多住在"城中村"、城乡接合部、工业集中区附近的出租房屋内，而这些地方多是入室盗窃案的高发地点。再者，流动人口中有部分人从事灰色职业，如卖淫、赌博、放贷等，因为职业的隐蔽性，这类流动人口也极易被犯罪人盯上，作为下手对象。

5. 犯罪群体化、手法多样化

近年来，民工团伙作案明显增加，并且有职业化倾向。偷盗自行车，偷盗公共设施器材或原材料，组织未成年人从事偷盗、抢劫，这些现象在城市社区里大量蔓延，并且逐渐出现以地缘、籍贯为纽带聚集的具有地域性特点的犯罪团伙，如"湖南帮""四川电信诈骗团伙"等。没有归属感的流动人口属于弱势群体，内心存在着或强烈或微弱的自卑感，他们相互凝聚在一起，以期能够在遇到困难之时相互扶持。但就是这样一种心理反而更容易被人所利用，从而形成犯罪团伙。[11] 科技发展也带来了犯罪手段的"革新"。黑客技术、电子解码、定位系统、互联网购物等被不断应用于计算机犯罪、短信诈骗以及汽车偷盗等犯罪活动中来。流动人口犯罪不再局限于传统形式，就目前来看已经衍生出许多新的高科技犯罪形式。

（二）流动人口犯罪的成因分析

1. 经济目的仍旧是第一动机

郑永红教授结合洛伦兹曲线和基尼系数，通过回归分析分别计算出流动人口

---

〔10〕 参见徐楠：《农民工犯罪新趋向》，载《南方周末》2004年1月8日。

〔11〕 殷金龙：《流动人口犯罪的成因与预防》，湖南师范大学2012年硕士学位论文，第9页。

作案相对集中的犯罪类型与基尼系数之间呈高度正比关系。根据基尼系数度量标准,郑教授发现杀人案件、抢劫案件、盗窃案件、诈骗案件、卖淫嫖娼案件等典型流动人口犯罪类型的基尼系数分别为0.948、0.962、0.934、0.922和0.901,成高度正比关系。[12] 说明流动人口犯罪与收入分配不均息息相关。基尼系数越大,流动人口从事犯罪活动尤其是侵财犯罪活动的可能性就越大。

2. 入城后犯罪成本降低

农民工从乡村的"熟人社会"进入城市的"匿名性社会",脱离了从前的社会关系羁绊和伦理约束,带来了犯罪成本的降低。来到新的环境,无人知其真实身份,自己的道德伦理约束大大降低,流动人口更倾向于放纵自己行为,这实际也是一种侥幸心理的表现。

3. 巨大的心理落差

他们普遍面临着巨大的心理落差。流动人口边缘化是摆在他们面前的巨大难题。当前中国社会阶层分化严重,社会底层的人群日趋定型,缺乏改变自己命运的渠道和机会,难以实现公正、合理、开放的向上流动。流动人口在城市居民心中的印象是负面胜于正面的。调查数据显示,城市居民中认为"流动人口进入城市给社会治安带来了问题"的市民高达72.00%,而认为"流动人口在城市受到了不公平待遇"的市民仅为26.50%。[13] 而针对"农民工印象中城市居民态度"的调查可知,在农民工印象中城市居民对其态度友善的仅为5.43%,而多达26.67%的农民工认为,城市居民看不起自己。新生代流动人口对新城市文化的不适应以及自卑感,两种情感交织使其性格发生潜移默化的变化,稍微的挫折和不公正待遇都会导致扭曲性格的暴露,采取非理性的处理措施,最终酿成苦果。如果说第一代农民工进入城市后遭遇的主要是经济问题,那么第二代农民工遭遇的就主要是文化认同问题。[14] 只有让第二代农民工在成长过程中,顺利接受主流价值观并融入其中才能解决犯罪问题。

(三)综合治理对策

1. 国家层面

国家层面的对策主要包括:改革城乡结构,如户籍制度;完善农民工社会保障制度,将其纳入城市公共服务体系,解决农民工就业指导、居住环境等问题以及子女的教育问题,消除其不平等心理。提高农民工的工资水平,逐渐缩小贫富差距。

2. 社会层面

社会层面的对策主要包括:首先是传统媒体。传统媒体作为信息的传播者,是

---

[12] 参见郑永红:《基尼系数与流动人口犯罪》,载《湖北警官学院学报》2004年第1期。

[13] 参见张雪筠:《社群隔离与青年农民工的犯罪》,载《青少年犯罪问题》2007年第1期。

[14] 参见勇退:《警惕:新生代农民工犯罪率呈上升趋势》,载《半月谈》2010年第13期。

影响民众观念的重要工具。但是现实生活中,媒体往往为了经济利益,片面追求轰动效果抓人眼球而不顾职业操守和社会责任。现实中也有很多因为媒体的情感渲染而否定自身价值,认为无望通过自身努力得到认可而走上犯罪道路的例子。其次是新兴媒体。微博、微信和论坛,这些新媒体在社会中扮演越来越重要的角色。这本来是提供个人自由发表意见,实现传播主体草根化和普遍化的重要电子手段,但是不乏别有用心之人,如网络推手或追求曝光率的个人,在网上发表煽动性的言论或者刻意扭曲事实,进行虚假播报。为了维护农民工的权益,保证对民众的正确引导,除国家立法对自媒体予以规制之外,自媒体的管理者(多是互联网企业)也要肩负起净化网络空间的社会责任,对网上言论和事件报道进行必要审核,配合国家实现网络实名制。

3. 个人层面

个人层面的对策主要包括:首先,农民工自己要努力学习文化知识,通过学习,提升自身素质,坚决同犯罪行为作斗争,遇事知道如何保持理性。其次,还要保证做到积极与政府或其他部门进行有效沟通,通过合法途径将自己的诉求和意见和平地上传。及时、认真地倾听政府及其他部门的回应,做好协商工作。最后,注重情绪管理和自我调控,提升自身的道德品质。

三、农村地区犯罪

改革开放之后,农村犯罪问题才真正地被重视。自20世纪70年代末以来,随着经济与社会的发展,农村发生了翻天覆地的变化,但矛盾冲突也日益凸显。农村、集镇的刑事犯罪活动日趋严重。

(一)农村地区社会治安情况

当前的农村犯罪活动,归纳起来有以下几个特点:(1)盗窃、强奸、抢劫、伤害、杀人、诈骗等六类案件突出。(2)改革开放以来多数犯罪类型上升,少数犯罪类型下降。侵财型犯罪、拐卖人口和贩制枪弹案件上升很快。(3)犯罪分子以单独作案为主,约占全部案件的70%。(4)犯罪主体年轻化。如河南农村青少年案犯占整个农村案犯的比例达到70%～80%,占青少年案犯总数的80%,特别是重大案件很多都是青少年所为。据调查,湘潭市雨湖区某年1～7月的农村人口犯罪案件中,年龄在30岁以下的犯罪行为人占总数的75%。[15] (5)黄赌毒肆虐。农村人口增长快,地区分布不均衡,且教育重视程度不够,产生了大量的社会闲散人员,不能充分就业。相对匮乏的娱乐条件和文化熏陶,导致越来越多的农民参赌、涉黄以及涉毒。这也是诱发杀人、抢劫、盗窃等恶性犯罪的重要原因之一。(6)有组织的犯罪增多,带黑社会性质的犯罪也屡有发现。

---

〔15〕 参见邱帅萍:《建设新农村背景下的农村犯罪问题探究》,载《大庆师范学院学报》2011年第1期。

（二）农村地区治安形势严峻的原因

1. 经济发展失衡，劳动力过剩

经济发展与社会犯罪之间不是简单地正比例或者反比例关系，但是完全否定二者之间的关系是不对的。数据表明，经济发展的变化对农村财产犯罪率的影响较城市更加深刻。城乡贫富差距较大，这是我国的基本国情，不容置疑。由于市场经济规律的进一步影响，贫富差距将会进一步加大，人们的伦理道德和人生观、价值观都会受到冲击，产生严重的不满和抵触情绪，刺激犯罪的增长。

2. 教育水平低下，法律意识淡薄

农民的法律意识普遍不高，遇事不完全清楚或甚至不懂得如何采取法律途径维权，最后小纠纷容易转变为大事件，民事案件上升为刑事案件。有的农民仅有的法律知识也多是从电视等传播媒体上学到的，而不是通过系统地学习掌握的，定然存在一定的瑕疵。

3. 传统思想严重，防范意识不足

在农村，宗族式的儒家文化深入人心。凡是遇到与本宗族有关的事，无论大小，往往都是全族出动。他们秉持着“同呼吸共命运”“唇亡齿寒”的观念，并且在这种观念的操纵之下，不顾或者说故意忽视自己行为可能导致的结果，最后就极可能会引起大规模的群体性事件。

4. 治安环境不利，基层组织涣散

由于受到经济条件、地域条件等的限制，在广大农村地区，特别是那些交通不便、地处偏僻的穷困山区，治安警力不足是常有的事。而且，因为农村住房分布松散，很多地区都存在治安管理的失控点和盲区，有的农村乡镇派出所只有五六名民警，而他们要管辖八九万人。经济条件的限制还导致农村的司法机构不健全，部分地区只有政府无司法机关。

在农村犯罪的治理过程中，由于行政执法部门对犯罪预防和安全防范重视不够，组织涣散，部门间缺乏沟通协作，导致相关措施很难落实到位，不能形成“群防群治、齐抓共管”的强效预防犯罪体系，使得同类犯罪的犯罪率高发不下。

（三）综合治理对策

1. 强化农村党政基层组织职能

农村党政基层组织负责农村的改革、发展和稳定工作。在农村犯罪问题的综合治理工作中，基层党政组织必须发挥带头作用。本着精干、高效原则，合理配置在编人员；注意多部门协作，合署办公；充分发挥村级党政机关紧密联系群众的优势，及时了解、处理群众信息，积极维护当地社会安定；加强民间群众组织建设，多采用非诉调解手段调解村民之间的矛盾纠纷。

2. 重点部位重点治理

农村的重点部位一般是指农村地区中人口流动大、物资集中的地方，如农贸市场、小商品批发或零售市场等这些存在治安隐患的地方。这些地方也是盗窃、诈骗、抢劫抢夺、聚众斗殴等违法犯罪活动集中的地方。其治理工作应从经营活动的规范、交通疏导等方面入手，依靠民警和联防队员的定时、定点巡逻和执勤进行预防。除治安机构外，工商、税务机构也必须积极执法，坚决处理各类违法行为。

3. 深化农村改革，大力发展农业经济

首先，缩小农业与其他行业的差别。为了使当前的农民流动与我国工业化、城镇化进程相适应，关键要认真落实中央对农村和农业的各项政策，深化农村和农业的各项改革，发展农业经济，增加农民收入，缩小农业与其他行业的收入差距。其次，继续推行家庭联产承包责任制。家庭联产承包责任制是我国农村集体经济的主要实现形式。继续推行家庭联产承包责任制，调动广大农民生产者的积极性，推动农村地区的经济快速发展。最后，鼓励农村地区第三产业的发展。农业劳动力向第三产业转移是世界各国就业结构变化的共同规律。鉴于近几年，乡镇企业发展从以安排劳动力为目标向以经济效益为中心转变，由规模扩张型向内涵型转变，由劳动力密集型向技术密集型转变，其吸纳劳动力的能力有所下降，因此，单靠乡镇工业无法解决农村劳动力出路和农民致富问题。从农业释放出来的剩余劳动力，从总体上应更多向第三产业寻找就业机会。

4. 加强农民教育，尤其是针对青少年农民的教育

在全社会加强农民教育的同时，要重点关注农村地区青少年的教育情况。各级党政部门要将农村青少年的教育问题纳入工作重点，尽可能地提高教育环境和教育水平；各行各业都要以促进青少年的健康成长作为自己应尽的责任，为青少年的学习、生活创造条件；学校要秉持“有教无类”的理念，一视同仁地对待每一位学生，耐心做好劣迹生的帮教工作。

5. 加强自身防范意识和能力

农村居民不能继续拘泥于老观念，需要多了解社会新闻，接受新生事物，增强自身防范意识和防卫能力。贵重物品和大量现金不要放置家中；人不在家中时要关好门、窗，切断电源；遇事冷静分析，沉着应对，不盲目跟随他人行为。

四、恐怖主义犯罪

犯罪学意义上的恐怖主义犯罪是指在恐怖主义旗帜之下，由个人、团体乃至政府实施的足以引起恐怖气氛的反人类的暴力行为或暴力胁迫行为，它是以违反现代文明社会的犯罪形态出现的一种特别的罪行。[16]

（一）犯罪成因分析

1. 心理学分析

（1）从个人心理角度分析，西方最早从精神和心理疾病来研究恐怖活动，但是

---

〔16〕 参见赵永琛：《关于恐怖主义的若干问题》，2002 年第三届全国监察理论研讨会提交论文。

实证研究表明他们并不符合推想的精神病患者标准。对65名恐怖分子进行3次实地调查访问和临床精神病诊断，发现他们都不符合关于精神病第一轴向紊乱（临床表现为严重的压抑和躁动）。[17] 但是有部分实证研究又证明，一些恐怖分子可能存在精神分裂症和妄想症。妄想以自己为代表的群体属于完美，而其他任何群体则存在种种不足，甚至是巨大缺陷，不惜通过摧毁其他群体来维护自己的完美。并且长时间地参与恐怖组织活动，即使是正常的人心理健康也会受到一定程度的影响，表现出心理上的病态症状。

也有学者认为，高智能和压抑感是恐怖分子的心理特质。如赵桂芬博士采用卡特尔人格理论，分析得出恐怖分子的人格具有以下几个特质：一是较高的智能；二是压抑感；三是冒险敢为；四是狂热性。[18] 他们往往都具有强烈的偏执性和反社会的性格，对社会极度失望，对敌手也是极端仇视，处于一种麻木冷酷的情绪状态，实施犯罪之前也不会有激烈的心理冲突，往往抱有投机冒险的心态。

（2）从组织心理角度分析，按照心理学上的"团体效应"来说，团体会使个人去个性化、道德脱离。[19] 当个人处于群体组织之中时，由于群体压力和群体意识，人们丧失自控力，个性化淹没在群体组织之中。原本约束自己的道德准则在这种情况下处于有选择地被激活状态。如果个人能通过道德辩护，改变自己对事件的解释或评价；或者通过责备受害者，认为其罪有应得；或者丑化受害者，对其进行污蔑来达到突破自己的行为障碍，那么他就实现了道德的脱离。

再者根据组织心理学，组织的领导者大力鼓吹自己的个人权威，通过构建集中式的组织形式，明确分配任务，保证个人参与组织的计划，增进组织的凝聚力和向心力。领导人通过教育、疏导、表扬和示范等方式给个人"洗脑"，将他们的思想觉悟和立场引导到组织的绝对正确和信仰的绝对正确上来。这也是为什么那么多恐怖分子愿意采取自杀式爆炸或自燃方式成为"殉道者"的原因。

即使是陌生的个体，一旦被我们贴上"自己人"的标签，就越看越顺眼，甚至越看越觉得和自己很像，即"内群体偏好"，大家会一致对抗那些贴上"外人"标签的人，这些"外人"怎么看都和自己一点也不一样，即"外群体偏见"。这就是"群体认同"在起作用，个体往往把群体作为自己获得社会认同的对象，并过分强调群体内的一致性、群体外的相异性。[20] 群体心理学上的这一观点也同样适用于恐怖主义

---

〔17〕 Horgan, J. 2003, *The Search for the Terrorist Personality, Terrorists, Victims and Society: Psychological Perspectives on Terrorism and its Consequences*, p. 1－27. 转引自曹雪飞：《对恐怖活动犯罪根源的研究综述及比较》，载《新疆警官高等专科学校学报》2013年第4期。

〔18〕 参见赵桂芬：《个体恐怖分子的人格探究》，载《中国公安大学学报（社会科学版）》2007年第6期。

〔19〕 参见柳恒超：《恐怖主义根源的心理学分析》，载《东岳论丛》2009年第3期。

〔20〕 参见祝卓宏、张婍：《奇妙的群体心理学：解毒社会事件背后的心理密码》，科学出版社2012年版，第228页。

犯罪上来，一旦进入该组织具有“内群体偏好”，产生偏见和对事实的扭曲，就会激起对特定对象的愤怒感、报复心和反叛，最终导致暴力争端。

2. 失范所致的紧张

迪尔凯姆在他的犯罪学体系中提出了“社会一体化”理论后，默顿发展了迪尔凯姆的示范理念而提出自己的“失范论”，认为任何犯罪都是因为社会成员没有接受“文化目标”和“制度化手段”，而在二者之间出现断裂导致的紧张所产生的。

默顿的“失范论”也是以美国国内研究为前提，研究对象也只是以特定犯罪群体为对象。有人认为，在研究恐怖主义犯罪时，应该将视野扩大到整个国际社会，克服以特定对象为研究的局限，认为恐怖主义犯罪是群体对国际社会的不适应，是“文化目标”之间、“制度文化手段”之间的冲突。但是，这种看法也是以国际视野研究恐怖主义犯罪发生的原因，如果单单分析国内的，还是依旧可以适用默顿的“失范论”。

（二）综合治理对策

1. 加强反恐专业队伍的建设和领导

反恐专业队伍是反恐队伍中的中坚力量，发挥着重要作用。国家应该迅速组织建设专门的反恐队伍，在重点城市、重点繁华部位部署武装警力，定点看护。而且，还应该由专门成立的反暴力恐怖斗争机构统一领导，明确各组成部门的职责，制定良好的应急处理机制。

2. 坚持走群众路线，依靠和发挥群众力量

反恐斗争依旧需要坚持走专门工作与群众路线结合的道路。要广泛提高群众的反暴力恐怖意识，积极调动他们反恐斗争的积极性，充分依靠群众，及时发现恐怖活动线索，打压恐怖势力的嚣张气焰。

3. 充分发挥公安院校资源优势，培养反恐专业人才

2014 年 1 月，上海交通大学举办“全国反恐高峰论坛”，率先在全国建立反恐怖大学科以及反恐怖研究基地。公安院校经过多年的发展，已经具备丰富的理论和实践经验。如果能够利用这些现有经验和资源，培养出专业的反恐人才，必定会极大地推动我国反恐事业取得巨大成就。

4. 实现国家间的情报共享和反恐合作

恐怖活动不是一国特有现象，而是国际性的犯罪现象。如果不加强各国间的政治对话和反恐合作，就不能有效预防和沉重打击国际恐怖活动，践行反恐怖国际公约的要求。

5. 增强自身的反恐怖主义意识和能力

个人应该积极主动接受反恐怖主义教育，形成正确世界观、人生观、价值观以及民族观、宗教观，认真学习法律知识，坚决摒弃民族分裂和极端主义思想。不参与极端组织，不传播恐怖主义音像资料，有恐怖活动线索时积极主动向有关部门反映。

第十七章　犯罪矫治

第一节　犯罪矫治的概念与特点

犯罪学的任务，从理论研究角度讲，是要了解支持犯罪动机、目的、情绪和行为的社会学、行为学机制与诱因，并以此指导犯罪预防的实践。这里包含了宏观和微观两个思考层面。犯罪学的任务，宏观上，主要考察的是犯罪发生的社会学根源以及通过社会改造的方式消除犯罪的普遍性诱因；在微观上，则着眼于个别犯罪人，主要通过对其犯罪心理机制的个别化考察，寻找并适用有效消除其个体再犯可能的操作性策略。因此，犯罪矫治在实务层面虽然不排除犯罪社会学的知识性贡献与指导作用，但其具体工作主要还是以犯罪心理学的相关理论为基础展开的。以犯罪心理学为理论基础的犯罪矫治从实务性功能角度讲有两个层面：犯罪行为趋势的预测与犯罪行为模式的矫治。〔1〕 基于犯罪心理学发展的现状，通过心理测试与心理诊断等措施对个人犯罪趋势的识别与预测尚无法准确到可以大规模应用于指导司法实践的程度。相对而言，利用心理治疗手段对已知犯罪人的致罪精神疾患与心理障碍进行治疗，并对其不良行为模式实施矫正，在科学的实证研究支持下，还是取得了一些实质意义的成功。当然，这一领域几乎存在所有心理学理论流派的影响，在一些关键理论问题上有着激烈的争鸣。同时还有一些不具有科学实证效度的观点、学说混杂其间，对犯罪心理矫治实务的发展起着一定消极的作用。

一、刑罚执行与犯罪矫治

在现代刑事司法制度的概念体系中，犯罪矫治无疑是刑罚执行的题中之义。但是刑罚执行概念本身并不是从一开始就包含有矫治的目的。从刑罚历史发展视

〔1〕 作为犯罪心理趋势预测的主要手段，心理测试技术也可以服务于犯罪心理矫治目的，主要是通过心理测试对犯罪人做出心理疾患诊断，帮助心理矫治人员有针对性地制定矫治方案并及时评估矫治效果。这类评估尽管也要对犯罪人的心理趋势进行预测，但是在着眼点上强调对症状的描述，而对未来心理与行为发展趋势只需要作出统计学角度的概率判断即可。这与基于指导司法裁断功能设定的犯罪心理趋势预测对于准确度的要求是不一样的。

角来看,可以大致区分出早期的报应/威慑导向刑罚阶段、中期的基于古典犯罪学理念的威慑/矫正导向刑罚阶段和后期的在实证主义犯罪学指导下的个别化矫正导向刑罚阶段。整体上讲,这一发展过程的一个一以贯之的主题就是矫正作为刑罚目的逐渐从边缘走向中心并最终成为现代刑罚执行无可争议的主题词。当然,在这一发展过程中,报应和威慑作为刑罚基本目的并未完全被放弃,只是其地位逐渐下降,对刑罚实务的影响逐渐削弱。比如,近年来,很多学者对报应作为刑罚目的的合理性提出了强烈质疑,而刑罚的特殊威慑作用也被很多实证研究证明不具有实际意义。

应当注意的是,由于刑事司法体系发展在各国、各地区之间并不同步,甚至在特定环境下还会出现反复,因此该三阶段分划本身无法作为一个编年史概念使用,研究者只能根据具体刑罚执行制度体系的特征来判断其处于哪一发展阶段。这三个发展阶段各自的基本特征如下:

1. 早期阶段:这一阶段的主要特征是刑罚的严苛和自由刑作为一个独立刑种的缺位。作为犯罪法律后果的刑罚在其早期阶段的执行上以报应为其基本目的,辅以一般威慑目的的。上述两个目的实现基本上是以一种笼统的严刑峻法为手段。在这一阶段,对犯罪人本身的处遇主要还是强调刑罚的痛苦体验,而并不非常关注被处刑者本身的行为与思想属性之变化。与之相适应,这一阶段刑罚执行手段主要是死刑、肉刑、耻辱刑等强调痛苦而不考虑对受刑者未来行为影响的刑种。在这一阶段,几乎没有现代意义上的自由刑。对犯罪人的关押往往只是作为等待审判或最终刑罚的过渡而不被作为一个单独适用的刑罚类别。考虑到现代犯罪矫治实践展开的基本立足点就是自由刑体系,自由刑的缺乏本身说明了这一阶段的刑罚执行是没有把犯罪矫治作为目的的。

2. 中期阶段:在这一阶段,对犯罪人的后刑罚社会化需要日益得到重视,观念上普遍认为刑罚除了应体现对犯罪人过往罪错的报应和对社会大众的道德震慑,还应当承担使犯罪人改过自新,不再对社会构成威胁的责任。刑罚的犯罪预防功能被正式纳入刑罚执行的考量范围。由此犯罪矫治作为刑罚执行之目的被提出。但是,在相当长时间内,刑事司法体系并未在如何有效实现这一目的问题上寻获有实质意义和实际效果的答案。而且犯罪矫治往往被与特殊威慑混为一谈,认为通过严苛的刑罚来吓阻犯罪人再犯罪之意志也是一种有实践意义的矫治方式。在这一阶段,自由刑逐渐成为刑罚执行的主要手段代表了刑罚犯罪矫治目的的日渐彰显。但早期自由刑的执行效果却往往与犯罪矫治目的南辕北辙。这种目的与手段的脱节和矛盾成为这一阶段刑罚执行的一个非常显著的特征:几种广为人知的早期自由刑执行模式几乎无一例外的是明确的矫治目的与乏善可陈的矫治实效的矛盾集合体。[2] 刑罚执行在其历史发展的中期阶段所面临的困境在很大程度上是因为缺少具有科学性的犯罪学理论的指导，导致对于降低犯罪人人身危险性的实践在很大程度上依赖经验、常识，在一些极端的个案中甚至迷信。随着现代意义上的实证主义犯罪学的逐渐成熟，对于犯罪人的行为与思想之改造逐渐走上了符合科学认识规律的发展道路，由此刑罚执行进入了第三个阶段，犯罪矫治也在这一阶段才开始真正成为刑罚执行的一个可望可及的目的。

3. 后期阶段：这一阶段与前一阶段的根本区别在于，尽管同样强调刑罚执行中矫治的重要地位，这一阶段的犯罪矫治实践在目的与手段上的统一性是之前所没有的。也就是说，矫治目的的提出和强调是以矫治手段的可行性与合目的性之切实改善为基础的。刑罚执行中犯罪矫治目的的可实现性的提高与现代实证主义犯罪学的发展密不可分。诚然，作为实证主义犯罪学肇始的意大利学派本身并未对犯罪矫治表现出过多的热情。其代表人物龙勃罗梭和费里认为犯罪之根本原因在于人之生物学或遗传学属性，对这类"天生犯罪人"来说，惩罚、威慑与矫治均毫无意义，唯一的合理处遇手段就是隔离与消灭。但这一过于绝对化的观念在之后的犯罪学理论发展中迅速得到了纠正。随着基于犯罪心理学的矫治学说逐渐掌握了犯罪处遇实践领域的话语权，矫治成为刑罚执行的焦点。

二、犯罪矫治与犯罪心理矫治

（一）犯罪心理矫治在犯罪矫治体系中的核心地位

对犯罪心理矫治的定义有狭义与广义两种视野。狭义的犯罪心理矫治只涉及传统的心理疾患与精神病治疗手段。广义的犯罪心理矫治则覆盖任何可以对犯罪人的行为模式施加具有心理学意义影响的干涉手段。从现代犯罪矫治实务的发展趋势来看，强调对犯罪人实施多角度、多因子的综合性矫治已经成为主流，因此对于犯罪心理矫治具有现实意义的讨论毫无疑问是不可以局限于狭义的传统心理治疗的，而必须适用广义概念。

在广义视角基础上，有的学者又更进一步，提出犯罪心理矫治其实就是犯罪矫正工作的全部，凡是基于矫正改造犯罪之目的而建立起来的工作系统，都应纳入"心理矫治处遇体系"范围内。[3] 这一观点遭到了国内主流学者的反对。我们认为，这一问题必须从学理定义和实务概念两个层面去讨论。在学理上，以犯罪心理

---

〔2〕 同时，笔者认为，我国目前的刑罚执行与犯罪矫治在很大程度上符合这一阶段的基本特征。无论是传统上的"惩教相结合"理念，还是稍后提出的"宽严相济"刑事政策，抑或21世纪以来大力发展的社区矫正刑罚执行模式，无不在以国家政策的方式强调着犯罪矫治在刑罚执行中的关键地位。但是同时，我国目前的刑罚执行在犯罪矫治实效方面却不容乐观，而且无论是学术界还是实务界均对如何提高犯罪矫治实效这一问题缺乏系统而有说服力的理论阐述和操作思路。

〔3〕 Robert. J. Wicks, *Correctional Psychology: Themes and Problems in Correcting the Offender*, Canfield Press, 1974.

矫治完全指代犯罪矫治固然具有片面性，但必须看到，在实务层面，心理矫治是犯罪矫治/犯罪处遇的核心组成部分，在心理矫治之外讨论犯罪矫治并无多少实际意义。

犯罪矫治之实践深深植根于实证主义犯罪学之理论，实证主义犯罪学理论的发展，经历了从经典犯罪学，到犯罪人类学，再到犯罪心理学与犯罪社会学的跨学科演变与延伸。一个毋庸置疑的事实是，社会学视角与心理学视角各自建立了完整而庞大的理论体系，也各自对刑事司法体系对抗犯罪的宏观努力做出了重要而独有的贡献。如果说在犯罪心理学理论方面的成果应用于犯罪改造产生了犯罪心理矫治，则犯罪社会学理论领域在20世纪以来取得的丰硕成果也同样在犯罪矫治实践中有所体现。单纯强调其中任何一个视角而抹杀另一个视角的价值都是错误的。比如，为犯罪人提供职业教育，就是意图通过改善犯罪人的未来社会经济地位这一社会学因子来达到抑制犯罪倾向的目的，将其简单划入犯罪心理矫治显然是不合适的。

但是由于这两个理论视角对犯罪考察的侧重点不同，在犯罪预防上也有各自不同的切入点。社会学视角相信犯罪的根本原因在于行为人所处的社会化环境，因此其预防犯罪努力集中于对社会结构、社会组织以及社会过程的宏观与中观改良，其典型代表就是芝加哥学派社会学者们所发起的，被称为“芝加哥区域计划”的社区改良运动。在这一努力中，犯罪人与社区中的其他居民被作为一个整体，共同接受意图在根本上扼杀结构性治罪因子的社会化关系的调整。尽管个体犯罪人往往不可避免地成为这种调整努力的聚焦参照物，但其差异化的行为模式本身并不是这种调整的对象。对于这类社会改良措施，尽管可以把它看成是一种犯罪预防举措，却难以划入严格定义的犯罪矫治范畴。与之相对的，心理学视角从一开始就关注行为人的个体性行为属性并将这种行为属性作为其调整的直接对象。无论是基于弗洛伊德精神分析理论的自省式心理治疗，还是近年来兴起的，以认知心理学和社会心理学为支撑的认知行为治疗，其操作都以改变和消除犯罪人个体化的犯罪性行为模式为目的。而进入21世纪以来，西方刑罚执行体系中的犯罪矫治之理论与实践讨论基本上围绕着心理学视角的各种理论设定展开，在这一语境中，犯罪矫治和犯罪心理矫治基本上是可以互为指代的。

犯罪矫正实务中，以犯罪社会学理论为基础的各类措施，主要立足于为个人的心理矫治创造稳定而积极的社会心理学微环境，以帮助其心理与行为在社会化复归进程中不会受到负面和不必要的阻滞与逆转。换句话说，心理学干预需要社会学干预为其创造的理想环境方能发挥其最佳效果，但社会学干预并不直接对矫治对象产生行为学上的影响。这两者的关系类似环境卫生与医疗的关系，前者是后者的基础和前提，但真正起作用的却是后者。从社会学视角去尝试个体化的犯罪矫治往往最终成为缘木求鱼的无用功。比如，前述在监狱中试图通过职业教育与培训来实现犯罪矫治的努力，其核心概念上是以行为人未来社会微环境的改善为目的的。但是，如果行为人本身的反社会思维模式或人格障碍得不到源自心理矫治措施的有效纠正，仅仅拥有一技之长并不足以阻止行为人在面临潜在的冲突情境时选择违法或犯罪来实现其利益或诉求。从这个意义上讲，犯罪矫治若从操作性予以定义，基本上就是犯罪心理矫治。

（二）犯罪心理矫治的目的与内容

对于犯罪心理矫治工作的目的，国内学者也提出了不同意见。第一种观点是"心理障碍矫治说"，认为犯罪心理矫治的任务就是对犯罪人实施心理与精神疾患诊断，提供心理咨询和心理治疗，主要立足于消灭与改善那些可能导致犯罪人危害性与攻击性行为的心理问题与精神疾患。第二种观点是心理障碍矫治与犯罪心理结构矫正结合说，认为除了对犯罪人的致罪心理问题与精神疾患进行治疗外，还应当通过各种心理与行为重塑技术，消除犯罪人的认知、情绪、态度以及行为习惯中那些具有社会化适应不良或者反社会性的不良倾向。[4]

根据司法部《监狱教育改造工作规定》第43条的规定，"心理矫治工作包括：心理健康教育，心理测验，心理咨询和心理疾病治疗"。作为指导中国犯罪矫治工作的官方文件，这一规定将犯罪矫治工作的内容正式划分为四个部分。一般认为这一界定代表我国在刑事政策层面支持矫治心理障碍与犯罪心理结构矫正结合说，同时也基本符合目前多数学者所主张的基于广义视角的犯罪心理矫治定义。

从实践操作角度来看，上述对心理矫治工作内容的四分法仍然存在界定模糊，外延重叠的问题，有必要在心理学基本概念体系的基础上进一步斟酌调整。笔者认为，在当前的四分法体系下，至少存在以下混淆不清之处，应当予以澄清：

1. 将心理咨询与心理疾病治疗截然分开的做法不妥。在实务层面，将心理咨询与心理治疗区别开来的原因应该是基于操作人员配置的考虑，即认为心理治疗只能由具有心理学与精神病学知识的专业技术人员实施，而心理咨询则不需要对操作人员的高度专业化要求，只要有一定心理学常识的普通工作人员就可以在罪犯人群中展开针对心理问题的咨询活动。这种观念显然是错误的，是对心理咨询这一特殊的心理治疗手段的概念性误解的结果。在心理学与精神病学领域，心理咨询是心理治疗的有机组成部分，通过具有专业咨询技巧的心理咨询师的有效工作，很多心理疾患可以不动用专门治疗手段，单纯通过心理咨询得到治愈。而使用缺乏应有专业技巧训练的非专业人员所进行的所谓"心理咨询"，根本无法达到心理学专业定义下心理咨询所应达到的效果，甚至可能适得其反。对此，有学者已经有所认识，在其对犯罪心理矫治的内容分类中不再将心理咨询与心理治疗区别开

［4］　参见吉春华：《罪犯心理矫治的科学定位初探》，载《犯罪与改造研究》2007年第10期。

来,而是作为一个统一的矫治操作体系加以讨论。[5]

2. 对心理健康教育这一工作内容定义不明,在操作中的界定也不符合心理学基本规律,应予调整。根据司法部《监狱教育改造工作规定》第 45 条规定,心理健康教育的任务是"宣传心理健康知识,使罪犯对心理问题学会自我调节、自我矫治"。这一表述可以说是缺乏理论严肃性的。首先,监狱环境下引致的心理健康问题是由监狱特有的去社会化以及高压监所化(total institution)特点导致的,与在押人员是否具有"心理卫生常识"没有必然联系,[6]因此不可能通过心理健康知识教育予以预防或矫治,更不可能指望具备了特定心理卫生常识的罪犯去"自我调节,自我矫治"而不依靠专业心理干预。其次,从心理健康教育这一任务设定的出发点来看,主要是希望其作为心理治疗工作的一种补充与延伸。后者的工作对象范围较窄,只针对患有精神疾患与心理障碍的个体。而普通的罪犯群体中同样存在需要通过心理学手段进行调整的一些不良倾向与致罪因素,但似乎又不可以再将这类手段称为"治疗",因此就使用了"健康教育"这一用语。这一用语反映了我国犯罪心理矫治工作开展初期对心理干预手段认识的偏差。现代犯罪矫治理论中,以心理学为基础的干预手段并不只局限于对心理疾患的治疗,也包括了对在各项心智与精神病指标上均为正常,但是却存在明显反社会人格或社会适应不良倾向的个人进行认知与行为方面的矫正以提高其社会化适应能力。我们认为,对于犯罪矫治的这一特定内容,应该根据其内在属性以及对象的范围,进行重新界定,将其称谓由"心理健康教育"调整为"认知行为矫正"。这一工作内容所面向的对象应是全体在押人员,在这一点上与心理治疗工作区分开来,也符合传统观念中对于心理健康教育的对象限定。在操作方法上,主要是通过心理咨询和认知行为训练的方式,矫正工作对象在认知、情绪以及价值观上的社会适应不良、反社会以及暴力倾向。这种训练方式尽管在外在表现上与"心理常识学习"有相近之处,但是其原理上严格遵循行为主义心理学的基础理论,以对个人的潜意识层面的认知结构和思维模式的调整与优化为目的,而不强调在显意识层面对特定知识点的理解与记忆。这里的"行为学习"作为一个心理学概念,与教育学意义上的"学习"是完全不同的概念,因此也就不应再简单地理解为以心理学常识宣讲为核心内容的"心理教育"。

---

〔5〕 参见罗大华、何为民:《犯罪心理学》(第 2 版),中国政法大学出版社 2012 年版,第 536 页。

〔6〕 "心理卫生常识"本身就是一个缺乏严格、科学定义的概念。抛开心理卫生常识能否对在押人员心理健康问题起到预防与自我"治疗"作用不谈,如果确实要对在押人员进行心理健康教育,其学习应涉及哪些内容?对于人类心理过程内在机制存在不同理解的各种学说应如何调和或取舍?对相关知识的学习应该达到什么程度才算有效果的心理教育?如果教育内容中涉及某些心理干预技术,如何避免由于对心理干预技术的了解而产生对该干预技术的对抗能力,进而影响心理咨询与治疗?对于这些问题如果不能有明确的回答,心理健康教育就不具有操作性。

3. 心理测验的内容有简单化趋势，应予充实并适当区分。“心理测验”概念最初的提出，是与“心理治疗”概念相配套的，特指对于犯罪人的心理与精神健康状况进行评估，对存在的心理疾病进行诊断，为治疗提供信息支持。但是，随着对犯罪心理问题认识的深入以及心理矫治领域的拓宽，这一概念及其代表的测量方法已经远远无法满足犯罪矫治对全面掌握犯罪人心理健康、精神状态及人身危险性信息的需要。对于这一工作内容设定的简单化问题，我国学者近年来已经有所认识并提出了相应的细分建议。[7] 一个比较全面的界定是将这一方面工作内容统称为心理诊断与评估，按工作开展的时间点划分为以下三个阶段，同时每个阶段在工作重点上各有侧重。第一阶段：收监初期的全面心理诊断与评估，其任务是全面评测犯罪人心理健康、精神状态与人身危险性，对心理疾病进行诊断，也对犯罪人内在的各种致罪心理因素进行评估与分类，为接下来的心理治疗和个别化行为矫正提供参考信息。第二阶段：服刑期间的犯罪矫治效果评估，其任务是通过定期不定期对犯罪人的相关心理指标进行跟踪测量，评估犯罪矫治措施的效果，掌握犯罪人心理与精神方面的发展变化及新情况，为矫治的跟进与调整提供参考信息。第三阶段：释放前的人身危险性评估，其任务是对即将刑满释放人员进行人身危险性及心理状态评估，为负责后续监督与矫治的有关部门的工作提供参考信息。[8]

综上所述，我们认为，对于犯罪心理矫治工作的内容，应在原来的四分法基础上予以调整，将其界定为三个主要方面的工作内容，即心理诊断与评估、心理疾患治疗，以及认知行为矫正。

三、犯罪矫治的特点

如前所述，在本章的语境中，犯罪矫治的内涵外延与犯罪心理矫治是同一的。因此对犯罪矫治特点的考察实际上就是对犯罪心理矫治特点的考察。基于上述犯罪心理矫治的定义，犯罪心理矫治作为一种刑事犯罪处遇手段具有专业性、实证性、目的性、系统性等特点。

（一）专业性

犯罪心理矫治的专业性体现在这一犯罪处遇手段对于一线矫治工作者高度的专业化要求。与一般性的教育感化或普法宣传等犯罪改造手段不同，犯罪心理矫治是以心理学和精神病学的专业评测，诊断与治疗技术为基础的。矫治工作者要求具备丰富的心理学专业理论知识并掌握特定的心理治疗技术。在创建犯罪心理

---

[7] 参见周勇、段立运、宋胜尊：《试论服刑、劳教、社区矫正人员心理诊断与评估》，载《犯罪与改造研究》2006 年第 9 期。

[8] 在这一阶段的心理测量与评估有时还涉及对申请假释的犯罪人进行再犯可能性预测评估，为司法裁断提供指导性意见。但是这一工作尽管在内容上与服务于犯罪心理矫治需要的心理评估接近，但是其任务却是截然不同的，因此不在本章讨论范围之内。

矫治项目时比较常见的错误就是认为犯罪心理矫治只是一种理念，普通的管教干部或者社会工作者就足以胜任。而实际上，一个没有经过严格心理学以及心理治疗相关专业训练的人员存在无法理解矫治对象行为背后复杂的心理异常与心理障碍的机理的情况，也无法在矫治对象反社会行为纷繁的表象之下准确地识别诊断出其具体的心理疾病或心理异常，也就更无法对症下药，应用有针对性的心理矫治手段去对这些心理疾病或心理异常进行修补与矫治了。

(二)实证性

犯罪心理矫治的实证性指的是对于犯罪心理矫治措施的效果的评判需要持实事求是的科学态度。犯罪矫治效果的评估既不能以矫治工作者的良好主观愿望为转移，也不能为矫治政策制定者的施政“理念”所左右。判断一个矫治措施是否有效必须以对矫治对象反社会思维与行为的客观修正效果为标准，并且对其评估的过程必须符合实证社会科学所固有的信度与效度要求。纵观现代犯罪改造实务发展历程，早期的犯罪矫治努力中，不乏“理念”主导实践，或者良好愿望代替客观认识的教训，这些错误的做法导致大量缺乏科学理论基础，也没有任何实际矫治效果的“治疗”“救治”方式大行其道，不仅无法降低或消除犯罪分子的人身危险性，有时甚至会令其恶化。在经历了一些方法论上的反复之后，犯罪矫治实务必须以实证行为科学为其理论指导已经成为共识。任何一种新的犯罪心理矫治手段，都必须接受实证科学标准的检验，才可以主张其有效性。同时对于现有使用中的矫治手段，也需要通过不断的科学实验与测量来发现问题，总结经验，寻找普遍性规律，从而不断完善，提高矫治的成功率与费效比。

(三)目的性

犯罪心理矫治的目的性是由犯罪矫治这一刑事政策在刑罚哲学体系中的固有地位决定的。在西方刑罚理论中，刑罚有四大价值：报应，威慑，矫治与失能。这四大价值是在对刑罚的法理基础，社会功能以及现实需要进行了全面考察之后提炼出来的。尽管在实践中也会存在不同价值在某些特定刑事政策导向中的共生共存情况，但是在逻辑基础上他们相互间泾渭分明，各有其最终诉求，体现的是一种辩证的对立统一关系。犯罪心理矫治顾名思义，旗帜鲜明地主张其矫治刑价值追求，因此在实务中具有明确的目的性：通过对犯罪人异常以及反社会心理的针对性矫治，降低再犯可能性，保护社会不受二次犯罪的侵害。基于这一明确目的，犯罪心理矫治的操作必然“有所为有所不为”，凡是不能实现或不能帮助实现矫治目的的犯罪处遇措施就不应以犯罪矫治的名义给予资源。在实务中，对于矫治效果的考量往往会与刑罚手段的其他诉求的实现发生冲突。比如，犯罪心理矫治倡导者会基于心理健康基本要求的立场反对长期隔离化的监禁。基于同样的立场也会反对为实现威吓或报应而采用确定刑期以及强制惩罚性苦役。历史上多次出现针对犯罪矫治的公众意见反弹，究其原因主要就是因为犯罪矫治的高度目的性导致其与传统刑罚观念，尤其是报应刑观念的冲突，并被公众误解为一种“轻刑化”取向。但是，对于矫治目的性追求的深度考察会发现，刑罚轻重之争与犯罪矫治目的的实现并无交集。在犯罪矫治实务发展史上不乏为主张矫治目的而导致实际服刑期限明显超出罪刑适应之尺度的刑事政策设计，对此显然也不能简单地理解为一种“重刑化”取向。

（四）系统性

在犯罪学领域一个公认的观念就是犯罪的成因是多方面、多层次的。延续这一逻辑，任何一个成功的犯罪矫治都不可能是单一致罪因子的孤立排除，而必须是建立在个人化犯罪归因诊断基础上的系统性综合改造。这就是犯罪心理矫治的系统性特征。在行为矫治领域，其系统性特征一个广为人知的反面例证就是对吸毒行为的矫治努力。尽管在医学和心理学上，对于毒品药物依赖的药理特性已经有了清楚的认识，基于这一认识的毒瘾药物性祛除效果也是非常显著的，但是由于吸毒这一行为背后有着极其复杂的社会、家庭、文化以及经济原因，成功戒毒后复吸现象始终无法得到有效的遏制。究其原因，对毒瘾/药物依赖的药理性祛除不过是解决了吸毒这一反社会行为的一个诱发因素。如果不能够同时有效地、系统地解决导致个人使用毒品寻求致幻及自我麻醉体验的各种深层次原因，比如，社会紧张情绪，毒品亚文化，个人自我控制缺乏，唤醒不足等，那么一种孤立矫治手段的成功是很容易由于在其他方面的缺乏改观或恶化而归于徒劳的。所以，不可以将犯罪心理矫治理解为各种已知心理治疗技术的独立施用或随意拼凑，而应该是在对个人犯罪原因的系统认知的基础上的诸个有针对性矫治手段的系统化组合应用。

四、犯罪心理矫治与普通心理疾病治疗的区别

犯罪心理矫治从分类上说是心理治疗的一个子概念，两者的理论渊源与实践操作均有着极大的共性。一方面，因为在监狱人口中的精神疾患以及心理健康问题相当突出。有不同的研究发现，在押犯中患有严重精神疾病的比例在10%左右，[9]而具有不同程度精神障碍与心理异常的个体比例则更高。[10] 根据加拿大的一项研究，在加拿大监狱中犯人患一般性焦虑障碍的占比达27.9%，药物依赖的占比达36.7%，反社会型人格障碍的占比更高达59%。[11] 因此，针对犯罪人群的心理矫治很大一部分是对其传统意义上的精神疾病的矫治与心理卫生服务。另

〔9〕 不同研究提供的数据各不相同，从最低的8%，到最高的15%，另外男性与女性群体的比例也有差异。但是总体上来看基本是在10%上下浮动。

〔10〕 ［英］詹姆斯·马吉尔：《解读心理学与犯罪——透视理论与实践》，张广宇等译，中国人民公安大学出版社2009年版，第149页。

〔11〕 Hodgins S., Cote, G., *The Prevalence of Mental Disorders among Penitentiary Inmates*, Canada's Mental Health, 1990, 38.

一方面,很多精神与心理疾患是犯罪行为的直接或间接诱因,为了降低犯罪人的人身危险性,抑制再犯可能,也有必要对诊断出特定精神疾患的个人进行治疗。这类治疗所使用的手段与普通心理矫治也没有任何区别。不过,相对心理疾病治疗,犯罪心理矫治还是有其自身的特点,包括以下三个方面。

1. 强制性。传统心理矫治的一个基本原则就是自愿性,认为在强制下实施的矫治无法产生理想的效果。但是在监狱环境中,矫治对象均是失去人身自由,接受强制犯罪改造的在押犯。因此,犯罪心理矫治就不可避免地带有直接或间接的强制意味。不可否认,这会给矫治效果带来一些负面影响,从而在其费效比上与普通心理矫治存在差异,需要在操作实务中有所考量。

2. 限定性。传统心理矫治所针对的精神疾患与心理障碍内容广泛,种类繁多。而犯罪心理矫治因其特定的功能要求,不能也不必覆盖同样广泛的治疗类别。一般来说,犯罪心理矫治主要针对的是可能导致暴力与反社会行为的精神疾患,人格障碍以及可以通过心理治疗纠正的不良行为模式,其视野相较心理矫治的传统视野要狭窄很多。比如,对于很多会导致丧失刑事责任能力的严重精神疾病,因为患者的行为不被认为是犯罪,也就不会在监狱等刑罚执行场所接受治疗,自然不包括在犯罪心理矫治的视野之内。而普通心理治疗需要面对很多无明显社会性危害的精神疾患,如厌食症,性身份识别障碍等,这些往往也不在犯罪心理矫治的视野之内。

3. 主动性。传统的心理矫治重点关注那些明显可识别的精神异常/心理异常症状,因为普通患者往往只有在症状对正常生活的影响达到一定程度时才会寻求心理矫治专业人士的帮助。在犯罪心理矫治领域,基于现代犯罪学对犯罪成因的认识,一些没有明显症状的心理特质却被认为具有较高的致罪性,需要通过心理矫治方式予以排除。所以在犯罪心理矫治工作中,对在押犯的心理测试具有重要意义,因为那些潜在的,无突出症状的致罪性精神异常与心理障碍只有通过测试才能被发现,而犯罪心理矫治的任务之一就是主动发现和识别传统心理矫治所忽略的心理异常特质并在其发展成为外显症状之前就实施有效干预。

第二节　犯罪矫治的理论与实践发展

一、欧美早期心理学理论的发展及其在犯罪矫治中的应用

19 世纪末 20 世纪初,作为一个新兴的实证行为科学门类,心理学关于人类反常与反社会行为的解读迅速在犯罪学界以及刑事司法实务系统中获得了高度认可与支持,一批受过心理学与心理治疗专业训练的学者及心理医学执业者被邀请或

雇用在监狱及其附属惩教体系中从事心理咨询服务与行为学研究，同时大批犯罪分子被以严重精神疾病为理由安排到专门设置的精神病院接受治疗而不是在监狱以传统方式服刑，从而为犯罪心理矫治作为劳役、宗教感化，道德教育、技能辅导之外的一种犯罪改造手段的大规模应用提供了组织与物质基础。而进入 20 世纪下半叶，对于监狱环境下服刑人员心理健康状况的研究进一步对监狱内心理医疗服务提出了较高的要求，这也间接推动了对犯罪服刑人员的心理矫治的发展。

最早应用于监狱的犯罪心理矫治基本上是一个以 19 世纪末心理学与精神病学理论发展为基础，结合了一些原始的脑神经外科治疗技术的，来源广泛而庞杂的概念综合体，其典型内容包括针对普通服刑人员群体的，应用精神分析疗法与行为疗法的谈话治疗，针对出现精神病症状者的，施用神经性药物对特定大脑功能进行压制或调节的药物治疗，针对较严重精神病症状服刑人员的抽搐休克疗法，以及针对出现最严重症状的人员施用的脑叶白质切除手术等。

总的来说，早期犯罪心理矫治的蓬勃发展为改造罪犯，保护社会免遭二次犯罪侵害，以及监狱管理人性化开辟了一条充满希望的崭新道路，其实践由于得到了新兴心理学，精神病学以及脑神经外科医学的理论支持而具有早期犯罪矫治手段所普遍不具备的专业性，目的性和实证性。但是同时，受到机械唯物论的影响，这些犯罪心理矫治往往忽视了犯罪人作为人的复杂性，也往往不重视犯罪人的权利及个别性需求，一味追求以简单易行的方式达成行为控制或行为改良的目的。这些做法在后来的实践与研究中很多被证明是无效或弊大于利的，同时也不可避免地激起了社会公众对其扼杀人性，漠视人权做法的强烈不满。

二、“犯罪矫治无用论”的兴起及相关学术争鸣

尽管对应用各类心理学理论的犯罪矫治手段的批评一直存在，但这种批判真正对犯罪心理矫治的发展产生实质影响还是在 20 世纪 60 年代，这一时期否定犯罪心理矫治价值之学术思潮的最重要推动者是社会学家罗伯特·马丁森（Robert Martinson）。马丁森在其学术生涯早期致力于反对以监禁自由刑为基础的犯罪处遇政策，而其主张的核心观点之一就是基于监狱环境的犯罪矫正（Rehabilitation）无实质效果。1974 年，马丁森参与了犯罪学家道格拉斯·利普顿（Douglas Lipton）与朱迪斯·维尔克斯（Judith Wilks）主持的一个关于犯罪改造措施效果的综合评估研究。该研究对当时已公开发表的，在 1945 ~ 1967 年进行的 231 项犯罪矫正措施实证研究的结果进行了整合性再评估。基于其对这一评估结果的解读，马丁森发表了一篇题为《有什么是管用的？关于监狱改革的问题与回答》（*What Works? Questions and Answers about Prison Reform*）的文章，提出“除了少量的和孤立的几个例外，目前所知的犯罪矫正手段对于再犯率没有值得一提的影响……我们的现有（矫正）策略无法扭转，甚至无法有效地削减犯罪人延续其犯罪行为模式的强烈趋向”。[12] 对于这一论断,即使其合作者利普顿和维尔克斯也持保留态度。但是在当时特定的社会与历史环境下,马丁森的主张却在舆论界与公共政策领域得到了近乎一边倒的认可。很快,这篇文章的核心观点就被冠以“矫治无用主义”(The Nothing Works Doctrine)的头衔在学界与实务界大行其道。受其影响,在这之后的20年里,欧美各国,尤其是北美的刑事政策中出现了矫治刑主义的全面退潮和报应刑主义与威吓刑主义的迅速复归。鉴于此,这篇文章被普遍认为是20世纪刑事司法学界最有影响力的文章之一。[13]

具有讽刺意味的是,马丁森本人提出矫治无用观点的本意是为其监狱无用论提供论据。而这之后的形势发展却与其设想背道而驰。不仅监狱没有因为矫治无用主义而被放弃,反而由于报应刑与威吓刑所主张的重刑主义之回潮而更加凸显其在刑罚体系中的核心地位。马丁森于1980年因严重抑郁症自杀身亡,而他在此前一年发表的一篇文章中完全逆转了自己的立场,称“确有一些矫治项目取得了显著的抑制再犯之效果……这些令人惊喜的发现在我们对各种不同类型的矫治项目的研究中被一再地发现”。[14]

马丁森立场的转变并非偶然。实际上,其 *What Works? Questions and Answers about Prison Reform* 一文一发表,就立即在犯罪学界引发了激烈的争鸣。如前所述,马丁森的文章是在其参与的合作研究项目基础上以个人名义发表的,而该研究综合了另两位学者意见的最终报告于一年之后发表,在其结论中,尽管也指出“目前在犯罪改造领域尚未发现有可以显著降低再犯率的令人满意的手段”,但在语境上更趋保留,并暗示对未来随着矫治手段的改良而出现更好结果抱有希望。

此后,很多学者进一步对该研究结论的有效性提出了质疑,指出其评估手段过于简单化,没有考虑到现实中其评估的很多所谓“矫治项目”或者由于缺乏资金支持而徒具矫治之名,或者是打着矫治的旗号行威吓刑、强制关押之实。将这些本不可能提供任何矫治效力的项目纳入考察视野无疑是对最终结果的严重干扰。又有学者指出该评估对矫治效果的测量采取“一刀切”方式,仅以一定时间内是否有再犯记录作为评判成功抑或失败的唯一标准,而毫不考虑再犯情况下实际犯罪情节的减轻或再犯间隔时间的加长等代表了实质改善效果的指标,因此将大量产生了一定积极效果的矫治措施错误定性为无效。另外,有学者强调,监禁环境本身具有内在的反矫治效果,在监狱中关押的个人往往呈现犯罪性的自然恶化趋势,而在监

---

〔12〕 See Robert Martinson, *What Works? Questions and Answers about Prison Reform*, The Public Interest, 1973, 35.

〔13〕 See Douglas F. Cousineau & Darryl B., *Plecas Justifying Criminal Justice Policy with Methodologically Inadequate Research*, Canadian Journal of Criminology, 1982, 24.

〔14〕 See Robert Martinson, *New Findings, New Views: A Note of Caution Regarding Sentencing Reform*, Hofstra Law Review, 1979, 7.

狱环境下实施的矫治措施不得不与这一自然恶化趋势对抗,即使有一些积极效果也往往为其所覆盖,而在总体上表现为无效甚至恶化。但是基于对其作用的宏观理解,就必须考虑矫治努力对上述犯罪性自然恶化趋势的削弱或抵消效果。在有些项目中,尽管接受矫治的个人仍具有较高的再犯率,但比较仅服刑而不经历任何矫治项目的个人来说,其再犯率,再犯强度与再犯间隔均有显著改善。但这一"恶化抑制"效果,却由于个体在总体上没有表现为"改良"而被忽视,进一步抹杀了一些矫治措施的积极作用。[15]

尽管如此,很多学者还是承认,马丁森、利普顿和维尔克斯的研究对当时的犯罪矫治发展状况的评价在主体上还是负责任的。其研究结论在之后又被一批类似的研究证实与确认。客观来讲,犯罪矫治运动遭受这样的学术批判确有其自身原因:(1)当时的犯罪矫治实践所立足的犯罪学、犯罪心理学和社会学理论尚有很多不成熟与不完善之处,尤其是以弗洛伊德精神分析理论为主导的心理治疗手段由于精神分析理论本身的局限与偏差而作用极为有限,而很多针对精神病患者实施的药物治疗或脑神经外科手术更是在对人类大脑结构与运作机制缺乏了解的情况下盲目进行的,效果可想而知。同时当时受统计学发展水平的限制,对于犯罪矫治效果的评估手段无法全面涵盖个人行为的各个方面,因此也就无法为相关的理论探索提供客观准确的实证数据支持。如同在黑夜中摸索前行却缺乏有效照明,走弯路是难以避免的。(2)犯罪矫治因为吸纳了新兴的心理学的学术养分而看到了发展的全新方向,但同时心理学在公众意见领域的巨大成功不可避免地导致其应用上的冒进和学术上的不严谨,出现了一批缺乏实证科学基础,打着"心理学"旗号的伪科学学说。在这些学说影响下的犯罪矫治措施显然没有可能取得任何积极效果,甚至会加剧服刑人员心理问题的恶化。(3)以心理学为指导的犯罪矫治理念倡导矫治个人化以及矫治专业化,相对传统的犯罪矫治,对资源投入有更高的需求。但这些理念在实践中却几乎从未得到过充足的资金支持。在政策方面,本应得到更大力度财政支持的犯罪矫治却往往成为削减预算的理由或牺牲品。这就直接导致很多矫治项目由于缺乏设备与合格的专业人才而根本无法实际开展,最终沦为政客炫耀政绩的招牌或者是以矫治为名义的强制关押,对于犯罪人的改造毫无贡献甚至起到反作用。

总的来看,马丁森的矫治无用主义的提出对于在欧美发展迅猛却参差不齐的犯罪矫治运动的打击不可谓不沉重,但在客观上也确实起到了大浪淘沙的作用。由于矫治无用主义的盛行,很多学者不得不对一些看似"不辩自明"的犯罪矫治思想进行全面而认真的反思,从而在犯罪学、犯罪心理学与犯罪社会学领域以严肃的

---

〔15〕 See Francis T. Cullen & Paul Gendreau Assessing, *Correctional Rehabilitation*: *Policy*, *Practice*, *and Prospects*, Criminal Justice, 2000, 3.

实证科学态度重新夯实了犯罪矫治理论基础，抛弃缺乏科学性的矫治理念，在科学客观的数据基础上总结并精练行之有效的犯罪矫治原则与技术手段，为此后犯罪矫治的复兴奠定了坚实的基础。

三、以实证心理学为基础的犯罪矫治复兴

几乎就在马丁森掀起“矫治无用主义”思潮的同一时间，刑事司法学界与实务界中矫治理念的支持者对其的反驳就在多个领域展开，而在其后犯罪矫治遭到司法实务界抛弃的所谓“黑暗时代”，这一反驳进一步演化为对犯罪矫治理念在实证主义科学基础上的重建努力，并为犯罪矫治的最终复兴设定了基调。而这其中影响最为深远的是以唐·安德鲁斯（Don Andrews），詹姆斯·邦塔（James Bonta），保罗·辛卓（Paul Gendreau）和罗伯特·罗斯（Robert Ross）为代表的一批加拿大心理学家对高效矫治干预基本原则（principles of effective correctional intervention）的理论探索。

作为犯罪矫治理念的坚定支持者，这些学者坚信犯罪心理矫治在基本概念上是可行的，但在实践中由于缺乏一个完整而统一的操作性理论框架，那些取得成功的矫治项目无法总结出具有普遍意义的指导性经验，而未取得成功的项目则往往被用来全面抹杀类似项目的价值，毫不考虑具体项目的个体差异性。因此，犯罪矫治理念重构的核心任务与当务之急就是建立一个可以用于理解与分析矫治措施有效性的实证理论模型。[16]

在安德鲁斯等人看来，这一理论模型的提出在当时已经有了相当坚实的现实基础，由于马丁森等人的综合性评估研究的巨大影响，在犯罪学领域掀起了一股大规模综合性矫治绩效评估研究的热潮。在短时间内，大批学者不断推出涵盖越来越多矫治项目的综合评估研究发现。这类研究最初采用的是相对易行的质化研究方法，即对单个矫治项目进行描述性分析，逐个得出结论，再根据对所有评估对象整体印象得出一个概括性、描述性的结论。但是这一研究方法和所有其他类似的质化研究方法一样，在结论的信度与效度上存在不可克服的缺陷。为了克服质化分析缺陷，学者在这一领域引入量化分析手段。为了避免之前的量化数据分析将多个评估项目进行“数人头”式的简单归类带来的问题（这一问题被学者广泛认为正是马丁森等人研究结论的症结所在），引入了当时在自然科学与社会科学研究中新兴的“元分析”（Meta - analysis）的方法。该分析方法将不同研究中以不同方式测量的变量转换成一个具有统一标准的“实效值”，再将多个研究各自的实效值累加后计算总体的标准实效。这一方法克服了各个独立研究项目在数据收集上的结构差异，兼具质化分析的宏观视野与量化分析的客观精确。随着以元分析方法

〔16〕　Ted Palmer, *Programmatic and Nonprogrammatic Aspects of Successful Intervention: New Directions for Research*, Crime & Delinquency, Vol. 41（1995）.

进行的,具有更高信度与效度的矫治绩效评估研究成果的积累,在此基础上加以总结,提出具有普遍指导意义的关于有效矫治措施的理论框架的条件逐渐成熟。

从 1995 年开始,安德鲁斯等人开始在多个学术平台公开提出“高效矫治干预之基本原则”这一概念体系,并在之后的几年里不断完善与细化其内容。[17] 这一概念体系后来被学者称为“高效干预理论”或“高效矫治理论”(Theory of Effective Intervention/Theory of Effective correctional Intervention)。与此同时,这一概念体系被很多学者转而用来分析,评价以及预测现实矫治项目的绩效,这些应用研究的发现在很大程度上肯定与证实了其合理性与准确性。2000 年,美国著名犯罪学家弗朗西斯·库伦与辛卓联名发表一篇题为《评估犯罪矫治性改造:政策,实务以及前景》的综合评述文章,[18] 比较系统地阐述了高效矫治干涉原则的观点,确立了这一概念体系在犯罪矫治复兴运动中的主流地位。而在 2004 年,库伦在美国犯罪学会年会发表了题为《拯救犯罪改造的 12 位学者:犯罪学如何改变世界》的主题讲话,高度评价了上述学者对于犯罪矫治复兴的贡献,再次明确了高效矫治干涉理论对于现代犯罪矫治的重要性。[19] 至此,至少在理论上,可以认为犯罪矫治完成了其从马丁森“矫治无用主义”思潮阴影下的自我救赎。而这一理论重构的无可争议的基石,就是高效矫治理论。

四、高效犯罪心理矫治三原则

高效矫治理论的核心是一系列用于指导和衡量矫治措施有效性的理论假说,安德鲁斯等人称之为“高效矫治原则”(Principles of Effective Interventions)。在其理论的不同发展时期出现过不同表述,不过一般认为该理论包含三个主要原则,在此对其要点逐一概括如下:

第一个原则一般被称为“需要原则”,该原则表述为:矫治干预措施应当针对已知的致罪和致再犯预测性因子(predictors of crime and recidivism),致力于对这些因子的消除。这一原则要求矫治努力以犯罪学最新研究成果为其知识基础和实践指导。在犯罪学研究发现的对个人行为具有致罪影响的那些社会心理学因子

---

〔17〕 See Don A. Andrews, *The Psychology of Criminal Conduct and Effective Treatment*, *in What Works: Reducing Reoffending*, edited by James McGuire, West Sussex, John Wiley & Sons, 1995; Don A. Andrews & James Bonta *The Psychology of Criminal Conduct*. 2d ed., Cincinnati, U. S. A.: Anderson Publishing Company, 1998; Paul Gendreau, *The Principles of Effective Intervention with Offenders*, *In Choosing Correctional Options That Work: Defining the Demand and Evaluating the Supply*, edited by Alan T. Harland, Newbury Park, U. S. A.: Sage Publications, 1996.

〔18〕 See Francis T. Cullen & Paul Gendreau, *Assessing Correctional Rehabilitation: Policy, Practice, and Prospects*, Criminal Justice, 2000, 3.

〔19〕 Cullen F T., *The Twelve People Who Save Rehabilitation: How the Science of Criminology Made a Difference: The American Society of Criminology* 2004 *Presidential Address*, Criminology, 2005, 43 (1): 1 – 42.

中,存在两大类别:静态因子和动态因子。静态因子顾名思义,乃是不可改变的,如先天性的基因缺陷,尚无有效治疗手段的精神与人格障碍,或个人犯罪历史等。而动态因子则是可变的,因此也就可以通过各种手段加以调控。这类因子的识别与发现都需要通过对犯罪人群的实证统计学分析,其存在不为任何人的意志为转移,因此其对于特定个案的矫治前景也应抱持客观态度。当个案的致罪因子分析中发现系静态因子占主导地位时,则对该个案的矫治效果就不应抱不切实际的幻想。当然,实际的研究发现指出,在诸多较重要的致罪因子中还是以动态因子占多数,这在宏观理论层面为犯罪矫治理念的可行性奠定了基础。而在实务层面,矫治措施必须针对这些犯罪学研究中发现的动态致罪因子展开才能取得实效。这些致罪因子因此被称为"致罪矫治需要",而矫治的高效率必须立足于对于这些致罪矫治需要的满足。目前已经为大量犯罪学研究所确认的这类因子包:(1)反社会的态度,观念,价值观以及认知—情绪状态;(2)倾向于犯罪的社会交往系统,包括在交往圈中过多有犯罪倾向个人以及缺少反犯罪倾向个人;(3)反社会化的性格因素,如冲动个性,冒险个性及缺乏自控能力等。[20] 对这些因子的有针对性矫治是积极矫治效果的重要保障。另外,一些通常认为具有致罪性的因子在犯罪学研究中被证明并不具有这一属性或影响力很弱,比如个人的智力因素或自我评价。可以想见,在这类因子上投入矫治资源将无法取得理想的矫治效果。

第二个原则又称"风险原则",该原则表述为:行为矫治工作应该在质和量上向高风险个体倾斜,重点并优先为具有更高人身危险性及再犯可能的个体提供矫治服务。这一原则的提出突破了传统上矫治工作为了保证成功率而倾向于优先挑选"表现较好",即具有较低再犯风险的对象开展工作的惯常思维。这一突破是建立在充分的实证研究证据之上的。数据显示,对较高风险人群实施的矫治努力可以获得比在低风险人群中更显著的再犯率的降低。在特定环境下,在低风险人群中开展行为矫治努力甚至会增加再犯可能性。鉴于此,将有限的矫治资源集中用于高风险人群可以实现在同等条件下更高的投入产出比。

第三个原则又称"响应原则",该原则表述为:矫治工作中应当应用那些适合对象的需要以及接受能力的治疗手段与治疗风格,即可以得到对象的普遍性响应(general responsivity)的矫治模式。在进一步研究中,学者发现这类可以引致普遍性响应的矫治模式多数都应用了行为主义心理学以及社会学习理论的技巧与工作原理。这些治疗手段直接针对矫治对象出现的认知错乱,不良行为模式或反社会学习构造等可逆的致罪矫治需要,往往可以取得较好的效果。与之相对,安德鲁斯与邦塔通过对大量矫治项目实效的元分析发现,那些缺乏响应的治疗手段往往是

---

〔20〕 显然,第一类和第三类因子应是犯罪心理矫治的重点,而第二类因子则需要结合心理矫治努力,通过其他反犯罪干涉手段进行消除。这也体现了犯罪心理矫治的系统化特点。

非建构性的、内省的、口头的且以对象的所谓“顿悟”为工作方向的。[21] 这类矫治手段或者以弗洛伊德精神分析理论及其他心灵主义学说为基础，或者毫无心理学理论基础。它们的一个共同特点就是对前述的诸致罪需要因子毫无考量，由于没有针对矫治对象的致罪需要实施干预，导致缺乏来自对象的响应，自然难以收到任何积极的矫治效果。其中尤以那些以惩罚为基本要件的行为干预手段表现得最为明显，相应的效率也最为低下。

第三节 犯罪矫治实务

一、犯罪矫治工作者的基本素质要求

理想环境下，鉴于心理矫治的专业性特点，犯罪矫治工作者最好是可以心无旁骛地专注于心理测量及治疗，因此在职业素质要求上应该是贵精而不贵多。但在实践中，犯罪心理矫治工作者由于其独特的工作环境与工作对象，日常业务开展时往往需要兼具多重身份，涉及心理与精神病测量、心理治疗与咨询、司法管教以及社会工作等多个性质不同的专业领域。每一个领域都对其从业人员有着不同的业务素质要求，一个合格的犯罪心理矫治工作者必须同时满足这些要求才能保证其专业工作的正常开展。这是犯罪矫治工作客观性质决定的。另外，基于适应犯罪矫治的系统性特点之考虑，多专业复合型素质要求也是开展高效率犯罪矫治的题中之义。

（一）心理工作者的专业素质要求

在理想状态下，任何从事心理矫治工作的人员都应该接受过至少本科的心理学专业教育，具备国家认可的心理治疗师（心理咨询师）资质，才能有效地开展工作。实践中，在特定情况下，监狱内的犯罪心理矫治工作可以由外聘的精神病医生或心理学咨询治疗专家兼职承担，社区矫正框架下的犯罪心理矫治则可以委托专门的心理咨询机构和精神病医疗机构进行，基本上可以满足业务开展的最低要求。但是兼职专家/机构服务外包模式往往难以满足犯罪心理矫治工作的封闭性，全面性以及全时性要求。受客观条件限制，在我国的实务中一般采取少量全职专业心理咨询人员与受过一定心理咨询培训的司法干警或司法行政人员相结合的人员配置方式，不论在心理矫治的覆盖度还是服务质量上均离理想水准有相当差距。毫无疑问要使犯罪心理矫治工作达到其应有的犯罪改造目的，就需要将一定的心理

---

〔21〕 Don A. Andrews & Robert D. Hoge, *The Psychology of Criminal Conduct and Principles of Effective Prevention and Rehabilitation*, Forum on Corrections Research, Vol. 7(1)(1995).

学专业素质以及心理治疗技能作为未来的司法干警与司法行政人员素质提高的一个重要方面。

（二）司法管教工作者的专业素质要求

如前所述，在监所环境下，由于客观条件的限制，往往需要由管教干警兼职从事犯罪心理矫治工作。监狱干警又同时负有对在押人员的监督、管理、执法的任务，这就要求其具备司法工作人员的基本业务素质。这一方面的要求主要包括：（1）实体与程序法律业务能力。在正确理解相关法律的基础上，能够正确判断对不同监管对象的合法与恰当的处遇，熟悉涉及监管对象的各类收监、管理、奖惩、刑期调整、释放，以及申诉程序，能够严格依法办事。（2）组织管理能力。具备组织、指导、管理罪犯从事生产、生活、学习、娱乐和休息的能力，保持监狱内良好的日常运转秩序。（3）良好的身体素质与强力执法能力。监狱民警需要带领、戒护在押人员从事生产劳动，组织其接受教育与矫治，当出现突发事件时，还需要实施必要的紧急处置与执法，恢复监所秩序与安全。为了完成上述任务，必须具备良好的身体素质，并掌握必要的擒拿格斗以及枪械使用技巧。

应到注意到的一个问题是，实践中心理矫治工作的要求与司法管教工作的要求是有一定矛盾冲突的。传统心理矫治强调矫治者与被矫治者之间建立一种类似医生与患者之间的相互信任与认可的关系，以便于双向沟通与心理治疗的顺利开展。而管教干部与在押人员之间显然不可以一味地强调信任和认可，管教干部有必要维持对在押人员的绝对权威，同时也必须对在押人员试图骗取信任，从中谋利的意图有所警觉。在此基础上，身兼心理矫治和司法管教工作两职的犯罪心理矫治工作者就必须有能力在这两者之间维持一种合理的平衡。犯罪心理矫治工作者一方面应通过严明、公正、文明的执法与日常管理，在在押人员中建立威信，保证监所的顺利日常运作。但同时通过对其心理、生理、生活、教育等方面需要无微不至的关心，赢得在押人员的信任，并帮助其认识到改正不良行为与思维习惯的必要性，主动寻求、积极接受心理矫治。

（三）社会工作者的专业素质要求

根据我国犯罪改造理论，对犯罪分子的改造有三大传统手段：狱政管理、教育改造、劳动改造。对犯罪心理矫治的重视并不代表对以上三大传统手段的忽略或者放弃。在对在押人员进行心理疾患的测试、诊断以及矫治的同时，也必须同步开展对犯罪分子的思想政治教育、道德感化以及职业能力培养等方面的工作，以保证其不仅在心理健康上得到恢复与加强，同时还得到价值观、道德素养、社会适应能力的全面改观，从而达成系统性地降低再犯可能性的目标。这方面的很多工作不仅不属于犯罪心理矫治的范畴，也超越了传统司法狱政工作的一般性定义。对开展这类工作所要求的素质更准确地界定应该是社会工作者的专业素质。

所谓社会工作（social work），是 20 世纪后期以来在西方发达国家兴起的一种专业性分工领域。其专业从业人员称为社会工作者(social worker)。一般对其专业工作的定义是:遵循助人自助的价值理念,运用个案、小组、社区、行政等专业方法,使受助群体和个人摆脱精神上和物质上的障碍和困境,提高社会活动能力,发挥自身潜能,实现自我发展,协调社会关系,解决和预防社会问题,促进社会公正。[22] 这一职业的专业性分工近年来在我国逐渐得到承认。而在犯罪矫治领域,尤其是社区矫治领域,社会工作者正在发挥日益重要的作用。在监狱内,因为其特有的封闭性和非社会性,社会工作的作用发挥受到了相当的限制。但是,从最大限度维持在押人员的社会性,使其出狱后顺利完成对社会的复归适应的需要出发,在监狱内通过社会工作的专业手段对在押人员进行社会扶助,解决一些可能导致其犯罪或再犯的社会性问题也是尤其必要的。实践中,很多犯罪心理矫治手段必须与社会工作手段配合才能收到理想的效果。因此,犯罪心理矫治工作者具备一定的社会工作者专业能力也是其工作顺利开展的一个重要前提。

对社会工作者的专业素质一般有以下要求:(1)扎实的社会工作理论基础。社会工作理论体系包含了宏观理论、中层理论以及实践理论等三个层次。在宏观层次包含了对社会与人的本质的看法与理解以及对社会问题的深层原因的基本认识。中层理论涉及对特定社会工作开展的介入理论,包括对具体社会问题原因的分析,问题解决方案的设计与实施原则等。而实践理论则主要覆盖社会工作实践具体工作的过程、方法及技巧的经验等。(2)较强的社会交往与组织能力。作为社会工作者,需要一方面与寻求社会帮助的群体与个人进行有效的沟通,取得工作对象的信任与支持以便开展工作,另一方面还需要与掌握了各类社会工作资源的政府、社区、企业及个人进行有效沟通与协调,保证社会工作的开展具备充分而全面资源支持。显然,没有较强的社会交往以及组织能力是无法胜任这一工作的。(3)适应能力。由于社会工作涉及的领域极其广泛,几乎可以涵盖现代社会生活的各个方面,因此要求社会工作者具有在各种不同社会环境与设定之下开展工作的能力。同时,社会工作本身也具有过程漫长,任务多变的特点,随着特定社会服务项目的进展,服务对象的境遇、态度、需求以及工作开展的环境都会出现错综复杂的变化。为了保证社会服务项目持之以恒地推进,也需要社会工作者具有审时度势、随机应变的适应能力。[23]

以上对社会工作者的专业素质要求对于在监狱环境中开展犯罪矫治的管教工作人员同样适用。

---

〔22〕 参见中国就业培训技术指导中心组织编写:《社会工作者》,中国劳动社会保障出版社2010年版,第1页。

〔23〕 王红蕾:《社会工作者的角色要求与职业素质》,载中国社会工作协会网,http://www.cncasw.org/sgwh/shgzll/200710/t20071023_2214.htm。

二、监所矫治与监所外矫治

尽管在自由刑基础上的犯罪矫治概念出现后不久，就萌芽了以非监禁方式对犯罪人进行再社会化的刑罚执行方式：缓刑。但是基于监所环境的犯罪矫治和非监所环境的犯罪矫治并不能简单地被理解为同一终极目的的两种追求路径。另外，尽管传统的缓刑与假释为犯罪人在社区环境下接受犯罪矫治提供了一个平台，但是并不能将缓刑与假释简单等同于现代意义上的社区矫正概念，因为后者在操作与理论上均对前者提出了新的、更高的要求。

最初的犯罪矫治仅仅限于在监所或其他人身自由被剥夺的环境下展开，犯罪人一旦服刑完毕，则完全恢复自由身，刑事司法体系不再对其有实质性的控制，因此离开监所后的犯罪矫治也就无从谈起了。但是，自由刑作为犯罪矫治目的之制度基础被广泛适用后，并没有带来所预期的矫治效果。在现代犯罪学以及行刑学就这一问题所进行的研究中，监禁环境本身所固有的“反矫治效果”很快就被学者发现并给予高度关注。

在大量的实证研究中，学者反复强调这样一个观点，就是由于监所环境本身所固有的“去社会化”属性，犯罪人在监所中服刑时，必然受到社会化适应能力衰减、反社会性思维与行为模式习得以及心理健康状况恶化等多种消极因素的影响。即使监所可以组织起有实效的犯罪矫治努力，这一努力所能取得的积极效果也往往轻易为前述的各种消极因素所抵消。考虑到监所环境下所实施的犯罪矫治努力在其早期鲜有成功案例，两相综合，监禁不仅没有起到消除犯罪性的作用，甚至可能起到了使犯罪人向更强犯罪性发展的反效果。在一些西方国家（尤其是有重刑化传统的英美法国家），监禁刑在犯罪矫治语境中实际上已经产生一种恶性循环：为了防卫社会，改造犯罪而将犯罪人投入监狱，但监狱环境下犯罪人的行为模式不仅得不到改善，反而在刑满释放后呈恶化迹象，宏观上表现为社会犯罪问题的恶化，由此触发进一步的刑事司法反应，导致更多犯罪人被投入监狱，进而向社会释放更多具有更严重反社会行为模式的个体。国外的多个相关研究数据显示，大多数经历监所环境矫治的犯罪人在刑满释放后都无法有效回归社会，并最终重新走上犯罪道路。

正是出于这样一种研究结论，许多犯罪学与行刑学研究者开始大力倡导所谓“非监禁刑罚”，即不再完全剥夺犯罪人人身自由，将其投入监狱，而是限制人身自由，将犯罪人留在社会，在某种强制机制下接受犯罪矫治的一种刑罚执行策略。这一策略的核心就是让犯罪人不再在一种与其生活的社区割裂开来的非社会化的环境下接受矫治，而是努力保持其与社区之间的联系，使其可以通过与社区的良性互动来培养、恢复并健全其社会化适应能力，最终使其犯罪性（反社会性）完全消除。

作为这一策略的制度化体现，西方发达国家刑事司法体系从20世纪末开始广泛应用“中间刑罚”（Intermediate Sanction）和社区化矫正（Community – Based Correction)作为在非监禁环境下对犯罪人进行心理矫治，帮助其复归社会的基本制度。而我国则是从2003年开始，在最高人民法院、最高人民检察院、公安部和司法部的部署下，开始基于非监禁化矫正理念的社区矫正工作试点。2011年通过的《刑法修正案(八)》规定了对被判处管制，缓刑和假释的犯罪分子“依法实施社区矫正”，以法律正式规定的形式明确了社区矫正与监所矫正共同承担通过刑罚执行实现刑法特殊预防目的的功能。对于社区矫正在我国通用的定义是由张福森作出的:“(社区矫正)是指将符合社区矫正条件的罪犯置于社区内，由专门的国家机关，在相关社会团体和民间组织以及社会志愿者的协助下，在判决或裁定规定的期限内，矫正其犯罪意识和行为恶习，并促进其顺利回归社会的非监禁刑罚执行活动。”[24]

应当注意，这类非监禁刑罚并不是简单地对既有缓刑、假释制度的重新标签。实际上，如果以再犯率降低为衡量标准，传统的缓刑和假释远远谈不上成功。一个重要原因就是，在缓刑和假释制度下，行为人尽管在空间意义上被置于社区中，却游离于社区的社会心理环境之外，同时刑事司法机关也缺乏积极地对其实施矫治措施、促进其与社区的良性互动，最终有针对性地恢复其社会化适应能力，消除其犯罪性的制度基础和资源基础。

因此，为了使非监禁刑罚措施在摆脱了监所环境的消极影响之前提下，真正发挥积极犯罪矫治的作用，必须强调一个“强化监管措施”的概念，即将犯罪人置于社区环境下服刑并非简单地任其在家中自我改造而仅以“考验期”的形式设定被动的事后监控，而是要充分利用一个精心维护的社区环境所能提供的良性社会心理环境，将其置于一种有针对性、有引导、有监督的心理矫治与社会化复归进程中去，积极主动地实现其人身危险性的降低的目的。在我国，要全面达到这一概念的要求，实际上对现有的司法行政工作机制以及社区服务支撑体系提出了相当高的要求。但是毋庸置疑，不能达到这一要求，作为我国刑事政策体系重要一环的社区矫正制度就谈不上健全、完善，也无法真正发挥国家为其设定的高效犯罪矫治功用。

三、犯罪人心理评估与测量

如果将犯罪心理矫治看作一个过程的话，对犯罪人的心理学测量工作覆盖了这一过程的全部:犯罪心理矫治始于对犯罪人的入监期心理诊断，在整个服刑期间，伴随着犯罪心理矫治工作的开展，需要持续地对矫治效果与人员心理状态变化进行评估，最后在矫治终结，服刑人员出狱前夕，需要进行人身危险性与再犯罪可能的预测。显然，正如医生的专业工作必然包括对疾患的诊断与治疗两个方面一样，评估与测量工作与犯罪人的心理治疗工作是犯罪心理矫治的两个基本且不可

---

〔24〕 参见张福森在2002年中国监狱学会研讨会的发言。

缺的有机组成部分。

（一）犯罪人心理评估的阶段性任务

准确的犯罪人心理评估，不论是在犯罪矫治的哪一个阶段都是非常重要的。

1. 由于监狱客观条件限制以及心理矫治个别化要求，不应该也不可能对全体在押人员无差别地适用所有可以适用的心理矫治手段，因此必须对症下药，在入监收押时通过诊断性心理评估，确定犯罪人的特定犯罪矫治需要，[25]从而灵活调配人力物力与矫治策略，让有限的资源得以最大限度发挥其作用。

2. 犯罪心理矫治是一个动态的过程，一方面，随着矫治的推进，需要准确掌握各种治疗方法的实际效果，便于及时修正与完善治疗方案；另一方面，在押人员在服刑期间随着时间的推移以及环境的变化，心理状态必然出现变化。当这些心理变化导致其矫治需要发生相应的变化时，如果固守根据入监之初心理诊断提出的矫治方案，无异于缘木求鱼，将难以收到预期的矫治效果。因此，需要在矫治进行的全过程中定期或不定期地进行心理状态评估。

3. 在关押的最后阶段，对于即将出狱的人员也必须进行心理测试，以掌握其内在致罪心理因子的实际状态，对其人身危险性/再犯可能性进行预测。这一阶段进行的心理测试在刑满释放和假释这两种不同情况下的意义有所不同。对于面临假释决定的在押人员，是否适用假释的一个重要标准就是其在心理状态以及行为模式上是否仍然具有人身危险性。只有那些确实已经改过自新，心理调节与社会化能力恢复正常，可以确信不会对社会公众造成潜在危害的个人才能被允许复归社会。而对于刑满释放人员，由于再犯可能性预测的结果依法不能对其获释这一法律程序性结果产生任何影响，因此心理测量的目的就是评估其出狱后复归社会的后续帮教需要，所取得的信息将被移交给负责对刑释人员进行后续社区服务的相关部门，作为其开展工作的参考。当然如果在心理评估中发现特定个人仍然具有较高再犯可能性的话，也需要将这一评估结果通报相关部门，促其强化后续的社区犯罪矫治努力，同时采取相应的行为监管与特殊预防措施。

（二）犯罪人矫治需要分类

在上述三个阶段的心理评估工作中，无疑第一个阶段的诊断性评估具有最重要的意义。后面两个阶段在很大程度上可以看作第一阶段的延续和补充。在诊断性评估中，从实践需要出发，应确定心理评估的任务和侧重点，而不是泛泛地对收

---

〔25〕实际上，诊断性心理评估在入监收押之前，判决宣布之后就应该进行。因为从监狱资源优化配置的角度考量，会对司法系统中的各个监狱根据关押自由度、监管环境、矫治设施进行分类，以便可以将需要接受类似的刑罚处罚以及犯罪矫治的犯罪予以分类集中关押。而在这样的体系下，就需要在确定将某一罪犯送交某一监狱之前对其进行诊断性评估，以确定其罪行特点，关押强度要求以及犯罪矫治需要，保证其服刑的监所是最适合对其执行刑罚与实施矫治的地点。

押人员进行一次无明确目的的心理测试。这一点上,国外较成熟的矫治系统的做法是强调对收押人员的分类(classification)。如前所述,这样做的目的有两个:监禁机构的选择与治疗方案的确定。犯罪矫治的个体化特点要求充分考虑犯罪分子的个体差异,有针对性地确定监管场所,监管手段以及矫治对策。但是不论是从监禁机构设置还是矫治项目费效比角度考量,都不可能为每一个矫治对象度身定做一揽子的刑事处遇方案。而更实际的选择是通过对实证数据的分析总结,对犯罪分子进行一个适度的、合理的、全面的分类,将具有近似犯罪行为模式,心理异常症状以及社会性因子,因此可以适用类似处遇方案的犯罪人个体聚合为多个不同的犯罪人子群体,再针对这些子群体的共同矫治需要设定监管场所以及矫治方案。[26]

犯罪人矫治需要分类的基本手段是使用专门编制的心理学量表对犯罪人进行测试,然后依据这些量表所确定的分类标准对犯罪人进行分类。早期的犯罪人分类往往是直接使用在心理学、精神病学领域广泛应用的量表及其分类体系,比如《明尼苏达多相人格量表》(MMPI)以及《精神病态核查表》(PCL - R)等。这类量表由于不是专门针对犯罪矫治分类需要编制,因此在使用上多有不便之处。所以从事犯罪矫治研究与实践的学者稍后提出了一批更加贴近犯罪人分类实际需要的分类测量工具,这些工具中,比较有名的包括《服务等级量表(修订版)》(Level of Service Inventory - Revised),《暴力风险评估指南》(Violence Risk Assessment Guide),以及《历史/风险/临床 20 因子核查表》(HCR - 20)等。在我国,犯罪矫治专业人员立足我国国情,也创制了专门针对中国犯罪人群的《中国犯罪心理测试个性分测试》(COPA - PI)。

总的来说,这些分类测试工具往往将关注重点放在测试对象的暴力与攻击性倾向方面,测试后的子群体分划也往往主要体现了攻击倾向/再犯暴力犯罪可能性的由高到低排列。有些测试也对犯罪人的人格/性格特征进行了一些区分,但是往往在信度与效度上比之单纯测量攻击性倾向的工具有所不足。

(三)犯罪人心理评估与测量的基本方法

毋庸置疑,成功的犯罪人心理评估与测量必须建立在一个全面、合理、准确的心理评测工具的基础之上。但是,选择一个优秀的,经过实践检验的心理评测工具并不能自动保证心理评估与测量的质量。一个错误的观念就是,所谓犯罪人心理评估就是给犯罪人一套问卷,让他回答一系列问题,然后根据问卷附带的评分标准对回答进行打分,再将分值按照一定的组合方式累加,只要这个问卷权威性够高,就可以取得对犯罪分子心理异常与精神障碍的准确而全面的认识。这种观念的谬

〔26〕 See Carl B. ,*Clements Offender Classification*:*Two Decades of Progress*, Criminal Justice and Behavior, Vol. 23(1996).

误之处在于没有认识到通过心理测试方式测量个体心理学与精神病学症状指标的两个固有缺陷:认定标准上的主观性和信息提取的片面性。

心理测试常用的问卷调查方法依赖被测试者对特定问题的回答,以及测试者对被测给出的回答做出的评判来生成量化数据。但是,对于同一个问题,客观上并无不同之处的被测试者可能由于对问题的主观理解差异而给出不同的答案。同时,问卷中往往会有相当数量的开放式问题,需要被测试者给出描述性回答,再由测试者基于个人理解给出带有主观性的判断,因此也会出现不同测试者对同样的描述/症状做出不同认定的情况。这类主观性差异会导致测量结果信度的下降,这是通过问卷调查方式采集数据的固有缺陷。克服这一缺陷的主要途径是对问卷的标准化设计,尽量降低来自被测试者的理解误差,同时强化对测试操作人员的问卷调查技能培训,一方面通过针对性训练来降低操作人员对描述性症状进行认定时的随意性和可变性;另一方面通过培养其访谈问话技巧,增强其通过问答方式从被测试者口中挖掘信息的能力。

但是,无论问卷调查的设计再巧妙,测试者的访谈技巧再高超,有很多与犯罪人的心理异常、行为障碍、社会环境相关的矫治需要因子是没有可能通过这种浅层次的问卷访谈方式被揭示出来的。这就是上文所指的单纯依赖问卷调查手段的心理测试方式在信息提取方面的片面性。

现代心理测试理论的发展对于问卷调查手段的这一"短板"早已有所认识,因此在心理测试技术方面提出多角度、多手段结合的调查技巧。在实践中,首先,前文所介绍的诸多心理测试工具在数据采集方面都要求多种信息采集手段相结合,以问卷调查为基础,结合对测试对象的深度访谈掌握最基本的心理与人格特性。其次,还要通过大量的卷宗调阅以及家庭成员与相关人士咨询,生成全面的个人行为史与社会背景信息。最后,还需要辅以对测试对象的行为观察以及特定的情境实验来对特定细节认定进行进一步确认。而这"一揽子"的信息采集作业,都必须由接受过严格心理测试技巧训练的专业心理矫治工作人员负责实施,才能保证测量的准确性,为后续的心理矫治方案制定与推行打下良好的基础。

四、常见犯罪心理矫治方法与技巧

自从在监狱中尝试心理矫治以来,来自不同流派、不同理论背景的心理学与精神病学专业人员发展出数量众多,方法各异的矫治方法与技巧。正如前文所述,从19世纪后期心理矫治运动的新兴时期起,直到20世纪中叶的全盛时期,欧美各国犯罪心理矫治发展呈现出泥沙俱下,参差不齐的状况,在实践中走了不少弯路。而到20世纪70年代遭受"矫治无用论"的沉重打击之后,监狱以及其他环境下的犯罪心理矫治一方面在规模和影响上急剧收缩,另一方面也以此为契机对其理论与实践进行了一次大浪淘沙式的自我调整。到20世纪末犯罪矫治再度复兴时,心理矫治在理论上更加严谨,操作上更加务实,并逐渐确立了以认知行为理论为基础,以实证矫治效果评估为指针的犯罪矫治体系。在这一体系中,早年影响巨大的一些治疗方式,如心理动力疗法(psychodynamic psychotherapy),患者中心式疗法(client centered psychotherapy)等,由于理论上的缺陷以及实际矫治效果的欠缺而在临床矫治实践中失去吸引力,日趋边缘化。

在犯罪心理矫治发展中的另一个值得注意的新兴趋势是,随着社区化犯罪矫治这一概念的兴起,在非监禁环境下,以社区力量为主导的犯罪心理矫治日渐受到重视。社区化矫治的固有优势是非常明显的,主要体现在其非监禁环境以及原生社会化设定与犯罪矫治所追求的社会化适应能力优化目标的天然契合。但是,对其社区化理念的强调,也在一定程度上削弱了犯罪心理矫治的专业化色彩。这就给一些明显缺乏理论依据的治疗手段以生存空间。这类治疗手段往往不具有任何积极的行为矫治效果,但是却由于其在理念表述上对公众具有极大直觉诱惑力而得以大行其道,与严肃的犯罪心理矫治项目争夺资源与矫治对象。对于这类治疗手段,刑事司法决策者与研究者应予以重视,并努力通过广泛而有说服力的实证科学证据对其进行批判与抵制。

作为当前犯罪矫治领域的主流理论,由安德鲁斯、邦塔等人提出的高效矫治理论以高效矫治三大基本原则的方式总结了其对当前各类犯罪矫治手段的评价标准。按照上述标准,犯罪矫治主流理论在原则上否定了以弗洛伊德、荣格、阿德勒等人为代表的心理动力理论体系在指导犯罪心理矫治方面的实践意义,而对于主要基于认知行为理论流派发展而来的各种疗法予以了高度认可。另外,站在实事求是的角度,对于一些由于尚缺乏足够实证数据支持对其评判的治疗手段持开放的保留态度。

以下是目前比较常见的一些犯罪心理矫治手段的简单介绍及对其实证效果的评价。基于篇幅及实用性考虑,那些已经在实践中日渐减少使用或放弃的治疗方式将不在此讨论。另外,那些纯粹用于治疗普通心理障碍或精神疾病,不具有特别的犯罪矫治效果的传统心理、精神病治疗手段也不在此讨论。[27]

(一)“皮靴营”

所谓“皮靴营”(bootcamp),是在美国比较流行的一种针对不良青少年的社区化矫治手段。“皮靴营”一词源自美国军队对新兵训练营的别称。这一矫治手段的逻辑基础是借用军事化训练对青少年个性和行为习惯的“推倒重建”效果(break

---

[27] 这并不表示这类治疗在监狱中已经不再应用。只是其主要目的在于促进在押人员的心理卫生水平,而非直接针对犯罪矫治需要。因此,从本章的专题视角来看,其犯罪矫治作用的发挥是间接性的。

it down, build it up)，重点培养个人的纪律性，服从权威观念，集体观念，以及良好的生活习惯。这一矫治手段的优点是不采用封闭式监禁，不需要专业人员，从而节约了成本；同时青少年可以不远离其生活的社区就近入营，避免了去社会化。20世纪80年代以来，“皮靴营”因其独特思路，低廉成本以及公众对军事训练迅速改变个人精神面貌的强烈直观印象而大受欢迎。在青少年司法系统受“矫治无用论”思潮最严重时甚至出现了矫治实务领域万籁俱寂而“皮靴营”一枝独秀的状况。

但是，从矫治的实际效果来看，“皮靴营”远远没有达到公众对其期待。库伦、安德鲁斯等人在发展其高效矫治理论的过程中，专门对当时正在运作的多个“皮靴营”项目的实际矫治效果进行了实证评估，结合其他学者在这一领域进行的大量实证研究，发现经历过“皮靴营”的不良青少年无论是长期再犯频度还是短期再犯频度均与未经历过“皮靴营”者无显著统计学差异。在有些指标上甚至还出现恶化。[28]

在某种意义上，“皮靴营”模式可以算是矫治实践背离高效矫治三原则的典型反面教材。在需要原则上，“皮靴营”采取“一刀切”的处遇标准，既不采取措施去识别个人化的矫治需求，在项目设计上也没有针对不同矫治需要灵活调整矫治手段的能力。在风险原则上，由于其半自愿性质（家长的选择），无法有效地覆盖不良青少年群体中具有高风险，家长无力控制的那些个人，也就无法实现对高风险个体的优先矫治。而对低风险个体的矫治本身行为改良幅度就不足，还往往会由于矫治手段生硬不合理而导致负面效果，进一步抵消了有限的矫治实效。在响应原则上，“皮靴营”几乎没有应用任何经过实证检验的心理学理论或矫治技术，而只是机械地照搬了军事训练的行为与性格塑造方式。这一手法“看上去很美”，但是存在几个严重逻辑误区。首先在对象上，将深具荣誉感和自豪感的志愿从军者与基于犯罪或恶行而被半强制入营的不良少年混淆，没有认识到入营的不同心理状态会导致对军训的高强度和高强迫性产生的不同认知；而其次，在目标上，军训所培养的心理与行为模式乃是军事化行动对士兵的特殊需要，与一个自由民主社会对于公民的社会化适应需要大相径庭，甚至互相冲突。要知道，在军队环境中表现

---

〔28〕 See Doris L. MacKenzie & Claire Souryal Multisite, *Study of Correctional Boot Camps*, In Doris L. MacKenzie & Eugene E. Hebert eds., *Correctional Boot Camps*: A Tough Intermediate Sanction, National Institute of Justice, 1996; Francis T. Cullen, Travis C. Pratt, Sharon Levrant Miceli, & Melissa M. Moon · Dangerous liaison? *Rational choice theory as the basis for correctional intervention*, In Alex R. Piquero and Stephen G. Tibbetts eds., *Rational Choice and Criminal Behavior*: *Recent Research and Future Challenges*, Taylor and Francis, 2002; James McGuire *Integrating findings from research reviews. I*n James McGuire ed., *Offender Rehabilitation and Treatment*: *Effective Programmes and Policies to Reduce Re – Offending*, Chichester, John Wiley & Sons, 2002.

良好的士兵退役后表现出对市民生活的极度不适应，并导致违法犯罪行为的事例并不少见。从这个角度上看，用军训的方式矫治基于社会化适应不良的不当行为模式近乎南辕北辙。

（二）“惊吓管教法”

“惊吓管教法”（scared straight），也可译为“吓直疗法”。这类矫治项目的基本思路在其称呼中有相当直观的反映：将沾染犯罪行为或其他不良习气的青少年或高风险个人有组织地安排去参观或体验监狱，有意识地向其展现监狱的种种骇人之处，甚至安排一些在押犯罪分子对参观者发表带有恐吓意味的自述或“宣教”，重点强调“你不会希望有一天落到与我们为伍的地步”的观点，希望以此在这些青少年中制造一种对于犯罪后果的强烈畏惧心理，从而有效地遏制犯罪行为发生。

“惊吓管教法”和“皮靴营”类似，同样在社区大众中深受欢迎却遭到理论界的激烈批判。前者对它的喜爱是由于这一矫治方法简单直白的逻辑迎合了普通公众对青少年犯罪问题近乎泄愤式的对策需求，而后者对其之排斥则是由于这一矫治措施在其底层理论方面应用的乃是早已为实证犯罪学证明基本无效的威慑刑逻辑（deterrence）。

在佩特罗辛诺（Petrosino）、布勒（Buehler）等人进行的一项最新的关于惊吓管教法的元分析研究结果指出，这一类型的矫治措施对矫治对象的再犯率的影响介于无相关到负相关之间。[29] 也就是说，接受了这一矫治措施的青少年，其行为模式要么不会发生任何实质性改变，更有甚者，还可能增加其再犯的可能性。基于此，佩特罗辛诺等人建议有关机关不应将其作为犯罪矫治体系的一个部分投入资源。而如果是基于其他机构性目的，比如社区外联或性普法教育，而需要开展这类项目时，则至少应采取措施控制其可能的负面效果，避免给参与的青少年带来不必要的心理危害。

（三）行为疗法

行为疗法是犯罪心理矫治最常用的手段之一，其理论基础是行为学派心理学家沃特森、斯金纳等人提出的操作性条件反射机制（operant conditioning）。根据操作性条件反射理论，个体实施一定的行为后，可以通过控制环境对该行为的反馈来影响个体未来重复该行为的倾向。具体来讲，如果在个体实施了某个行为并得到来自环境的鼓励性反馈，就会强化对该行为的重复倾向，而在个体实施了某个行为

---

〔29〕 Anthony Petrosino, John Buehler, Carolyn Turpin - Petrosino, *Scared Straight and Other Juvenile Awareness Programs for Preventing Juvenile Delinquency: A Systematic Review*, Crime and Justice, Vol. 9(2013).

并得到来自环境的惩罚性反馈,则会强化对这一行为的规避倾向。那么通过反复对同一行为提供同类性质的反馈,就会使特定行为倾向固化,从而实现可期待行为的习得或不当行为的矫正。

应注意,行为疗法并不特指某一具体矫治手段,只是一个类型化的统称。基于操作性条件反射机制可以设计出很多针对人类不良或特异行为的矫治措施,这些措施都可以笼统地被称作行为疗法。其中,有几种疗法因为较强的操作性和一定的实际疗效而在犯罪矫治领域得到广泛采用,比如"厌恶疗法""模仿法"等。

"厌恶疗法"顾名思义,是通过在特定行为与特定强烈不适反应之间建立关联,从而强化对该行为的规避倾向的治疗方式。这是最具典型意义的行为疗法,该行为疗法被广泛用于对特定不良习性或毒瘾、酒瘾等物质依赖症状。常见的用于制造惩罚性反馈以强化规避倾向的手段包括可控的电击、致强烈不适感的化学药品以及厌恶想象等。1971 年上映的英国著名影片《发条橙》对这一疗法进行了细致的描写。片中一名严重刑事犯罪分子被强迫接受化学药物注射,在产生严重不适感时,被强迫观看描写暴力犯罪行为的影片,从而在其对犯罪行为的观感中强行植入了极强的厌恶感。治疗结束后,每当他产生实施犯罪行为的念头时,就会随之感觉强烈不适,而不得不放弃。

行为疗法对于特定不良或特异行为模式具有一定的治疗效果,但其缺陷也同样明显。首先,它只能针对相对简单的症状性行为,比如强迫症或毒瘾等。而对于在比较复杂的认知、思考基础上作出的行为选择,由于无法有针对性地制造复杂度与强度相对应的反射性刺激,而难以收到理想效果。其次,通过条件反射机制建立的强化倾向如果不得到相对长时间的持续强化,会逐渐消退。而行为疗法由于对治疗条件要求严格,治疗程序比较复杂,受客观条件限制,往往无法保证必要的持续强化。最后,行为疗法只针对支持特定行为的浅层心理/行为机制,而对造成这一行为的深层社会或文化原因缺乏调节手段。这就导致那些不良行为经过行为疗法被成功矫治的个人一旦回到其原有生活环境,又很可能在相似的条件下重新养成不良行为。实践中,使用药物与行为疗法相结合对毒瘾进行治疗往往在戒毒所环境内效果较好,但是难以控制离开戒毒所之后的复吸就是因为对于导致吸毒的社会与文化因素缺乏有效控制。

(四)认知行为疗法

认知行为疗法是自 20 世纪 60 年代以来,随着心理学中认知理论的兴起而逐步发展起来的一种治疗方法。顾名思义,该疗法在以行为主义理论为基础的行为疗法中融入了认知理论的成分。行为主义理论重视外在行为及其与环境的交互影响,但是对个人的内在思维过程缺乏关注。而认知理论则非常强调对内在认知过程的了解与调控。以认知理论为基础曾发展出相对独立的认知疗法体系，但是这些早期尝试在理论上与已被边缘化的心理动力疗法有着同样的缺陷，在实践中并未取得多少成功。之后，认知疗法与行为疗法逐渐合流，一方面，继承了行为疗法通过操作性条件反射强化特定倾向的操作模式；另一方面，强化的对象不再仅限于简单的症状性行为，而被扩展至个人的认知思维过程，从而具备了对相对复杂的行为选择与行为系统进行调控的潜在能力。

在犯罪心理矫治领域，认知行为疗法被用于矫正与反社会行为以及不良生活方式有关的个人内在思维、选择、态度和世界观体系。认知行为疗法通过认知行为训练的方式，对犯罪人的认知技巧中存在缺陷的领域进行重塑，使其掌握一系列有益的思维技能，包括对人际关系潜在问题的认知能力、在人际冲突时控制第一冲动以寻求更好解决方法的自控能力、对行为潜在后果的分析能力、对抗同侪压力的自主选择能力、表达自身感受并倾听他人想法的沟通能力、为他人的利益考虑的移情能力以及根据自身利益最大化原则决定行为方向的决策能力等。〔30〕

传统的认知行为疗法在犯罪心理矫治领域的应用一般采用三种方案设计：认知重建疗法（cognitive – restructuring therapy）、社交应对技能培训（coping skills training）以及问题解决治疗（problem – solving therapy）。其中得到最广泛应用的是认知重建式的矫治方案。认知重建式治疗思路将问题行为理解为不良性（dysfunctional）或不适性（maladaptive）认知思维过程的后果。这类思维构成包括认知扭曲、社会化错误认知以及逻辑谬误等。认知重建治疗方案主要通过有针对性的反射性行为训练的手段来强化对这些错误的认知思维过程的规避倾向以及对正确的认知思维模式的重复倾向。

认知行为疗法，或者说以认知行为理念为基础的犯罪心理矫治措施对于20世纪70年代到90年代犯罪矫治从“矫治无用论”思潮下的复兴起到了关键性作用。以库伦、辛卓、安德鲁斯等人为代表的犯罪学家在反击“矫治无用论”的学术争鸣中，意识到他们手中最有力的反击武器就是可以经得起实证方法检验的，具有切实疗效的犯罪矫治措施。但在他们对有效矫治措施的搜寻中，早期大行其道的心理动力疗法、患者中心疗法，包括大多数行为疗法都无法满足其对稳定疗效的要求。而在他们进行的大量元分析研究中，发现可以提供最稳定的积极疗效的那些矫治项目中，往往都应用了认知行为治疗理念。〔31〕通过进一步总结分析，安德鲁斯等人提出了“致罪矫治需要”的概念并指出只有针对这些矫治需

---

〔30〕 Harvey Milkman, Kenneth Wanberg, *Cognitive – Behavioral Treatment: A Review and Discussion for Corrections Professionals*, National Institute of Corrections, 2007, p. 32.

〔31〕 Don A. Andrews, *The Psychology of Criminal Conduct and Effective Treatment*, in James McGuire ed., *What Works: Reducing Reoffending*, West Sussex, John Wiley & Sons, 1995.

求进行的矫治努力才能收到积极的效果。这些致罪矫治需求因子中的大多数都与行为人的认知思维过程有着密切关系。因此在总结高效矫治原则时，安德鲁斯等人反复引用他们所发现的认知行为疗法的成功经验来为其高效矫治原则提供证据支持。可以说，如果没有认知行为疗法的成功经验，犯罪矫治理念的复兴，即使可以通过其他途径得以实现，也将会是与我们今天看到的格局完全不同的另外一种面貌。

（五）团体心理咨询

团体心理咨询（group psychotherapy）是在团体情境中提供心理帮助与指导的一种心理咨询与治疗的形式。团体心理咨询通过团体内人际交互作用，促使个体在交往中观察、学习、体验社会化技巧，重新塑造自我认知，调整与改善与他人的关系，学习新的态度与行为方式，发展良好的社会化适应能力。团体心理咨询与治疗一般由1～2名领导者主导，包含具有相似心理问题的、数量不等的团体成员（少则三五人，多则十余人），组成讨论小组，通过共同商讨、训练、引导，解决成员共有的发展问题或心理障碍。

团体心理咨询最早有记载的应用来自20世纪初美国内科医生普拉特（J. H. Pratt），他注意到肺病患者由于被隔离而带来的心理问题，为给这些个人提供支持，以“班”的形式组织每次15～20名患者，接受心理咨询和帮助。而“团体心理治疗”一词的最早提出则是心理学家莫伦诺（Jocob Moreno）。他在20世纪20年代，创造了一种被称为“心理戏剧”（Psychodrama）的团体治疗形式，患者在领导者组织下，既是演员又是观众，通过情景重演的方式来探讨个人心理问题及其解决方法。之后，团体治疗的形式被一些心理学家应用于治疗情绪性心理障碍，轻度狂躁症，以及人格障碍患者。这一治疗形式在“二战”中及之后的英国，通过伯明翰市诺斯菲尔德医院的一批心理医生的实践而得到广泛认可。在当代，团体治疗形式在各类医疗机构及心理咨询服务机构得到广泛应用，很多研究认为团体治疗形式的效果要好于（或至少等于）个体心理治疗的效果。

从严格意义来讲，团体心理咨询并不是一种具有独立理论基础的心理治疗方法，更多体现了一种独特的治疗组织与实施的结构形式：团体互动形式。在这个意义上，团体心理咨询是一个与个体心理咨询相对应的概念，但是并不排斥在个体心理咨询中适用的各种具体治疗机制与技术。在实践中，团体心理咨询可以根据所依据的理论被分为精神分析团体治疗、患者中心团体治疗、行为团体治疗、认知行为团体治疗等。

与个体心理治疗形式相比，采用团体形式展开的心理治疗在目标、基本原则、治疗技术运用、治疗对象以及治疗者素质要求等方面均有相似之处，但同时也有其自身的特点，主要表现在：（1）由多人团体情境而带来的更高的互动程度，这是一对一的个人心理治疗设定无法实现的；(2)在针对问题类型上更加倾向也更加擅长处理与人际关系和社会化互动有关的问题；(3)由于治疗在团体设定中展开，问题的分析与解决均在一个非常接近真实社会化互动的氛围中进行，其治疗成果比较个体治疗来说更容易在真实生活环境中得到巩固；[32] (4)从费效比的角度讲，由于团体心理治疗设定一个咨询师担任领导者可以对多个团体成员进行咨询与治疗，其工作效率也更高。

---

〔32〕 在个体心理治疗中，问题的解决是在咨询师与患者一对一沟通的环境下实现的，尽管会尽量模拟社交环境的设定，但是治疗氛围中对问题的展开和解决与真实生活相比仍然存在相当的落差，因此在很多个案中，会出现在治疗中圆满解决了其心理问题的患者在回到真实生活中无法巩固治疗效果的情况。

第十八章 犯罪学发展的展望

无须讳言,相对于改革开放以来刑法学在我国的“持续繁荣”,犯罪学则多少显得有些凋零。[1] 储槐植教授之所以会这样说,是在相较于我国刑法学的蓬勃发展之下而言的。刑法学持续突飞猛进的发展,并且已然形成科学、完备、法治的刑事法律体系。但是作为上游学科或者基础学科的犯罪学却踽踽独行,发展缓慢。究其原因,储槐植教授认为是“刑事一体化”理念未得到广泛提倡,当然,还有犯罪学自身遭遇的“瓶颈”——研究手段的相对落后以及实证成果的不足。在此之外,他认为还有三点深层的原因:(1)学术研究及评价管理体制的局限。我国当前的学术管理体系在研究经费和周期方面,不利于鼓励学者进行实证经验研究。(2)思辨式、论理式的研究模式居于主流,实证调查成为锦上添花。(3)经验研究具有专业性,很难被未经系统学习且掌握实证研究方法的学者利用。

第一节 我国当前犯罪学理论研究的基本性格

我国的犯罪学自始于青少年犯罪研究,迄今仅有30余年的研究历史。和西方发达国家相比,我国犯罪学像开始学走路不久的婴孩,还需要一个漫长的发展历程。但是,就研究方法和研究结果来看,我国目前犯罪学研究有不同于西方犯罪学研究的独特性格。

一、域外移植性

“一个社会的学术体系,若是由无中生有地从外移植进来,这个学术体系的发展,至少在一段时间内,就会产生亦步亦趋的移植性格。”[2] 现代犯罪学的肇始可以追溯到1879年,法国的人类学家和医生保罗·托皮纳得出版了著作《人类学》。而第一本以“犯罪学”为名的著作是加洛法罗于1885年出版的。我国犯罪学自中

---

〔1〕 参见储槐植:《跋:中国犯罪学发展之瓶颈》,载赵军:《边缘的权利:女性性工作被害问题经验研究》,中国法制出版社2011年版,第533～535页。

〔2〕 叶启政:《社会理论的本土化建构》,北京大学出版社2006年版,第16～17页。

华人民共和国成立以后，直至20世纪70年代末，出现了长达30年的停滞时期。犯罪学研究的真正开始是从20世纪80年代初的青少年犯罪研究起步的。

作为舶来品，我国的犯罪学具有非常明显的移植性特点。这具体表现在：(1)我国目前犯罪学的研究是以翻译国外犯罪学著作开始的。在学术的研究方面，重点关注国外犯罪学理论的翻译和介绍。综观国内的犯罪学教材，很大篇幅都是在介绍和评价国外的犯罪学流派和犯罪学理论，未见有原创性的体系化犯罪理论研究成果。国外的犯罪学理论，涵盖社会学、心理学、精神病学等多学科的理论，形成了源源不断、用之不竭的理论宝库。而且，我国的犯罪学研究还处于起步阶段，必须依靠不断学习域外经验来发展学科建设，这都促使我们不得不注重翻译和引介国外犯罪学理论。(2)对于现实中犯罪问题的解释往往依靠国外的犯罪理论进行论证和分析。如西方犯罪学中的失范理论、标签理论、亚文化理论等，一度成为解释我国犯罪问题的主要理论渊源。笔者认为，这种局限于域外引介的研究现状是应该得到理解的。实证研究的科学化机制在我国犯罪学研究中未能建立，因此在我国本土科学化的犯罪理论难以形成，面对现实的犯罪问题，就不得不依靠外来的理论进行解释了。

二、刑法倾向性

"一门学科之所以能成为特别的学科，是因为它所研究的现象，是其他学科所不研究的。如果各门学科所研究的现象相同，或者同样的概念可以不加区分地适用于各种不同性质的事物，那么，也就不可能有各门学科了。"[3]从应然的层面来说，一门学科要成为独立学科，必须在范畴体系、研究对象和研究方法上具有独立性。关于犯罪学的学科属性，观点不一。有"社会学分支学科说"，认为犯罪是一种特殊的社会现象，而社会学是系统、科学地研究社会现象和社会问题的学科，因此犯罪学被更多地看作是社会学的分支学科，研究者也多为社会学家。"刑事法学分支学科说"从犯罪学与刑法学的血缘关系和互动关系看，认为二者均系刑事法学之下的分支学科，至于犯罪学是同刑法学相并列的一级学科还是居于刑法学之下的附属学科，又有不同观点。除此之外，还有"行为科学分支学科说""边缘学科说""综合性学科说"等。

目前我国学界大体上取得了共识：犯罪学是事实性学科，刑法学是规范性学科，但是"刑法的附属学科"标签仍未摘除。因为就目前我国犯罪学来看，其仍具有较为明显的刑法倾向性。这具体表现在：

(1)我国犯罪学中许多概念或话语往往是从刑法学中借鉴而来，具有非常明显的刑法学色彩。比如，犯罪形态、累犯等概念就具有很明显的规范学色彩，缺乏事实经验的性质。这样就导致刑法学与犯罪学的学科界线模糊，不利于确定犯罪

---

〔3〕［法］埃米尔·迪尔凯姆：《社会学方法的规则》，胡伟译，华夏出版社1999年版，第120页。

学的学科性质。(2)刑法学为犯罪学提供研究基础。刑法学所确定的具有一定法律特征的犯罪行为,决定着犯罪学的主要研究方向,是犯罪学研究的核心内容。如果没有刑法学确定基调,就会混淆犯罪行为与其他一般有害行为的界限,使犯罪学失去存在依据。(3)我国犯罪学界在犯罪对策的研究中,增设罪名或者进行刑事立法的完善也是研究的常见内容,这样使与刑法学在内容上或方式上有所重叠或雷同。

造成犯罪学的这种刑法倾向性很强的原因是我国研究犯罪学的学者多数是刑法学者或有刑事法背景以及社会学学者或有社会学背景的学者,他们经过法学或社会学知识的系统训练,因此在犯罪学研究视角尚不明晰、自身的概念体系尚未建立的情况下,研究者会不自觉地运用惯性思维和专业术语。这就可以理解为什么刑法学教授陈兴良会说:"犯罪学是刑法学的辅助学科,服务于刑法学。"

犯罪学相较于"母体"——刑法学与社会学而言,其研究理路、解释框架和概念系统都处于弱势地位,如何脱离"母体",形成独特的视角,并做出真正的独有学科知识贡献,是犯罪学发展过程中的重要一环。

三、事后应对性

"我国犯罪研究应运而生,应命而为。"[4]我国的犯罪学研究具有事后应对性,国家惩治的严重犯罪成为犯罪学的研究重点。我国真正意义上的犯罪学的创立始于20世纪70年代末80年代初。该时期是一个犯罪高峰,尤其是青少年犯罪日益严重,因此这时候的犯罪学主要着眼于青少年犯罪研究。

犯罪学的这一事后应对性研究特点,是由我国犯罪学的研究方法和研究目的决定的。我国犯罪学界众多学者的犯罪学研究都是通过考察犯罪现象而探析犯罪特征,追寻犯罪原因,提炼出犯罪的发生、发展和预防的规律,从而能够认识犯罪规律并进行犯罪预防。我国犯罪学研究从其起步起就担负着犯罪对策学的任务,并且时至今日,学界仍然认为犯罪学的研究目的仅仅是为预防和控制犯罪提供"科学"方案和对策。不管是研究方法还是研究目的,最终都是关注对现实犯罪问题的惩治和防控。有学者曾对1994~2004年我国学界对有组织犯罪研究领域的论文做过统计,结果是"对于涉及有组织犯罪防治对策研究的论文,在总数上所占比率为45.59%",与对该类犯罪研究的其他领域——犯罪概念占比为10.64%、犯罪现象论占比为25.36%、犯罪解释论占比为18.39%相比较都远远要高。[5]

而在"质"上,这种应对性通常表现为提出一些当下解决犯罪的临时的应对措施,比如完善刑事立法、加强打击力度、调整社会政策等内容,往往既没有从社会发

[4] 皮艺军:《犯罪学研究论要》,中国政法大学版社2001年版,第317页。

[5] 参见王燕飞:《犯罪学基础理论研究导论——以国际化与本土化为线索》,武汉大学出版社2010年版,第184页。

展的层面分析其是否切实可行，也没有进行犯罪控制的成本与效益等方面的经济分析，因此其现实运用的可能性便可想而知。更为重要的是，由于对这些对策或措施缺乏理性、长远思考和全方位评判，一旦实施，几乎很快就丧失了社会实践的价值。

四、逻辑思辨性

在犯罪学研究中一直存在思辨与实证这两种研究方法。[6] 思辨即为抽象思维，常见的主要是演绎方法，其特征是通过从概念到概念，从判断到判断，最后从一般性理论中推导出个别性理论。实证则是超越或排除主观价值判断，通过考察实际经验材料来分析和预测一定社会行为客观效果的研究方法。但是可惜的是，我国当前的犯罪学研究更倾向于思辨研究。

尤其在犯罪本源等基础理论方面，思辨研究方法占据绝对优势地位，侧重于哲学思考。发展至今日，实证研究逐渐成为犯罪学研究的“热点”，尤其在犯罪现象论和犯罪原因论等方面，实证研究开始动摇思辨研究的主导地位，实证方法的重视成为我国犯罪学研究中的学术自觉。但由于各种原因，如“对犯罪现象的科学描述研究偏少，定性定量研究精确度不高”；[7] 犯罪调查统计数据不实，分析方法不够严密，欠缺科学性；被害调查方法和自我报告制度尚未引入，造成研究“盲区”；等等，[8] 使目前还缺少有分量的实证研究成果，实证研究仍然是我国犯罪学中的“软肋”。

第二节　我国当前犯罪学面临的挑战

如何发展出有中国特色的犯罪学理论体系，是当前我国犯罪学研究面临的新挑战。结合各国和地区犯罪学发展的成功经验和我国现实的犯罪状况，笔者认为应该至少从以下三个方面对当前的犯罪学进行进一步发展。

一、实证研究与思辨研究

实证研究方法是西方犯罪学研究所必不可少的基本手段，在犯罪学研究方法论中占主导地位。犯罪学作为经验学科，需要收集大量的案例并进行繁杂的数据分析，否则无法发现其中的犯罪规律。实证方法不同于思辨方法，不受既定理论的

---

[6] 参见王牧主编：《犯罪学论丛》（第4卷），中国检察出版社2006年版，第60～69页。

[7] 参见王牧主编：《犯罪学论丛》（第4卷），中国检察出版社2006年版，第62页。

[8] 参见刘朝阳：《试论犯罪学研究方法中存在的不足》（上），载《山东公安专科学校学报》2000年第3期。

束缚，具有更强的求实精神。我国的犯罪学受西方研究成果的影响早期的社会学家同样主张采用实证方法展开对犯罪问题的研究，著名的犯罪学家严景耀先生撰写的《中国的犯罪问题与社会变迁的关系》，就是我国犯罪学研究中最早采用实证方法的例子。[9] 但是这种学术自觉兴起于早期的社会学家中间，随着学科发展，这种自觉并没有在后来的犯罪学中保留和延续下来，以至于很长一段时间的犯罪学研究都倾向于思辨，习惯于从理论到理论、从文献到文献的思辨研究模式。这种思维导向不能对犯罪现象进行科学的描述、不能对犯罪原因进行科学的分析，当然也无法为预防和控制犯罪提出有效的对策。

近年来，不少具有学科自主意识的学者们开始积极主动地推广实证研究方法，我国的犯罪学专业研究部门和实践部门也相应地作出支持。我国的犯罪学研究逐渐达成普遍共识：实证方法在犯罪学研究中极其重要。尽管当前犯罪学研究越来越重视实证科学，但是学术研究成果证实当前的实证研究成果还是较为贫乏的。近年来理论界对实证研究方法注意程度明显提高，但论文的绝对数和相对数依然稀少。再者这些涉及实证研究内容的论文所用的数据，要么未经甄别筛选，要么统计分析方法粗略。中国的犯罪学研究要想取得实质性进展，最紧迫的问题是提升实证研究素养，注重犯罪事实本身。

二、独立性与附属性

如前所述，犯罪学与刑法学的关系历来争论不断。我国犯罪学的发展依附于刑法学，没有自己独立的基础理论体系。在学科设置上，各大法律院校的犯罪学绝大多数是设在刑法学之下，作为二级学科存在的。

由于刑法学和犯罪学名义上均以犯罪为研究对象，这一特殊情况让学者们认为二者具有天然的亲缘关系。实则不然，犯罪学与刑法学实际有着严格区别。

1. 二者的学科性质不同。刑法学从应用和实践价值上看，主要是一门以刑法条文和刑法规范为依据的注释刑法学。“刑法学，将犯罪与刑罚之关系，由成文法之立场，作为法律规范加以规定及解释——其主要任务，乃阐明现行刑法之意义及内容，以助刑事司法及刑事行政之完成。”[10] 犯罪学是立足于事实和经验基础的整合性学科，注意观察犯罪现象的态势和实证分析，虽然不属于刑事法学，但与刑法学同属刑事科学。

2. 二者的研究重点不同。刑法学主要研究犯罪、刑事责任和刑罚的法律适用，以及对犯罪人进行科学的定罪量刑。而且刑法学关注的是进入刑事司法系统之后的犯罪，对隐案不予考虑。犯罪学重点研究犯罪现象、刑事被害、犯罪原因、犯罪治理等问题。除了刑法学研究的法定犯罪，犯罪学还要从社会治安和安全保卫的角

---

[9] 王牧：《犯罪学论丛》（第4卷），中国检察出版社2006年版，第61页。

[10] 张甘妹：《刑事政策》，台北，三民书局1980年版，第3页。

度研究社会越轨行为和犯罪黑数。

3. 二者的研究方法不同。刑法学主要研究方法是注释或者解释的方法,虽然也有历史研究方法、哲学研究方法和比较分析的研究方法,但是刑法学的核心还是注释刑法学。犯罪学运用的是跨学科的研究方法,既包括心理分析方法、医理分析方法、经济分析方法、社会分析方法,也包括文化分析方法等。可以说,犯罪学的研究方法具有开放性,只要是能对犯罪学研究起到辅助作用的,均能发展为犯罪学分支交叉学科。

犯罪学对犯罪现象的监测和研究,为刑法学的犯罪化和研究重点提供方向。"犯罪学的研究成果亦为促成刑事法改革的原动力。"[11] 处于事实和价值层面的犯罪学应该具备其独立性,不应当被认定为刑法学的附属学科,而必须承认犯罪学是规范层面的刑法学的上游学科,支持着刑事执行法学,也是刑事政策学的基础学科。

三、国际化与本土化

20 世纪末,因为青少年犯罪研究的发展以及中国犯罪学会的成立,我国犯罪学研究再次进入高速发展阶段。但如何结合本国实际情况,形成具有中国特色或特征的犯罪学理论,是西方犯罪学在我国本土化需要解决的问题。从语义上来说,本土化就是使某事物发生转变,适应本国、本地、本民族的情况,在本国、本地生长,具有本国、本地、本民族的特色或特征。

实现犯罪学本土化的重要意义主要体现在以下几点:

1. 通过犯罪学本土化的过程,可以增进对我国犯罪现象的认识。本土化的第一步就是在治学态度上不能表现为对西方犯罪学"全盘接收",要进行实事求是的适当分析,予以科学借鉴。不得不承认西方犯罪学在长期的历史演变中取得了辉煌成就,但是各国的历史阶段和国情发展各不相同,不可能存在具有"普适性"特征的研究结论。如果完全照搬照用这些研究结论,我们根本不能完全正确地认识我国的犯罪现象和解释犯罪原因。犯罪学的本土化,就是使西方犯罪学的合理成分与我国社会的实际相结合,增进其对我国本土社会的认识和在本社会的应用,形成具有我们自身特色的犯罪学理论和方法的一种学术活动和学术取向。[12] 也有学者认为这种界定虽然涵盖内容广泛,但是较为笼统,尚不够全面、具体,[13]需要从更具体的方面进行界定。

2. 通过犯罪学本土化的过程,可以科学构建我国犯罪学的理论体系。体系是指一定范围内或同类的事物按照一定的秩序和内部联系组合而成的整体。通过犯

---

[11] 林山田、林东茂、林灿璋:《犯罪学》(增订第 3 版),台北,三民书局 2004 年版,第 15 页。

[12] 参见王牧主编:《犯罪学论丛》(第 4 卷),中国检察出版社 2006 年版,第 67 页。

[13] 参见王燕飞:《我国犯罪学国际化与本土化的理性思考》,载《山东警察学院学报》2010 年第 6 期。

罪学本土化构建的理论体系，能够更恰切而妥帖地增进犯罪学理论与方法在我国社会的运用。“我国犯罪学的本体化，更应该在此基础上形成自己的理论体系，以及树立特有的人文取向的典范。这样形成自身的个性品格以及从深层次反映出特定时代、特定地区的人文精神，使我国犯罪学的特色具有了实实在在的内容，而不是通过意识形态作为区分的标签。”〔14〕形成本土特色的研究方法也是犯罪学本土化过程的重要一环，是客观、准确地认识我国社会的犯罪问题并使这种认识成果得以有效应用的基础。若将西方犯罪学的研究方法简单机械地套用于对我国犯罪问题的研究，研究结论不一定符合我国的犯罪实际。

第三节　未来犯罪学发展的总体思路

综上所述，我国犯罪学的发展正面临着多重挑战，如何应对这些挑战早已成为我国犯罪学当前研究的热点和难点问题。笔者拟从研究对象、研究方法和研究视角三个方面对我国犯罪学的发展前景进行展望。

一、研究范围全面宽广（犯罪原因学到犯罪存在学）

犯罪学应当研究犯罪的全部内容，但是今天的犯罪学却只研究了一部分内容，为了满足防控犯罪的社会需求，我国犯罪学重点研究的是犯罪原因学。这是导致犯罪学概念复杂，界限模糊的最重要原因。

就目前看，在我国学术界，通常定义犯罪学概念的做法大致有以下两种：〔15〕首先，最常见的做法是以对象定义犯罪学概念。这种做法是社会科学定义学科概念的基本方法，犯罪学也是用研究对象来确定犯罪学的概念。顾名思义，犯罪学是研究犯罪的科学。而对“犯罪”概念的定义，则多种多样。至于犯罪的定义，前面已经论及，此处不再赘言。其次，还有一种做法，就是通过比较学术史上已有的犯罪学定义的优劣，然后确定作者自己的犯罪学定义。通过对已有定义进行比较、分析后从中进行评介并综合，得出自己的学科定义。这样研究学科概念的比较典型的例子就是，对已有的学科概念进行所谓的广义的和狭义的划分，然后选择某一观点予以支持并批驳其他观点。

犯罪学的产生源于社会，决定了犯罪学具有社会性。这表明，犯罪学从它产生那天起，它天然地排斥离开社会需要而另外去定义它的概念的做法。既然如此，定

---

〔14〕 参见王燕飞：《我国犯罪学国际化与本土化的理性思考》，载《山东警察学院学报》2010年第6期。

〔15〕 王牧：《犯罪学基础理论研究》，中国检察出版社2010年版，第12～14页。

义犯罪学的概念,主要不是讨论它"已经是什么",而是讨论它"应当是什么"。[16]当前的犯罪学研究,无论是方法论还是认识论,都存在严重偏差。按照社会科学研究的一般规律,应当把对象的概念、本质、存在、表现、发展变化规律作为学科研究的核心。[17] 但是中国的犯罪学研究的核心被限制在犯罪的原因上,不怎么关注犯罪的存在等问题,故而现在的犯罪学又被称为犯罪原因学。正是因为这种研究偏差,导致犯罪现象研究的存在一定程度的不全面和不深入,也无法形成自身特有的相应概念、范畴和理论体系,这些都导致犯罪学学科的不成熟现状。要使犯罪学真正成熟起来,必须接受犯罪是必然存在的客观现象的结论,以犯罪现象是社会上的客观存在为前提,从整体上全面深入地研究和把握犯罪现象的本质、存在、表现和发展变化规律,实现对犯罪现象整体的科学认识。[18] 因此,犯罪学不应该只是犯罪原因学,而应该关注犯罪存在,是研究犯罪现象的社会科学。

二、研究方法科学实证

"方法论的创新是当前犯罪学乃至整个哲学社会科学走出'窠臼'的关键。"[19]一项研究要想得到公众认可,必须从研究结果的可靠性和有效性入手。如何保证结果的可靠性和有效性,这就是科学研究方法的问题。不难看出,我国当前的犯罪学研究并没有独立的方法论,都是借鉴其他社会科学领域的方法论,其研究结果的可信度一直备受诟病。

于是有学者试图从定性研究和定量研究、文本研究与"田野作业"这两对研究方法的角度,探讨我国犯罪学的新研究方法。[20]

定性研究是指研究者通常基于构建主义的视角(个体经历多重意义,意义的社会性建构或历史性建构,建构理论或形式理论模式的意图)来建构知识观,或用辩护参与式视角(政治的、观念趋向、集体主义、变化适应性)来建构知识观,或二者兼而有之。[21] 定性研究在人文学科有着悠久历史。"芝加哥学派"在20世纪20年代和30年代的人类群体生活研究中开始重视定性研究。定性研究包含着复

---

〔16〕 参见王牧:《从"犯罪原因学"走向"犯罪存在学"——重新定义犯罪学概念》,载《吉林大学社会科学学报》2009年第2期。

〔17〕 参见王牧:《从"犯罪原因学"走向"犯罪存在学"——重新定义犯罪学概念》,载《吉林大学社会科学学报》2009年第2期。

〔18〕 参见王牧:《从"犯罪原因学"走向"犯罪存在学"——重新定义犯罪学概念》,载《吉林大学社会科学学报》2009年第2期。

〔19〕 蒋熙辉:《中国犯罪学研究三题——方法多元、范式展开与规则确定》,载《广州大学学报(社会科学版)》2007年第9期。

〔20〕 蒋熙辉:《中国犯罪学研究三题——方法多元、范式展开与规则确定》,载《广州大学学报(社会科学版)》2007年第9期。

〔21〕 [美]约翰·W.克雷斯威尔:《研究设计与写作指导:定性、定量与混合研究的路径》,崔延强译,重庆大学出版社2007年版,第15页。

杂的内容，有基础主义、实证主义、后基础主义、后实证主义、后结构主义等传统理论以及文化、解释视角下的定性研究。定性研究多通过开放式参与，带着个人价值观收集参与者看法并予以解释。

定量研究是指研究者主要运用后实证主义知识观来建构知识（如因果联想、具体变量、假设和问题的简化、测量和观察的运用以及理论检测），使用诸如实验调查等研究的策略以及用事先确定的工具收集统计数据。[22] 定量研究方法更具封闭性，先预设问题，确定变量因素，对行为数据、态度数据、观察数据、普查数据使用无偏见方法进行统计分析。

文本研究是通过现有的文本记载，进行分析推导得出结论的研究方法。田野作业则是不局限于文本记载而采用各种方法获得一手资料。博厄斯、米德、本尼迪克特、伊万斯·普理查德、拉德利克夫·布朗以及马林诺夫斯基等学者最早运用田野工作方法研究学科定义。

我国当前的犯罪学研究多是文本研究，虽然文本资料记载翔实，但是毕竟是继受的，使用这种文本研究的方法必然会降低学术水平，无法创新研究点。犯罪学研究的是实际的社会问题，不能单单只关注历时文本，还应当同现实社会产生联系，尝试下到“田野”进行考察。虽然同储槐植教授说的一样，我国犯罪学实证研究面临着很多非学术因素的制约，但是研究犯罪学的学者依旧不能放弃，应该具备迎难而上的学术自觉，多做如深入访谈、基层调研等积累性工作，努力将文本研究与田间工作结合起来，更加理性地解释犯罪。

三、研究视角多元整合

近年来，以科际整合的整体观点从事犯罪行为与犯罪人的研究成为犯罪学研究的主流趋势。科际整合又称为跨学科研究，指的是在同一目标下进行的两个或两个以上学科合作。

当代美国犯罪学家麦森纳等人认为，将两个或更多现已存在的具有共同点的理论组合成一个单一的重新构造的理论模式，这种新的理论模式比构成它的现存的理论具有更大的综合性和解释力。[23] 根据美国犯罪学家卡伦和阿格纽的总结，主要有以下四种整合方式：因果连接方式、概念整合方式、主题提炼方式和以变量

---

〔22〕［美］约翰·W. 克雷斯威尔：《研究设计与写作指导：定性、定量与混合研究的路径》，崔延强译，重庆大学出版社2007年版，第15页。

〔23〕See Liska, Allen E. Marvin D. Krohn, Steven F. Messner, 1989, *Strategies and Requisites for Theoretical Integration in the Study of Crime and Deviance*, In Steven F. Messner. 转引自刘晓梅、于阳：《犯罪学学科概况及发展趋势分析》，载《山东警察学院学报》2010年第4期。

为中心的整合方式。[24] 犯罪学的创新和发展离不开其他学科的支持，"可以说，跨学科研究是犯罪学存在和发展的必然要求，将其他学科的知识和思想引入犯罪学领域也是顺应犯罪学学科属性的应然之举"[25]。无论是何种整合方式，只要促使犯罪学研究不断推陈出新就是一种好的尝试性探索。

纵览犯罪学的发展历程，犯罪学的研究方法逐渐从一元到多元，学说观点也从一家之言到百家争鸣。犯罪学的发展历经风雨洗礼，但其仍旧保持着经久不衰的活力。究其原因，在于犯罪学研究视角的不断转换。正是因为社会学、人类学、统计学、生物学、心理学等学科知识同犯罪学传统知识的不断整合，以及学科间研究方法的频繁借鉴，使当前的犯罪学呈现犯罪学基础理论、犯罪社会学、被害人学、犯罪统计学、犯罪生物学以及犯罪心理学等各分支学科蓬勃发展的局面。

过于界限清楚的学科划分其实并不利于对事物的整体认识。学科之间其实还存在更广阔的空间，有许多未被认识的知识领域。跨学科研究的目的正是使对未知知识王国的探索成为可能。学科间的交叉融合已然成为犯罪学等社会科学的必然趋势。"'社会科学可以和物理学、生物学等自然科学一样，为改善人类福祉和生活发挥重要作用，通过理解个人和群体的行为，更好地理解人类的生活。但要实现这一愿景，自然科学和社会科学就要有更多合作，且相互学习。例如，生物学家能利用社会学研究方法进一步了解网络结构等问题'，克里斯塔基斯说。"[26] 犯罪是极其复杂的社会问题，单靠传统犯罪基础理论是无法解释清楚的。只有全面吸收其他学科的知识和方法，相互学习、相互合作，才能真正实现认识犯罪、防控犯罪的愿景。

---

〔24〕"因果连接方式"着重于不同理论的核心变量的因果连接，这种连接方式使不同的理论特别是理论中的变量在时序上形成一种有机的逻辑关联；"概念整合方式"强调的是将某个理论的概念纳入另一个更为一般性的理论的概念中并使其成为该概念的一部分；"主题提炼方式"是通过对不同理论的研究并从中找出共同的主题；"以变量为中心的整合方式"将列举各种理论中的变量加以汇总分类，然后根据分类讨论它们之间的关系、相互作用及其对犯罪的影响。

〔25〕张旭、单勇：《犯罪学基本理论研究》，高等教育出版社 2010 年版，第 4 页。

〔26〕杨敏：《交叉融合符合社科学科发展趋势》，载中国社会科学网，http://intl.cssn.cn/hqxx/bwych/201410/t20141016_1364893.shtml，最后访问日期：2015 年 4 月 15 日。